KB069702

장애학생을 위한

국어교육의 이론과 실제

2판

전병운 · 김희규 · 박경옥 · 유장순 · 정주영 · 홍성두 공저

학지사

언어는 교육의 모든 영역에 중요한 영향을 미치는데, 특히 초기의 언어교육은 모든 교과학습의 기초가 된다. 언어를 매개로 하는 국어교육은 다른 어느 교과교육보다 중요하다. 언어는 교과학습뿐만 아니라 아동의 모든 학습 및 발달의 기초가 되기 때문에 국어 교과를 도구 교과라고 부른다. 국어교육을 통해서 의사소통 형태를 가르치고 개발하고 촉진하는 것은 결국 다른 교과도 잘할 수 있도록 도와주는 것이며, 나아가 사회생활을 원만하게 할 수 있도록 도와주는 것이다.

대부분의 학습은 설명을 듣고 이해하고 자신의 생각을 말로 표현하며, 문자를 읽고 이해하고 자신의 생각을 글로 표현하는 가운데 이루어진다. 모든 교과가 이러한 과정을 거치기 때문에 적절한 언어 능력을 가지지 않고서는 정상적인 교과학습을 하기가 힘들다.

장애학생의 특성 및 능력에 따라 다르게 적용될 수는 있으나, 장애학생을 위한 국어교육의 근본적인 목표는 의사소통 기능을 신장하는 데 있다. 특수교육은 장애학생이 통합적인 상황에서 일반아동과 잘 어울려 살 수 있게 하는 것이 목적이라고 할 수 있는데 이에 가장 기본적이고도 필수적인 것이 의사소통 능력이다. 상대방과의 의사소통이 원활하지 않으면 학교에서의 아주 기본적인 생활뿐만 아니라 대인관계, 사회적 기술, 나아가 정서적인 발달에도 부정적인 영향을 줄 수 있다.

지금까지 특수교사들이 장애학생의 의사소통 기능을 신장시키기 위해 많은 노력을 기울여 왔으나 체계적으로 지도하지 못한 것도 사실이며, 이를 위한 적절한 지침서도 없었다. 이는 특수교사를 양성하는 대학이 특수교육의 특수성에 중점을 두고 교과교육을 소홀히 한 탓도 있다고 생각한다. 이러한 책임의식하에 장애학생의 국어

교육에 관심을 가지고, 수년간 장애학생을 직간접적으로 지도한 몇몇 교수가 모여 장애학생의 국어교육을 위한 교재를 편찬하였으며, 오늘에 이르러 개정판을 펴내게 되었다.

제1, 2, 4장은 전병운 교수가, 제3, 7, 12장은 홍성두 교수가, 제5, 11장은 정주영 교수가, 제6, 10장은 박경옥 교수가, 제8, 9, 13장은 김희규 교수가 집필하였고, 유장순 교수는 부록 집필과 책의 전반적인 수정을 담당하였다. 개정판에서는 교육과정이 언급된 부분을 2015 특수교육과정의 국어과와 관련된 내용으로 교체하였다. 즉, 제4장 특수교육 국어과 교육과정의 공통 교육과정과 기본 교육과정에서는 2015 특수교육과정 국어과의 성격, 내용체계, 교육목표, 교수학습 방법 등을 중심으로 수정하였다. 특히 2015 특수교육과정 국어과의 핵심역량을 제시하였으며, 이에 대해 구체적으로 기술하였다. 제6장 말하기 · 듣기 평가 및 지도 방법, 제7장 읽기 평가 및 지도 방법, 제8장 쓰기 평가 및 지도 방법, 제9장 문학교육과 평가 부분에서도 교육과정 관련 부분을 2015 특수교육과정의 내용으로 수정하였다. 특히 제9장에서는 특수교육 공통 교육과정의 문학 내용체계와 학년군 성취기준을 제시하였다. 아울러 집필자 간에 의사소통을 충분히 하여 용어를 통일하고자 노력하였으며, 중복된 내용은 삭제하였고, 애매한 내용은 명확하게 수정하고 오탈자를 교정하였다. 그럼에도 불구하고 부족한 점은 앞으로 이 책을 강단에서 적용하면서 지속적으로 보완 · 수정해 나갈 것을 약속하며, 아무쪼록 이 책이 장애학생의 국어교육에 관심이 있는 이들과 예비 특수교사들에게 조금이라도 도움이 되기를 바란다.

책 내용을 꼼꼼히 읽고 조언해 준 권회연 교수와 이미애 박사에게 감사하는 마음을, 마지막까지 편집과 교정을 도와준 이윤숙 선생과 정미영에게 고마움의 말을 전하고자 한다. 끝으로 어려운 출판 여건에서도 이 책의 출판을 허락해 주신 학지사 김진환 사장님께 감사드린다.

필자 대표 전병운

차례

제2부 국어과 교수·학습의 이론과 실제

제3부 장애학생을 위한 언어교육 방법

제1부 국어교육의 이론적 기초

제1장

국어교육의 개념

개요

　　이 장에서는 장애학생을 위한 국어교육의 기초 개념을 이해하고, 국어교육의 기초가 되는 내용을 소개하고 있다. 국어교육의 기초 개념을 이해하기 위하여 우선 국어교육의 하위 영역인 국어사용학, 국어학, 문학학의 특징에 대한 이해가 필요하다. 국어교육의 본질이 의사소통 기능 신장이라고 볼 때, 국어사용학을 중심으로 하여 국어학과 문학이 서로 융합되어 나타나야만 성공적인 국어교육이 이루어진다. 장애학생을 위한 국어교육의 특징도 이와 맥을 같이하고 있다고 하겠다. 다음으로 언어교육의 기초 개념이 되는 말, 언어, 의사소통, 문식성의 개념을 이해하여야 한다. 올바른 국어교육은 언어의 구조, 즉 언어의 형태, 내용, 사용에 대한 이해로부터 시작된다. 언어의 형태는 음운론, 형태론, 통사론으로 나누고, 내용은 의미론, 사용은 화용론의 관점에서 살펴볼 수 있다. 아울러 언어교육의 본질을 이해하기 위하여 언어습득 이론에 대한 이해가 필요하며, 언어와 사고의 관계를 알아보아 국어교육에서 사고교육이 얼마나 중요한지를 알아야 한다.

1. 국어교육의 기초

1) 국어교육의 성격

학교교육에서는 어느 나라든 그 나라의 공식 언어를 교육 대상으로 삼고 있다. 우리나라의 경우에는 이를 '국어' 교과로 분류하고 있다. 유치원에서는 '언어생활'이라고 하고, 초·중등학교에서는 '국어'라고 하고 있다. 그리고 정신지체 특수학교에서는 '언어'라고 명명하다가 7차 기본 교육과정부터 일반학교와 같이 '국어'라고 바꾸었다. 그 이유는 통합교육 차원에서 일반학교와 같은 교과 명칭을 사용하기 위해서였다. 그러나 이와 같은 국어과의 명칭에 따라 국어교육의 목적이 달라지게 되므로 교과 명칭을 정할 때는 신중해야 할 것이다.

우리나라에서는 언어 교과를 '국어'라고 부르는데, 외국의 경우에는 그 나라의 언어, 즉 '영어' '독일어'라고 부르기도 하고, 언어 예술 또는 언어 기술(language arts), 의사소통 기술(communication arts)이라는 명칭을 사용하기도 한다. 이렇게 언어 명칭을 교과의 명칭으로 사용하는 경우와 다른 명칭을 사용하는 경우가 있는데, 이는 언어교육에 대한 기본 철학과 관련이 있다.

언어 교과를 그 나라의 언어 명칭으로 사용하는 경우에는 '어떤 내용을 가르치는 과목'으로 규정하는 경향이 상당히 강하게 깔려 있다. 그 내용의 핵심은 작문, 문법, 문학의 내용이라고 본다. 그러나 언어 교과 명칭을 '언어 예술' '의사소통 기술'이라고 하는 경우에는 언어교육의 성격을 학생들이 효과적으로 의사소통할 수 있도록 필요한 언어 능력을 신장시켜 주는 것으로 보는 것이다(노명완, 박영목, 권경안, 1991).

공통 교육과정 국어과에서는 국어과의 성격을 "국어를 정확하고 효과적으로 사용하는 데 필요한 능력과 태도를 기르고, 비판적이고 창의적인 국어 사용을 바탕으로 바람직한 인성과 공동체 의식을 함양하는 과목이다."라고 기술하고 있다. 여기에는 여러 가지 의미가 담겨 있지만 본질적으로 국어를 사용하는 능력에 초점을 두고 있음을 알 수 있다.

또한 기본 교육과정 국어과 성격을 보면, "국어과는 국어를 정확하고 효과적으로 사용하여 일상생활에서 자기주도적인 국어 생활을 할 수 있는 능력과 태도를 기르는 교과이다."라고 제시되어 있다. 전체적으로 볼 때 이러한 국어과의 성격은 국어과가 후자의 관점, 즉 '국어'보다는 '언어 기술'에 가깝게 구성되어 있음을 알 수 있다. 따라서 발달장애 학생을 위한 국어과 교육과정은 지식 중심보다는 기능 중심의 효율적인 의사소통 기능 신장, 즉 듣기, 말하기, 읽기, 쓰기에 목표를 두어야 할 것이다.

언어는 교육의 모든 영역에 중요한 영향을 미치는데, 특히 초기의 언어교육은 모든 교과학습의 기초가 된다. 대부분의 학습은 설명을 듣고 이해하고 자신의 생각을 말로 표현하며, 문자를 읽고 이해하고 자신의 생각을 글로 표현하는 가운데 이루어진다. 모든 교과학습은 이러한 과정을 거치기 때문에 적절한 의사소통 능력을 가지지 않고서는 정상적인 교과학습을 하기 힘들다. 언어교육은 모든 교과교육 시간에 이루어질 수 있으나 특히 국어 교과 시간에 좀 더 집중적으로 언어 및 의사소통 기술을 지도할 수 있을 것이다. 이와 같이 국어교육은 모든 교과학습을 위한 도구 교과의 역할을 할 뿐만 아니라 아동의 모든 학습 및 발달에 매개체 역할을 한다.

인간은 언어 없이 존재할 수 없으며, 언어는 모든 인류 문화를 창조하도록 해 주기 때문에 국어교육의 중요성은 아무리 강조해도 지나치지 않다. 실제로 주변의 생활 장면을 살펴보면 대부분의 사람들은 상대방과 의사소통하는 데 필요한 듣고, 말하고, 읽고, 쓰는 능력을 가지고 있다. 그러나 그 능력에서는 모두 차이를 보인다고 할 수 있다. 자신의 생각이나 주장을 상대방에게 말하기를 꺼리고, 그것을 글로 옮기는 것을 부담스러워한다면 능숙한 언어 사용자라고 할 수 없을 것이다. 자신의 생각을 감성적이고 논리적으로 말하는 능력, 상대방의 말을 객관적 입장에서 비판적으로 받아들이는 능력, 작가의 의도를 정확히 파악하며 글을 읽는 능력, 자신의 생각과 주장을 논리적이고 설득력 있게 글로 쓰는 능력을 가진 사람은 많지 않다. 이에 국어교육은 인간이 일상생활을 하는 데 언어를 매체로 하여 원만하게 즐기며 살아갈 수 있는 능력을 갖추도록 하는 데 일차적인 목표가 있다. 이와 같은 언어교육의 중요성을 학습과 관련하여 정리해 보면 다음과 같다(이차숙, 2005).

- 언어교육은 의사소통 기술을 지도한다. 언어교육을 통해서 의사소통 형태를 가르치고 개발하고 촉진하는 것은 결국 다른 교과에서 성공할 수 있도록 도와주는 것이며, 사회생활을 원만하게 할 수 있도록 도와주는 것이다.
- 언어를 통하여 대리 경험을 할 수 있다. 언어교육에서는 대리 경험을 통하여 아

동이 새로운 이해, 기술, 태도 등을 개발하고 형성하고 확장하도록 하는 일을
한다.

• 언어교육의 중요성은 언어와 사고의 긴밀한 관련성에서 찾아볼 수 있다. 언어
의 성장과 기능적 사용은 고차원적 사고의 발달과 직접적인 관계가 있기 때문에
추론, 창의적 사고, 고도의 비판능력 등은 모두 언어의 발달에 기인한다고 할 수
있다.

• 언어와 사고의 관계가 불가분의 관계이듯이 언어와 성격의 관계도 불가분의 관
계이다. 언어 능력과 의사소통 능력은 자아개념의 획득과 사회적 집단과의 접촉
을 통해서 성격 형성에 지대한 영향을 미친다.

이와 같이 언어는 학교교육의 성패와 사회구성원으로서의 기능, 고차원적 사고발
달을 위해 반드시 성취해야 할 중차대한 과제라 할 수 있다.

2) 국어과의 영역

국어교육의 영역을 어떻게 설정하는가는 국어교육의 성격과 관련이 있다. 또한 국
어과의 영역은 실제적인 국어교육 현장에서 국어학습에 영향을 미칠 수 있다. 다시
말하면, 국어과의 하위 영역이 무엇인지에 따라 각 영역은 어떤 내용으로 구성되고,
실제 교육 장면에서는 어떤 것을 지도해야 하는지가 결정되기 때문에 국어과 영역은
학자에 따라 조금씩 달리 제시하되 일반적으로는 듣기, 말하기, 읽기, 쓰기, 언어 지
식(문법), 문학의 여섯 영역으로 나눈다. 여기에서 듣기, 말하기, 읽기, 쓰기를 국어
기능으로 통합하면 결국 언어 기능, 문학, 문법의 세 영역으로 나눌 수 있다. 미국 뉴
욕주립대학교의 경우(를 예로 들면), 영어과의 영역을 음성언어(listening & speaking),
작문(composition), 언어(language), 독서(reading), 문학(literature)의 다섯 영역으로
나누고 있다.

국어과 연구 영역은 학자들마다 다소 다르나, 크게 국어사용학, 국어학, 문학학으
로 나누고 있다. 여기에서 국어사용학은 듣기, 말하기, 읽기, 쓰기를 말한다. 이를 도
식화하면 [그림 1-1]과 같다.

이 그림에 제시된 국어사용학, 국어학, 문학학은 국어교육학이 아니다. 이 세 학문

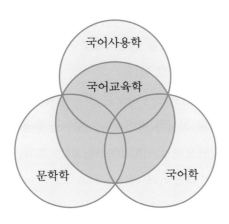

그림 1-1　**국어과의 연구 영역**

은 국어교육학과 상관없이 독자적으로 존재하기 때문이다. 또한 국어교육학은 주변의 국어사용학, 국어학, 문학학에서 탐구해 낸 지식들이 모여 구성된 학문이 아니다. 단지 국어교육학에서도 이러한 연구를 할 수 있지만 연구의 목적은 교육을 위한 것이어야 한다. [그림 1-1]은 이 세 가지 영역이 국어교육학 속에서 융합되어 있음을 나타낸다. 따라서 국어교육학 연구는 교육적 측면의 연구가 되어야 한다.

다음으로 현재 국어과 교육과정에 제시되어 있는 영역을 중심으로 설명하고자한다.

(1) 언어 기능 교육

언어 기능은 국어를 사용하여 의사를 교환하는 능력을 말한다. 언어 기능은 크게 의사교환 과정에서 볼 때 표현 기능과 이해 기능으로 분류할 수 있다. 표현 기능은 말하기와 쓰기, 이해 기능은 듣기와 읽기로 분류할 수 있다. 이를 표현 매체의 관점에서 보면 음성언어 기능과 문자언어 기능으로 나누어 볼 수 있다.

언어 기능을 나누는 것은 언어의 성격을 고찰하기 위해서가 아니라 언어교육을 어떻게 계획하고 실천하는 것이 적절한지를 판단하기 위한 것이다. 통합적 또는 총체적 언어교육의 관점에서는 언어교육을 의사소통 측면에서 바라본다. 총체적 언어교육은 초등학교 저학년의 경우 말하는 것을 듣고, 들은 것을 읽고, 읽은 것을 쓰게 하거나 읽은 것을 듣고, 들은 것을 말하게 하거나 읽은 것을 쓰게 하는 방법으로 말하기·듣기·읽기·쓰기를 통합적으로 가르치는 것이다. 그러나 학생의 필요에 따라서는 말하고 듣기, 또는 읽고 쓰기를 집중적으로 지도하여 이를 숙달시킨 후에 일상생활에 적용할 수 있도록 할 필요도 있다.

언어 기능을 표현 매체의 관점에서 나누는 것은 취학 전 언어 기능이나 초등 저학년의 의사소통 능력 신장에 적절한 방법이다. 초기 단계에서는 문자언어 기능에 앞서서 음성언어 기능이 발달되어 있어야 하는데, 이는 문자언어 기능이 일정한 능력의 음성언어를 기초로 하기 때문이다.

(2) 문법교육

문법교육은 언어학적 지식을 사용하여 음성언어나 문자언어를 정확하고 자연스럽게 사용하는 능력을 발달시키기 위한 것이다. 여기서 말하는 문법은 학교교육을 위하여 언어학으로부터 선정하고 재구성한 지식을 의미한다. 문법은 '언어' 또는 '국어 지식'이라고 표현하기도 하는데, 현행 국어과 교육과정에서는 '문법'이라고 지칭하고 있다. 교육과정에서는 문법지도에서 "국어 현상을 탐구하여 문법 지식을 생성하는 경험을 강조하되, 학습한 내용이 바람직한 국어 생활에 활용될 수 있도록 한다."고 제시되어 있다.

문법지도는 문법 지식을 생성하는 입장을 강조하되, 그 내용을 다른 언어 활동과 연계하여 바람직한 의사소통에 활용할 수 있게 해야 한다. 초기에는 음운인식 훈련 등을 통하여 학습한 문자를 일반화될 수 있도록 지도하여야 할 것이다.

문법교육에 대한 입장은 크게 부정적 입장, 통합적 입장, 독자적 입장, 포괄적 입장의 네 가지로 나누어 볼 수 있다(김광해, 1997). 부정적 입장은 국어교육에서 문법교육이 필요하지 않다는 입장이고, 통합적 입장은 필요하다는 입장이다. 독자적 입장은 문법교육이 국어교육에서 중요한 가치가 있다는 입장인데, 국어 현상에 대한 연구, 태도나 가치관 형성, 국어의 발전과 문화 형성에 필요하다면 독자적으로 교수·학습할 필요가 있다는 것이다. 그리고 포괄적 입장은 문법교육을 통하여 국어에 대한 체계적인 지식을 갖추게 하고, 국어 사용 능력을 신장시키며, 사고력 배양 및 가치관 형성을 시킨다는 것을 포괄적으로 함의하는 입장이다. 현재의 교육과정은 이러한 포괄적 입장을 지향하고 있다고 보고 있다.

(3) 문학교육

문학 영역은 시나 소설, 수필과 같은 문학작품을 해석하고 감상하는 능력과 문학 현상에 대한 이해력을 발달시킨다. 여기서 말하는 문학은 '문학' 자체를 의미하기보다는 문학 현상을 말하는 것이다. 문학 현상은 문학의 창작, 문학 창작의 결과이면서 문학 감상의 대상인 문학작품, 문학의 감상을 가리킨다. 문학 현상의 범위를 넓히면 문학교육이 불가능할 정도로 그 범위가 넓어질 것이다.

문학 현상 중에서 가장 중요한 것은 예술로서의 문학작품이다. 따라서 문학교육은 예술로서의 문학이 갖는 본질, 구조, 기능을 밝히는 데 관심을 가져야 한다. 문학 현상을 연구하는 학문은 '문학 이론'이라고 할 수 있는데, 문학교육에서는 문학작품을 통하여 그 내용을 학습자의 삶과 관련지어 봄으로써 심미적 상상력과 건전한 심성을 계발하고 바람직한 인생관과 세계관 형성을 돕는 학습 활동을 강조한다. 아울러 개작, 모작, 생활 정서의 표현 등 작품의 심층적 감상을 돕는 학습 활동을 강조한다.

장애학생을 위한 문학지도에서는 개별 작품을 통하여 생활 정서를 표현하고, 다양한 삶이 있음을 인식하며, 문학작품을 즐겨 읽을 수 있도록 학생의 수준에 맞는 재미있고 친숙한 작품을 선정하여 제시한다.

3) 국어과 교수 · 학습 모형

교수 · 학습 모형은 실제 교수 · 학습 과정에서 절차, 전략, 활동, 기법 등을 단순화하여 나타낸 수업의 틀이라고 할 수 있다. 국어과의 교수 · 학습 모형에 국어과만을 위한 모형이 존재하는 것은 아니다. 2015 특수교육 기본 교육과정 국어과에 제시된 교수 · 학습 방향을 보면, 학년군별, 영역별, 내용요소와 성취기준을 고려하여 다양한 교수 · 학습을 전개하여 지도하는데, 직접교수법, 토의 · 토론 학습, 탐구 학습, 반응중심 학습, 문제해결 학습, 프로젝트 학습, 역할놀이 학습 등 다양한 교수 · 학습 방법을 적용하도록 제시하고 있다.

특수교육의 특성상 어떤 특별한 교수 · 학습 모형만으로 수업을 전개하기 어려울 수는 있으나, 커다란 의미에서 주된 교수 · 학습 모형을 활용하면 보다 짜임새 있는 수업을 운영할 수 있으리라 생각된다. 교사는 교수 · 학습 내용, 학습자의 수준, 교수 능력, 교수 · 학습 환경 등의 변인을 고려하여 최적의 모형을 선택하여야 한다. 국어과에서 사용할 수 있는 교수 · 학습 모형을 적용하기 위해서는 몇 가지 고려할 사항이 있다.

첫째, 각 교수 · 학습 모형의 특성, 절차, 활용에 대한 충분한 이해가 필요하다. 둘째, 각 모형에 제시된 절차는 실제 수업 운영 시 구현되는 '교수 · 학습 절차'의 예시이므로 수업 상황에 따라 '단계'나 '주요 활동'을 추가, 제외, 조정, 대치할 수 있다. 다만, 모형을 재구성하여 활용할 때에는 해당 모형의 주요 특성이나 본질이 훼손되지 않는 범위 내에서 이루어져야 한다. 해당 모형의 본질에서 벗어날 정도의 재구성이라면 다른 적합한 모형을 찾는 것이 바람직할 것이다. 셋째, 지도서 각론에는 교수 · 학습 모형의 적용 단위가 대부분 한 차시 40분으로 되어 있지만, 실제 지도 시에는 연속 차시 등에서 두 차시 80분에 걸쳐 하나의 모형을 적용할 수도 있다. 넷째, 수업 운영 시 각 교수 · 학습 모형의 특성이 잘 드러날 수 있도록 한다(신헌재, 권혁준, 김선배, 류성기, 박태호, 2010).

그러나 특수교육 현장에서는 교수 · 학습 과정에 특정 모형을 적용하지 않는 경우가 많고, 특정 모형을 적용한다고 기술하나 실제 수업에서는 그 모형의 특성이 드러나지 않는 경우가 많다. 교수 · 학습 모형은 그럴듯한 교수 · 학습 과정안을 위한 것이 아니라 짜임새 있는 수업을 하기 위한 것임을 잊지 말아야 한다.

국어과 교수 · 학습 모형은 다양하나, 특수교육에서 가장 많이 활용되는 교수 · 학습 모형인 '직접교수 모형'을 소개하고, 국어과의 대표적인 교수 · 학습 모형들의 단계를 제시하고자 한다. 교수 모형별 국어과 교수 · 학습 과정안은 신헌재 등(2010)을 참고하기 바란다.

직접교수(direct instruction) 모형은 수업에서 목표로 하는 기능을 학생들이 직접적으로 연습함으로써 신장시키는 학습 원리이다. 이는 주로 교사와 학생의 행동 원리를 중심으로 개념화한 것이다. 이 교수 모형은 전체를 세부 요소나 과정으로 나눈 뒤에 이를 순서대로 익히면 전체에 도달할 수 있다는 가정에 기초하고 있다. 학습 내용을 세분화하여 구체적이고 명시적으로 지도하므로 학습 목표 도달에 유리한 교수 모형이다. 그리고 학습 목표 도달에 불필요한 과정이나 활동을 최대한 배제함으로써 교수 · 학습의 효율성을 높일 수 있다.

직접교수법에서는 수업을 학습 목표에 따라 설명, 시범, 질의응답, 실제 연습, 오류 교정의 여러 단계로 진행한다. 단계별 특징은 다음과 같다. 여기에서는 다섯 단계

표 1-1 직접교수 단계

단계	활동 내용
설명하기 (구체적 예시 제공)	• 동기 유발 • 학습 문제 제시 • 학습의 필요성과 중요성 안내 • 학습의 방법 또는 절차 안내
시범 보이기 (직접교수)	• 적용 사례 또는 예시 제시 • 방법 또는 절차 시범
질문하기 (교사 주도)	• 세부 단계별 질문 • 학습 내용 및 방법 재확인
활동하기 (학생 주도)	• 적용 • 독자적 반복 연습
오류 교정하기	• 학생의 연습 관찰 • 오류 교정

를 제시하고 있는데, 오류 교정하기는 제시하지 않는 경우도 있다.

첫째, 설명하기 단계는 학습 내용에 대한 동기를 유발하고, 학습 내용을 소개하며, 그것을 왜 학습하여야 하는지 그 필요성과 중요성을 인식시키고, 어떤 절차나 방법으로 그것을 습득할 수 있는지 세분화하여 안내하는 단계이다. 둘째, 시범 보이기 단계는 학습 내용 적용의 실제 예시를 보여 주고, 그것의 습득 방법이나 절차를 세부 단계별로 나누어 직접 시범 보이거나 매체를 활용하여 시범 보이는 단계이다. 셋째, 질문하기 단계는 설명하고 시범 보인 내용을 더욱 구체적으로 이해시키고 이를 확인하기 위하여 주어진 학습 과제를 해결하는 데 필요한 지식, 전략, 고정 등에 관하여 세부 단계별로 질문하고 대답하는 단계이다. 넷째, 활동하기 단계는 주어진 목표를 달성하기 위하여 이미 학습한 지식 및 전략을 사용하여 일정한 절차에 따라 언어 활동을 실행하거나 과제를 해결하는 단계이다. 다섯째, 오류 교정하기 단계는 학생의 연습을 관찰하고 오류가 있는 경우 교정하여 주는 단계이다.

2. 언어의 이해

1) 말, 언어, 의사소통, 문식성

언어는 좁은 의미의 언어와 넓은 의미의 언어로 나누어 생각할 수 있다. 좁은 의미의 언어는 음성으로 표출되고 문법 체계가 있는 음성언어(구어, 말)를 뜻한다. 넓은 의미의 언어는 음성언어를 비롯해서 몸짓, 수화, 지문자, 표정, 문자언어(문어), 촉각기호 체계 (점자) 등 의사소통의 모든 수단을 의미한다. 일반적으로 음성언어에 의한 의사소통은 준언어적인 요소(예, 억양)와 비언어적 요소(예, 안면 표정, 몸짓)의 도움을 받게 된다.

음성언어는 언어의 중요한 기본 형태로서 의사교환과 사고의 주된 수단이므로 음 성언어에 장애가 있으면 개인적 또는 사회적 적응이 곤란하게 된다. 따라서 언어장 애를 의사소통장애(communication disorders)라고 부르기도 한다. 또한 언어장애를 구체적으로 구분하기 위해 말과 언어 장애(speech and language disorders)로 부르기 도 한다. 말과 언어는 의사소통의 수단으로서 아주 밀접하게 연관되어 있기 때문에 그중 하나에만 문제가 생겨도 일상생활을 하는 데 심각한 영향을 받을 수 있다.

의사소통은 화자와 청자 간에 생각이나 의견, 사실들을 상호 교환하는 행위이다. 따라서 메시지를 구성하여 전달하는 화자와 그것을 해독하고 이해하는 청자가 필요 하다. 화자와 청자는 의사소통 과정의 파트너가 된다. 의사소통은 우리가 우리의 환 경과 상호작용하는 데 가장 중요한 도구인데, 말과 언어는 이 도구의 일부분이 된다. 그러나 말과 언어는 관련이 있기는 하지만 동의어가 아니다. 말은 언어를 표현하는 한 방법으로서 단지 음성적인 표현일 뿐이며, 언어는 말에 담겨져 있는 메시지를 의 미한다. 예를 들어 보면, 농인들이 표현하는 수화는 말 없는 언어이며, 말하기를 훈 련받은 새는 언어가 아닌 말을 하는 것이다. 그러나 언어가 말 없이 존재할 수는 있지 만, 말은 때때로 언어의 일부분으로 생각할 수 있다.

문식성 또는 문해(literacy)는 단순한 읽고 쓰는 능력을 의미하는 것이 아니라 사회 적 활동에 참여하기 위해 글을 사용할 수 있는 능력을 의미한다. 즉, 사람들은 어떤 문제를 해결하기 위해 다른 사람들에게 글을 이용하여 자신의 생각을 전달하기도 하 고 받기도 한다. 때로는 새로운 정보를 얻기 위해 책을 읽거나 인터넷을 검색하기도 한다. 문식성이란 실제 생활에서 글을 사용하여 효율적으로 의사소통할 수 있는 능력을 말한다. 따라서 학교는 문식을 좀 더 넓은 개념으로 받아들여, 단순히 말하고, 듣고, 읽고, 쓰는 능력을 넘어서서 이를 통합하여 사회 현상을 바라볼 수 있는 능력을 가르쳐야 한다.

문식성 발달은 음성언어의 발달을 전제로 한다. 아이들은 어릴 때부터 그림책, 이야기책을 읽는 경험을 하고, 자신이 좋아하는 과자의 이름을 읽고, 거리의 간판이나 표지판을 읽는 경험을 한다. 이러한 경험은 음성언어 발달을 전제로 하며, 이러한 경험이 없는 문식성 발달은 거의 불가능하다고 할 수 있다. 즉, 아동들은 음성언어와 문자언어를 통합하면서 문식성을 발달시킨다.

2) 언어의 구조

올바른 국어교육은 언어에 대한 올바른 이해로부터 시작된다. 인간이 사용하는 언어는 나라에 따라 그 형태 및 구조가 다르다. 어떠한 언어든 그 내용을 다섯 가지 차원으로 나누어 살펴볼 수 있다. 즉, 음운론(phonology), 형태론(morphology), 통사론(syntax), 의미론(semantics), 화용론(pragmatics)이다. Bloom과 Lahey(1978)는 이러한 언어 체계를 형태(form), 내용(content), 사용(use)의 관점에서 나누어 분석하고 있는데, 언어장애도 역시 이러한 관점에 따라 의사소통하는 데 어떠한 문제가 있는지 알아볼 수 있을 것이다. 이를 도식화하면 [그림 1-2]와 같다.

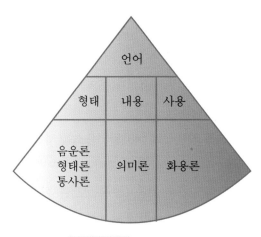

그림 1-2 **언어의 구조**

미국언어청각협회(American Speech-Language-Hearing Association: ASHA)는 '언어'를 다음과 같이 정의하고 있다.

> 언어는 사고와 의사소통을 위해 다양한 방법으로 사용되는 관습적인 상징의 복합적이고 역동적인 체계이다. 언어에 대한 최근 관점은 다음과 같다. (a) 언어는 특정 역사적 · 사회적 · 문화적 상황 안에서 변화한다. (b) 언어는 규칙이 적용되는 행동으로 적어도 음운론, 형태론, 통사론, 의미론, 화용론의 다섯 가지를 포함한다. (c) 언어 학습과 사용은 생물학적 · 인지적 · 심리사회적 · 환경적 요인 간의 상호작용에 의해서 결정된다. (d) 의사소통을 위해 언어를 효과적으로 사용하기 위해서는 비구어적인 단서나 동기, 그리고 사회 · 문화적인 역할과 같은 여러 요인들의 상호작용에 대한 폭넓은 이해를 요구한다.

이 정의에서도 언어는 음운론, 형태론, 통사론, 의미론, 화용론의 다섯 가지 요소를 포함하고 있음을 알 수 있다. 이를 언어의 형태, 내용, 사용의 관점으로 나누어 그 특징을 살펴보고자 한다.

(1) 언어 형태

언어의 형태는 음운론적/형태론적/통사론적 관점에 따라 그 특징을 기술할 수 있다.

음운론(phonology)은 언어의 소리 체계를 지배하는 언어학적 규칙을 연구한다. 음운론적 규칙은 말소리를 어떻게 나누는지, 그 계열은 어떠하며 어떻게 조합되는지를 알 수 있게 한다. 이러한 분석의 기초가 되는 것을 음소(phonemes)라고 한다. 음소는 의미를 전달하는 가장 작은 언어적 단위이다. 하나의 음소가 어떠한가에 따라 의미가 달라진다.

한국어는 자음 19개, 모음 21개 모두 40개의 음소를 사용한다. 이 40개의 음소를 조합하여 많은 말을 만들어 낸다. 음소들의 조합은 아무렇게나 이루어지는 것이 아니라 일정한 규칙이 있다. 우리말은 자음+모음, 모음+자음의 배열 순서를 가지고 있다. 또한 말소리는 조음의 위치와 방법에 따라 달리 발음된다. 그 내용은 〈표 1-2〉 〈표 1-3〉과 같다.

형태론(morphology)은 의미의 기본 단위가 단어 속에서 어떻게 조합되는지에 대한 규칙을 연구한다. 형태소는 의미를 전달하는 언어의 최소 단위이다. 형태소를 더 작은 단위로 쪼개면 의미가 없어져 버린다. 예를 들어, '사과'는 최소의 의미 단위인데 '사과'를 '사'와 '과'로 쪼개면 그 뜻이 없어진다. 형태소는 의미적(자유) 형태소와 문법적(의존) 형태소로 나누어 그 조합 규칙을 살펴볼 수 있다. 의미적 형태소는 명사, 동사, 형용사와 같이 독립적이고 혼자 있을 수 있다. 그 예로 사과, 행복, 미워 등을 들 수 있다. 문법적 형태소는 문법적인 범주와 관계를 나타내는 형태소로 조사, 부정, 복수 등의 의미를 나타내는 형태소를 말한다.

통사론(syntax)은 문장의 형식과 구조를 지배하는 규칙을 말한다. 즉, 단어, 절과 어순, 문장 조직, 단어들 간의 관계성, 단어와 문장의 다른 요소와의 관계성을 자세

표 1-2 자음 배치도

조음위치 / 조음방법	양순음	순치음	치(간)음	치경음	경구개음	연구개음	성문음
파열음(무)	p			t		k	
(유)	b			d		g	
마찰음(무)		f	θ	s	ʃ		h
(유)		v		z	ʒ		
파찰음(무)					tʃ		
(유)					ʤ		
비음(유)	m			n		ŋ	
유음(유)				l	r		
활음(유)					y	w	

표 1-3 모음 배치도

	전설	중설	후설
고	i / I		u / U
중	e / ɛ	ʌ	o
저	æ a		ɔ

히 보여 준다. 문장을 만들기 위한 단어의 배열은 임의적으로 이루어지는 것이 아니라 정해진 규칙을 따라야 한다. 따라서 통사론은 어떤 단어 조합이 가능하고 문법적이며 어떤 것은 그렇지 않은지를 밝혀 주는 역할을 한다. 이러한 규칙은 각 나라의 언어에 따라 다르게 나타난다. 예를 들어, 한국어나 일본어는 주어＋목적어＋동사 순이지만 영어는 주어＋동사＋목적어 순이다.

(2) 언어 내용

언어의 내용은 언어의 의미적 수준을 말하기 때문에 '의미론(semantics)'이라고 한다. 즉, '의미론'은 사고, 감정, 사건, 관계, 과정 등에 대한 언어적 표상을 말한다. 의미론은 단어와 단어 조합의 의미 또는 내용을 지배하는 규칙 체계이다. 의미는 실재를 최소한의 다른 범주로 나누는 분류 체계이다. 의미의 범주는 비슷한 대상, 행위, 관계들을 다른 것들과 구분할 수 있게 해 준다. 이처럼 의미론적 구조는 단어와 단어의 조합에서 유사성과 차이점을 말해 줌으로써 사물, 사건 및 그들 간의 관계성, 그리고 인지와 사고에 관한 문제들을 언어의 형태와 관계 짓는 기능을 한다(Owens, Metz, & Haas, 2000). 의미론적 능력은 사람들이 세상에 대하여 무엇을 아는지를 나타내기 때문에 의미론적 지식은 인지적 지식의 한 부분이라고 볼 수 있다. 따라서 교사가 아동들의 어휘 발달을 평가할 때는 의미론적 능력에 대한 주요 구성 요소로 조사한다.

(3) 언어 사용

언어의 사용은 언어가 다양한 맥락에서 어떻게 사용되는지를 지배하는 관습을 말한다. 이러한 언어 사용에 관한 연구 분야를 화용론(pragmatics)이라고 한다. 최근 들어 많은 언어장애 관련 학자들이 언어의 형태보다 언어의 사용인 화용론에 구체적인 관심을 갖게 되었는데, 그 이유는 언어의 근본적인 목적이 의사소통을 하기 위한 수단이라는 것이 강조되어 왔기 때문이다. 언어의 사용은 효율적인 의사소통에 필요한 전략, 규칙, 관습에 의해서 지배된다. 의사소통을 원활히 하기 위해서는 앞에서 제시한 언어의 형태, 즉 문법적 능력은 물론 화용적 능력도 갖추어야 한다. 왜냐하면 원활한 의사소통을 하기 위해서는 문법적 능력에 더하여 말하기 규칙(대화 상황에 알맞은 표현의 선택을 요구하는 규칙)이 요구되기 때문이다.

현재 사용되고 있는 화용론이라는 용어는 Austin(1962)이 제시한 화행(話行, speech

acts)의 개념에서 유래되었다. 모든 말은 화행이며, 적절한 화행은 어떤 조건들을 충족시켜야 한다. 즉, 의사소통자들 간에 적절한 말을 주고받기 위해서는 의사소통에 참여하고 있는 사람들이 의도하는 것과 의사소통 상황을 적절히 배려해야 한다. Ervin-Tripp(1977)은 효과적인 의사소통을 위해서 고려하여야 할 사회적 규칙을 제시하고 있다. 첫째는 대안적 규칙이다. 상대방과 상황에 따라 "밥 줘." "뭐 먹을 것 좀 없니?" "배고프지 않니?" 등의 말을 골라 사용하는 것이다. 둘째는 제약성의 규칙이다. 이는 말을 어느 정도로 강하게 하는가와 관련이 있다. 말을 강압적인 어투로 할 수도 있고 제안적인 어투로 할 수도 있다. 셋째는 의례적인 규칙이다. 초상집이나 잔칫집, 그리고 생일이나 축하할 일이 생겼을 때 그 상황에 따라 표현하는 말이 있다.

이상의 규칙들을 원활하게 적용해 말하기 위해서는 다음 두 가지를 반드시 고려하여야 한다. 첫째는 어떤 종류의 말을 골라서 사용하여야 할지에 대한 언어적 선택의 문제이다. 둘째는 의사소통을 해야 하는 이유, 즉 의사소통의 의도성을 결정하는 문제이다. 이것은 청자나 상황에 대한 화자의 지각에 따라 달라지며 상대방의 성, 연령, 성격, 사회적 지위, 교육 정도에 영향을 받게 된다(이차숙, 2005).

3) 언어습득 이론

아동의 언어장애 여부를 알기 위해서는 일반아동의 언어발달 단계를 잘 알고 있어야 한다. 그래야만 아동의 언어가 교정 대상인지 아닌지를 판단할 수 있기 때문이다. 아동의 언어는 아주 복잡하게 발달해 나가며 개인차가 크지만, 그 발달 계열은 거의 동일하게 나타나고 있다. 아동의 언어습득에 관해서는 학자들에 따라 그 견해가 다르다. 일반적으로 언어습득 이론에는 행동주의, 생득주의, 상호작용 이론이 있다.

(1) 행동주의 이론

행동주의 이론은 Skinner(1957)를 중심으로 한 행동주의자들의 입장이다. 언어는 다른 학습 원리와 마찬가지로 조작적 조건화와 강화의 원칙에 따라 학습된다는 것이다. 아동은 부모의 자극 및 강화에 따라 언어를 모방하게 되고, 그 행동을 더욱 빈번히 사용하여 언어가 발달한다고 보고 있다. 즉, 언어 능력이란 언어경험을 통하여 반복적으로 들은 것을 익혀서 습관적으로 말할 수 있는 상태를 말하며, 결국 말을 배운다는 것은 후천적인 경험으로 이루어진다는 관점이다.

Skinner는 자신의 저서에서 아동의 언어습득을 세 가지 과정으로 설명하고 있다.

- 'mand' 반응: 명령(command)이나 요구(demand)에서 나온 개념으로, 아동은 언어습득 과정에서 상대방과의 명령과 요구가 개입되면서 언어가 습득된다는 것이다. 예를 들어, 아동이 "무, 무……" 하는 소리를 냈을 때 엄마가 이를 물을 달라는 소리로 알고 물을 가져다주면, 아동은 이러한 반복적인 경험을 통해 물이라는 말을 학습하게 된다.
- 'tact' 반응: 접촉(contact)이라는 낱말을 따서 만든 용어이다. 아동의 경우 상대방과의 신체적·물리적 접촉이 언어습득의 원인이 된다고 보는 것이다. 엄마가 아동과 어떠한 사물을 가지고 놀이를 하면서 아동이 내는 무의미한 소리를 그 놀이의 의미로 받아들이며 반복해 주면, 아동은 사물과 접촉하면서 그 단어를 습득하게 된다.
- 'echoic' 반응: 아동은 주변 성인의 말소리를 그대로 따라서 소리 낸다는 것이다. 아동이 우연히 엄마의 말을 모방했는데 엄마가 그 말에 대해 보상해 준다면 강화를 받아 언어를 습득한다는 것이다.

그러나 최근의 여러 연구에서는 아동이 성인의 말을 그대로 따라 하지 않는다고 주장하고 있다. 대부분의 아동은 성인이 하는 말을 자기 나름대로 단순화하여 발화한다. 결국 아동의 언어발달은 다른 학습의 원리와 마찬가지로 자극, 모방, 강화가 중요한 요소로 작용한다고 본다. 그러나 이 이론은 언어와 사고의 관계를 직접적으로 설명하지 못하는 제한점을 가지고 있다.

(2) 생득주의 이론

생득주의 이론은 아동의 언어습득을 천부적인 능력으로 보는 입장이다. Chomsky (1965)는 인간이 태어날 때부터 언어를 습득할 수 있는 능력을 가지고 태어난다고 하였다. 아이들은 어느 나라에서 태어나든 자신의 모국어를 습득할 수 있는 보편성을 선천적으로 가지고 태어난다. 또한 아이들은 자신이 들어 보지 않았어도 새롭고 문법에 맞는 문장을 만들어 내는 능력을 가지고 있다. Chomsky는 이러한 능력이 언어

습득장치(language acquisition device: LAD)라는 기제에 의해 일어난다고 보고 있다. 이러한 이론은 앞에서 살펴본 행동주의자들의 주장과는 상반되는 것으로 아동의 언어는 아동이 성숙함에 따라 자연스럽게 습득하는 것이지 주변의 성인들로부터 강화나 모방을 통해서 습득되는 것이 아니라는 것이다.

그러나 Chomsky의 이론은 실증적인 증거가 확실하지 않다는 한계가 있다. 그는 보편 문법을 생물학적 기제로서 대뇌의 어딘가에 존재하는 것으로 가정하고 있지만 신경과학에서의 증거들은 아직 확실한 부위를 밝혀 주지 못하고 있다. 또한 Chomsky의 언어습득 이론이 통사 습득에 관한 이론일 수는 있어도 언어 전체에 대한 습득 이론이 될 수 없다는 비판이 있다(김진우, 1999).

(3) 상호작용 이론

상호작용 이론은 학습자의 유전적 기질과 아동 언어 환경의 상호작용을 강조하는 이론이다. 아동에게 주어진 모든 요인, 즉 인지적 · 사회적 · 성숙적 · 언어적 요인이 상호작용하고 서로 수정하면서 언어발달에 영향을 미친다는 이론이다. 상호작용주의는 크게 구성주의와 사회적 상호작용주의의 관점으로 나눌 수 있다.

구성주의 이론은 아동이 주변의 환경과 상호작용하는 가운데 세상을 이해하고 지식을 구성해 간다고 본다. 즉, 아동은 어떤 것을 새롭게 경험하면 그것을 이미 아는 것과 관련시키고 가설을 만들고 증명해 나간다. 아동은 계속적인 경험을 통해서 자기가 아는 것을 수정하거나 새로운 지식을 생산하게 된다. 어린 아동들의 문법적인 오류는 점차로 성인이 되어 가면서 바뀌지만, 아동이 어릴 때 사용하던 문법적 오류는 자신이 구성한 것이지 성인의 말을 모방한 것은 아니다(Clay, 1982). 다시 말하면, 어린 아동들의 문법적 오류는 성인의 말에서는 나타나지 않는 말이라는 의미이다. 따라서 구성주의자들은 아동의 말과 문해 능력의 발달을 위하여 어릴 때부터 다양하고 흥미 있는 활동에 참여할 수 있는 기회를 제공하여야 함을 강조하고 있다.

다음으로 사회적 상호작용 이론은 인간의 언어습득이 기본적인 사회적 · 정서적 동기에 의해서 이루어진다는 입장이다. 아동은 본질적으로 적극적이고 호기심이 많기 때문에 주변의 다른 사람과 상호작용하면서 지식을 얻는다. 언어는 이를 위한 가장 중요한 수단이다. 대표적인 학자인 Vygotsky(1986)는 아동이 다른 사람과의 상호작용을 통해서 비교적 독립적인 기능인 '언어'와 '사고'를 '언어적 사고(verbal thought)'로 바꾸어 나간다고 주장하고 있다. 이것이 내적 언어(inner speech)로, 아동의 음성적 의사소통을 촉진시키고 문자언어를 위한 발판이 된다. 여기서 중요한 것은 교사나 성인의 역할이다. 즉, 교사는 아동과의 사려 깊은 대화, 관찰, 협력을 통하여 아동의 현재 수준을 잘 파악하고, 그에 적절한 활동을 제시하고, 함께 문제를 해결할 수 있어야 한다. 교사는 아동의 현재 언어 수준과 다른 사람의 도움을 필요로 하는 언어 수준 사이, 즉 근접발달영역(zone of proximal development: ZPD) 내에서 아동을 지도하여야 한다. 결과적으로 아동은 교사 또는 다른 성인과의 상호교류를 통하여 정신적인 과정을 공유하고 그것을 더 효과적으로 사용하는 방법을 배워 나간다.

아동의 언어습득에 관한 이론은 학자 간에 차이가 있으나, 결국 아동은 나이가 들어 갈수록 좀 더 길고 복잡한 문장을 사용하며, 사용에서의 오류가 점차 줄어든다는 사실은 누구도 부정하지 않는다. 그러나 아동의 언어발달은 여러 가지 다른 측면과 밀접한 관련이 있다. 이에 따라 아동은 같은 나이일지라도 일어문을 사용하는 아이가 있는가 하면, 이어문을 사용하는 아이도 있고, 수백 개의 단어를 자유자재로 구사하는 아동도 있다. 반면에 제한된 단어를 사용하고, 정확하지 않은 발음을 하는 아동도 있다. 그 원인이 무엇인지 정확히 알 수는 없지만, 아동의 신체·정서적 조건, 지적 능력, 가정 및 학교 환경 등을 고려하여 어느 정도는 추정이 가능하리라 생각한다.

3. 언어와 사고

1) 언어와 사고의 관계

인간은 다른 동물들과는 달리 생각할 줄 아는 존재이다. 다른 동물들은 본능에 따라 행동하지만 인간은 이성에 따라 합리적으로 사고한다는 것이다. 사고란 아주 추상적인 개념으로, 사고하는 대상에 대한 정신 작용이라고 할 수 있다. 이 정신 작용은 크게 두 가지로 나눌 수 있다. 하나는 변화를 초래하지 않는 정신 작용이고, 다른 하나는 변화를 초래하는 정신 작용이다. 이는 각각 단순 기능과 고등 기능이라고 부를 수 있다. 단순 기능은 사고의 대상을 찾는 정신 작용이고, 고등 기능은 사고의 대상에 대한 변화를 꾀하는 정신 작용이라고 말할 수 있다.

이러한 관점은 교육학자인 Bloom의 인지적 영역의 교육 목표에서도 살펴볼 수 있다. 그는 교육 목표를 지식, 이해, 적용, 분석, 종합, 평가의 여섯 가지 기능으로 나누고 있다. 이 중에서 첫 번째 '지식'은 사고의 대상을 찾는 정신 기능이고, 나머지는 사고의 대상인 지식에 어떠한 변화를 꾀하는 정신 작용이다. 우리가 말하는 고등 정신 작용이란 기존의 지식에 어떠한 변화를 꾀하는 정신 작용을 말하며, 교육은 이러한 정신 작용을 더 중요시한다. 변화를 꾀하는 정신 작용은 새로움을 추구하는 창의적 사고이고, 이러한 점에서 사고는 교육이 추구하는 최상의 목표가 되는 것이다.

언어교육의 중요성은 언어와 사고의 긴밀한 상호 관련성에서 찾아볼 수 있다. 언어가 없는 사고는 생각할 수 없으며, 사고 없는 언어도 생각할 수 없다. 이러한 둘 사이의 관계에 대한 의미를 알아야만 좀 더 정확한 국어교육이 가능하리라고 본다.

그러나 학자에 따라서는 언어와 사고의 관계에 대해서 상반되는 주장을 하기도 한다. 어떤 학자는 언어가 더 중요하다고 하고, 다른 학자는 사고가 더 중요하다고 하고, 또 다른 학자는 이들 간의 상호작용을 주장하기도 한다. 이러한 언어와 사고의 관계를 정리해 보고자 한다.

첫째, 언어는 사고보다 중요하며 사고에 영향을 준다는 주장이다. 이러한 언어 우위설을 언어의 상대성 원리, 또는 Whorf 혹은 Sapir-Whorf 가설이라고도 불린다. 이들 학자는 언어가 인간의 사고를 통제한다고 주장하고 있다. 이 논리에 따르면 사고 차이 또는 생각 차이가 생기는 원인은 먼저 두 언어의 특성 차이에서 찾을 수 있다. 어떤 언어에서 구분되지 않은 채 남아 있는 개념이 다른 언어에서는 잘 구분되는 어휘 항목으로 남아 있기 때문이다. 영어로 한 단어인 '눈(snow)'이 한국어에서는 내리는 양상에 따라 진눈깨비, 함박눈, 싸리눈, 솜눈 등으로 구분되기도 한다. 이러한 어휘의 차이로 말미암아 사물을 범주화하는 것과 그에 대한 사고에 차이가 나기 때문이다. 또한 Whorf는 언어의 문법 범주에 대한 연구가 문화적 통찰을 깊게 해 주고, 그리하여 민족학의 발전에 매우 중요하며 결국에는 우리 사고의 무의식적 경향을 밝혀 줄 수 있다고 생각했다(이삼형 외, 2007).

둘째, 사고가 언어보다 중요하며 사고가 언어에 영향을 미친다는 주장이다. Piaget는 아동의 인지발달의 4단계를 제시하면서, 아동의 언어 능력은 인지발달 단계를 앞서지 못한다고 하며 사고가 언어에 우선한다는 사고 우선론을 지지하면서도 언어발달이 인지발달에 영향을 준다고 주장하였다. 아동은 인지적으로 발달하면서 자신의 생각을 남에게 전달하려는 의도 없이 말하는 자기중심적 언어의 단계에서 남에게 의도적으로 생각을 전달하려는 사회화된 언어로 넘어간다고 하고 있다. 이러한 자기중심적 사고에서 탈자기중심적 사고로 발달하는 것은 언어발달에서도 그대로 나타난다. 따라서 지적인 준비가 안 된 상태에서 언어를 습득하는 것은 어려운 일인 것이다.

셋째, 언어와 사고는 상보적인 관계에 있다는 주장이다. 대표적으로 Vygotsky의 견해를 살펴보고자 한다. Vygotsky는 언어와 사고는 원래 다른 근원을 가지고 발달하기 때문에 언어발달에는 지능 이전의 언어(preintellectual language)가 있고, 사고발달에는 언어 이전의 사고(preverbal thought)가 있다고 한다. Vygotsky에 따르면, 아기의 옹알이, 울음, 처음 나타나는 말도 사고와는 무관한 언어발달 단계이다. 영아가 표현하는 초기 단어는 조건 형성된 것과 같은 소수의 사물, 사람, 행위, 상태 또는 소망에 관한 것들이며, 영아는 다른 사람이 제공해 준 단어만을 알고 있다. 그러나 어느 시점에 이르면 사고와 언어는 서로 통합된다고 주장하고 있다. 아동이 2세경이 되면 사고와 언어의 발달곡선이 서로 교차되어 자신의 생각을 언어로 표현하고, 표현할 수 있는 말도 논리적이 된다.

이와 같이 언어와 사고를 바라보는 관점은 상이하지만, 이 모두가 언어와 사고가 서로 관련이 있다는 것에는 동의하고 있다. 즉, 언어의 발달은 곧 사고의 발달이기 때문에 언어교육이 어떤 교육보다 중요하다는 사실을 시사하며, 언어교육은 곧 사고교육이 되어야 함도 알 수 있다.

언어학자 Halliday(1975)는 언어와 사고의 긴밀한 관계를 잘 나타낸 학자라고 할 수 있다. 그는 언어학습(learn language)을 사고(의미)를 표현하는 방법의 학습(learning how to mean)이라고 말하였다. 이 말은 언어학습이 상대방의 뜻을 이해하고 나의 뜻을 상대방에게 이해시키려고 하는 의사소통의 필요에 따라 산출되고 안내되며, 이 과정에서 언어는 표현하고자 하는(또는 이해하고자 하는) 뜻(의미, 내용, 사고)을 가다듬는 역할을 한다는 것이다(이차숙, 노명완, 1995).

2) 사고중심 국어교육

국어교육과 사고의 관계를 알아보기 위해서는 국어교육의 핵심인 언어 사용 기능에 대해 생각해 볼 필요가 있다. 언어 사용 기능은 듣기와 읽기의 이해 기능과 말하기와 쓰기의 표현 기능으로 나뉜다. 이러한 이해 기능과 표현 기능은 단순 기능이 아닌 고도로 복잡한 문제해결 과정이다. 예를 들어, 읽기 기능은 언어 기호를 의미로 해독하고 요약 · 해석하는 기능이 반드시 필요하다. 여기에서 언어 기호를 의미로 재구성하는 일은 고도의 사고력이 요구되는 복합적인 사고과정이다. 따라서 언어 사용 기능은 곧 사고력이요, 언어 사용 기능을 개발하는 것은 효과적으로 사고할 수 있는 기능을 높여 주는 것과 마찬가지라 할 수 있다.

일반적으로 심리학자들은 언어 기능과 사고 기능을 분리하여 탐구하는 경향이 있다. 그러나 교육학자들은 이를 분리하지 않고 어떻게 조합하는가에 관심이 있다. 앞서 언급하였듯이 언어와 사고는 긴밀하게 연계되어 있기 때문이다. 과거의 언어교육과 사고교육에서는 언어와 사고를 이질적인 것으로 간주하여 분리시키고 각각의 기능을 분석하고 세분화하여 교육하였다. 그러나 언어와 사고는 통합적인 정신과정으로 작용하므로 국어교육은 언어와 사고를 통합하는 방향으로 나가야 할 것이다.

언어와 사고를 통합하는 교육은 언어나 사고 각각의 하위 기능을 가르치는 것이 아니라 실제 상황을 문제 사태로 제시하고, 제시한 문제를 해결하는 데 필요한 모든 가능한 단서나 힌트를 최대한 사용하는 것이다. 다시 말하면, 통합적 접근에서의 주요 관심사는 문제의 해결이며, 학습자의 임무는 문제를 해결하는 데 필요한 사고를 하는 것이고, 교사의 역할은 학습자의 사고 방향을 잡아 주는 것이다.

아동의 사고 방향을 잡아 주는 예로 두 가지 사고 유형의 교육적 활용을 들 수 있다. 그 내용은 다음과 같다.

- 수렴적 사고: 기존의 정의나 개념을 수용하면서 문제 사태 내에서 현상을 논리적 방법으로 유형화하는 사고이다. 나중에 새로운 사태에 적용되고 검증되어야 한다.
- 확산적 사고: 주어진 문제 사태에 적용될 수 있는 기존의 법칙이나 해석을 깨고 새로운 해석을 탐구하기 위해 다양한 방법으로 확장하는 열린 사고이다.

수렴적 사고나 확산적 사고 모두 학습 상황에서 필요하다. 그러나 창의성보다는 논리를 강조하는 지식이 중요시되는 학교교육의 본질적 특성 때문에 학교의 학습 사태에서는 확산적 사고가 무시되는 경우가 많다. 확산적 사고는 기존의 지식 범주를 벗어나 확산하는 사고로 수렴적 사고보다 창의적이다. 그러므로 아동의 확산적 사고를 위해서는 교사의 세심한 배려하에 논리를 갖추어 가도록 지도하는 것이 필요하다.

3) 언어와 사고의 관계가 국어교육에 주는 시사점

지금까지 이야기하였듯이 언어와 사고는 긴밀히 연관되어 있음을 알 수 있다. 그렇다면 언어발달 단계와 사고발달 단계는 국어교육에 어떤 시사점을 줄 수 있는가?

첫째, 아동의 언어 사용 실태를 조사하면 사고력의 발달 단계를 진단, 추론할 수 있다. 아동의 언어 사용에 대한 내용은 곧 사고의 내용이므로 그에 적합한 언어교육을 할 수 있다.

둘째, 언어교육으로 사고력 발달을 신장시킬 수 있다. Piaget의 인지발달 단계를 보면, 형식적 조작기는 언어를 매개로 인지적 조작을 하고 문자언어를 통해 지식과 정보를 전달하고 전수한다. 그렇다면 그 이후에는 사고력이 발달하지 않는 것일까? 그렇지 않다. 사고력이 발달할 수 있는 완벽한 도구인 언어가 완성되면, 그 시기부터는 언어적인 지각과 추론, 언어적인 감각과 정서를 발달시키면서 더 복잡한 사고가 발달하게 된다.

셋째, 국어교육의 목표를 언어적 사고력 신장으로 삼을 수 있다. Vygotsky는 언어적 사고를 '요소로서 분석적 접근'이 아닌 '단위로서 분석적 접근'을 하여 언어적 사고의 단위를 단어 의미에서 찾고 있다. 언어적 사고는 언어와 사고의 통합과정이고 표현과정과 이해과정에서 일어나는 필수적인 현상이기에 이 과정에서 존재하는 언어적 사고 능력을 신장시키는 것을 국어교육의 목표로 삼아야 한다고 주장하고 있다.

넷째, 국어교육 내용의 위계와 연계를 생각해 볼 수 있다. Bloom은 교육의 목표를 '지식, 이해, 적용, 분석, 종합, 평가'로 나누고 있는데, 지식을 기억력이라고 보면 나머지는 사고력과 연관이 있다. 따라서 사고력은 국어교육의 내용과 관계를 이해하는 데 중요한 축이 되어 왔다.

국어과에서 사고력 중심의 수업을 하고자 한다면 내용 목표와 사고 기능 목표가 동시에 다루어져야 한다. 학생에게 의미 있는 내용을 습득하게 함과 동시에 사고력을 가르쳐야 한다. 따라서 알아야 할 내용을 단순히 가르치는 것만으로는 부족하다. 이와 병행하여 내용을 사용할 줄 아는 방법도 함께 가르치되, 능동적인 참여를 강조하고 기회를 주어야 한다. 교사는 시범을 보이고 적극적으로 사고를 유도하는 발문을 하여 수업을 관리하여야 한다.

국어 교과는 언어 사용을 다루는 교과이기 때문에 언어 활동과 관련 있는 사고력 신장에 관심을 기울이는 것은 당연한 일이다. 이는 국어교육의 전반적인 질을 높이는 일이며, 도구 교과로서의 국어교육의 위상을 높이는 일이다.

4. 발달장애 학생의 국어교육

특수교육의 일차적인 목표는 장애를 가진 아동이 현재와 앞으로의 세상에 잘 적응하면서 살아 나갈 수 있도록 돕는 일이다. 일반적으로 장애학생을 위한 전통적인 교육과정은 일반 정규교육과정을 기본으로 하여 아동의 장애 정도를 고려하여 적절하게 활용할 수 있도록 구성되어 왔다(Polloway, Patton, & Serna, 2001). 그러나 이와 같은 교육과정은 아동 개개인의 발달과 주어진 환경에 적응하게 하는 데는 공헌하였지만, 일반아동과 어울려 살아 나가는 것에는 소홀하였던 것이 사실이다. 실제로 장애아동이 일반학교에 통합되어 교육을 받는다면 학교나 지역사회에 성공적으로 통합되기 위한 프로그램이 마련되어야 할 것이다. 이를 위해서는 모든 프로그램 내용이 기능적이고 실제 생활 방식에 맞게 수정되어야 하며 생활이 곧 교육과정이라는 관점을 가져야 할 것이다.

특수교육은 장애아동이 통합적인 상황에서 일반아동과 잘 어울려 살 수 있게 하는 것이 목적이라고 할 수 있는데, 이를 위해 가장 기본적이고도 필수적인 것이 의사소통 능력이다. 의사소통이란 화자와 청자 간에 자신들의 생각을 주고받는 것을 말한다. 여기에는 메시지의 전달과 그에 대한 반응, 그리고 반응에 대한 피드백이 포함된다. 상대방과의 의사소통이 원활하지 않으면 학교에서의 교과학습에 어려움을 겪을

뿐만 아니라 대인관계, 사회적 기술, 나아가 정서적 발달에도 악영향을 줄 수 있다.

1) 발달장애 학생의 국어교육 방향

일반적으로 국어 사용 능력은 언어를 의미로, 의미를 언어로 구성하는 고등 수준의 사고 능력을 기반으로 향상된다는 점과, 기초 학습자에게 사고를 언어로 표현하고 또 언어를 통해 사고를 이해하는 고등 정신 능력을 신장시키는 데 있다는 점을 강조한다.

장애학생을 위한 국어교육은 장애학생의 특성 및 능력에 따라 다르게 적용될 수는 있으나, 근본적인 목표가 의사소통 기능을 신장하는 것이라는 데는 이의가 없으리라 생각한다. 현재 우리나라 발달장애 학생의 대부분은 기본 교육과정을 적용받고 있다. 기본 교육과정(교육과학기술부, 2011)의 국어과 성격은 공통 교육과정의 국어과 성격과 맥을 같이하면서도 발달장애 학생의 특성을 감안하여 조정하여 제시되어 있다.

기본 교육과정에서 추구하는 국어과의 성격은 언어 사용 기능을 신장시켜 의사소통을 원활히 하도록 하고, 그 과정에서 올바른 태도와 습관을 형성하여 생활 속에서 언어를 바르게 활용하도록 하는 것이다. 일반적으로 국어과의 경우 언어 사용 기능, 언어, 문학의 세 영역으로 구성되지만, 발달장애 학생을 대상으로 한 기본 교육과정의 국어과는 언어 사용 기능에 중점을 두었다. 2011년 기본 교육과정이 개정되면서 공통 교육과정과 같이 듣기, 말하기, 읽기, 쓰기, 언어, 문학의 여섯 가지 영역으로 나누어 구성되었는데, 2015 기본 교육과정에서는 발달장애 학생의 의사소통 기능 신장에 초점을 맞춰 듣기 · 말하기, 읽기, 쓰기 등 세 가지 영역만을 제시하고 있다.

국어과에서 강조하는 언어의 활용은 단순히 습득한 언어적 이해와 표현을 기억으로 저장하는 것을 요구하는 것이 아니다. 오히려 실생활에서 직접 사용함으로써 언어의 규칙과 원리를 발견할 수 있다는 것을 강조하고 있다(Owens, 2004). 현재까지 기본 교육과정의 내용은 대부분 교실 상황에서 의사소통을 중재하는 내용으로 구성되어 있으며, 개개인의 언어 능력을 향상시키는 데 초점을 맞추고 있다. 따라서 더 많은 일상생활 장면을 포괄한 교육이 필요할 것이다.

장애학생을 위한 국어과 교육과정은 실생활에 직접적으로 필요한 기능적 의사소통 능력을 향상시키는 교육과정으로 구성되어야 한다. 대부분의 언어교육 전문가들은 과거의 형태론적이고 어휘 중심적인 교육에서 아동의 전반적인 의사소통의 효율성과 관련이 있는 기능적이고 총체적인 언어 접근에 관심을 기울이고 있다(Owens, 2004; Owens, McNerney, Bigler-Burke, & Lepre-Clark, 1987; Yoder, Warren, Kim, & Gazdag, 1994). 이에 따른 언어중재의 전통적 모델과 기능적 모델을 비교해 보면 〈표 1-4〉와 같다.

Chomsky에 따르면, 아동의 언어 능력은 문법적 능력과 화용적 능력(pragmatic competence)으로 나눌 수 있는데, 의사소통을 원활히 하기 위해서는 문법적 능력은 물론 대화 상황에 알맞게 표현하는 능력인 화용적 능력도 갖추어야 한다.

아동이 통사 구조상 완전한 문장을 구사할 수 있다 하더라도 화용론적 측면의 언어 능력이 지체되어 있을 경우 의사소통에 어려움을 겪지 않을 수 없으며, 그리하여 가정생활은 물론 직업생활이나 사회생활에서도 어려움을 겪게 된다. 화용론은 학자들의 관점에 따라 약간 다른 입장을 보이기는 하지만, 사회적인 맥락 내에서 언어를 어떻게 사용하는가에 관심을 두고 있다. 화용론은 언어적인 요인만이 아니라 준언어적인(paralinguistic) 요인과 비언어적인(nonverval) 요인에도 관심을 가진다. 이와 같은 요인 중 어느 하나라도 정상적인 기능을 하지 못하면 원만한 의사소통을 하는 데 어려움이 있을 수 있다.

장애아동 교육에 대한 기능적 접근이란 아동의 실제 생활과 직접적으로 관련된 지식과 기술을 지도하고 그것을 실제 생활에 적용할 수 있도록 가르치는 것이다. 이렇

표 1-4 언어중재의 전통적 모델과 기능적 모델의 비교

전통적 모델	기능적 모델
• 인위적인 상황에서 개인 또는 소집단 설계 • 독자적인 언어적 구문에 관심 • 중재: 모방, 연습, 훈련 등의 모델링 • 사회적 도구에 의한 언어의 사용에 관심이 적음 • 중재 목표가 아닌 언어적 구문 개발 기회 부족 • 중재 동안 다른 사람과 다양한 상호작용 기회 부족	• 자연스러운 상황에서 개인, 소집단, 대집단 가능 • 자발적인 대화를 통한 의사소통에 관심 • 메시지 전달, 의사소통을 위한 기술 • 중재 기간 동안 소통을 위한 언어의 사용이 활용됨 • 자발화, 사회적 상호작용을 통한 의사소통 기술 개발 기회 증가 • 상대방과의 다양한 상호작용을 통한 의사소통 기술 개발 기회 증가

출처: Owens (2004).

게 볼 때 기능적 의사소통이란 아동이 실제 일상생활을 하는 데 있어서 음성이든 비음성이든 상대방과 직접적으로 의사소통하는 것이다.

2) 의사소통 교육 원리

발달장애 학생의 언어지도는 장애의 정도와 그에 수반하는 문제에 따라 달라진다. 그 방법은 의사소통 패턴 다양화, 놀이나 사회적 상호작용 기회 증가, 교과와 개인 간의 맥락학습을 위한 아동의 잠재력 극대화에 초점을 두어야 한다. 나이 든 아동일수록 아동이 학습하고 경험한 교과와 사회적 실패를 고려하여야 한다. 이러한 아동에게는 학습자로서, 그리고 사회적 참여자로서 자존감과 자신감을 향상시키기 위한 방법이 필요하다. 여기에는 아동 자신만이 아니라 그 가족까지도 포함하는 다차원적인 중재 요소를 포함하는 것이 필수적이다.

아동의 언어지도에서 가장 중요한 것은 의사소통자로서의 능력을 키워 주는 것이다. 이를 위해서 언어임상가는 프로그램 계획에 앞서 교사와 보호자와의 상담을 선행해야 한다. 직접적인 중재 기법은 기초적인 개념 발달, 다양한 맥락에서 정보를 이해하고 만들기 위한 교수 전략, 화자와 청자의 역할, 초언어적 인식 발달을 강조하여야 한다. 물론 이러한 것은 언어임상가만이 노력할 것이 아니며, 아동의 교육과 관련 있는 모든 구성원이 팀티칭을 하여야 한다. 아동이 과거에는 학교 밖에서 개별 또는 소집단으로 교육을 받았다 할지라도, 언어임상가는 교실 내에서 이루어질 수 있는 프로그램을 개발하여야 할 것이다.

심각한 언어 문제는 개별적인 중재를 원칙으로 하지만, 일반적인 의사소통 문제는 집단 상황에서도 중재할 수 있어야 한다. 아동 간의 의사소통은 대체로 학급 상황에서 이루어지기 때문에 교사는 항상 역동적인 언어 활동 상황을 제시하여 아동들이 자연스러운 상황에서 의사소통하는 방법을 습득할 수 있도록 주의를 기울여야 한다.

따라서 발달장애 학생들을 위한 기능적 언어중재는 매우 중요하다고 할 수 있다. 교사는 아동들과 의사소통하기 위하여 구체적인 의사소통 원리를 숙지하고 있어야 하고, 자연스럽고 다양한 의사소통 상황에서 의미 있는 대화에 참여할 기회를 제공하여야 한다.

첫째, 교사는 먼저 아동들이 의사소통하고자 하는 대상이 되어야 한다. 아동들은 자신에게 관심을 보여 주는 어른과 대화하고자 한다. 이를 위해서는 아동의 관심에 민감해야 하고, 아동의 관점에서 주변을 바라볼 수 있어야 한다. 중재 상황은 아동이 재미있어 하는 상황이어야 하고, 가능한 한 간섭을 덜 하면서 아동의 관심사를 받아들이고, 아동의 발화를 평가하는 데에도 대화 상대자로 인정하면서 그 말을 확대시켜 주어야 한다. 아동은 자신의 관심사에 주의를 기울여 주는 사람과 대화하고자 하고, 주도적으로 대화하고자 하는 의지가 생긴다. 이때 발화 상황은 가능하면 자연스러운 언어습득 과정과 유사하여야 한다.

둘째, 아동의 발달 수준을 고려해야 한다. 언어는 규칙성을 가지고 발달한다. 일반적으로 언어의 형식보다는 기능이 덜 복잡하기 때문에 먼저 학습한다. 언어의 사용은 새로운 형식으로 발달하기 위한 틀이 된다(Owens, 2004). 따라서 아동의 발달 수준과 인지 수준에 맞게 접근하여야 한다. 정확한 언어적 형식, 즉 성인의 언어 규칙을 목표로 삼지 말고 아동의 발달 수준에 맞추어 목표를 설정하여야 한다. 일반아동들도 많은 시행착오를 거치면서 언어를 확장하고 발달해 나간다.

셋째, 언어 중재는 일상생활 속에서 이루어져야 한다. 아동이 경험하고 있는 일상생활은 아동의 참여 의지를 높이고 쉽게 이해할 수 있다. 이를 위하여 스크립트 중재를 활용해 볼 수 있다. 스크립트란 특정한 공간 및 시간적인 맥락 속에 적합한 행동들이 목적을 위해 순서적으로 진행되는 것으로, 특정 상황 속에서 행할 수 있는 구체적인 행동을 이해하고 예상할 수 있도록 함으로써 아동들이 하위 활동들을 잘 예견할 수 있는 인지적 맥락을 제공한다. 스크립트는 상황의 친숙도에 따라 효과가 달리 나타날 수 있으며, 새로운 활동과 과제를 새롭게 제시하기보다는 스크립트 문맥을 잘 조직하여 학생의 인지적 부담을 줄이고 아동의 언어 능력이 최대한 발휘될 수 있도록 한다. 스크립트 중재는 중도 · 중복장애 학생들의 개별화된 목표 어휘를 적용하는 데 교사의 부담을 줄여 줄 수 있으며, 사회화된 언어 사용(허락을 구하는 말, '고맙다' '미안하다' '기분이 좋다' 등의 다양한 감정 표현 등) 교수에 적절하다.

교실 상황이나 집단 상황에서 발달장애 학생의 언어교육의 지침에 대해 소개하면 다음과 같다.

- 아동이 흥미로워하는 것에 관심을 가지고 말한다.
- 아동이 시도하는 말과 코멘트에 반응해 주고 아동의 정서 상태를 함께 공유

한다.

- "왜 그랬는데?" "그래서 어떻게 했어?" "무슨 일인데?" 등의 너무 많은 요구를 하지 않는다.
- 질문을 할 수 있도록 격려하고, 수용적이고 정직하게 반응한다.
- 기분 좋은 목소리 톤을 사용한다. 조금은 가벼워 보이며 유머스러운 말을 사용한다.
- 상황에 부적절한 말을 하더라도 비난하거나 우습게 보지 않는다.
- 질문에 아동이 반응할 수 있도록 충분한 시간을 준다.
- 아동이 말할 때 방해하지 않고 정중하게 대한다.
- 가족과의 대화 시간과 교실 토론에 아동을 필히 포함시킨다. 이때 대화 참여자를 격려하고 아동의 생각에 귀를 기울인다.
- 애정을 가지고 아동을 받아들이는 것이 가장 중요하다.
- 아동에게 말할 수 있는 기회를 제공하고 목표에 도달할 수 있도록 도와준다.

요약

- 언어는 교과학습뿐만 아니라 아동의 모든 학습 및 발달에 매개체 역할을 하기 때문에 국어 교과를 도구 교과라고 부른다. 언어는 교육의 모든 영역에서 중요한 영향을 미치는데, 특히 초기의 언어교육은 모든 교과학습의 기초가 된다.
- 국어과 영역은 듣기, 말하기, 읽기, 쓰기, 언어 지식(문법), 문학 등 여섯 영역으로 나눈다. 여기에서 듣기, 말하기, 읽기, 쓰기를 언어 기능으로 통합하면 결국 언어 기능, 문학, 문법의 세 영역으로 나누어진다.
- 발달장애 학생을 위한 국어과 교육과정은 실생활에 직접적으로 필요한 기능적 의사소통 능력을 향상시키는 교육과정으로 구성되어야 한다. 언어교육 전문가들은 과거의 형태론적이고 어휘 중심적인 교육에서 아동의 전반적인 의사소통의 효율성과 관련이 있는 기능적이고 총체적인 언어 접근에 관심을 기울이고 있다.
- 언어는 음운론, 형태론, 통사론, 의미론, 화용론의 다섯 가지 차원으로 나누어 그 내용을 살펴볼 수 있다. 이를 다시 형태, 내용, 사용의 관점에서 나누어 분석하고 있다.

- 일반적으로 언어습득 이론에는 행동주의, 생득주의, 상호작용 입장 등 크게 세 가지 이론이 있다. 상호작용주의는 구성주의와 사회적 상호작용의 관점으로 나눌 수 있다. 언어습득 이론이 학자들에 따라 그 견해가 다를지라도 아동의 언어발달 계열은 거의 동일하게 나타나고 있다.
- 언어교육의 중요성은 언어와 사고의 긴밀한 상호 관련성에서 찾아볼 수 있다. 국어 교과는 언어 사용을 다루는 교과이기 때문에 언어 활동과 관련 있는 사고력 신장에 관심을 기울여야 한다. 이는 국어교육의 전반적인 질을 높이는 일이며, 도구 교과로서의 국어교육의 위상을 높이는 일이다.

학습문제

1. 국어교육의 성격에 대해 논의하여 보시오.
2. 발달장애 학생을 위한 국어교육의 방향에 대해 토의하여 보시오.
3. 언어습득 이론을 서로 비교해 보고 각각의 장단점에 대해 논의하여 보시오.
4. 언어와 사고의 관계가 국어교육에 주는 시사점에 대해 토의하여 보시오.

참/고/문/헌

교육과학기술부(2011). 특수교육 교육과정.
교육부(2015). 특수교육 교육과정.
김광해(1997). 국어지식 교육론. 서울: 서울대학교출판부.
김진우(1999). 언어습득의 이론과 실상. 서울: 한국문화사.
노명완, 박영목, 권경안(1991). 국어과 교육론. 서울: 갑을출판사.
신헌재, 권혁준, 김선배, 류성기, 박태호(2010). 초등 국어과 교수 · 학습 방법. 서울: 박이정.
이삼형, 김중신, 김창원, 이성영, 정재찬, 서혁, 심영택, 박수자(2007). 국어교육학과 사고. 서울: 도서출판 역락.
이차숙(2005). 유아언어교육의 이론과 실제. 서울: 학지사.
이차숙, 노명완(1995). 유아언어교육론. 서울: 동문사.

전병운, 유재연(2009). 특수교육과 교과교육. 경기: 교육과학사.

Austin, J. L. (1962). *How to do things with words Cambridge*, Massachusetts: Harvard University Press.

Bloom, L., & Lahey, M. (1978). *Language development and language disorders.* New York: John Wiley & Sons.

Chomsky, N. (1965). *Aspects of the theory of syntax.* Cambridge, MA: MIT Press.

Clay, M. (1982). Learning and teaching writing: A developmental perspective. *Language Arts, 59*(1), 65-70.

Ervin-Tripp, S. (1977). Wait for me roller skate. In S. Ervin-Tripp & C. Mitchell-Kerner (Eds.), *Child discourse* (pp. 165-188). New York: Academic Press.

Halliday, M. (1975). Learning how to mean. Im E. Lenneberg, *Foundations of language development: A multidisciplinaky a pproach* (vol. 1). New York: Academic Press.

Owens, R. (2004). *Language disorders: A functional approach to assessment and intervention.* New York: Pearson.

Owens, R., McNerney, C., Bigler-Burke, L., & Lepre-Clark, C. (June, 1987). Language facilitators with residential retarded population. *Topics in Language Disorders, 7*(3), 47-63.

Owens, R., Metz, D., & Haas, A. (2000). *Introduction to communication disorders: A lifespan perspective.* New York: Pearson.

Polloway, E. A., Patton, J. R., & Serna, L. (2001). *Strategies for teaching learners with special needs* (7th ed.). Columbus, OH: Merrill.

Skinner, B. F. (1957). *Verbal behavior.* Englewood cliffs, NJ: Prentice-Hall.

Yoder, P. J., Warren, S. F., Kim, K., & Gazdag, G. E. (1994). Facilitating prelinguistic communication skills in young children with developmental delay: III. Systematic replication and extension. *Journal of Speech and Hearing Research, 37,* 841-851.

제2장

언어발달 이론

개요

이 장에서는 아동의 언어발달을 선행 연구 중심으로 정리해 본다. 언어발달은 크게 음성언어 발달, 문자언어 발달로 나누고, 문자언어 발달은 읽기 발달과 쓰기 발달로 나누어진다. 언어발달은 Paul(2007)이 제시한 언어발달 모형을 중심으로 단계별 언어발달 특징을 살펴본다. Paul의 이론은 아동의 언어발달을 언어 이전 단계, 언어출현 단계, 언어발달 단계, 학습언어 단계, 후기 언어발달 단계로 나누었으며 각각의 단계에 필요한 교수 내용이 무엇인지를 보여 주는 데 유용하다. 읽기 발달은 Firth(1985)와 Chall(1983)의 읽기 발달 이론을 중심으로 살펴보며, Bear 등(1996)의 쓰기 모형을 중심으로 정리하여 본다.

1. 아동 언어발달

언어교육은 언어를 매개체로 하는 특성을 가지고 있다. 그래서 언어교육을 하는 교사는 언어 체계의 제반 특성뿐 아니라 언어습득과 발달과정을 충분히 이해하고 있어야 한다. 1980년대까지 언어는 이해와 표현의 관점에서 주로 설명되었다. 그러나 대부분의 전문가들은 언어를 형태(form), 내용(content), 사용(use)의 관점으로 나누어 기술하고 있다(Bloom & Laley, 1978). 최근에는 이야기체 담화(narrative discourse)를 포함해서 네 가지로 나누어 기술하기도 한다.

언어의 형태는 말소리, 의미, 단어, 문장 등 언어의 구조를 다루며, 언어의 내용은 단어나 문장으로부터 의미를 어떻게 이끌어 내는지에 대한 규칙을 다룬다. 언어의 사용은 언어가 다양한 의사소통 맥락에서 어떻게 사용되는가에 대한 규칙, 즉 언어의 사회적 기능을 다룬다. 그리고 내러티브는 담화나 이야기가 순서, 인과관계의 관점에서 어떻게 조직되는지를 지배하는 규칙을 다룬다(Polloway, Miller, & Smith, 2004).

아동의 언어습득 이론은 이러한 언어의 구조 중 무엇에 관심을 두는지에 따라 변화를 거듭해 왔다. 1950~1960년대에는 행동주의와 심층심리학의 영향을 받아 언어의 형태에 관심을 기울였다. 그러나 Chomsky의 구문습득 이론은 어린 아동의 초기 언어발달을 설명하는 데 한계를 보였으며, Piaget의 발달심리학에 영향을 받은 Bloom(1970)과 같은 인지언어학자들은 1970년대 전반기에 가히 의미론적 혁명(semantic revolution)이라고도 불리는 언어습득 이론을 통하여 아동 언어발달에서의 의미관계(semantic relations)를 강조하였다. 이후 1970년대 후반의 Bruner, Bates, Dore 등과 같은 사회언어 이론가들은 언어의 사회적 측면을 강조하였다. 이 시기는 화용론적 혁명(pragmatic revolution)이라고 불린다. 이러한 화용론 중심의 언어습득 이론은 의사소통을 통하여 환경을 통제하고 조절하는 능력이 언어발달에 중요한 영향을 미치는 것으로 보기 때문에 기능적 의사소통과 구어 이전의 언어에 관심을 두게 되었다. 현재까지도 이러한 화용론적 관점은 초기 언어발달에 머물러 있는 장애 아동의 언어교육에 시사하는 점이 크다고 할 수 있다(Owens, 2004). 최근 들어 Nelson과 같은 학자들은 언어를 구성하는 각 영역들이 상호작용하는 것으로 보고 있으며, 이는 지난 1950년대 이후부터 언어습득 이론을 통합한 결과라고 볼 수 있다. 그리하여 의사소통을 원활히 하기 위해서는 앞에서 제시한 언어의 형태, 즉 문법적 능력은 물론 의미론적 능력, 화용론적 능력을 모두 갖추어야 한다고 할 수 있다.

언어발달 연구는 주로 유아기에 집중되었으나, 최근 들어서는 학령기, 성인기의 언어 특성에도 관심을 기울이고 있다. 발달 초기에는 언어가 가장 중요한 발달 지표가 될 수 있으나, 점차 학령기에 접어들어 문자언어를 중심으로 공식적인 학교교육을 받게 되고 그것이 학습의 성패를 좌우하게 된다. 타인과의 의사소통에서 어려움을 보일 경우, 사회성 발달에도 영향을 미치기 때문에 학령기 이후에도 언어발달은 가장 중요한 발달 과제의 하나로 볼 수 있다.

이 장에서는 태어나서부터 학령기까지의 언어발달 특성에 대해 정리해 보고자 한다. 여기에서는 Roger Brown이 제시한 단계를 바탕으로 Paul(2007)이 설명한 언어발달 모형을 중심으로 단계별 언어발달 특성을 살펴본다. 이 단계를 요약하면 다음과 같다.

- 언어 이전 단계(prelinguistic stage): 태어나서 첫 단어 출현까지
- 언어출현 단계(emerging language stage): 첫 단어에서 단어의 첫 결합까지
- 언어발달 단계(developing language stage): 두 단어 말에서 언어의 기본 구조까지
- 학습을 위한 언어 단계(language stage for learning): 기본 구조를 넘어 읽기, 쓰기, 상징어 그리고 이야기체와 교실 담화
- 후기 언어발달 단계(청소년 언어발달): 다양한 형식의 해설문 읽기와 쓰기 발달, 특히 추상적 개념의 발달에 따라 고등 정신 능력으로서의 언어발달 단계

이 장에서는 학습을 위한 언어 단계까지만 다루고 있지만, 아동의 언어는 청소년기 이후에도 계속적으로 발달한다. 이 시기를 후기 언어발달 단계라고 지칭하는데, 대체로 11세 이후를 말한다. 이 시기에는 평균발화길이(mean length of utterance: MLU)의 지표가 의미가 없고, 언어의 구조적 측면에서의 발달이라기보다 의미론과 화용론에서의 발달로 점차 사용 언어가 세련화되는 특징이 있다. 의미론에서는 관용구, 직유, 은유, 속담을 포함하는 비유적인 언어의 사용과 이해, 다중 의미의 언어 사

용이 증가하고, 주로 읽기에서 얻은 어휘 사용이 증가한다. 화용론의 관점에서는 은어와 소규모 집단 언어 사용 증가와 설득, 협상, 사회적 우월성을 추구하는 언어 사용이 증가한다. 또한 내러티브와 메타언어 인식 능력이 발달한다.

1) 언어 이전 단계

언어 이전 단계는 보통 아동이 태어나서부터 진정한 첫 단어가 출현하는 시기를 말한다. 영아기 동안의 의사소통은 아동의 행동과 밀접한 관계에 있는 어른의 해석에 의존한다. 부모는 아이에게 말할 때 보통 '엄마가 아기에게 쓰는 말(motherese, 모성어(baby talk), 아기언어와 유사)'이라고 불리는 언어 형태를 사용한다. 아동의 첫 6개월 동안 주로 사용하는 모성어는 단어나 의미보다는 배경음에 가까운 음조, 비율, 크기, 강세, 리듬 그리고 억양을 보인다. 또한 성인은 그들의 형태소를 반복하고, 영아가 보거나 들을 수 있게 주변에 있는 친밀한 물건들에 대하여 말하곤 한다. 부모들은 말할 때 종종 아이의 눈을 바라보고 웃으며, 아이의 발성에 대해 즉각적으로 반응한다. 또한 대략 6개월이 되기 전에 아기들에게 사용하는 의사소통 양식을 바꾸고 더 많은 정보의 언어를 사용하기 시작한다(Penman, Cross, Milgrom-Friedman, & Meares, 1983). 이 시기의 언어발달 과정을 정리해 보면 다음과 같다.

(1) 0~2개월: 소리 내기 단계

① 반사기

세상에 갓 태어난 신생아는 누구나 첫 울음을 터뜨린다. 이는 단순한 생리적인 현상으로, 폐의 진공을 메우기 위해 공기가 갑자기 목구멍을 통과하면서 성대를 진동시켜 나오는 발성 작용이다. 따라서 이 소리에는 즐거움이나 불안, 흥분 등의 심리 현상이 들어 있지 않으며, 어떤 의사 표시가 아니라 모두가 하는 반사 운동일 뿐이다.

② 울음

울음은 영아가 양육자에게 자신의 욕구를 표현하는 최초의 의사소통 방법이다. 생후 3주가 지나면 울음소리는 차츰 분화하여 신체적인 불편이나 어떤 욕구에 따라 달리 나타나게 되고, 특히 영아는 다음과 같은 경우에 크게 운다.

- 고통, 특히 소화에 관계될 때
- 강한 감각적 자극, 눈부신 광선, 날카로운 소리, 뜨거움, 차가움
- 갑자기 자세를 바꾸거나 거처하기가 나쁜 곳
- 수면이 방해받거나 잠자리가 불편할 때
- 피로와 공복
- 부자유스러운 의복이나 침구 등에 의한 눌림

차츰 분화하던 울음소리는 생후 2개월경부터는 더 분명해지면서 고통의 울음소리는 날카롭고 크다. 불쾌한 경우의 울음소리는 낮고 또 콧소리를 내며, 공복의 경우에는 소리가 크고, 마치 짖을 빠는 듯한 운동이 시작된다(Hethcrington & Parke, 1993). 이때 양육자는 이 울음소리로 아이가 무엇을 원하는지 구분하게 된다. 그리고 이 시기부터 시각과 청각 기관도 발달되어 반사기와는 달리 날카로운 소리에는 깜짝 놀라며, 눈부신 광선 등을 식별하여 울음을 터뜨린다. 차츰 기분에 따른 표정이 나타나고, 고개도 좌우로 움직인다.

(2) 2~8개월
① 쿠잉
영아는 점차 울음이 아닌 발성이 나타나는데, 이는 쿠잉(cooing)이라는 것으로 생후 2개월 정도부터 나타난다(이영, 조연순, 1988). 처음에는 소위 '가성적 울음'의 형태로 출현하며, 흔히 영아가 아주 화가 났거나 배고프거나 고통스러울 때 내는 톤이 낮고 날카롭지 않은 소리가 해당된다. 쿠잉의 단계에서도 엄마와 영아 간의 상호 발성이 이루어진다. 약 3개월경에 엄마가 영아에게 표현했던 쿠잉 중 하나를 소리 내고 기다리면, 영아는 이에 같은 쿠잉으로 응한다. 이러한 반응으로 이 시기에 이미 언어를 통한 상호교환의 의사소통이 시작된다고 할 수 있다. 쿠잉은 우연히 산출되는 목울림 소리로서 주로 기분이 좋을 때 나타난다고 하여 '즐거운 소리(happy sounds)'라고도 한다(한유미, 김혜선, 권희경, 양연숙, 박수진, 2006).

② 옹알이
옹알이(babbling)는 일종의 혀와 입놀림을 뜻하며 발음의 기초적인 연습이라고 할

수 있다. 울음과 표정이 분화된 영아는 옹알이기에 접어들면 손가락을 빨기도 하면서 옹알거리며 놀게 된다. 또한 양육자의 얼굴을 기억할 뿐만 아니라 그 표정까지도 알아차리게 된다. 이때 입을 벌렸을 때 가장 자연스럽게 나타날 수 있는 '아'음과 '우'음을 발음한다. 또한 양육자의 소리뿐만 아니라 우유병을 흔드는 소리와 같은 영아 주변의 친숙한 소리에도 반응을 한다. 이 시기의 영아들은 아직까지 인과관계에 대한 인식은 못하지만, 의사소통의 의지를 보이기도 한다. 때때로 장난감을 가지고 노는 동안 웃으면서 옹알거리기도 하며, 혼자 있을 때도 옹알거리며 질문하듯 목소리를 높이기도 하고, 여러 가지 소리를 내보려고 시도한다. 생후 6개월 정도가 되면 옹알이를 하는 소리의 범위도 넓어지게 되면서, 말을 시작하기 전까지 옹알이의 양과 질이 증가한다. 그리고 상황에 따라 영아가 자신의 발성을 조절한다.

영아는 7~8개월이 되면 '마마' '바바'와 같이 여러 가지 음절을 반복하기를 좋아한다. 혼자 여기저기 자유롭게 기어다닐 수 있고, 또 일어나 앉기도 할 뿐만 아니라 동작의 모방도 이루어져서 '짝짜꿍'이라든가 '곤지곤지' 등을 할 수 있는 시기이므로 이런 소리를 함께 따라 해 보게 된다. 또한 이때부터는 다른 사람의 간단한 지시를 따르기가 가능하여 '안 돼'라고 행동을 통제하면 이에 반응하여 멈추거나 주춤거리기도 한다. 양육자의 목소리, 얼굴 표정, 몸짓에서 상냥한 것인지 화를 내는 것인지를 구별하고 적절한 반응을 한다. 또한 가족이나 주변의 익숙한 장난감의 이름을 말하면 쳐다볼 수 있으며, 누군가 자신의 이름을 부르면 하던 활동을 멈추고 소리 나는 쪽으로 머리를 돌리기도 한다.

언어의 의식적인 모방이 시작되고 주 양육자인 엄마의 말을 모방하려고 하는 시도가 일어나는 시기는 대체적으로 9개월 이후부터다. 또한 '안녕' 하면 고개를 끄덕이는 등 몸짓으로 반응할 수 있는 간단한 지시 사항들을 이해할 수 있게 된다. 이 단계는 의도적인 의사소통 단계로 다른 사람으로부터 무엇을 얻기 위해 손으로 원하는 물건이나 행동, 방향 등을 지적할 수 있다.

③ 목적이 있는 의사소통

한 단어를 산출하기 전에도 아동은 그들이 원하는 것을 어른들로부터 얻어 내는 기술을 가지고 있다. 주의 끌기, 주스나 장난감 요구하기, 차 타기, 안기, 두려움으로부터 편안해지기 등을 나타내어 부모의 행동을 이끌어 내고 공동 주의에 더욱 능숙해지게 된다. '공동 주의'란 부모와 아동이 함께 주의를 기울이는 행동으로 성인의 언어를 모방하고 언어가 발달하기 위한 기본적 조건이 된다. 이 시기에는 몸짓, 얼굴 표정, 다양한 억양, 목소리의 강세와 고저 등 비언어적 또는 준언어적 요소들이 의사소통 기능을 수행하는 수단이 된다.

부모들은 아이들이 대화를 모방하는 것뿐만 아니라, 각각이 서로 다른 의사소통 의도(communicative intentions)를 표현하고 있다는 것을 인식하기 시작한다. 언어 이전 단계의 의사소통 목적은 다음과 같다(Roth & Spekman, 1984).

- 자신과 자신에게 멀리 있는 것에 대한 주의 끌기
- 대화의 상호작용 요구하기
- 물건, 행동, 정보 요구하기
- 인사하기
- 사물 건네주기(예, 엄마 또는 아빠에게 장난감)
- 항의/거부
- 반응/인정
- 정보 제공

이와 같은 언어 이전 단계의 의사소통의 목적은 일어날 것을 만들기 위해, 즉 그들이 원하는 것을 얻기 위한 것이다. 이 시기 말기에는 부정(negation)과 의문(interrogation) 등 가장 원시적 형태가 출현하여, 처음에는 아이들이 간단한 "아니요(No)!"와 함께 부정을 나타낸다. 그러다가 언어출현 단계로 넘어가면서 그들은 서서히 부정하고자 하는 어떤 것의 시작에 '안(no)'을 넣기 시작한다.

2) 언어출현 단계

언어출현 단계는 대다수의 아이들이 MLU 1.0과 2.0 사이에 있는 시기로, Brown의 언어발달 1단계와 일치한다. 이 시기에 아이의 첫 단어 발화와 첫 단어 조합이 나타난다. 1개의 단어나 2개의 단어로 표현하지만 하나의 문장 역할을 한다 하여 일어문 또는 이어문이라고 하기도 한다.

또한 이 시기의 영아는 몸짓과 함께 '어디'라는 질문에 올바르게 반응한다. 영아는 익숙한 물건 중에 다른 방에 있는 것을 가져오라고 하면 가져올 수 있으며 '먹어요' '주세요' '앉으세요' 등의 일상적인 동사도 이해할 수 있게 된다. 적어도 다섯 군데 신체부위를 지명할 수 있고, 정확하게 가리킬 수도 있다. 이 시기에는 의사소통을 하고자 하는 욕구가 자연스럽게 언어발달로 이어진다.

또한 이 시기의 영유아는 아직까지 언어의 사용이 어설프고 그 표현도 능숙하지 못하지만, 끊임없는 모방과 시행착오를 통하여 서서히 언어를 익히게 된다. 그리고 비로소 자기의 의식과 감정을 표현하기도 한다. 영유아는 감정을 표현할 수 있게 되면서 성인과 함께 여러 가지를 알고 표현하려는 욕구가 커지게 된다. 특히 주위 환경에 대하여 알고자 하며 자기 자신이나 주변의 친구들에 대해서도 알고 싶어 한다. 배가 고프거나 지금 부족한 것을 표현하기도 하고 그것을 얻기 위한 명령도 할 줄 알게 되며, 자기의 생각과 의지를 표현하려는 욕구가 커지는 시기이다. 이처럼 언어적인 측면에서 상당한 발전을 보이는데, '무엇' '어디'로 시작되는 질문을 이해할 수 있고, '안 돼'와 같은 부정어를 이해한다. 또한 방향과 양, 크기의 차이를 이해하게 되며, '빨리' '천천히' 등 속도에 대한 개념도 이해하게 된다. 상대방이 자신의 말에 귀를 기울이지 않으면 주의를 집중시키기 위해 여러 가지 다양한 방법을 사용한다.

이러한 언어출현 단계의 언어발달을 언어의 구성 요소 측면에서 살펴보면 다음과 같다.

(1) 의미론

대부분의 아이들은 12개월에서 18개월경에 한 단어 발화를 사용하기 시작한다. 일반적으로 첫 단어는 중요한 사람('엄마' '아빠' '이모'), 중요한 물건(예, 좋아하는 장난감), 중요한 행위(예, '나가'-밖으로 나가자는 의미, '어부바' '빠이 빠이')를 가리킨다.

12개월경이 되면 영아는 남들이 알아들을 수 있는 한 단어를 말하기 시작하는데, 언제부터 말을 시작한다고 보는가에 대한 기준은 문화마다 다르다(Jalongo, 2000). 13~15개월까지 대부분의 영아는 10개 정도의 단어를 습득하는데, 그들이 처음 사용하는 단어는 자신이 경험한 것의 이름(예, 가족, 애완동물, 음식, 장난감)이나 사회적 상호작용을 위한 단어(예, 빠이 빠이)들이다. 이 시기의 언어발달 특징은 단어의 의미를 과잉확장 또는 과잉축소를 하는 경향이다. 과잉확장이란 이모, 친구 엄마, 가게 아줌마 등 모든 여자를 보고 '엄마'라고 부르는 것과 같이 단어의 의미를 성인보다 더 포괄적으로 사용하는 것을 뜻한다. 반대로 단어의 의미를 성인의 경우보다 좁혀서 사용하는 경우를 과잉축소라고 하는데, 이는 토끼나 고양이, 강아지 등 네 발 달린 짐승만 '동물'이라고 하고 곤충이나 물고기는 동물이 아니라고 여기는 것을 뜻한다. 이러한 현상들은 일시적인 것으로, 어휘가 증가하면 자연스럽게 사라진다.

시간이 지남에 따라 아이들의 어휘도 늘어나 12개월경이 되면 약 20개의 다른 단어들을 이해하고, 24개월경이 되면 200개 정도의 단어를 표현한다. 이 단계에서 어휘 목록을 이루는 이 단어들은 특정한 의사소통 목적을 제공한다.

다음은 아이들이 이 단계에서 사용하는 가장 일반적인 의사소통 목적이다(Bloom & Lahey, 1978).

- 거부('싫어')
- 존재하지 않거나 사라짐('없어')
- 활동의 중단 또는 금지('그만')
- 반복('더')
- 존재('이거')
- 대상에 대한 행동('뽀뽀')
- 속성('큰')
- 명명, 소유, 언급('강아지' '우유')
- 사회적 상호작용('안녕')

Bloom과 Lahey(1978)는 이 시기에 출현하는 단어를 관계(relational)나 존재(substantive)로 분류하여 설명하고 있다. 즉, '관계어'는 명사가 아닌 단어로서 대상 사이의 관계를 나타내기 위하여 사용되며, '존재어'는 명사로서 사람, 동물, 장난감, 그리고 선호하는 음식, 놀이 및 일련의 동작과 같이 아이가 상호작용을 할 눈앞의 대상을 부르기 위하여 사용된다(Owens, 1998).

(2) 구문론

18개월경이 되면 기억력과 어휘 수가 증가하면서 두 단어를 결합하여 자신의 생각을 보다 의미 있게 표현하게 된다. 즉, 초보적인 문장을 사용하기 시작하는데, 두 단어로 이루어진 이어문 시기는 전보식 문장(telegraphic speech)과 주축문법으로 설명할 수 있다. 전보식 문장은 군더더기 단어를 생략하고 핵심적인 단어만을 연결하여 문장을 구성하는 것을 뜻한다. 예를 들면, "나는 저 풍선이 정말 좋아요."를 "풍선 좋아."라고 줄여서 표현한다. 이러한 표현은 영유아들이 기능어보다는 내용어가 정보를 더 많이 담고 있어 중요하다는 것을 직관적으로 알고 있으며 문법적 구별도 이해하고 있음을 시사한다. 주축문법은 이어문에는 단어가 아무렇게나 연결된 것이 아니라 일종의 규칙이 있다고 보는 것이다. 즉, 주축어＋개방어로 이루어진 표현으로, 이어문에 사용된 단어는 주축어 또는 개방어 중 한 범주에 속한다는 것이다. 예를 들면, '엄마, 우유' '엄마, 밥'에서 '엄마'는 주축어이고 '우유'와 '밥'은 개방어에 해당된다. 영유아가 주축어와 개방어를 구별하는 것은 두 단어를 조합하는 문법적 규칙을 알고 있음을 뜻하는 것으로 첫 문법의 출현이라고 본다(McNeill, 1966).

거의 대부분의 아이들이 사용하는 두 단어 구는 행위자(행동을 접하게 되는 것 또는 사람), 행동(일어난 것), 물체(일어난 것) 그리고 위치(장소) 사이에 비교적 적은 수의 의미론적 관계를 만든다. 다음은 기본적인 두 단어의 의미관계를 제시한 것이다(이승복, 1994).

- 행위자＋행위: '엄마 맴매'
- 대상＋행위: '빵 줘'
- 행위자＋대상: '아빠 밥'
- 장소＋행위: '여기 앉아'
- 행위자＋장소: '아빠 회사'
- 장소＋실체: '저기 새'
- 소유자＋소유: '고모 꺼'
- 실체＋수식 / 수식＋실체: '주사 아야' / '무서운 아찌'
- 지시 실체 / 동질성: '요거 불' / '강냉이 이거'

이 시기에 나타나는 구어에서의 의미관계는 3어문 이상의 긴 발화를 시작하게 되면 구문론과 형태론이 대신하게 된다. 초보적이지만 통사론적 발달은 '부정'과 '의문' 모두의 발달을 포함한다. 가장 일반적인 부정은 거부하는 것으로 '안(아니)'을 말하는 것(예, "안 자" "안 해")을 통해 표현된다. 또한 가장 일반적인 의문형은 두 단어로 이루어진 발화의 끝을 올리는 억양을 통해 표현된다(예, "이거 우유?").

(3) 음운론

음운론적 발달은 여러 해를 거쳐 서서히 일어난다. 첫 언어발달 단계 동안에 성인의 다양한 음운 형태를 사용할 수 없는 아이들은 음성학적으로 성인의 것과 다른 형태를 사용할 수도 있지만, 부모들은 그 말이 특정한 의미를 가지고 있는 것을 깨닫게 된다('하부지'-할아버지라는 뜻, '하미'-할머니라는 뜻). 이때 부모가 수정해 주어도 따라 말하지 않고 계속 그 형태를 사용하며, 결국 부모는 그 말이 의미하는 것을 정확하게 알게 된다.

대부분의 기본적인 음소는 3세 이전에 습득한다(Gillam & Bedore, 2000). 아이들이 사용하는 음소들은 흔히 옹알이 시기에 나타났던 음소, 예를 들어 /m, b, n, d, p, h/로 조음기관의 앞쪽에서 발화되는 양순음이거나 치조음, 또는 파열음과 비음이 많다.

- 조음방법: 파열음(plosive, /p, b/), 비음(nasals, /m, n/), 그리고 유음(liquid, /l, r/, /h/)
- 조음위치: 입술(lips, /m, b, p/), 혀와 치경 사이의 접촉(치경음, /d, n/), 그리고 성대, 성문을 지나가는 공기(/h/)

단어의 선택에서 아이들은 그들의 의미 지식뿐만 아니라 그들의 조음 능력에 제한을 받아 아이들의 산출 능력 범위에 있는 음운론적 특징을 가진 단어를 선택하는 경향이 있다. 예를 들어, 아이는 흔히 '식사'보다 '밥'이라는 말을, 그리고 '자동차'보다 '빠방'이라는 말을 더 오랫동안 사용한다.

일반적으로 아이들은 이 단계에서 성인 형태의 조음과정(phonological process)을 생략하는 형태로 나타낸다. 2~3세 아이들의 가장 흔한 생략 형태는 다음과 같다(Gillam & Bedore, 2000).

- 강세가 없는(unaccented) 음절 생략하기
- 마지막 자음 생략하기: '물'이 '무'가 됨
- /k/와 /g/ 같은 뒤쪽 연구개음을 위하여 /t/와 /d/처럼 앞쪽 치경음으로 대치하기: '컵'이 '텁'이 됨

(4) 화용론

① 의사소통 의도

아이들의 의사소통 시도는 18~24개월 사이에 두 배 이상으로 증가한다(Paul, 2007). Chapman(2000)은 18개월경에 분당 약 다섯 가지 의도적인 의사소통을 하고, 24개월에는 분당 일곱 가지 이상을 산출한다고 보고하였다. 비언어적 의사소통보다 언어적 의사소통의 사용 비율이 더 높게 나타난다. 이처럼 의사소통이 좀 더 정교해지는 것은 의사소통 의도가 더 많아지고, 대화하는 동안에 청자를 고려하는 능력이 발달하기 때문인 것으로 볼 수 있다.

언어출현 단계에서의 의사소통 의도의 범위는 〈표 2-1〉과 같다.

또한 이 시기에 아이들은 담화 기능(discourse functions)이라는 더 발전된 의사소통 의도를 사용하기 시작한다. 단순히 대상이나 사건을 언급하는 대신에, 이미 진행되고 있는 대화에서 사회적 상호작용을 인식하게 되어 '정보에 대한 요구' '감사의 말' '대답' 등의 의사소통 의도를 사용한다(Paul, 2007).

표 2-1 언어출현 단계의 의사소통 의도

목적	정의	예
명명(naming)	사람, 물건, 사건 그리고 위치에 이름을 붙이는 것	dog, party, table
지적(commenting)	크기, 모양, 위치를 포함하는 물체, 사건, 사람의 물질적 속성을 설명해 주는 단어, 관찰할 수 있는 움직임과 물체와 사람의 활동을 설명하는 단어, 그리고 소유와 위치와 같은 직접 관찰될 수 없는 속성을 지칭하려는 의도	big, here, mine

물건 요구하기 (requesting object) 　a. 존재(present) 　b. 부재(absent)	주변 환경에 있는 물건을 얻으려는 의도 없는 물건을 얻으려는 의도	gimme, cookie(몸짓 그리고 / 또는 시선 동반) ball(아이가 다른 방으로 엄마를 잡아 당긴다.)
행위 요구하기 (requesting action)	시작하거나 연속하고자 하는 행동 을 하게 하기	up(아이는 태워 주기를 원한다.), more
정보 요구하기 (requesting information)	물건, 행동, 사람 또는 위치에 대한 정보를 얻으려고 하는 의도 말미의 억양을 올리는 것이 포함된다.	shoe?('Is this a shoe?'의미), Wadce t?('What's that?')
반응(responding)	앞선 발화를 직접적으로 보완하려 는 의도	crayon("What's that?"의 반응으 로), yes("Do you want to go outside?"의 반응으로)
거부하기/항의하기 (protesting/rejecting)	진행 중이거나 곧 닥칠 행동이나 사 건에 대해 이의를 표현	no(간지럼 피우는 것에 대한 반응으 로), yuk(아이는 원하지 않는 음식 을 멀리 민다.)
관심 구하기 (attention seeking)	자신이나 환경 내 물건에 대해 관심 을 요구하는 단어 사용	mommy! Watch!
인사하기(greetings)	인사와 대화에서 의식을 표현하는 의도	Hi, Bye, Nite-nite

출처: Roth & Spekman (1984).

② 전제

전제(presuppositions)는 대화할 때 꼭 집어넣어야 하거나 생략할 수도 있는 정보에 대해 청자가 알고 있는지를 추정하는 것이다.

초기 언어에서 아이들은 대부분 그들의 대화 상대가 자신이 알고 있는 것을 모두 안다고 추정하고 그에 맞춰 말한다. 그들은 배경지식을 제공하지 않고 청자의 관점을 고려하지 않는다. 또한 더 많은 정보나 설명에 대한 요구에 반응할 수 없고, 그들이 무엇에 대해 말하려는지에 대한 단서 없이 대명사와 같은 대용어(it, him, there)를 사용한다. 결과적으로, 성인들은 이 단계 동안에 아이들이 의미하는 것들 중에서 일부는 추측을 통해 부정확하게 받아들일 수밖에 없다. 후기에 가면 아이들은 그들의 청자가 그들 자신이 아는 모든 것을 알지 못한다는 것을 이해하게 되고, 설명에 대한 요구에 반응할 수 있게 된다. 대부분의 아이들은 '누구' '무엇'과 같은 질문에 적절하게 반응하고, 청자의 요청에 따라 분명하게 말할 수 있다. 그런데 청자들이 그들

자신의 시각을 공유하지 못하는 것을 이해하지 못하기 때문에 청자들에게 가장 기본
적인 배경지식 이상의 것을 제공할 수 없다.

③ 말 차례 지키기

언어 이전 단계의 아이들은 이미 대화는 교대로 해야 한다는 것을 어느 정도 인식
하고 있다. 앞서 설명한 것과 같이, 의사소통 방법을 배우는 것은 부모와 아이 사이
에 주고받는 상호작용과 초기 '대화'의 결과로서 공동 관심과 공동 지시에서 시작된
다. 따라서 아이들은 18개월이 되었을 때 대화 시 기초적인 말 차례 지키기(turn-
taking) 규칙을 따른다(Bloom, Rocissano, & Hood, 1976).

그러나 아이들이 초기 언어발달에서는 분명히 말 차례 지키기 규칙을 지켰을지라
도, 항상 그들의 관심사를 벗어나지 못하거나 혹은 2명 이상과 함께 대화할 때는 말
하기 순서를 지키는 데 여전히 어려움을 보인다.

3) 언어발달 단계

이 단계는 정상적으로 발달하는 아이들의 경우 27~46개월 사이에 나타난다.
Brown의 2~5단계에 해당되고, 두 단어 발화 단계에서 언어의 기본 구조의 습득을
포함하여 긴 발화가 가능해지는 시기로 대화에서 필요한 모든 언어학적 요소가 급속
하게 성장한다. 이 단계에 아이들은 MLU 2.0에서 MLU 4.5에 이른다. 의사소통 변화
의 대부분은 언어출현 단계의 말을 정교화한 것으로 언어의 이해, 사용의 측면에서
뿐만 아니라 모든 언어 양상에서 의미 있는 성장을 나타낸다.

예를 들면, "엄마, 딸기"라고 하던 것을 "엄마, 딸기 줘"라는 식으로 이어문을 바탕
으로 한 단순한 표현에서 복잡한 형식을 표현하게 된다. 즉, 이어문에서 흔히 생략되
었던 동사가 다어문에서는 필수적으로 나타난다.

또한 문법적 형태소를 획득하면 영유아는 자신의 의도를 보다 자유롭게 표현한다.
그 대표적인 예가 복문을 사용하는 것이다. 일반적으로 복문은 접속문과 내포문으로
분류할 수 있다. 접속문 출현 초기에는 흔히 "아빠 아파" "아빠 약"과 같은 접속사가
빠진 접속문이 나타난다. 접속문이 나타나는 순서로는 대등, 대립, 시간적 순서, 원
인의 접속문이 먼저 나타나고, 그다음 한정 조건의 접속문이 나타나며, 마지막으로

동시성을 의미하는 접속문이 나타난다. 내포문은 한 명제가 다른 명제에 포함되는 형식(예, "그것도 삼촌이 사 준 거야?")을 말한다. 영유아가 흔히 구성하는 내포문은 '-는(은)'을 '거(것)' '데' 등의 불완전명사에 연결하는 형식(예, "이거 영희 먹는 거 맞아.")이다. 우리나라 영유아의 경우 접속에 의한 복문과 내포에 의한 복문은 거의 같은 시기에 사용되기 시작하지만 점차 내포에 의한 복문을 더 많이 사용하는 것으로 나타났다(이승복, 1994).

이러한 언어발달 단계에서 나타나는 언어발달을 언어의 구성 요소 측면에서 살펴보면 다음과 같다.

(1) 의미론

이 기간 동안 어휘 발달은 거의 기하급수적이다. Gillam과 Bedore(2000)는 2세 아이들이 거의 200개의 다른 단어를 말할 수 있고, 4세에는 거의 1,800개의 다른 단어들을 말할 수 있다고 보고하였다. 이 단계의 아이들은 명사와 동사를 사용할 뿐만 아니라 부사(예, 앞, 뒤), 시간 단어(예, 전에, 먼저), 형용사(예, 큰, 작은, 예쁜, 빨간) 그리고 대명사(예, 그거, 저 남자, 저 여자)를 사용한다. 따라서 구문론의 측면에서 이 시기의 아이들은 비교적 간단한 구문을 사용하여 복잡한 의미가 있는 관계를 표현하는 능력이 발달한다. 또한 다양한 구문론적 장치들을 통하여 발화의 의미를 정교화한다. 이러한 정교화는 주로 형태소의 습득과 관련되며, 이 시기의 후기에 가면 대부분 적절한 문법을 사용할 수 있게 되어 문장 수준의 의미 전달에서도 완성을 보인다.

(2) 구문론과 형태론

이 시기에 아이들의 구문론은 극적으로 변화한다. 이 단계의 시작에서 아이들은 보통 두 단어 이상의 발화를 산출하며, 이 단계의 마지막에서는 10개 이상의 단어가 들어 있는 문장을 사용할 수 있다(Gillam & Bedore, 2000). 처음부터 아이들은 성인들이 명사구와 동사구로 나타낸 문장을 이해하고, 문장의 시작에 '안'이나 '못'을 붙임으로써 부정문을 만들며, 문장의 뒤를 올려서 예/아니요 의문문을 산출하고, 기초적인 무엇, 어디, 왜 등으로 질문을 할 수 있다(Hulit & Howard, 1998). 후기에 가면 글자, 그림, 사물 등에 대하여 끊임없는 질문을 한다. 그리고 접속사를 사용한 중문이나 복문이 출현하기 시작한다.

또한 문법적 형태소가 출현하게 되는데, 우리나라 영유아의 경우 공존격 조사(같이, 랑, 하고, 도), 처소격 조사(에, 에게, 한테), 주격 조사(은, 는, 이, 가), 목적격 조사(을, 를), 도구격 조사(로, 으로)의 순서로 획득한다. 또한 동사의 어미는 서술형(다, 이다, 야, 라, 자), 과거형(었), 미래형(ㄹ), 수동형(이, 히), 진행형(ㄴ다)의 순서로 출현한다(조명한, 1982).

1년 7개월경이 되면 부정문을 사용하기 시작한다. 영유아가 주로 사용하는 부정문의 형태는 부재(없다), 거부(싫어), 부정(아니야), 금지(안 돼, 하지 마), 무능(못)이다. 이 중 영유아는 '안'을 가장 많이 사용하는데, 부정뿐 아니라 거부나 금지를 나타내는 데 사용하기도 한다. '못' 형태는 '안' 형태보다 훨씬 늦게 습득되며 5세 이전에는 잘 사용되지 않는다. 그리고 '안 이빨 썩어' '나 못 밥해'와 같이 부정을 나타내는 요소를 잘못된 위치에 놓는 실수를 흔히 하기도 한다(이경화, 1994). 5세 이전에는 피동문과 능동문을 혼용하는 경우가 많으나, 일반적으로 영유아는 사동문이 피동문보다 쉬워 사동문을 먼저 습득한다(이연섭, 권경안, 김성일, 1979).

이러한 문법 형태소 사용은 점차로 증가되어 가는데, 초기에는 조사 사용과 시제 사용에서 오류를 보이다가 점차 그 오류가 줄어들게 된다. 그러나 영어권 아동에 비해 한국 아동들은 2~4세 아동의 경우 평균 형태소 길이가 매우 높은 수치를 나타내었는데, 이는 문법 형태소의 사용 비중이 높기 때문이다. 한국어의 문법 형태소에는 어미와 접사, 그리고 조사가 포함되는데, 그중 종결어미의 사용에서 많은 오류를 보인다. 특히 어말종결어미(예, -다, -네, -아/어, -지) 앞에 오는 비어말종결어미(예, -습/읍, -았/었/렀, -겠, -시)에서 구문론적 오류를 보이는 경우가 많은데, 이는 이러한 종결어미가 갖는 음운론적 어려움과 더불어 언어발달 단계에 있는 아동들의 오류를 증가시키는 원인이 된다. 특히 그들은 형태소 사용 규칙의 과잉확장을 보여 조사를 겹쳐서 사용하는 오류를 흔히 보인다('선생님이가 그랬어'). 영어의 경우는 형태소 규칙의 과잉확장이 과거 시제 표시 -ed의 사용이다. 아동은 불규칙동사에도 똑같은 규칙을 사용하기 쉬운데 'eated'와 'swimmed'와 같은 형태의 오류이다. 또한 특정 명사는 불규칙 복수 형태(mouse/mice)인데, 이런 경우에도 과잉일반화(mouses)를 보이기도 한다. 이러한 현상은 언어발달 단계 동안에 발생하지만, 아이들이 학교에 들어간 후에도 계속된다.

우리나라 아동의 구문론 발달에 대한 척도인 평균 형태소 길이에 대한 김영태

(1997)의 연구에서는 2~4세 아동 180명의 언어 표본을 분석한 자료에서 연령에 따라 매우 뚜렷한 증가 추세가 나타났다. 27개월에는 평균 형태소 길이가 3.00이었으나 42개월에는 4.4, 60개월에는 6.50을 나타내었는데, 이를 통해 거의 1년 단위로 평균 형태소 길이가 1.00 이상 차이가 나타나는 것을 볼 수 있다.

(3) 음운론

앞에서도 설명한 것과 같이, 언어발달 단계는 빠른 변화의 시기이다. 4세가 되면 90%의 자음 정확도를 보인다. 그러나 아이들의 음운론적 발달의 가장 중요한 특징은 일부 음소의 경우 6세가 될 때까지 끝나지 않는다는 것이다.

개별 음소의 조음 발달을 살펴본 연구에서는 대체로 조음 발달의 순서를 비음, 파열음, 파찰음, 유음 그리고 마찰음의 순으로 발달하는 것으로 보고 있으며, /ㅅ/계열과 /ㅈ/계열 그리고 /ㄹ/계열이 가장 늦게 습득되는 것으로 보고하고 있다(김영태, 1996). 또한 단어의 위치 측면에서는 보통 초성이 종성에 비해 먼저 도달하는 데 비해, /ㄹ/의 경우에는 종성에서 먼저 발달하고, 초성에서는 늦게 나타나는 것으로 보고 있다. 음소의 발달 단계에서 바르게 조음한 아동의 수에 기초하여, 95~100%의 아동이 바르게 조음하는 완전습득 연령의 경우는 조음위치 측면에서 양순음, 치조음, 연구개음, 성문음, 경구개음의 순으로 나타났고, 조음방법 측면에서 비음 및 파열음이 먼저 도달하고 파찰음, 마찰음, 유음은 비슷한 시기에 도달하는 것으로 나타

표 2-2 연령별 음소 발달

| 연령 | 음소 발달 단계 | | | |
	완전습득 연령 단계 (95~100%)	숙달 연령 단계 (75~94%)	관습적 연령 단계 (50~74%)	출현 연령 단계 (25~49%)
2세~ 2세 11개월	ㅍ, ㅁ, ㅇ	ㅂ, ㅃ, ㄴ, ㄷ, ㄸ, ㅌ, ㄱ, ㄲ, ㅋ, ㅎ	ㅈ, ㅉ, ㅊ, ㄹ	ㅅ, ㅆ
3세~ 3세 11개월	ㅂ, ㅃ, ㄸ, ㅌ	ㅈ, ㅉ, ㅊ, ㅆ	ㅅ	
4세~ 4세 11개월	ㄴ, ㄲ, ㄷ	ㅅ		
5세~ 5세 11개월	ㄱ, ㅋ, ㅈ, ㅉ	ㄹ		
6세~ 6세 11개월	ㅅ			

났다(김영태, 1996). 이를 정리하면 〈표 2-2〉와 같다.

이 시기에 개별 음소의 습득과 달리 아동의 오류 음운을 찾아내는 것은 아동이 주로 보이는 오류 음운과정을 찾아 교육이나 치료에 적용하는 데 더 집약적이고 유용한 정보를 제공할 수 있다. 김영태(1995)의 연구에서는 일반아동 집단에서 10% 이상의 출현율을 보인 음운변동은 주로 2세 집단에서 나타났으며, 4세 집단에서는 하나도 나타나지 않았다. 2세에서 10% 이상의 출현율을 보인 음운변동은 종성 생략, 비음 생략, 유음 생략, 연구개음 생략, 연구개음-전설음화, 경구개음-전설음화, 치조음-후설음화, 치조음화, 폐쇄음화, 치조음 동화, 폐쇄음 동화 및 이완음화 등이었다. 그리고 30% 이상의 출현율을 보인 음운변동은 일반아동들에게서는 나타나지 않았다. 즉, 아이들이 3세가 되면 일반적으로 간소화한 음운과정은 사라지고 더 복잡한 음운 형태가 나타난다고 볼 수 있다.

(4) 화용론

언어발달 단계에 있는 아이들은 일반적으로 이전 단계에서 표현했던 것보다 더 많은 언어를 산출하고 대화 상대자로서의 능력이 발달한다.

이 단계 초기에 아이들의 말 차례 지키기 능력은 단지 한두 번의 대화 순번에서 주제를 유지할 수 있다. 아이들은 순서를 따르지 않고 대화 상대자를 방해하는 경향이 있다. 따라서 말의 끝이 낮아진 억양이 발화의 끝, 즉 말할 차례임을 알려 주는 신호로 생각하는 데 어려움을 겪는다. 그러나 대화의 흐름에서 오래 멈추는 것에 대한 인식이 예민하기 때문에 1초보다 더 길게 멈추게 되면 언제든지 자신이 말할 수 있는 타이밍이라고 생각하기도 한다. 이는 성인의 입장에서는 아동이 불필요하게 끼어드는 경향을 보이는 것으로 비춰질 수 있다. 후기로 갈수록 대화 내용을 이해할 수 있고, 아동이 흥미를 느낄 수 있는 주제인 경우에 성인 및 다른 아동들과 쉽게 의사소통이 가능할 정도로 주제를 유지할 수 있다.

이 단계에서 초기 화용론 발달의 지표 중 하나는 대화 수정(conversational repair)에 대한 인식이다. 실제로 언어출현 단계에서 아이들은 전제에 대한 이해가 부족하여, 청자가 자신이 알고 있는 것을 이미 알고 있다고 추정한다. 그러나 언어발달 단계가 되면 그들이 전달하고자 하는 것을 청자가 이해하는 데 충분한 정보를 제공하기 위하여 청자의 발화 수정 요청에 어떻게 반응하는지를 학습하여 점차로 청자에게 도움이 되는 정보를 전달하는 데 익숙해진다. 후기로 갈수록 청자에게 필요한 정보들을 더 잘 표현할 수 있게 되고, 청자의 나이에 따라 말과 언어를 조정할 수 있게 된다. 이를 통해 주변 사람들에게 공손하게 대해야 한다는 것을 배운다. 존댓말을 쓰거나 공손하게 말을 하는 것이 더 좋은 결과를 얻는다는 것을 배우게 된다.

이 단계의 후기에 가면 아이들은 간접 요구(indirect requests)를 배운다. 간접 요구를 하기 위해서는 발화나 단어가 한 가지 이상의 의미를 가질 수 있다는 것을 이해하여야 한다. 예를 들어, "추워."라고 말하는 것은 '문 닫아 줘'의 의미, 그리고 "나 배고파."라고 말하는 것은 '우유 더 줘'의 의미라는 것을 알게 된다. 아이들의 문자 이면의 언어에 대한 이해가 증가하면서, "문 닫아."라고 말하는 것보다 더 예의 바른 방법으로 "문 닫아 주실래요?"처럼 간접적 요구를 사용하게 되고, 이러한 표현은 학령기 이전까지 지속적으로 발달한다.

(5) 비유적 언어 사용

비유적 언어(figurative language)란 단어를 문자적인 의미 그대로 해석하는 것이 아니라 새로운 의미를 추가하는 것이다. 숙어, 은유, 직유, 속담 등이 포함되며, 학령기 언어학습을 위해 꼭 필요한 요소이다.

이 시기 아동들은 한 단어에 대한 여러 가지의 다른 의미를 받아들이게 되지만, 아직까지 언어 이해가 물리적 측면에 그친다. 하지만 후반기로 갈수록 문자 이면의 표현을 더 구체적으로 이해하고, 제한된 관용구를 사용하기 시작하며, 유머의 여러 가지 형식을 이해하고 사용하는 능력이 발달하기 시작한다.

(6) 이야기체 발달

이야기체(narrative)는 대화와는 달리 더 다양한 상황에서 듣는 이에게 필요한 정보를 전제로 하여 대화 상대자 없이도 긴 담화를 할 수 있다. 이야기체에는 스스로 만들어 낸 이야기, 잘 알려진 옛날이야기, 영화나 텔레비전에서 보았던 것을 다시 말하기, 개인적인 경험을 다시 설명하기 등이 있다.

아이들은 허구적인 요소가 들어 있는 이야기를 말하기 시작하고, 그들이 경험한 사건을 재구성한다. 이러한 이야기체의 발달을 위해서는 성인의 말을 모델링하거나 이야기 읽기 등의 직간접적 경험을 통해 이야기체에 대한 어느 정도의 지식이 필요하다. 즉, 아동은 혼자서 이야기체를 발달시키지 않고 성인의 도움을 통해 단계적으로 발달하는 과정을 겪는다. 아동들이 자신의 경험에 대해 이야기하는 능력의 발달은 세 단계로 나눌 수 있다(Polloway et al., 2004).

첫 번째 단계는 성인이 시작하고 질문에 따라 유지되는 단계이다. 이 단계에서는 성인의 이야기가 절대적이며, 대부분의 아동들은 성인의 질문에 한 단어로 대답한다. 두 번째 단계에서는 성인의 이야기에 덜 의존하게 되는데, 이를 원시이야기체(protonarratives)라고 한다. 대부분의 아이들이 표현하는 원시이야기체는 시작, 중간, 끝이 있지만 인과관계가 없는 형태로서, 4~4.5세 아이들은 초보 이야기체(primitive narratives), 또는 기본적인 사건(basic episode)이 들어 있는 이야기를 표현하기 시작한다. 이러한 초보 이야기체는 기본적인 사건으로 새로운 사건(진행되는 행동을 얻게 된 어떤 문제), 문제를 해결하기 위한 등장인물의 시도나 행동, 문제의 결과나 해결로 구성되어 있다. 4.5세에서 5세경이 되면 기본적인 사건에 등장인물이 계획하는 행동에 대한 생각이나 감정과 그들의 실행(반응이나 끝)의 결과에 대한 생각이나 느낌을 더한다. 마지막 세 번째 단계에서 아이들은 학령기에 이르기 전에 대부분 사실적 이야기체(true narratives) 의 산출을 시작한다.

옛날에 ＿＿＿＿＿＿＿＿ 가 살았는데, ＿＿＿＿＿＿＿＿＿＿＿

       (상황: 시간, 장소)   (주인공/주요 등장인물)

어느 날, ＿＿＿＿＿＿＿＿＿＿＿＿＿. 그래서＿＿＿＿ .

            (시발 사건, initiating event)   (행동, action)

했는데/해서 ＿＿＿＿＿＿＿＿＿＿＿.

＿＿＿＿＿＿＿는 ＿＿＿＿＿＿＿＿＿＿되었대요. 끝.

       (결과, consequence)

그림 2-1   기본적인 사건의 요소

이러한 이야기의 기본적인 요소를 정리하면 [그림 2-1]과 같다.

4) 학습을 위한 언어 단계

언어습득 과정은 언어발달 단계에서 끝나는 것이 아니라, 성인기까지 지속적으로 이어진다. Paul(2007)은 언어발달 단계 다음을 학습을 위한 언어 단계라고 말하고 있다. 이 시기의 언어습득은 학교 경험으로부터 많은 영향을 받는다. 아이들의 언어발달은 기본적인 일상생활에서 벗어나 읽기, 쓰기, 비유적인 언어 표현, 이야기체, 그리고 교실 담화로 이어진다. 학령기 어휘 발달의 중요한 요인 중 하나는 형태론적 지식의 증가에 있다. 또한 맥락으로부터 새로운 단어의 의미를 추론해 내는 능력의 발달로 읽기가 새로운 단어를 학습하는 주요한 계기가 된다. 따라서 책을 읽은 양이 아동의 어휘 크기를 예언하기도 한다(Hoff, 2005). 이 기간은 대략 5세에서 10세 내지는 11세까지로 초등학교에 들어간 대부분의 아이들의 소리 체계는 거의 완벽하고, 구문 기술에서 서술문을 쉽게 사용할 뿐 아니라, 서술문을 부정문과 의문문으로 변형시키는 데 어려움이 없다. 전반적으로 성인과의 유창한 대화가 가능하다. 그러나 대화의 기술 또한 학령기 내내 지속적으로 발달한다(Hulit & Howard, 1998).

(1) 구어와 문어와의 관계

이 시기의 아동들은 이야기하는 방법을 알고, 자신의 의사소통에 이야기를 사용하고, 인쇄물과 인쇄물이 아닌 것의 차이를 알고, 자신의 지식을 드러내기 위해 언어를 어떻게 사용하는지를 안다. 그리고 말하기와 읽기, 읽기와 쓰기의 공통점 및 차이점 뿐만 아니라 책, 컴퓨터, 펜과 연필, 종이, 잡지 사용법을 알아 눈에 보이는 대상자만이 아니라 눈에 보이지 않는 대상자와의 의사소통도 가능하다.

이 기간 동안에 특별히 관심을 기울이는 것은 구어와 문어, 즉 읽기와 쓰기와의 관계이다. 많은 연구 결과, 구어 발달은 읽기 및 쓰기와 밀접한 관계가 있는 것으로 나타나고 있다. 언어학자들은 유능한 독자가 되는 가장 큰 변수는 지속적이고 정기적으로 책과 인쇄물에 노출된 가정 환경이라고 한다. 어른들은 아이에게 소리 내어 책을 읽어 줌으로써 아이들이 예측할 수 있도록 도와주며, 이러한 경험과 아이들이 좋아하는 이야기를 다시 말하게 하는 활동을 통하여 요구되는 정보를 정확하게 제공할 수 있도록 공식적인 훈련을 제공한다. 이런 경험들을 통하여 아동들은 이야기를 전달하는 활자체를 의식하게 되고, 그들이 말하는 것과 보는 것의 연결을 시도한다 (Hulit & Howard, 1998). 곧 그들은 단어와 문자를 인식하기 시작하고, 그런 다음 글자를 해독하는 중요한 단계에 이른다.

학령기 초기에 대부분의 아이들은 새로운 내용을 읽을 때 읽기를 위한 주의집중의 대부분을 해독(decoding)하는 데 사용한다. 음운인식(phonological awareness)으로 부르는 과정은 이처럼 구어와 문어를 연결하는 통로로서 초기 문해 능력 내지는 읽기 발달을 예측하는 가장 중요한 지표로 인식되고 있다. 이러한 과정을 거쳐 대부분의 아이들은 2학년 이전에 그들이 읽은 내용을 이해하기에 충분한 해독이 자동적으로 이루어지며, 3학년 말경이 되면 대부분의 아이들은 학습의 수단으로서 읽기를 하는 데 어려움이 없다.

1970년대 초부터 읽기에 대한 연구자들은 읽기와 쓰기의 언어처리 시스템을 연구해 왔는데, 최근 연구에서는 시지각의 장애가 읽기장애에서 거의 역할을 하지 않는다는 것과 읽기장애와 연관된 기초적 결함들이 시각적이기보다는 언어적이라는 것을 밝혀냈다(Catts & Kamhi, 1999). 연구자들은 문자를 해독하는 것이 구어를 해독하는 것과 같은 인지처리 과정을 활용한다고 보고(Paul, 2007), 읽기와 쓰기에는 의미론, 구문론, 형태론, 화용론의 관점에서 잘 발달된 구어 능력이 요구된다고 결론 내렸다.

대부분의 아동은 대화하는 데 어느 정도 숙달된 후 학교에 들어간다. 이미 언급한 것과 같이, 아동들은 말 차례 지키기, 말 차례를 지키며 주제 유지하기, 청자를 위해 적절한 주제의 정보 제공하기, 그리고 정보 수정하기에 대한 능력이 발달하며, 학교에 다니는 동안 이러한 언어 능력을 더 숙달시킨다. 이 시기의 후반기에는 추상적인 주제에 대해서 논의할 수 있다.

학습언어 단계의 아동들은 상대방의 수정에 대한 요구가 있을 때 전략 전환이 가능하다. 또한 학령기 동안 간접적인 요구를 이해하고 사용하는 능력이 점차 발달해 7세 정도가 되면 간접 요구에 상당히 익숙해진다.

(2) 구어에서 문어로 이동

초등학교에 다니는 동안 가장 중요한 변화는 아동의 주요 언어학습 수단이 구어에서 문어로 바뀌는 것이다. 이때 아동은 기능, 주제, 구조에서 문어가 구어와 다르다는

표 2-3 구어와 문어의 차이점

	기능	주제	구조
구어	• 사회적 상호작용 조절 • 대상과 행동에 대한 요구 • 소수의 사람들과 면접에 의한 의사소통 • 구체적인 사건 및 대상에 대한 정보 나눔	• 일상적인 대상과 사건 • 여기 그리고 현재 • 참여자가 바라는 주제 • 의미는 맥락적인 근거를 기초로 함	• 사용 빈도가 높은 단어 • 반복적이고 예측 가능하며 풍부한 구문과 내용 • 대명사, 속어, 방언의 의미 공유 • 억양 패턴을 기본으로 한 결속성
문어	• 생각을 조절 • 정보를 요구하고 반영 • 시간과 공간을 넘어서는 의사소통 • 많은 사람들에게 정보 전달 • 추상적 이론을 만들고 의견에 대해 논의함	• 추상적이거나 익숙하지 않은 대상과 사건 • 거기 그리고 미래 • 미리 선택된 주제를 중심으로 한 논의 • 의미는 글자로 정의된 정보와 추론으로부터 나옴	• 사용 빈도가 낮은 단어 • 간결한 구문과 내용 • 구체적, 추상적 어휘 • 어휘와 언어 장치를 기초로 한 결속성

출처: Roth & Spekman (1984).

것을 이해하게 된다. 그들이 학교에서 사용하는 구어와 학교 환경에서 만나는 문어 사이의 차이점은 〈표 2-3〉과 같다. 학교에 들어갔을 때 구어체에서 문어체 형태의 언어로 자연스러운 이동이 이루어지기 위해서는 언어에 대한 지속적인 관심이 제공되는 환경, 인쇄물에 자주 노출된 환경의 제공이 중요하다.

(3) 이야기체(내러티브) 발달

초등학교에 들어가는 대부분의 아동은 아직 진짜 이야기라고 할 수 없는 이야기를 말하는 경향이 있다. 아동의 이야기는 완벽한 에피소드를 갖추고 있지 못하기 때문이다. 일반적으로 이야기는 발단, 전개, 결과를 포함하는 기본적인 에피소드를 포함하고 있어야 한다.

사실적 이야기체에서 완벽한 에피소드는 기본적 에피소드의 구성뿐만 아니라 다음의 요소를 포함한다. 이처럼 모든 이야기가 따르는 이러한 구조를 이야기 문법이라고 칭하기도 한다(Miller, Gillam, & Pema, 2001).

• 내적 반응: 캐릭터의 감정 또는 의도

- 계획: 주요 캐릭터가 하고자 하는 계획 또는 이유에 관한 정보
- 반응 또는 결말: 결과에 대한 주요 캐릭터의 반응에 관한 정보

사실적 내러티브에서 캐릭터는 행동을 유발하는 동기가 되고, 사건은 논리적으로 연결된다. 일반적으로 사실적 내러티브는 5~7세에서 나타난다. 사실적 내러티브를 생산하는 능력은 아동에게 친숙한 구어와 학교, 교실, 책을 통한 문어 사이에서 나타난다. 실제로 아동이 사실을 이해하고 주제 중심 이야기를 생산하고 이해하는 능력은 학교생활의 성공을 가늠하는 가장 중요한 예측 인자로 보고되고 있다. 대부분의 7세 아동도 완전하지는 않지만 나름대로의 줄거리를 가진 이야기를 제공할 수 있다.

8세 이후가 되면 아동은 다음 내용을 포함한 전형적 이야기체를 구성할 수 있다 (Hulit & Howard, 1998).

- 명확하게 정의된 줄거리
- 명확하고 깊이 생각한 주제
- 중요하고 꼭 필요한 세부 내용
- 주의 깊게 설정된 시간과 장소, 상황
- 캐릭터의 감정, 생각, 그리고 동기에 대한 정보

무엇보다 잘 구성된 이야기에는 통일성(coherence)과 응집성(cohesion)이 모두 필요하다. 이야기 문법은 통일성을 이루는 데 필요하지만, 이야기가 응집성을 갖추기 위해서는 문장을 서로 연결하는 데 필요한 언어적 장치가 중요하다. 학령기 이야기체 발달을 위해서는 시간적 순서를 정하고, 대명사를 분명하게 사용하며, 절들을 응집력 있는 하나로 묶는 데 필수적인 언어적 장치들을 습득하는 능력이 필요하다. 이러한 구체적 능력을 평가하는 것이 사실적 이야기체 및 전형적 이야기체를 학습하는 데 기초를 제공할 수 있다.

2. 읽기 발달

Firth(1985)와 Chall(1983)의 읽기 발달 이론은 아동의 읽기 발달에서 읽기 기술의 위계적 순서가 어떠한지, 능숙한 독자가 되기 위해서는 어떤 전략이 필요한지를 설명하는 데 유용한 이론이다. 아동이 기호(부호)를 인식하는 것부터 정교한 읽기와 쓰기, 철자하기가 연속적으로 발달함을 고려할 때, Firth의 3단계 모델과 Chall의 6단계 이론은 읽기 기술의 성공적 습득과 발달적으로 나타나는 읽기 문제를 설명하는 데 적절하다.

아동의 읽기 능력은 대체로 생활연령에 따라 증가하며, 점차로 폭발적인 성장을 보여 준다. Firth(1985)는 특정 단계에서 읽기 발달이 실패하면 다음 단계로 이동하지 못하는 것으로 보았으며, 이전 단계의 기술을 습득하지 않고 다음 단계로 넘어갈 수 있는 특별한 전략은 없다고 주장하였다. Chall(1983)은 모든 단계에서 읽기는 Piaget 이론의 동화와 조절 과정을 통하여 그들의 환경에 독자가 적응할 수 있는 문제해결의 형태임을 주장하였다. 이를 위해 읽기과정에서 초보자에게 필요한 세 가지 기본적 전략을 기호책략, 알파벳 전략, 정자법 전략으로 정리하였으며, 한 전략이 다른 전략에 통합되어 감에 따라 정확성과 속도 면에서 독자의 해독 능력이 증진되어 간다고 설명하고 있다.

(1) Firth의 기호책략 단계 / Chall의 0단계

Firth의 기호책략 단계는 Chall의 0단계이며, 유치원이나 초등학교 1학년 정도의 아동에 해당된다. 초등학교 1학년 정도의 아동은 그들이 접하는 철자의 대부분의 단어들을 이미 구어나 음운론적 형태로 알고 있다. 이 단계는 읽기 이전 단계로 그림을 이해하는 인지 능력이나 기억 능력에 의존하게 된다. 아동은 이야기 속의 그림이나 기억한 내용을 이야기의 일부와 대충 연결시키는 것이다(Chall, 1983). 아동은 기억으로부터 읽기를 할 때 활자로 쓰인 이야기의 줄을 따라 손가락을 짚으면서 텍스트를 암송하며, 음성언어가 문자언어와 서로 관련이 있다는 것을 인식하게 된다. 예를 들어, 자신의 실내화에 세 글자로 쓰인 것을 보고 이름이라는 것을 인식하고, 두 글자의 멈춤 신호는 운전자가 차를 멈추라는 신호가 된다는 것을 지각하게 된다.

Firth의 기호책략 단계와 Chall의 읽기 이전 단계는 모두 친숙한 단어의 시각적 인식을 위해서 기호책략을 사용하고 학습하는 것을 의미한다. 이 시기에 읽기를 시작하는 아동은 단어의 길이, 단어의 첫 글자나 마지막 글자처럼 시각적 특징이 지각을 유발하게 할 뿐, 세부적인 문자의 순서는 인식하지 못한다. 이 시기 동안 아동은 읽기학습을 위하여 기억한 단어의 시각적 인식에 음운론적 측면을 고려하지 않고 단어를 읽으려고 한다. 이러한 기호책략의 사용은 읽기 습득에서 최초의 단계이며, 광범위한 시각 어휘의 발달을 촉진한다.

(2) Firth의 알파벳 전략 단계 / Chall의 1단계

Chall은 알파벳 전략 단계를 읽기의 1단계라고 하며, 초기 읽기와 해독 단계로 보았다. 이 시기는 1~2학년 아동, 연령으로는 6~7세의 아동에 해당한다. 일반적으로 이 시기는 모국어에 대한 지식과 기호화된 상징을 시각적으로 변별하는 능력이 요구되는 시기로, 음성언어와 문자언어 사이에 존재하는 부호를 해독하는 단계이다. 아동은 구어 단어와 철자 사이에 존재하는 관계, 즉 활자로부터 구어를 산출하는 알파벳 원리를 배우게 된다. 음성언어의 단위인 음소와 음소의 조합을 배우는 것은 읽기를 학습하는 데 핵심적인 하위 기술이다. 알파벳 원리를 배우기 위해서는 아동이 산출하는 음성언어와 문자언어 모두에 대한 분석적 태도를 가져야 한다. 즉, 아동은 문자와 음소 사이에서 발생하는 연결을 발견하여야 한다.

아동이 3세 반에서 4세경이 되면 긁적거림은 더욱 정교해지고, 점·선·곡선이 문자 형태를 갖추기 시작한다. 대부분의 아동은 다양한 음운론적 범주와 관계에 대한 지식을 가지고 있으며, 이러한 지식에 근거하여 의식하지 않더라도 모국어 철자법에 대한 체계적인 관련성을 알아내게 된다. Firth(1986)는 이 단계에서 음소 인식의 중요성을 강조하였다. Chall의 1단계의 마지막에서 나타나는 전형적인 읽기 행동은 문자와 구어의 관계를 인식하고, 자주 사용하는 단어와 음운론적으로 규칙적인 단어를 포함한 간단한 텍스트를 읽고, 새로운 1음절 단어를 발음할 수 있는 기술과 통찰력을 사용하고, 매우 간단한 이야기를 읽으며 간단한 쓰기를 하는 것이다.

Gough와 Juel(1991)에 따르면, 알파벳 전략 단계에서 어려움이 있는 아동들은 알파벳 원리의 지식을 습득하지 못한 채 단어에 대한 친숙성에 더 의존하게 된다. 선택적 연합에 의존하는 아동이 읽기에서 오류를 보이는 것은 아동이 잘못된 단서를 선택하거나 전혀 단서를 찾을 수 없기 때문이다. 즉, 이 단계에서 읽기의 오류는 알파벳 원리를 잘못 적용하는 것으로부터 발생하게 된다.

(3) Firth의 정자법 전략 단계 / Chall의 2단계

정자법 전략 단계는 Chall의 2단계로 읽기의 유창성이 강조되는 시기이다. 이 시기는 2~3학년까지이며, 연령은 7~8세에 해당한다. 정자법 전략 단계에서는 단어를 읽을 때 일반적인 접미사, 접두사, 단어 내의 음절을 포함한 형태소나 단어의 일부에 대한 즉각적인 재인이 일어나게 된다. 정자법 전략 단계는 기호책략 단계에서 그랬던 것처럼 시각적 재인이 필요치 않으며 알파벳 전략 단계에서처럼 개별 문자를 음소로 바꿀 필요도 없다. 그러므로 초기 단계에서 지배적이었던 즉각적인 재인 기술과 단편적인 분석 기술은 좀 더 큰 단위에서 비시각적이고 비음운론적인 정자법 전략으로 나타난다. 이 단계에서 주의를 기울일 것은 전체 단어 속에 들어 있는 음절적, 형태론적 요소들이다. 이것은 음운론적으로 불규칙적인 단위일 수도 있고('position'에서 'tion'), 음운론적으로 규칙적이어서 효과적으로 음소를 합성함으로써 이루어질 수도 있다('discouraged'에서 'dis'). 만약 독자가 성공적으로 해독하는 것을 배웠다면, 이 단계에서의 일차적인 목적은 독자가 활자화된 것을 자신의 지식과 언어에 연관 짓는 것이다. 2단계에서의 읽기 목적은 독자가 새로운 정보를 얻는 것인 데 반해, 자신이 이미 알고 있는 것을 확인하도록 해 준다. 아동은 Chall의 2단계 마지막에서는 간단하고 친숙한 이야기를 읽고, 유창성이 증가하며, 시각 단어와 친숙한 이야기를 읽는 데 의미 있는 맥락, 기본적인 해독 요소들을 강화한다. 즉, 새로운 단어의 특징을 찾는 해독 기술이나 인지적 사고를 사용하고, 읽은 것의 의미에 좀 더 주의를 기울이고, 점차로 쓰기에 익숙해진다. 이 단계에서 실패하는 이유는 알파벳 원리에 너무 의존하기 때문이다. 예를 들면, 'cough'를 'coff'로 읽는 것이다. 즉, 규칙 단어는 대부분 정확하게 읽으면서도 불규칙 단어를 읽는 데는 어려움을 경험한다.

(4) Chall의 3단계

Chall의 3단계에서의 읽기 목적은 배우기 위해서이다. 이 시기의 연령은 9~13세에 해당한다. 글을 읽는 데는 단어의 의미와 사전 지식이 점점 더 중요해진다. 3단계의 마지막에서 독자는 성인 수준의 읽기 자료를 읽을 수 있으나, 성인이 읽을 수 있는 대중 문학을 읽는 데는 다소 어려움을 보인다. 3단계에서의 읽기는 읽은 것으로부터 내용을 배우지만 대부분 하나의 관점만을 이해하게 된다. 또한 교과서, 참고도서를 포함해 다양한 읽기 교재를 사용하고 점점 더 복잡한 교재들을 이해하게 된다.

Chall에 따르면, 3단계에서 독자는 사실과 다른 세부적인 사항에 집중하고 민감하게 반응하게 된다. 만약 독자가 3단계에서의 민감성 없이 2단계에서의 유창하게 읽기만 한다면, 특정 정보의 회상은 매우 어려워진다. Bear, Invernizzi, Templeton과 Johnston(1996)은 이 단계를 6~12세까지로 보았으며, 학습자가 읽기와 쓰기에서 유창성을 획득하는 전환적 시점으로 보았다. 독자는 알파벳 원리를 적용하는 것이 아니라 문자언어 구조의 요소를 묶어 나가기 시작한다. 이제 단어마다 읽어 나가는 것이 아니라 문장 단위로 읽어 나가기 시작하기 때문에 읽기 유창성이 좋아진다. 이와 유사하게 쓰기에서도 속도와 유창성이 증가하는데, 이는 알파벳 원리에서 멀어질수록 더 좋아진다.

(5) Chall의 4단계 이후

Chall의 4단계는 고등학교까지를 의미하며, 연령으로는 14~18세 사이에 해당한다. 3단계에서 기본적인 지식을 습득하였기 때문에, 이제는 구체적이고 사실적인 정보와 이론적 정보, 다양한 관점으로 읽을 준비가 되어 있다. 성공적인 4단계의 독자들은 개별적인 아이디어를 재인하기보다 서로 이질적인 관점에서 패턴을 재인하는 전략을 사용할 필요가 있다. 이제 읽기는 점점 더 포괄적이 되고, 읽는 책의 양도 현저히 증가하게 된다. Bear 등(1996)은 Chall의 4단계에 해당하는 10대 중반에 다양한 읽기 레퍼토리와 쓰기 스타일을 습득한다고 보았다. 즉, 쓰기가 점점 유창해지고, 다양한 쓰기 형태를 경험할 기회를 갖게 된다. 쓰기는 개인적인 문제해결과 개인적인 관점을 반영하게 된다.

Chall의 5단계에서는 구성, 재구성이 일어나고 대학까지의 시기로, 18세에서 그 이상의 연령에 해당한다. 이 시기에는 무엇을 읽을 것인가를 결정하고, 자기가 읽은 것을 이해하고, 정보에 대한 지식을 구성하기 위하여 습득한 지식을 사용한다. 이 단계에서 독자는 친숙한 주제를 읽을 때는 읽기 속도가 빨라지지만, 친숙하지 않은 주제나 교재에 대해서는 속도가 느려진다. 5단계에서는 분석적·종합적 판단과정을 사용하기 때문에 높은 수준의 추상적 지식과 일반화 능력을 갖추게 된다. 이 시기에는 자신의 전문성과 개인적인 목적을 위해서 책을 읽고, 자신의 지식과 다른 사람의 지식을 통합하며, 읽은 것을 통합하여 새로운 지식을 창조할 수 있다. 또한 빠르고 효율적인 속도로 읽으며, 난해한 책을 분석적으로, 비평적으로, 창조적으로 읽을 수 있게 된다.

이상에서 제시한 Chall(1983)의 읽기 발달 단계는 구체적으로 각 단계에 포함된 읽기 기술을 제시하였다는 데 의의가 있다고 할 수 있다. 이처럼 각 단계마다 요구되는 읽기 기술이 무엇인지를 알아야만 읽기지도 시 필요한 교육 계획을 세울 수 있으며, 구체적인 전략의 적용이 가능해진다.

그러나 학자들마다 읽기 발달과정과 그 과정에 포함된 읽기 기술들을 조금씩 다르게 제시하고 있다. 그럼에도 불구하고 공통적인 견해는 읽기 발달을 위해서는 조기의 환경과 경험이 중요하며, 읽기 기술은 음운처리 기술과 같은 초기의 언어 기술과 관련이 깊고, 능동적이고 장기적으로 습득되는 기술이라는 것이다. 특히 읽기의 발달 단계 모형은 읽기 단계마다 지체나 어려움이 생기면 다음 단계로 나아가기 힘들다는 점을 강조하면서 읽기장애를 설명하고 읽기교수를 강조한다는 점에서 의의가 깊다고 하겠다. 또한 성공적인 학습에서 변화의 과정에 대한 자세한 기술이 교사들에게 학생을 위하여 무엇을 어떻게 가르쳐야 할지에 대한 적절한 안내 역할을 해 주기 때문이다. 한마디로 교육은 여러 가지 결과를 종합하는 것이 아니라, 어떤 맥락에서 무엇을 투입할 것인지 알고 적절한 것을 투입하여 원하는 것을 성취하는 것이다. 어떤 맥락에서 무엇을 투입해야 할지는 시간의 흐름에 따른 개인의 문식 행동의 변화에 대해 알아야 가능하다.

따라서 아동이 어떤 읽기 발달 단계에 있느냐에 따라 학생에게 강조해야 할 문식성 교육의 내용이 달라야 하며, 읽기 발달 이론은 이러한 학생 수준에 맞는 읽기교수 시 안내의 역할을 해 줄 수 있다. 결과적으로 각각의 읽기 발달 단계마다 필요한 중재가 다르다고 할 수 있다. 즉, 아동의 읽기 수준을 정확하게 평가하고, 아동의 필요에 따라 적절한 전략을 선정하여 지도 계획을 세워야 할 것이다.

3. 쓰기 발달

아동이 학교에 들어가기 전에 종이, 펜, 책, 잡지, 노트와 같은 '인위적인 인쇄물'에 노출되면 진짜 쓰기의 기초적인 형태로 서투른 문장과 흔적을 만든다. 대부분의 아동이 가장 먼저 배우는 단어는 자신의 이름과 가족 구성원의 이름이다. 초등학교에 입학할 때, 아동은 대부분 이미 문자소(graphoneme) 인식이 발달하게 된다. 일반적으로 학교에서 아동의 쓰기는 교사의 직접교수를 통해 발달한다. 교사가 아무리 열심히 가르쳐도 아동의 쓰기는 거의 전적으로 아동의 구어 발달과 초기 읽기 기술에 의지한다.

쓰기 발달 또한 읽기 발달과 같은 발달과정을 거친다. 발달모형은 어떠한 위계적 순서인지, 능숙한 독자가 되기 위해서는 어떤 전략이 필요한지를 설명하는 데 유용하다. 이전 단계에 대한 성취는 다음 단계가 효과적이고 체계적으로 도달하기 위한 비계(scaffolding)를 제공한다. 발달 모형에서는 연속선상에 있는 어떤 단계의 도달에 실패하면 여러 가지 유형의 장애가 발생하며, 다음 단계로 나아가지 못하고 그 단계에 머무르게 된다고 설명하고 있다.

가장 먼저 이루어지는 쓰기 발달에 관해서 Hoffman(1990)은 "철자란 영아기 때부터 나타나기 시작하는데, 손으로 의사소통을 하는 몸짓을 배움으로써 의미 있는 표식을 긁적거리거나 의미를 가진 상징과 이야기책을 읽는 척하면서 활자에 대해서 배우게 된다."고 보았다. Silliman과 Wilkinson(1994)은 문식성은 개인이 지역사회의 완전한 참여를 통해 사회적 정체성을 확립하는 것이라고 제안하였다. 이러한 발생적 문식성 개념은 아동이 접하게 될 조기 문식성 환경이 중요하고 읽기, 쓰기에서도 교사의 비계 설정이 중요한 이유가 된다. 이러한 발생적 문식성의 다음 단계는 발달적 문식성 단계이다. 발달적 문식성 단계는 쓰기학습을 위한 단계로 볼 수 있으며, 이후 학습을 위한 쓰기 단계로 넘어가게 된다.

여기에서는 Firth와 Chall의 이론을 바탕으로 한 Bear 등(1996)의 쓰기 모델을 소개하기로 한다. 일반적으로 1학년 아동은 이후 3년 동안 활자로 만나게 될 대부분의 단어에 대한 구어나 음운론적 형태를 이미 알고 있다. 그들이 모르는 것은 활자 형태이다. 구어가 어떻게 문어와 연관되어 발달되어 가는가를 보여 주는 것이 바로

Bear 등(1996)의 이론이라고 할 수 있다.

(1) 기호책략 단계

아동은 기호책략 단계에서 긁적거림으로 단어를 상징하기 시작한다. Chall의 0단계에서 아동은 글자를 읽는 체하고, 사전에 읽어 줬던 책의 페이지를 보면서 이야기를 다시 말하고, 문자소(문자의 이름)를 말하고, 신호를 인식하고, 자신의 이름을 보고 쓰며, 책이나 연필, 종이를 가지고 노는 행동을 보인다.

이 단계에서 아동은 때때로 기호적 어휘들을 만드는 것처럼 연필과 크레용을 이용하여 그리거나 긁적거리기 시작하며 선이나 난화, 곡선들을 그린다. 하지만 이러한 긁적거림은 전형적인 쓰기와는 분명히 다르다고 볼 수 있다. Bcar 등(1996)은 이를 쓰는 척하는 단계로 보았으며, Temple, Nathan, Temple과 Burris(1993)는 아동이 대부분 문자의 첫 부분을 그림으로써 쓰기를 시작한다고 보았다. 이 단계에서는 소리-상징 연결이 부족하기 때문에 이러한 쓰기 단계를 문식 이전 단계라고 부르며, 그림을 그리는 동시에 이야기하고, 선의 방향에 일정한 법칙이 없고, 다른 사람을 관찰함으로써 문자, 숫자의 형태를 취하기 시작하며, 위에서 아래로, 또한 왼쪽에서 오른쪽으로 쓰기 도구를 이동하는 것에 흥미를 가지며, 비슷한 글자들을 혼동하게 된다. 이 단계에서는 아동 자신만이 아동이 쓴 글자로부터 의미를 알 수 있다.

(2) 알파벳 전략 단계

아동이 3세 반에서 4세경이 되면 긁적거림은 더욱 정교해지고, 점·선·곡선은 문자 형태를 갖추기 시작한다. 대부분의 아동은 다양한 음운론적 범주와 자소와 음소의 관계에 대한 지식을 가지고 학교에 가기 때문에, 의식적으로 인식하지 않아도 철자법에 대한 체계적인 관계성을 알아내게 된다.

Bear 등(1996)도 5세경에 '초보적인 쓰기' 단계가 발생하는 것으로 보았다. 초보적인 읽기와 마찬가지로 초보적인 쓰기는 매우 느리고 유창하지 않지만, 아동은 단어를 말소리에 따라서 쓰는 것을 배운다. 이 시기 아동들은 새로운 몇 개의 단어에서 반 페이지 정도로 쓰는 양이 증가하게 되고, 쓴 것을 통해서 사건을 요약하고 다시 말하기가 가능해진다.

초보적 쓰기 학습자는 나름의 창안된 철자를 통해서 메시지를 전달한다. 이러한 현상은 알파벳 원리의 지식을 갖춘 독자라기보다는 단어에 대한 친숙성에 더 의존하기 때문이다. 읽기 오류는 아동이 알파벳 원리를 잘못 적용하기 때문에 발생한다. 아동은 자기 나름의 선택적 연합에 의존하여 읽기와 쓰기에서 오류를 보이게 되는데, 이는 아동이 잘못된 단서를 선택하거나 전혀 단서를 찾지 못하기 때문이다.

(3) 정자법 전략 단계

정자법 전략 단계는 Chall의 2단계로, 초등학교 2~3학년까지이며, 7~8세에 해당한다. 독자는 새로운 단어를 쓰기 위해서 기억에 의존하기보다는 알파벳 원리에 대한 지식이 필요하다. 정자법 전략 단계에서는 일반적인 접미사, 접두사, 일반적인 단어 내의 음절을 포함한 형태소나 단어의 일부에 대한 즉각적인 재인이 일어나게 된다. 정자법 전략 단계는 기호책략 단계에서처럼 시각적 재인이 필요치 않으며, 알파벳 전략 단계에서처럼 개별 문자를 음소로 바꿀 필요도 없다. 그러므로 초기 단계에서 지배적이었던 즉각적인 재인과 단편적인 분석 기술은 좀 더 큰 단위에서 작동하는 비시각적이고 비음운론적인 정자법 전략으로 나타난다. 이 단계에서는 구어에서의 구문론적 발달, 특히 형태소에 대한 지식 증가가 크게 도움이 된다. 이 단계에서 주의를 기울일 것은 전체 단어 속에 들어 있는 음절적·형태론적 요소들이다.

이 단계에서의 실패는 알파벳 원리에 너무 의존하기 때문이다. 예를 들어서, 이러한 실패는 여전히 'cough'를 'coff'로 쓰는 것이다. 즉, 규칙 단어는 대부분 정확하게 쓰면서도 발음 편의 등을 위해 음운변동이 적용된 단어를 쓰는 데 어려움을 겪는다.

(4) 학습을 위한 쓰기 단계

Chall의 3단계는 배우기 위해 읽고 쓰는 것으로, 연령으로는 9~13세에 해당한다. 쓰기에서도 속도와 유창성이 증가하는데, 이는 알파벳 원리에서 벗어나 철자 패턴과 똑같이 발음할 필요가 없다는 것을 학습한다.

Chall의 4단계는 고등학교까지를 의미하며, 14~18세에 해당한다. 쓰기는 점점 유창해지고, 다양한 쓰기 형태를 경험할 기회를 갖게 되며, 개인적인 문제해결과 개인적인 관점을 반영한다.

Chall의 5단계, 즉 구성·재구성 단계는 대학에 다닐 때까지 계속되며, 18세 이상의 연령에 해당한다. 이 시기에는 친숙하지 않은 주제나 교재에 대해서는 여전히 속도가 느리지만 분석적 · 종합적 판단과정을 사용하기 때문에 높은 수준의 추상적 지식과 일반화를 구성할 능력을 갖추게 되며, 개인의 전문성과 개인적 목적을 위해서 쓰는 것이 가능하다.

요약

- 아동 언어발달은 형태, 내용, 사용의 관점으로 나누어 기술된다. 최근에는 이야기체 담화를 포함시켜 기술하기도 한다. Paul (2007)은 언어발달 모형을 언어 이전 단계, 언어출현 단계, 언어발달 단계, 학습을 위한 언어 단계, 후기 언어발달 단계(청소년 언어발달)로 나누어 단계별 언어발달 특징을 설명하고 있다.
- 언어 이전 단계는 보통 아동이 태어나서부터 진정한 첫 단어가 출현하는 시기를 말한다. 영아기 동안의 의사소통은 아동의 행동과 아동과 밀접한 관계에 있는 어른의 해석에 의존한다. 아동의 첫 6개월 동안 주로 사용하는 발화는 단어나 의미라기보다는 배경음에 가까운 음조, 강세, 리듬, 억양을 보이다가 점차로 의식적인 모방을 하고, 목적이 있는 의사소통이 가능해진다.
- 언어출현 단계는 대다수의 아이들이 MLU 1.0과 2.0 사이의 기간이며, Brown의 언어발달 1단계와 일치한다. 이 시기에 아이의 첫 단어 발화와 첫 단어 조합이 나타난다. 하나의 단어나 2개의 단어로 표현하지만 하나의 문장 역할을 한다 하여 일어문 또는 이어문이라고 하기도 한다.
- 언어발달 단계는 일반적으로 27~46개월에 나타난다. Brown의 2단계에서 5단계에 해당되고, 두 단어 발화 단계에서 언어의 기본 구조 습득을 포함하여 긴 발화가 가능해지는데, 이때 대화에서 필요한 모든 언어학적 요소가 급속하게 성장한다. 이 단계에 아이들은 MLU 2.0~4.5에 이르러 언어출현 단계의 말을 정교화시킨다.
- 학습을 위한 언어 단계의 언어발달은 기본적인 일상생활에서 벗어나 읽기, 쓰기, 비유적인 언어 표현, 이야기체, 그리고 교실 담화로 이어진다. 학령기 어휘 발달의 중요한 요인 중 하나는 형태론적 지식의 증가에 있다. 또한 맥락에서 새로운 단어의 의미를 추론해 내는 능력이 발달하여 읽기가 새로운 단어를 학습하는 주요한 계기가 된다.
- Firth(1985)와 Chall(1983)은 특정 단계에서 읽기 발달이 실패한다면 다음 단계로 이동하지 못할 것으로 보았으며, 이들은 읽기과정에서 초보자에게 필요한 세 가지 기본적 전략을 기호책략, 알파벳 전략, 정자법 전략 단계로 정리하였으며, 단계를 넘어갈수록

점차로 읽기 능력이 증진된다고 설명하고 있다.

- 쓰기 발달은 읽기 발달과 같은 발달과정을 거치는데, 개인의 구어 발달과 초기 읽기 기술에 의지한다. 아동이 종이, 펜, 책 등 인위적인 인쇄물에 노출되면 진짜 쓰기의 기초적인 형태로 서투른 문장과 흔적을 만든다. 대부분의 아동이 가장 먼저 배우는 단어는 자신의 이름과 주변 사물의 이름이다. 아동이 초등학교에 입학할 때 대부분 이미 문자소에 대한 인식이 발달하게 된다.

학습문제

1. 아동 언어발달에 대한 화용론적 접근의 의미에 대하여 논의해 보시오.
2. 언어출현 단계의 언어발달을 언어 구성 요소의 측면에서 실제 사례를 수집하여 분석해 보시오.
3. 연령별 음소 발달 단계에 나타나는 음소를 나열하여 보시오.
4. Chall(1983)의 읽기 발달 이론에 따라 각 단계별 특징을 기술하시오.
5. Bear 등(1996)의 쓰기 발달 모델에 따른 단계별 특징을 기술하시오.

참/고/문/헌

김영태(1995). 조음장애아와 정상아의 음운변동 패턴에 관한 비교 연구. 특수교육논총, 12, 211-235.

김영태(1996). 그림자음검사를 통한 2-6세 아동의 자음 정확도 연구. 말-언어장애연구, 1, 7-33.

김영태(1997). 한국 2~4세 아동의 발화길이에 관한 기초연구. 말-언어장애연구, 2, 5-26.

이경화(1994). 유아언어교육. 서울: 창조사.

이승복(1994). 언어획득과 발달. 서울: 정민사.

이연섭, 권경안, 김성일(1979). 한국아동의 구문발달(Ⅰ). 연구보고 88집. 서울: 한국교육개발원.

이영, 조연순(1988). 영 · 유아발달. 서울: 양서원.

조명한(1982). 한국아동의 언어획득연구: 책략모형. 서울: 서울대학교출판부.

주영희(2000). 유아 언어발달의 사회적 기초. 인천교육대학교 교육논총, 17, 37-59.

한유미, 김혜선, 권희경, 양연숙, 박수진(2006). 영유아 언어교육의 이해. 서울: 학지사.

Bear, D. R., Invernizzi, M., Templeton, S., & Johnston, F. (1996). *Words their way: Word study for phonics, vocabulary, and spelling.* Columbus, OH: Prentice Hall.

Bernstein, D. K., & Tiegerman, E. (1985). *Language and communication disorders in children.* Columbus, OH: Charles E. Merrill Publishing Co.

Bloom, L. (1970). *Language development: Form and function of emerging grammars.* Cambridge: MIT Press.

Bloom, L., & Lahey, M. (1978). *Language development and language disorders* (pp. 551-599). New York: John Wiley & Sons.

Bloom, L., Rocissano, L., & Hood, L. (1976). Adult-child discourse: Developmental interaction between information processing and linguistic knowledge. *Cognitive Psychology, 8,* 521-552.

Butler, K. G. (2000). From the editor. *Topics in Language Disorders, 21,* iv-v.

Catts, H., & Kamhi, A. (1999). *Language and reading disabilities.* Needham Heights, MA: Allyn & Bacon.

Chall, J. (1983). *Stage of reading development.* New York: Mcgraw-Hill.

Chapman, R. (2000). Children's language learning: An interactionist perspective. *Journal of Child Psychology and Psychiatry, 41,* 33-54.

Christophersen, P. (1973). *Second-language learning: Myth and reality.* Harmondsworth, England: Penguin Books.

Farris, P. J. (2001). *Language arts: Process, product, and assessment* (3rd ed.). Boston: McGraw Hill.

Firth, U. (1985). Beneath the surface of developmental dyslexia. In K. Patterson, J. Marshall, & M. Coltheart (Eds.), *Surface dyslexia* (pp. 301-330). London: Lawrence Erlbaum.

Gillam, R. B., & Bedore, L. M. (2000). Communication across the lifespan. In R. B. Gillam, T. P. Maequardt, & F. N. Martin (Eds.), *Communication science and disorders: From science to clinical practice* (pp. 25-61). San Diego: Singular Publishing Group.

Gough, P. B., & Juel, C. (1991). The first stages of word recognition. In L. Rieben & C. A. Perfetti (Eds.), *Learning to read: Basic research and its implications* (pp. 47-56). Hillsdale, NJ: Lawrence Erlbaum.

Hetherington, E. M., & Parke, R. D. (1993). *Child psychology—A contemporary viewpoint* (4th ed.). New York: McGraw-Hill.

Hoff, E. (2005). *Language development* (3rd ed.). 이현진, 박영신, 김혜리 역(2007). 언어

발달. 서울: 시그마프레스.

Hoffman, P. R. (1990). Spelling, phonology, and the speech-language pathologist: A whole language perspective. *Language, Speech, and Hearing Service in School, 21*, 238-243.

Hulit, L. M., & Howard, M. R. (1998). *Born to talk: An introduction to speech and language development* (2nd ed.). Boston: Allyn & Bacon.

Jalongo, M. R. (2000). *Early childhood language arts* (2nd ed.). Boston: Allyn & Bacon.

Kamhi, A. G., & Hinton, L. N. (2000). Learning to read and learning to spell: Two sides of a coin. *Topics in Language Disorders, 20*, 37-49.

McNeill, D. (1966). Development psycholinguistics. In F. Smith & G. A. Miller (Eds.), *The genesis of language* (pp. 15-84). Cambridge, MA: M.I.T. Press.

Miller, L., Gillam, R. B., & Pema, E. C. (2001). Dynamic assessment and intervention: Improving children's narrative skills. Austin, TX: Pro-Ed.

Owens, R. (1998). *Language development: An introduction* (4th ed.). New York: Macmillan.

Owens, R. (2004). *Language disorders: A functional approach to assessment and intervention.* New York: Pearson.

Paul, R. (2007). *Language disorders from infancy through adolescence* (3rd ed.). St. Louis, MO: Mosby.

Penman, R., Cross, T., Milgrom-Friedman, J., & Meares, R. (1983). Mothers' speech to prelingual infants: Pragmatic analysis. *Journal of Child Language, 10*, 17-34.

Perfetti, C. A. (1991). Representations and awareness in the acquisition of reading competence. In L. Reiben & C. A. Perfetti (Eds.), *Learning to read: Basic research and its implications* (pp. 33-46). Hillsdale, NJ: Lawrence Erlbaum Associates.

Polloway, E. A., Miller, L., & Smith, T. C. (2004). *Language instruction for students with disabilities.* Denver, CO: Love Publishing Company.

Roth, F., & Spekman, N. (1984). Assessing the pragmatic abilities of children. Part 1: Organizational framework and assessment parameters. *Journal of Speech & Hearing Disorders, 49*, 2-11.

Silliman, E. R., & Wilkinson, L. C. (1994). Discourse scaffolds for classroom learning. In G. P. Wallach & K. G. Butler (Eds.), *Language learning disabilities in school-age children and adolescents: Some principle and appications* (pp. 27-52). New York: Macmillan.

Temple, C., Nathan, R., Temple, F., & Burris, N. A. (1993). *The beginnings of writing* (3rd ed.). Boston: Allyn & Bacon.

제3장

장애별 언어 관련 특성 및 주요 교수 방법

개요

인간이 오늘날처럼 발달할 수 있었던 이유 중 하나는 언어를 사용할 수 있었기 때문이다. 언어를 생성하고 이를 해석하는 능력은 성공적인 사회생활을 영위하게 할 뿐만 아니라 장애학생들의 생존과도 밀접한 관련이 있다.

장애학생들에게 언어를 지도할 때 가장 먼저 고려해야 할 것은 장애 영역별로 나타나고 있는 일반적인 언어 관련 특성과 이에 따른 유용한 언어중재 방법을 이해하는 것이다. 장애 영역의 특성에 따른 적합한 중재 방안을 찾아야 언어교육이 더욱 효과적이 되기 때문이다.

이에 이 장에서는 여러 장애별 언어 특성과 주요 언어중재 방법을 간략히 소개하고자 한다. 그러나 장애학생들이 가지고 있는 개별적 독특성은 장애 영역별 특성보다 훨씬 더 크기 때문에, 이 장에서 소개하는 장애별 언어 특성과 중재 방법은 제한적일 수 있으므로 학생 개인을 이해할 때 기본 지침으로 생각해야 하며, 개별 아동의 독특한 언어 특성을 이해하기 위해서는 좀 더 세부적인 평가가 이루어져야 할 것이다.

1. 시각장애

1) 언어 관련 특성

시각은 언어발달에서 매우 중요한 감각이다. 따라서 시각장애 학생들은 시각상의 문제 때문에 언어발달에서 여러 가지 다양한 문제점을 갖는다. 시각장애 학생들은 생리학적 변인이나 환경적 변인, 시간, 위협, 불안 등의 변인 때문에 개념 형성에 지체를 가져올 수 있고(권기덕, 김동연, 1983), 이는 여러 가지 인지적 혹은 언어적 발달에 문제를 야기하게 된다. 연구들에 따르면, 시각장애 학생들의 인지발달은 정안학생과 같은 단계를 거치나 그 속도가 느려서, Piaget의 인지발달 단계를 기준으로 보았을 때 시각장애 학생들은 정안학생들에 비해 4~8년 정도 지체된다. 그리고 선천적인 맹아들은 시각적 모방이 제한되어 언어발달이 지연되고, 의미를 모르면서 사용하는 단어가 많다. 또한 어휘 사용의 수는 풍부하지만 명사, 형용사, 부사, 동사 등에서 추상적인 표현이 많아 구체적인 의미를 모르고 사용함으로써 언어주의(verbalism)에 빠지기 쉽다. 대화에서의 특징을 보면, 음성의 다양성이 부족하고 말을 크게 하는 경향이 있으며, 말의 속도가 느리고 몸짓이나 입술의 움직임이 적은 편이다. 또한 약시아동의 읽기 연구에 따르면, 약시아동이 정안아동에 비해 1.5개월 정도 낮은 읽기 성취 점수를 보이며, 점자 읽기의 경우 맹아동의 연령과 학력 간에 차이가 있는 것으로 나타났다.

최근에 맹아동의 학력에 대한 연구들은 과거에 비해 학력 격차가 감소하고 있다고 하는데, 이렇게 시각장애 학생의 학력 격차가 감소하는 이유로는 통합교육의 영향과 학습 매체 사용의 증가 때문으로 보인다. 그리고 학력지체를 보이는 원인은 정보 습득의 지체와 읽기 속도의 지체, 교수 절차의 구체성 부족, 수술에 따른 수업 결손, 특수교육 시작 시기의 지체 등으로 나타나고 있다(김동연, 정재권, 조인수, 석동일, 1987).

2) 주요 교수법

시각장애 학생들을 대상으로 이루어지는 대표적인 언어중재법으로는 점자를 활용한 교육이 주를 이루고 있지만, 이외에도 몇 가지 효과가 증명된 교수 방법이 있다.

(1) 점자 읽기와 쓰기

점자는 읽는 속도가 느리고 책의 부피가 커서 불편한 점이 있으나 맹아동에게는 필수적인 문해 교육과정이다. 대체로 1분간의 평균 읽기 속도는 50단어 정도로 보고 되고 있다. 최근에는 취학 전 아동과 초등부 저학년 아동을 위한 점자교과서가 개발 되어 활용되고 있으며, 취학 전의 상징에 대한 경험 제공이 중요시되고 있다. 그리고 점자판 외에 점자타자기를 이용한 쓰기교육이 확대되고 있다. 점자타자기를 활용하 여 영어를 쓰는 속도는 매분 평균 40~60단어 정도라고 한다. 맹아동이 사용하는 점 사판은 생활 도구로서의 의미를 가지고 있으며, 점자타자기는 속도가 빠르고 수학 시간에 필산을 할 수 있다는 장점이 있기 때문에 점자판과 점자타자기를 모두 가르 쳐야 한다. 일반적으로 점자지도는 읽기를 가르친 다음에 쓰기를 가르치는 것이 효 과적인 것으로 알려져 있으며, 속독법도 활용되고 있다.

(2) 듣기 훈련

아동이 학습하는 데 듣는 시간의 양은 매우 많다. 녹음도서는 점자보다 속도가 빠 르고, 듣기 교재는 제작이 용이하기 때문에 토킹북(talking book), 녹음테이프, 음성 압축 장치 등이 개발되어 학습 매체로 사용되고 있다. 듣기 학습은 독서량이 많은 고 학년으로 갈수록 더 유용하며 대학에서는 필수적이다. 때문에 시각장애 학생의 청능 훈련은 학습에 중요한 교육과정의 하나로, 최신의 기기를 다루는 기능과 녹음도서의 대출방법 등도 지도해야 한다. 듣기 기능과 함께 중요시되는 것은 청각을 이용한 읽 기 기능이라 할 수 있으므로 계열화된 듣기 프로그램을 개발하여 양자를 함께 학습 하도록 해야 한다.

(3) 시기능 훈련

시기능 훈련은 유아 수준에서부터 시작하여 읽기를 배우는 3학년까지의 아동들에 게 중요하다. 특히 3~8세의 유아와 아동에게는 시각적 자극을 인식하고 판별하고 해석하도록 교육하여야 한다.

이 분야에 크게 관심을 갖게 된 계기는 Barraga(1964)가 훈련을 통해 시기능을 증대시킬 수 있다는 실험 연구를 발표한 것이다. 그녀의 시기능 훈련 내용은 촉각과 시각을 사용하여 도형을 변별하게 하거나 시각만으로 도형을 구별하는 기능, 형태의 구별, 물체 고르기 등과 같은 프로그램으로 구성되어 있다. 시자극의 훈련으로서 빛에 대한 시각적 반응, 빛의 위치, 물체의 시각적 변별, 도형의 변별, 글자의 변별 등이 강조되고 있다.

(4) 일반문자 교육

일반 문자타자기 사용법을 맹아동에게 가르치는 것은 문자를 통한 의사 전달이라는 점에서나 취업 관련 측면에서 중요한 교육과정이다. 타자교육은 초등부 3~4학년에서 시작하는 것이 바람직하며, 손가락 조작 능력과 협응 능력, 주의집중 능력, 일반적 언어 능력을 고려하여 시작한다. 타자교육의 중요 내용으로는 문자판 습득, 타자기의 구조와 조작, 서식에 따른 타자, 녹음 자료를 들으면서 타자할 수 있는 기능, 옵타콘(optacon) 등을 통한 교정 등이 있으며, 이를 중심으로 지도한다. 이러한 타자 기능은 컴퓨터 교육과 연계성을 가지며, 이후 컴퓨터 조작을 통해 의사 전달 기능을 향상시킬 수 있다.

특히 옵타콘은 맹아가 일반문자를 읽을 수 있는 독서기로 많이 활용되고 있다. 옵타콘은 시각적 정보를 촉각적 정보로 변환시키는 매체이며, 몸체 부분과 촉지판, 카메라로 구성되어 있다(김동연 외, 1987).

훈련 내용의 경우는, 학습자의 현재 수준에 따라 기준을 정할 수 있으나, 대체로 기초 훈련 교재를 사용하여 왼손의 촉지각 능력과 오른손의 카메라 이동 능력을 충분히 향상시킨 후에 언어 능력을 높일 수 있는 교재를 선택한다. 예컨대, 학습자가 관심을 갖고 있는 동화책이나 사전, 잡지, 신문 등과 같은 자료나 생활에 필요한 각종 기호(전화 표시, 일기예보의 기호 등)를 응용하여 발달시킬 수 있다. 최근에는 컴퓨터와 연결한 옵타콘이 개발되어 그 활용도가 더욱 높아지고 있다.

2. 청각장애

1) 언어 관련 특성

청각장애는 언어 관련 장애에서 가장 대표적인 장애 영역 중 하나다. 청각장애 학생의 언어발달은 일반학생의 전형적인 발달과는 발달 시기와 습득방법 측면에서 명확히 다르다. 농아동일 경우에는 언어습득 시 필요한 모방, 확장, 추리, 강화 등의 언어적 상호작용이 원활하게 이루어지지 못하기 때문에 정상적인 말의 발달이 어렵다. 그러나 언어의 일종이며 농인의 주된 의사소통 방법으로 사용되는 수화(sign language)의 획득은 일반아동의 언어획득 단계와 유사한 단계를 거쳐 이루어지며(Tervoot, 1961), 농아동의 수화 습득은 건청아동이 구어 습득에서 거치는 언어발달 이정표와 동일한 양상으로 나타난다(Lane, Hoffmeister, & Bahan, 1996). 농부모를 가진 농아동은 일반아동의 최초 낱말 사용 시기(생후 9~10개월)보다 2~3개월 앞서 최초의 수화를 사용하며, 생후 10개월이 되었을 때는 20개의 기호를 사용하고 두 기호를 조합하여 사용할 수 있다(Marschark, De Beni, Polazzo, & Cornoldi, 1993).

언어습득 시기 이전에 청각장애를 입은 아동은 그 이후에 청각장애를 입은 아동보다 언어발달에서 더욱 심한 지체를 보인다. 물론 언어습득 시기 이후에 청각장애를 입었다 하더라도 그 장애 정도가 심한 경우에는 별도의 특별한 훈련을 받지 않으면 습득했던 언어마저 퇴화 또는 변형된다. 청각장애에 따른 이러한 언어발달 지체는 말하기 및 독화와 같은 외현적인 구어의 발달지체뿐만 아니라 내적 언어의 발달지체도 초래한다(Meadow, 1980).

청각장애 아동의 언어발달은 청력 손실 정도에 따라서도 차이가 있다. 청력 손실 정도가 심할수록 더욱 심한 지체를 보인다. 난청아동들 중에는 조기에 언어지도를 시작하여 청각을 통한 구어의 발달이 가능한 아동도 있지만 특수교육을 받아야 할 정도의 청각장애 아동들은 청각 수용에 의한 언어발달이 가능하더라도 보통 3~4년의 언어발달 지체를 보인다(McConnell, 1973). 어휘 및 단어 의미의 발달에서 최중도 청각장애 아동은 대략 3년 이상, 중등도 청각장애 아동은 1년 정도 지체된다(Davis, Elfenbein, Schum, & Bentler, 1986).

청각장애 아동의 언어발달은 언어습득 시기의 환경에 따라서도 영향을 받는다. 가정에서 수화로 언어 환경을 조성해 준 농부모를 가진 농아동은 구어의 획득과정이 일반아동의 구어 획득과정과 일치되는 경향을 보이나, 듣는 부모를 가진 농아동의 구어 발달은 훨씬 지체된다는 연구도 있다(Schlesinger & Meadow, 1972).

손상된 청력을 가진 아동들의 언어발달에서 또 다른 문제점은 문해 기술의 발달이다(김영욱, 2001). 문해는 음운론적인 측면에서 언어에 근거한 기호적 표상과 관련된다. 그래서 농아동은 그들이 완벽하게 이해하지 못한 언어에 기초하여 텍스트를 해독하고 산출하기 위해 노력해야 한다(Heward, 2003). 음운인식, 어휘, 통사 및 사전 지식과 메타인지 기술 등의 여러 요인이 청각장애 아동의 문해 발달에 어려움을 초래할 수 있다. 특히 농아동의 읽기, 쓰기 기술 습득 저조는 문해의 기반이 되는 구어 기술의 한계와 관련이 있으며(김영욱, 2001), 청력 손실을 가진 아동들은 건청아동과 같은 양이나 같은 범위의 미리 읽기 또는 읽기 활동을 하지 못할 수도 있다(Limbrick, McNaughton, & Clay, 1992).

아울러 청각장애 학생의 낮은 읽기 능력은 추상적이고 비구체적인 과학 개념을 이해하는 데도 문제가 되어 과학 교과의 학업 수행에 부정적인 영향을 줄 수 있다. 16명의 청각장애 학생(6학년)을 두 집단에 무선 배치하여 시각 자료와 설명 자막의 활용이 과학 개념 이해에 미치는 효과를 알아본 결과, 시각 자료만을 제공했던 집단에 비해 시각 자료와 설명 자막을 함께 제공했던 집단이 과학 개념을 더 잘 이해한 것으로 나타났다(김지숙, 김영욱, 2002).

그리고 Moores(1987)는 농아동의 경우 읽기보다 쓰기에서 더 많은 어려움을 겪는다고 주장하였다. 언어를 통한 의사소통을 중요 수단으로 실제 교육 활동이 전개되므로 이러한 쓰기 문제는 다른 영역을 학습할 때 불리한 조건으로 작용할 수 있다.

2) 주요 교수법

청각장애 학생들을 대상으로 한 대표적인 언어중재법으로는 수화법과 구화법이 있으며, 이외에도 보청기 착용 훈련, 독화지도, 말하기 지도가 있다.

(1) 수화법

수화법은 손을 활용한 의사소통 체계로 수화와 지문자를 사용한다. 수화는 농인사회에서 사용되는 의사교환의 양식이며, 농인들이 창조하였고 또 창조하는 언어이다. 또한 수화는 음성 체계가 아닌 시각-운동 체계이다. 그러므로 수화의 각 기호는 시각에 따라서는 변별할 수 있으나 청각에 따라서는 변별할 수 없다. 그러나 음성언어와 마찬가지로 지각되자 곧 사라져 버린다(김승국, 1989).

(2) 구화법

구화법은 청능훈련을 통한 듣기 기술의 개발을 전제로 하며, 독화와 듣기로 수용하고 발화로 표현하는 방법이다. 이 방법은 일반인과의 소통이 용이하고, 읽기 및 쓰기 학습에도 도움을 주며, 사회적 적응에도 도움을 준다고 한다.

청능훈련은 청각장애 아동이 가지고 있는 잔존 청력을 가능한 한 최대로 활용할 수 있도록 하기 위한 것이다. 청능훈련은 개개의 아동에 따라 지도 목표, 단계, 방법 등을 달리 수립하여 지도해야 한다. 청능훈련의 일반적인 목표와 단계는 다음과 같다.

- 음의 인식: 소리와 소리의 기능을 알게 하고 듣는 태도를 기른다.
- 음의 변별: 소리를 대별할 수 있게 하고, 소리와 그 소리를 내는 사물을 짝짓게 한다. 차츰 말소리에 대한 단계적인 변별훈련을 한다. 변별훈련은 항상 변별하기 쉽고 친숙한 것부터 시작하여 점차 단계를 높여 간다.
- 음의 이해: 자연음과 증폭음을 알게 하고, 말을 듣고 행동으로 옮길 수 있게 한다. 또 말의 이해에 필요한 여러 가지 단서는 종합적으로 활용할 수 있게 한다.

이와 같은 청능훈련은 다감각법과 단감각법이 있는데, 이러한 방법 적용 시 아동의 특성에 따라서 어느 한 방법을 선정하거나 병용한다.

최근에 개발한 청능훈련의 한 프로그램으로 '성공적인 듣기를 위한 발달적 접근'이 있다. 이 프로그램은 계열화·구조화되어 있으며 듣기 기술을 개인적인 능력에 따라 계열화한 것이다. 이 청능훈련 프로그램은 적용 대상에 제한을 두지는 않지만, 보청기나 인공와우를 사용하는 학령 전 및 학령기 아동에게 더 적절하게 이용될 수 있다. 이 프로그램은 청능 기술 발달과 관련하여 다음과 같은 세 가지 측면에 초점을 두고 있다(Stout & Windle, 1992).

- 소리 인식: 환경음과 말소리 듣기에 관한 기본적인 기술의 발달, 보청기의 사용이나 인공와우의 사용과 유지에 관련된 내용의 청취훈련과 학습
- 음소 청취: 소리의 길이, 높낮이, 강도, 말소리의 포함 비율 등의 말소리 지각의 기본적인 요소의 청취훈련으로 '독립음이나 단어에 포함된 자음과 모음을 변별하고 알기' 등이 포함
- 청각적 이해: 청각장애 아동의 구어 이해 강조. 일상어의 변별에서부터 구조화되지 않은 상황에서 복잡한 음성언어의 메시지를 이해하는 것에 이르는 넓은 범위의 청능과정

(3) 보청기 착용 훈련

청각장애 아동은 청력 손실도가 같을지라도 각각 다른 청력형을 가질 수 있다. 또한 청각장애의 유형에 따라서도 청각 특성이 각기 다르다. 즉, 감각신경성 난청이 대체로 저주파수대에서 더 잘 듣는 경우가 이에 해당한다. 따라서 보청기의 선택은 그 아동의 청력형에 알맞는 것으로 하고, 청각 특성에 맞게 보청기 적합화를 실시하여야 한다.

보청기의 착용은 조기에 할수록 더욱 효과적이며, 착용훈련은 단계적으로 꾸준히 하여야 한다. 초기에는 귀본(earmold) 끼기, 짧은 시간 동안 자주 착용하기부터 점차 착용 시간 늘려 가기, 소음이 없는 장소로부터 점차 소음에 노출시켜 착용하기, 음의 인식, 음소 청취, 말소리 이해 등의 순으로 훈련하고, 보청기를 잘 다룰 수 있도록 훈련시킨다.

(4) 독화지도

독화(speech reading)는 말의 시각적인 수용이다. 즉, 말의 시각적인 정보를 통하여 화자가 말한 내용을 이해하는 시각적 기술이다. 독화라는 말이 사용되기 이전에는 독순이라는 용어가 사용되었다. 그러나 독화를 할 때는 조음 운동 시 나타나는 음소의 구형뿐만 아니라 화용적 맥락, 독화 과제와 유관한 안면 표정, 손짓, 몸짓, 상황

등과 같은 비음성 단서와 음성 단서도 활용하게 된다. 이런 의미에서 독화라는 용어를 사용하게 되었다.

독화지도 방법은 종합법과 분석법으로 대별할 수 있다. 종합법은 낱말 수준부터 시작하여 구, 문장, 문단의 순으로 지도하는 것이며, 분석법은 무의미 음부터 시작하여 음절, 낱말, 구, 문장, 문단의 순으로 지도하는 것이다. 그러나 이 두 방법의 차이는 뚜렷하다고 볼 수 없으며, 실제 지도에서의 강조점만이 다를 뿐이다.

독화 능력은 독화자에 의해 결정되지만 독화과정에 나타나는 여러 변인의 영향도 받는다. 이를 모아 제시하면 다음과 같다(O'Neil & Oyer, 1981).

- 화자: 안면 특성, 조음기관의 움직임(말의 속도, 말의 정확성), 몸짓, 손짓, 성량, 피드백 특성
- 독화자: 시각의 예민성, 변별력, 의사소통 상황, 잔존 청력, 인성(지적 능력, 행동 유형, 과거의 의사소통 경험, 시각적 피드백)
- 환경: 조명 조건, 물리적 배치, 화자의 수, 물리적인 방해 조건
- 부호: 가시도, 친숙도, 구조, 전달 속도, 청각-시각 문제

이와 같은 변인들 중에서도 독화자의 언어 능력은 독화력에 가장 크게 작용한다. 또한 말소리의 가시도도 크게 영향을 미치는데, 말소리 중에는 가시도가 매우 낮거나 다른 말소리의 구형과 중복되어 있어 독화를 더욱 어렵게 한다.

독화지도 시에는 청각 활용을 극대화하고 종합적인 언어지도 상황에서 꾸준히 하되, 다음과 같은 사항을 고려하여야 한다.

- 가능한 한 독화 단서를 모두 활용하도록 한다.
- 말은 과장하지 않고 자연스럽게 한다.
- 차폐물이 없는 밝은 곳에서 한다.
- 소음이 통제된 곳에서 한다.
- 약 2~3m 이내의 거리를 유지하되 거리를 너무 좁히지 않는다.
- 항상 동일한 위치와 방향에서 독화하지 않도록 한다.
- 독화하려는 태도를 갖게 한다.

• 화자는 말을 할 때 가만히 서서 하되, 가능하면 아동과 비슷한 높이를 유지한다.

독화 기술은 독화자의 언어 능력, 말 명료성, 읽기와 관련성이 높고, 다음과 같은 특성들이 존재한다.

• 청각장애 아동의 독화 수행은 언어와 어휘 발달, 말 명료성, 읽기 이해 수행 등과 밀접한 관계가 있다.
• 열등한 독화자가 사용하는 전략 특성은 열등한 읽기자가 사용하는 전략 특성과 같다. 즉, 단어 수준에서 읽기를 하는 사람은 독화도 단어 수준에서 한다.
• 독화에서의 성공과 향상 정도는 음성언어에 의한 의사소통을 증진시키겠다는 청각장애인의 동기와 밀접한 관련이 있다.
• 아동의 청력 상태가 좋을수록 말의 청각-시각적 수용력도 높다.
• 어떠한 방법들을 통해서든지 언어 능력이 향상되면 독화 능력도 향상된다. 즉, 언어 능력의 향상과 독화 능력의 향상은 정적 관계에 있다. 따라서 독화지도 시에는 이와 같은 점들을 고려한 종합적인 접근 방법을 적용하는 것이 바람직하다.

(5) 말하기(발화) 지도

말하기 지도 방법은 자연적인 방법과 문법적인 방법으로 대별할 수 있다. 자연적인 방법은 종합적인 방법, 비형식적인 방법이라고도 하는데 가능한 한 언어습득 및 발달의 정상적인 과정을 따라 지도하는 것을 말한다. 이 방법은 청각 활용을 극대화하여 듣기를 통하여 말하기를 지도한다. 문법적인 방법은 형식적인 방법, 분석적인 방법, 체계적인 방법이라고도 한다. 이 방법에서는 어떤 감각 양식을 주로 활용할 것인가와 음운, 음절, 낱말 중 어느 수준에서 시작할 것인가에 따라 약간의 차이를 보인다.

Ling(1988)이 제시한 말하기의 지도 원리는 다음과 같다.

• 말 발달의 단계를 적용한다.
  - 기초 발성지도와 함께 의사소통의 수단으로 음성 사용
  - 비분절적 형태의 기초 위에 여러 가지 말소리를 의미 있게 사용
  - 모음의 발성지도

- 자음의 조음방법 지도 및 낱말 수준 사용 지도
      - 자음의 조음점 지도 및 구 수준 사용 지도
      - 유·무성음의 구별 지도 및 문장 수준 사용 지도
      - 명료하고 자연스럽게 말하기 지도
- 구체적인 평가 결과에 따라서 지도한다(음성적 수준 평가, 음운적 수준 평가).
- 최적의 감각 양식을 선택한다.
- 지도할 세트를 제공한다.
- 앞에서 습득할 말의 유형을 자동화, 일반화, 전이 등을 통해 효율적으로 사용할 수 있게 한다.

3. 지적장애

1) 언어 관련 특성

언어발달은 지적발달과 밀접하게 연관되어 있다. 따라서 지적발달에 어려움을 경험하고 있는 지적장애 학생들은 일반학생들보다 언어와 관련하여 더 많은 문제를 나타내게 된다. 특히 지적장애 학생들은 언어발달에 지체를 보이고 어휘력 습득에서 많은 어려움을 나타낸다. 또한 조음 문제, 구어 발달 지연, 문법 사용의 오류 등을 보인다. 따라서 지적장애 학생들이 보이는 언어와 관련된 기능적 결함을 극복하고 적절한 언어기술을 습득하는 것은 그들의 사회적 통합을 위해 핵심적인 요소라 할 것이다(Polloway & Smith, 1982).

발달적 관점에서 볼 때, 지적장애 학생들이 언어발달 지체를 보인다는 뜻은 경도 지적장애 아동의 인지발달이나 언어발달이 일반아동의 발달과 유사한 발달 형태를 보인다는 것을 전제로 한다. 따라서 발달적 입장에서는 지적장애 학생들의 언어습득 속도와 기능 수준이 낮다고 해도 발달의 순서와 단계는 일반아동과 유사하다고 본다(Zigler & Bennett-Gates, 1999). 그러나 발달적 입장이 아닌 차이 혹은 결손의 입장에서는 지적장애 아동의 인지발달과 언어발달 형태가 일반아동의 발달과는 질적으로 다르다고 본다.

장애아동이 일반아동과 언어 기술에서 차이를 보이는 것은 지적장애 학생들의 인지적 특성 혹은 학습 특성에 기인한다. 지적장애 학생들의 경우 언어발달에 크게 영향을 미치는 정보처리 방식에서 일반학생들과 명확히 차이가 있다는 것이다. 일반적으로 지적장애 학생들은 주의집중의 세 가지 주요 구성 요소, 즉 주의집중 지속시간(일에 대한 시간의 길이), 주의집중의 범위와 초점(산만한 자극의 억제 및 한 자극에 집중하기), 그리고 선택적 주의집중(주요 자극 특성의 변별) 측면에서 심각한 어려움을 보인다. 이런 특성들은 지적장애 학생들이 우발적으로 발생한 사건에 더 주의를 기울이는 모습으로 흔히 나타난다. 일반학생들은 연령이 증가함에 따라 불필요한 정보나 과제와 무관한 자극을 무시하게 되고 과제와 관련된 보다 본질적인 측면에 선택적 참여를 하게 되는데, 지적장애 학생의 경우는 주의집중상의 문제 때문에 적절한 자극에 주의를 기울이지 못한다.

그리고 일반적으로 지적장애 학생들은 장기기억에서는 일반학생들에 비해 심한 차이를 보이지는 않지만, 단기기억상의 어려움을 가지고 있다(Belmont, 1996). 이런 단기기억상의 문제는 정보의 시연을 통한 재인·재생 능력에 문제를 발생시켜 전반적인 학습에 곤란을 초래한다. 또한 정보처리 모형의 구성 요소인 실행 통제와 초인지 측면에서 볼 때 지적장애 학생들은 일반적으로 실행 통제과정을 자발적으로 이용하지 못한다. 이로 인해 그들은 주어진 투입 정보를 재생하기 위해 조직, 구성하는 효과적인 전략의 생성 및 활용 능력이 떨어진다(Borkowski & Day, 1987).

이런 측면들은 지적장애 학생들이 새로운 일이나 문제 그리고 자극 상황에 지식이나 기술을 잘 적용하지 못하는 원인이 되어 전이와 일반화에서 어려움을 경험하게 한다. 따라서 지적장애 학생들은 선행 경험을 미래의 비슷한 상황이나 문제해결에 도움이 되도록 활용하지 못한다.

이처럼 지적장애 학생들이 보이고 있는 다양한 인지적 혹은 학습적 특성들은 결국 그들의 언어적 기술과 기능을 습득하는 데 커다란 장애 요소로 영향을 미치게 된다.

2) 주요 교수법

지적장애 학생들을 대상으로 했을 때 효과가 있다고 증명된 교수 방법 중에는 또래교수, 협력학습, 협동교수법, 직접교수 등이 있다.

(1) 또래교수

또래교수(peer tutoring)는 최근 지적장애 학생을 위한 교육 분야에서 가장 광범위하게 활용되고 있는 중재법의 하나로서 긍정적인 중재 효과로 주목받고 있다. 또래교수에 관한 많은 문헌과 연구 결과에 따르면, 또래교수는 지적장애 학생들의 학습 수행 능력을 증진시키는 데 매우 강력한 중재가 될 수 있다(Topping & Ehly, 1998). 또래교수는 통합학급에서 지적장애 학생을 가르치기 위해 지도력이 있는 우수한 학생을 짝지어 주고, 그 짝으로부터 보충 설명과 피드백을 받도록 하는 방법이다.

King-Sears와 Cummings(1996)는 또래교수의 이점을 다음과 같이 제시한다.

- 주어진 과세에 반응하고 연습할 기회를 증가시킨다.
- 학생들이 학습 과제에 참여하는 시간을 증가시킨다.
- 자신의 학업 성취에 대한 피드백을 상시적으로 받을 수 있다.
- 과제 이탈과 과잉행동 등의 문제가 감소한다.
- 학생들의 기초 학습 기술의 습득이 용이하다.
- 학생들의 정확한 반응이 증가한다.

(2) 협력학습

협력학습(cooperative learning)은 학생들이 공통된 목적을 달성하기 위해 함께 학습하는 방법으로 전체 집단 구성원들에게 상호협력과 책임을 요구한다(Meese, 1994). 협력학습 과정에서 학생들은 소집단에 배정되고 전체적으로 집단 활동에 협력적으로 참여하게 된다. 또한 교사는 집단의 구성원들에게 다양한 책임을 부여하거나 아동에게 기록, 보고, 조사, 격려 등과 같은 특정 역할을 하도록 요구할 수 있다. 협력학습을 통해 학생들은 또래와 상호작용하는 방법을 배우고, 또래들로부터 배우기 때문에 교사의 노력이 덜 든다는 점에서 일대일 수업에 비해 더 많은 장점을 가진다. 협력학습을 통해 학습자들의 학업 성취 수준이 증진되고, 학습 과제에 대한 학습자들의 태도가 많이 개선된다는 연구들이 지속적으로 보고되고 있다(Slavin, 1983).

(3) 협동교수법

협동교수법(co-teaching)은 종래의 팀티칭과 유사한 교수 형태로서 통합된 장애학생의 학습과 사회적 기술의 증진을 돕기 위한 것이다. 협동교수법은 협동의 형태에 따라 몇 가지 유형으로 나눌 수 있다(김영욱 외, 2009).

- 협동교수 모형: 전형적인 모형으로서 특수교사와 일반교사가 함께 교수하는 형태
- 공동교수 모형: 특수교사가 일반학급의 한쪽에서 소집단의 특수교육 대상 학생들을 가르치는 형태로서 완전통합학급에서 흔히 활용하는 방법
- 교수자문 모형: 통합학급의 전체 학생을 가르칠 수 있도록 특수교사가 조력을 제공하는 형태
- 팀티칭 모형: 특수교사와 2~3명의 일반교사가 협동 팀을 구성하고 통합학급의 전체 학생들에 대해 공동으로 책임을 지는 형태
- 특별학습실 교사모형: 일반학급에 통합된 장애학생을 맡고 있는 특수교사가 일반교사와 함께 직접교수를 제공하고 시범과 자문을 하는 형태
- 복수자격증 교사모형: 특수교사 자격과 일반교사 자격증을 모두 갖추고 있는 교사가 통합학급의 전체 학생을 가르치는 형태

(4) 직접교수

지적장애 학생은 가르치는 내용이 분명하고 체계적일 때 가장 잘 배울 수 있다. 따라서 과제를 분석하여 작게 나누고 직접적·반복적으로 가르치는 일은 매우 중요하다(Heward, 2009). 이렇게 직접적이고 반복적인 지도 방안 중에 대표적인 것이 직접교수(direct instruction)이다. 지적장애 학생을 위한 직접교수의 원리는 다음과 같다(김동일 외, 2010).

- 학생의 수행능력 평가: 교수 목표 및 학습 목표를 설정하기 위하여 학생의 현재 수행 능력을 평가한다.
- 과제분석: 복잡하거나 여러 단계로 이루어진 목표 행동을 쉽게 가르칠 수 있는 하위 과제로 나누어 지적장애 학생이 새로운 기술을 습득하기 쉽게 과제를 만들어 준다.
- 교수 자료나 활동 제작: 지적장애 학생이 교실 상황에서 다른 학생들과 함께 학습할 때 적극적으로 반응하는 시간과 기회를 많이 제공할 수 있도록 교수 자료

를 제작하여 제공한다.

- 학습의 비계 설정 단계(mediated scaffolding) 사용: 학습 과제를 수행할 때 일상적 단서에 자연스럽게 반응할 수 있도록 도와주는데, 점차 교사의 지원과 단서를 감소시켜 독립적이고 자발적으로 할 수 있는 단계에 이르도록 한다.
- 학생의 수행 결과에 대한 후속 결과물 제공: 지적장애 학생의 현재 수행과 이전 수행을 비교해서 학생에게 현재 수행에 대한 정보를 구체적이고 즉각적으로 제시해 준다. 과제를 성공적으로 수행했거나 이전 수행과 비교하여 더 나은 수행을 보였을 때는 정적 강화로 긍정적 피드백을 주고, 과제 수행에 오류가 있을 때는 오류를 수정해 주는 피드백을 제공해야 한다.
- 학습과정에 유창성을 위한 활동 포함: 지적장애 학생이 새로운 기술을 정확하게 수행할 수 있도록 학습 활동에서 연습 기회를 충분히 제공해야 한다.
- 일반화 및 유지 전략 포함: 아동이 학습한 기술을 다른 환경이나 과제에 적용하는 일반화 능력과 학습을 한 후 어느 정도의 시간이 지나도 지속적으로 그 기술을 적용할 수 있는 유지 능력을 길러 주어야 한다.

4. 지체장애

1) 언어 관련 특성

지체장애 학생은 신체적 또는 의학적 문제를 가지며 특별한 지원이 없는 경우 적절한 교육을 받을 수 없는 학생들을 말한다. 흔히 그들은 하나 또는 그 이상의 중복된 장애를 갖고 있다. 예컨대, 뇌성마비는 학습, 시각, 청각, 언어, 정서적 적응, 지각-운동 결함, 지적 발달과 관련된 문제를 가지고 있다. 그들의 장애 상태는 경도에서 최중도까지 다양한 양상을 나타내고 있으며 중복의 경향도 다양하다. 따라서 교육적인 조치는 학생의 실태에 맞게 유연하고 탄력적으로 운영되어야 한다. 지체장애 영역에는 뇌성마비, 근이영양증, 이분척추, 정형외과 및 근골격계 이상 등 다양한 장애가 포함되지만, 뇌성마비를 중심으로 많은 연구가 이루어지고 있는 것이 현실이다. 뇌성마비를 초래하는 뇌손상은 흔히 시각장애, 청각장애, 언어장애, 발작, 섭식 문

제, 비정상적인 성장, 학습장애, 정서·행동장애, 주의력결핍 과잉행동장애 등의 또
다른 문제들을 야기하기 때문에, 타 장애와의 중복장애 가능성이 매우 높다. 또한 표
준화된 지능검사를 가지고 그들의 언어 및 운동, 그리고 인지 수준을 파악한다는 것
은 현실적으로 거의 불가능하다(Best & Bigge, 2005). 따라서 타 장애 영역에서 활용
하고 있는 거의 모든 언어중재 방법을 종합적으로 고려할 필요성이 있다고 하
겠다.

2) 주요 교수법

뇌성마비 학생들이 언어장애를 수반한 경우는 뇌성마비 특유의 이상긴장에 의한
것인지, 언어발달 지체에 의한 것인지를 고려하고 발어에 필요한 동기를 부여하는 것
이 중요하다. 그리고 언어 능력을 향상시킬 수 있는 보조공학적 접근이 핵심이며, 기
본적인 수정 자판, 터치스크린, 적외선 감지기, 음성인식 프로그램 등을 활용하여 그
들의 언어 능력을 보완해 주는 데 초점이 맞추어져야 한다(Hasselbring & Glaser,
2000). 또한 여러 가지 다양한 사회적 경험의 부족으로 언어습득이 지연될 수 있기 때
문에 사회적 경험을 다양하게 하도록 하는 것도 중요한 언어중재 방법 중의 하나라고
볼 수 있다. 따라서 뇌성마비 학생의 읽기, 쓰기 문제는 다음 지침을 참고하여 지도
하는 것이 유익하다.

- 학생들은 그들의 표현 수준보다 더 높은 수준의 비지시적인 언어를 이해할 수
  있다는 것을 기억해야 한다.
- 다른 사람에게서 무엇을 원하는지를 전달할 수 있는 방법을 설명하고 안내해야
  한다.
- 이해하지 못하는 학생에게는 "다시 반복해 주렴." "다른 방법으로 말해 주렴."
  "문자나 단어를 쓰거나 타이프로 쳐서 지적해 보렴."과 같이 구체적으로 반응
  한다.
- 학생이 의사소통하려고 하는 의도가 무엇인지 반복하게 한다.
- 쓰거나 말할 수 없는 학생은 어려운 사고 기능을 쉽게 설명할 수 있는 방법을 찾
  아 준다.

- 모든 학생을 반드시 학습 경험 집단에 포함시킨다.
- 학생에게 '예' '아니요' 대답을 할 수 있게 해 주고, 그림과 어휘판을 활용할 수 있도록 하며, 필요할 때 신체적인 도움을 준다.
- 학생에게 반응할 시간을 충분히 준다.

5. 정서 · 행동장애 및 자폐성장애

1) 언어 관련 특성

정서 · 행동장애 아동은 대부분 지능지수 90 정도로 평균 지능보다 약간 낮은 수준을 보이며, 부정적 행동과 정서 때문에 학습의 기회를 잃은 경우가 많다. 평균 이상의 지능을 보이는 아동은 비교적 적은 편으로, 일반적으로 낮은 학업 성취를 보이고 교실에서 필요한 학업 기술에 문제를 보인다. 정서 · 행동장애 학생들에 대한 기존의 연구에서는 이들이 언어적 문제에는 크게 관심을 보이지 않는 것으로 나타났다. 하지만 대체로 읽기 능력이 낮고, 다른 교과목에서도 읽기 능력과 관련된 문제를 보이곤 한다. 정서 · 행동장애 학생은 학업 문제로 인해 학교에서 실패할 확률이 높고 다른 장애학생에 비해 중도 탈락률도 높은 편이다(Coleman & Webber, 2002).

그리고 자폐성장애 학생은 제스처와 같은 비구어적 행동을 적절히 사용하지 않고, 발달 수준에 맞는 또래관계를 보이지 않으며, 다른 사람들과 즐거움 또는 관심을 나누기를 어려워하고, 다른 사람에게 반응이나 관심을 보이지 않는 등의 사회적 행동 결함을 보인다(이소현, 박은혜, 2006). 예컨대, 자폐성장애 학생들은 일반적으로 일상적인 사회적 상호작용이나 상호 간의 대화를 지속하는 경우가 드물고, 사회적 단서나 말로 표현되지 않은 메시지를 잘못 이해하며, 사회적으로 용인되지 않는 습관이나 행동을 보이는 경우가 많다(Gagnon & Myles, 1999). 약 50%의 자폐성장애 아동은 거의 말을 하지 않고, 언어를 사용하는 아동 중에서도 자연스럽지 않은 방식으로 언어를 사용하며, 몸짓과 말이 자연스럽게 연결되지 않는다. 그리고 원하는 것과 필요한 것을 표현하는 데 어려움을 보인다.

자폐성장애 아동은 때때로 매우 특정한 흥미에 빠져 있어서, 같은 것을 계속해서 질문하거나 자신의 흥미만을 고집하여 다른 사람들과의 대화 중에 끼어들거나 대화를 지속하지 못하게 하는 특성들 때문에 사회적으로 수용되기가 어려운 것이 현실이다(National Research Council, 2001).

2) 주요 교수법

(1) 또래교수

또래교수는 많은 연구에서 정서 · 행동장애 학생에게 읽기, 쓰기, 수학, 사회성 등을 가르치기 위해 사용되었고, 긍정적인 효과가 보고되고 있다(Spencer, Scruggs, & Mastropieri, 2003). 또래교수법에는 또래점검법, 긍정적 또래보고법, 또래교수법, 전학급 또래교수 등 다양한 방식이 존재한다. 또래의 행동을 관찰하고 기록하여 피드백을 제공하도록 가르치는 또래점검법, 칭찬 통장과 같은 기록지를 만들어서 또래 아동이 아동의 긍정적 행동을 가르치고 격려하는 긍정적 또래보고법 등은 간단하게 사용할 수 있는 또래교수법이다(Heward, 2009).

(2) 의사소통 기술 교수

최근에는 일반학급이나 가정과 같은 자연스러운 환경에서 부모나 교사가 수행하는 의사소통 기술 교수가 강조되고 있다. 이는 가정이나 교실과 같은 상황에서 학습한 기능적 기술을 실제 상황에 적용하여 일반화하는 데 효과적인 것으로 보고되고 있다. 때로는 언어치료사와 함께 학생을 지도하기에 가장 적절한 보완 · 대체 의사소통 기구를 결정한다. 보완 · 대체 의사소통 기구란 구두언어로 의사표현을 하지 않는 자폐성장애 아동에게 사용할 수 있는 것으로, 그림을 활용한 의사소통판이나 음성 출력 장치를 장착한 전자식 의사소통판과 같은 것을 의미한다. 그림교환 의사소통 체계는 전자 의사소통판에 비해 간편하게 아동의 생각, 욕구와 감정 등을 표현할 수 있도록 그림카드를 제작한 것으로, 아동의 의사소통 능력과 기능을 향상시키는 데 효과적이다(National Research Council, 2001).

(3) 사회성 기술 지도를 통한 언어지도

자폐성장애 학생들의 경우는 사회성 기술을 가르치기 위해 다양한 방법이 시도되고 있다(Myles & Simpson, 2002). 이 중 사회적 상황 이야기 중재는 적절한 상황에서 사용할 수 있는 사회성 기술을 가르치는 방법으로, 상황 이야기는 다른 사람들의 관점을 서술하거나 상황을 설명하는 문장을 많이 포함하고 있어서 언어지도에 효과적이다. 상황 이야기에서 각 문장 스크립트는 상황에 맞는 사회적 행위를 담은 일련의 문장으로 구성되어 있다. 교사는 학생의 이해 수준에 맞도록 문제 상황이나 목표 행동을 자세히 설명하는 간단한 스크립트를 작성한다. '아이들은 깨끗한 옷을 입었을 때 기분이 좋다.' '사람들은 매일 다른 옷을 입을 때 기분이 좋다.' 등이 문장 스크립트의 예가 될 수 있다.

6. 의사소통장애

1) 언어 관련 특성

의사소통장애는 여러 장애 영역 중 언어와 관련된 문제를 가진 대표적인 장애군으로 크게 언어장애와 말장애로 나누어진다. 여기서 언어장애는 구두로 전달된 메시지를 형성하고 이해하는 것과 관련된 어려움을 말하고, 형식장애, 내용장애, 활용장애 등으로 구분된다. 형식장애는 음소, 형태소 혹은 통사론적 장애를 말하고, 내용장애는 언어 내용과 관련된 의미론적 장애를 지칭한다. 그리고 활용장애는 화용론적 장애로 사회적 상황에 적절한 언어를 사용하지 못하는 것을 의미한다.

말장애는 메시지를 언어적으로 전달하는 것과 관련하여 나타내는 문제를 말하고, 음운/조음장애, 유창성장애, 음성장애 등으로 나누어진다. 음운/조음장애는 말소리를 만들어 내는 데 손상을 갖게 된 경우이고, 유창성장애는 소리와 음절의 반복, 연장 혹은 막힘이 비정상적으로 과도하게 나타나게 되는 상태이다. 그리고 음성장애는 목소리의 고저, 크기 혹은 음질이 성별, 나이, 인종, 민족적 배경에 비추어 보았을 때 다른 사람과 현저하게 다른 경우를 말한다.

이들 장애의 특성을 살펴보면 중복장애를 가지고 있지 않은 말장애와 언어장애 학생들의 경우는 여러 언어 영역에서 일관되지 않은 기술 발달을 보이고, 어휘 발달이 지체된 흔적이 있으며, 단어를 찾는 데 문제를 나타내고, 동사의 사용에서 문법에 맞는 문장을 만들어 내거나 이해하는 데 어려움을 보인다. 그리고 사회적 기술, 행동, 주의집중에도 문제가 있다(Justice, 2006). 그런데 언어장애를 보이는 상당수의 학생들은 언어중재나 자연스러운 언어발달에 의해 그들이 가진 문제를 극복하지만, 약 50% 정도는 성인기에도 계속해서 언어 문제를 가지게 된다. 결국 언어장애 학생은 학습장애, 지적장애, 정서·행동장애로 분류될 가능성도 있다. 따라서 많은 의사소통장애는 중복장애 형태로 나타날 수 있음을 기억해야 한다.

2) 주요 교수법

(1) 변별자질 접근법

'변별자질'이라는 용어는 어음이나 음소가 위치자질, 조음방법 자질, 유무성 자질의 성분을 갖는 하나의 복합 단위라는 관점에서 생겨난 것이다. 발달적인 측면에서 변별자질 접근법을 보면 모든 언어의 어음은 자질을 범주로 구성되어 있다고 볼 수 있으며, 이 음의 변별자질에 의해 아동들이 언어에 내재되어 있는 음운 종류와 음운 규칙을 습득하고, 발달과정의 규칙적이고 타당한 계열성을 발견할 수 있도록 한다. 음소 조직의 측면에서 국어의 자음은 조음위치와 조음방법 자질로 나누어 볼 수 있으며, 이들 자질에 따라 기준을 체계화하고 이를 통해 음의 대치 오류의 본질을 찾을 수 있다. 변별자질은 대부분 이분적으로, '+'값과 '−'값 가운데 하나만을 가질 수 있다. '+'값은 어떤 음에 특정의 변별자질이 있음을 나타내고, '−'값을 표기하는 것은 어떤 분절음에 속성을 가지고 있지 않은 경우를 나타낸다. 훈련 단위의 관점에서 보면, 변별자질 접근법은 단일음의 속성에서의 훈련을 강조하면서 한 번에 한 성분 요소를 훈련하는 것을 전제로 한다. 그러므로 음소보다는 자질에 더 집중하여 접근할 수 있다. 운동적 접근에 의한 전통적인 조음장애 치료법은 주로 음성 하나하나에 초점을 두고 나타난 오류를 하나씩 치료해 나가지만, 인지·언어학적 접근법으로 분류되는 변별자질 접근법은 아동의 말에 나타난 여러 분절음의 오류 특성 가운데 언어학적 공통성을 지닌 것에 일차적으로 관심을 둔다. 이 접근법을 선호하는 사람들은 아동이 범한 음운론적 오류가 어떤 '음성 유목'에 속한 모든 음성에 영향을 끼치는 특성을 나타내 주는 것이므로 그 공통적 오류를 분석하는 것이 효과적이라고 생각한다(김종현, 2002). 즉, 이 기법에 내재되어 있는 기본 전제는 하나의 음성은 여러 변별자질을 가지고 있으므로 하나의 자질 오류를 교정함으로써 같은 자질을 가지고 있는 몇 개의 음소를 동시에 교정할 수 있다고 본다. 왜냐하면 각 어음은 위치자질, 방법자질, 유무성 자질의 성분을 가지며 이들에 의해 각 단어의 차이가 나기 때문이다. 따라서 그 초점은 개별 음성의 교정이 아니라 여러 음성에 포함된 체계적인 오류 패턴을 찾아 그것을 줄여 나가는 데 있다고 하겠다.

오류 양식에 초점을 두는 지도 방법에는 크게 두 가지의 특징이 있다.

첫째는 목표 설정에 관한 것이다. 목표 설정에 대한 것을 살펴보면, 인지언어학적 접근법에서는 몇 가지 기본적인 양식 중 여러 개의 음성을 포함하는 한 가지 유목에서 표적 음성 하나를 선택한다. 이 접근법에서 흔히 사용되는 가정은 한 가지 표본 음성에서 정확한 조음이 정착되면 그와 똑같은 음운과정의 영향을 받는 다른 분절음으로의 전이가 일어나게 되는데, 특히 같은 음성 유목의 분절음일 때 더욱 그러하다는 것이다. 이것을 '일반화'라고 한다.

둘째는 지도 절차에 관한 것이다. 지도 절차에 대한 것을 살펴보면, 최소 쌍 대립을 대응시키는 것을 원칙으로 한다. 예를 들면, 'tea-teeth' 또는 '불-뿔'과 같은 것이다.

Blanche, Parsons와 Humphries(1981)는 조음장애 치료에 대한 변별자질 접근법을 제시하면서 네 가지의 기본 단계를 제시하였고, 이 접근법의 핵심은 적절한 배치와 청각 변별 기술의 개발임을 강조하였다.

- 1단계: 확인 단계로서 변별자질을 가르치기 위해 최소 대조를 이해하는 것이 중요하다. 따라서 이에 쓰이는 어휘 항목의 개념을 아동이 아는지 모르는지 확인하는 단계이다.
- 2단계: 변별 단계로서 교사가 불러 주는 단어에서 아동이 최소 단어 짝을 선택하도록 지시받는 단계이다.
- 3단계: 발음훈련 단계로서 최소 대조를 인식하고 단어를 발음하는 단계이다.
- 4단계: 전이-훈련 단계로서 아동이 표적단어를 발음할 수 있게 되었을 경우, 보다 길고 복잡한 문장에서 단어를 훈련하여 사회생활에서 의미 있게 쓸 수 있을 때까지 반복하기 위한 단계이다.

(2) 음운변동분석 접근법

음운변동분석 접근법은 아동의 발음에서 나타나지 말아야 하는 음운규칙이 나타나는 것에 대한 분석이다. 이런 음운변동은 크게 생략 및 첨가 음운변동과 대치 음운변동으로 나눌 수 있다. 생략 및 첨가 음운변동은 음절 구조, 조음방법, 조음위치에 따른 음소 및 음절의 생략, 첨가로 나뉘고, 대치 음운변동은 조음위치, 조음방법, 동화, 긴장도, 기식도 변화에 따른 음소의 대치과정이다. 음운과정 분석을 기초로 하는 음운변동분석 접근법은 아동의 음운 오류 패턴을 분석하여 많이 나타나는 음운변동을 제거함으로써 성인의 구어에 접근할 수 있도록 하는 중재방법을 사용한다(Lowe, 1994).

음운변동분석 접근법은 음운변동 기록표에서 음운변동의 발생 빈도 및 출현율을 산출할 수 있다. 발생 빈도는 특정 음운변동이 몇 번이나 나타났는가를 보여 주고, 출현율은 나타날 기회에 대하여 몇 %인가를 보여 준다. 오류 음운변동의 분석은 음소 정확도로는 찾아내기 어려운 아동의 잘못된 조음 패턴을 찾을 수 있다는 장점이 있다. 예를 들면, 어떤 아동이 연구개음이나 경구개음을 앞쪽으로 발음하는 경향, 즉 전설음화를 자주 한다고 할 때 아동의 개별적인 조음 오류는 'ㄷ/ㄱ' 'ㄸ/ㅊ' 'ㅈ/ㅋ' 등의 대치이기 때문에 그 속에서 패턴을 찾기는 어렵다. 그러나 음운변동으로 분석해 보면, 'ㄷ/ㄱ'에서는 치조음화와 전설음화, 'ㄸ/ㅊ'에서는 치조음화, 전설음화, 긴장음화 그리고 파열음화, 'ㅈ/ㅋ'에서는 경구개음화, 전설음화, 폐찰음화 그리고 탈기식음화가 나타난다. 즉, 전설음화가 이 아동에게 가장 자주 나타나는 오류 음운변동이라는 것을 알 수 있다. 최소 단어짝 훈련의 하위 기법으로 음운변동 치료가 사용되어 왔으며 아동의 말 명료도에 가장 많은 영향을 미치는 음운변동, 쉽게 소거할 수 있는 음운변동, 소수의 음소보다는 여러 음소에 퍼져 있는 음운변동, 발달상 많이 나타나는 음운변동뿐 아니라 각 아동에게 가장 치명적인 음운변동을 우선순위로 언어치료에 배정한다.

(3) 단어단위 접근법

지금까지의 음운 평가는 주로 단어에서의 음운 평가보다는 단어 하위 요소에서 이루어졌다. 단어단위 접근법은 단어에서 표적음소의 정확한 발음을 목표로 하는 음소단위의 전통적 기법과는 달리 단어에서 단어의 전체 정확한 발음을 목표로 하는 접근 기법으로, 조음적 접근보다는 음운적 접근, 과제분석적 접근보다는 의사소통적 접근, 행동주의적 접근보다는 인간중심주의적 접근이라는 점에서 조음·음운장애 치료에 새로운 방향을 제시하고 있다고 볼 수 있다. 이 접근법의 본질인 음운분석을 위한 측정 영역으로는 단어단위 정확률(proportion of whole-word correctness: PWC), 단어단위 복잡률(proportion of whole-word complexity 또는 phonological mean length of utterance: PMLU), 단어단위 명료도율(whole-word intelligibility 또는 proportion of whole-word proximity: PWP), 단어단위 변화율(proportion of whole-word variability: PWV) 등이 있다(Ingram, 2000).

첫 번째 측정 영역인 정확성은 측정 영역 가운데 가장 먼저 하는 측정이며, 아동의 단어에 오류가 있는지의 여부를 결정한다. Schmitt, Howard와 Schmitt(1983)는 3~7세 아동을 대상으로 대화 샘플을 통해 PWC를 분석한 결과, 3세와 3세 반 사이의 아동에게서 PWC가 급격히 증가(68%에서 76%로)하였다고 보고했다. Ingram(2000)의 연구에서는 아동의 첫 50단어 중 약 10%가 정확했다. 따라서 정보가 극히 제한적(90%에 대한 정보는 알 수 없다)이므로 PWC는 음운 습득에서 중요한 요인이 아닐 수 있다고 지적하고, 이보다는 복잡성이나 명료도의 증가가 보다 중요하다고 보았다.

두 번째 측정 영역인 단어단위 복잡률은 복잡성의 구성 요소로 분절 복잡성, 음절 복잡성, 음성적 복잡성의 세 요소의 결합이라고 볼 수 있다. Ingram(2000)은 이 복잡성의 측정방법으로 비교적 신뢰도가 높고 사용하기 쉬운 PMLU를 제시했다. 그리고 그는 PMLU의 계산 규칙으로 ① 최소한 25개의 어휘가 되어야 한다는 '샘플의 크기 규칙', ② 성인들 사이의 정상 대화에 사용되는 단어들만 계산한다는 '어휘 분류 규칙', ③ 단단어로 표기되는 복합단어만 계산한다는 '복합어 규칙', ④ 각 단어는 단일 발음으로만 계산한다는 '변화 규칙', ⑤ 각 자음과 모음 발음을 각 1점씩, 정확한 자음은 부가점 각 1점씩을 부여하는 '배점 규칙'을 제시했다.

세 번째 측정 영역인 단어단위 명료도율의 측정 절차로 Ingram(2000)은 PWP를 제시했다. PWP는 성인 단어를 목표로 하여 아동의 단어가 얼마나 근접하는가를 본다.

네 번째 측정 영역인 PWV는 같은 단어를 경우에 따라 다르게 발음하는 정도를 의미한다. 이것은 단어를 다양한 조건에서 체계적으로 반복할 수 있는지를 측정하여 측정하기가 쉽지 않다(Ingram, 2000).

이상의 단어단위 접근법의 기본 이념은 ① 음운 습득의 목표는 성인 어휘에 근접하여 궁극적으로는 일치되는 단어 산출을 하는 것이고, ② 평가는 단어단위 산출을 촉진하여 아동이 얼마만큼 단어 산출을 성취하고 있는가를 분석하는 데 그 목적이 있으며, ③ 치료는 단어 내에서의 개별 음소의 성취가 아니라 단어단위(전체)가 산출 목표가 된다는 것이다.

7. 학습장애

1) 언어 관련 특성

학습장애는 읽기, 쓰기, 말하기, 듣기, 셈하기, 추론하기 등의 영역에서 한 가지 혹은 그 이상의 문제를 보인다. 따라서 학습장애는 언어 관련 문제와 직접적으로 연결되어 있다. 학습장애 학생들은 문장을 읽을 때 단어나 단어의 일부분을 빠뜨리는 생략, 제시된 문장에 없는 단어나 문장을 추가하는 첨가, 주어진 단어를 다른 말로 바꾸어 읽는 대치 등의 단어 재인 오류를 보인다(Lerner, 2006). 또한 단어를 읽는 속도와 정확성이 또래에 비해 현저히 떨어지고 독해력도 매우 낮다. 쓰기에서도 전반적으로 글자의 크기, 간격, 글자 간 조화의 불균형을 보이고, 철자 쓰기에서는 불필요한 글자를 삽입하거나 생략하거나 다른 문자로 대체하거나 소리 나는 대로 적는다. 그리고 작문의 구두점, 맞춤법, 철자법상의 문제를 보이며, 일관된 글쓰기 문제를 보이고, 어휘 구사에도 문제가 있다. 아울러 읽기의 어려움 때문에 수학 문장제 문제나 지시문을 잘 이해하지 못한다.

이와 관련하여 학습장애 학생 또한 지적장애 학생들과 유사하게 기억, 주의집중, 초인지에서 문제를 보이는 것으로 알려져 있다. 그들은 작업기억에서 근본적인 결함을 가지고 있기 때문에, 장기기억 속에 있는 정보를 떠올려 읽고 있는 내용의 문맥 정보를 파악하고 재생하는 데 곤란을 경험하게 되고, 이는 읽기와 쓰기 표현 영역에서 두드러진다(Swanson & Saez, 2003). 그리고 학습장애 학생들의 대략 60% 정도는 주의집중력 부족을 보이는 것으로 나타났고(Rock, Fessler, & Church, 1999), 더구나 초인지 기술에서도 결손을 보이기 때문에 자기점검(self-monitoring)이 제대로 이루어지지 못하고 있는 실정이다.

2) 주요 교수법

학습장애 학생들을 대상으로 한 연구 결과들을 종합적으로 검토하고 그 효과의 크기를 조사해 본 결과, 최근 학습장애 학생을 위해 가장 효과적인 교수법들의 특징과 교수 원칙은 다음과 같다(Vaughn & Linan-Thompson, 2003).

- 과제의 난이도를 조절한다. 학생들에게 심하게 어려운 과제를 줘서 너무 자주 좌절을 경험하게 하거나 반대로 지나치게 쉬운 과제로 지루해하거나 도전감을 잃지 않게 한다.
- 소집단 상호작용이 가능한 집단으로 구성한다. 소집단에서 학습장애 학생들은 다른 친구들과 상호작용을 하면서 수업에 참여할 수 있다. 대집단에서 학습장애 학생들은 주눅이 들거나 자신이 할 수 있는 일을 찾기 어려워한다.
- 기본 기술을 가르친다. 음운 인식과 쓰기 속도 같은 기본 기술을 향상시키는 것은 다른 학업 수행을 향상시키는 데 기초가 된다.
- 고차원적인 사고과정을 통해 해결할 수 있는 문제해결 기술을 가르쳐야 한다. 교사들은 학습장애 학생이 기본 기술만을 습득하게 하고 그 기술들을 복잡한 상황에 적용할 수 있도록 지도하는 데 소홀해서는 안 된다.
- 초인지 전략을 사용한 학습과정을 보여 주고 명시적으로 지도한다. 학습장애 학생들은 문제를 해결하기 위한 초인지 전략을 잘 알지 못하고 그것을 언제, 어디서, 어떻게 사용해야 하는지를 모른다.

이와 관련하여 학습장애 학생의 언어중재를 위한 몇 가지 지도방안은 다음과 같다.

(1) 기본 기술 향상을 위한 교정적 접근
- 읽기/쓰기 음성학적 접근: 음운인식 훈련으로 주로 운율, 음절 분절과 혼합, 초성 및 개별 음소의 혼합과 분절 등과 같은 활동으로 이루어진다.
- 어휘 및 독해력 향상 교수: 학습장애 아동들은 학년이 올라가면서 읽기를 배우는 과정에서 교과 내용을 이해하기 위해 읽기를 하는 단계에 이르게 되고, 이때

어휘력과 독해력은 더욱 중요해진다. 어휘력 향상 전략으로는 의미중심 프로그램과 해독중심 프로그램 등이 있다.

(2) 상보적 교수

독해력 향상을 위한 교수 전략 중 상보적 교수(Palincsar & Brown, 1984)는 글의 내용을 읽으면서 학생들과 대화를 통해 요약하기, 질문 만들기, 명료화하기, 예측하기의 과정을 거쳐 내용을 이해하는 방법이다.

(3) 자기점검 독해력 전략

자기점검 독해력 전략은 초인지가 부족한 학습장애 학생들이 스스로 읽은 내용을 파악하고, 자신의 이해 정도를 스스로 점검하기 위해 읽기과정을 계획하며, 읽기를 수행하고, 평가하고, 이에 기초해서 잘못된 부분을 수정하는 과정을 훈련시키는 것이다(Harris & Pressley, 1991).

(4) 쓰기교수

쓰기교수에는 글자 쓰기지도와 같은 기본적인 기술을 가르치는 방식과 글쓰기의 과정을 중심으로 가르치는 방식이 있다. 기본적인 쓰기 능력으로 글자 쓰기를 가르치기 위해서 전통적으로 다감각적 방법으로 쓰고자 하는 글씨를 보고 따라 그리기, 말로 해 보기, 허공에 글자를 써 보기, 몸으로 표현해 보기 등의 방식을 사용하여 가르친다. 과정중심 쓰기교수는 글쓰기의 단계(준비 단계, 초고작성 단계, 수정 단계, 편집 단계, 쓰기 결과물 게시 단계)에서 명시적으로 단계별 모델을 보여 주면서 가르치고, 학생들은 그 단계를 스스로 점검하며 쓰기를 배운다.

(5) 수학 문장제 문제 교수

수학 문장제 문제는 많은 학습장애 학생이 어려움을 겪고 있는 영역이다. 문장제 문제를 풀 때, 학습장애 아동은 인지 및 초인지 전략의 단계를 따라 자기교시 질문을 하면서 문제 읽기, 문제를 수학적으로 해석하기, 시각화하기, 문제를 자신의 말로 진술하기, 가설 세우기, 추측하기, 계산하고 점검하기의 7단계를 거쳐 문제를 해결한다(Montague, 1992).

(6) 그래픽 조직자

그래픽 조직자(graphic organizer)는 학생들에게 개념과 사실의 관계를 시각적으로 제시해 줌으로써 정보들이 어떻게 연관되어 있는지를 알려 주는 것을 목적으로 한다. 효과적인 그래픽 조직자는 중요한 정보만을 담고 있으며, 논리적인 구조를 가지고 있고, 그런 구조를 통해 개념적인 관련성을 보여 준다. 그래픽 조직자는 단원 구성도, 내용지도 계획 구조도, 개념 다이어그램 등으로 구분된다(Hallahan, Lloyd, Kauffman, Weiss, & Martinez, 2005).

요약

- 시각장애는 시각상의 문제로 발생하는 여러 가지 언어발달 지체 혹은 언어발달과 관련된 독특성을 보인다. 이들에게는 점자지도가 가장 중요한 지도 내용 중 하나이고, 상대적으로 듣는 시간이 많기 때문에 충분한 듣기 훈련이 필요하다.

- 청각장애는 대표적인 언어 관련 장애다. 이들을 위한 대표적인 언어중재법은 수화법과 구화법이고, 보청기 착용 훈련, 독화지도, 말하기 지도 또한 청각장애를 위해 꼭 지도해야 할 핵심 내용이다.

- 언어발달은 지적 발달과 매우 밀접한 관계이기 때문에 지적 문제를 가지고 있는 지적장애 아동의 경우 언어적 기술과 기능 습득에 어려움을 보이는 것은 자연스러운 현상이다. 이들에게 또래교수, 협력학습, 협동교수법, 직접교수 등을 통해 지속적인 의사소통 기회의 증진과 구체적이고 반복적인 언어 지식 습득 기회를 증가시켜 주는 것은 중요한 지도 요소이다.

- 언어상에 문제를 보이는 지체장애는 주로 뇌성마비로서 이들은 뇌성마비 특유의 이상 긴장과 뇌손상에 따른 언어발달 지체 등의 원인을 가지고 있다. 이들의 언어 능력 향상을 위해서는 보조공학적 접근이 중요하고, 사회적 경험의 증진 또한 이들의 언어습득에 큰 도움이 된다.

- 정서·행동장애 아동은 부정적 행동과 정서에 따른 읽기 부진 등을 보인다. 그리고 자폐성장애 아동들의 경우는 사회적 상호작용을 바탕으로 한 의사소통이 극히 드물고, 반향어와 같이 언어와 관련된 여러 가지 문제를 보인다. 이들에게는 긍정적인 사회적 상호작용의 기회 증진, 의사소통 및 사회성 기술 습득 등이 필요하다.

- 의사소통장애는 청각장애와 마찬가지로 대표적인 언어 관련 장애로 언어장애와 말장애로 구분된다. 이들을 위한 주요 교수법은 대체로 언어치료적 측면이 강하고, 변별자질 접근법, 음운변동분석 접근법, 단어단위 접근법 등으로 구분할 수 있다.
- 학습장애는 읽기, 쓰기, 말하기, 듣기 등 언어 관련 문제와 직접적으로 연관되어 있는 장애이다. 이들의 언어 능력 향상을 위해서는 과제 난이도 조절, 소집단 상호작용 유도, 기본 기술 습득, 문제해결 기술 습득, 초인지 전략 지도 등이 필요한 것으로 나타났다.

학습문제

1. 이 장에서 제시된 장애별 특성 이외에 각 장애에서 나타나는 다양한 언어 관련 특성에 대해서 조사하고 토의해 보시오.

2. 이 장에서 장애별로 제시된 주요 교수법 외에 각 장애에 적합한 교수법을 조사하고 토의해 보시오.

3. 언어지도 시 교사에게 요구되는 능력에 대해서 토의하고, 구체적인 사례를 장애별로 찾아보시오.

4. 언어지도 시 장애별로 요구되는 다양한 환경적 특성과 도움이 되는 교구에 대해서 토의해 보시오.

참/고/문/헌

권기덕, 김동연(1983). 시각장애아의 개념개발을 위한 탐색적 연구-오리엔테이션과 모빌리티의 기초를 중심으로-. 특수교육연구, 4, 103-126.

김동연, 정재권, 조인수, 석동일(1987). 유아의 특수교육. 서울: 신아출판사.

김동일, 손승현, 전병운, 한경근(2010). 특수교육학개론: 장애·영재아동의 이해. 서울: 학지사.

김승국(1989). 특수교육학 개론. 서울: 양서원.

김영욱(2001). 청각장애 아동 교육의 이해. 서울: 양지.

김영욱(2002). 청각장애아동의 쓰기에 나타난 담화 응집성 분석. 언어청각장애연구, 7(2), 153-172.

김영욱, 김원경, 박화문, 석동일, 이해균(2009). 특수교육학(4판). 경기: 교육과학사.

김종현(2002). 음운장애에 대한 이론적 고찰. 언어치료연구, 11(2), 1-21.

김지숙, 김영욱(2002). 시각자료와 설명자막의 활용이 청각장애학생의 과학개념 이해에 미치는 효과. 언어청각장애연구, 7(3), 144-159.

김지숙, 김영욱(2003). 시각자료와 설명자막의 활용이 청각장애학생의 과학개념 이해에 미치는 효과. 언어청각장애연구, 7(3), 144-159.

석동일(2004). 조음 음운장애 치료(개정판). 대구: 대구대학교출판부.

이소현, 박은혜(2006). 특수아동교육. 서울: 학지사.

Barraga, N. C. (1964). Teaching children with low vision. *New Outlook for the Blind, 58,* 323-326.

Belmont, J. W. (1996). Genetic control of X inactivation and processes leading to X-inactivation skewing. *American Journal of Human Genetics, 58,* 1101-1108.

Best, S. J., & Bigge, J. L. (2005). Task and situation analysis. In J. L. Bigge, S. J. Best, & K. W. Heller (Eds.), *Teaching individuals with physical or multiple disabilities* (pp. 151-178). Upper Saddle River, NJ: Prentice Hall.

Blanche, S., Parsons, C., & Humphries, J. (1981). A minimal pair model for teaching the linguistic significance of distinctive feature properties. *Journal of Speech and Hearing Disorders, 46,* 291-295.

Borkowski, J. G., & Day, J. D. (Eds.). (1987). *Cognition in special children: Comparative approaches to retardation, learning disabilities and giftedness.* Norwood, NJ: Ablex.

Coleman, M. C., & Webber, J. (2002). *Emotional and behavioral disorders: Theory and practice.* Boston, MA: Allyn and Bacon.

Davis, J. M., Elfenbein, J., Schum, R., & Bentler, R. A. (1986). Effects of mild and moderate hearing impairments on language, educational, and psychosocial behavior of children. *Journal of Speech and Hearing Disorders, 51,* 53-62.

Gagnon, E., & Myles, B. S. (1999). *This is asperger syndrome.* Shawnee Mission, KS: AAPC.

Hallahan, D. P., Lloyd, J. W., Kauffman, J. M., Weiss, M., & Martinez, E. A. (2005). *Learning disabilities: Foundations, characteristics, and effective teaching.* Boston: Allyn & Bacon.

Harris, K. R., & Pressley, M. (1991). The nature of cognitive strategy instruction: Interactive strategy construction. *Exceptional Children, 57,* 392-404.

Hasselbring, T. S., & Glaser, W. C. (2000). Use of computer technology to help students with special needs. *The Future of Children, 10*(2), 1-21.

Heward, W. L. (2003). *Exceptional children: An introduction to special education* (7th ed.). Ohio: Merrill Prentice Hall.

Heward, W. L. (2009). *Exceptional children: An introduction to special education* (9th ed.). Upper Saddle River, NJ: Merrill/Prentice Hall.

Ingram, D. (June, 2000). *The measurement of whole word productions.* Paper presented to The Child Phonology Conference, University of Northern Iowa, Cedar Falls.

Justice, L. M. (2006). Evidence-based practice, response to intervention, and the prevention of reading difficulties. *Language, Speech, and Hearing Services in Schools, 37,* 284-297.

King-Sears, M. E., & Cummings, C. S. (1996). Inclusive practices of classroom teachers. *Remedial and Special Education, 17,* 217-225.

Lane, H., Hoffmeister, R., & Bahan, B. (1996). *Journey into the Deaf-world.* San Diego: Dawn Sign Press.

Lerner, J. (2006). *Learning disabilities and related disorders: Characteristics and teaching strategies* (10th ed.). Boston: Houghton Mifflin Company.

Limbrick, E. A., McNaughton, S., & Clay, M. M. (1992). Time engaged in reading: A critical factor in reading achievement. *American Annals of the Deaf, 137*(3), 309-314.

Ling, D. (1988). *Foundations of spoken language lor hearing-impaired children.* Washington, DC: Alexander Graham Bell Association for the Deaf.

Lowe, R. J. (1994). *Phonology: Assessment and intervention application in speech pathology.* Baltimore: Williams & Wilkins.

Marschark, M., De Beni, R., Polazzo, M. G., & Cornoldi, C. (1993). Deaf and Hard of Hearing Adolescents' Memory for Concrete and Abstract Prose: Effects of Relational and Distinctive Information. *American Annals of the Deaf, 138*(1), 31-39.

McConnell, F. (1973). Children with hearing disabilities. In L. M. Dunn (Ed.), *Exceptional Children in the Schools.* New York: Holt Rinehart & Winston Inc.

Meadow, K. P. (1980). *Deafness and child development.* Berkeley, CA: University of California Press.

Meese, L. (1994). *Teaching learners with mild disabilities: Integrating research and practice* (pp. 279-370). Pacific Grove, CA: Brooks/Cole Publishing Company.

Montague, M. (1992). The effects of cognitive and metacognitive strategy instruction on the mathematical problem solving of middle school students with learning disabilities. *Journal of Learning Disabilities, 25,* 230-248.

Moores, D. F. (1987). *Educating the deaf: Psychology, principles, and practices* (3rd ed.). Boston: Houghton Mifflin Company.

Myles, B. S., & Simpson, R. L. (2002). Asperger syndrome: An overview of characteristics. *Focus on Autism and other Developmental Disabilities, 17,* 132-137. Retrieved February 24, 2009, from Education Research Complete.

National Research Council. (2001). *Educating children with autism.* Washington, DC:

National Academy Press.

O' Neil, J. J., & Oyer, H. J. (1981). *Visual communication for the hard of hearing: History, research, methods* (2nd ed.). Englewood Cliffs, NJ: Prentice Hall.

Palincsar, A., & Brown, A. (1984). Reciprocal teaching of comprehension-fostering and comprehension-monitoring activities. *Cognition and Instruction, 1*, 117-175.

Rock, E. E., Fessler, M. A., & Church, R. P. (1999). Co-occurring disorders and learning disabilities. In W. N. Bender (Ed.), *Professional issues in learning disabilities*. Austin, TX: Pro-ed.

Schlesinger, H. S., & Meadow, K. P. (1972). *Sound and sign: Childhood deafness and mental health*. Berkeley, CA: University of California Press.

Schmitt, L. S., Howard, B. H., & Schmitt, J. F. (1983). Conversational speech sampling in the assessment of articulation proficiency. *Language, Speech, and Hearing Services in Schools, 14*, 210-214.

Slavin, R. E. (1983). When does cooperative learning increase student achievement? *Psychological Bulletin, 94*, 429-445.

Spencer, V., Scruggs, T. E., & Mastropieri, M. A. (2003). Content area learning in middle school social studies classrooms and students with emotional or behavioral disorders: A comparison of strategies. *Behavioral Disorders, 28*, 77-93.

Spitz, H. H. (1987). Problem-solving processes in special populations. In J. G. Borkowski & J. D. Day (Eds.), *Cognition in special children: Comparative approaches to retardation, learning disabilities, and giftedness* (pp. 153-194). Norwood, NJ: Ablex.

Stout, G. G., & Windle, J. V. (1992). *The developmental approach to successful listening II*. Houston, TX: Houston School for the Deaf.

Swanson, H. L., & Saez, L. (2003). Memory difficulties in children and adults with learning disabilities. In H. L. Swanson, S. Graham, & K. R. Harris (Eds.), *Handbook of learning disabilities* (pp. 182-198). New York: Guildford Press.

Tervoot, B. T. (1961). Esoteric symbolism in the communication behavior of young deaf children. *American Annals of the Deaf, 106*(3), 436-480.

Topping, K. J., & Ehly, S. (Eds.). (1998). *Peer-assisted learning*. Mahwah, NJ: Lawrence Erlbaum.

Vaughn, S., & Linan-Thompson, S. (2003). Group size and time allotted to intervention: Effects for students with reading difficulties. In B. Foorman (Ed.), *Preventing and remediating reading difficulties: Bringing science to scale* (pp. 299-324). Baltimore: York Press.

Zigler, F., & Bennett-Gates, D. (1999). *Personality development in individuals with mental retardation*. New York: Cambridge University Press.

제2부

국어과 교수 · 학습의 이론과 실제

제4장

특수교육 국어과 교육과정

개요

　현재 우리나라 특수교육 현장에서 사용하고 있는 교육과정은 국가 수준 교육과정을 기초로 하여 각 학교에 맞는 학교교육과정을 개발·적용하도록 규정하고 있다. 특수교육 대상자를 위한 교육과정은 공통 교육과정과 기본 교육과정으로 나누어져 있다. 공통 교육과정은 일반 교육과정과 동일하며, 기본 교육과정은 공통 교육과정을 적용하기 어려운 중도 발달장애 학생을 위한 교육과정이다. 이 장에서는 특수교육 교육과정의 변천과정을 살펴봄으로써 현재의 교육과정이 만들어지기까지의 과정을 설명하고, 교육부에서 고시한 특수교육 교육과정 중 국어과에 대한 내용을 공통 교육과정과 기본 교육과정으로 나누어 제시한다. 국가 수준 교육과정인 특수교육 교육과정은 성격, 목표, 내용 체계, 교수·학습 방법, 평가로 나누어 그 특징을 기술하고 있다.

1. 교육과정의 변천

교육과정(教育課程)은 가르쳐야 할 내용을 항목으로 나열한 것(course of study)으로, 라틴어의 쿠레레(*currere*＝course of race)에서 파생된 영어의 커리큘럼(curriculum)과 같은 뜻이다. 여기서 라틴어의 쿠레레는 경기에서 목표 지점에 도달하기 위해 거쳐야 하는 일정한 과정을 의미하며, 학교에 입학한 학생이 학교교육을 마칠 때까지 거쳐야 하는 학습과정 또는 경험 요소들을 의미한다(전병운, 유재연, 2009).

교육과정이 학교생활에서 이루어지는 학습과정과 경험 요소들이라는 의미는 교육활동이 무질서하게 맹목적으로 이루어지는 것이 아니라, 배워야 할 내용들이 체계적으로 구성되어야 한다는 것을 뜻한다. 좀 더 구체적으로 말하면, 교육과정이란 일정한 프로그램 아래 전 과정을 마칠 때까지 학습해야 할 목표와 내용, 그 학습을 위한 연한과 시간 배당, 그리고 교수 방법 및 평가 방법 등을 규정한 교육의 전체 계획 혹은 실천을 가리킨다.

교육과정은 다양한 관점에 따라 변천을 계속해 왔는데, 특히 국어과 교육과정의 경우에는 전통적으로 교과중심이냐 혹은 학문중심이냐에 따라 변화를 계속해 오다가 1980년대 이후부터 인지과정 중심의 이론에 영향을 받았으며, 최근에는 인간중심의 교육과정이 널리 통용되고 있다. 이러한 변화는 인간과 교육, 언어를 바라보는 철학의 변화와 방향을 같이하는 것이다(이삼형 외, 2007).

우리나라 교육과정의 특성을 교육 사조에 근거하여 살펴보면, 제1차 교육과정의 시기(1954~1963년)는 교과중심 교육과정, 제2차 교육과정의 시기(1963~1973년)는 생활(경험)중심 교육과정, 제3차 교육과정의 시기(1973~1981년)는 학문중심 교육과정, 제4차 교육과정의 시기(1981~1987년)는 한 가지 교육 사조의 이론적 지배로부터 벗어나서 다양한 교육철학의 사조를 인간중심의 관점에서 새롭게 조명하려는 시기라고 할 수 있다. 즉, 제1차 교육과정에서는 "각 학교의 교과목 및 기타 교육 활동의 편제를 말한다."로 정의하였으며, 제2차 교육과정에서는 "학생들이 학교의 지도하에 경험하는 모든 학습 활동의 총화"를 의미한다고 하였다. 제3차 교육과정에서는 지식의 구조를 강조하였고, 발견학습이나 탐구학습을 강조하였다. 제4차 교육과정에서는 "교육과정이란 학교에서 전개되고 실현될 교육 실천의 효과를 극대화하기 위해서 일정 학생에게 무엇을 어떻게 교육할 것인가를 국가 수준에서 규정하는 의도되고 문시화된 계획을 의미한다."라고 하였다.

제5차 교육과정에서는 "국가 수준, 지역 수준, 학교 단위의 교사와 학생 수준에 이르기까지 학교에서 학생들에 대한 교육적 성취를 의도하여 기성세대의 핵심적 문화 내용으로서의 지식, 사고의 양식, 경험을 재구성한 계획"이라고 하였다. 제6차와 제7차 교육과정에서는 국가 수준에서 학습자의 교육 경험의 질을 관리하는 구체적인 교육 프로그램으로서 법제적인 성격의 교육과정을 강조하였다. 여기에 2007년 일반학교 교육과정이 부분 개정되었으며, 2008년에는 특수학교 교육과정이 부분 개정되었다.

2000년부터 적용된 제7차 특수학교 교육과정은 일반학교 국민공통 기본 교육과정과 선택 중심 교육과정을 도입하면서, 종전의 장애 유형별 교육과정에서 장애를 구분하지 않는 교육과정으로 구조를 바꾸고 기본 교육과정을 첨가하는 방식으로 체제를 갖추게 되었다. 이와 함께 교육과정의 통합성을 강조하면서, 특수교육 대상 학생의 교육적 요구의 보편성과 특수성을 고려하여 일반학교 교육과정을 중심으로 연관·조정한 특징을 가지고 있다. 2008년 개정된 교육과정도 제7차 교육과정과 맥을 같이하고 있다고 볼 수 있으며, 현 시대의 교육적 요구에 맞추어 부분적인 개정이 이루어졌다.

2011년 개정된 교육과정에서는 특수학교 교육과정에서 특수교육 교육과정으로 명칭이 바뀌었고, 학년군제가 도입되어 초등학교는 1·2학년군, 3·4학년군, 5·6학년군으로 나누고 중학교, 고등학교로 나누어 모두 다섯 단계로 나누었으며, 특수교육 대상자는 해당 학년군의 내용을 이수하도록 규정하였다. 또한 내용의 난이도 측면에서 2008 교육과정은 공통 교육과정 1, 2학년 수준에 머물렀으나, 2011 교육과정은 초등학교 6학년 수준까지 내용의 수준을 상향 조정하였다. 그 이유는 중도장애 학생만이 아니라 모든 특수교육 대상자가 사용할 수 있는 교육과정을 만들기 위함이었다. 기본 교육과정, 공통 교육과정, 선택 교육과정으로 나뉘어 있으며, 교과별 성격, 목표, 내용, 교수·학습 방법, 평가로 나뉘어 제시되어 있다. 여기에서 기본 교육과정, 공통 교육과정은 모두 동일한 교육 목표를 제시하고 있으나, 편제와 교육과정 편성·운영에는 차이가 있다. 이전 교육과정과 마찬가지로 기본 교육과정에는 '도덕'이 '사회'에 포함되어 있으며 '영어'는 제외되어 있다. 정규 교과로 영어가 제외되어 있지만 '생활영어교육'이라는 활동으로 보완할 수 있으며, 이외에 정보통신 활용교육, 여가활용 교육, 재활교육, 보건교육 등을 교과 또는 창의적 체험활동 시간을 활용하여 선택적으로 지도할 수 있다.

2015 개정 특수교육 교육과정은 2011 특수교육 교육과정의 큰 틀을 따르고 있으므로 학년군제가 그대로 적용되지만, 학생의 필요에 따라 다른 학년군의 내용으로 대체하여 적용할 수 있다. 또한 핵심역량의 개념을 도입하여 학생들의 삶의 실제에 도움이 되는 교육을 하고자 하였다. 특수교육 교육과정은 공통 교육과정 및 선택 중심 교육과정, 기본 교육과정으로 나뉘는데, 공통 교육과정은 일반 초 · 중등학교 공통 교육과정을 적용하되, 특수학교에서는 시각 · 청각 · 지체 장애 학생에게 국어, 체육, 영어에 한하여 활용할 수 있다. 2015 개정 특수교육 기본 교육과정에서의 변화는 초등학교 1~2학년군에 통합교과인 바른생활, 슬기로운 생활, 즐거운 생활이 적용되었다는 점과 기본 교육과정의 경우 중도 중복장애 학생에 초점을 두어 전반적으로 수준을 하향 조정하였다는 점이다.

2. 공통 교육과정

1) 성격 및 목표

2015년 개정된 국어과 공통 교육과정에서는 2011과 다르게 성격이 별도로 제시되어 있다. 국어과 성격에서는 국어를 정확하고 효과적으로 사용하는 데 필요한 능력과 태도를 기르고, 비판적이고 창의적인 국어 사용을 바탕으로 하여 국어 발전과 국어문화 창달에 이바지하려는 뜻을 세우며, 가치 있는 국어 활동을 통해 바람직한 인성과 공동체 의식을 함양하는 과목으로 국어과를 규정하고 있다.

또한 2015 국어과 공통 교육과정에서는 국어 학습을 통해 추구하고 있는 미래사회생활에 필요한 필수적인 역량을 제시하고 있다. 국어과에서 추구하는 핵심역량은 비판적 · 창의적 사고 역량, 자료 · 정보 활용 역량, 의사소통 역량, 공동체 · 대인관계역량, 문화 향유 역량, 자기 성찰 · 계발 역량이다. 비판적 · 창의적 사고 역량은 다양한 상황이나 자료, 담화, 글을 주체적인 관점에서 해석하고 평가하여 새롭고 독창적인 의미를 부여하거나 만드는 능력이고, 자료 · 정보 활용 역량은 필요한 자료나 정보를 수집, 분석, 평가하고 이를 효과적으로 활용하여 의사를 결정하거나 문제를 해결하는 능력이다. 의사소통 역량은 음성언어, 문자언어, 기호와 매체 등을 활용하여 생각과 느낌, 경험을 표현하거나 이해하면서 의미를 구성하고 자아와 타인, 세계의 관계를 점검 · 조정하는 능력이며, 공동체 · 대인관계 역량은 공동체의 가치와 공동체 구성원의 다양성을 존중하고 상호 협력하며 관계를 맺고 갈등을 조정하는 능력이다. 그리고 문화 향유 역량은 국어로 형성 · 계승되는 다양한 문화를 이해하고 그 아름다움과 가치를 내면화하여 수준 높은 문화를 향유 · 생산하는 능력이며, 자기 성찰 · 계발 역량은 삶의 가치와 의미를 끊임없이 반성하고 탐색하며 변화하는 사회에서 필요한 재능과 자질을 계발하고 관리하는 능력이다.

국어과의 하위 영역은 듣기 · 말하기, 읽기, 쓰기, 문법, 문학으로 구성되어 있으며 국어과의 교수 · 학습과 평가는 학습자가 다양한 차원의 통합적 활동을 통해 교과 역량을 기반으로 실질적인 국어 능력을 기르도록 하는 데 중점을 두고 있다. 국어과의 목표는 다음과 같이 총괄 목표와 하위 목표로 나누어 기술하고 있다.

국어로 이루어지는 이해 · 표현 활동 및 문법과 문학의 본질을 이해하고, 의사소통이 이루어지는 맥락의 다양한 요소를 고려하여 품위 있고 개성 있는 국어를 사용하며, 국어문화를 향유하면서 국어의 발전과 국어문화 창조에 이바지하는 능력과 태도를 기른다.

- 다양한 유형의 담화, 글, 작품을 정확하고 비판적으로 이해하고 효과적이고 창의적으로 표현하며 소통하는 데 필요한 기능을 익힌다.
- 듣기 · 말하기, 읽기, 쓰기 활동 및 문법 탐구와 문학 향유에 도움이 되는 기본 지식을 갖춘다.
- 국어의 가치와 국어 능력의 중요성을 인식하고 주체적으로 국어 생활을 하는 태도를 기른다.
- 시각장애 특성에 따라 묵자나 점자를 사용하여 국어 생활을 영위한다(시각장애).
- 청각장애 특성에 따라 다양한 의사소통 양식을 활용하여 국어 생활을 영위한다(청각장애).

2) 내용 체계

국어과의 교수·학습 내용은 듣기·말하기, 읽기, 쓰기, 문법, 문학 영역이 있으며 각 영역의 내용은 하위 범주별 '핵심 개념'과 '일반화된 지식'을 바탕으로 하여 '학년(군)별 내용 요소'로 전개하였으며, 이를 통해서 각 영역이 추구하는 통합적 '기능'을 제시하고 있다. 이 기능에는 청각장애와 시각장애 학생을 고려한 기능이 함께 제시되어 있다.

학년(군)별로 제시한 내용 요소는 해당 학년(군)에서 집중적으로 다루되, 학년(군) 간 연계성을 바탕으로 하여 다른 학년(군)에서도 융통성 있게 다룰 수 있다. 또한 국어 활동의 총체성을 바탕으로 하여 특정 영역의 성취기준을 같은 학년(군)의 다른 영역에서 적절하게 활용하여 내용을 구성할 수도 있다. 국어과의 내용 체계는 다음과 같다.

표 4-1 듣기·말하기

핵심 개념	일반화된 지식	학년(군)별 내용 요소					기능
		초등학교			중학교 1~3학년	고등학교 1학년	
		1~2학년	3~4학년	5~6학년			
▶ 듣기·말하기의 본질	듣기·말하기는 화자와 청자가 구어로 상호 교섭하며 의미를 공유하는 과정이다.			• 구어 의 사소통 • 수어 의 사소통	• 의미 공유 과정	• 사회·문화 성	• 맥락 이 해·활용 하기 • 청자 분석 하기 • 내용 생성 하기 • 내용 조직 하기 • 자료·매 체 활용하 기 • 표현·전 달하기 • 내용 확인 하기 • 추론하기
▶ 목적에 따른 담화의 유형 • 정보 전달 • 설득 • 친교·정서 표현 ▶ 듣기·말하기와 매체	의사소통의 목적, 상황, 매체 등에 따라 다양한 담화 유형이 있으며, 유형에 따라 듣기와 말하기의 방법이 다르다.	• 인사말 • 대화 (감 정표현)	• 대화 (즐 거움) • 회의	• 토의 (의 견 조정) • 토론(절차 와 규칙, 근거) • 발표 (매 체활용)	• 대화 (공감 과 반응) • 면담 • 토의 (문제 해결) • 토론 (논리 적 반박) • 발표 (내용 구성) • 매체 자료 의 효과	• 대화 (언어 예절) • 토론 (논증 구성) • 협상	

핵심 개념	일반화된 지식	1~2학년	3~4학년	5~6학년	중학교 1~3학년	고등학교 1학년	기능
▶ 듣기·말하기의 구성 요소 • 화자·청자·맥락 ▶ 듣기·말하기의 과정 ▶ 듣기·말하기의 전략 • 표현 전략 • 상위 인지 전략	화자와 청자는 의사소통의 목적과 상황, 매체에 따라 적절한 전략과 방법을 사용하여 듣기·말하기 과정에서의 문제를 해결하며 소통한다.	• 일의 순서 • 자신 있게 말하기 • 집중하며 듣기	• 인과관계 • 표정, 몸짓, 말투 • 요약하며 듣기	• 체계적 내용구성 • 추론하며 듣기	• 청중 고려 • 말하기 불안에의 대처 • 설득 전략 분석 • 비판하며 듣기	• 의사소통 과정의 점검과 조정	• 평가·감상하기 • 경청·공감하기 • 상호 교섭하기 • 점검·조정하기 • 말·수어하기 • 말·수어 읽기 • 청각보조기기 활용하기
▶ 듣기·말하기의 태도 • 듣기·말하기의 윤리 • 공감적 소통의 생활화	듣기·말하기의 가치를 인식하고 공감·협력하며 소통할 때 듣기·말하기를 효과적으로 수행할 수 있다.	• 바르고 고운말 사용	• 예의를 지켜 듣고 말하기	• 공감하며 듣기	• 배려하며 말하기	• 담화 관습의 성찰	

표 4-2 읽기

핵심 개념	일반화된 지식	학년(군)별 내용 요소					기능
		초등학교			중학교 1~3학년	고등학교 1학년	
		1~2학년	3~4학년	5~6학년			
▶ 읽기의 본질	읽기는 읽기 과정에서의 문제를 해결하며 의미를 구성하고 사회적으로 소통하는 행위이다.			• 의미 구성 과정	• 문제 해결 과정	• 사회적 상호작용	• 맥락 이해하기 • 몰입하기 • 내용 확인하기 • 추론하기 • 비판하기 • 성찰·공감하기 • 통합·적용하기 • 독서 경험 공유하기 • 점검·조정하기 • 수어(지문자) 읽기 • 점자 읽기
▶ 목적에 따른 글의 유형 • 정보 전달 • 설득 • 친교·정서 표현 ▶ 읽기와 매체	의사소통의 목적, 매체 등에 따라 다양한 글 유형이 있으며, 유형에 따라 읽기의 방법이 다르다.	• 글자, 낱말, 문장, 짧은 글	• 정보 전달, 설득, 친교 및 정서표현 • 친숙한 화제	• 정보 전달, 설득, 친교 및 정서 표현 • 사회·문화적 화제 • 글과 매체	• 정보 전달, 설득, 친교 및 정서 표현 • 사회·문화적 화제 • 한 편의 글과 매체	• 인문·예술, 사회·문화, 과학·기술 분야의 다양한 화제 • 한 편의 글과 매체	

▶ 읽기의 구성 요소 • 독자 · 글 · 맥락 ▶ 읽기의 과정 ▶ 읽기의 방법 • 사실적 이해 • 추론적 이해 • 비판적 이해 • 창의적 이해 • 읽기 과정의 점검	독자는 배경지식을 활용하며 읽기 목적과 상황, 글 유형에 따라 적절한 읽기 방법을 활용하여 능동적으로 글을 읽는다.	• 소리 내어 읽기 • 띄어읽기 • 내용확인 • 인물의 처지 · 마음 짐작하기	• 중심 생각 파악 • 내용 간추리기 • 추론하며 읽기 • 사실과 의견의 구별	• 내용 요약 (글의 구조) • 주장이나 주제 파악 • 내용의 타당성 평가 • 표현의 적절성 평가 • 매체 읽기 방법의 적용	• 내용 예측 • 내용 요약 (읽기 목적, 글의 특성) • 설명 방법 파악 • 논증 방법 파악 • 관점과 형식의 비교 • 매체의 표현 방법 · 의도 평가 • 참고 자료 활용 • 한 편의 글 읽기 • 읽기 과정의 점검과 조정	• 관점과 표현 방법의 평가 • 비판적 · 문제 해결적 읽기 • 읽기 과정의 점검과 조정
▶ 읽기의 태도 • 읽기 흥미 • 읽기의 생활화	읽기의 가치를 인식하고 자발적 읽기를 생활화할 때 읽기를 효과적으로 수행할 수 있다.	• 읽기에 대한 흥미	• 경험과 느낌 나누기	• 읽기 습관 점검하기	• 읽기 생활화하기	• 자발적 읽기

표 4-3 쓰기

핵심 개념	일반화된 지식	학년(군)별 내용 요소					기능
		초등학교			중학교 1~3학년	고등학교 1학년	
		1~2학년	3~4학년	5~6학년			
▶ 쓰기의 본질	쓰기는 쓰기 과정에서의 문제를 해결하며 의미를 구성하고 사회적으로 소통하는 행위이다.			• 의미 구성 과정	• 문제 해결 과정	• 사회적 상호 작용	• 맥락 이해하기 • 독자 분석하기 • 아이디어 생산하기 • 글 구성하기 • 자료·매체 활용하기 • 표현하기 • 고쳐쓰기 • 독자와 교류하기 • 점검·조정하기 • 수어(지문자)하기 • 점자쓰기
▶ 목적에 따른 글의 유형 • 정보 전달 • 설득 • 친교·정서 표현 ▶ 쓰기와 매체	의사소통의 목적, 매체 등에 따라 다양한 글 유형이 있으며, 유형에 따라 쓰기의 초점과 방법이 다르다.	• 주변 소재에 대한 글 • 겪은 일을 표현하는 글	• 의견을 표현하는 글 • 마음을 표현하는 글	• 설명하는 글(목적과 대상, 형식과 자료) • 주장하는 글(적절한 근거와 표현) • 체험에 대한 감상을 표현한 글	• 보고하는 글 • 설명하는 글(대상의 특성) • 주장하는 글(타당한 근거와 추론) • 감동이나 즐거움을 주는 글 • 매체의 특성	• 설득하는 글 • 정서를 표현하는 글	
▶ 쓰기의 구성 요소 • 필자·글·맥락 ▶ 쓰기의 과정 ▶ 쓰기의 전략 • 과정별 전략 • 상위 인지 전략	필자는 다양한 쓰기 맥락에서 쓰기 과정에 따라 적절한 전략을 사용하여 글을 쓴다.	• 글자 쓰기 • 문장 쓰기	• 문단 쓰기 • 시간의 흐름에 따른 조직 • 독자 고려	• 목적·주제를 고려한 내용과 매체 선정	• 내용의 통일성 • 표현의 다양성 • 대상의 특성을 고려한 설명 • 고쳐 쓰기(일반 원리)	• 쓰기 맥락 • 고쳐 쓰기(쓰기 과정의 점검)	
▶ 쓰기의 태도 • 쓰기 흥미 • 쓰기 윤리 • 쓰기의 생활화	쓰기의 가치를 인식하고 쓰기 윤리를 지키며 즐겨 쓸 때 쓰기를 효과적으로 수행할 수 있다.	• 쓰기에 대한 흥미	• 쓰기에 대한 자신감	• 독자의 존중과 배려	• 쓰기 윤리	• 책임감 있게 쓰기	

표 4-4 문법

핵심 개념	일반화된 지식	학년(군)별 내용 요소					기능
		초등학교			중학교 1~3학년	고등학교 1학년	
		1~2학년	3~4학년	5~6학년			
▶ 국어의 본질	국어는 사고와 의사소통의 수단이 되는 기호 체계로서, 언어의 보편성을 바탕으로 하여 고유한 국어문화를 형성하며 발전한다.			• 사고와 의사소통의 수단	• 언어 기호	• 역사적 실체	• 문제 발견하기 • 자료 수집하기 • 비교 · 분석하기 • 분류 · 범주화하기 • 종합 · 설명하기 • 적용 · 검증하기 • 언어생활 성찰하기 • 문장과 담화에서 문법적 기능 익히기 • 점자의 특성과 규정 익히기
▶ 국어 구조의 탐구와 활용 • 음운 • 단어 • 문장 • 담화	국어는 음운, 단어, 문장, 담화로 구성되며 이들에 대한 탐구를 통해 국어 지식을 얻고 이를 언어생활에 활용할 수 있다.		• 낱말의 의미 관계 • 문장의 기본 구조	• 낱말 확장 방법 • 문장 성분과 호응	• 음운의 체계와 특성 • 품사의 종류와 특성 • 문장의 짜임 • 담화의 개념과 특성	• 음운의 변동 • 문법 요소의 특성과 사용	
▶ 국어 규범과 국어 생활 • 발음과 표기 • 어휘 사용 • 문장 · 담화의 사용	발음 · 표기, 어휘, 문장 · 담화 등 국어 규범에 대한 이해를 통해 국어 능력을 기르고 바른 국어 생활을 할 수 있다.	• 한글 자모의 이름과 소릿값 • 낱말의 소리와 표기 • 문장과 문장 부호	• 낱말 분류와 국어사전 활용 • 높임법과 언어 예절	• 상황에 따른 낱말의 의미 • 관용 표현	• 단어의 정확한 발음과 표기 • 어휘의 체계와 양상의 활용 • 한글의 창제 원리	• 한글 맞춤법의 원리와 내용	
▶ 국어에 대한 태도 • 국어 사랑 • 국어 의식	국어의 가치를 인식하고 국어를 바르게 사용할 때 국어 능력이 효과적으로 신장된다.	• 글자 · 낱말 · 문장에 대한 흥미	• 한글의 소중함 인식	• 바른 국어 사용	• 통일 시대의 국어에 대한 관심	• 국어 사랑과 국어 발전 의식	

표 4-5 문학

핵심 개념	일반화된 지식	학년(군)별 내용 요소					기능
		초등학교			중학교 1~3학년	고등학교 1학년	
		1~2학년	3~4학년	5~6학년			
▶ 문학의 본질	문학은 인간의 삶을 언어로 형상화한 작품을 통해 즐거움과 깨달음을 얻고 타자와 소통하는 행위이다.			• 가치 있는 내용의 언어적 표현	• 심미적 체험의 소통	• 유기적 구조	• 몰입하기 • 이해 · 해석하기 • 감상 · 비평하기 • 성찰 · 향유하기 • 모방 · 창작하기 • 공유 · 소통하기 • 점검 · 조정하기 • 자막이나 수어 읽기로 내용 이해하기 • 말 · 수어로 전달 공유하기
▶ 문학의 갈래와 역사 • 서정 • 서사 • 극 • 교술 ▶ 문학과 매체	문학은 서정, 서사, 극, 교술의 기본 갈래를 중심으로 하여 언어, 문자, 매체의 변화와 함께 시대에 따라 변화해 왔다.	• 그림책 • 동요, 동시 • 동화	• 동요, 동시 • 동화 • 동극	• 노래, 시 • 이야기, 소설 • 극	• 노래, 시 • 이야기, 소설 • 극 • 교술	• 서정 • 서사 • 극 • 교술 • 문학 갈래의 역사	
▶ 문학의 수용과 생산 • 작품의 내용 · 형식 · 표현 • 작품의 맥락 • 작가와 독자	문학은 다양한 맥락을 바탕으로 하여 작가와 독자가 창의적으로 작품을 생산하고 수용하는 활동이다.	• 작품 낭독 · 감상 • 작품 속 인물의 상상 • 말놀이와 말의 재미 • 일상생활에서 겪은 일의 표현	• 감각적 표현 • 인물, 사건, 배경 • 이어질 내용의 상상 • 작품에 대한 생각과 느낌 표현	• 작품 속 세계와 현실 세계의 비교 • 비유적 표현의 특성과 효과 • 일상 경험의 극화 • 작품의 이해와 소통	• 비유, 상징의 효과 • 갈등의 진행과 해결 과정 • 보는 이, 말하는 이의 관점 • 작품의 사회 · 문화적 배경 • 작품의 현재적 의미 • 작품 해석의 다양성 • 재구성된 작품의 변화 양상 • 개성적 발상과 표현	• 갈래 특성에 따른 형상화 방법 • 다양한 사회 · 문화적 가치 • 시대별 대표작	
▶ 문학에 대한 태도 • 자아 성찰 • 타자의 이해와 소통 • 문학의 생활화	문학의 가치를 인식하고 인간과 세계를 성찰하며 문학을 생활화할 때 문학 능력이 효과적으로 신장된다.	• 문학에 대한 흥미	• 작품을 즐겨 감상하기	• 작품의 가치 내면화하기	• 문학을 통한 성찰	• 문학의 주체적 수용과 생활화	

3) 교수 · 학습 방향

2015 특수교육 공통 교육과정에서는 교수 · 학습 계획과 운영을 다음과 같이 네 가지 측면으로 나누어 제시하고 있다. 여기에서는 시각장애와 청각장애 학생을 고려한 학습 환경, 학습 매체, 유의점 등에 대해서만 제시하였다. 장애학생 관련 내용은 '통합형 교수 · 학습 계획과 운용' '바람직한 인성을 함양하도록 교수 · 학습 계획과 운용'에서 제시하고 있다.

① 국어과 교육과정에서 제시한 목표와 성취기준을 고려하여 학습자가 미래 사회에서 요구하는 국어과 교과 역량을 기를 수 있도록 교수 · 학습을 계획하고 운용한다.
② 국어 활동의 총체성을 고려하여 통합형 교수 · 학습을 계획하고 운용한다.

(시각장애)
- 저시력 학습자별 요구를 반영하여 한 가지 문자 매체만을 강조하기보다 필요에 따라 점자와 묵자를 병행하여 사용하도록 한다.
- 묵자 사용 학습자를 위한 경필 쓰기 지도 시에 확대된 글자본을 제시하여 주되, 학습자의 시력과 시기능 등에 알맞게 글자 크기와 모양을 조절하도록 한다.
- 점자 사용 학습자는 시각 자료를 촉각 또는 청각 자료로 수정 · 보완하여 활용하도록 한다.
- 그림을 통하여 과제가 제시된 경우에 그림에 대한 상황이나 장면을 설명하여 주되, 문제의 요지나 맥락에서 벗어나지 않도록 한다.
- 시각장애로 습득하기 어려운 색채나 공간 등의 어휘는 구체적으로 설명하여 주되, 실물이나 모형 등의 대체적인 경험을 제공하거나 학습자의 경험들을 통합하여 형성하도록 한다.

(청각장애)
- 청각장애 학생의 특성과 수준, 다양한 의사소통 양식을 고려하여 다양한 매체, 수어 영상 자료 등 시각적인 자료로 흥미를 유발하고 실제적인 활동을 통하여 언어 능력의 신장과 자발적인 학습 참여가 이루어지도록 한다.

③ 학습 활동 과정에서 의미 있는 배움이 일어날 수 있도록 학습자 참여형 교수ㆍ
학습을 계획하고 운용한다.

④ 국어과의 학습 목표를 달성하는 과정에서 바람직한 인성을 함양하도록 교수ㆍ
학습을 계획하고 운영한다.

(시각장애)

- 학습자의 시력, 시기능, 시효율성 등을 평가하여 개별적 특성에 알맞은 학습 환경을
조성하고, 적합한 학습 매체를 선정하여 사용하도록 한다.
- 학습자의 장애 특성에 적합한 문자 매체로 묵자 또는 점자 등을 선택하여 사용하도
록 한다.
- 시각적 경험의 제한을 보상하기 위하여 주변의 환경과 자료를 다감각적으로 경험
하도록 한다.
- 다양한 학습 매체와 자료를 활용한 풍부한 학습 내용을 통합적으로 구성하도록 한다.
- 점자 지도 시 점자보완교재를 활용하여 지도한다.

(청각장애)

- 농인의 정체성을 높이기 위한 자료로 농사회와 농문화적 특성, 성공한 농인들의 삶
을 소개하여 긍정적 자아개념을 향상할 수 있도록 한다.
- 교수ㆍ학습 과정에서 청각장애로 인한 문제를 극소화하기 위해 다양한 의사소통
양식을 사용하도록 하고, 시각적 매체를 적극 활용하여 적절한 국어 학습 전략을 활
용하도록 계획한다.

4) 평가

국어과의 평가 방향은 크게 평가 계획, 평가 방법, 평가 결과의 활용으로 나누어 제
시하고 있으며, 이에 추가하여 시각장애 학생과 청각장애 학생을 고려한 평가에 대
하여 함께 제시하고 있다. 여기에서는 시각장애 학생과 청각장애 학생 관련 내용만
제시하였다.

① 국어과 교육과정과 연계하여, 평가 내용의 균형, 평가 방법 및 평가 도구의 타당성, 신뢰성, 적절성 등을 고려하여 평가 계획을 수립한다.

(시각장애)

• 점자 사용 학습자의 국어과 평가는 점자 지식과 기능을 활용하여 텍스트의 내용을 정확하고 비판적으로 이해하는지와 사상과 정서를 효과적이고 창조적으로 표현하는지에 초점을 맞춘다.

② 학습자의 국어 능력의 신장을 판단하고, 교수 · 학습 방법 및 평가 도구 개선에 기여할 수 있도록 학습 과정과 결과를 균형 있게 평가한다.

(시각장애)

• 묵자 사용 학습자의 평가는 자료를 확대하거나 광학 · 비광학기구를 활용하여 실시한다.
• 지필 평가 이외에 학생의 장애 특성에 따라 대필과 대독 평가 등의 대체 평가 방법을 활용한다.
• 학습자별로 문자 매체 선정을 위한 평가를 실시하고, 교수 · 학습 자료, 광학 · 비광학기구, 공학 매체 등의 활용도와 점자 또는 묵자의 읽기와 쓰기 속도 및 정확도를 평가한다.

③ 학습자의 국어 능력의 발달 정도를 판단하고 교육 활동을 개선하는 데 '국어' 평가 결과를 활용한다.

(시각장애)

• 시각장애 학생을 위한 국어 교과의 내용은 일반 교육과정의 '듣기 · 말하기' '읽기' '쓰기' '문법' '문학'의 다섯 가지 영역으로 구성하되, '묵자'와 '점자'의 학습 내용이 추가된다. 묵자 사용 학습자를 위하여 묵자를 효율적으로 사용하는 데 필요한 학

습 내용이 읽기와 쓰기 영역에 추가되고, 점자 사용 학습자를 위하여 점자 학습 내용이 읽기, 쓰기와 문법 영역에 추가된다. 문법 학습에서는 점자 사용 학습자를 위하여 점자 학습에 필요한 규칙을 익히고 적용하는 활동을 강조한다.

• 시각장애 학생의 읽기 속도를 감안하여 지필 평가 시 지문의 양 조절, 녹음 자료의 제공 및 시력 정도별 적정 시간 제공 등을 종합적으로 고려하여 평가한다.

(청각장애)

• 청각장애 학생의 특성 및 수준, 다양한 의사소통 양식을 고려하여 듣기(말ㆍ수어 읽기)ㆍ말하기(말ㆍ수어하기), 읽기, 쓰기, 문법, 문학 등의 다섯 가지 영역을 유기적으로 연관 지어 통합적인 평가가 되도록 하고, 그 내용을 교수ㆍ학습 방법을 개선하기 위한 자료로 활용한다.

3. 기본 교육과정

2011 개정 특수교육 기본 교육과정은 2008 개정 특수학교 교육과정에 비해 국어과의 성격은 큰 차이가 없으나 과거와 달리 교과 목표를 학년군별로 제시하고 있으며, 단계에 상관없이 학생의 수준에 맞추어 적용하지 않고 학생의 학년군에 따라 적용하도록 하고 있다.

2015 개정 특수교육 기본 교육과정은 2011 개정 특수교육 기본 교육과정과 동일하게 다양한 언어 사용 상황에서의 효율적인 의사소통에 중점을 두고 있으나 2011 개정 특수교육 교육과정에서 학년군별로 교과 목표를 제시한 것과 다르게 학교급별 목표를 제시하고 있다. 기본 교육과정 국어과 성격에서는 공통 교육과정과 마찬가지로 핵심역량을 제시하고 있다. 공통 교육과정에서 추구하는 핵심역량이 비판적ㆍ창의적 사고 역량, 자료ㆍ정보 활용 역량, 의사소통 역량, 공동체ㆍ대인관계 역량, 문화 향유 역량, 자기 성찰ㆍ계발 역량이었다면, 기본 교육과정에서 추구하는 핵심역량은 의사소통 역량, 자기관리 역량, 대인관계 역량, 창의적 사고 역량, 지식정보처리 역량, 심미적 감성 역량으로 다소 차이가 있다. 또한 2015 특수교육 기본 교육과정 국어과의 하위 영역은 2011 특수교육 기본 교육과정의 하위 영역이 '듣기' '말하기' '읽

기 '쓰기' '문법' '문학'의 6개였던 것과 달리 듣기 · 말하기, 읽기, 쓰기의 네 가지
영역으로 구성되었다.

1) 성격

기본 교육과정에서는 국어과를 국어를 정확하고 효과적으로 사용하여 일상생활에
서 자기주도적인 국어 생활을 할 수 있는 능력과 태도를 기르는 교과라고 규정하고
있다. 또한 국어과 학습을 통해 추구하는 핵심역량으로는 의사소통 역량, 자기관리
역량, 대인관계 역량, 창의적 사고 역량, 지식정보처리 역량, 심미적 감성 역량을 제
시하고 있다.

국어과 성격에서는 국어과에서 추구하는 핵심역량에 대하여 구체적으로 제시하고
있는데, 의사소통 역량은 상황에 적합한 언어, 상징, 텍스트를 사용하여 자신을 표현
하고, 타인의 말과 글을 올바르게 이해하는 능력이다. 자기관리 역량은 자신의 삶, 학
습, 건강, 진로에 필요한 기초적 능력을 계발 · 관리하여 사회에 유연하게 대처하는
능력이다. 대인관계 역량은 다양한 사람들과의 원만한 관계를 형성 · 유지하여 협력
적으로 상호작용하는 능력이다. 창의적 사고 역량은 수렴적 · 발산적 사고를 통해 의
미 있는 결과나 아이디어를 산출해 내고, 다양한 상황에 적용할 수 있는 능력이다. 지
식정보처리 역량은 다양한 자료와 정보에 내재된 의미를 올바르게 파악하고 효과적
으로 처리할 수 있는 능력이다. 심미적 감성 역량은 다양한 가치에 대한 개방적 태도
를 바탕으로 삶의 질 향상에 적극적으로 동참할 수 있는 능력이다.

이에 따른 국어과의 하위 영역은 듣기 · 말하기, 읽기, 쓰기이며, 학습자는 이들 영
역에 대한 기본 지식을 갖추고, 각 영역의 수행에 필요한 기능과 태도를 기름으로써
국어과 목표를 달성할 수 있다고 제시하고 있다.

또한 국어과는 다른 교과의 학습 및 비교과 활동과 범교과적으로 연계되며, 범교과
적 내용을 담은 담화나 글을 듣기 · 말하기, 읽기, 쓰기의 활동 자료로 활용함으로써
학습자의 사회 통합에 기여할 수 있다. 그러므로 국어과의 교수 · 학습 및 평가는 학
습자가 다양한 차원의 사회적 상호작용과 통합적 활동을 통하여 일상생활에서 자기
주도적인 국어 생활을 할 수 있는 능력을 기르도록 하는 데 중점을 두도록 하고 있다.

2) 목표

국어교육의 목표는 교과의 성격 규정에서부터 그 내용이 달라진다. 2015 특수교육 국어과의 성격에서는 다양한 차원의 사회적 상호작용과 통합적 활동을 통해 일상생활에서 자기주도적인 국어 생활을 할 수 있는 능력에 중점을 두고 있다. 이에 교과 목표와 학교급별로 나누어 목표를 제시하고 있다.

(1) 교과 목표

국어 활동을 총체적으로 이해하고, 이를 바탕으로 언어 사용 능력을 향상하고 원만한 의사소통 능력을 신장하여, 일상생활에서 자기주도적인 국어 생활을 할 수 있는 능력과 태도를 기른다.

① 원만한 의사소통을 위하여 듣기 · 말하기, 읽기, 쓰기에 대한 기본적인 지식을 익힌다.

② 다양한 언어 경험을 통하여 일상생활에서 필요한 담화와 글을 이해하고 상황에 따라 적절하게 표현한다.

③ 말과 글에 흥미를 가지고 자신의 생각과 느낌을 표현하는 능동적인 태도와 습관을 지닌다.

(2) 학교급별 목표

[초등학교]

국어 학습에 흥미와 자신감을 가지며, 일상생활에서 사용되는 말을 이해하고 표현하는 능력을 길러 의사소통할 수 있는 기초를 마련한다.

① 일상생활과 관련된 낱말 또는 문장의 의미를 이해하고, 자신의 의사를 간단하게 표현한다.

② 글자를 인식하고 글자와 낱말의 짜임을 익혀 친숙한 낱말을 읽고 그 의미를 이해한다.

③ 글자와 낱말의 구성 원리를 익히고 글자를 따라 쓰며 글자에 대한 관심을 가진다.

[중학교]

생활중심의 국어 활동을 바탕으로 일상생활과 관련된 다양한 낱말과 문장을 이해하고 표현하며, 의사소통을 생활화할 수 있는 능력과 태도를 기른다.

① 상황과 상대방에게 맞는 어법을 사용하고, 의사소통에 필요한 대화 규칙을 지키며 상대방과 의견을 주고받는다.
② 문장이나 문단의 내용을 파악하며 의미가 잘 드러나도록 바르게 읽는 습관을 가진다.
③ 기초적인 맞춤법을 익혀 정확한 의미 전달이 되도록 글을 쓰고, 다양한 매체를 활용하여 글을 쓰는 태도를 기른다.

[고등학교]

일상생활에서 사용하는 담화와 글을 이해하고 표현하며, 자기주도적인 국어 생활을 할 수 있는 능력과 태도를 기른다.

① 대화의 중심 내용과 세부 정보를 이해하고, 대화 목적과 상황에 맞게 자신의 생각을 전달한다.
② 일상생활과 관련된 친숙한 주제에 대한 글을 읽고 필요한 정보나 내용을 파악하는 습관을 가진다.
③ 짧은 글과 생활 서식에 맞게 글을 쓰며, 예절에 맞는 글쓰기 태도를 기른다.

3) 내용 체계

2015 기본 교육과정 국어과의 내용 체계는 듣기, 말하기, 읽기, 쓰기의 네 가지 영역으로 구성되어 있으며, 핵심 개념, 내용(일반화된 지식), 내용 요소, 기능으로 제시되어 있다. 각 영역의 핵심 개념은 원리, 실제, 태도로 나누어져 있는데, 원리는 우리말의 구성 원리를 의미하는 것으로서, 듣기, 말하기, 읽기, 쓰기 등을 통해 말과 글의 구성 원리를 파악하고 의사소통 능력의 기초 개념을 습득하는 것을 의미한다. 실제는 실생활 속에서 이루어지는 언어 활동으로 말과 글을 이해하고 표현하는 의사소통

활동을 말한다. 태도는 말이나 글로 상대방과 의사소통하는 행위방식으로 공감과 배려를 통해 바람직한 의사소통 문화를 형성하는 것을 의미한다. 문법과 문학의 경우 국어과의 영역으로 제시되어 있지 않지만 국어과 성격을 보면, 문법은 언어의 원리에 제시하였고, 문학은 언어 활용의 실제와 태도에 포함되어 있다고 기술하고 있다. 기능은 내용 요소의 활용을 의미하는 것으로 여기에 보완·대체 의사소통 도구 사용하기를 포함시킴으로써 중도 중복장애 학생들을 고려한 내용이라고 볼 수 있다.

국어과 지도에 있어서 실제 의사소통 상황은 네 개 영역이 함께 나타나기 때문에 최종 목표는 영역 구분 없이 실제 생활에서 효과적으로 의사소통하는 것에 초점을 두어야 할 것이다.

각 학년군의 내용은 가능하면 해당 학생의 학년군에 따라 그 내용을 지도하되, 그 수준을 학습하기 어려운 학생은 다음 학년군의 내용을 참고하여 지도할 수도 있다.

필요에 따라서는 타 교과에 제시되어 있는 관련 내용과 조합하여 교과 간 통합을 하는 방법도 고려해 볼 수 있다. 장애학생은 개인 간 차만이 아니라 개인 내 차도 크기 때문에 지도 내용 선정에 보다 많은 유연성이 필요하다. 예를 들어, 말하기는 1~2학년군 수준이지만 듣기는 3~4학년군 수준일 수 있으며, 음성언어의 발달 수준과 문자언어의 발달 수준이 서로 다를 수 있기 때문이다. 기본 교육과정 국어과의 내용 체계는 다음과 같다.

표 4-6 듣기·말하기

핵심 개념	내용 (일반화된 지식)	내용 요소					기능
		초1~2학년	초3~4학년	초5~6학년	중1~3학년	고1~3학년	
듣기·말하기의 원리	우리말의 말소리를 알고 어법에 맞게 대화를 한다.	• 소리 구별하기	• 낱말 발음하기	• 비슷한 발음 듣고 구별하기	• 다양한 발음 유형을 사용하여 대화하기	• 어법에 맞게 말하기	• 구별하기 • 반응하기
듣기·말하기의 실제	상대방의 말과 행동을 이해하고 자신의 생각이나 느낌을 표현한다.	• 소리의 의미 이해하기 • 표정과 몸짓으로 표현하기 • 말소리와 낱말로 의사 표현하기	• 일상생활과 관련된 낱말 듣고 뜻 이해하기 • 친숙한 낱말로 말하기 • 상대방에게 간단한 질문하고 대답하기	• 다양한 그림 보고 말하기 • 다양한 낱말과 문장을 듣고 뜻 파악하기 • 다른 사람에게 들은 말 전달하기 • 겪은 일 말하기	• 이야기 듣고 흐름 파악하기 • 상황과 상대방에 맞게 말하기 • 사건이나 사실에 대하여 말하기 • 생각이나 느낌 표현하기	• 매체를 통해 전달되는 내용 파악하기 • 정보를 전달하는 말 이해하기 • 사건이나 사실에 대한 생각 말하기 • 자신의 의도를 전달하기	• 표현하기 • 파악하기 • 대화하기 • 확인하기 • 요청하기 • 공감하기 • 주장하기 • 설득하기 • 설명하기 • 발표하기
듣기·말하기의 태도	상대방을 배려하며 듣고 말하는 태도를 기른다.	• 대화 상대방에게 관심 가지기	• 상대방의 말을 주의 깊게 듣고 반응하기	• 바른 말 고운 말 사용하기	• 대화 규칙 지키기	• 대화 예절 지키기	• 보완·대체 의사소통 도구 사용하기

표 4-7 읽기

핵심 개념	내용 (일반화된 지식)	내용 요소					기능
		초 1~2학년	초 3~4학년	초 5~6학년	중 1~3학년	고 1~3학년	
읽기의 원리	글자의 구성을 이해하고 표준발음법에 따라 낱말과 문장을 읽는다.	• 모양 찾기	• 글자 찾기 • 글자와 소리를 대응하며 읽기	• 글자의 짜임을 알고 읽기	• 낱말과 문장을 소리 내어 읽기 • 의미가 드러나도록 알맞게 띄어 읽기	• 유창하게 글 읽기	• 찾기 • 구별하기 • 대응하기 • 소리 내어 읽기 • 파악하기 • 요약하기 • 보완 · 대체 의사소통도구 사용하기
읽기의 실제	낱말의 뜻을 알고 글의 주요 내용을 파악한다.	• 친숙한 사물 그림에 관심 가지기 • 읽어 주는 내용에 관심 가지기	• 친숙한 낱말 읽기 • 그림을 단서로 내용 파악하기 • 안내판과 표지 읽기	• 낱말의 뜻 이해하기 • 그림책 읽고 내용 파악하기 • 정보를 담은 글 읽기	• 문장의 뜻 이해하기 • 문단의 내용 파악하기 • 경험이나 사실을 반영한 글 읽기	• 글의 주요 내용 파악하기 • 감정이나 생각을 나타낸 글 읽기	
읽기의 태도	글자, 낱말, 글에 관심을 가지고 바른 자세로 읽는다.	• 글자에 관심 가지기	• 바른 자세로 책 읽기 • 책에 관심 가지기	• 동시, 노래, 이야기에 관심 가지기	• 재미를 느끼며 글 읽기	• 목적에 맞게 찾아 읽기 • 즐겨 읽기	

표 4-8 쓰기

핵심 개념	내용 (일반화된 지식)	내용요소					기능
		초 1~2학년	초 3~4학년	초 5~6학년	중 1~3학년	고 1~3학년	
쓰기의 원리	글자의 구성과 쓰기 원리를 이해한다.	• 글자의 기초가 되는 선과 모양 그리기	• 글자 모양 따라 쓰기	• 글자의 짜임 이해하기	• 문장의 구성 원리 이해하기 • 문장부호 사용하기	• 문장 이어 쓰기	• 그리기 • 색칠하기 • 표현하기 • 보고 쓰기 • 받아쓰기 • 작문하기 • 기록하기 • 보완·대체 의사소통 도구 사용하기
쓰기의 실제	그림, 기호, 글로 내용을 나타내거나 생각을 표현한다.	• 다양한 방법으로 의사 표현하기 • 쓰기 도구 사용하기	• 친숙한 글자 쓰기	• 낱말 쓰기 • 메모하기	• 문장 쓰기 • 매체를 활용하여 쓰기	• 짧은 글 쓰기 • 생활 서식에 맞게 쓰기	
쓰기의 태도	글자, 낱말, 글에 관심을 가지고 바른 자세로 쓴다.	• 낱말을 글로 나타내는 것에 관심 가지기	• 바른 자세로 글자 쓰기	• 쓰기에 대한 흥미 가지기	• 기록하는 습관 가지기	• 예절을 지켜 글쓰기	

4) 교수 · 학습

기본 교육과정 국어과는 커다란 국어교육의 의미에서 볼 때 공통 교육과정과 다를 수 없으므로 교수 · 학습 계획 및 교수 · 학습 운용에 관한 대부분의 내용이 크게 다르지 않다. 다만, 발달장애 학생들의 특수성에 따라 부분적으로 수정 · 적용하도록 기술되어 있다. 공통 교육과정에서는 교수 · 학습 계획 및 운용에 대해 네 가지 측면으로 나누어 제시하였는데, 기본 교육과정에서는 교수 · 학습 방향, 교수 · 학습 운용, 유의 사항으로 나누어 제시하고 있다.

(1) 교수 · 학습 방향

① **국어과 목표와 성취기준을 고려하여 학습자가 미래사회에서 요구하는 핵심역량을 익힐 수 있도록 교수 · 학습을 계획하고 실행한다.**

• 국어과 핵심역량인 의사소통 역량, 자기관리 역량, 대인관계 역량, 창의적 사고 역량, 지식정보처리 역량, 심미적 감성 역량을 기르는 데에 중점을 둔다.

• 실생활에서의 활용성을 고려한 개념이나 지식, 사회적 상호작용을 유도할 수 있는 의사소통 기능 및 태도를 중심으로 국어과 교수 · 학습을 계획하여 핵심역량을 함양할 수 있도록 한다.

• 교사와 학습자, 학습자와 학습자 간 상호작용을 통하여 다양한 문제해결 과제에 적극적으로 참여하면서 협력을 경험할 수 있는 교수 · 학습이 이루어지도록 한다.

② **학년군별, 영역별 '내용 요소'와 '성취기준'을 고려하여 다양한 교수 · 학습을 전개하여 지도한다.**

• 교사와 학생, 학생과 학생 간의 적극적인 사회적 상호작용을 강조하여 학생의 요구와 수준에 따라 융통성 있게 지도한다.

• 학년군별, 영역별 성취기준을 바탕으로 지도하되, 학급 또는 개별 학생의 수준과 특성을 고려하여 타 학년군의 내용 수준 및 성취기준을 조정하여 지도한다.

• 국어 교과 내, 국어 교과와 타 교과 간, 국어 교과와 비교과 활동 및 학교 밖 생활과의 통합을 통해 지식과 생활의 연속성과 학습 내용의 통합성을 고려하여 교수 · 학습을 계획하고 실행한다.

- 교수 · 학습 목적을 충분히 이해하고 교수 · 학습 활동에 흥미를 보일 수 있도록 학생 중심의 교수 · 학습을 계획한다. 그리고 활동이나 결과를 예측할 수 있는 일상적인 일과를 중심으로 학습 활동을 구성하여 성취기준에 도달할 수 있게 한다.
- 직접교수법, 토의 · 토론 학습, 반응중심 학습, 탐구 학습, 문제해결 학습, 프로젝트 학습, 역할놀이 학습 등 다양한 방법을 교수 · 학습에 적용한다.
- 학생의 적극적인 수업 참여와 학습의 효율성을 촉진하기 위해 학생의 언어 수준, 강점과 요구 등을 고려하여 보편적 학습설계의 원리와 부분 참여의 원리를 적용하여 지도한다.

③ 학생의 학습 준비도와 '성취기준' 도달 정도를 파악하여 유의미한 학습이 일어날 수 있는 활동 중심의 학습자 참여형 교수 · 학습을 계획하고 실행한다.

- 영역별 내용 요소와 성취기준을 반영하되, 학습자 개인의 인지발달 수준, 관심, 흥미, 적성과 학급의 크기, 구성원들의 특징 등을 고려하여 학습자가 흥미와 도전 의식을 갖고 참여할 수 있는 교수 · 학습 활동을 계획한다.
- 영역별 내용 요소와 성취기준을 분석하여 내용과 과정을 단계적으로 구조화하고 활동 방법을 구체적으로 안내하여 학습자가 적극적이고 능동적으로 활동에 참여할 수 있도록 한다.
- 중도 · 중복장애 학생에게는 다감각적 접근을 통해 사회적 상호작용을 촉진하고, 보완 · 대체 의사소통 체계를 적용하여 수업에 효율적으로 참여할 수 있는 교수 · 학습 방법을 구상한다.
- 학습자가 국어 교수 · 학습 과정에서 자기 자신과 타인, 사회 · 문화에 대해 바람직한 지식 및 가치관과 태도를 길러 실제 생활에서 내면화할 수 있도록 지도한다.

(2) 교수 · 학습 운용

① 영역별 '내용 요소'와 '성취기준'을 고려하여 교수 · 학습을 전개하되, 다음 사항에 주안점을 두어 지도한다.

- 듣기 · 말하기는 주변의 소리와 말의 음소를 식별하고 바르게 소리 내며, 다양한 듣기 활동을 통해서 말의 리듬과 억양에 익숙해지도록 한다. 음소, 낱말, 어구,

문장과 같은 언어적 요소와 억양, 강세, 속도와 같은 준언어적 요소를 통합하여
지도하되, 얼굴 표정, 시선, 몸짓과 같은 비언어적 요소도 함께 지도한다.

- 듣기 · 말하기 학습 초기에는 다양한 의사소통 수단을 사용하여 자신의 기본적
인 욕구를 상대방에게 표현하는 데에 초점을 맞추어 지도하고, 듣기와 말하기
활동이 자연스럽게 연계되도록 지도한다.

- 듣기 · 말하기는 말하기의 목적, 맥락, 청자 등을 고려하여 다양한 언어 형식과
의사소통 수단으로 표현하되, 음성언어를 사용하기 어려운 학생은 보완 · 대체
의사소통 체계를 활용하여 표현할 수 있도록 지도한다.

- 읽기는 그림이나 문자와 친해질 수 있는 문해 환경을 마련하여 자연스럽게 문자
를 익힐 수 있도록 지도한다.

- 읽기는 음성언어로 익힌 간단하고 친숙한 낱말, 자주 사용되는 기능어 등을 시
각 어휘로 지도하고, 점차 소리와 철자의 관계를 익혀 문자언어에 익숙해지도록
하되, 듣기 · 말하기, 쓰기 활동과 연계하여 지도한다.

- 쓰기는 학생과 익숙한 환경에서 눈-손 협응, 자유롭게 낙서하기 등을 통해 쓰기
의 기초 기능을 익혀 초기에 친숙한 낱말을 쓰고, 점차 문장이나 짧은 글을 쓸 수
있는 능력을 길러 자유로운 분위기에서 글쓰기에 대한 흥미와 자신감을 가질 수
있도록 한다.

- 교과용 도서 이외에 학생이 흥미를 가질 수 있는 다양한 문학작품을 소재로 삼
아 지도하고, 시청각 자료, 소프트웨어, 인터넷 자료 등의 교수 · 학습 자료를 활
용하여 지도한다.

② **학습 목표와 내용은 학생의 수준과 특성을 고려하여 다양한 교수 · 학습 방법을 활용하**
되, 다음 사항에 주안점을 두어 지도한다.

- 학생이 능동적으로 교수 · 학습에 참여할 수 있도록 학습 목표와 학습 내용을 안
내하고, 학생의 수준과 특성을 고려한 과제를 제시하여 스스로 문제를 해결하도
록 한다.

- 학습 목표와 학습 요소를 학습자가 명확하게 파악하도록 상세하게 안내하고 학
습자가 자신의 학습과정을 점검하고, 질문하고, 스스로 교수하는 초인지 전략을
익혀 학습 활동의 목적을 성취할 수 있도록 한다.

- 다른 사람의 이야기를 주의 깊게 듣고 자신의 의견을 명확하게 표현하는 사회적 의사소통 활동을 강조하되, 학생의 언어 능력에 맞는 어휘와 문장 구조를 사용할 수 있도록 지도한다.

- 새로운 국어 지식이나 개념, 문자언어의 구조와 체계를 교수할 때는 명시적이고 체계적인 직접교수법을 사용하여 시범, 안내된 지도, 반복 훈련 등을 할 수 있도록 지도한다. 또한 낱말 찾기 훈련, 참조적 의사소통 훈련, 차별화 학습법, 정보통신활용 학습법 등 학습자의 수준에 따라 다양한 교수 전략을 활용하여 지도한다.

- 중도 · 중복장애 학생을 위해서는 생활연령 및 경험을 바탕으로 하여 자연스러운 환경에서 학생 중심의 상호작용에 초점을 맞추어 지도하되, 놀이 중심 언어 중재, 사회적 상호작용 지도 전략, 환경 중심 언어중재, 강화된 환경 중심 언어중재, 지역사회 중심 교수, 생태학적 접근, 감각운동 중심 교수법, 그림교환 의사소통 방법, 스크립트 중재 방법 등의 교수 전략을 활용한다. 필요에 따라서는 보완 · 대체 의사소통 체계를 활용하여 의사표현을 할 수 있도록 지도한다.

- 음성언어로 의사소통하기 어려운 학생에게 듣기 · 말하기를 지도할 때는 표정이나 몸짓과 같은 비도구 체계의 의사소통 방법과 함께, 그림, 사진, 기호, 낱말 등을 활용한 보완 · 대체 의사소통 도구를 활용하여 의사표현을 할 수 있도록 지도한다.

- 듣기 · 말하기에 어려움이 있는 학생에게는 음성을 문자로 전환해 주고, 문자를 읽는 데 어려움이 있는 학생에게는 문자를 음성으로 전환해 주는 다양한 프로그램이나 애플리케이션을 활용하여 지도한다.

- 읽기에 어려움이 있는 학생을 지도할 때는 읽기 자료를 잘 활용할 수 있도록 환경을 조정해 주거나 다양한 보조기기를 제공하여 지도하고, 디지털 교과서 및 교재는 화면 읽기 프로그램이나 화면 넘김 기능이 있는 프로그램을 활용하여 학생이 자유롭게 읽기 활동에 참여할 수 있도록 한다.

- 신체 · 운동의 제한으로 인해 쓰기에 어려움을 겪는 학생은 적절한 대체 입력 방법을 선정하여 보완 · 대체 의사소통 도구 및 컴퓨터를 활용할 수 있도록 지도한다.

③ 영역 간, 영역 내의 학습 요소를 통합하여 지도할 때는 내용 체계 및 국어 생활의 실제를 종합적으로 고려하여 지도한다.

- 영역의 내용 요소를 분석하여 공통점과 차이점을 찾아 통합적 교수·학습 방법을 적용하여 학습의 효율성을 높인다.
- 둘 이상의 영역을 통합하여 지도할 때는 학습 활동이 특정 영역에 치우치지 않도록 계획을 수립하고, 활동 속에 각 영역이 자연스럽게 융합될 수 있도록 교수·학습 방법을 모색한다.
- 학생의 경험을 바탕으로 한 언어 경험중심 접근법이나 총체적 언어 접근법 등을 활용하여 듣기·말하기, 읽기, 쓰기를 통합적으로 지도한다.
- 학생이 한 영역에서 학습한 내용을 다른 영역이나 타 교과, 생활 장면 속에서 활용할 수 있도록 충분한 연습 기회를 제공한다.

(3) 유의 사항

① 국어과 핵심역량과 영역별 내용 요소, 성취기준을 연계하여 학생이 활동을 통해 학습 목표에 도달할 수 있도록 지도한다. 이때 학생의 능력이나 수준 등을 고려하여 다양한 학습의 내용과 방법을 제공하여 학생이 의사소통할 수 있는 기회를 극대화한다.

② 국어과 핵심역량 함양을 위한 교육 환경은 개인, 가정, 학교, 지역사회로 확장해 나가고, 형성된 핵심역량을 바탕으로 다양한 환경에서 적극적이고 자기주도적인 의사소통을 할 수 있고, 다양한 문제를 스스로 해결할 수 있도록 지도한다.

③ 교사와 학생, 학생과 학생 간 상호작용이 활발히 일어나도록 다양한 교육 환경을 조성하여 긍정적 관계를 형성하고, 이를 지속할 수 있는 의사소통 능력을 갖출 수 있도록 지도한다.

④ 학생의 언어 능력 수준에 맞게 활동의 범위와 난이도를 점진적으로 확대해 나가되, 기본 학습, 심화 학습, 보충 학습 등을 통해 필요한 요소에 중점을 두어 지도한다. 언어 모델을 제공할 때에는 학생의 언어 수준에 맞추거나 약간 높은 수준의 근접발달영역을 고려하여 지도한다.

⑤ 다양한 의사소통 활동을 할 때는 학생의 특성과 요구를 고려하여 필요한 만큼의 자연스러운 단서나 촉구를 제공하되 지원의 강도는 점차 줄여 나가도록 한다.

⑥ 학생의 요구와 필요를 충족시킬 수 있는 교수·학습을 일상생활에서 학습할 수 있도록 지역사회를 기반으로 한 교수·학습 계획을 수립한다. 그리고 학생이 전하고자 하는 의사소통 의도와 기능에 초점을 둔 의사소통 활동이 이루어질 수 있도록 지도한다.

⑦ 중도·중복장애 학생이 사용하는 비상징적 의사소통 체계나 보완·대체 의사소통 체계에 대한 바른 이해 교육을 실시하여 또래 학생과 교사가 허용적인 태도로 수용하고, 민감하고 적극적인 대화 상대자로서 역할을 할 수 있도록 지도한다.

⑧ 보조공학 기기나 보완·대체 의사소통 체계를 효율적으로 사용하기 위해서는 개별화교육계획이나 창의적 체험활동 시간 등을 활용하여 체계적으로 지도하고 다른 교과나 활동에서 활용할 수 있도록 다양한 기회를 마련한다.

⑨ 교실 내외에서 다양한 언어 경험을 제공하고 학생이 표현하는 것에 민감하게 반응하여 학생이 의사소통하는 것에 자신감을 가질 수 있도록 허용적인 분위기를 조성하여 지도한다.

⑩ 학생의 경험을 토대로 한 국어 수업을 위해 가정과 연계하여 지도 계획을 세우고, 학습한 언어를 가정과 학교에서 반복적으로 사용할 수 있는 환경을 구성한다.

기본 교육과정은 발달장애 학생들이 주요 대상이기 때문에 비교적 단순한 내용으로 구성되어 있다. 그러나 학습 내용을 충분히 학습한 학생을 위해서는 심화·발전 계획을 세우고 실행하여야 한다. 예를 들어, 학습지도 후 학생들에게 단순한 응답만을 요구하는 경우가 많은데, 아동의 수준에 따라 정리, 적용, 분석, 종합하는 발문으로 학생들에게 수렴적 사고만이 아니라 확산적 사고를 유도하여 학습한 내용을 심화, 발전시켜야 한다.

교수·학습 자료는 학생들의 수준에 적합한 자료이어야 한다. 장애학생들은 학생 개개인에 따라 음성언어는 가능하지만 문자언어 습득에 어려움이 있는 학생도 있다. 문자 습득에 어려움이 있는 학생에게는 시각언어, 즉 그림카드나 사진 등과 같은 상징이나 기호를 사용하여 의사소통할 수 있도록 하며, 음성언어나 문자언어 모두 사용하기 어려운 경우에는 그림카드 등을 사용한 보완·대체 의사소통 체계를 이용하여 학습 상황에서 소외되지 않고 의사소통할 수 있도록 하여야 한다. 일부 학생들을 위해서는 시각언어(그림판, 문자판, 몸짓 등)를 실제 의사소통 장면에서 활용하도록 지도하여야 한다.

듣기 지도는 의사소통을 위해 가장 우선적으로 지도하여야 한다. 원활한 의사소통이 되려면 들은 내용의 의미를 파악할 수 있어야 한다. 따라서 듣기 지도를 할 때에는 들리는 것에 주의를 기울이고, 의미를 조직하여 파지하며, 비교하고, 추리하는 것을 지도하여야 한다. 그리고 지시한 내용에 따라 행동할 수 있도록 지도하여야 한다.

말하기 지도는 과정 중심, 활동 중심으로 이루어져야 하며, 말하기의 목적, 맥락, 청자를 고려하여 말할 내용을 선정하고, 다양한 상황에서 적절하게 말할 수 있는 기회를 부여한다. 상대방의 발언을 존중하면서 적극적으로 참여할 수 있도록 배려하고 협력적인 태도로 의견을 교환할 수 있도록 지도한다.

읽기 지도는 단순히 지시에 따라 제시된 글자를 받아들이는 것이 아니라, 자신이 가지고 있는 배경지식을 바탕으로 의미를 만들어 가는 과정임을 알게 한다. 이를 위해서 읽기가 일상생활을 하는 데 반드시 필요하다는 인식을 심어 주어야 하고 재미있는 활동이라는 것을 느낄 수 있도록 지도하여야 한다. 이러한 목적에 부합하는 것이 바로 의미중심 접근법이라고 볼 수 있다. 그러나 시각 단어의 확장, 음운 인식 지도, 기능적 읽기지도 등을 병행하고, 언어경험 접근법이나 간단한 동화책 등을 함께 읽기, 반복 읽기 등 다양한 읽기 방법을 통하여 지도하며 발음중심 접근법을 병행하여 지도하는 것이 바람직하다.

쓰기 지도는 쓰기가 자신의 의도를 다른 사람에게 전달하는 수단이라는 것을 인식하도록 지도하여야 하며, 기능적인 쓰기 지도를 하여야 한다. 기능적인 쓰기는 글을 써야 할 분명한 대상과 이유, 상황이 있어야 한다. 단순한 보고 쓰기, 낱자 쓰기는 쓰기에 대한 지루함을 가중시키므로 가능하면 지양하여야 한다.

언어지도 내용은 학생의 현재 능력, 생활연령, 정신연령 등에 맞는 내용으로 구성하여야 한다. 기본 교육과정에 제시된 내용은 학생의 발달 정도를 고려하여 선정된 내용이므로, 지도를 위한 학습 자료 및 소재는 학생의 생활연령을 필히 고려하여야 한다. 또한 학생이 직접 경험한 내용은 다시 언어 자료로 활용할 수 있으며, 학생의 흥미를 끌 수 있는 가장 효과적인 자료이기도 하다. 이러한 자료는 학생들에게 자신감을 제공해 주기 때문에 자발적으로 언어를 표현하게 하는 데 도움을 줄 수 있다.

5) 평가

(1) 평가 방향

의사소통 기술을 지도하려면 우선 대상 학생의 의사소통 기술에 대한 진단·평가를 실시하여야 한다. 그러나 장애학생의 의사소통 기술을 평가하는 것은 그들의 의사소통 의도가 분명하지 않거나 혹은 의도적인지를 알기 어렵기 때문에 쉬운 일이 아니다. 따라서 학생을 잘 알고 있는 주변 사람들의 조언에 귀를 기울여야 한다. 학생에 대한 듣기, 말하기, 읽기, 쓰기 모두를 평가하되 언제, 누구와, 어떤 장소에서 어려움을 겪고 있는지, 어떤 상황에서 적극적으로 의사소통을 하고자 하는지를 평가하여야 한다. 즉, 일반적인 의사소통 상황에 따른 능력을 평가하는 것이 아니라 학생에게 중재가 필요하다고 생각되는 상황과 그 내용을 평가하여야 한다.

평가는 가능한 한 자연스러운 상황에서 이루어져야 하며, 가능한 한 학생의 또래들과 어울릴 수 있는 상황을 부여한 다음, 그 상황에서 어떻게 반응하는지를 분석해 보아야 한다. 즉, 중재와 마찬가지로 평가도 자연스러운 맥락, 실제 의사소통 장면에서 수행되어야 한다.

이러한 자연스러운 관찰만으로는 학생이 하는 모든 의사소통에 대한 정보를 얻을 수 없기 때문에 공식적인 절차를 거치는 표준화 검사를 병행하여 사용한다. 표준화 검사는 평가의 일차적인 목표를 결정하거나 학생을 진단, 선별하는 데 유용한 자료로 사용할 수 있다. 그러나 언어중재 프로그램을 계획하는 것에 도움을 줄 수 있는 구체적인 정보를 제시하는 데는 한계가 있다.

기본 교육과정에 제시된 평가 방향은 다음과 같다.

① 국어과 핵심역량을 바탕으로 성취기준별로 적합한 평가 방법을 모색하여 학습자의 국어 능력을 타당하고 신뢰성 있게 평가할 수 있도록 계획한다.

- 국어과의 핵심역량인 의사소통 역량, 자기관리 역량, 대인관계 역량, 창의적 사고 역량, 지식정보처리 역량, 심미적 감성 역량의 도달 여부를 평가하기 위해 학생의 국어 활용 능력을 고려한 다양한 평가를 실시한다.
- 학생의 언어 능력에 따라 언어의 형태, 내용, 사용으로 구분하여 평가하되, 학생의 현재 수준 및 강점, 요구가 드러나도록 평가한다. 의사소통이 어려운 중도·

중복장애 학생의 경우에는 의사소통 의도나 기능으로 대체하여 평가한다.

• 평가 목적, 평가 시기, 평가 상황 등을 종합적으로 고려하여 양적 평가와 질적 평가, 형식적 평가와 비형식적 평가, 간접 평가와 직접 평가, 과정 평가와 결과 평가 등이 적절하게 활용될 수 있도록 계획한다. 중도·중복장애 학생의 경우에는 일회적 평가로 끝나지 않고 지속적 평가가 이루어지도록 하며, 다양한 장면에서 일반화 여부를 평가한다.

• 평가는 설정된 성취기준에 근거하여 실시하고, 그 결과를 학습 지도 계획 수립과 지도 방법 개선에 활용한다.

② 교육과정의 목표를 달성하고 교수·학습의 효과를 높이기 위하여 통합적인 국어 능력 평가를 실시하는 데에 주안점을 둔다.

• 교과 내 영역 간, 교과 간 통합을 고려한 평가 방안을 모색한다. 이를 위해 학습 과정 및 결과를 균형 있게 평가할 수 있는 과정 평가, 관찰 평가, 포트폴리오 평가 등을 활용할 수 있도록 계획한다.

• 듣기·말하기, 읽기, 쓰기의 영역으로 나누어 영역별 과제로 평가할 수 있으나 일상생활에서의 활동이 포함된 두 가지 이상의 영역이 통합된 과제로 평가할 수 있도록 한다.

• 학생의 의사소통 능력을 기르기 위하여 표현 능력과 이해 능력, 인지적 요소와 정의적 요소가 균형 있게 평가되도록 계획한다. 중도·중복장애 학생의 경우에는 의사소통 의도 여부, 사회적 상호작용에서의 시선이나 감정표현과 같은 사회·정서적 행동, 성공적인 의사소통을 제한하거나 촉진하는 의사소통 환경 등의 질적인 면을 함께 평가한다.

③ 생태학적인 언어 환경을 고려한 실제적인 평가를 통해 일상생활에서의 국어 활용 능력을 기르는 데에 주안점을 둔다.

• 지식, 기능, 태도, 적용 등을 포괄할 수 있도록 평가를 실시하되, 단편적인 언어 지식 자체보다는 일상생활에서의 활용에 중점을 둔다.

• 설정된 성취기준에 근거하여 평가하되, 학생의 수행 수준과 환경에 따라 수정·보완이 가능하도록 하고, 학생의 수준에 맞는 교수·학습이 이루어지도록 한다.

• 보완·대체 의사소통 체계 사용에 대한 평가는 운동 능력, 언어 능력, 상징 사용 능력 및 도구 선정 영역으로 구분하여 평가하고, 사용되는 어휘나 문장, 도구는 학생의 수행 능력과 환경에 따라 지속적으로 보완, 개선될 수 있도록 한다.

④ **듣기·말하기, 읽기, 쓰기의 교수·학습 내용 및 방법에 맞는 평가 유형을 사용하여 학생의 국어 활용 능력을 평가한다.**

• 듣기·말하기 영역에서는 사회적 상호작용 속에서 듣고 말하기, 자신의 감정이나 의사 전달하기, 대화 규칙 지키기, 질문하고 대답하기, 시청각 자료 내용 이야기하기, 보완·대체 의사소통 체계 사용하기 등의 활동을 평가한다.

• 읽기 영역에서는 그림과 글자 대응하기, 낱말 읽기, 문단 내용 파악하기, 글의 기능 파악하기, 글쓴이의 어조 및 태도 파악하기, 경험·사실, 감정·생각을 반영한 글을 읽고 질문에 대답하기, 유창하게 글 읽기, 목적에 맞게 찾아 읽기 등의 활동을 평가한다.

• 쓰기 영역에서는 그림을 통한 쓰기, 어순 배열하기, 문장 연결하기, 바꿔 쓰기, 빈칸 채우기, 정보 채우기, 자료를 이용한 글쓰기, 글 완성하기 등의 활동을 평가한다.

• 보완·대체 의사소통 체계를 사용하여 듣기·말하기, 읽기, 쓰기를 평가할 경우 사전에 설정한 평가 준거에 근거하여 의사소통 기능과 도구 사용 능력을 평가한다.

듣기 평가는 듣기의 목적이나 형태, 듣기의 수준에 따라 평가 내용이 달라질 수 있다. 듣기는 일반적으로 소리의 지각, 소리 순서의 기억, 낱말의 의미 도출, 의미의 활용으로 나누어 평가할 수 있다. 아울러 상대방과 대화할 때 능동적이고 예의 바르게 듣는 태도 또한 중요한 평가 내용이다. 듣기 평가에서 유의할 점은 듣기가 들리는 내용을 수동적으로 받아들이는 행위를 넘어서서 능동적인 의미 구성 활동이라는 점을 고려하여 듣고 난 뒤에 어떻게 행동해야 하는지에 초점을 두어야 한다는 것이다.

말하기 평가는 적절한 단어 사용하기, 청자, 목적, 상황에 따라 적절한 목소리와 적절한 문장, 적절한 언어적 형태 사용하기, 효과적인 의사소통을 위해 비언어적 장치(얼굴 표정, 시선, 자세, 억양, 몸짓, 말의 속도) 사용하기, 주제에 벗어나지 않고 말하기, 자신이 말할 차례 지키기, 자신의 생각과 느낌을 적절하고 자신 있게 말하기 등에 초점을 두고 평가하여야 한다. 아울러 대화를 할 때는 예의 바르고 고운 말을 사용하여야 하고, 상대방의 기분 상태를 파악하여 적절하게 응답하는지도 평가하여야 한다.

읽기 평가는 크게 해독과 읽기 이해로 나누어 평가할 수 있다. 우선 문식성에 대한 기초 능력을 평가해 보아야 한다. 이에 해당되는 평가 내용은 음운인식 능력, 문자언어의 형태와 기능에 대한 인식 능력, 글에 대한 경험 정도와 그에 대한 반응 정도이다. 다음으로 자모 낱자에 대한 지식, 자소 · 음소 대응관계를 이용한 단어 재인 능력, 시각 단어(sight word)의 수, 단어의 유창성을 평가한다. 읽기 이해 평가에서는 읽기 내용에 대한 사전 지식, 내용 이해 전략 사용 여부, 어휘의 이해도를 평가한다. 또한 일상생활에서 읽기를 즐기는지, 그리고 활용하는지에 대한 내용도 평가한다.

쓰기 평가는 먼저 필기도구 사용 가능 여부와 쓰기 자세가 어떠한지를 알아본다. 그리고 글자와 비슷한 모양의 선 긋기, 단어와 문장 받아쓰기를 통해 자모의 방향을 올바르게 쓰는지를 평가한다. 그러나 쓰기는 표준적 쓰기 능력만이 중요한 것이 아니라, 그전에 상징을 사용하여 의미를 표상하는지, 쓰기의 기능을 이해하는지를 평가하여야 한다. 나아가서 학교나 일상생활에서 필요한 것을 기록하는지에 대한 평가도 필요하다.

(2) 평가 방법

장애학생의 경우, 의사소통 및 언어 능력을 평가하는 것은 학생의 발달적 특성을 평가하는 데 도움을 준다. 이러한 평가의 자료에 근거하여 개별 학생의 발달 단계에 맞는 의사소통 목표를 설정하여야 한다. 장애학생의 언어발달 단계와 그에 따른 의사소통 목표를 아는 것이 중요하다. 예를 들어, 언어 이전 단계에 있는 학생을 위해서는 언어출현 단계로 이동할 수 있도록 의사소통 능력을 북돋아 줄 필요가 있다는 점에서 가능한 한 정밀하게 평가가 이루어져야 한다. 또한 언어출현 단계에 있는 학생들의 경우에 평가는 학생의 언어적 정보처리(linguistic process)에 초점을 맞추고 언어발달 단계로 나아가도록 하는 데 목표를 두어야 한다.

평가 방법은 학습자의 수준에 따라 달리 활용하여야 한다. 중증장애 학생의 경우에는 지필검사가 어려울 수 있기 때문에 주로 평소 언어 활동에 대한 관찰법을 활용하는 경우가 많다. 관찰은 개별 또는 집단별로 이루어지도록 하며, 인위적인 상황보다 자연스러운 상황에서 실시하는 것이 좋다. 객관적이고 정확한 관찰을 하기 위해서는 대상의 행동을 그대로 기록하는 일화기록법을 활용하는 것이 좋고, 체크리스트나 평정척도를 이용하거나 대화 상황을 녹음 또는 녹화하여 분석해 볼 수도 있다.

들기 평가는 주로 평소 생활하는 과정에서 듣기 능력 및 태도에 대한 누가 관찰과 지시에 대한 수행 정도를 평가하는 식으로 이루어진다. 말하기 평가는 평상시에 말하는 내용을 중심으로 관찰 · 평가하되, 언어학의 하위 영역별 사용 빈도나 오류 유형을 알고자 하는 경우에는 영역별 특정 검사 도구를 활용하여 평가할 수도 있고, 평상시 교사나 친구들과 대화하는 내용을 녹음 또는 녹화하여 발화 특정을 분석해 볼 수도 있다. 읽기나 쓰기 영역의 평가는 선다형 검사, 빈칸 메우기 검사 등 여러 가지 지필 평가가 주로 이용되는데, 이러한 방법으로는 학습자의 인지 구조의 변화나 이해 수준에 대한 정확한 평가가 어려우며 학습과정에 대한 평가도 어렵다. 따라서 읽기과정에 대한 관찰로 질적인 평가를 하거나 수행평가를 적극 활용할 필요가 있다. 수행평가는 앞서 제시한 관찰법, 토론법, 면접법, 포트폴리오 등을 들 수 있다.

평가의 목적은 개별 학생들의 언어지도 목표를 설정하기 위함이며, 현재의 능력을 알아보는 것으로 끝내서는 안 된다. 따라서 평가 결과는 학생들의 개별화교육계획에 필히 반영하여 앞으로의 교육의 목표, 내용, 방법을 결정하는 데 기초 자료로 삼아야 할 것이다.

기본 교육과정에 제시된 평가 방법은 다음과 같다.

① 국어과 핵심역량 달성 여부를 평가하기 위하여 학생의 언어 및 인지 능력과 장애 특성을 고려한 다양한 평가 방법과 평가 도구를 활용한다.

• 평가는 표준화된 형식적인 검사보다는 관찰에 의한 질적 평가, 비형식 평가, 직접 평가, 수행평가, 포트폴리오 평가, 생태학적 평가 등의 평가 방법을 활용한다. 평가할 내용으로는 학생의 사전 경험 및 지식 여부, 일상생활에서 다양한 상호작용, 학생이 좋아하는 읽기 · 쓰기 자료, 자신의 생각을 표현하는 방법, 교실의 물리적 · 정서적 환경 등이 있다.

• 학습의 결과뿐만 아니라 학습의 과정을 평가하되, 학습과정에서 나타나는 학생의 반응과 강점을 평가-교육-재평가의 역동적인 과정에 반영한다.

3. 기본 교육과정 ••• **147**

• 학생의 국어 활용 능력 평가는 교사의 학생 평가뿐만 아니라, 학생의 자기평가, 학부모 평가, 학생과 학생 간의 상호 평가를 적극적으로 활용한다.

② **내용 체계 및 국어 생활의 실제를 종합적으로 고려하면서 영역별로 성취기준이 잘 반영될 수 있도록 평가한다.**

• 듣기·말하기 영역에서는 시선 사용, 미소 짓기, 주의집중, 지시 따르기, 대화 등의 관찰 가능한 행동을 중점으로 한 관찰의 누가 기록, 자발화 분석, 녹음 자료, 지필 검사, 수행평가 등의 방법을 활용하여 평가한다.

• 읽기 영역에서는 선다형 검사, 빈칸 메우기 검사, 중요도 평정척도, 읽기 녹음 자료, 유창성에 대한 관찰의 누가 기록 등 다양한 방법을 활용하여 평가한다.

• 쓰기 영역에서는 직접 평가 방법을 원칙으로 하되, 총체적 평가, 분석적 평가, 관찰의 누가 기록, 포트폴리오 평가, 수행평가 등의 다양한 방법을 활용하여 평가한다.

(3) 유의 사항

① 국어과 핵심역량과 연계한 영역별 도달 능력을 평가의 대상으로 삼는다.

② 국어 사용의 실제성을 고려하여 다양한 평가 상황을 설정하고, 필요에 따라 영역을 통합하여 평가하도록 한다.

③ 평가 상황, 평가 방법, 평가 기준을 구체화하여 정확한 평가가 이루어지도록 계획하고, 평가 결과는 다음 학습 목표 설정에 반영하도록 한다.

④ 학생의 수행 기술이 일반화되는지를 평가하기 위하여 평가 장면과 평가자를 다양화하여 가족 및 지역사회와의 연계를 강화하고, 사회적 타당도를 갖춘 평가를 실시한다.

⑤ 실제 생활에서의 언어활동과 학생이 흥미 있어 하는 학생 주도의 활동을 평가하되, 형식적인 평가보다는 관찰을 통한 비형식적 평가를 활용한다.

⑥ 학생의 장애 특성과 수준을 고려하여 적합한 평가 방법이나 평가 도구를 수정하여 평가한다.

⑦ 중도·중복장애 학생의 경우에는 학생의 표현 수단과 참여 수단을 반영한 학습 목표의 달성 여부를 평가하되, 학생의 개별화교육계획과 관련된 학습 목표나

기술을 과제 분석하여 학생이 달성할 수 있는 하위 기술을 선정하여 평가한다.

⑧ 학년별 교육 내용과 성취기준을 타 학년의 성취기준에 근거하여 평가하는 경우
에는 학생에게 맞는 평가 기준을 설정하고 그에 적합한 평가 방법을 구안하여
실시한다.

⑨ 보완·대체 의사소통 도구를 선정할 때는 다양한 전문가들이 협력하여 학생의
특성과 능력에 맞게 접근성 평가를 실시한다.

결론적으로 평가의 목적은 학생의 성취 수준, 국어 능력의 발달 정도를 판단하고,
교수·학습 방법, 교수·학습 자료, 평가 도구를 개선하는 데 활용하여야 하기 때문
에, 평가 결과는 개별화교육계획 작성에 반드시 반영하여 학생의 수준에 맞는 교
수·학습이 이루어질 수 있도록 한다. 아울러 평가 결과를 통해 학생의 성취 수준 이
외에 학습 특성, 행동 특성 등 교수·학습에 영향을 미치는 요인을 분석하여 학생, 교
사, 학부모, 교육 관련자에게 제공함으로써 학생의 국어 능력을 향상시키는 데 활용
하되, 학생의 언어 특성에 따라 평가 결과 보고 체계를 구체화·다양화하여야 한다.

요약

- 2015 특수교육 교육과정은 기본 교육과정, 공통 교육과정, 선택중심 교육과정이 있
고, 국어과의 성격, 목표, 내용 체계 및 성취기준, 교수·학습 방향, 평가로 나누어 제
시되고 있다. 기본 교육과정, 공통 교육과정의 전체적인 교육 목표는 동일하나 국어과
의 목표에서는 차이가 있다.

- 공통 교육과정의 국어과 목표는 일반학교 교육과정의 목표를 공유하면서 시각장애
학생과 청각장애 학생을 위한 지침을 제시하고 있다. 내용 체계는 듣기·말하기, 읽
기, 쓰기, 문법, 문학 영역이 있으며 각 영역의 내용은 하위 범주별 '핵심 개념'과 '일
반화된 지식'을 바탕으로 하여 '학년(군)별 내용 요소'로 전개하였으며, 이를 통해서
각 영역이 추구하는 통합적 '기능'을 제시하고 있다.

- 특수교육 공통 교육과정 국어과에서 추구하는 역량은 비판적·창의적 사고 역량, 자
료·정보 활용 역량, 의사소통 역량, 공동체·대인관계 역량, 문화 향유 역량, 자기 성

찰 · 계발 역량이다.

- 특수교육 공통 교육과정은 일반학교 공통 교육과정 국어과 교육과정에서 제시하고 있는 교수 · 학습 계획과 평가를 그대로 제시하고, 시각장애 학생과 청각장애 학생의 특성에 따라 유의하여야 할 사항을 제시하고 있다.

- 기본 교육과정에서는 국어과의 목표를 총괄 목표와 이를 구체화한 세부 목표로 나누어 기술하고 있다. 이를 다시 학교급별 목표로 나누어 제시하고 있다. 국어과의 목표는 원만한 의사소통 능력 함양과 일상생활에서 자기주도적인 국어 생활에 초점을 두고 있다.

- 기본 교육과정 국어과에서 추구하는 핵심역량에는 의사소통 역량, 자기관리 역량, 대인관계 역량, 창의적 사고 역량, 지식정보처리 역량, 심미적 감성 역량이 있다.

- 기본 교육과정 국어과의 내용 체계는 듣기 · 말하기, 읽기, 쓰기의 3개 영역으로 구성되어 있다. 내용 체계는 공통 교육과정과 동일하게 그리고 하위 범주별 '핵심 개념'과 '일반화된 지식'을 바탕으로 하여 '학년(군)별 내용 요소'로 전개하였으며, 이를 통해서 각 영역이 추구하는 통합적 '기능'을 제시하고 있다. 여기에서 핵심 개념은 원리, 실제, 태도로 나누어져 있다.

- 기본 교육과정 국어과의 각 영역별 내용은 가능하면 해당 학생의 학년군에 따라 그 내용을 지도하되, 그 수준을 학습하기 어려운 학생은 아래 학년군의 내용으로 대체하여 지도할 수 있다.

- 기본 교육과정 국어과는 국어교육의 의미에서 볼 때, 공통 교육과정과 다를 수 없으므로 교수 · 학습 계획 및 교수 · 학습 운용에 관한 대부분의 내용이 크게 다르지 않다. 다만, 발달장애 학생들의 특수성에 따라 부분적으로 수정 · 적용하도록 기술되어 있다. 평가 목표 및 내용은 교육과정의 '내용 체계'와 '학년군별 내용'에 제시되어 있는 '성취기준'을 종합적으로 고려하여 설정하되, 영역별로 유의 사항을 제시하고 있다.

학습문제

1. 특수교육 교육과정의 변천과정을 이해하고, 교육과정 변화를 바탕으로 특수교육 철학의 변화과정에 대해 토의해 보시오.

2. 우리나라 특수교육 교육과정은 크게 공통 교육과정과 기본 교육과정으로 나누어 구성되어 있는데 이에 대한 타당성에 대해 토의하여 보시오.

3. 특수교육 기본 교육과정의 하위 영역별 교수·학습과 평가 시 유의하여야 할 사항을 정리하여 보시오.

4. 특수교육 교육과정 국어과에서 추구하는 핵심역량이 무엇인지 제시하고 설명하여 보시오.

참/고/문/헌

교육과학기술부(2011). 특수교육 교육과정.

교육부(2015a). 특수교육 교육과정 별책 2, 유치원 교육과정, 공통 교육과정 및 선택 중심 교육과정.

교육부(2015b). 특수학교 교육과정 별책 3, 기본 교육과정.

이삼형, 김중신, 김창원, 이성영, 정재찬, 서혁, 심영택, 박수자(2007). 국어교육학과 사고. 서울: 도서출판 역락.

전병운(2006). 기본교육과정 국어과 특수교육의 이론과 실제. 교원 교육, 22(2). 한국교원대학교 교육연구소.

전병운, 유재연(2009). 특수교육과 교과교육. 경기: 교육과학사.

Owens, R., Metz, D., & Haas, A. (2000). *Introduction to communication disorders: A lifespan perspective.* New York: Pearson.

Owens, R., McNerney, C., Bigler-Burke, L., & Lepre-Clark, C. (June, 1987). Language facilitators with residential retarded population. *Topics in Language Disorders, 7*(3), 47–63.

Rice, M. L., Sell, M. A., & Hadley, P. A. (1991). Social interactions of speech and language-impaired children. *Journal of Speech and Hearing Research, 34,* 1299–1307.

Yoder, P. J., Warren, S. F., Kim, K., & Gazdag, G. E. (1994). Facilitating prelinguistic communication skills in young children with developmental delay: III. Systematic replication and extension. *Journal of Speech and Hearing Research, 37,* 841–851.

제5장

국어과 수업 모형

개요

　좋은 수업을 설계하고 실행하는 교사는 적극적이고 능동적으로 자신의 수업 환경을 적절하게 조성하고 개선하며 계획을 토대로 수업을 실천한다. 좋은 수업은 고정되어 있지 않고 변화가 상존하는 교실 여건에 부합하여 역동적으로 변화하고 상호작용하는 수업이라고 할 수 있다. 이를 위해 좋은 교사는 수업의 목표와 평가, 내용, 학생 특성, 수업 여건 등을 종합적으로 고려하여 최적의 수업 방법을 선택할 수 있어야 한다.

　이 같은 점에 비추어 볼 때, 적절한 수업 모형의 선택은 학생들에게 최적의 학습 경험을 제공하고 수업의 효율성과 효과성을 제고하는 데 중요한 영향을 미친다. 따라서 성공적인 국어과 수업을 실행하기 위해서는 교사가 적극적이고 능동적으로 효과적인 국어 수업을 설계하고 적용할 수 있는 방안을 모색해야 한다. 하지만 특정 수업 모형이 모든 수업에 항상 효과적일 수는 없으므로, '국어과'라는 교과 특성과 다양한 제재, 학습자 특성을 고려한 최적의 수업 모형을 선정하는 것이 중요하다.

　이 장에서는 국어과 수업 모형에 대한 기본적 이해를 돕기 위해 국어과 수업 모형 적용에 따른 문제점을 제시한 후, 수업 모형의 선택 기준과 적용 원리를 고찰하고, 직접교수 모형, 문제해결 학습 모형, 창의성 계발 학습 모형, 지식탐구 학습 모형, 반응중심 학습 모형, 역할수행 학습 모형, 가치탐구 학습 모형, 전문가 협동학습 모형, 토의·토론 학습 모형의 특징, 절차, 활용방안을 살펴보았다.

1. 국어과 수업 모형에 대한 이해

1) 국어과 수업 모형 적용에 따른 문제점

국어과 수업 모형을 실제 수업에 적용하는 과정에서 나타나는 문제점은 다음과 같다.

첫째, 교수·학습 방법 구안 과정에서 수업 모형 또는 방법을 수업의 전체 장면 속에서 유기적으로 보지 못하고, 고립적이고 고정적이며 부분적으로 다룬다(최지현 외, 2007). 이로 인해 수업 모형의 특정 부분에만 주안점을 두거나 모형의 전체적인 특징보다는 부분적인 특징에만 의존하여 모형을 잘못 적용하는 경우가 있을 수 있다.

둘째, 실제 교수·학습 내용과 방법의 관련성이 떨어져서 수업의 일반적인 흐름 정도만 보여 주는 경우가 많다(최지현 외, 2007). 수업에서는 학생들로 하여금 교수·학습 내용을 가장 잘 경험할 수 있도록 활동을 구조화하는 것이 중요한데, 내용에 부합하는 수업 모형을 선택하지 못하는 경우에는 교수·학습 내용과 교수·학습 방법 간에 관련성이 떨어지게 된다. 적합한 수업 모형의 선택과 적용은 수업 활동 실행을 위한 전제 조건이 된다.

셋째, 교수·학습 목표나 내용에 최적의 모형 또는 방법인가 하는 점에 대한 고민이 부족하다(최지현 외, 2007). 실제로 수업에서는 학습 목표나 평가 준거에 따라 교수·학습 내용과 방법이 달라지는 경우가 많으므로 수업의 전체적인 관점에서 수업의 목표나 교수·학습 내용에 부합하는 수업 모형의 적용이 중요하다.

넷째, 단일 차시 수업 또는 기껏해야 2차시 통합 수업 정도 내에서만 이루어지고 있는 교수·학습 방법 적용상의 문제점을 들 수 있다(최지현 외, 2007). 수업의 설계와 운영은 단원이나 교수·학습 내용의 성격 및 특성에 따라 단일 차시부터 여러 차시에 걸친 수업까지 다양한 시간 계획 속에서 이루어질 수 있다.

다섯째, 수업 모형과 단일 차시 수업 과정안을 구별하지 않는 문제점을 들 수 있다. 즉, 수업 모형의 단계는 교수·학습 과정에서 이루어지는 핵심 전략이나 그와 관련된 단계 또는 절차를 제시한 것에 불과하다는 점을 인식하지 못하고, 단일 차시 수업에서의 전체적인 절차와 동일시하는 문제점을 들 수 있다(최지현 외, 2007). 경우에 따라서는 하나의 수업 안에서 특정 부분에만 특정 수업 모형이 적용될 수도 있다. 반드시 하나의 수업이 하나의 수업 모형의 모든 단계에 걸쳐 이루어질 필요는 없다.

여섯째, 수업 모형의 변형이나 적용에 대해서 매우 인색하다(최지현 외, 2007). 대다수 수업 모형은 교육 현장과 이론적 토대 위에서 검증되어 왔다. 이에 검증된 내용의 범위 안에서 수업 모형을 수업의 내용이나 활동 유형에 따라 변형하여 적용하는 것도 가능할 수 있다.

2) 수업 모형의 선택 기준

수업 모형을 적용할 때는 학습 목표와 그에 따른 학습 내용(활동), 해당 단원의 차시별 수업 계획(수업시수), 수업의 맥락, 학생 수, 교사와 학생의 능력, 학생의 흥미, 선수학습 능력, 기타 교사가 수업에서 고려하고자 하는 사항 등을 복합적으로 고려해야 한다. 따라서 동일한 학습 목표를 설정하였다 할지라도 최적의 수업 모형은 달라질 수 있다. 특정한 상황에 맞는 특정 모형은 없다. 그러므로 교사는 수업의 여러 변인을 종합적으로 고려하여 최적의 수업 모형을 선택하고 그에 근거하여 다양한 교수 · 학습 활동을 계획하고 실행하여야 한다.

이러한 측면에서 수업 모형을 선택할 때는 몇 가지 기준에 근거하여 고려하는 것이 바람직하다(Hyman, 1974).

- 교수 방법은 교사의 능력, 교과목에 대한 지식, 흥미에 적합해야 한다. 예를 들어, 교사의 지식과 관심이 분명하다면 설명과 시범이 중심이 되는 직접교수 모형을 적용할 가능성이 크다.
- 학생의 언어적 · 인지적 능력에 적합해야 한다. 예컨대, 모형의 의도나 절차에 비추어 초등학교 저학년 학생들에게 전문가 협동학습 모형을 적용하는 것은 여러 가지 어려움에 부딪힐 수 있다. 이는 실제로 현장 교사들의 수업에서 확인된 결과이기도 하다.
- 기능 지향, 지식 지향, 가치 지향 등 교수 목적 유형에 적합해야 한다. 기본적인 표현이나 이해 기능의 숙달을 위한 수업에서 토의 · 토론 수업을 진행하는 것은 적절하다고 보기 어렵다. 반면에 고학년의 가치 지향 수업에는 적절하다.

- 교수 상황(시간, 장소)에 적합해야 한다. 예컨대, 10학년 학생들의 저녁 파티가 예정되어 있는 금요일 오후 수업에서 1시간 이상 조용히 앉아 수업에 참여하도록 하는 것은 적절하지 못하다.
- 학생 수에 적합해야 한다. 예컨대, 학생이 50명 이상인 학급에서 토의·토론 수업을 원활하게 진행하는 것은 쉽지 않은 활동이 될 수 있다.
- 학생의 흥미와 경험에 적합해야 한다. 아무리 좋은 방법이라고 하더라도 학생의 수준과 흥미, 경험에 맞지 않으면 적용하기 어렵다.
- 학생과 교과목의 관계에 적합해야 한다. 문법 수업 시간 동안 교사는 학생들에게 기초적인 용어와 기능을 친숙하게 할 방법을 선택하는 것이 좋다.
- 교사와 학생 간의 관계에 적합해야 한다. 예컨대, 학생들에 대해 지나치게 권위적이거나 엄격한 교사라면 학생들의 자유로운 반응이 필수적인 반응중심 학습법을 적용하는 데 어려움이 따를 수밖에 없다.

3) 수업 모형의 적용 원리

수업 모형을 적용할 때는 특정 수업 모형을 온전하게 구현하는 것이 중요한 것이 아니라 다양한 변형과 적용 및 재구성 작업을 동반한 교수·학습 방법의 구안이 바람직하다. 따라서 수업 모형을 적용할 때는 다음과 같은 측면에서 적용 원리를 고려할 수 있다(최지현 외, 2007).

첫째, 단일 차시와 다차시 수업의 구분에 따른 적용 원리이다. 예를 들어, 직접교수 모형의 경우 단일 차시 내에 '설명하기' '시범 보이기' '질문하기' '활동하기'가 모두 이루어질 수 있다면 모형 적용의 완결성 면에서도 좋을 것이다. 하지만 3차시로 이루어진 수업이라면 1차시 또는 1~2차시에 걸쳐 교사의 설명과 시범 중심의 수업을 전개하고, 2~3차시에 질문하기와 활동하기 중심의 수업을 적용할 수 있다. 이때 1차시는 '시작 활동'의 성격이, 3차시는 '마무리 활동'의 성격이 드러나게 된다.

둘째, 단일 모형 대 복합 모형에 따른 적용 원리이다. 예를 들어, 역할수행 학습 모형이나 탐구학습 모형, 반응중심 학습 모형이 각각 단일 차시나 다차시에 걸쳐서 활용되는 것은 단일 모형의 적용이다. 그런데 반응중심 학습 모형에서 '반응의 심화' 단계에 역할수행 학습 모형을 삽입할 수도 있다[예, 반응의 형성 → 반응의 명료화 → (반응의 심화로서의) 역할수행(역할의 분석과 선정, 실연 준비, 실연) → 평가하기].

셋째, 모형의 변형을 통한 적용 원리이다. 모형을 적용하면서 특정 단계의 생략이나 추가, 단계 내 활동을 변경할 수 있다. 예를 들어, 역할수행 학습 모형에서는 내용이 복잡하지 않고 시간적 여유가 없을 경우, '사전 연습' 단계를 생략하고 바로 즉흥 역할놀이 형태로 적용할 수도 있다.

4) 국어과 교육에서의 수업 모형 적용

국어과 교육에서 수업 모형이 중요하게 대두되기 시작한 것은 제6차 교육과정부터이다. 제6차 교육과정에서는 국어과의 교육 내용과 지도 방법을 새롭게 제시하면서 직접교수법을 국어과의 대표적인 수업 모형으로 제시하였다. 이후 제7차 교육과정과 2007 개정 교육과정에서는 직접교수법을 포함한 다양한 수업 모형을 국어과의 수업 모형으로 제시하고 있다.

제6차 교육과정 이후 다양한 수업 모형이 국어과 교육과정에서 제시된 이유는 행동주의 심리학의 도태와 더불어 인지심리학의 대두가 교수법에 대한 인식의 변화를 가져왔고, 이러한 변화가 교수법에 대한 구체적인 고민으로 이어졌기 때문이다. 도구 교과의 성격이 강한 국어과 교육 내용의 초점이 주로 듣고 말하고 읽고 쓰는 기능의 신장에서 효율적인 전략의 사용으로 변화하고, 교사 주도의 수업 방식에서 학습자 주도 혹은 교사와 학습자의 협력 형태의 수업으로 바뀌어 가면서 국어과 수업을 위한 다양한 수업 모형이 대두되었다. 즉, 국어과의 교육 내용이 다양한 성격을 지니고 각 성격에 따라 다양한 수업 목표가 설정될 수 있다는 점에서 이를 총괄하는 단일한 수업 모형보다는 다양한 학생의 관심과 능력, 가르치려는 내용의 성격, 학습 자료나 환경 등의 물리적 여건을 종합적으로 고려한 다양한 수업 모형의 선택이 가능해야 한다.

2. 직접교수 모형

1) 특징

직접교수 모형은 행동주의 심리학에 기본 토대를 두고 개발된 것이지만, 이론을 기반으로 만들어진 방법이라기보다 교사들이 교육 경험을 통해 귀납적으로 만들어 낸 것이라고 볼 수 있다(윤기옥, 정문성, 최영환, 강문봉, 노석구, 2002). 많은 수업을 관찰 분석한 Dunkin은 읽기 수업이 주로 교사가 학생들에게 읽기 과제를 많이 부여하고 또 읽은 내용에 대해 많은 질문을 해 평가하는 방향으로 진행됨을 관찰하였다. 교사가 이렇게 수업을 진행하는 이유는 학생이 과제를 많이 읽거나 질문을 많이 받으면 독해 능력이 신장된다는 상식을 가정하기 때문이다. 그러나 과제를 스스로 수행할 능력이 없는 학생들에게 필요한 것은 많은 연습이나 질문이 아니라 오히려 학생에 대한 가르침이라고 할 수 있고, 그 가르침은 지도와 안내로 나타나야 한다(임성규, 2001).

이러한 측면에서 볼 때 직접교수 모형은 학습 방법에 대해 구체적으로 안내해 준다는 점에서 의의가 있다(방인태 외, 2000). 이 모형은 개념이나 기능을 가르치기 위해 교사의 설명과 시범이 학생의 연습과 실행, 그리고 이에 대한 피드백과 결합된 교사 중심의 수업 모형이다.

직접교수 모형에서 교사는 과제 수행에 필요한 학습 내용이나 과제 해결을 명시적이고 단계적으로 지도하는 데 초점을 둔다. 학생들에게 수업 목표를 명시하고, 목표 도달에 필요한 학습 내용이나 과제 해결 방법을 명시적이고 단계적으로 제시하여, 적절한 자료와 충분한 시간 안에 설명과 시범을 통해 학생이 스스로 학습할 수 있도록 안내한다. 이 과정에서 교사는 학생의 활동을 지속적으로 안내하고 점검하여 효과적인 학습이 가능하도록 도움을 제공하다가, 점차 학생이 교사의 설명과 시범을 보고 모방하여 스스로 목표 기능을 연습할 수 있도록 지도한다.

이처럼 직접교수 모형은 교사 주도의 수업 안에서 학생들이 자신의 이해 수준을 발달시키고 기능을 숙달하기 위해 반복하여 연습할 수 있도록 하는 데 주안점을 둔다. 이와 같은 과정은 전체를 부분으로 나누고, 이 부분을 순서대로 익히면 전체에 도달할 수 있다는 가정에 기초하고 있다.

직접교수 모형의 가장 두드러진 특징은 수업 시간 동안 교사 중심으로 핵심적인 내용을 전달하는 과정에서 비학문(교과)적인 내용을 최소화함으로써 교과(학문) 기술을 강조할 수 있고, 교사가 목표와 내용, 방법을 명시적으로 제시함으로써 높은 통제 수준을 유지할 수 있다는 데 있다. 또한 교사가 선정한 기준에 학생들이 부합할 수 있도록 유도함으로써 학생들의 학업 성취에 대한 높은 기대를 설정할 수 있고, 체계적인 수업 계획을 통해 효율적인 수업 시간 관리가 가능하다는 특징이 있다.

2) 절차

(1) 설명하기

설명하기 단계는 교사가 수업 구조에 필요한 모든 정보를 명확하게 제시하는 단계로서, 교사는 학생들에게 새로운 개념이나 학습할 전략에 대하여 자세한 안내를 해야 한다(최지현 외, 2007). 교사는 학생이 학습해야 할 경험의 목표, 절차, 내용을 명확하게 제시함으로써 학습 활동에 대한 학생의 주의를 집중시키고 학업에 대한 기대 수준을 높일 수 있다.

이를 위해 교사는 동기 유발, 수업 목표의 제시, 학습할 내용에 대한 개관, 관련 배경지식의 활성화, 수업 시간에 사용할 학습 자료와 활동에 대한 안내 등을 포함하는 도입을 비롯하여 수업 목표에 도달하기 위해 경험해야 할 개념이나 기능의 학습 방법 또는 절차에 대하여 상세하게 설명해야 한다.

(2) 시범 보이기

시범 보이기 단계는 학습 내용 적용의 실제 예시를 보여 주고 그것의 습득 방법이나 절차를 세부 단계별로 나누어 직접 시범을 보이거나 매체를 활용하여 시범을 보이는 단계이다(교육과학기술부, 2009).

교사는 학생들에게 단순히 행동의 시범을 보이는 것이 아니라 수업 목표 달성에 적합한 전략의 사용과정을 시범 보인다. 교사는 적용 사례나 예시를 제시하고 전략 사용의 방법이나 절차를 시범 보일 수 있다. 만약 시범을 보이는 절차나 전략이 명시적으로 드러나지 않는 경우에는 사고 구술이나 대안적인 활동 등을 통해 사고과정을 보여 주어야 한다.

(3) 질문하기(안내된 실행)

질문하기 단계는 설명하고 시범 보인 내용을 더욱 구체적으로 이해시키고 이를 확인하기 위해 주어진 학습 과제를 해결하는 데 필요한 지식, 전략, 과정 등에 관하여 세부 단계별로 질문하고 대답하는 단계이다(교육과학기술부, 2009). 직접교수의 원래 모형에서는 안내된 실행(guided practice)이 이루어지는 단계로서, 학생들이 지식이나 전략의 획득을 위해 거쳐야 할 절차를 스스로 점검하면서 연습하는 단계이다. 교사는 학생들이 필요로 하는 지원을 제공할 수도 있고, 학생의 수행에 대해 피드백을 제공할 수도 있다(Eggen & Kauchak, 2012).

이 같은 맥락에서 질문하기는 교사가 시범 보인 학습 내용이나 절차를 학생이 충분히 이해하고 숙달할 수 있도록 필요한 지식, 전략, 과정에 관해 질문하여 학생의 습득 또는 숙달 여부를 확인하는 것으로 볼 수 있다. 학생이 교사의 질문에 대답하지 못할 경우에는 다시 설명하기 단계로 돌아간다. 그리고 이러한 지식이 갖추어졌다고 판단되면 학생들이 과제 수행을 충분히 연습할 수 있는 기회를 제공해야 한다.

교사는 질문하기 단계에서 질문과 연습 기회 제공을 반복하면서 언제 활동하기(독자적 실행) 단계로 넘어가야 할지를 결정해야 한다. 성공적인 활동하기 단계는 교사의 도움 없이도 학생들이 자신의 수업 목표 행동을 이행할 수 있는 수준을 요구하기 때문에 질문하기 단계에서 요구하는 과제를 충분히 숙달할 필요가 있다.

(4) 활동하기(독자적 실행)

질문하기 단계에서 학생이 주어진 과제를 충분히 숙달하였다고 판단되면 스스로 과제를 해결할 수 있는 기회를 제공하여, 학생 혼자서 지식과 전략을 이용하여 과제를 수행할 수 있도록 해야 한다. 활동하기 단계는 학생이 수업 목표에 도달했는가를 판단하는 평가의 과정이다.

이 단계에서 학생은 주어진 목표를 달성하기 위해 이미 학습한 지식과 전략을 사용하여 일정한 절차에 따라 언어 활동을 실행하거나 과제를 해결한다(교육과학기술부, 2009). 이를 위해 교사는 처음에는 학생이 교사의 지지적인 분위기 속에서 혼자서 과제를 수행할 수 있도록 하고, 점차 완전히 독립적인 상황에서 학생이 과제를 수행할 수 있도록 수업 환경을 구조화할 필요가 있다.

3) 활용방안

직접교수 모형은 학습 내용을 단순히 전달하는 데만 주안점을 두지 않고, 지식이나 전략, 과정에 대한 구체적인 실행 방법 또는 절차를 안내해 주는 수업 모형으로서, 듣고 말하고 읽고 쓰는 국어의 사용 기능이나 전략을 지도하고 학습하는 데 유용하다.

직접교수 모형은 단순히 '문단을 나누라'는 지시만 할 것이 아니라 문단을 나누는 방법을 명시적으로 제시해 준다. 또한 학습 활동과 직접 관련되지 않은 것을 배제함으로써 학습의 효율을 높일 수 있다는 장점을 지니고 있다. 하지만 교사 중심적인 면이 강하고 학습자로 하여금 단순히 모방하게 만들 가능성이 높다(교육인적자원부, 2000).

따라서 직접교수 모형은 과정이나 절차를 세분화할 수 있고 구체적인 시범이 가능한 학습 과제나 개별 기능 요소를 가르치는 데 적합하다. 즉, 교사가 구체적으로 시범 보일 수 있는 문제해결 과정이나 언어 사용 기능 영역에 효과적으로 적용할 수 있으며, 문법이나 문학 영역의 개념학습이나 이해학습에도 적용할 수 있다. 학생의 수준에 비추어 볼 때 학습 내용이 새롭거나 어려운 경우, 자기주도적 학습 능력이 부족한 학생에게 적용하는 것이 바람직하다(교육과학기술부, 2009). 따라서 언어 사용 기능이 열악한 장애학생에게 읽기 이해 전략을 지도하거나 말하기 · 쓰기 전략 등 인지 전략을 지도할 때 적용하면 좋다.

3. 문제해결 학습 모형

1) 특징

여러 교과에서 강조되고 있는 모형인 문제해결 학습 모형은 탐구학습, 문제해결 학습을 강조한 것으로(교육인적자원부, 2000), 현재 상태와 목표 상태 간 차이에서 나타날 수 있는 갈등, 즉 문제를 해결하는 과정을 통해 이루어지는 교수 · 학습 활동이다.

일반적으로 자연과학에서 문제해결 학습은 가설을 설정하고, 문제해결을 위한 계획을 세우고, 가설을 검증하고, 일반화를 통한 결과에 초점을 둔다. 하지만 국어과에서 문제해결 학습은 결과에 도달하기까지의 과정에 초점을 둔다. 교사나 친구들과 함께 해결할 문제를 확인하고, 문제해결 방법을 찾고, 문제를 해결하고, 이를 일반화하는 활동을 강조하며, 개인적으로 문제를 해결하는 과정뿐만 아니라 모둠별로 수행하는 문제해결 과정도 포함한다(교육인적자원부, 2000).

이처럼 국어과에서 사용하는 문제해결 학습 모형은 문제해결을 위한 전략 교수를 강조하고 있다. 교사는 문제해결 전략 교수를 위해 학생들이 문제를 해결하는 절차를 알고 있는 것과 실제로 문제를 해결하는 것의 차이를 구별하고, 문제해결 절차만 따로 집중 지도하면서 동시에 교과 수업에서 문제해결 절차를 적용함으로써 학생들이 다른 맥락에서도 쉽게 이러한 절차를 전이하고 일반화할 수 있도록 해야 한다. 문제해결과 관련된 전략은 단순히 문제를 반복적으로 많이 해결해 본다고 해서 익숙해지는 것이 아니다. 특히 학습 능력이 부족한 학생들의 경우에는 문제해결 전략을 사전에 충분하게 연습시킨 이후에 적용하는 것이 바람직하다.

2) 절차

(1) 문제 확인하기(문제 파악하기)

문제 확인하기 단계의 주요 활동으로는 학생의 동기를 유발하고, 학습 문제를 확인하며, 학습의 필요성이나 중요성을 확인하는 활동이 있다. 학생은 문제 상황을 파악하는 동안 해결해야 할 문제를 찾아내거나 확인해야 한다. 이 과정에서 교사는 학생의 지적 호기심을 유발할 수 있도록 수업 상황을 구조화함으로써 학생의 능동적인 문제 파악을 도울 수 있다.

교수·학습의 모든 활동은 언어를 매개로 이루어지기 때문에 이 과정에서는 언어경험을 도출하는 것이 중요하다. 언어경험이 풍부한 학생들은 문제가 없지만 그렇지 못한 학생들에게는 적절한 언어 자료를 제공해야 한다. 이 과정에서 교사는 허용적인 수업 분위기 아래서 적절한 발문을 사용하고, 충분한 언어 자료를 제공해야 한다. 문제 확인하기 단계에서 교사의 발문은 수업 전 과정을 통해 이루어질 수 있지만, 수업이 시작되는 부분에서는 특히 지적 호기심을 유발하기 위한 발문이 필요하다. 먼저 재생적 발문을 하고 이를 토대로 확산적 발문을 한다. 또한 시청각 자료 등을 활용하여 학생들이 통합적으로 문제를 파악할 수 있도록 도와야 한다(김재봉, 2001a).

(2) 문제해결 방법 찾기(문제 추구하기)

문제해결 방법 찾기 단계는 문제해결 방법을 탐색하고 학습 계획 및 학습 절차를 확인하는 단계이다. 이 단계에서는 교사 주도, 학생 주도, 교사-학생 공동 주도(협동)의 방법을 활용하여 학생들이 학습 문제를 해결하기 위한 방법과 순서를 모색하도록 한다.

문제해결 방법을 찾을 때는 다양한 방식으로 접근하는 것이 좋다. 교사와 학생이 함께 문제해결 방법을 찾은 후에 학습 계획과 절차를 수립할 수도 있고, 학습 계획과 절차를 설정한 다음 학습 문제를 해결하는 방법을 모색할 수도 있다.

(3) 문제해결하기

이 단계에서 학생들은 찾아낸 문제해결 방법을 사용하여 문제를 해결하고, 새로운 원리를 터득하거나 기존의 원리를 재구성하게 된다. 이를 위해 교사는 다양한 학습 방법을 활용할 필요가 있다.

교사는 학생들이 원리를 터득하는 과정을 활용하여 학습 문제와 관련된 개념을 습득할 수 있도록 해야 한다. 즉, 이 단계에서 교사는 원리와 법칙을 사용하는 활동과 이를 통한 개념의 습득 및 정착에 수업의 초점을 맞추어야 한다. 특별히 교사는 학생들이 활동에만 치중하면서 학습 내용과 관련된 개념 습득을 소홀히 하지 않도록 유의해야 한다.

(4) 일반화하기(적용 및 발전시키기)

학생들은 학습한 전략을 새로운 상황에 적용하고 반복적으로 연습하여 숙련하는 과정을 통해 전략을 숙달하고 일반화하는 과정을 거쳐야 한다. 또한 습득한 개념을 다양한 상황에서 재구성하거나 적용해 봄으로써 개념을 정착시켜야 한다.

이 과정에서 문제해결 방법에 문제점이 나타나면, 교사와 학생은 대안을 찾아내고 문제해결 방법을 수정하여 다음 학습에서 생길 수 있는 학습의 오류를 예방할 필요가 있다. 또한 교사는 학생들의 학습 내용과 방법을 정리해 주고 평가하여야 한다.

3) 활용방안

문제해결 학습 모형은 국어에 대한 지식이나 개념을 가르칠 때 유용하지만, 어떤 문제 상황을 언어적으로 해결하는 기능이나 전략을 기를 때도 적절한 수업 모형이다 (김진철 외, 2001). 모형을 더욱 효과적으로 적용하기 위해서는 문제해결에 필요한 지식을 탐구하는 경우, 학생의 수준에 비해 학습 내용이나 절차가 쉽고 간결한 경우, 기본 학습 훈련이 잘되어 있는 학생의 경우에 적용하는 것이 바람직하다(교육과학기술부, 2009). 이 모형을 통해 학생들은 지식이나 개념을 단순하게 수용하지 않고 스스로 지식이나 개념의 획득 방법을 찾아내거나 기존의 지식이나 개념을 재구성함으로써 탐구력을 신장시킬 수 있다.

문제해결 학습 모형을 적용할 때 교사는 학생들에게 문제를 명확하게 인식시키고, 학생 스스로 문제해결 방법을 탐구하고 문제를 해결할 수 있도록 해야 한다. 이를 위해 '문제해결 방법 찾기'와 '문제해결하기' 단계에서 교사의 직접적인 개입을 최대한 줄이고 학습자의 자발적인 탐구 활동을 최대한 강조해야 한다(교육과학기술부, 2009).

하지만 문제해결 학습 모형은 학습 능력이 부족한 학생들에게는 적용하기 어려운 면이 있다. 학습 능력이 부족한 학생들의 경우 문제에 대한 분석 능력이 떨어지는 경우가 많은데, 이러한 능력은 단시간에 길러지는 것이 아니기 때문에 교사의 지속적인 관심이 요구된다. 분석은 대상의 성격에 따라, 분석자의 의도에 따라, 필요성에 따라 대단히 다양한 모습을 보일 수 있기 때문에(김재봉, 2001a), 학생들이 짧은 시간 안에 습득하기 어려운 과정일 수 있다. 따라서 학습 능력이 부족한 학생들에게는 처음부터 일련의 문제해결 과정을 거치게 하기보다 한두 과정(단계)에서의 학생 주도 활동을 강조하는 것부터 시작하도록 하는 것이 좋다(교육인적자원부, 2000).

그리고 문제해결 학습 모형에서는 설명하는 과정에도 주안점을 두어야 한다. 사물이나 사건의 원인을 분석했다고 할지라도, 자신이나 타인에게 설명하는 능력이 없으면 문제를 해결했다고 볼 수 없다. 따라서 분석을 했다면 그에 대한 합리적이고 타당한 설명을 할 수 있는 능력을 길러 주어야만 문제를 합리적으로 해결할 수 있게 된다(김재봉, 2001a).

4. 창의성 계발 학습 모형

1) 특징

언어를 다루는 행위는 본래 창의적이다. 하지만 언어를 사용한다고 해서 모든 것이 창의적인 것은 아니기 때문에 국어과에서 창의성의 개념은 다소 제한적일 수 있다. 국어과에서 창의성은 언어, 사고, 학습 등의 상황에서 언어 자료를 조직하고 구조화하며 적절하게 활용하는 능력으로 제한된다(김재봉, 2001b).

창의성 계발 학습 모형의 목적은 주어진 문제 또는 자신이 발견해 낸 문제를 창의적인 방법으로 해결하도록 하여 창의적 언어 사용 능력, 나아가서는 창의성을 계발하는 데 있다. 따라서 창의성 계발 학습에서는 흥미 있고 도전적인 과제, 해결할 만한 가치가 있는 문제, 창의성이 반드시 요구되는 문제를 제시하는 것과, 주어진 문제를 학생들이 창의적으로 해결하도록 상황과 분위기를 조성해 주는 것이 매우 중요하다(최지현 외, 2007).

이에 창의성 계발 학습 모형은 창의적 국어 사용 능력을 계발하는 데 초점을 두고 언어 수행 과정에서 사고의 유창성, 독창성, 융통성, 다양성을 강조하고 있다. 유창성은 정해진 시간 안에 최대한 많은 양의 아이디어를 떠올리는 사고의 양을 의미하고, 독창성은 제시된 아이디어를 새롭게 해석하고 이해하는 사고의 새로움을 의미한다. 그리고 융통성은 특정 관점에 얽매이지 않는 사고의 유연함을 의미하고, 다양성은 넓은 사고를 강조하는 것이다(교육과학기술부, 2009; 교육인적자원부, 2000). 따라서 창의성을 기르기 위해서는 문제를 여러 각도에서 볼 수 있는 능력을 증진할 필요가 있다. 그래서 처음부터 정답을 요구하기보다는 문제를 여러 각도에서 보고, 주어진 문제를 해결하기 위한 방안을 여러 가지 방식으로 모색하도록 분위기를 조성하여(교육인적자원부, 2000) 학습자의 독창적이고 다양한 아이디어 생성과 문제해결 방법을 중요하게 여겨야 한다(교육과학기술부, 2009).

교사들이 학생들의 창의력을 신장시키기 위해서 고려할 수 있는 교수·학습 원리는 다음과 같다(이인제 외, 1997).

- 창의력과 창의적 사고과정에 대한 이해
- 강의, 토의·토론, 현장 조사, 역할놀이, 시뮬레이션, 그리기, 쓰기, 자원인사 초빙 등과 같은 여러 가지 수업 방법의 활용
- 융통성 있는 학습 집단 편성을 통한 수업
- 여러 가지 교수·학습 자료 활용
- 덜 구속적인 수업 분위기 유지
- 창의적인 행동에 대한 보상
- 판단 보류와 허용적인 분위기 유지
- 창의성을 자극할 수 있는 적절하면서도 많은 질문
- 다양한 방법과 전략으로 문제를 풀도록 함
- 창의적 사고과정을 학생들이 이해하도록 함
- 교과 통합적인 수업의 실시

하지만 이 같은 원리들은 주로 '교수' 측면만 반영하고 있어 창의성을 발휘해야 할 학생(학습자) 측면이 소홀하게 다루어지는 면이 없지 않다. 이에 학습자 측면을 반영하는 원리를 제시하면 다음과 같다(이인제 외, 1997).

- 창의적 사고 방법에 대한 이해
- 다양한 수업 방법에 대한 능동적인 대응력
- 융통성 있는 학습 집단 편성에 대한 적절한 대처
- 수업에 대한 자율적인 참여
- 발언 기회의 확대
- 여러 자료를 조합하여 활용하는 능력
- 주변에서 일어나는 일의 원인과 결과를 이유를 들어 설명하기
- 학습자의 수준에 적절한 문제 사태를 빈번히 제공하여 해결 절차와 해결안을 학습자 스스로 발견하도록 하기

2) 절차

(1) 문제 발견하기

창의성 계발 학습은 문제를 발견하는 것부터 시작된다. 좋은 문제는 학생들의 창의적 사고를 촉발하며, 해결 과정에도 매우 좋은 영향을 준다(최지현 외, 2007). 문제 발견하기 단계는 이러한 좋은 문제를 확인하고, 문제해결을 위하여 주어진 학습 과제를 이해하고 분석하는 단계이다(교육과학기술부, 2009). 문제는 교사가 제시해 줄 수도 있고 학생이 필요에 따라 스스로 찾아낼 수도 있다(최지현 외, 2007). 교사와 학생은 찾아낸 문제를 확인하고 분석하며 재진술한다.

이 단계에서 분석의 대상이 되는 문제는 일어난 사건의 원인이 될 수도 있고, 앞으로 전개될 일에 대한 예상 결과가 될 수도 있으며, 문제를 여러 요소로 나누어 본다든지, 그 문제와 관련된 다른 문제를 생각해 본다든지, 토의할 가치가 있는 것인지, 사소한 것인지, 그 문제와 관련된 상위의 언어 개념은 무엇인지와 같은 활동 등을 포함한다. 분석이 끝나면 학생(학습자)의 시각에서 자기의 용어로 문제를 재진술한다. 이 과정은 문제를 발견하는 도입부의 성격을 띠기 때문에 많은 시간을 할당하는 것은 바람직하지 않다(김재봉, 2001b).

(2) 아이디어 생성하기

아이디어 생성하기 단계는 아이디어를 생성할 수 있는 방법을 탐구하고 이를 바탕으로 다양한 아이디어를 생성하는 단계이다(교육과학기술부, 2009). 교사는 문제 분석이 끝나고 나면 여러 각도에서 문제를 검토하여 문제해결을 위한 다양한 아이디어를 산출할 수 있도록 한다. 문제를 검토할 때는 단순히 사실이나 현상을 확인하는 활동을 넘어서서 다양한 아이디어를 산출하기 위해 문제를 다양한 각도에서 생각해 보도록 해야 한다.

문제를 검토한 뒤에는 브레인스토밍을 비롯한 다양한 방법을 사용하여 아이디어를 산출한다. 이처럼 새롭고 독창적인 아이디어를 생성하는 과정은 이 수업 모형에서 가장 중요한 부분이다.

(3) 아이디어 선택하기

아이디어 선택하기 단계는 아이디어 생성 단계에서 다양한 아이디어가 생성되면 집단 토의 등을 통해 아이디어를 비교하고 검토하여 최선의 아이디어를 평가하고 선택하는 단계이다. 국어 사용 능력의 관점에서 아이디어를 평가하는 기준으로는 유창성, 독창성, 융통성, 기민성, 정교성, 유용성, 논리성 등이 있다.

최선의 아이디어를 선택하고 나면 그것을 일반화하는 과정을 거쳐야 한다. 여기서 일반화는 아이디어를 일반화하는 것이지, 적용 결과에 의한 일반화는 아니다. 즉, 아이디어에 대해 합리성을 부여하는 것이다(김재봉, 2001b).

(4) 적용하기

적용하기 단계는 선택된 아이디어를 토대로 문제를 해결하고, 이를 새롭고 일반적인 상황에 적용해 보는 단계다. 만약 문제가 해결되지 않았을 경우에는 문제점을 확인하고 4단계의 절차를 다시 밟는다(최지현 외, 2007).

3) 활용방안

창의성 계발 학습 모형은 창의적인 아이디어의 생성이나 적용이 많이 요구되는 표현 영역, 비판적 이해 영역, 문학 창작 및 감상 영역에 적합한 모형이라고 할 수 있다. 또한 창의적인 사고력이 많이 요구된다는 점에서 어느 정도 학습 능력이 갖추어진 학생에게 적합한 모형이라고 할 수 있다(교육과학기술부, 2009).

따라서 이 모형은 듣기 · 말하기 시간에 하나의 주제에 대해 토론할 때, 읽기 시간에 문학작품을 읽고 주인공에 대한 자신의 생각을 이야기할 때, 다양한 각도에서 자신의 생각을 나타내고 검증해 보게 할 때 적용할 수 있다.

교사는 이 모형을 적용하는 과정에서 정답을 요구하기보다는 다양한 각도에서 문제를 풀어 볼 수 있게 해야 한다. 특히 저학년인 경우에는 다양한 아이디어를 산출할 수 있도록 하는 데 초점을 두고, 학년이 올라갈수록 점차적으로 그 아이디어를 검증하고 다듬어 나가는 단계에 이르도록 한다. 이를 위해 허용적인 수업 분위기를 조성하고, 학생의 아이디어 생성 및 적용 과정에 지나치게 개입하지 않도록 한다(교육과학기술부, 2009).

그리고 학생이 아이디어 생성에 어려움이 있을 경우를 대비하여 교사가 사고를 자극할 수 있는 발문이나 과제를 미리 몇 가지 준비하는 것도 좋다. 또한 아이디어 적용 결과를 평가할 때는 교사가 평가 관점을 명확히 제시하여 학습 결과물이 타당한 평가를 받을 수 있도록 해야 한다(교육과학기술부, 2009).

5. 지식탐구 학습 모형

1) 특징

지식탐구 학습 모형은 2007 개정 교육과정에서 처음으로 제안된 국어과의 수업 모형이다. 지식탐구 학습은 구체적인 국어 사용 사례나 자료의 검토를 통하여 국어 생활에 일반화할 수 있는 개념이나 규칙을 발견하는 데 초점을 두는 학습자 중심의 모형이다(교육과학기술부, 2009). 이는 잠재적으로 유의미한 학습 과제나 학습 자료가 학습자의 인지 구조에 유의미하게 연결될 때 학습이 잘 이루어진다는 유의미 수용 학습 모형의 한 유형으로 간주될 수 있다(최지현 외, 2007).

이 모형에서 교사는 주어진 맥락에서 학생이 자발적으로 다양한 언어 자료를 탐구하고, 그 속에서 일반화할 수 있는 개념이나 규칙을 발견하도록 권장한다. 이러한 과정에서 학생은 스스로 학습의 필요성을 느끼고 배우게 되므로 유의미한 학습을 할 수 있다. 또한 탐구학습 활동을 성공적으로 마쳤을 때 학생은 지적인 쾌감을 맛보고 새로운 문제에 도전하려는 강한 내적 동기를 형성할 수 있게 된다(교육과학기술부, 2009).

2) 절차

(1) 문제 확인하기
문제 확인하기 단계는 학습 문제를 발견하거나 확인하고 배경지식을 활성화하는 단계이다. 이 단계에서는 학생의 동기를 유발하고, 학습 문제를 확인하며, 학습의 필요성이나 중요성을 확인한다.

(2) 자료 탐색하기

자료 탐색하기 단계는 문제를 해결하기 위하여 둘 이상의 사례를 검토하는 단계로, 일관성 있는 지식을 추출할 수 있도록 다양한 사례 제시와 함께 교사의 적극적인 비계 설정이 필요하다. 이 단계에서는 기본 자료와 추가 자료, 혹은 사례에 대한 탐구가 이루어진다.

(3) 지식 발견하기

지식 발견하기 단계는 둘 이상의 실제 사례로부터 공통점이나 차이점을 추출함으로써 일반화할 수 있는 개념이나 규칙을 발견하는 단계이다. 이 단계에서는 자료 또는 사례의 비교와 일반화가 이루어지고 지식의 발견과 정리가 이루어진다.

(4) 지식 적용하기

지식 적용하기 단계는 발견한 개념이나 규칙을 실제의 언어생활에 적용하는 단계이다. 이 단계에서는 발견한 지식의 적용과 일반화가 이루어진다.

3) 활용방안

지식탐구 학습 모형은 국어 사용 영역의 '지식' '문법 지식' '문학 지식'을 습득하는 데 유용한 모형이다. 예를 들면, '주장하는 글의 특성 알아보기' '토론을 할 때 지켜야 할 점 알아보기' '문장부호의 종류와 기능 알아보기' '이야기의 짜임 알아보기' 등을 학습할 때 활용할 수 있다. 그리고 학생의 학습 동기가 일정 수준 이상 유지되면서 학생이 관련된 정보를 많이 가지고 있을 때 유리하다. 바꾸어 말해, 학생이 내적으로 학습할 준비가 되어 있지 않다거나 경험이 부족하다면 관련 지식을 스스로 탐구하는 학습은 어려울 것이다.

지식탐구 학습 모형을 적용하는 교사는 학생이 지식을 발견할 때까지 무작정 기다리는 것이 아니라, 적절한 자료를 제공하고 학습자가 적극적으로 학습에 참여할 수 있도록 유도하는 것이 필요하다. 즉, 절대적인 답변을 주지 않으면서 학생과 함께 탐구하는 동료로서의 역할을 하되, 필요한 경우 추가 자료의 지원이나 단계적인 질문을 통하여 탐구과정을 유도할 수 있어야 한다. 더불어 학습 내용의 난이도나 학생 수준을 고려한 모둠 활동을 적절히 활용할 수 있다.

6. 반응중심 학습 모형

1) 특징

반응중심 학습 모형은 수용 이론이나 반응 이론에 근거한 것으로, 문학작품을 가르칠 때 학생 개개인의 반응을 중요시하는 모형이다(교육과학기술부, 2009). 학생은 작품을 접하면서 의미와 경험을 교류하게 되고, 이를 통해 작품에 대해 다양한 반응 (해석)을 나타낼 수 있다. 따라서 교사는 학생의 반응을 분석함으로써 학생이 읽기 과정에서 경험하는 의미를 파악하고 이를 활용하여 반응을 일반화할 수 있게 해야 한다.

학생들은 서로 다른 지식과 경험을 지니고 있기 때문에 문학작품에 대해 서로 다른 반응을 보이는 경우가 많다. 이 경우에 처음에는 반응을 보일 수 있는 공간을 마련해 주는 데 초점을 두고, 점차 자신의 반응을 명료화하면서 심화시켜 일반화할 수 있도록 유도한다(교육인적자원부, 2000). 하지만 개별 학생의 반응을 강조한다고 하더라도 작품(텍스트)이 여전히 감상의 대상으로서 감상의 중심에 놓일 수밖에 없다. 텍스트와 연결 고리를 가지지 못하는 반응은 무의미한 반응일 수밖에 없기 때문이다(교육과학기술부, 2009). 자칫 개별 학생의 반응을 무조건적으로 받아들이게 되면 '해석의 무정부 상태'가 초래될 수 있다(교육인적자원부, 2000). 작품을 읽고 난 개인의 반응이 다양하다고 해서 텍스트 요인을 간과하면 안 된다. 교사는 개별 학생의 반응을 존중하는 동시에 서로 충분한 협의를 통해 각자의 반응을 검증할 수 있도록 기회를 제공해야 한다.

2) 절차

(1) 반응 준비하기

반응 준비하기 단계는 학습 문제를 확인하고 작품을 이해하는 데 필요한 배경지식을 활성화하는 단계이다(교육과학기술부, 2009). 교사는 학생이 작품에 대해 반응할 수 있도록 준비시키기 위해 작품과 관련된 자료를 살펴보거나, 그림이나 사진 등에 대해 이야기를 나누고, 일상의 경험을 이야기함으로써 학생의 배경지식과 경험을 활성화할 수 있다.

교사는 학생의 반응을 촉진시키기 위해 첫째, 학생들이 자신의 반응과 감정을 자유롭게 표현할 수 있게 해야 한다. 둘째, 자신의 반응을 충분히 표출할 수 있는 자유롭고 안전한 교실 분위기를 조성해야 한다. 셋째, 학생들의 자유로운 사유가 가능하도록 충분한 공간과 시간을 제공해야 한다. 넷째, 학습자의 내적 동기에 따라 반응의 형식을 자유롭게 선택할 수 있게 허용해야 한다. 다섯째, 텍스트의 본질과 더불어 학생들의 흥미와 능력을 충분히 고려하여 문학 수업을 위한 작품을 선택해야 한다(염창권, 2001).

(2) 반응 형성하기

반응 형성하기 단계는 작품을 읽으면서 학생이 최초의 반응을 형성하고, 작품을 읽고 난 후의 생각이나 느낌을 반응 일지 등에 간단히 정리해 보는 단계이다(교육과학기술부, 2009). 학생들은 작품을 읽고 작품에 대한 자신의 반응을 정리해 본다.

(3) 반응 명료화하기

반응 명료화하기 단계는 각자 정리한 반응을 상호 공유하고 이를 바탕으로 자신의 반응을 정교화하거나 확장하는 단계이다(교육과학기술부, 2009). 교사는 개별적인 학생의 반응 형성에 그치지 않고 교사와 학생, 학생과 학생 간의 반응을 공유하는 과정을 통해 자연스럽게 반응을 조정하고 정교화하는 활동을 하게 된다(염창권, 2001). 이를 위해 교사와 학생, 학생과 학생 간의 토의 활동을 통해 개별 학생들의 반응을 고양시킬 수 있고, 문학작품을 읽을 때 단순히 개인 독서의 차원을 넘어 작품에 대한 반응을 동료들과 나누고 반성하는 활동을 할 수도 있다. 이처럼 학생들은 작품에 대한 각자의 반응을 토의 등을 통해 서로 공유하면서 자신의 반응을 정교화하고 다시 정리해 간다. 반응을 정교화할 때는 반성적 쓰기나 그리기 등을 활용할 수 있다.

(4) 반응 심화하기

반응 심화하기 단계는 주제, 인물, 사건, 배경 등을 토대로 다른 작품과 관련지어 보면서 작품에 대한 이해를 높이고, 현실 세계나 자신의 삶에 투영해 봄으로써 반응을 심화하는 단계이다. 주제를 정하여 토의나 토론을 함으로써 반응을 심화하는 것도 좋다(교육과학기술부, 2009). 이를 위해 교사와 학생들은 다른 작품과 관련지어 읽어 보고 그 내용을 토의하면서 자신의 반응을 심화할 수 있다. 또한 학습한 반응을 자신의 경험과 연관 짓거나 자신이 주인공이 되어 '~하는 척' 하는 활동 등을 활용하여 각자의 문학적 체험을 수직적·수평적으로 확대하고 창작 경험으로 확대시키기 위한 일반화 과정에도 참여할 수 있다.

3) 활용방안

반응중심 학습 모형은 문학작품에 대하여 학생의 다양한 반응이 요구되는 문학 감상 학습에 적합한 모형이다. 특히 시나 이야기를 읽으면서 글의 주제나 인물 등에 대해 다양한 반응이 나올 수 있는 경우에 좀 더 적합할 수 있다(교육과학기술부, 2009; 교육인적자원부, 2000).

이 모형은 학생들의 다양한 반응을 이끌어 내고, 그들 각자의 반응을 최대한 존중해 준다는 데 의의가 있다. 어떤 가치가 획일적으로 주어지는 것이 아니라 학생들이 나름대로 구성할 수 있는 여지를 많이 제공해 준다(교육인적자원부, 2000). 그러나 작품을 읽고 난 후 반응 활동에 집중한 나머지, 정작 감상의 바탕이 되는 작품 읽기와 이해 과정이 소홀히 다루어지지 않도록 유의해야 한다(교육과학기술부, 2009). 즉, 학생의 반응을 어디까지 인정하고 수업에 반영하는가를 결정하는 것이 매우 중요하다. 이를 위해 교사는 학생의 반응을 적절히 조정할 필요가 있다. 문학작품에 대한 개인반응의 다양성과 임의성은 인정하겠지만 반응에서 나타나는 오류는 경계하고, 학생스스로 이를 충분히 반성하고 수정할 수 있는 기회를 제공해야 한다.

교사는 학생이 텍스트 자체를 경시하지 않도록 텍스트를 정확하게 이해할 수 있는 기회를 제공하고, 동료들과 토의나 토론을 통해 자기중심적으로 해석하고 감상하는 것을 지양하며, 보다 타당하고 깊이 있고 확장된 반응을 이끌어 낼 수 있도록 해야 한다. 그리고 친구들과의 토론을 강조하여 자기중심적으로 해석하고 감상하는 것을 최대한 줄이도록 한다.

7. 역할수행 학습 모형

1) 특징

역할수행 학습 모형은 학습극의 한 형태인 역할놀이를 교수·학습에 활용하여 수업을 진행하는 것이다. 학생들은 다양한 역할을 경험하거나 점검하는 활동을 한 후 역할에 대해 토론하는 활동을 통해 가치나 정서, 문제해결 능력, 의사소통 능력 등 교육적으로 의미 있는 가치를 체험하게 된다(최지현 외, 2007). 또한 역할을 수행하는 구체적인 상황을 통해 언어 사용을 직접 경험함으로써 학습 목표에 보다 효율적으로 도달할 수 있다. 즉, 학생들은 주어진 문제 상황에 대해 생각해 보거나 주어진 상황 속의 인물이 되어 보면서 그 해결책을 제시하는 과정에서 자신이 부딪힌 문제를 좀 더 효과적으로 해결하는 능력을 기를 수 있다. 또한 새로운 의미의 발견, 기존의 가정에 대한 의문 제기, 고정관념 깨기, 대안 시도해 보기 등의 과정을 체험하게 되고, 역할수행을 통해 다른 사람의 의견이나 행동을 존중하고 자신의 행동이 다른 사람에게 어떤 영향을 미칠 것인지를 생각해 봄으로써 인간 행동에 대한 통찰력을 가지게 된다(교육과학기술부, 2009).

이처럼 수업 모형으로서 역할수행 학습의 초점은 "연극을 학습하는 것이 아니라 역할놀이를 통해 다른 무엇인가(학습 목표나 학습 내용)를 학습하는 데" 있다(천경록, 2001a). 이러한 역할수행 학습 모형의 장점으로는 태도와 가치의 지도가 용이한 점, 언어 능력을 통합적·종합적으로 지도할 수 있다는 점, 언어 사용의 실제성을 높일 수 있다는 점, 언어 사용의 사회성을 높일 수 있다는 점, 내용 전달뿐만 아니라 차이의 관계를 회복할 수 있다는 점(천경록, 2001a; 최지현 외, 2007), 학습 일반에 대한 동기를 강화해 준다는 점(김진철 외, 2001) 등이 있다.

역할수행 과정은 크게 역할수행자와 관찰자로 구성된다. 역할수행자는 특정한 상황의 주인공이 되어 역할을 수행하면서 다른 사람과 상호작용을 시도한다. 관찰자는 역할수행을 관찰하고 역할수행이 끝난 후에 왜 역할수행자가 그러한 결론에 도달하게 되었는지, 반대한다면 그 근거는 무엇인지, 역할수행자의 정서와 가치, 감정 등을 분석한다. 이처럼 역할수행 학습 모형은 역할수행자와 관찰자들이 실제적인 문제 상황에 참여하는 것과 이러한 참여를 통해 발생하는 문제를 해결하고 이해하는 데 목적을 둔다.

일반적으로 역할수행 학습 모형의 운영 요소는 '교사, 역할수행자, 관찰자, 상황, 무대'이다. 교사는 역할수행에 대한 전반적인 계획과 함께 역할수행을 조정하는 운영자로서 학생들의 생각과 느낌이 잘 드러날 수 있게 허용적인 분위기를 만드는 것이 중요하다. 역할수행자는 주어진 상황에 맞게 자신의 생각을 역할로 드러내야 한다. 관찰자는 역할수행자들이 하는 것을 관찰하면서 간접적인 경험을 하게 된다. 상황은 역할수행자들이 공유하는 맥락이며, 무대는 역할수행자들이 활동하는 공간으로서 관찰자들과 역할수행자들이 상황에 대한 암시를 받을 수 있을 정도의 최소한의 준비로 마련되는 것이 좋다(최지현 외, 2007).

2) 절차

역할수행 학습 모형은 상황 설정, 역할 선정, 준비 및 연습, 실연, 정리 및 평가, 연습의 5단계(예, 한국교육과정평가원, 1998)로 구성된 모형이 있는가 하면, Shaftel과 Shaftel(1967)이 제시한 9단계의 모형에 이르기까지 다양한 단계의 모형이 소개되고 있다.

여기서는 초등학교 국어과 교사용 지도서에서 초등학교 국어과의 40분 수업에 맞게 수정한 모형을 제시한다. 이 모형에서 실연과 평가 단계는 반복해서 시행될 수 있다.

(1) 상황 설정하기

상황 설정하기 단계는 학습 내용을 확인하고, 제시된 상황을 분석하여 실연할 상황으로 설정하는 단계이다(교육과학기술부, 2009). 이 단계에서는 상황을 명확하게 인지하기 위해 문제를 탐색하고 역할놀이 상황을 설정한다.

교사는 학습 목표를 제시하여 이 문제가 학습할 필요가 있는 것이라는 사실을 학생들이 인지할 수 있도록 함으로써 학습 문제를 확인하게 하고, 역할수행의 방법과 학습 내용의 필요성 및 중요성을 설명한다. 이를 위해 교사는 가상적이거나 실제적인 상황을 서술하거나 선정한 후 관련된 동영상이나 그림, 이야기 등의 매체를 활용하여 학습 문제를 명료화할 수 있다. 또는 교사가 상황을 제시하고 학생들이 그와 관련된 이야기를 읽거나 문제를 탐색하고, 역할을 분석하며, 역할극에서 수행할 행동 등을 분석할 수 있다. 끝으로, 교사는 학생들로 하여금 이야기의 결과를 예측하게 한다.

(2) 준비 및 연습하기

준비 및 연습하기 단계는 설정한 상황에 등장하는 인물을 분석하고, 배역을 정하고, 실행 연습을 하는 단계이다(교육과학기술부, 2009). 교사와 학생들은 역할들을 분석하고, 역할수행에 참가할 학생을 선정한다. 역할수행에 참가하는 학생들은 조별로 대본에 따라 행동의 순서(계열)를 정한 다음, 각자의 역할과 진행과정을 재진술하는 과정을 통해 자신의 역할을 파악한다.

교사는 역할수행에 참가하는 학생들이 실연을 하는 동안 관찰자 역할을 수행하는 학생들에게 어떤 점들에 주의를 기울여 관찰해야 하는지를 설명하고 관찰 과제를 부여한다. 교사는 학생들로 하여금 각 인물들의 말과 행동을 통해 역할수행의 현실성, 역할수행에 따른 행동의 효율성과 계획성, 묘사된 사람의 감정과 사고 양식 등을 파악하도록 과제를 부여한다.

또한 학생들은 각자가 맡은 역할을 연습하고, 역할수행에 필요한 무대 및 기타 소품 등을 제작할 수도 있다. 무대나 소품 등은 사건이 일어나는 상황을 묵시적으로 가정할 수 있는 수준 정도로 지나치게 많은 노력을 기울일 필요는 없다.

(3) 실연하기

실연하기 단계는 학생이 상황 속의 인물이 되어 직접 역할을 수행해 보는 활동 단계로, 이를 통해 학생은 새로운 세계를 경험하게 된다. 이러한 경험은 사고의 전환을 가져오게 하여 학생이 언어적 문제 상황을 해결하거나 문학적 상상력을 기르는 데 도움을 준다(교육과학기술부, 2009). 학생들은 자신이 맡은 역할을 실제로 연기하고, 나머지 학생들은 각자의 관찰 관점에 따라 관찰하고 평가한다(윤기옥 외, 2002).

실연은 짧게 여러 번 반복될 수 있다. 역할수행 과정에서 학생들은 자율적으로 자신의 역할을 실행하고 현실감 있게 반응하면서 실연한다. 이러한 첫 번째 실연을 통해 역할을 수행하는 학생들은 주어진 상황에 대해 분석할 수 있으며, 관찰하는 학생들은 실연된 역할수행을 탐색하고 분석하여 자유롭게 논평함으로써 재실연을 준비할 수 있다.

관찰 학생과 실연 학생, 교사는 역할에 대한 새로운 해석을 교환한 다음, 어떤 학생이 이 역할을 담당할 것인지를 다시 결정할 수 있다. 이처럼 실연하기는 토의와 연기가 교대로 이루어지는 과정이다.

(4) 평가하기

평가하기 단계는 학생이 역할수행을 통해 얻게 된 언어 지식이나 문학적 체험들을 서로 주고받음으로써 주관적인 지식들을 객관화하고 일반화하여 언어 생활에 활용하거나 문학적 체험들을 확대하는 단계이다(교육과학기술부, 2009). 실연하기와 평가하기는 하나의 활동으로 반복될 수 있다. 첫 번째 실연 이후 토의가 이루어지고, 수정된 재실연이 이루어지면 그에 대한 토의가 다시 이루어지고, 다시 수정된 재실연이 이루어지는 식으로 실연과 평가는 반복될 수 있다.

평가하기에서는 역할수행 학생들이 보여 준 문제해결 방법을 관찰 학생들이 수용할 수 있는지를 토론하는 과정을 통해 역할수행 과정에 대해 검토하고 요약한다. 이러한 과정은 학생들로 하여금 역할수행을 통해 얻은 주관적인 언어 지식이나 문학적 체험을 객관화하고 일반화할 수 있도록 돕는다.

3) 활용방안

역할수행 학습 모형은 역할놀이 자체가 학습 목적인 경우, 역할놀이가 학습 목표 달성에 중요 수단이 되는 경우, 통합적 언어 활동이 요구되는 경우에 적용하기 알맞은 모형이다(교육과학기술부, 2009). 역할수행 학습 모형은 어떤 모범 답안이 있는 학습 내용보다는 다양한 가치를 추구하는 활동에 적합하다. 이 활동은 교사와 학생, 학생 상호 간에 협상을 통해 의미를 공유하고, 교육적이거나 미적인 가치를 공유한다는 점에서 의의가 있다(천경록, 2001a). 이 같은 특징 때문에 역할수행 경험이 풍부하고 표현력이 어느 정도 갖추어진 학생이라면 누구나 큰 부담 없이 흥미를 가지고 학습에 참여할 수 있다(교육과학기술부, 2009). 학생들은 역할수행 학습 모형을 통해 창조성, 독창성, 민감성, 유창성, 유연성, 감정의 안정성, 협동성, 도덕적 태도, 의사소통 능력, 문학작품에 대한 감상 능력 등을 기를 수 있다(천경록, 2001a).

또한 역할수행 학습 모형은 학생들에게 학습에 대한 동기를 불러일으키는 데 유용하다. 학생들이 역할수행을 하는 과정에서 자연스럽게 학습을 유도할 수 있으며, 다른 사람에 대해 좀 더 깊이 이해하고 협동심과 의사소통 능력을 기르는 데에도 유용하다. 그리고 교과서에서 배운 것을 실제 삶과 연결 지어 보려는 자세를 갖게 할 수 있다. 그러나 시간이 많이 걸리는 경우가 많고, 자칫 활동 자체로 끝나 버릴 가능성이 높다는 단점이 있다(교육인적자원부, 2000). 이는 역할수행 자체가 수단이 아닌 대상이나 목적이 된 경우에 그러하다.

역할놀이 수업 모형은 국어과 내용 영역 중 듣기나 말하기 수업에서 가장 잘 활용될 수 있으며, 문학과 읽기 영역 외에도 태도와 가치가 주요 목표인 단원에 적용이 가능하다.

교사는 말하기 · 듣기를 중심으로 각 영역을 통합하여 구성하되, 표현 활동 위주로 진행되지 않도록 하고, 화제를 선정하고 조직 · 표현하는 일련의 과정을 강조해야 하며, '상황'을 설정할 때 최대한 학생들이 일상생활에서 접할 수 있는 것으로 하되 교육적으로 의미 있는 것을 선택하도록 한다. 또한 각 차시별 학습 활동이 지나치게 분절적으로 이루어지지 않도록 하고, 실제로 학생들이 이해와 표현 활동을 할 수 있는 시간을 많이 확보해야 한다(최지현 외, 2007).

듣기 · 말하기 수업에서는 시장놀이, 전화놀이 등 특정 언어 사용 상황에서 이루어지는 언어 활동을 구체적으로 학습할 수 있고, 모범적 언어를 구사하는 기자나 언어활동 리포터, 아나운서의 역할을 수행하면서 바람직한 언어 수행 능력을 기를 수 있다. 또한 텔레비전 토론 프로그램과 같은 형태를 빌려 토의 · 토론 능력을 신장시킬 수 있으며, 읽기 수업에서 동화나 소설을 기반으로 한 교육 연극과 같은 역할수행을 통해 내용을 좀 더 재미있고 깊이 있게 이해하고 감상하는 데 도움을 줄 수 있다(교육인적자원부, 2000; 김진철 외, 2001).

역할수행 학습 모형을 적용하는 교사는 학생들이 역할수행을 통해 무엇을 배울 수 있을 것인가를 분명히 해야 한다. 학생들이 역할수행 활동에만 관심을 가지다 보면 정작 역할수행을 통해 무엇을 학습해야 할 것인가를 간과할 수 있다. 그러므로 학생이 학습 목표를 명확히 인식한 후 역할수행에 임하도록 하고, 역할수행 이후에는 학습 목표 성취를 점검해야 한다.

또한 역할수행 학습 모형의 적용에 따른 시간 부담을 줄이기 위해서 상황 설정을 간단하게 하는 방법, 표현하는 기능 등 기초 기능 훈련과 학습 경험을 사전에 조금씩 해 두는 방법, 다른 시간과 통합하여 운영하는 방법 등이 있다. '연속 차시'로 운영하는 경우, 첫째 차시는 보통 역할수행을 위하여 대본을 분석하거나 특정 상황을 설정하는 차시이므로 다른 모형을 적용하고 둘째 차시만 역할수행 학습 모형을 적용할 수도 있다(교육과학기술부, 2009). 또는 수업 시간 내내 역할수행 학습을 하기보다는 필요할 때 짧게 역할수행 학습 모형을 실시할 수도 있다.

8. 가치탐구 학습 모형

1) 특징

일반적 수준에서 가치란 사물이나 사건이 지니는 의의나 중요성을 의미한다. 따라서 가치를 탐구한다는 것은 각자의 시각에서 사물이나 사건이 지니는 의의나 중요성을 찾아내는 행위를 말한다.

이러한 관점에서 가치탐구 학습은 '사물이나 사건이 지니는 의의나 중요성을 각자의 관점에서 찾아내는 활동을 잘할 수 있는 방법을 배우는 행위'를 의미한다. 즉, "어떤 문제 상황에 대해 여러 가지 가치가 공존하고 있음을 알게 하고, 그러한 여러 가지 가치 중에서 자기의 입장과 타인의 입장을 고려하면서 가장 바람직한 지향점이 무엇인가를 알고 효율적으로 선택하는 방법을 익히는 행위"가 가치탐구 학습이다(김재봉, 2001c).

가치탐구 학습 모형은 본래 도덕과나 사회과, 또는 교육학 일반에서 논의되는 '가치 명료화(가치 규명화) 모형'에 근거한다. 어떤 가치를 주입하려고 하는 것이 아니라 학생들이 가지고 있는 가치가 무엇인지 명백하게 하여 자신이 선택한 가치를 소중히 여기고, 이를 바탕으로 일관성을 가지고 행동하는 것을 중요시하는 가치지도의 한 방법이다. 따라서 어떤 가치에 접근해 가는 과정, 즉 한 개인이 가치를 선택해 가는 과정에 초점이 있다(최지현 외, 2007).

따라서 가치탐구 학습 모형은 주어진 가치를 맹목적으로 받아들이는 것이 아니라 나름대로 분석·비판하는 과정을 통해 가치를 새롭게 해석하여 '재구성' 해 보게 하는 데 초점을 둔다(교육인적자원부, 2000). 즉, 읽은 글의 내용을 그대로 받아들이기보다 자신의 삶과 글의 내용 및 주제를 관련짓거나 비판하면서 자신의 것으로 만들어 간다.

가치탐구 학습 모형의 장점으로는 가치를 나름의 관점에서 재해석해 보게 할 수 있다는 점, 상황에 따라 여러 가치가 있음을 알게 함으로써 문제를 보는 시각을 넓힐 수 있다는 점, 학습자 스스로 가치 갈등을 해결하고 자기가 선택한 가치를 내면화하도록 도와준다는 점, 학생 중심의 활동이 활발히 이루어질 수 있다는 점 등이 있다. 반면, 단점으로는 학습 능력이 부족한 학생들에게 혼란을 줄 수 있고, 비교적 시간이 많이 걸리며, 극단적인 가치상대주의를 강조할 경우 오히려 학생들에게 가치 혼란을 가중시킬 수 있다. 그리고 지나치게 개인의 관심이나 기호에 초점이 맞춰질 우려가 있고, 개인의 가치와 자유를 너무 중시한 나머지 교사의 지도 역할이 지나치게 소극적이 될 수 있다(최지현 외, 2007).

2) 절차

일반적으로 가치탐구 학습의 단계는 문제 분석하기, 가치 확인하기, 가치 평가하기, 가치 일반화의 순으로 이루어지지만 교수·학습 과정에서 모든 절차를 반드시 순서에 따라 적용할 필요는 없다. 교실 상황에 따라 가치를 확인하거나 평가한 다음 다시 문제를 분석하게 할 수도 있고, 가치 평가하기와 가치 일반화가 동시에 이루어질 수도 있다. 교사는 교실 상황을 고려하여 모든 절차를 순서에 따라 엄격하게 적용하기보다는 특정 문제에 대해 다양한 가치를 갖게 하는 데 초점을 맞추는 것이 중요하다. 수업 중에 교사가 지나치게 가치 허용적이어서는 안 되며, 제재에 따라 탄력적이고 융통성 있게 수업 모형을 사용하는 것이 좋다.

(1) 문제 분석하기

가치탐구 학습 모형은 역할수행 학습 모형처럼 어떤 문제 상황을 제시하느냐에 따라 학습의 성패가 가늠될 수 있다. 학생들이 문제 상황에 대해 어떠한 논리를 가지고 자신이 선택한 가치를 이해하고, 다른 사람과 가치를 공유하면서 자신의 가치를 설명할 수 있는가는 적절한 문제 상황의 설정에서 출발한다.

문제 분석하기 단계는 가치를 추출 또는 발견하기 위한 기초 단계로서, 학습 문제를 확인하고 가치를 포함하는 언어 맥락이나 담화 자료를 분석하는 단계이다(교육과학기술부, 2009). 교사는 다양한 학생들의 개인차를 고려하여 함께 탐구할 수 있는 문제 상황을 제시하고, 학생들은 이러한 문제 상황을 파악하고 문제 상황이 담고 있는 긍정적인 측면과 부정적인 측면 등을 분석한다.

(2) 가치 확인하기

가치 확인하기 단계는 과제나 자료의 분석을 토대로 내재된 가치를 확인하고, 제시된 맥락이나 담화 자료에서 그 가치의 근거를 찾는 단계이다(교육기술과학부, 2009). 학생들은 문제 상황 분석 내용을 토대로 자신의 가치를 발견하고 선택한다. 학생들은 자신이 선택한 어떤 가치에 대한 타당한 이유나 근거를 찾을 수 있다.

(3) 가치 평가하기

가치 평가하기 단계는 확인된 가치를 비교, 분석, 비판하고 나름의 기준을 적용하여 가치를 평가하거나 선택하는 단계이다(교육과학기술부, 2009). 학생들은 자신이 선택한 가치가 적용될 수 있는 유사하거나 동일한 문제 상황을 찾아보는 등 다양한 상황에 자신의 가치를 적용해 보면서 가치를 서로 비교하고 평가한다. 이러한 과정을 통해 학생은 자신의 가치에 대한 확신을 갖고 자신의 가치를 정립하게 된다.

(4) 가치 일반화

가치 일반화 단계는 발견 또는 추출한 가치를 어떻게 이해하고 표현할 것인지에 대해 탐구하거나 적용함으로써 가치를 일반화하거나 재평가하는 단계이다(교육과학기술부, 2009). 학생들은 자신이 선택한 가치를 보편적인 법칙이나 원리로 받아들여 자신의 가치로 내면화한다. 학생들은 자신의 가치를 일반화하여 적용해 보고 필요한 경우 재평가하기도 한다.

3) 활용방안

가치탐구 학습 모형은 다양한 가치가 공존하는 상황에서 가치의 탐구가 필요하거나 특정 가치를 선택하여야 하는 국어 사용 영역, 문학 영역, 문법 영역의 수업에 적합한 모형이다. 이 모형은 절대적으로 옳은 가치는 존재하지 않으며, 관점에 따라 동일한 가치가 개인에게는 부정적일 수도 있고 긍정적일 수도 있다는 것을 전제로 하고, 여러 가치 중에서 학생들이 자신의 가치를 선택하게 하는 수업에 적용될 수 있다. 또한 어떠한 사실에 대해 다양한 가치가 공존함으로써 단일한 가치가 아닌 자신만의 새로운 가치를 정립하고 받아들여야 하는 과제에도 활용할 수 있다.

예를 들면, 다양한 관점이 공존하여 견해가 대립되는 글을 읽고 그것을 비교·분석하거나, 특정 논제를 탐색하고 이를 통해 주장하는 글을 쓰거나, 시나 이야기 등과 같은 문학작품을 읽고 특정 인물의 행동이나 작품에 내재된 다양한 가치를 분석하여 자신의 기준으로 재해석하거나, 바람직한 국어 사용 태도나 문화를 탐구하는 활동 등에 적용할 수 있다(교육과학기술부, 2009; 최지현 외, 2007). 또는 문학 영역이나 읽기 영역에서 글을 읽고 난 뒤에 해당 주제를 그대로 받아들이기보다는 자신의 삶과 관련지어 보기도 하고 비판해 보기도 하는 단원에 적용할 수 있다(최지현 외, 2007).

국어과의 가치탐구 학습에서 추구하는 가치는 도덕이나 사회에서 말하는 일반화된 가치와는 성격이 다르다. 그래서 현실과는 차이가 있는 가치라도 그것이 논리적인 타당성이 있으면 허용하는 것이 중요하다. 국어과 수업이므로 가치 선택의 중요성을 강조하기보다는 자신이 선택한 가치를 이유를 들어 조리 있게 말하는 능력과 다른 사람의 의견을 잘 듣고 여러 가치에 대해 생각하며 토의하는 태도를 기르는 것에 중점을 두는 것이 좋다(최지현 외, 2007).

가치탐구 학습 모형을 적용할 때는 국어과 수업 전반에 걸쳐 적용하기보다는 부분적으로 적용하는 경우가 훨씬 많다. 즉, 한 단원(한 제재) 전체를 가치탐구 학습 모형만으로 수업하는 경우는 흔치 않다. 오히려 문학 감상의 한 부분으로서, 주제 이해의 한 과정으로서 가치탐구 학습 모형을 사용하는 경우가 많다(김진철 외, 2000).

9. 전문가 협동학습 모형

1) 특징

전문가 협동학습 모형은 구성원들 간의 사회적 상호작용을 강조하는 협동학습 모형 중 하나인 직소(Jigsaw II)를 모체로 한다.

전문가 협동학습은 특정한 주제를 맡은 학생들끼리 전문가 집단에 모여 주제에 대해 깊이 있게 연구한 다음, 자신이 본래 속했던 집단으로 돌아가서 각자가 연구한 내용을 서로 간에 가르쳐 주고 평가를 받은 후에 집단별로 향상 점수에 근거하여 보상을 받는 수업 모형이다. 이 모형은 학습할 내용이 유기적이면서도 학생들에게 탐구적인 내용이어야 한다. 동시에 학생들 간의 협동적 활동이 가능하여야 하고, 이 학습에 참여하는 학생들은 협동을 위한 사전 기술을 갖추고 있어야만 한다.

예를 들어, '설명적인 글의 구조 파악하기'라는 주제가 있을 때 이 유형을 적용해 볼 수 있다. 설명적인 글은 비교와 대조 구조, 원인과 결과 구조, 서술식 구조 등으로 짜여 있는데, 각자 하나씩 분담하여 깊이 있게 공부한 다음 서로를 가르칠 수 있다. 처음에는 모집단에서 이들 구조 중 자기가 공부하고 싶은 것을 택한 다음, 각 모집단에서 같은 구조를 공부한 학생들끼리 모여 전문가 집단을 구성한다. 각 학생들은 여기에서 좀 더 깊이 있게 공부한 다음, 모집단으로 돌아가 서로 가르치고 배운다(교육과학기술부, 2009).

전문가 협동학습 모형의 장점은 탐구력, 협동심, 의사소통 능력을 기를 수 있다는 점이다. 반면, 단점은 한 차시 수업 시간에 적용하기에는 시간이 부족할 가능성이 크고, 학생들이 참고할 만한 자료의 확보에 어려움이 있다는 점이다. 또한 전문가 협동학습 모형의 가장 중요한 측면인 협동적 공동 사고와 개별적 책무성에 대해서 학생들이 사전에 충분히 학습 훈련이 되어 있지 않으면 제대로 적용하기 힘든 점도 있다(최지현 외, 2007).

전문가 협동학습 모형에 따라 수업을 계획하고 진행하기 위해서는 다음의 유의 사항을 염두에 두어야 한다(천경록, 2001b 참조).

첫째, 분명하고 구체적인 성취 목표를 정한다. 교육과정과 교과서에 근거하여 단원의 성취 목표와 수업에서 달성해야 할 목표를 분명하고 구체적으로 정한다. 목표는 수업이 끝난 후 학생이 보일 수 있는 성취기준으로 개발해야 한다. 교육과정의 내용은 대체로 추상적으로 진술되어 있기 때문에 교사는 교육과정의 의미를 해석하여 각 학년의 성취기준을 구체적으로 개발해야 한다. 이때 교과서에 제시된 학습 목표가 활용될 수 있다. 성취기준은 학습자 중심의 행동으로 진술한다.

둘째, 교사는 학생들이 접하게 될 모든 정보를 읽기 자료로 준비한다. 따라서 단원의 목표와 학생의 읽기 수준에 맞는 읽기 자료(예, 소설, 교과서, 참고 서적, 웹 문서 등)를 선정해야 하며, 학생들이 읽기 자료를 모두 읽게 해야 한다.

셋째, 전문가 협동학습 모형에서는 전문가 학습지를 어떻게 계획하는가가 최대의 관건이다. 전문가 학습지는 학생이 연구하고 학습하는 데 초점을 맞추어 학습과정을 안내하도록 마련된 것으로, 학생이 학습지에 의거하여 스스로 전문가 집단의 학습을 진행할 수 있도록 개발해야 한다. 전문가 학습지는 각 전문가 집단의 학습 활동을 안내해 주고 어떤 주제를 학습해야 하는지를 지시하는 역할을 한다. 그러므로 교사는 단원의 학습 목표에 맞게, 학생들의 능력과 학습 시간 등을 적절히 고려해서 학습지를 구성해야 한다.

넷째, 학생들의 기본 점수를 결정한다. 전문가 협동학습 모형에서는 학생들의 현재 시험 성적과 이전의 시험 성적을 비교하여 학업 성취에 따라 보상한다. 따라서 각 학생의 처음 기본 점수가 결정되어야 한다. 기본 점수는 단원이 시작되기 전에 학업 능력에 따라 학생들을 이질적인 기초 집단으로 편성하는 데 사용된다. 전문가 협동학습 모형은 기본 점수가 높은 학생보다는 향상이 큰 학생에게 유리하기 때문에 모집단 구성원들 사이에 협동을 자극하고, 성취 정도가 낮은 학생들도 집단에 긍정적으로 기여할 수 있는 기회를 제공한다.

다섯째, 학생들을 이질적인 모집단으로 배정한다. 기본 점수를 기준으로 학생들을 이질적으로 구성한다. 전문가 협동학습 모형은 소집단을 구성한 후, 각 집단이 협동하여 상호 교수하면서 집단의 향상 점수를 극대화하여 다른 집단과 경쟁하도록 유도한다. 따라서 모집단은 이질 집단으로 구성하되, 집단의 실력이 비슷하도록 편성한다.

여섯째, 학생들을 적절한 이질적 전문가 집단으로 배정한다. 모집단 구성원들은 학습 목표를 확인하고 읽기 자료를 읽은 다음 집단의 점수를 향상시키기 위한 전략을 세운 후 전문가 학습을 위해 전문가 집단으로 흩어지게 된다. 전문가 집단을 편성

표 5-1 학습지 구성 시 유의 사항

1. 활동의 내용과 절차가 명확하게 제시되어야 한다.
2. 자료를 단순히 베끼기를 요구하는 질문보다는 자료를 분석하고 서로 논의하고 사고할 수 있는 질문으로 구성한다.
3. 전문가 집단별로 학습 시간이 너무 차이가 나지 않도록 문항의 난이도와 수를 조절한다.
4. 전문가 학습지마다 전문가 집단이 숙달해야 할 교과서 쪽수를 명확하게 밝힌다(만약 교과서가 아닌 읽기 자료를 사용했다면 그 자료를 명확히 기술하고 어디서 찾을 수 있는지 밝혀야 한다).
5. 학습지마다 전문가가 배워야 할 주요 개념, 정보, 기능을 학습하는 데 초점을 맞춘 주요 질문과 지시 사항으로 구성한다.
6. 일반적으로 질문이나 지시 사항의 수는 쉽게 나눌 수 있어서 전문가 집단 구성원들이 각자 맡아서 분담할 수 있도록 되어 있다.

할 때는 교사가 각 모집단 구성원들의 학업 능력을 최대한 고려하여 편성해야 한다. 예를 들어, 읽기 능력이 낮은 학생은 읽기 외에 말하기나 다른 활동이 주로 이루어지는 전문가 집단에 배치하고, 읽기 능력이 높은 학생은 어려운 읽기 자료를 읽어야 하는 집단에 배치할 수 있다.

일곱째, 모집단으로 돌아와 상호 교수한다. 전문가 집단에서 모집단으로 돌아와서 각자 공부한 내용을 모집단의 동료들에게 설명한다. 2명의 학생이 전문가 집단에서 공부하였을 경우에는 각각 기여할 수 있는 기회를 주도록 한다.

여덟째, 단원에 관한 성취도 평가를 계획한다. 단원을 시작하기 전에 교사는 학생들의 단원 목표 성취 정도를 평가하는 시험이나 평가방법을 계획한다. 평가 항목은 단원 목표와 전문가 학습지에 제시된 질문들과 서로 관련되는 것이어야 한다. 하지만 전문가 집단 학습지에 나와 있는 질문은 아니지만, 수업 활동과 단원 목표에서 강조되었던 다른 내용을 묻는 응용 질문들을 평가 항목에 첨가할 수도 있다.

2) 절차

(1) 계획하기(모집단)

계획하기 단계는 주제를 세분화하고 조별로 세분화된 주제를 각자 확인하고 분담하는 단계이다(교육과학기술부, 2009).

표 5-2 전문가 협동학습 모형의 평가 절차

1. 학생 개인의 향상 점수를 산출한다. 일단 학생들을 평가하면 교사는 각 학생의 시험 점수를 기본 점수와 비교하여 향상 점수를 산출해야 한다.
2. 집단 향상 점수를 계산하고 보상하기 위한 점수 기준을 정한다. 모집단별로 개인 향상 점수를 기록하고, 모집단의 향상 점수 합계와 평균을 산출한다.
3. 공개적으로 알맞게 보상해야 한다. 시험 본 결과물을 돌려줄 때 교사는 학생들의 시험 점수, 기본 점수, 향상 점수를 알려 주고 보상 기준을 제시해야 한다. 교사는 여러 가지 성적 수준에 맞게 다양하게 보상할 수 있다.

처음에 교수는 학생들을 학습 능력, 성, 인종, 민족적 배경과 같은 사회적 특성들이 혼합된 이질적 모집단으로 편성한다. 이 모집단은 학습할 주제의 수에 따라 보통 4~5명으로 구성되며, 각각 집단 안에서 역할을 분담하게 된다. 집단을 구성할 때는 모든 집단을 가능한 한 똑같은 크기로 편성하는 것이 좋다(천경록, 2001b).

모집단이 만들어지고 나면 교사는 학생들이 수업 주제를 확인할 수 있게 하고, 주제에 따른 소주제를 설정한 후 주제별로 전문가 집단을 편성한다. 교사는 각 전문가 집단에서 무슨 활동을 할 것인지를 설명하고 시범을 보인다.

전문가 집단을 구성할 때 교사는 학생의 특성을 충분히 고려하고, 각 학생의 특성이나 요구, 성취도 등을 고려하여 전문가 역할을 배정하여야 한다. 또한 학생들이 전문가의 역할을 잘 수행할 수 있도록 학습 자료를 미리 고안하여야 한다. 학습 주제별로 전문가 집단을 편성할 때 주제의 난이도가 비슷한 경우에는 학생들에게 각각 관심 있는 주제를 선택할 수 있게 하고, 과제의 난이도가 큰 경우에는 학생의 학업 성취 수준을 고려해 교사가 배정할 수 있다.

(2) 탐구하기(전문가 집단)

탐구하기 단계는 각자 맡은 주제를 탐구하고, 각 모집단에서 동일한 주제를 탐구한 사람끼리 모여서 전문가 활동을 하는 단계이다(교육과학기술부, 2009). 전문가 집단에 모이게 되면 교사는 전문가 집단별로 서로 다른 학습 주제를 배정해 주고 전문가 학습지를 나누어 준다(천경록, 2001b). 전문가 집단별 학습에서 학생들은 전문가 학습지에 제시된 안내문과 교재를 바탕으로 질문에 대답하는 과정을 통해 전문가로서의 역량을 기르게 된다.

예를 들어, 학습 주제가 '소설의 다섯 가지 구성 요소'라면 한 모집단의 구성원들은 각각 사건, 인물, 배경, 시점, 플롯 전문가 집단에 편성되어 전문가 집단별로 학습 주제에 대해 자세히 공부하고, 그 과제의 정보, 개념, 기능에 대한 전문가가 되기 위해 집단별 학습에 참여한다. 이를 위해 교과서나 참고 서적을 공부할 수 있고, 전문가 집단에 함께 편성된 동료들과의 토론이나 질의-응답을 통해 정보를 교류하기도 한다. 또한 전문가 집단별로 맡은 주제를 자세히 공부한 다음에는 각 모집단으로 돌아가 모집단의 다른 친구들을 어떻게 가르칠 것인지에 관한 계획도 수립한다. 이를 위해 차트나 개요판과 같은 보조 자료를 제작할 수도 있다.

전문가 집단에 모인 학생들은 이러한 과정을 통해 학습 주제에 대한 해결방법을 탐색하여 각 모집단으로 돌아가 가르칠 준비를 갖추게 된다.

(3) 서로 가르치기(모집단)

전문가 집단별로 학습을 마치고 모집단 친구들을 가르치기 위한 계획을 세운 다음에는 각 모집단으로 돌아가 각자 전문가 집단에서 공부해 온 것을 친구들에게 가르쳐 준다. 모집단 활동에서는 전문가 집단 활동을 통해 얻은 학습 주제들을 모집단 구성원 모두가 숙달하도록 상호 교수하는 것이 중요하다. 모집단에서 서로 가르쳐 주고 배우는 활동을 할 때는 충분한 시간을 주고 집단 구성원들이 이해했는지를 점검해 보도록 한다(천경록, 2001b).

(4) 발표 및 정리하기(전체)

발표 및 정리하기 단계는 모집단별로 활동 결과를 발표하고, 전문가 집단 및 모집단 활동이 잘 이루어졌는지 평가, 점검, 정리하는 단계이다(교육과학기술부, 2009).

모집단에서 정해진 학습이 다 끝나고 나면 모든 학생은 개인적으로 평가를 받게 된다. 학생들의 시험 점수는 개별적으로 기록되며, 학생들은 자신의 기본 점수보다 향상된 정도만큼 향상 점수를 받게 된다. 또한 각 학생의 개인 향상 점수를 합산하여 모집단 전체의 향상 점수의 합계와 평균을 낸다. 교사는 모집단의 향상 점수에 따라 성적이 좋은 집단에 대해 보상을 제공한다(천경록, 2001b).

3) 활용방안

전문가 협동학습 모형의 성패는 다음 두 가지에 달려 있다. 첫째, 전문가 협동학습 모형이 국어과 학습 내용을 어떻게 소주제로 세분화하고, 그 소주제에 대한 전문적 탐구를 어떤 학생에게 맡기도록 하는가에 달려 있다. 둘째, 소주제 탐구과정이나 서로 가르치기 과정에서 교사가 얼마나 효과적인 자료를 충분히 제공하고 유익한 조언을 해 줄 수 있는가에 달려 있다(최지현 외, 2007).

전문가 협동학습 모형은 2~4주 혹은 그 이상의 기간 동안 특정 주제에 대해 깊이 있게 탐구하여 서로가 서로를 가르치는 데 적합하다. 국어과에서 전문가 협동학습은 특정 주제에 대해 깊이 있게 공부해야 하는 언어 교과의 지식과 기능을 가르치는 데 효과적인 방법으로서, 문법과 같은 국어과 지식뿐만 아니라 기능이나 전략을 가르칠 때도 적용할 수 있다.

학생들은 특정 주제를 공부하는 과정에서 탐구 능력을 기를 수 있으며, 서로 배우고 가르치는 과정에서 협동심과 의사소통 능력을 기를 수 있다. 그러나 시간이 많이 소요되며, 자료가 충분히 확보되어야 하는 제약이 있다. 그리고 주제를 분석하고 탐구하는 과정에서 학습자 중심으로 이루어지기 때문에 학습 훈련이 충분히 된 상태에서 해야 한다는 단점이 있다(교육인적자원부, 2000).

10. 토의 · 토론 학습 모형[1]

1) 특징

토의 · 토론 학습 모형은 교사와 학생 간 또는 학생들 간에 일정한 규칙과 단계에 따라 대화를 나눔으로써 문제를 해결하거나 학습 목표에 도달하고자 하는 공동학습 모형의 한 형태이다. 토의란 공동의 관심사가 되는 특정 문제에 대하여 바람직한 해결 방안을 찾기 위하여 구성원들이 협력적으로 의견을 교환하는 대화 형태이다. 또

---

1) 교육과학기술부(2009).

한 토론이란 찬반의 입장이 분명한 특정 문제에 대하여 각각의 입장을 대변하는 사람들이 쟁점에 대하여 논쟁하는 대화 형태이다. 따라서 학습 상황에 따라 토의학습 모형과 토론학습 모형으로 나눌 수도 있다. 토의 · 토론 학습 모형은 학생의 자발적인 학습 참여를 유도하고, 학습 내용을 폭넓고 깊이 있게 이해시키는 데 효과적이다. 아울러 합리적인 상호작용과 협력적인 의사소통 능력을 길러 줄 수도 있고, 분석력, 종합력, 평가력과 같은 고등 사고 능력을 증진시키는 데에도 유용한 방법이다. 학생은 토의 · 토론 과정에서 자신의 견해나 가치, 신념을 성찰하고 재구성할 수 있는 기회를 가진다. 또한 교사는 토의 · 토론을 관찰함으로써 학습 상황을 구체적으로 점검할 수 있다.

2) 절차

(1) 주제 확인하기
주제 확인하기 단계는 토의나 토론의 목적을 명확히 하고, 주제를 확인하거나 선정하는 단계이다.

(2) 토의 · 토론 준비하기
토의 · 토론 준비하기 단계는 주제에 대한 자신의 입장을 정하고, 관련 자료를 수집 및 정리하며, 토의 · 토론의 방법 및 절차를 확인하는 단계이다. 관련 자료는 각종 도서나 인터넷 검색, 토의, 조사 등의 다양한 방법을 통하여 확보할 수 있다.

(3) 토의 · 토론하기
토의 · 토론하기 단계는 정리한 자료를 바탕으로 자신의 의견을 제시하고, 다른 사람의 의견에 대하여 찬성 또는 반대 의견을 제시하는 단계이다. 이때 특히 토의나 토론의 규칙을 준수하도록 강조한다.

(4) 정리 및 평가하기
정리 및 평가하기 단계는 토의 · 토론의 결과를 정리하고, 토의 · 토론 자체를 점검하고 평가하는 단계이다.

3) 활용방안

토의·토론 학습 모형은 간단한 정보나 지식의 습득보다는 고차적인 인지 능력 향상에 적합하며, 특정 문제의 해결방안을 모색하거나 태도 변화를 꾀하는 데에도 적합한 모형이다. 따라서 이 모형은 학습 문제의 해결을 지향하는 대부분의 차시에 응용할 수 있다. 그중에서도 특히 듣기·말하기 영역의 토론 및 토의 수업에 알맞은 모형이다. 이 모형은 학생의 자발적인 참여와 창의적인 사고, 학생의 의사소통 기능, 대인관계 기능이 성공의 관건이 된다.

따라서 교사는 토의·토론 주제 선정에서부터 정리 및 평가에 이르기까지 수업 계획과 준비를 철저히 해야 한다. 특히 교사는 토의·토론의 궁극적인 목적과 가치를 인식하고, 토의·토론 자체에 집중하여 학습 목표를 소홀히 다루지 않도록 지도해야 한다.

요약

- 수업 모형을 적용할 때는 학습 목표와 그에 따른 학습 내용(활동), 해당 단원의 차시별 수업 계획(수업시수), 수업의 맥락, 학생 수, 교사와 학생의 능력, 학생의 흥미, 선수학습 능력, 기타 교사가 수업에서 고려하고자 하는 사항 등을 복합적으로 고려해야 한다.
- 수업 모형을 적용할 때는 특정 수업 모형을 온전하게 구현하는 것이 중요한 것이 아니라 다양한 변형과 적용 및 재구성 작업을 동반한 교수·학습 방법의 구안이 바람직하다.
- 도구 교과의 성격이 강한 국어과 교육 내용의 초점이 주로 듣고 말하고 읽고 쓰는 기능의 신장에서 효율적인 전략의 사용으로 변화하고, 교사 주도의 수업 방식에서 학습자 주도 혹은 교사와 학습자의 협력 형태의 수업으로 바뀌어 가면서 국어과 수업을 위한 다양한 수업 모형이 대두되었다. 즉, 국어과의 교육 내용이 다양한 성격을 지니고 각 성격에 따라 다양한 수업 목표가 설정될 수 있다는 점에서 이를 총괄하는 단일한 수업 모형보다는 다양한 학생의 관심과 능력, 가르치려는 내용의 성격, 학습 자료나 환경 등의 물리적 여건을 종합적으로 고려한 다양한 수업 모형의 선택이 가능해야 한다.
- 국어과의 주요한 수업 모형으로는 직접교수 모형, 문제해결 학습 모형, 창의성 계발 학습 모형, 지식탐구 학습 모형, 반응중심 학습 모형, 역할수행 학습 모형, 가치탐구 학습

모형, 전문가 협동학습 모형, 토의 · 토론 학습 모형 등이 있다.

학습문제

1. 수업 모형을 선택할 때 고려해야 할 기준을 나열해 보시오.

2. 국어과 수업 모형의 적용 원리를 제시하고 설명하시오.

3. 각 수업 모형의 특징, 절차, 활용방안에 대해 설명하시오.

4. 각 수업 모형의 특징과 활용방안에 근거하여 교수 · 학습 과정안을 구성해 보시오.

참/고/문/헌

교육과학기술부(2009). 국어과 교사용 지도서. 서울: 대한교과서주식회사.

교육인적자원부(2000). 국어과 교사용 지도서. 서울: 대한교과서주식회사.

김재봉(2001a). 문제해결 학습. 김재봉 외(편). 국어과 교수 · 학습 방법(pp. 93-120). 서울: 교육과학사.

김재봉(2001b). 창의성계발학습. 김재봉 외(편). 국어과 교수 · 학습 방법(pp. 161-206). 서울: 교육과학사.

김재봉(2001c). 가치탐구 학습. 김재봉 외(편). 국어과 교수 · 학습 방법(pp. 237-270). 서울: 교육과학사.

김진철, 강호감, 고대혁, 김영기, 김정희, 박교식, 박인기, 신계휴, 조한무, 최유현, 한면희 (2001). 수업 길라잡이: 초등학교 교과별 수업설계. 서울: 학문출판.

방인태, 정길남, 양태식, 원진숙, 엄해영, 황정현(2000). 초등 국어과 교육. 서울: 도서출판 박이정.

염창권(2001). 반응중심학습. 김재봉 외(편). 국어과 교수 · 학습 방법(pp. 271-320). 서울: 교육과학사.

윤기옥, 정문성, 최영환, 강문봉, 노석구(2002). 수업모형의 이론과 실제. 서울: 학문출판.

이인제, 정구향, 천경록, 이도영, 김창원, 이성영, 심영택, 김신영, 채선희(1997). 창의력 신장을 돕는 중학교 국어과 학습 평가 방법 연구. 한국교육개발원 연구보고 CR 97-10.

임성규(2001). 직접교수법. 김재봉 외(편). 국어과 교수 · 학습 방법(pp. 45-92). 서울: 교육과학사.

천경록(2001a). 역할놀이학습. 김재봉 외(편). 국어과 교수 · 학습 방법(pp. 207-236). 서울: 교육과학사.

천경록(2001b). 전문가협력학습. 김재봉 외(편). 국어과 교수 · 학습 방법(pp. 121-160). 서울: 교육과학사.

최지현, 서혁, 심영택, 이도영, 최미숙, 김정자, 김혜정(2007). 국어과 교수 · 학습 방법. 서울: 도서출판 역락.

한국교육과정평가원(1998). 제7차 초등학교 국어 교과서 단원 구성. 교과서 집필 협의회 자료집.

Eggen, P., & Kauchak, D. (2012). *Strategies and models for teachers: Teaching content and thinking skills*. Mass: Pearson Education, Inc.

Hyman, R. T. (1974). *Ways of teaching*. 권낙원 역(2001). 교수방법. 서울: 원미사.

Shaftel, F. R., & Shaftel, G. (1967). *Role playing for social values: Decision making in the social studies*. New Jersey: Prentice Hall, Inc.

제6장

말하기 · 듣기 평가 및 지도 방법

개요

　　인간은 태어나서 별도의 교육을 받지 않더라도 자연스럽게 듣고 말할 수 있다. 그래서 어떤 사람들은 학교에서 이러한 말하기 · 듣기 교육을 해야 하는가에 대한 의문을 제기하기도 한다. 이러한 의문은 말하기 · 듣기가 인간이 성장함에 따라 누구나 비슷한 정도로 발달하는 일반적인 기능이라고 보기 때문에 특별히 중요하다고 인식하지 못함에서 비롯된다. 그리고 사람들이 갖는 말하기 · 듣기 교육에 대한 편견 중 하나는 언어의 기능적인 측면에서의 이해 기능이라는 점에서 듣기는 읽기와 비슷하고, 언어를 통한 표현 기능이란 점에서 말하기는 쓰기와 유사하므로 이들을 특별히 따로 교육하지 않아도 된다고 생각하는 것이다.

　　그러나 읽기 · 쓰기는 문자언어의 의사소통 상황이고, 말하기 · 듣기는 음성언어로 의사소통한다는 점에서 큰 차이가 있음을 인지해야 한다. 말하기 · 듣기는 인간이 자신의 생각을 말하고 상대방의 말을 듣는 과정을 통해서 서로의 지식, 의견, 감정 등을 공유하는 음성언어 의사소통법이다. 말하기 · 듣기를 효율적이고 효과적으로 한다는 것은 화용론적 측면에서 사회적 참여 기회와 범위를 확대해 주고 음성언어의 유용한 쓰임을 도모하기에 특수교육 대상 학생들에게 더 필요한 영역이라 할 수 있다. 그러므로 학생의 음성언어 의사소통 능력을 신장하기 위해서 의도적이고 체계적인 교수 · 학습의 과정이 필요하다. 따라서 이 장에서는 말하기 · 듣기의 개념과 그 과정에 대한 이해와 평가 방법을 살펴본 후에 이에 대한 적절한 지도 방법을 모색해 보고자 한다.

1. 말하기 · 듣기의 개념

1) 말하기 · 듣기의 정의

음성언어 의사소통 활동은 대부분 말하기와 듣기 활동으로 이루어진다. 문자언어가 없는 민족이나 부족들도 그들만의 방식을 사용하여 의사소통을 하는 독특한 음성언어를 지니고 있다. 우리는 이처럼 음성언어로 자신의 생각이나 정서를 표현하고, 상대방을 이해하기도 하며, 언어로 소통하는 사회를 구성해 나간다. 더 나아가 서로 신뢰라는 것을 쌓아 가기도 하고, 긍정적 · 부정적 관계를 형성해 가며 삶을 공유해 나갈 뿐만 아니라, 공통의 문화를 형성해 나간다. 그만큼 삶에서 말하기와 듣기가 중요한 생활 수단으로 활용되고 있으므로 적절한 교육이 이루어지지 않으면 인간 생활에 부정적 요소로 작용하게 되고, 사람들과의 생활에서 많은 제약을 받게 된다. 따라서 이 절에서는 말하기와 듣기의 정의(전은주, 1999: 58-62)와 특성을 살펴보고, 특수교육 대상 학생들에게 말하기 · 듣기 교육의 필요성과 교육의 방향성을 찾아보고자 한다.

(1) 말하기

말하기는 개념적 정의, 정의적 정의, 그리고 활동적 정의로 그 관점을 구분할 수 있다. 개념적 정의는 의미를 언어로 변형하는 인지적 작용과정으로(노명완, 2002: 4), 자신이 의도한 내용을 언어적 방법 또는 말하기 표현과정에서 음성, 어조, 억양, 성량, 태도 등과 같은 비언어적 방법으로 표현하는 심리 · 정신적 과정으로 보는 관점이다. 정의적 정의는 상대방의 말을 듣고 판단하여 개인의 내재 동기를 충족할 수 있게 언어적 또는 비언어적으로 표현하는 것으로(최현섭, 박태호, 이정숙, 1999: 218), 상대의 말을 듣고 판단하여 자신의 의도에 맞게 언어적 또는 비언어적으로 표현하는 것이라고 보는 관점이다. 그리고 활동적 정의는 화자가 의사소통 상황에서 언어적 · 비언어적 표현을 통해 청자에게 변화를 주기 위해 메시지를 전달하는 일련의 행위(전은주, 1999: 58-62)로, 화자가 언어적 또는 비언어적 활동을 통해 청자에게 영향을 주려는 의도적인 행위라고 보는 관점이다.

(2) 듣기

듣기는 음성언어를 의미로 변형하는 이해의 인지적 작용과정이라는 개념적 정의 (노명완, 1992), 자신의 내적 목적과 가치에 따라 이해하는 것이라는 정서적 정의(최현섭 외, 1999: 218), 그리고 청자가 의사소통에서 음성적으로 입력되는 정보를 능동적이고 적극적으로 선택하고 재구성하는 일련의 행위라고 하는 활동적 정의(이재승, 1997: 113)로 구분할 수 있다.

이들 말하기와 듣기에 대한 개념적 · 정의적 · 활동적 정의를 종합해 볼 때, 말하기 · 듣기는 상호 의존적이고 인과관계에서 상호 교섭적(transactional)으로 이루어지고 있는 활동이다. 따라서 말하기와 듣기의 개념을 논할 때는 어떤 화자가, 어떤 청자에게, 무슨 내용을, 어떤 담화 조건 속에서 말하고 듣는지를 고려하여야 하는데, 이는 이들 변인과의 작용 속에서 말하고 듣는 행위가 이루어짐을 고려해야 한다. 이러한 점을 고려하여 말하기 · 듣기 개념은 다음과 같이 정의할 수 있다.

'말하기'는 일정한 담화 조건 속에서 화자가 자신의 생각(의미, 내용)을 생성하고 조직하여 청자에게 음성언어로 표현하는 행위이고, '듣기'는 일정한 담화 조건 속에서 청자가 화자의 발화 내용(의미)을 이해하고 추론하고 비판하고 감상하는 행위다.

2) 말하기 · 듣기의 특성

말하기 · 듣기는 언어의 구어 형태를 수용하고 표현하는 정보처리 양식이다. 우리는 태어나면서 구어적인 자극을 무수히 듣고 상호작용함으로써 아주 단순한 음소를 옹알이하며 점점 의미 있는 단어를 말하게 된다. 이러한 과정을 거쳐서 모국어에 해당하는 언어를 습득하여 학령기에 이르러 문자를 읽기 시작하고, 그 이후에 쓰기 기술을 습득하게 된다(김윤옥, 2012). 하지만 장애학생들의 경우 말하기 · 듣기의 정상적인 발달과업을 제때 발달시키지 못하는 경우가 많다. 대부분 언어를 구성하는 다양한 차원의 요소들과 관련하여 말하기 · 듣기 특성을 살펴보면 다음과 같다.

첫째, 말하기와 듣기는 음성언어로 이루어지는 언어 행위이다. 쓰기와 읽기는 문자언어를 사용하는 의사소통 행위이고, 말하기와 듣기는 음성언어, 즉 말을 사용하는 의사소통 행위이다. 말은 오래도록 보존되는 문자와 달리 금방 사라지기 때문에, 말하기와 듣기는 쓰기와 읽기에 비해 내용을 구성하는 데 더 많은 노력과 주의가 필요하다.

둘째, 말하기와 듣기는 내용을 주고받는 언어 행위이다. 말하기와 듣기는 단순히 말소리를 주고받는 것이 아니라 내용을 주고받는 것이다. 말하기는 생각과 감정이라는 내용을 말로 표현하고, 듣기는 그 내용을 받아들여 자기의 것으로 정리하고 이해하는 것이다.

셋째, 말하기와 듣기는 문제를 해결하는 과정이다. 말을 하고 들으면서 사람들은 서로 필요로 하는 것들을 충족시킨다. 어려움에 부딪혔을 때, 사람들은 서로의 의견을 구하고 문제의 해결책을 찾는다. 이런 과정을 통해서 사람들 간의 갈등이 해소되고 사회적 관계도 원활해진다.

넷째, 말하기와 듣기는 상호작용과 협력을 통해 이루어진다. 말을 하기 위해서는 듣는 사람이 있어야 하고, 듣기 위해서는 말하는 사람이 있어야 한다. 그래서 말하는 사람과 듣는 사람은 서로의 입장을 이해해야 한다. 자신의 생각만을 고집한다면 말하기와 듣기가 원활히 이루어지기 어렵다는 특징을 지닌다.

3) 말하기 · 듣기 교육의 필요성

특수교육 대상 학생의 말하기에는 장애유형 및 정도에 따라서 다양한 장벽이 있을 수 있다. 그렇기 때문에 의도적이고 계획적인 말하기 · 듣기 교육이 실행되어야 한다. 다음에서는 말하기 · 듣기 교육의 필요성을 설명하고 있다.

첫째, 말하기 · 듣기는 단순히 의사소통 방법의 차원을 넘어서 개인의 능력을 표출하고 정보를 받아들이는 중요한 수단이 된다. 자신의 생각을 여러 사람 앞에서 자신감 있고 분명하게 설명할 수 있고, 상대방을 배려하며 구성원들과 발전적인 토의, 토론, 협상 등을 할 수 있는 의사소통 능력은 현대사회가 요구하는 인재의 기본 요건이다.

둘째, 말하기 · 듣기는 다른 언어 능력 발달에 기여한다. 말하기 · 듣기 능력이 우수한 학생들이 읽기 · 쓰기에서 더 높은 성취를 보인다. 학생들은 어떤 새로운 표현을 듣고 이해하고 말하게 된 뒤 이를 읽거나 쓰기에 사용한다. 말하기와 듣기는 어휘와 문장, 이야기 구조 습득의 일차적이며 결정적인 통로이며 이것이 곧 읽기와 쓰기의 기초가 되는 것이다(Juel, 1991).

셋째, 학업 성취도와 높은 상관을 나타낸다. 학교생활에서 말하기 · 듣기는 학생이 자신의 생각을 표현하고 정보를 이해하는 일차적인 방법이다. 초등학생은 하루 2시간 30분가량 들으며, 교실 수업에서 듣는 데 60% 이상의 시간을 보낸다(Pinnell & Jagger, 1991 재인용). 그리고 학생들은 교사의 설명을 듣고 이해하면서 또는 또래 친구들과의 말하기와 듣기를 통하여 지식을 확장하고 기능을 익히면서 학습하게 된다. 수업 시간에 주의집중해서 듣고, 들은 내용을 분석하고, 비판적으로 검토하고, 핵심 내용을 제대로 이해할 수 있는 학생들은 그렇지 않은 학생들보다 높은 학업 성취도를 나타낼 수밖에 없다.

넷째, 원만한 인간관계를 맺을 수 있게 한다. 가정이나 학교, 직장 등 인간이 속한 사회 속에서 사람들은 말하고 듣는 과정을 통하여 의사를 전달하고 이해할 뿐만 아니라 자신을 상대방에게 표현하고, 서로 인간관계를 형성한다. 학생들이 특별히 교육받지 않아도 되는 자연 습득적인 말하기 · 듣기의 범위를 넘어서서 시대와 사회가 요구하는 말하기 · 듣기 능력을 갖추기 위해서는 교사의 말하기와 듣기 지도가 필요하다.

4) 말하기 · 듣기 교육의 목표

말하기 · 듣기 교육의 필요성에 따라 특수교육 대상 학생에게 말하기 · 듣기 교육의 목표는 다른 어떤 영역보다 분명하고 명확해야 하며 실생활 속에서 중요한 구성원으로서의 역할을 하는 데 기여할 수 있어야 한다.

말하기 · 듣기의 목표는 정보를 전달하는 것, 규정하는 것, 결정하는 것, 그냥 기분을 표현하는 것, 친해지고자 하는 것, 궁금한 것을 알고자 하는 것, 농담을 하며 상호작용 과정을 즐겁게 만들고 부드럽게 하는 것 등이다. 이렇게 말을 한다는 것은 짧은 문장이나 어구로 표현하는 것과 여러 개의 문장을 사용하여 길게 표현하는 것으로 구분되기도 하고, 정보를 전달할 목적으로 말하는 정보전달 기능과 대인 간의 사회적 관계를 형성하기 위해 말하는 상호작용 기능을 가지고 있다. 즉, 말하기 · 듣기 교육은 기본적인 언어의 형식과 기능 습득은 물론 자신의 사고과정을 조절하는 상위인지 능력을 개발하는 데 목적을 두고 있다고 할 수 있다. 특수교육 대상 학생을 위한 말하기 · 듣기 교육의 목표를 요약하면 다음과 같다.

- 상호관계에 바탕을 두고 올바르게 말하고 듣는다.
- 말하기 · 듣기에 대한 기본적인 지식을 익힌다.
- 정확하고 효과적인 말하기 · 듣기 사용의 원리와 방법을 익혀 창의적으로 이해하고 표현하는 말하기 · 듣기 활동을 한다.
- 사고과정을 조절하면서 말하기 · 듣기 활동을 한다.
- 말하기 · 듣기의 세계에 흥미를 가지고 음성언어 현상을 탐구하게 한다.
- 말하기 · 듣기 활동의 소중함을 알고, 음성언어의 발전과 음성언어 문화 창조에 이바지할 수 있는 능력과 태도를 기른다.

2. 말하기 · 듣기 과정

말하기 · 듣기의 과정이 어떠한 과정을 거치게 되는지를 살펴 학생들이 이를 습득해 가는 과정을 이해해야 한다. 말하기는 연설, 설교 등에서와 같이 준비를 해서 말하는 경우와 전화나 대화에서와 같이 즉각적으로 말하는 경우가 있다. 듣기의 경우에도 무슨 이야기를 할 것인지 예측 가능한 상황에서 듣는 경우가 있고, 말하는 현장에서 맥락과 관계없는 이야기를 들어야 하는 경우도 있다. 그러나 준비를 했든 그렇지 않았든 말하기와 듣기에 일련의 인지과정이 필요하고, 이에 대한 이해의 과정을 이해하는 것은 매우 중요한 일이다. 따라서 말하기 · 듣기의 인지과정에 대해 좀 더 구체적으로 살펴보고 이해하여 학생의 말하기 · 듣기 지도를 할 때 활용하고자 한다.

1) 말하기 과정

말하기의 인지과정 모형(전은주, 1999: 66-68)은 '계획하기' '생성하기' '조직 및 표현하기' 과정으로 제시할 수 있다. '계획하기'는 화자가 자신의 언행적 목적을 구체화할 수 있는 방안으로, 말할 내용과 목적을 미리 생각해 보는 단계이다. '생성하기'는 자신이 가진 모든 지식을 활성화하는 단계이다. 그리고 '조직 및 표현하기'는 생성하기에서 수집된 정보를 조직하고 언어적 형태로 표상하는 단계이다. 그러나 이러한 과정에는 상위 인지에 의한 '조정하기'란 통제가 작용한다. 이를 도식화하면

[그림 6-1]과 같다.

그림 6-1 **말하기의 인지과정 모형**

이와 같은 말하기 과정을 좀 더 자세히 들여다보면, 외부의 자극이 있을 때 언어적 또는 비언어적 자극에 의한 반응으로 발화를 하는 것으로 [그림 6-2]의 말하기 과정으로 구성된다고 할 수 있다. 말하기 과정의 세 단계를 요약해서 설명하면 〈표 6-1〉과 같다.

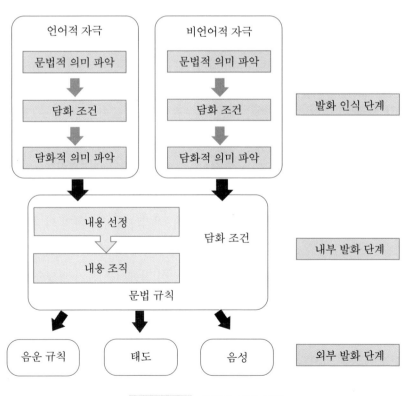

그림 6-2 **말하기 과정 모형**

출처: 류성기(1998: 19).

표 6-1 말하기 과정의 3단계

과정	단계	내용
1단계	발화 인식 단계	• 언어적 자극 또는 비언어적 자극에 의해 말을 해야 할 필요성을 인식하고 그 자극이 주는 의미를 인식하는 단계 • 자극이 언어적 자극인 경우 그 언어의 문법적 의미와 담화 조건에 따른 담화 의미를 파악하고, 비언어적 자극이라면 그 비언어적 의미와 담화 조건에 따른 담화 의미를 파악하여 말할 필요성을 인식하는 단계
2단계	내부 발화 단계	• 담화 조건에 따라 내용을 선정하여 조직하고, 이를 문법 규칙에 따라 내적 언어로 발화를 준비하는 단계 • 담화 조건에 따른다는 것은 그것이 발화 인식 단계든 내부 발화 단계든 담화 조건에 따라 내용 선정 및 조직하기의 조정과정이 이루어지는 단계 • 단, 이 단계에서는 사고과정에 그칠 뿐 외부로 발화하지는 않는 단계
3단계	외부 발화 단계	• 두음법칙, 구개음화, 자음동화 등의 음운 규칙과 표정, 몸짓, 성격 표현 등의 태도로 나타나는 단계 • 음성의 강약, 크기, 고저 등이 작용되어 외현적으로 발화된 단계

2) 듣기 과정

(1) 인지적 처리 모형

듣기 과정 모형에 대해 많은 학자는 다양하게 제안하였다. Taylor는 '들리기-듣기-이해하기'의 과정으로(전은주, 1999 재인용), 박영목, 한철우, 윤희원(1996)은 '정보 확인하기-내용 이해하기-내용에 대한 비판하기-감상하기'의 과정으로, 전은주(1999: 70)는 '주의집중하기-이해하기-평가하기-기억하기-반응하기'의 과정으로 듣기가 단순히 소리를 듣는 것이 아니라 소리 정보의 이해 및 처리 등의 인지적 처리과정을 거친다는 것을 모형으로 제시해 주고 있다. 이 장에서는 듣기 과정을 [그림 6-3]의 Taylor의 모형을 중심으로(전은주, 1999 재인용) 제시하고자 한다. [그림 6-3]에서 보는 것과 같이, Taylor의 듣기 과정은 들리기(hearing), 듣기(listening), 이해하기(auding)의 단계로 나뉘는데 각 단계의 상세 내용은 〈표 6-2〉에 제시한 바와 같이 물리적인 소리에 담긴 정보를 인지적으로 처리하여 의미를 파악하는 과정으로 이루어짐을 보이고 있다.

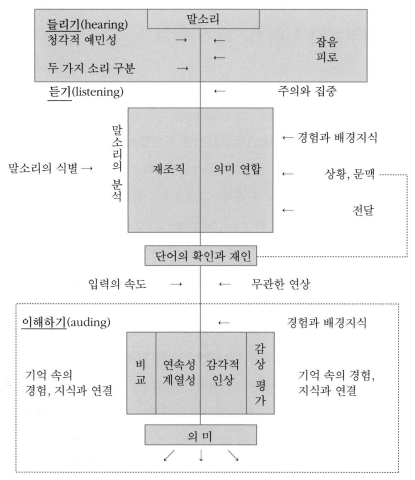

그림 6-3 Taylor의 듣기의 인지적 처리과정 모형

표 6-2 Taylor의 듣기 3단계 과정

과정	단계	내용
1단계	들리기	• 말소리의 음파를 귀로 받아들이기 • 소리가 들려오는 곳의 방향으로 고개를 돌려 소리의 근원을 확인하기 • 말소리와 말소리가 아닌 것을 구분하기 • 말소리에 초점을 맞추어 지속적으로 그 말소리만을 받아들이기
2단계	듣기	• 말소리와 다른 소리를 구분하여 말소리를 의미 있는 언어 단위로 처리하는 과정 • 말소리를 분석하고, 조직하고, 선험 지식과 연결하는 단계
3단계	이해하기	• 소리에 대해 종합적으로 이해하고 해석하여 정의적으로 반응을 하는 과정 • 연속적인 단어들을 종합하여 의미를 부여하는 인지적, 정의적 처리과정

출처: 박영목(2011).

3. 장애학생의 말하기 · 듣기 특성

1) 지적장애 학생의 말 · 언어적 특성

말과 언어 문제는 지적장애로 판별되지 않은 사람들에 비해 지적장애로 판별된 사람들에게서 훨씬 더 빈번하게 발생한다. 말에 관하여 가장 자주 보이는 문제들로는 조음에서의 어려움과 음성에서의 문제, 그리고 말더듬이다. 일반적인 조음 오류는 소리의 대치, 생략, 첨가 혹은 왜곡으로 말을 알아들을 수 없게 만든다. 지적장애에 흔히 동반되는 언어장애로는 언어발달 지체와 현재 사용하는 어휘의 한정 또는 제한 등이 있다. 수용언어 능력에 대한 많은 연구 결과에서, 지적장애 학생은 구어의 의미적 · 개념적 측면보다는 형식적 · 순차적 측면에 초점을 맞추고 있음이 발견되었다. 반면, 비지적장애인들은 구어의 의미적 · 개념적 측면에 초점을 맞추는 능력을 보여 주었다. 수정 행동(듣는 사람이 이해하기 어렵다고 했을 때 발화를 이해할 수 있게끔 하려는 말하는 사람의 노력)의 활용에 대한 연구에서는 지적장애 학생들이 적절한 수정 행동을 보이고 있음을 발견하였다. 그러나 점점 요구가 많아지는 상황이 될수록 지적장애 학생은 효과적인 전략들을 다시 사용하지 않았으며 점점 좌절하게 되었다. 이들에게 보이는 말하기 · 듣기의 언어학적인 측면에서의 특징을 살펴보면 다음과 같다.

첫째, 음운론과 관련된 장애학생들의 문제는 자음의 대치(substitution: 사과 → 다과), 자음의 생략(omission: 사과 → 아과), 자음의 왜곡(distortion: 자음을 알아듣지 못하게 하는 발음), 음의 첨가(addition: 형 → 형아야) 등이다. 그리고 듣기에 있어서도 자음을 잘못 알아듣는 경우도 많다. 'ㅍ'과 'ㅂ'의 혼동, 'ㅊ'과 'ㅅ'의 혼동, 'ㄱ'과 'ㅋ'의 혼동 등을 예로 들 수 있다.

둘째, 어형론은 단어를 이루어 의미를 잘 전달하는 가장 최소의 단위인 형태소에 관련된 문제를 다루는 것인데, 어형론이 잘 발달하지 않은 아동들은 문장의 끝을 바로 맺지 못하는 경우가 많다. 예를 들면, "밥 주세요."를 "밥 줄까?"로 표현한다든지, "하늘이 파랗다."를 "하늘 파람"으로 표현하기도 한다.

셋째, 구문론은 문법적으로 맞는 문장을 구사하기 위해 단어와 형태소를 사용하는 규칙 체제를 일컫는 것인데, 구문론의 발달이 늦은 학생들은 복잡한 문장으로

된 말을 알아듣거나 이해하는 데에도 또래들보다 더 많은 어려움을 겪게 된다.

넷째, 말이나 문자로 된 문장은 의미를 전달하는 내용이 있기 마련이다. 단어의 의미 파악 및 확장에 있어서 발달이 늦은 학생들은 의미를 전달하는 데에 사용하는 단어들이 제한되거나 단순하다. 그리고 형용사, 부사, 조사 등의 사용이 적절하게 발달되지 못하는 경우가 많다.

다섯째, 언어의 화용적인 측면에 있어서는 언어, 인지, 사회적 지식, 기초 심리 과정(주의, 지각, 기억, 연합 등)이 요구된다(김윤옥, 2012). 장애학생들은 언어 사용에 있어서 화용적인 측면에 문제를 보인다. 적합한 말의 내용을 선택하거나 화자가 한 말의 내용을 제대로 파악하지 못했을 때에 질문 전략을 사용하지 않고, 집단 속에서 언어적으로 타인과 상호작용을 잘하지 못하는 경향이 있다.

2) 자폐성장애 학생의 말·언어적 특성

자폐성장애 학생들은 구어를 발달시키지 않는다. 구어가 발달된 사람들도 상대적으로 유지된 능력의 발달과 양태에 상당한 지체와 중대한 결함이 있다. 자폐성장애 학생의 말하기·듣기의 언어 특성 중에서도 중점적으로 나타나는 문제는 반향어와 대명사 반전이다. 반면에, 아스퍼거장애의 경우 어린 시기부터 방대한 어휘량 확보 등을 통해 유창한 어휘를 구사한다. 또한 과독증의 특징이 나타나기도 한다. 반향어는 다른 장애를 지닌 사람들에게서도 발견되지만 자폐성장애 학생에게서 더 자주 발생하며, 정상적으로 발달하는 아동들의 경우보다 훨씬 오래 지속된다. 대명사 반전 역시 자폐성장애 학생에게만 독특한 것이 아니나, 자폐성장애 학생에게 더 일반적이다. 그러나 시각장애 아동도 화자와 청자를 혼동하여 잘못된 대명사를 사용하기도 한다.

- 반향어: 다른 사람들에 의해 생성된 말을 문자 그대로 반복하는 것
  - 즉각적 반향어: 아주 잠깐 후에 발생
  - 지연된 반향어: 수일, 수 주, 수년 전 들은 단어나 구를 반복
  - 완화된 반향어: 처음 들었던 발화 구조를 바꾸어 발생
- 대명사 반전: 자폐증을 지닌 아동이 자기 자신을 언급할 때 '너'라고 하며 다른 사람을 언급할 때 '나'라고 한다.

하지만 자폐성장애 학생은 집단 내의 가변성이 있어 모두에게 동일한 발달을 보인다고 특징지을 수 없다. 고기능 자폐나 아스퍼거 증후군 아동은 다른 자폐성장애 아동과 언어발달의 그 양태가 다를 수도 있다. 어린 자폐성장애 아동들은 의사소통의 전제 조건으로 여겨지는 공동 주의와 상징 사용에 어려움을 겪고 있으므로 이를 보완할 수 있는 교수·학습 지원이 있어야 한다. 자폐성장애 아동들은 전형적인 초기 언어 및 의사소통 발달의 시기를 겪지만 성장해 나가면서 의사소통 능력의 퇴보를 보이기도 한다. 또한 단어를 사용하나 추가적인 어휘 발달에 제한이 있고 의사소통적 상호작용에 덜 참여하는 경향이 나타나곤 한다.

3) 정서·행동장애 학생의 말·언어적 특성

정서·행동장애를 지닌 아동들의 상당수가 말·언어장애를 지니고 있어 말하기·듣기 영역에 손상을 보이고 있다. 정서·행동장애 아동들에 관한 연구를 포괄적으로 개관한 결과에 따르면, 정서·행동장애로 판별된 4명의 아동 중 3명이 언어 및 의사소통 장애를 지닌다. 또한 말·언어장애를 지닌 아동들은 더 높은 빈도의 정서·행동장애를 보이기도 한다. 들어가기에 앞서 말·언어 문제가 정서적·행동적 문제를 야기하는지, 아니면 언어 문제가 정서·행동장애의 결과인지 살펴볼 필요가 있다. 정서·행동장애 아동들이 보이는 일반적인 언어 문제는 다음과 같다.

- 언어학적 기능의 결함과 문법적 기능의 문제를 지니고 있다.
- 한 가지나 두 가지의 주된 생각을 포함하는 단순한 문장을 사용한다.
- 의미론에 가장 큰 어려움을 보이고 그다음으로 구문론, 화용론의 순으로 문제를 보인다.
- 화용론적 측면에 어려움이 있어 주제 유지 능력이 부족하고 대화 시 적절한 반응을 하기 어렵다.
- 청자의 요구를 적절하게 고려하지 못하고 상대의 의도를 파악하는 것에 어려움을 보인다.
- 표현언어보다 수용언어 측면에서 더 높은 빈도의 어려움을 보인다.

또한 그들이 보이는 행동 유형에 따른 말·언어 특성이 달리 나타나기도 하는데, 그 구체적인 내용은 다음과 같다.

- 내면화된 행동 문제를 지닌 아동의 말·언어적 특징
  - 내면화된 행동 문제를 지닌 아동들 중 위축된 아동들은 화용론의 측면에서 의사소통에 문제를 지닌다.
  - (예시에 대한 분석) 또래와 비교 시 더 적은 화제 발화를 사용한다.
  - 또래보다 짧은 발화를 사용한다.
  - 상호작용을 할 때 대화를 개시하는 행동을 자주 하지 않거나 기피한다.
- 외현화된 행동 문제를 지닌 아동의 말·언어적 특징
  - 행동장애를 지닌 학생들이 표현언어를 더 어려워한다는 증거들이 증가하고 있다.
  - 주의력결핍 및 과잉행동장애(ADHD)를 가진 학생들의 42%는 일종의 말장애나 언어장애를 가진다.
  - 화용언어가 가장 심각한 문제 영역이다.
  - ADHD 학생들은 어색한 순간에 대화를 시작한다.
  - 맥락을 고려하지 못하고 갑작스럽게 화제를 전환한다.
  - 관계없는 생각들을 끼워 넣는다.
  - 대화의 순서를 놓친다.
  - 청자에게 자신의 취지를 잘 전달하지 못한다.
  - 대화 시 발화를 만들기가 어렵다.

4) 중도·중복장애 학생의 비상징적 의사소통 행동 특성

사람들은 원만한 사회적 관계를 형성하기 위해서 자신의 생각이나 감정에 대해 말이나 글을 써서 의사를 표현하여 상대방과 정보를 공유하고 정서적 공감대를 형성하면서 관계를 유지해 나간다. 하지만 인구의 약 1.3%가 자신의 말로는 일상적인 의사소통에 대한 욕구를 충족시키지 못하는 심각한 의사소통장애를 지니고 있다. 뇌성마비인 중 약 31~88%는 마비 말장애를 지니고 있고, 지체장애 학생의 약 50~75% 정도는 지적장애를 동반하고 있다(Beukelman & Mirenda, 2005). 또한 단일 장애뿐만 아니라 두 가지 이상의 중복장애를 지닌 학생들은 인지 능력, 운동 능력, 감각적 기능은 물론 의사소통 능력이 함께 손상되어 타인과의 관계 형성이 어려운 것은 물론이고 교육, 고용, 가족, 지역사회 참여 등 삶의 모든 영역에서 사회적 참여에 심각한 제약을 받고 있다(이숙정, 2007; Beukelman & Mirenda, 2005).

이들 중도·중복장애 학생들은 상호작용 맥락과 신체적 차원에서 보았을 때, 일생 동안 타인의 보살핌에 의지해야 하고 인지적인 무능력을 이유로 삶의 많은 영역에서 자기결정권을 타인에게 양도하며 살아가게 될 수 있다(김혜리, 落合俊郞, 2008; 박경옥, 육주혜, 2011; 이상희, 2007; 이숙정, 2007). 이와 같이 타인과 접촉을 할 때 상징체계(단어, 사인, 그림 상징 등)를 거의(또는 전혀) 사용하지 못하는 이들은 상징 이전의 의사소통 형태인 언표내적 행동(illocutionary acts)이나 언향적 행동(perlocutionary acts)의 비상징적 의사소통(nonsymbolic communication) 체계를 사용하며 타인과의 상호작용을 유지하고 있다. 이들은 몸짓, 눈짓, 얼굴 표정, 소리내기, 문제 행동, 과거의 일상생활 재연, 그리고 반향어를 사용하여 사회적 관계를 맺고 의미 있는 의사소통을 하고 있다(박경옥, 2006; 이상희, 2007; Kuder, 2008).

최근 연구에서도 중도·중복장애 학생이 그들만의 독특한 형태의 신체 동작에 주관적 의미를 담아 의사소통하고 상호작용할 수 있도록 손짓 및 몸짓 신호체계를 의사소통 사전을 제작하여 사용함으로써 의사소통의 빈도를 증진시켜 나가고 있다(박경옥, 2006; 박경옥, 육주혜, 2011). 따라서 상징을 사용할 수 없는 중도·중복장애인들이 사용하는 그들만의 고유한 비상징적 의사소통의 형태와 기능에 대해 관심을 가질 필요가 있다. 박경옥, 육주혜(2011)는 중도·중복장애 학생들의 비언어적 의사소통 행동 특징을 이해하고 대화 상대자들이 이에 대한 민감성을 키워 나갈 수 있도록 비상징적 의사소통 행동 평가척도(assessment index on nonsymbolic communication: AINC)를 활용하여 중도·중복장애 학생들이 지닌 의사소통 행동의 형태, 기능 등을 활용해야 함을 강조하고 있다. 이들이 보이는 의사소통 행동 유형에 대한 자세한 내용은 〈표 6-3〉에서 소개하고 있다.

표 6-3 중도 · 중복장애 학생을 위한 비상징적 의사소통 행동

구분		비상징적 의사소통 행동
의사 소통 형태	안면 주시형	• 원하는 것(사람, 사물 등)이 있는 곳으로 눈길을 돌린다. • 관심 있는 사물(또는 사람, 행위)을 계속 응시한다. • 원하는 것이 있을 때 그것을 요구하기 위해 어른과 눈을 맞춘다. • 눈을 깜박이거나 눈동자를 돌려서(예, 정면 응시는 긍정의 표현, • 측면 응시는 부정의 표현 등) 일관성 있는 반응을 보인다. • 머리 움직임(예, 고개 끄덕이기, 고개 숙이기, 고개 옆으로 돌리기)으로 표현한다.
	표정형	• 부정적인 반응이나 불만스러운 상황에 대해 일관성 있는 표정(예, 얼굴을 찡그림)을 짓는다. • 긍정의 의미나 반가움에 대해 일관성 있는 표정(예, 미소)을 짓는다. • 자신의 의사가 적절하게 전달되지 않았을 때 화를 내거나 짜증 내는 표정을 짓는다. • 목표가 성취되지 못했을 때 찡그리거나 만족스럽지 못한 표정을 짓는다. • 목표가 성취되었을 때 밝은 표정을 지으며 만족감을 표현한다. • 특정 물건이나 행동 또는 상황에 대한 일관성 있는 공포의 반응을 표정으로 짓는다.
	사물 조작 및 동작 지시형	• 사물을 요구하기 위해 직접 사물을 조작하는 흉내를 낸다(예, 더울 때 손으로 부채질하는 몸짓을 하거나 손으로 가위질하는 몸짓을 한다). • 실제 연관된 사물을 보여 준다(예, 물을 마시고 싶을 때 컵을 들어 보인다). • 하고자 하는 것을 행동(예, 농구를 하고 싶을 때 드리블하는 흉내를 내기)으로 보인다. • 물건/사람을 손으로 직접 잡는다(예, 옷자락을 잡거나 사물을 잡는다). • 물건/사람을 손가락으로 가리킨다.
	신체 움직임 및 음성형	• 근육의 긴장 상태가 변화한다(예, 경직이 심해지거나 불수의적 행동을 보인다). • 몸의 자세나 경계의 정도에 변화가 나타난다. • 신체 행동이 증가된다(예, 발을 버둥거리는 빈도가 잦아지거나 격해진다). • 있던 곳에서 멀리 떨어지거나 움직여서 다른 곳으로 간다.

의사 소통 형태	성인 의존형	• 어른에게 안달을 부린다(칭얼댄다). • 어른에게 다가간다. • 어른을 밀어내거나 어른에게 기댄다. • 어른을 토닥거리거나 포옹하며 자신의 감정을 표현한다. • 원하는 것이 있을 때 어른의 신체 일부(팔이나 손, 옷자락)를 건드리거나 잡는다.
의사 소통 기능	요구 및 거부하기	• 행동으로 사물을 거부한다(예, 점심시간에 밥을 거부한다). • 행동으로 어떤 행위를 해 주는 것을 거부한다(예, 옷을 입혀 주는 것을 거부한다). • 누군가의 관심을 끌거나 요구를 하기 위해 소리를 낸다(의미를 담고 있는 단어 수준은 아니지만 발성한다). • 사물이나 행위를 요구하기 위해 소리 내어 부른다(예, 어~, 우~ 등). • 상대방을 향해 인사를 하거나 아는 체를 한다. • 행동으로 사물을 요구한다(예, 모자를 달라는 신호를 보낸다). • 행동으로 어떤 행위를 해 줄 것을 요구한다(예, 모자를 자신에게 씌워 달라는 신호를 보낸다). • 자신이 정한 목표가 성취될 때까지 신호의 질(예, 소리를 점점 크게 한다거나, 몸 움직임을 더 자주 한다거나, 좀 더 강하게 하는 등)을 바꾼다. • 대화에 필요한 자기만의 제스처(예, 손짓이나 몸짓)를 만들어 보여 준다. • 대화 상대자의 주의를 끌려는 의도로 어떤 행동을 한다.
	정보 요구 및 대화 수정	• 하고자 하는 일과 관련된 사물, 행위, 사람에 대한 더 많은 정보를 요구한다. • 어른이 자신의 뜻을 잘못 아는 것 같다는 생각에 대화의 내용을 수정하고자 한다. • 무엇인가를 자신의 뜻대로 하기 위해 상대방에게 허락을 구한다. • 상황이나 요구를 좀 더 명확하게 표현하고자 다양한 표정 또는 몸짓을 한다.
의사소통 담화 기능		• 메시지의 내용은 그대로 바꾸지 않고 반복해 말하거나 행동으로 표현한다. • 형태를 단순하게(적게, 덜 복잡한 단어 사용, 제스처 첨가) 해서 메시지를 전달한다. • 주로 말하는 사람의 주장이나 이야기에 대답하는 것으로 반응을 보이며 대화를 유지한다(반응 행동). • 더 이상 대화하기를 포기하고 다른 주제로 화제를 돌리거나 새로운 활동을 한다. • 자발적으로 어떤 주제에 관한 이야기(또는 몸짓과 같은 행동)를 먼저 꺼내 대화를 시작한다(시작 행동).

의사소통 담화 기능	• 소리를 크게 하거나 의도성을 더 분명하게 하거나 또는 강조하는 것과 같이 행동의 강도를 강하게 한다. • 자신이 원하는 어떤 목표가 성취될 때(또는 원하는 목표가 실패되었음이 명백해질 때)까지 상대방에게 계속 같은 신호를 보낸다. • 무엇인가를 원한다는 신호(또는 행동)를 보내고 상대방의 반응을 기다린다. • 자신이 원하는 사물과 상대방(어른)을 번갈아 가며 쳐다본다. • 좀 더 보편적인 방식의 신호(누구나 알 수 있는 신호)를 만들어 보낸다. • 원하는 목표를 성취하였을 때 하던 신호를 멈춘다.

출처: 박경옥, 육주혜(2011).

4. 말하기 · 듣기 평가

말하기 · 듣기를 평가하는 방법은 다양하다. 교사의 편의에 의해 지필 평가 등의 제한된 방식에 의존하기보다는 다양한 실생활 속에서 실용적 측면을 고려한 평가가 이루어지도록 노력해야 한다.

1) 평가의 원리

말하기 · 듣기 평가에서 의사소통 능력 평가는 가장 중요한 평가 목표이다. 수행평가 방법이 가장 좋은 방법이기는 하지만, 말하기 · 듣기에도 선언적 지식이나 절차적 지식이 필요하므로 수행평가와 함께 다양한 평가 방법이 활용되어야 한다. 말하기 · 듣기 평가의 원칙을 정리하면 다음과 같다.

먼저, 말하기 · 듣기 평가는 상황의 실제성과 과제의 실제성이 있어야 한다. 즉, 말하기 · 듣기의 실제 평가는 실제 장면을 보고 평가하는 것이 가장 바람직하다. 학교에서 실시하는 기능 평가의 경우 하나의 평가 내용을 정해 놓고 그것을 전 학생을 대상으로 획일적으로 실시하는 평가보다는 자연스러운 담화 상황 속에서 정해진 평가 내용 및 기준에 따라 관찰하여 기록해 가는 방법이 가장 좋다. 그러나 교사의 입장에서는 이러한 관찰에 한계가 있기 때문에 자기평가, 상호 평가, 학부모 평가 등의 보완적인 평가가 있어야 한다.

둘째, 말하기·듣기 평가에서 종합적인 능력을 평가하기 위해서는 교육과정이나 교재에 제시된 다양한 담화 상황에서 평가가 이루어져야 한다. 정보를 전달하는 말하기나 듣기, 정서 표현의 말하기나 듣기, 설득하는 말하기나 듣기, 의사결정의 말하기나 듣기, 친교 표현의 말하기나 듣기의 평가가 필요하며, 적절한 담화 속에서 균형 있게 이루어져야 한다.

셋째, 말하기·듣기 평가는 지속적으로 이루어져야 한다. 학교 현장에서 실시되는 실기 평가는 기록을 위하여 학기 중간에 일회에 실시되는 경우가 대부분이다. 한정된 기간에 한정된 내용의 평가를 실시하기보다는 형식적/비형식적 평가 방법을 통하여 지속적으로 평가해야 정확한 평가를 할 수 있고, 학생의 변화과정을 바르게 관찰할 수 있다.

넷째, 말하기·듣기 평가는 직접 평가가 되어야 한다. 말하기·듣기 활동은 대부분 언어 사용 능력을 평가하는 것이므로 언어 활동을 직접 관찰하여 평가해야 한다. 말하기·듣기의 중요성에 대한 내용이나 말하기·듣기 과정에 대한 내용에서 선언적·절차적 지식에 대한 내용은 지필 평가 방법으로 간접적으로 평가할 수 있으나, 기능 요소나 태도 요소의 언어 사용 능력은 언어 생활을 하는 현장에서 직접 평가를 하는 것이 바람직하다.

마지막으로, 말하기·듣기 평가는 절대 기준 평가가 되어야 한다. 즉, 언어 사용 능력에 대한 상, 중, 하의 기준을 세워 놓고 그에 따라 언어 능력을 절대적으로 평가해야 한다. 그 평가 방법은 비형식적 평가에 중점을 두고 실시되어야 한다.

말하기·듣기 평가는 수업 장면, 회의 장면, 친구들과의 모임, 동네나 가정에서의 비의도적인 담화 상황 등에서의 비형식적인 평가를 통해 학생들의 언어 사용 능력을 평가해 낼 수 있는 것이 참평가(authentic evaluation)이다. 이러한 비형식적인 상황 속에서의 참평가를 통해 학생들의 수행 결과에 대한 피드백이 이루어졌을 때 발전 지향적인 학습이 이루어지게 된다.

2) 말하기·듣기 평가의 과정

말하기·듣기 활동의 평가를 위한 과정은 평가 계획 수립, 평가 내용, 평가 도구 결정, 평가 방법, 평가 활용 계획을 구체적으로 수립하여 실시해야 한다. 이를 요약하면 〈표 6-4〉와 같다. 평가 계획을 수립할 때는 다음과 같은 점을 고려하여야 한다.

표 6-4 말하기 · 듣기 평가의 과정

과정	내용
평가 계획 수립	• 새 학년이 시작되기 전 또는 학년 초에 수립 • 평가 내용이 말하기 영역에 편중되지 않도록 하고, 듣기 평가에 대한 체계적인 계획 수립 필요 • 학습자에게 평가 내용, 기준, 방법을 사전에 공지하고, 국어 학습과 언어발달을 적극적으로 돕도록 지원 • 평가 목적, 상황, 내용 등을 종합적으로 고려하여 질적/양적 평가와 형식적/비형식적 평가를 적절하게 활용 • 학습과정과 결과를 모두 중시하여 평가 • 학습 평가뿐만 아니라 학교 행정, 교사, 교수 · 학습 방법 및 자료, 평가 도구 등에 대해서도 종합적으로 평가
평가 목표	• 말하기 목표: 말하기 지식, 기능, 태도에 대한 인지 내용과 이에 대한 사용 능력에 두고, 실제적인 말하기 능력인 말하기 활동에의 적극적인 참여, 말할 내용의 생성 및 조직, 정확하고 효과적인 표현, 말하는 가치적 · 신체적 태도에 중점 • 듣기 목표: 듣기 지식, 기능, 태도에 대한 인지 내용과 사용 능력에 두되, 정보 확인, 내용 이해, 추론, 비판, 감상 능력 및 듣기 태도 변화에 중점
평가 내용	• 말하기 · 듣기 평가 목표 범주 내에서 실시 • 말하기에 치우치지 않는 평가를 실시하고, 말하기 · 듣기 각 학습 내용에서 균형 있게 선정 • 음성언어 사용 능력을 구성하는 하위 요인과 이 요인이 통합적으로 실현되는 능력을 평가할 수 있게 평가 내용 선정
평가 활동	• 평가 목적, 평가 목표와 내용에 적합한 평가 방법 활용 • 언어 사용 능력의 평가는 간접 평가와 직접 평가를 적절하게 활용하되, 가급적 수행평가를 적극 활용 • 학습자의 성취 수준을 판단할 때는 과제의 성격을 고려하여 적절한 방법 활용 　－ 말하기: 직접 평가를 주로 하되, 관찰에 의한 누가 기록 　－ 듣기: 관찰에 의한 누가 기록과 지필 평가 방법 이용 • 말하기 · 듣기의 통합적 평가 방법 활용
평가 결과의 활용	• 학습자의 성취 수준을 판단하고, 교수 · 학습 방법, 교재 및 평가 도구의 개선에 적절히 활용 • 평가 결과는 학습과정상의 문제점을 분석하여 이를 학습자, 교사, 학부모, 행정가에게 알려 주어 학습자의 국어 사용 능력 향상에 활용

- 평가 계획은 새 학년이 시작되기 전 또는 학년 초에 수립해 두어야 한다. 그래야 계획성 있고 체계적인 평가를 실시할 수 있다. 또한 학습자의 말하기 · 듣기 능력을 타당하고 신뢰성 있는 방법으로 평가하되, 평가 목표와 내용에 적합하고 다양한 평가 방법을 사용하여 지식, 기능, 태도의 모든 측면을 포괄한다.
- 평가 내용이 말하기 영역에 치중되지 않도록 하고, 듣기 평가에 대한 체계적인 계획을 수립하여야 한다. 또한 기능적인 측면에만 중점을 두어 평가하기보다 지식과 태도 영역에도 적절한 비중을 두어야 한다.
- 학습자에게 평가의 내용, 기준, 방법을 미리 알려 주어야 하고, 국어 학습과 언어발달을 적극적으로 도와줄 수 있게 해야 한다.
- 평가 목적, 평가 상황, 평가 내용을 종합적으로 고려하여 질적 평가와 양적 평가, 형식적 평가와 비형식적 평가가 적절히 활용될 수 있도록 한다.
- 학습과정과 결과를 모두 중시하여 평가해야 한다. 학습자들의 학습 목표 도달 결과를 측정하고 그 결과를 분석하여 학습과정에 대한 진단 자료로 활용하고, 교수 · 학습 방법에 대한 피드백 자료로 삼아야 한다.
- 학습 평가뿐만 아니라 학교 행정, 교사, 교수 · 학습 방법 및 자료, 평가 도구 등에 대해서도 종합적으로 평가할 수 있어야 한다.

3) 평가 목표 설정 및 내용 선정

평가 목표는 말하기 지식, 기능, 태도에 대한 인지 내용과 이에 대한 사용 능력에 두되, 실제적인 말하기 능력인 말하기 활동에의 적극적인 참여, 말할 내용의 생성 및 조직, 정확하고 효과적인 표현, 말하는 가치적 · 신체적 태도에 중점을 두어 평가한다.

그리고 듣기 평가 목표는 듣기의 지식, 기능, 태도에 대한 인지 내용과 사용 능력에 두되, 정보 확인, 내용 이해, 추론, 비판, 감상 능력 및 듣기 태도 변화에 중점을 두어 설정한다. 말하기 · 듣기의 구체적인 평가 내용은 〈표 6-5〉에 제시한 바와 같다.

표 6-5 말하기 · 듣기 영역의 평가 내용

말하기 영역 평가 내용	듣기 영역 평가 내용

• 말하기 지식
  -선언적 지식: 개념, 목적, 필요성, 특성
  -절차적 지식: 과정, 원리, 방법
	• 듣기 지식
	  -선언적 지식: 개념, 목적, 필요성, 특성
	  -절차적 지식: 과정, 원리, 방법

• 말하기 기능
  -내용 생성: 화제, 주제에 맞는 내용, 흥미
   있는 내용
  -내용 조직: 차례, 원인과 결과, 공통점과
   차이점, 시간과 공간의 변화, 주장과 근
   거, 분석과 종합, 문제와 해결, 비교와 대
   조, 요약
  -내용 표현: 똑똑한 발음, 목소리 크기와
   길이 및 속도와 어조, 알맞은 어휘, 바른
   문장, 인용, 표정 · 몸짓, 묘사와 설명, 다
   양한 표현 방법, 표준어와 방언, 경어와
   비어
	• 듣기 기능
	  -정보 확인: 소리 식별, 말소리 인식, 발음
	   분별, 지시 따르기, 소리와 의미 관계, 내
	   용 확인
	  -내용 이해: 주제 파악, 화자의 의도 파악,
	   내용 요약
	  -내용 추론: 전후 내용 추론, 생략 내용 추론
	  -내용 비판: 화자의 어조와 사용 어휘 및 발
	   화 내용의 적절성 판단, 공통점과 차이점,
	   사실과 허구 인식, 내용의 신뢰도 판단
	  -내용 감상: 장면 연상, 사실과 의미 또는
	   의미와 의미 관련짓기, 상상하여 듣기

• 말하기 태도
  -말하기 자세: 자세, 흥미, 습관
  -말하기 가치: 가치관, 책임감
	• 듣기 태도
	  -듣기 자세: 흥미, 습관
	  -듣기 가치: 가치

• 말하기 실제
  -정보 전달의 말하기: 보고, 상연, 설명, 발
   표, 안내, 초청
  -설득의 말하기: 토론, 연설, 웅변, 광고,
   좌담, 토의, 회의
  -사회적 상호작용 말하기: 소개, 인사, 사
   과, 감사, 농담, 초대
  -정서 표현의 말하기: 희로애락, 역할놀이,
   연극, 동화 구연
	• 듣기 실제
	  -정보 전달의 듣기: 보고, 상연, 설명, 발
	   표, 안내, 초청
	  -설득의 듣기: 토론, 연설, 웅변, 광고, 좌
	   담, 토의, 회의
	  -사회적 상호작용 듣기: 소개, 인사, 사과,
	   감사, 농담, 초대
	  -정서 표현의 듣기: 희로애락, 역할놀이,
	   연극, 동화 구연

• 사회 · 문화 · 담화 · 관계적 맥락	• 사회 · 문화 · 담화 · 관계적 맥락

4) 말하기 · 듣기의 평가 방법

(1) 포트폴리오 평가

포트폴리오는 학생들의 말하기 · 듣기 활동 수행 결과물의 모음철을 말한다. 포트폴리오 평가는 학생들이 목표로 한 영역의 언어 활동 결과물을 개인 폴더에 계속 모아 포트폴리오를 만들어 그 변화 과정 및 결과를 객관적으로 보고 평가할 수 있는 근거를 마련하는 과정이다. 포트폴리오 평가의 교육적 가치에 대해 Valencia는 〈표 6-6〉과 같이 제시하고 있다(전은주, 1999: 292).

표 6-6 포트폴리오의 교육적 가치

• 학습자와 학습자의 수행 결과를 의미 있게 연결한다.
• 강점과 요구를 반영한다.
• 학습자가 자신의 목표를 정하게 돕는다.
• 학습자가 자신의 발전을 볼 수 있다.
• 학습자가 그들의 과제에 제시된 아이디어에 대해 생각할 수 있게 돕는다.
• 다양한 결과물을 반영한다.
• 학습자가 앞으로 노력해야 할 점을 설명한다.
• 학습자가 독자/화자, 작가/청자로서 자신의 재능을 이해할 수 있게 돕는다.
• 학습자가 자신이 주체라는 느낌을 갖게 한다.
• 학습자가 자신에게 어울리는 과제 수행 방법을 발견하게 돕는다.

이러한 포트폴리오 평가의 교육적 가치에도 불구하고 말하기 · 듣기는 일회성 또는 순간적으로 이루어지기 때문에 포트폴리오 평가를 하기에 적절하지 않을 수 있다. 하지만 최근 이 평가 방법에 대한 가능성을 확인하고 말하기 · 듣기의 평가로 적용 가능한 포트폴리오 평가의 구성 내용은 〈표 6-7〉과 같이 제시하고 있다(정상섭, 2001).

표 6-7 포트폴리오 평가의 구성 내용

• 학습자의 발달을 보여 주는 수행 결과물의 예
• 평가하기로 되어 있는 기간 중 교사가 관찰하여 작성한 발달과정 기록
• 학습자가 작성한 발달과정 기록
• 학부모가 작성한 발달과정 기록
• 교사가 선택한 해당 영역의 학습 결과물
• 학습자의 자기평가지
• 일화 기록과 관찰 기록
• 학습자의 발표나 결과물에 대한 사진, 삽화
• 발표, 극 활동, 낭독의 장면을 담은 비디오나 오디오 테이프
• 실험, 계획 일지
• 모든 종류의 작문 결과물
• 도서 목록, 독서 반응 일지, 작문의 예, 회의 기록, 체크리스트, 질문지

이 외에도 말하기 · 듣기 관련 활동에 대한 결과물은 말하기와 듣기의 준비하기, 개요 쓰기, 발표문 작성하기, 회의록, 토의 · 토론 기록물, 말하기 · 듣기의 상호 평가 등 여러 가지가 있다. 이러한 활동 내용을 정리하여 철해서 포트폴리오 평가로 활용할 수 있다. 말하기 · 듣기의 포트폴리오 평가 절차는 [그림 6-4]와 같다(정상섭, 2001).

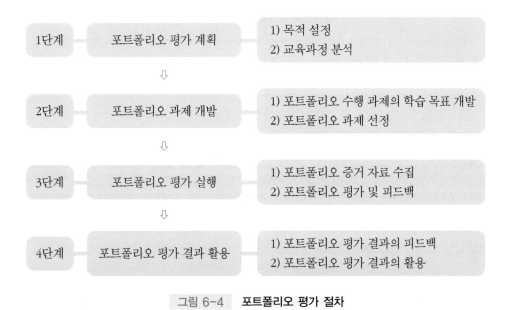

1단계	포트폴리오 평가 계획	1) 목적 설정 2) 교육과정 분석
2단계	포트폴리오 과제 개발	1) 포트폴리오 수행 과제의 학습 목표 개발 2) 포트폴리오 과제 선정
3단계	포트폴리오 평가 실행	1) 포트폴리오 증거 자료 수집 2) 포트폴리오 평가 및 피드백
4단계	포트폴리오 평가 결과 활용	1) 포트폴리오 평가 결과의 피드백 2) 포트폴리오 평가 결과의 활용

그림 6-4 포트폴리오 평가 절차

포트폴리오 평가 목적은 말하기와 듣기 교육의 교수 · 학습 방법과 평가를 개선하는 데 있다. 그리고 교육 목표에 충실한 포트폴리오를 만들기 위해서는 교육과정의 목표와 내용 체계에 그 맥락을 구성해 나가야 한다. 수행 과제의 학습 목표는 교과서 단원의 학습 목표 중에서 포트폴리오 평가의 중요성이 있는 목표만을 선별하여 선정해야 하고, 포트폴리오 과제는 학습 목표를 실질적으로 달성할 수 있는지에 초점을 맞추어야 한다. 포트폴리오 증거 자료로는 교사의 관찰 기록지, 일화 기록, 비디오 녹화 필름, 녹음테이프, 자기평가지, 상호 평가지, 말하기 원고, 학부모 관찰 평가지, 협의 일지 등을 수집하여 활용할 수 있다. 자료를 수집한 후에는 교사, 자기, 상호 간의 평가를 실시하고, 그 결과에 따라 피드백을 하여 학생과 교사의 교수 · 학습 활동을 개선해 나갈 수 있도록 노력해야 한다. 이때 포트폴리오 평가 방법을 활용한 자기평가의 예(정상섭, 2001: 327)를 살펴보면 〈표 6-8〉과 같다.

표 6-8 포트폴리오 자기평가지

자기평가지

이름: 홍길동
발표 제목: 이솝 우화를 읽고
발표일: 5월 23일

　나는 친구들에게 동화책을 이야기해 줄 때 매우 기분이 좋았다. 아이들이 잘 들어 주어 고마웠다. 조금 부끄러웠지만 재미있었다. 그런데 조금 떨려서 빠르게 이야기를 한 것 같다. 말을 좀 더 자연스럽게 해야겠다.

(2) 면접법

　면접법은 교사와 학생이 면담을 통해 자료나 정보를 수집하여 평가하는 방법이다. 교사가 학생에게 질문하고, 학생은 이에 대한 답을 한다. 이때 학생의 지식, 태도 및 생각에 대한 말하기 · 듣기 능력에 대한 자료를 수집할 수 있고, 학생이 필요한 사람

표 6-9 면접을 위한 평가 항목 및 평가표(교사용)

평가 항목		세부 요소	점수			비고
			우수 (2점)	보통 (1점)	미흡 (0점)	
언어 외적 요소	용모 태도 자세	• 외모, 인상, 복장 • 태도(인사성, 안정감, 활발성) • 자세(여유, 미소)				
	임기 응변력	• 침착성 • 주위 환경에 잘 적응하는가? • 평가자의 질문에 답하는가?				
언어 내적 요소	내용 선정	• 흥미 있는 내용으로 상대를 장악하는가? • 내용이 화제에 적합한가?				
	내용 조직	• 도입, 중간, 끝을 구분하는가? • 조리 있게 말하는가? • 이야기의 순서가 자연스러운가?				
	내용 표현	• 말끝을 분명하게 맺는가? • 목소리의 크기가 적당한가? • 자아관이 긍정적인가?				
계						

을 면접하여 필요한 자료를 얻어 오게 할 수도 있다. 또 이 방법은 말이 없는 학생과 같이 특별한 문제를 가진 학생의 말하기 · 듣기 과제 수행 능력을 평가하는 데에도 사용할 수 있다. 이때 면접을 하기 전에 면접과정에서 평가할 요소들을 사전에 마련 하여 학생들 간의 편차가 생기는 것을 방지하려는 노력을 기울일 필요가 있다. 〈표 6-9〉는 면접과정의 평가 항목의 예시이다(천경록, 2001: 175).

(3) 토론법

쟁점에 대한 내용을 토론하게 하고, 토론을 수행하는 과정을 보고 평가한다. 교사는 채점 기준표, 녹음기, 비디오카메라 등을 준비하여 평가를 할 때 활용한다. 토론을 할 때는 토론자의 역할을 정하고, 토론 규칙 등을 설명한 다음, 토론을 하게 한 후 평가한 다. 교사 평가, 참관자 평가가 가능하나 녹화 자료를 보면서 자기평가, 상호 평가도 할 수 있다. 채점 기준표는 〈표 6-10〉과 같다(천경록, 2001: 178).

표 6-10 토론법 채점 기준표(집단용)

평가 요소 / 성명	주제를 바르게 파악하고 있는가?	논리적 근거를 들어 설득 하는가?	적극적으로 토론에 참여하는가?	상대의 말을 일반화 하는가?	토론 규칙을 준수하는가?	주어진 시간을 최대한 활용하는가?	총점
김삿갓							
이몽룡							
홍길동							
⋮							

(채점 척도 – 3점: 우수, 2점: 보통, 1점: 미흡)

(4) 관찰법

관찰은 교사 관찰, 자기 관찰, 상호 관찰, 학부모 관찰을 통해서 언어 사용 기능, 태도, 습관 등을 평가하는 방법이다. 관찰을 할 경우에는 반드시 기록해야 하고, 관 찰자의 편견이나 선입견은 버려야 한다. 그리고 객관적인 평가척도를 만들어 평가해 야 한다. 녹음이나 녹화를 해 두었다가 재평가하거나 교수 · 학습에 대한 피드백 활 동을 하게 할 수도 있다. 관찰법을 통하여 말하기나 듣기의 습관에 대한 것도 평가해 볼 수 있다. 말하다가 끝을 맺지 못하거나 어물거리는 태도, 즉 '어' '그' '저' 등의 말 을 많이 사용하거나 일관성이 결여된 말하기를 하거나 심하게 떨거나 하는 것도 기록하여 학습에 활용할 수 있다. 토론 관찰을 위한 채점 기준표는 〈표 6-11〉과 같다 (천경록, 2001: 216).

표 6-11 관찰(법) 평가 기준(채점 기준표)

평가 요소 성명	쟁점에 대하여 자신의 견해를 제시하였는가?	자기주장에 대한 논리적인 이유를 제시하였는가?	적극적으로 토론 에 참여하였는가?	상대의 말을 주의 깊게 듣고 필요할 때 질문하는가?	토론 규칙을 준수하는가?	총점
홍길동						
이몽룡						
⋮						

(채점 척도 – 3점: 우수, 2점: 보통, 1점: 미흡)

(5) 지필 검사법

지필 검사법은 주로 듣기 평가에 활용된다. 듣기 내용에 대한 정보 확인, 이해, 비판, 추론, 감상의 정도를 평가하기 위해서는 인지 내적인 내용을 외적인 방법으로 표현해야 하는데, 이때 지필 검사법을 사용한다. 지필 검사에 의한 듣기 평가는 미리 답안지를 나누어 준 다음, 평가 문제를 직접 또는 녹음을 통하여 들려주면서 문제에 대한 답을 답안지에 작성하게 한다. 평가 문제는 음성, 어휘, 문장, 담화 등의 여러 영역을 균형 있게 포함해야 한다. 담화의 경우에는 대화, 소개, 토의 및 토론, 연설, 강연, 설명, 주장, 보고 등과 같은 여러 형식 중에서 평가의 목적에 따라 적절한 형식을 선택해서 한다.

지필 검사법은 대표적인 비수행 평가법으로 인식되고 있다. 그러나 지필 검사라 하여 반드시 수행평가가 아닌 것은 아니다. 지필 검사를 사용하여 듣기 수행 능력을 평가하면 수행평가가 되는 것이다. 마치 논술형 평가를 통하여 쓰기 수행평가를 시행하듯, 듣기도 지필 검사법을 사용하여 수행평가를 할 수 있다. 이야기를 듣고 줄거리 쓰기, 내용 요약하기, 잘못된 부분 찾아내기, 이야기가 진행된다면 어떻게 진행될지 앞부분을 근거로 해서 예측해 보기 등의 평가 활동은 지필 검사를 통한 수행평가 방법이다.

(6) 질문지법

질문지법은 질문을 통하여 학습자가 가지고 있는 정보, 정의적 특성, 상위 인지적 내용을 평가하는 방법이다. 구두 질문에서 발달한 것인데, 교사가 원하는 사항에 학습자가 자유롭게 반응하는 자유 응답형과 일정한 내용에 표시하는 체크리스트형이 있다. 박영목 등(2011)의 듣기에 대한 인식도 평가 질문지 예시는 〈표 6-12〉에 제시되어 있다.

표 6-12 듣기에 대한 인식도 평가 질문지

이름:

1. 스스로 훌륭한 청자라고 믿는가?
   그렇게 생각한 이유와 그렇지 않다고 생각하는 이유를 기술하시오.
2. 화자가 말하는 내용을 잘 이해하기 위해서 어떻게 하는가?
3. 다른 사람이 나의 이야기를 듣지 않는다는 것을 어떻게 아는가?
4. 다른 사람이 나의 이야기를 듣지 않는다면 어떻게 하겠는가?
5. 훌륭한 청자가 듣기를 멈추는 이유는 무엇인가?

(7) 문답법

문답법은 발문법 또는 질문법이라고도 한다. 이 방법은 교사가 미리 준비한 문제나 수업 시간 도중 학습과 관련된 문제를 가지고 학생들에게 질문하면 학생들이 답변하고, 이에 학생들의 성취도 여부나 성취도 정도를 측정해 보는 방법이다. 학생 스스로 자기 자신에게 물어보고 답할 수도 있고, 서로 물어보고 답할 수도 있다. 진위 형태, 선택형 형태, 단답형 형태 및 논술 또는 서술 형태로 물어보고 답할 수 있다.

- 공식적인 자리에서 사투리를 써도 되겠습니까?
- 공식적인 자리에서 표준말을 써야 되겠습니까, 사투리를 써야 되겠습니까?
- 공식적인 자리에서 무슨 말을 써야 되겠습니까?
- 공식적인 자리에서 어떤 말을 써야 되는지 그 이유를 들어 말해 보세요.

5) 평가 결과 활용

평가를 하고 난 후의 결과는 기록해 두어야 한다. 포트폴리오를 활용하여 정리해 두면 변화과정을 잘 알 수 있지만, 포트폴리오로 정리할 수 없는 사항이라면 누가기록부를 만들어 그때그때 기록해 두어야 한다. 그래야 변화과정을 관찰해 볼 수 있고, 피드백을 주며 학습 활동을 할 수 있다. 그리고 학생 지도를 위해 학부모와의 면담 자료로도 활용될 수 있다. 누가기록부는 류성기(1998: 256)가 제시한 것과 같이 평가 내용(요소)을 정해 놓고, 해당 평가 내용을 평가하여 기록한다. 누가기록부의 형식 및 포함 내용은 〈표 6-13〉과 같다.

표 6-13 평가 누가기록부

구분		평가 내용	평가 방법	평가척도	학생명	
					홍길동	
지식		듣기의 목적을 안다.	관찰법 면접법	상-중-하		
기능	정보 확인	소리와 의미 관계를 이해하며 듣는다.	관찰법 면접법	상-중-하		
	내용 이해	내용 장면을 연상하며 듣는다.	관찰법 면접법	상-중-하		
	내용 비판	이야기를 듣고 인물의 행동을 안다.	토론법	상-중-하		
태도	자세	바른 자세로 듣는 태도를 지닌다.	관찰법	상-중-하		
특기 사항						

6) 평가 방법의 현장 적용성

현장 교사들로부터 앞서 언급한 평가 방법이 이상적인 것이라는 말을 자주 듣는다. 다시 말하면, 방법은 좋지만 현장에서 실현될 수 없다는 것이다. 왜냐하면 국어 과목만 있는 것도 아니고, 또 국어 과목에도 말하기 · 듣기 영역만 있는 것도 아니어서 일일이 다 평가할 수 없기 때문이다. 이러한 말은 어떻게 보면 일리가 있다. 시간적 · 물리적 한계로 많은 평가를 동시에 할 수 없기 때문이다. 그러나 이는 매우 잘못된 생각이다. 평가의 한쪽 면만을 생각하기 때문이다.

전술한 바와 같이, 평가는 형식적 평가와 비형식적 평가가 있는데, 형식적 평가 방식만으로는 평가가 불가능하다. 그러나 교사는 모든 교과 시간을 비롯해 학생들과 같이 활동하는 시간에 말하기 · 듣기 능력을 평가할 수 있다. 사회 시간에 토론하는 것을 보면서 말하기 · 듣기 활동을 평가할 수 있고, 과학 시간에 조별 실험 활동을 하고 있는 것을 보면서 말하기 · 듣기 능력을 평가할 것이다. 또 조회 시간, 쉬는 시간, 학생들끼리 놀고 있거나 심지어 싸우는 것을 보면서도 학생들의 말하기 · 듣기 활동을 평가하는 것이 바람직하다.

교사가 학생들의 말하기 · 듣기 활동을 끊임없이 평가하고 있다는 관점에서 볼 때, 앞서 제시한 평가 방법에 대한 모든 지식은 형식적 평가, 비형식적 평가에서 유용하게 사용될 수 있다. 그렇기에 교사들은 다양한 평가 방법에 대한 지식을 갖춰야 한다. 그래야 평가를 통해 좀 더 나은 학습이 이루어질 수 있다. 교사는 학생들이 토론과정에서의 피드백에 대해 주의를 기울일 필요가 있다. "너는 주제에 맞게 말했으나 증거 제시가 부족해. 그러니 증거 자료를 제시하면서 말해야겠구나." "너는 주제에 맞게 말하고, 증거 자료를 제시하면서 말했으나, 토론 규칙을 잘 지키면서 말해야겠다."와 같이 구체성과 객관성을 유지하고 현재의 상황을 보다 긍정적으로 지원해 줄 수 있는 즉각적인 피드백을 제공해야 한다. 학생들은 이러한 평가를 통해 자신의 말하기 기술에 대해 깊이 있게 검토하게 되고, 교사로부터 얻게 된 자신의 말하기 기술의 단점을 보완하여 보다 나은 말하기 · 듣기 기술을 구사할 수 있게 된다. 이러한 과정을 통해 학생들은 교사의 평가에 바탕을 둔 토론 활동에서 효과적인 학습을 하게 되며, 토론학습에서 더 나아가 말하기 · 듣기 학습에서도 진보를 이루게 된다. 즉, 평가 방법은 형식적 평가에서만 활용한다는 고정관념에서 벗어나 학생과 같이 있는 어느 시간, 어느 장소에서나 그것을 활용해야 한다. 그러기 위해서는 교사가 다양한 평가 방법에 대한 지식을 인지하고 있어야 한다.

5. 말하기 · 듣기 지도

1) 말하기 · 듣기 지도 내용

말하기 · 듣기 지도 내용을 알아보기 위해 먼저 말하기 · 듣기 지도 내용을 분류하는 기준을 살펴보고자 한다.

말하기 · 듣기 지도 내용을 분류하는 방법에는 우선 지식, 기술, 태도 등의 행동 영역을 중심으로 분류하는 방법이 있다. 이 방법은 영역별 지도 내용이 많은 경우 각 영역의 내용을 고르게 신장시킬 수 없는 경우가 발생할 수 있다. 두 번째 분류 방법은 내용 영역의 공통 내용을 묶어 분류하는 방법이다. 그런데 지도 내용들을 공통 내용에 따라 분류할 때 지도 내용이 너무 많다면 내용 요소들을 하위 체계로 분류하기 불분명한 경우가 발생할 수 있다. 마지막으로 행동 영역과 내용 영역을 이원적으로 분류하되, 내용 영역을 신장시켜야 할 행동 영역에 따라 분류하는 방법을 들 수 있다. 이는 앞의 두 가지 방법을 절충한 방법으로 행동 영역과 내용 영역을 이원적으로 분류하는 것이다. 행동 영역의 상위 범주는 지식, 기능, 태도의 세 가지로 나누어 제시하고, 내용 영역은 지식, 기능, 태도의 범주 속에 분류하여 제시할 수 있다. 여기에서는 지식, 기능, 태도의 영역으로 각각 분류한 지도 내용을 살펴보고자 한다.

(1) 지식 영역

지식 영역에 해당되는 내용들로는 화자, 청자, 상황 등의 담화와 관련된 담화 지식, 말하기나 듣기의 필요성, 목적, 개념, 특성 등에 관한 선언적 지식, 그리고 말하기나 듣기의 정보 확인, 내용 이해, 내용 추론, 내용 비판, 내용 감상, 내용 생성, 내용 조직, 표현 방법 등에 관한 절차적 지식 등이 있다. 이를 구체적으로 살펴보면 〈표 6-14〉와 같다.

표 6-14 말하기·듣기의 지식 영역

내용 \ 지식	담화 지식	선언적 지식 및 절차적 지식
음성언어로 표현하기	• 말하기의 개념, 목적, 상황, 특성, 중요성, 바람직한 태도 등을 이해한다.	• 말할 내용 선정과 조직의 방법을 안다. • 적절한 어휘 선택과 문장 표현 방법을 안다. • 언어적 표현 방법을 안다. • 비언어적 표현 방법을 안다. • 보조 자료를 언제, 어떻게 사용하는지를 안다. • 말하기 불안증을 극복하는 방법을 안다.
음성언어 이해하기	• 듣기의 개념, 목적, 상황, 특성, 중요성, 바람직한 태도 등을 이해한다.	• 주의집중하는 방법을 안다. • 분석적 듣기(이해)의 방법을 안다 • 비판적 듣기(평가)의 방법을 안다. • 효과적으로 기억하는 방법을 안다. • 공감적 반응을 보이는 방법을 안다.
효과적인 인간관계 형성과 유지	• 말하기·듣기의 관계적 목적을 이해한다. • 인간관계의 원리를 이해한다.	• 인간관계를 파악하는 방법을 안다. • 상대 인정하기 방법을 안다. • 상대의 체면을 존중하는 방법을 안다. • 자기를 개방하는 방법을 안다. • 자기표현을 하는 방법을 안다.
담화 상황별 말하기· 듣기	• 공식적 말하기와 비공식적 말하기를 이해한다. • 담화 목적에 따른 말하기·듣기를 이해한다.	• 토의/토론/연설하기 등 공식적 말하기의 방법을 안다. • 대화의 방법을 안다. • 설득적/설명적/친교적 및 감상적 말하기·듣기 방법을 안다.

(2) 기능 영역

기능 영역에는 듣기 기능에 대한 정보를 확인하고 사회·문화·감화·관계적 맥락을 고려하여 내용을 이해하고 추론하며 비판하고 감상하는 기능이 있고, 또한 말하기 기능에 대한 내용을 생성하여 조직하고 이를 표현하는 기능이 있다. 이러한 기능 중에는 반복 연습을 통해서 기능을 익히는 행동 기능 숙달 형태의 기능이 있고, 과정이나 원리 등 상위 인지적 전략을 익혀야 하는 전략 기능 숙달 형태의 기능이 있다. 듣기에서는 소리를 변별하고, 말하기에서는 똑똑한 발음으로 말하고, 또 목소리의 크기, 속도, 어조, 몸짓, 얼굴 표정과 같은 행동적인 내용들은 반복 연습을 통해 기능을 습득할 수 있다. 담화 상황에 따라 듣거나 정보 확인하기, 내용 이해하기, 추론하기, 비판하기, 감상하기와 같은 듣기 활동이나 혹은 따라 말하기, 내용을 생성하기, 조직해서 묘사하기, 설명하기, 주장하기 등과 같은 말하기 활동도 반복 연습을 통해 전략을 습득할 수 있다.

(3) 태도 영역

태도 영역의 지도 내용에는 듣고 말하는 자세, 습관, 흥미 등에 관한 지도 내용과 듣기나 말하기에 대한 가치관적 지도 내용이 있다. 자세, 습관, 흥미에 관한 내용은 앞서 제시한 행동, 기능, 학습으로 반복적이고 지속적인 연습을 통하여 이루어질 수 있는 데 반해, 가치에 관한 내용은 기능 학습이 아니라 가치관을 형성하게 하는 학습이기 때문에 가치관 형성을 위한 학습 형태가 이루어져야 한다.

이상과 같이 말하기 · 듣기 영역의 지식, 기능, 태도 영역에 걸쳐 지도 내용을 중심으로 논의한 결과를 정리하면 〈표 6-15〉와 같다.

표 6-15 말하기 · 듣기 지도 유형과 내용

- 지식 인지 유형
  - 말하기나 듣기의 필요성, 목적, 개념, 특성 및 담화 특성, 매체 특성 등의 선언적 지식
  - 말하기나 듣기의 정보 확인, 내용 이해, 추론, 내용 비판, 내용 감상, 내용 생성, 내용 조직, 표현 전달 등의 절차적 지식

- 행동 기능 습득 유형
  - 발음, 소리 변별, 태도(자세), 말하기나 듣기의 행동 내용

- 전략 기능 습득 유형
  - 담화 상황, 정보 확인, 내용 이해, 내용 추론, 내용 비판, 내용 감상, 내용 생성, 내용 조직 등의 전략적 표현 및 이해 기능

- 가치 형성 유형
  - 태도(가치)

2) 듣기 수업 전략

(1) 수준별 듣기 지도

먼저, 학습자 수준에 따른 듣기 지도를 들 수 있는데, 학습자 수준이라 함은 학생이

지닌 개인차로 정의할 수 있다. 개인차를 언어 숙달도와 같은 능력의 차이로 봄과 동시에 개인 특성의 차이로 생각할 수 있다(Brown, 1994). 이는 학습 방식과 전략의 차이로 구분할 수 있다.

- 학습 방식: 외향성, 자존심, 불안감 같은 인성적인 측면과 학습양식의 선호도, 모호성에 대한 참을성, 민감성 등과 연관되며 다른 사람과 차별화되는 비교적 지속적이고 일관된 특성과 성향을 일컫는다.
- 전략: 어떤 문제나 과제에 접근하는 특정 방법, 또는 어떤 특정 목적을 달성하기 위한 특정한 작업 방식으로 개인 내에서도 폭넓게 변화될 수 있다.

이들이 지닌 이러한 특성은 학습자의 능력으로 드러나는데, 구어 숙달도, 명료도, 다른 한편으로 속도로 볼 수 있다. 개념적으로는 학습 능력이 뛰어나다는 것은 이해 속도가 빠르다는 것을 의미하는데, 이는 어휘의 난이도와 친숙도에 따라 큰 차이를 보일 수 있으므로 어떤 경험을 얼마나 자주 주었는가와 밀접한 연관을 지닌다고 할

표 6-16 과제 수준의 난이도에 따라 듣기에 미치는 영향

	쉽다 ⟶ 어렵다	
학습자 요소	과제에 대하여 자신을 가진다.	자신감이 없다.
	과제 수행을 위한 동기가 있다.	동기화되어 있지 않다.
	필요한 사전 학습 경험을 가지고 있다.	사전 경험을 가지고 있지 않다.
	요구되는 속도로 학습 경험을 할 수 있다.	요구되는 속도로 학습할 수 없다.
	필요한 언어 기능을 가지고 있다.	필요한 언어 기능을 가지고 있지 않다.
	적절한 문화적 지식을 가지고 있다.	적절한 문화 맥락적 지식을 가지고 있지 않다.
과제 요소	인지적으로 덜 복잡하다.	인지적으로 복잡하다.
	거쳐야 할 단계가 적다.	많은 단계를 거친다.
	상황이 많이 제공되어 있다.	상황이 제공되어 있지 않다.
	사용할 수 있는 안내의 양이 많다.	사용 가능한 안내가 없다.
	문법적인 정확성이 요구되지 않는다.	문법적인 정확성이 요구된다.
	필요한 만큼의 시간이 주어진다.	시간이 적게 주어진다.
교재 요소	짧고 적은 사실을 담고 있다.	길고 많은 사실을 담고 있다.
	제시가 명확하다.	제시가 불명확하다.
	상황적인 단서가 많이 있다.	상황적인 단서가 적다.
	친숙하고 일상적인 내용이다.	친숙하지 않은 내용이다.

수 있다(박경옥, 2016).

　다음으로는 과제의 수준에 따른 듣기 지도를 들 수 있다. 이는 화자, 청자, 듣는 자료의 내용, 안내의 양과 듣기 목적이 과제의 수준에 미치는 영향으로, 〈표 6-16〉에 제시한 바와 같다. 과제 수준은 학습자, 과제 그리고 교재와의 상호작용에 의해 결정된다.

(2) 듣기 기술 지도 원리 및 종류

- 내적 동기를 부여한다.
- 실제적인 맥락과 언어를 사용한다.
- 학습자가 어떻게 반응할 것인지 고려한다.
- 듣기 전략을 개발하도록 격려한다.
  - 핵심어 찾기
  - 의미 해석에 도움이 되는 비언어적인 단서 찾기(예, 추측하기)
  - 입력정보와 기존의 인지 구조 연계하기
  - 설명 요구하기

표 6-17 듣기 전략

직접 전략	보상 전략	언어적 단서 활용하기: 단어의 배열 순서, 문장에서의 강세 등의 단서 활용
		언어 외적 단서 활용하기: 목소리에서 전해지는 마음 상태 등
	인지 전략	상향식 전략: 문장의 억양 구별, 음소 구별, 어미의 선택적 듣기, 단어 식별, 정상적인 어순의 문장 듣기 등
		하향식 전략: 정서적 반응 구별하기, 한 문장의 요점 파악하기, 주제 파악하기 등
		상호작용적 전략: 관련 단어 연상하기, 친숙한 단어를 인식하고 한 범주에 관련짓기, 지시 따르기
간접 전략	초인지 전략: 목표 확인하기, 자기 진단, 자기평가	
	사회적 전략: 천천히, 한 번 더 이야기해 달라는 요청하기, 생각을 공유하고 도움을 요청하는 다양한 방법 등	
	정의적 전략: 학습자의 감정, 태도, 가치 등을 통제할 수 있게 도와주는 전략	

(3) 듣기 지도 전략

경도 지적장애 학생은 일상생활에서 필요한 자신의 요구나 의사를 표현하는 데 큰 어려움은 없으나, 정보처리의 인지적인 결함으로 다소 주의가 산만하여 상대방의 말을 끝까지 잘 듣지 못하거나 중요한 말을 집중해 듣지 못한다. 그리고 상대방의 질문에 충동적으로 대답하거나 상대방의 말에 잘 끼어들기도 하며 사용하는 어휘가 단순하고 어떤 사건이나 주제에 대해 풍부하게 말을 이어 가는 데 어려움을 보인다. 중도 지적장애 학생은 개인차가 심하여 환경과의 상호관계에서 몸짓이나 시선으로 반응을 보이는 경우가 있는가 하면, 간단한 음소나 음절 혹은 의미 없는 소리를 내서 표현하는 경우가 있다. 그리고 구어로 표현하는 것이 어려운 경우가 대다수이지만 학생의 능력 정도에 따라서는 생활에서의 간단한 지시 따르기도 할 수 있는 경우도 있으므로 이들의 능력을 잘 파악하고 학생의 흥미를 고려한 수업 활동을 구안하여 접근하는 것이 필요하다.

표 6-18 학생의 특성에 따른 듣기 전략

학생 특성	구체적인 듣기 전략
주의가 산만한 학생	• 들은 것을 기억하여 말하기 • 이야기 징검다리 게임으로 말하기(또는 귓속말로 이야기 전하기) • 들은 이야기를 몸짓으로 표현하기 • 몸짓으로 표현된 행동을 말로 표현하기 • 들은 것 질문하기 • 이어서 말하기(앞사람이 이야기한 내용을 이어서 꾸며 말하기)
언어 표현 이전 단계의 학생	• 생활 주변의 소리 듣고 반응하기 • 주변의 소리 모방하기, 일상생활에 관한 지시 따르기 • 자신의 이름에 반응하기, 의미 있는 놀이나 노래를 통해 감각 및 신체 활동 표현하기 • 비음성적으로 자기 의사표현하기
음절이나 단어 수준 표현 단계에 있는 학생	• 입모양 흉내 내어 발성하기 • 낱말 따라 발음하기 • 자기 의사표현하기 • 자신이 본 것, 들은 것, 한 것을 말로 표현하기
조음의 문제를 지닌 학생	• 정확한 조음점, 조음 방식 지도하기 • 모델링 • 짧은 노래 부르기 • 녹음하여 듣기

조음의 문제를 지닌 학생	• 책 읽기 • 천천히 말하기
무의미한 군더더기 말을 사용하거나 반복하는 학생	• 목표 문장에 대해 시범 보이기 • 손가락으로 어절 표시하며 말하기 • 짧은 문장 낭송하기 • 녹음하여 들려주기 • 동료와 말 주고받기
문장이 단순하고 표현력이 부족한 학생	• 게임으로 말하기 • 짧은 글 짓기 • 삼행시 낭송하기 • 동시 듣고 암송하기 • 이야기 듣고 이어질 내용 꾸미기
문법에 맞게 표현하지 못하는 학생	• 어순이 맞는 문형 모델링 • 어울려 쓰는 말 짝짓기 • 이야기 듣고 시제에 맞게 문형 만들기 • 만화를 보고 말 주머니에 들어갈 말 넣기 • 그 인물이 되어 듣기

　초등학교 시기의 학생지도를 위해서는 다음과 같이 접근할 수 있다. 먼저, 듣기의 바른 태도와 습관을 형성할 수 있도록 하는 데 중점을 두어야 한다. 이들을 위한 듣기 교수 전략으로는 교사가 학생에게 눈맞춤을 하면서 바람직한 듣기 시범을 보여 주는 것이 있다. 책을 읽을 때는 듣는 것이나 말로 듣는 것 모두를 가르친다. 들을 준비를 하도록 암시를 주며, 중요한 내용과 들은 내용을 조직할 수 있도록 하는 단서를 제공한다. 말하는 속도를 조금 늦추고, 짧고 단순한 문장으로 설명하되 이 또한 고착되지 않도록 점차 문장 구조를 확장시켜 나간다(Mercer & Mercer, 1989).

　중등학교 시기에 듣기 기술이 잘 형성되지 않은 중등학생들은 좀 더 적극적인 자세와 체계적인 교수 전략이 필요하다. 이들은 그동안 형성된 자신만의 듣기 기술, 즉 바람직하지 않은 듣기 기술을 형성했을 수 있기 때문에 새롭게 변화를 주는 것이 어려울 수 있다. 따라서 새롭게 들으려는 태도부터 형성해야 한다. 이들을 위한 듣기 전략을 듣기 전, 듣는 중, 그리고 듣기 후로 그 시기를 나누어 집중 지도해야 할 내용을 살펴보면 다음과 같다.

• 듣기 전 활동
  - 전 시간의 노트 정리와 이번 시간의 수업 내용을 읽어 보면서 미리 들을 준비를 한다.
  - 수업에 필요한 자료를 준비하고 주의집중을 위해 앞자리에 앉혀 물리적인 준비를 한다.
  - 들을 내용에서 다룰 새로운 어휘를 미리 조사한다.

• 듣기 중 활동
  - 조직에 대한 단서에 주의를 기울이며 듣는다.
  - 언어적 · 비언어적 단서에 주의를 기울이며 듣는다.
  - 주제와 중심 내용에 주의를 기울이며 듣는다.
  - 명료화를 위한 질문을 한다.
  - 피드백을 구한다.
  - 기억 전략을 활용한다.
  - 중요한 내용을 메모하거나 필기를 한다.

• 듣기 후 활동
  - 수업 후 가능한 한 빨리 들은 내용을 검토한다.
  - 노트 정리에 빠진 내용을 필기한다.
  - 수업 시간에 들은 내용에 대해 잘 파악했는지 스스로 질문을 만들어 답한다.
  - 들은 내용을 요약하거나 그에 대한 결론을 내려 본다.

3) 말하기 교수 · 학습 방법

말하기는 듣기와 거의 동시에 발달하고 지도하는 영역이다. 말하기 능력은 언어 능력 중 가장 명확한 것이고, 다른 인간과 지적인 상호작용을 나타내는 탁월한 수단이며, 다른 상징체계들을 이해하기 쉽게 만들 수 있는 정도로 중요한 기능이다. 하지만 지적장애 및 자폐성 장애 학생에게 지도한다 하여도 단시간 내 성과를 내기 어려운 영역이기도 하다. 이러한 이유로 다른 대체적인 소통 방법을 찾아 제공하기도 하지만 궁극의 목적은 자발적인 상호작용이다. 이러한 말하기 특성을 고려하여 기본 교육과정에서도 말하기·듣기 활동 중심의 표현 활동에 초점을 두고, 말하기, 듣기, 노래하고, 역할극하고, 게임하며 재미있는 표현 활동 중심 수업을 하고 있으나 학생들은 여전히 부끄러워하고 자신 없어 한다. 그 이유를 살펴보면, 발음이 명료하지 않아 말하기 싫어하고, 말을 한다 하더라도 다른 사람들이 알아듣지 못하기 때문에 쉽게 포기하는 특성도 보인다. 틀릴까 봐 말하는 것에 자신 없어 하고, 친구나 선생님의 눈치를 보느라 말하기를 두려워한다. 또한 상황과 맥락에 적절한 어휘를 떠올리지 못한다거나 문법적인 체계를 구성하지 못하는 특징도 있다. 학교나 가정에서 배운 말을 써 볼 기회를 적절하게 찾지 못하여 그 사용 기회를 얻지 못하는 경우도 있다. 이처럼 장애학생의 말하기에는 여러 가지 장벽이 있다. 따라서 다음에 주의하여 말하기 지도를 해야 한다.

첫째, 유창성과 정확성의 적절한 균형을 유지하는 것이 필요하다. 말하기 활동의 효율화를 위해서는 정확성보다는 유창성에 중점을 둔 교육 활동이 필요하다. 유창성 활동의 목표는 학생이 일상생활에서 사용하는 것과 비슷한 대화의 유형으로 학생이 말할 수 있는 능력을 개발하는 것이다. 이러한 유창성 중심의 말하기 지도는 의사소통을 촉진하는 내용, 활동, 그리고 방법을 구체적으로 제시하고 실행함으로써 달성될 수 있다. 하지만 정확성을 고려하지 않고 유창성만을 강조했을 때 학생은 정확하게 언어를 사용하지 못해도 의미가 통하는 경우가 많아(특히 학생과 친숙한 사람들, 교사나 가족 등) 잘못된 언어 표현들을 잘못된 것인 줄 모르고 지나가서 그런 잘못이 굳어지는 '화석화' 현상이 일어날 수 있다. 따라서 유창성 중심의 지도가 맹목적으로 되어서는 안 되며 지도의 과정에서 대부분의 학생에게서 반복적으로 나타나는 실수는 적절한 단계에서 교정을 해 나갈 수 있도록 지도해야 한다.

둘째, 학생들의 흥미와 수준에 부응하는 재미있고 다양한 활동을 중심으로 한 지도를 한다. 학생들의 흥미와 수준에 부응하고 재미있고 다양한 활동은 학생들로 하여금 말하기 학습에 대한 관심과 내적 동기를 유발시킬 수 있다.

셋째, 의미 있는 상황에서 실제 언어 사용을 격려한다. 상황과 결여된 단편적인 연습이나 말하기에 대한 지식을 제공하기보다는 평소에 좋아하는, 또는 관심 있어 하는 소재나 활동에 대한 자료를 축적해 두었다가 언어의 실제성을 느낄 수 있는 활동으로 재구성하여 의미 있는 상호작용이 이루어질 수 있도록 한다.

넷째, 충분한 연습 기회를 제공한다. 짜임새 있는 연습을 충분히 한 후에야 자연스러운 발화가 가능하기 때문이다. 다양한 방법으로 언어 자료를 제시한 후 충분히 연습할 기회를 준 다음, 창의적인 표현 단계로 넘어가는 것이 필요하다.

다섯째, 말하기와 듣기의 자연스러운 연결고리를 최대한 활용한다. 말하기와 관련된 대부분의 상호작용적 테크닉들은 듣기를 자연스럽게 포함하고 있기 때문에 두 기능을 통합시킬 수 있는 기회를 충분히 활용하여야 한다.

마지막으로, 말하기 전략을 개발해야 한다. 분명하게 말해 달라고 요구하기(예, "다시 말해 주세요." "뭐라고 하셨나요?" 등), 반복 요청하기(예, "모자 주세요. 모자 주세요" 등), 생각하고 말할 시간을 벌기 위한 표현 익히기(예, '왜냐하면' '그게 뭐냐 하면' '내 말은~' 등), 상대방으로부터 도움 얻기(예, 필요한 어휘나 표현하는 방법을 묻고 써 먹기), 상투적인 표현 사용하기(예, '그러니까~' '말하자면 ~' '내말은 ~' 등), 대화 유지용 신호 사용하기('음' '또~' '맞아' '아하' '오케이' '와~' 등), 의미 전달을 위해 마임 등의 비언어적인 표현 사용하기 등이 활동의 예가 될 수 있다.

4) 말하기 지도 전략

말하기를 지도할 때는 기능 습득 단계와 의사소통을 하는 기능 사용 단계로 구분할 수 있다. 의미 없는 기계적인 연습의 경우, 꼭 필요하다고 판단되는 경우, 짧은 기간 동안 활용하여야 한다. 교사의 기계적인 연습 과정에서는 통제된 연습, 유도된 연습, 그리고 자유 활동으로 확장해 나갈 수 있다. 기능 습득 단계에서는 의사소통의 도구라 할 수 있는 단위, 범주, 문법 기능 등을 인지하고 이들에 관한 규칙을 내재화하는 훈련 단계이다. 이 단계에서는 교사의 통제에 의하여 특정 언어 기능을 연습을 통해서 숙달시키는 데, 실제적인 의사소통이 될 수는 없다. 결국 이 단계에서는 기계적인 연습, 유의적 연습, 그리고 의사소통적 연습으로 나뉘고, 실제적인 의사소통은 상호작용에 의한 기능 사용 단계로 이어진다. 이때 통제된 연습(예, 듣고 따라 말하기, 듣고 행동하기, 보고 묻기, 시간을 말하기, 무엇을 하고 있는지 말하기 등과 같은 활동)과 유도된 연습(나에게 다른 것을 묻기, 색칠하기 등과 같은 활동하기)으로 접근할 수 있다. 기능 사용 단계는 내재화된 규칙에 의해 자신의 의견이나 생각을 표현하고 상대방의 말을 이해하여 상호 의사소통을 위해 언어를 사용하는 단계이다(Mercer & Mercer, 1989). 이러한 특징을 고려하여 학생의 단계 및 특성을 고려한 구체적인 말하기 전략을 소개하면 다음과 같다(김윤옥, 2012).

(1) 기초적인 말하기 교수 방법

말하기 언어 습득에 따라 자신의 뜻을 적절하게 타인에게 표현하는 수단으로 사용하는 것인데, 경도장애 학생들은 언어적 표현에 있어 다음과 같은 내용을 고려하여 지도 계획이 수립되어야 한다.

- 언어의 각 요소를 분리하여 가르치기보다는 통합하여 지도한다.
- 다양한 자연스러운 생활 장면 속에서 언어를 지도한다.
- 다양한 교과 수업 중에서도 언어 교육을 병행한다.
- 실용적인 언어 구사도 지도한다(예, 질문하는 방법, 돌아가면서 이야기하기).
- 학생이 말한 내용을 먼저 파악한 후에 실수를 자연스럽게 교정해 준다.
- 언어 사용을 일반화할 수 있도록 기회를 마련하고 지원한다.
- 교사가 언어 규칙을 몇 번 시범 보이고 학생에게 그 시범을 설명해 보라고 하며 확인한다.

중등학생을 위한 지도 방법은 먼저 학생이 이야기한 내용을 듣기 위해 기다리고 반복 연습을 한 다음, 말하기의 사회적 중요성을 인식시키면서 지도하는 과정으로 이루어져야 한다.

- 학생의 능력과 특성을 고려한 적절한 어휘를 찾도록 지도한다.
- 문법적으로 잘못된 부분을 교정해 준다.
- 말하기 연습을 할 수 있는 기회를 제공한다.
- 학습 토의를 잘 계획해서 실시하고 이들에게 발표할 수 있는 기회를 제공한다.

(2) 이야기 읽기를 통한 대화 촉진 전략

발달장애 학생의 대화를 격려하기 위해서 이야기 읽기를 활용할 수 있으며, 이때 '칭찬문 열기'라는 기억 전략을 활용할 수 있는데, 다음의 단계로 구성된다.

칭찬을 할 때 아동의 말 수준에 비추어 단순하게 하라.

문장이 되도록 아동이 말하는 단어를 확장시키라.

열린 질문을 해서 학생이 자유롭게 답하게 하라.

기다려라. 학생이 말을 시작할 때까지.

(3) 표준받침 발음 전략

국어의 표준발음은 효율적인 의사소통에 필수적인 요인이고, 우리말이 가지고 있는 표준발음을 바르게 발음함으로써 다양하고 폭넓은 발음 기능이 확대될 수 있으며, 표준발음은 세련되고 공인받은 소리이기 때문에 표준발음 교육이 필요하다. 이는 곧 표준발음을 하는 학생이 장차 사회생활을 하는 데도 성공적으로 적응할 가능성이 높아질 수 있음을 의미한다. 이와 같은 표준발음 교육의 중요성에 근거하여 표준받침 발음 전략을 프로그램화하여 6개 규칙을 제시하고 있다. 각각의 규칙을 한꺼번에 학생들에게 지도할 것이 아니라 학생의 필요와 지도 시기에 맞게 지도하는 지혜가 필요하다.

표 6-19 표준받침 발음 규칙

규칙	예시
규칙 1: 한 글자인지 확인한다.	• 한글 표준발음은 어떤 글자를 발음하든지 두 글자 이상이면 연음 법칙의 적용을 받을 수 있으므로 글자 수를 확인한다. – 받침이 없는 한 글자는 모양대로 읽는다. – 두 글자이면 받침과 뒤 글자 첫소리를 살펴본다.
규칙 2: 대표음을 기억한다.	• 받침 형태 28개는 7개의 대표음으로 발음된다. 글자 모양대로 그대로 발음하는 것을 원칙으로 하되 대표음으로 발음된다.
규칙 3: 'ㅎ'에 유의하여 발음한다.	• 이 규칙은 'ㅎ'과 관련된 규칙으로, 받침 'ㅎ' 뒤에 어떠한 소리가 오느냐에 따라 발음되거나 발음되지 않기도 한다. – 'ㅎ' 뒤에 [ㄱ, ㄷ, ㅈ]이 결합되는 경우 뒤 음절 첫소리와 합쳐져 [ㅋ, ㅌ, ㅊ]으로 발음한다. – 받침 [ㄱ, ㄷ, ㅂ, ㅈ] + 'ㅎ' = ㅋ, ㅌ, ㅍ, ㅊ으로 발음한다. – 'ㅎ' 뒤에 모음으로 시작되는 어미나 접미사가 결합되면 'ㅎ'은 발음하지 않는다(예, 낳은 → [나은], 놓아 → [노아]).

규칙 4: 두 글자가 만나면 받침을 뒤로 보낸다.	• 연음법칙에 해당하는 규칙이다. 　－ 깎아 → [까까]　　　　　　－ 옷이 → [오시] 　－ 앉아 → [안자]　　　　　　－ 겉옷 → [거돋]
규칙 5: 자음끼리 닮는다.	자음동화를 일컫는다. 자음동화는 음절 끝에 있는 자음이 뒤에 오는 자음과 이어져 발음될 때 어느 한쪽이 다른 쪽을 닮아 가는 것을 일컫는다.(예, 닫는 밥물 → [단는 밤물], 받는 법문 → [반는 범문], 천리길 → [철리길], 신라 → [실라]).
규칙 6: 된소리로 발음한다.	한자어의 'ㄹ' 받침 뒤 'ㄷ, ㅅ, ㅈ'은 된소리로 발음한다(예, 갈등 → 갈뜽). 'ㄴ' 'ㅁ' 뒤에 결합되는 어미의 첫소리 'ㄱ, ㄷ, ㅅ, ㅈ'은 된소리로 발음한다(예, 신고 → [신꼬], 앉고 → [안꼬]). 'ㄱ, ㄷ, ㅂ' 뒤에 연결되는 'ㄱ, ㄷ, ㅂ, ㅅ, ㅊ'은 된소리로 발음한다(예, 국밥 → [국빱], 깎다 → [깍따], 샀돈 → [삭똔]).

출처: 김윤옥(2012: 174-177)에서 발췌하여 재구성함.

(4) 다양한 활동을 통한 말하기 전략

말하기를 지도할 때는 다양한 소재나 활동을 가지고 자연스럽게 접근하는 방법이 모색되어야 한다. 특히 학생들에게 익숙한 프로그램이나 자료를 가지고 동기 유발부터 이야기 만들기까지의 과정을 이끌어 낼 수 있도록 다양한 자료를 활용해 볼 수 있다.

- 게임을 활용한 동기 유발 전략
  - 주머니의 물건 맞히기
  - 날씨 메모리 게임하기(오늘 날씨는 어때?/ 맑아, 비 와, 눈이 와 등)
  - 짝짓기 게임(2명, 5명씩 짝지으세요)
  - 사진을 보고 말하기
  - 동작 알아맞히기 게임하기
- 노래를 활용한 동기 유발 전략
  - 열 꼬마 인디언
  - 큰 소리로 말하기
  - 머리-어깨-무릎-발 노래하며 동작으로 표현하기
  - 율동하며 노래하기 등

• 앱과 웹 콘텐츠를 활용한 말하기 전략

- Tap To Talk: 의사전달을 마치 게임과도 같이 즐겁게 할 수 있도록 도와준다. 그림을 단지 두드리는 것만으로 이야기할 수 있다. 각각의 그림은 또 다른 그림 화면으로 연결된다. 학생이 지적한 그림과 관련된 이야기를 확장해 나갈 수 있다.

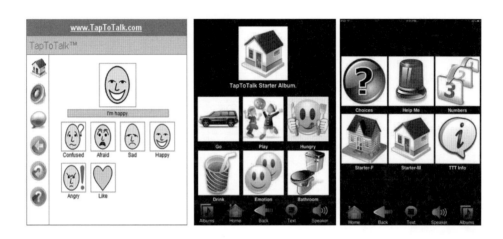

- 나의 AAC: 상황에 따라 내가 원하는 의사소통 보드를 만들거나 학생이 직접 사진이나 심볼을 추가하여 만들 수 있다. 이러한 사진이나 그림을 활용하여 자신의 이야기를 스스로 말할 수 있다.

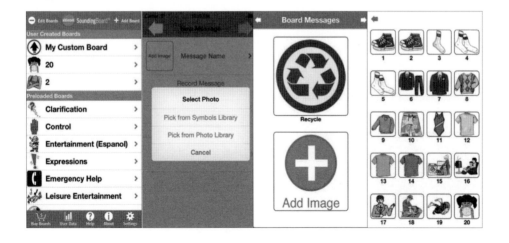

– 인지니: 언어발달을 위한 매칭게임이다. 교사가 학생과 상호작용하며 언어를 발달시키고 문제해결을 키울 수 있는 도구로 활용할 수 있다. 학생들에게 연관된 두 카드를 찾아내게 하고 그 이유를 설명하게 할 수 있다. 사고 능력과 언어 능력을 배양할 수 있도록 활용해 볼 수 있다.

– 국내외 학습 콘텐츠를 활용한 말하기 · 듣기 수업

이 장에서는 읽고 쓰는 활동보다는 읽고 쓰는 활동의 기본이 되는 말하기 · 듣기 활동에 대한 내용을 보다 강조하여 기술하였다. 이는 읽기, 쓰기가 중요하지 않아서가 아니라 읽기, 쓰기의 바탕이 말하기 · 듣기 활동이기에 그렇다. 학생들이 말하

	무료로 사용할 수 있는 사이트에서 학생의 생활연령 및 학습 내용과 관련된 동영상, 사진 자료 등을 활용하여 본 내용을 이야기하거나 관련 내용에 대한 경험을 상대방에게 전달하는 활동을 할 수 있다.
	움직이는 동화를 감상하거나 교사가 읽어 주고 관련 내용에 대해 순서대로 이야기하거나 인상적인 장면을 구체적으로 설명하는 활동을 한다. 또는 관련 내용에 대해 한 사람은 질문을 하고 다른 한 사람을 답하는 활동을 한다. 이 활동은 서로 역할을 바꾸어 가면서 할 수 있다.
	세계의 명화를 보고 그림 속에서 느껴지는 감정이나 사실을 묘사해 보는 활동을 하도록 한다. 하나하나 관찰하는 능력과 무엇인가를 찾는 활동을 통해 학생들은 관찰하는 능력뿐만 아니라 이것을 정확하게 전달하기 위한 언어 활동을 왕성하게 활성화할 수 있다.

기 · 듣기 활동을 스스로 즐겨 하거나 흥미로워한다면 강화하여 학생이 말하고 듣는 기술을 스스로 발전시켜 나갈 수 있도록 지원해 주는 것이 필요하다. 이러한 교사지원 활동은 학생의 말하기 · 듣기의 유창성과 정확성을 확장해 나가도록 하고, 말하기 · 듣기 활동을 읽기, 쓰기 활동으로 연계하여 확장해 나갈 수 있다. 그 활동의 방법이 총체적 언어 활동이고 언어경험 중심 활동이 될 수 있다.

누구나 의사소통을 하고자 하는 의지는 가지고 있으며 그것은 인간이 누릴 수 있는 권리이기도 하다. 기본 교육과정의 국어과 목표는 원활한 의사소통에 있다. 이러한 의사소통을 하는 방법은 수용 표현의 수단을 익혀 적절히 활용하는 데 있다.

6. 말하기 · 듣기 수업 시 교사의 유의점

말하기 · 듣기 수업을 준비할 때 교사는 다음의 유의점을 염두에 두어야 한다(최지현 외, 2007).

첫째, 이상의 교수 · 학습 모형은 한 차시에 모두 다룰 수 있는 것은 아니다. 경우에 따라서는 한 차시에 한 단계가 적용될 수 있고, 한 단계가 여러 차시에 거쳐 진행될 수도 있다.

둘째, 말하기 · 듣기 교육은 말하기 능력을 세분화하여 기능을 습득하는 데 치중되지 않도록 해야 한다. 말하기 · 듣기 교육에서는 균형감을 가지고 수업이 진행되도록 해야 한다.

셋째, 말하기 · 듣기 교육 내용을 개인적인 측면에서 다루기보다는 개인적인 사고력 신장과 실제적인 의사소통 기능 향상에 중점을 두어 지도하고, 사회 · 문화적인 맥락에 관심을 갖게 하며, 다른 사람과 상호 교섭하면서 듣고 말할 수 있는 기회를 가능한 한 많이 주도록 한다.

넷째, 말하기 · 듣기 수업은 인간 생활에 밀착되어 있어, 장황하거나 다변적이고, 논쟁적인 어조가 강하며, 논리적 거리 유지보다는 감정이입적이거나 참여적이고, 추상적이기보다는 상황 의존적이며, 종속적이기보다는 첨가적이고, 분석적이기보다는 집합적이라는 점을 염두에 두고 기본적으로 학생들의 삶을 위한 교육이 될 수 있도록 해야 한다.

   마지막으로, 말하기 · 듣기 수업에서 중요한 것은 학생들의 말하기 · 듣기만이 아니라 교사의 말하기 · 듣기도 중요하다는 것이다. 학생들은 부지불식간에 교사들의 말하기와 듣기를 배운다. 따라서 교사는 수업 중에 학생들에게 모범적인 말하기 · 듣기의 기회를 제공하여 그들이 자연스럽게 체득할 수 있도록 노력해야 한다.

요약

- 말하기 · 듣기는 인간이 자신의 생각을 말하고 상대방의 말을 듣는 과정을 통해서 서로의 지식, 의견, 감정 등을 공유하는 음성언어 의사소통 방법이므로 학생의 음성언어 의사소통 능력을 신장하기 위해서 의도적이고 체계적인 교수 · 학습이 필요하다.
- 말하기는 일정한 담화 조건 속에서 화자가 자신의 생각(의미, 내용)을 생성하고 조직하여 청자에게 음성언어로 표현하는 행위이고, 듣기는 일정한 담화 조건 속에서 청자가 화자의 발화 내용(의미)을 이해하고, 추론하고, 비판하고, 감상하는 행위이다.
- 말을 하기 위해서는 듣는 사람이 있어야 하고, 듣기 위해서는 말하는 사람이 있어야 한다. 이와 같이 말하기와 듣기는 음성언어로 이루어지며, 내용을 주고받는 언어 행위이다. 이 과정을 통해 말하기와 듣기를 통한 문제해결은 상호작용과 협력으로 이루어진다.
- 말하기는 계획하기-생성하기-조직 및 표현하기 과정으로 이루어지고, 듣기는 주의집중-이해하기-평가하기-기억하기-반응하기의 과정으로 이루어진다.
- 말하기 · 듣기 평가가 종합적인 능력을 평가하기 위해서는 교육과정이나 교재에 제시된 다양한 담화 상황에서 이루어져야 한다. 평가는 지속적이고 직접적으로 이루어져야 한다.

학습문제

1. 듣기교육의 중요성과 개념을 이해하고, 특수교육 대상 학생들에게 적합한 듣기교육의 목표에 대해 토의하여 보시오.

2. 말하기·듣기 처리과정은 미시적 접근 방법과 거시적 접근 방법에 따라 지도 방법이 달라질 수 있다. 이를 종합하여 새로운 말하기·듣기 전략을 바탕으로 한 수업 계획을 수립해 보시오.

3. 특수교육 대상 학생의 말하기·듣기 능력의 평가 원칙에 준하여 현행 특수교육 교육과정 평가 체계의 보완점에 대해 논하고 적합한 평가 방법을 제시하시오.

4. 중도·중복장애 학생에게 적용 가능한 말하기·듣기의 구체적인 교육 목표와 그들의 특성을 고려한 교수·학습 방법을 찾아 제시하시오.

참/고/문/헌

교육과학기술부(2009). 2009 초등학교 국어과 교육과정.

교육과학기술부(2010). 특수교육 교육과정 별책 1. (교육과학기술부 고시 제 2010-44호)

김윤옥(2012). 장애학생 국어과 교수-학습 지도. 2012 국립특수교육 원격직무연수 자료집. 국립특수교육원.

김혜리, 落合俊郎(2008). 중도·중복장애아동의 의사소통 경험양식에 관한 현상학적 연구. 중복지체부자유아교육, 51(1), 251-269.

노명완(1992). 언어, 사고, 그리고 교육: 국어과 교육의 기본 성격과 사고력 교육. 국어교육연구, 11, 1-11.

노명완, 박인기, 손영애, 이차숙(1991). 언어와 교육. 서울: 한국방송통신대학교.

류성기(1998). 국어과 교육의 실제화 연구. 서울: 교육과학사.

류성기(2009). 예비교사와 현장교사를 위한 초등 말하기·듣기 교육론. 서울: 박이정.

류성기, 김기수(1999). 국어 음성언어교육의 전략화를 위한 교수·학습 모형 연구. 한국초등국어교육, 15, 82-88.

민병곤(2006). 텍스트 중심 말하기 교육 내용 구성의 전제와 함축. 어문학회, 33, 7-30.

박경옥(2006). 중도 뇌성마비 아동의 비상징적 의사소통 능력 사정—종합적 사정가설모형. 특수교육저널: 이론과 실천, 7(3), 207-229.

박경옥(2011). 지체 및 뇌성마비 학생의 비상징적 의사소통 행동 타당화 및 유형화. 특수교육

저널: 이론과실천, 12(1), 145-171.

박경옥(2016). 지적장애 및 자폐성장애 학생을 위한 수업모형 및 교수학습 전략. 국립특수교육원 직무연수 자료집.

박경옥, 육주혜(2011). 비상징적 의사소통 사용자의 평가문항 타당화 및 유형화. 중복지체부자유아교육, 54(2).

박영목(2011). 국어과 교수 학습 방법 연구. 서울: 박이정.

박영목, 한철우, 윤희원(1996). 국어교육학 원론. 서울: 교학사.

박창균(1999). 대화분석을 적용한 말하기 교수·학습 방법 연구. 인천교육대학교 대학원 석사학위논문.

유장순(2012). 장애학생 국어과 교수-학습 지도. 2012국립특수교육 원격직무연수 자료집. 국립특수교육원.

이경화, 이성숙, 김경화(2010). 유아 언어교육. 서울: 공동체.

이동영(2006). 텍스트 중심 말하기 교육내용구성의 전제와 함축. 어문학교육, 33, 7-30.

이상희(2007). 의사소통장애 아동을 위한 비구어적 의사소통에 관한 최근 연구 검토. 유아교육·보육행정연구, 11(4), 83-109.

이숙정(2007). 중도·중복 장애학생 수업구성을 위한 "기초적 관계(Elementare Beziehung)" 이론 분석. 특수교육저널: 이론과 실제, 8(4), 241-262.

이재승(1997). 글쓰기 교육의 원리와 방법: 과정중심 접근. 서울: 교육과학사.

이차숙(2005). 유아 언어교육의 이론적 탐구(유아교육학 시리즈). 서울: 학지사.

이차숙(2006). 유아 언어교육의 이론과 실제. 서울: 학지사.

인탁환(1999). 상호점검전략을 적용한 말하기 지도 방안 연구. 인천교육대학교 대학원 석사학위논문.

전은주(1999). 말하기·듣기 교육론. 서울: 박이정.

정상섭(2001). 듣기·말하기 활동철 평가에 관한 연구. 한국교원대학교 대학원 석사학위논문.

천경록(2001). 국어과 평가의 새로운 방향. 말하기·듣기 영역의 수행평가. 서울: 함께 여는 국어교육.

최지현, 서혁, 심영택, 이동영, 최미숙, 김정자, 김혜정(2007). 국어과 교수·학습 방법. 서울: 도서출판 역락.

최현섭, 박태호, 이정숙(1999). 구성주의 작문 교수·학습론. 서울: 박이정.

Altberger, B., Edlesky, C., & Flore, B., (1986). Whole language: What's new? *Reading Teacher, 41*, 144-154.

Beukelman, D., & Mirenda, P. (2005). *Augmentative and alternative communication. Management of severe communication disorders in children and adults.* Baltimore: Paul H. Books Publishing Co.

Brown, H. D. (1994). *Teaching by principles: An interactive approach to language pedagogy.* 권오량, 김영숙, 한문섭 역(1999). 원리에 의한 교수: 언어교육에의 상호작용적

접근법. 서울: 갑우문화사.

Flowerdew, J., & Miller, L. (2005). *Second language listening: Theory and practice*. Combrige: Cambridge University Press.

Guba, E., & Lincoln, Y. (1981). *Effective evaluation results through responsive and naturalistic approachers*. San Francisco: Jossey-Bass.

Halliday, M. A. K. (1975). *Learning how to mean*. New York: Elsevier North-Holland.

Harste, J., & Burke, C. (1977). Reading: Theory, research and practice. In P. D. Pearson (Ed.), *Twenty-sixth yearbook of the national reading conference* (pp. 32-40). Clemson, SC: National Reading Conference.

Juel, C. (1991). *The reader and process of reading acquisition*. www.umich.edu/~ciera/about~ciera/-iews/program-1-overwiew.html#project-Ⅰ-1.

Kuder, S. J. (2008). *Teaching students with language and Communication Disabilities* (3rd ed.). 김화수 역(2010). 언어장애와 의사소통장애: 학령기 아동 가르치기. 서울: 시그마프레스.

Mercer, C. D., & Mercer, A. R. (1989). *Teaching Students with learning proble* (3rd ed). Columbus, OH: Merrill.

Nancy, K. (2004). *School play: A source book*. 황정현 역(2006). 창조적인 언어 사용 능력을 위한 교육연극 방법. 서울: 평민사.

Pinnell, G., & Jagger, A. (1991). Oral Language: Speaking and listening in the classroom. In J. Food et al. (Eds.), *Handbook of research on the teaching the English Language arts*. Macmillan publishing company.

Rosenblatt, L. (1978). *The reader, the text, the poem: The transactional theory of literacy work*. Carbondale: Southern Illinois University press.

제7장

읽기 평가 및 지도 방법

개요

    이 장에서는 읽기 평가 및 지도 방법을 소개하고 있다. 인간은 태어나면서부터 환경 속에서 자연스럽게 언어를 습득하고 읽기 또한 접하게 된다. 이러한 읽기는 학습을 위한 도구적 특성을 가지고 있기 때문에 학생들의 사회 참여의 기초가 되고 인격 형성에도 중요한 영향을 미친다. 따라서 읽기를 발달시키기 위해서는 단순히 문자를 읽는 기능만이 아니라 의미를 언어화하고 언어에서 의미를 추출하여 재구성하는 데 필요한 다양한 학습이 균형 있게 이루어져야 한다. 이런 필요는 일반학생들뿐만 아니라 특수교육 대상 학생에게도 동일하게 요청된다. 이 장에서는 읽기의 개념에 대해 간략하게 소개하고, 특수교육 대상 학생에게 읽기를 적용함에 있어 평가와 지도의 두 가지 측면으로 나누어 제시한다.

1. 읽기의 개념

1) 읽기의 정의

읽기는 인쇄문자에 대한 유의미한 해석 활동으로 아동이 가지고 있는 언어 능력과 문자언어 간의 상호작용 과정을 포함하는 복잡한 인지적 활동이다(Harris & Sipay, 1985). 또한 읽기는 현대 지식기반 사회를 살아가는 학생에게 필요한 최소한의 생존 기술이자 권리라고 할 수 있는데, 이 때문에 우리나라를 비롯한 각국에서는 오래전부터 읽기의 중요성을 인식하고 교육의 기본 정책으로 학생들의 읽기 능력을 향상시키기 위해 지속적인 노력과 연구를 실시하였다. 우리는 이런 노력과 연구의 결과로 읽기의 특성, 읽기 발달, 읽기 발달에 영향을 미치는 요인 등과 같은 여러 가지 개념적 지식들을 알게 되었으며, 읽기 평가와 지도에 도움을 줄 수 있는 효과적인 읽기 관련 기술과 전략들에 대해서도 다양하게 이해하고 있다.

그런데 이런 읽기에 대한 다양한 연구는 결국 다양한 관점과 정의로 이어지게 되었고, 읽기 연구자들 간에 매우 복잡한 입장 차를 보이고 있다. 따라서 이 장에서 언급되는 읽기의 개념은 지극히 제한된 정의일 수 있고, 학습자들은 보다 다양한 읽기의 관점에 대한 이해가 필요할 수 있음을 먼저 밝혀 둔다.

우선 다음과 같이 읽기를 정의해 볼 수 있다(National Institute for Literacy, 2003).

읽기는 다음의 모든 조건을 요구하여 활자로부터 의미를 끌어내는 복합적인 체계이다.

- 음소나 말소리가 어떻게 활자로 연결되는지를 이해하는 기술과 지식
- 생소한 단어들을 해독하는 능력
- 유창하게 읽는 능력
- 독해를 촉진시키기 위한 충분한 배경 정보와 어휘
- 활자로부터 의미를 만들어 내는 적절한 전략의 개발
- 읽기에 대한 동기의 개발과 유지

물론 우리가 읽기에 대한 개념을 잘 알기 위해서는 표기 처리과정, 형태소 처리과정, 어휘의 의미 처리, 통사 처리과정, 문장의 의미 처리, 텍스트의 이해와 기억, 기억 기반의 담화 이해와 추리의 문제, 텍스트를 통한 학습 등과 같이 읽기와 관련된 다양한 주제에 대한 이해도 필요하다고 하겠지만(조명한 외, 2003), 읽기를 단어 재인 (word recognition)과 독해(comprehension)의 두 가지 기능적 활동으로 구분하여 이해하려고 하는 것은 읽기 연구에서 보다 보편적인 현상이다.

여기서 단어 재인은 문자에 대한 해독을 의미하는데, 해독이란 활자를 구어나 구어에 해당하는 것으로 전환하는 기계적인 측면으로 형태, 음소, 음절, 문맥 분석과 일견 읽기를 통해 이루어진다. 그리고 독해는 언어로부터 의미를 이끌어 내는 읽기의 고차원적 측면을 말하며, 크게 단어 이해, 내용에 대한 문자적 이해, 추론적 이해, 평가적 이해, 감상적 이해로 구분할 수 있다(김동일, 이대식, 신종호, 2009). 이런 관점에서 볼 때, 해독 없는 독해는 읽기가 아닌 것처럼 독해 없는 해독도 읽기가 아니다.

2) 장애학생의 읽기 특성

우리는 다른 것들을 성취하기 위한 수단으로서 도구 기술들을 사용하게 되는데, 읽기는 전형적인 도구 기술이다. 읽기는 학령기의 학습뿐만 아니라 성인기의 취업에도 필수적이다. 그런데 대부분의 장애학생은 읽기 문제를 가지기 쉽고, 읽기 문제를 가진 장애학생들은 결국 읽기가 가지고 있는 도구적 특성 때문에 학교교육 및 성인기 교육의 많은 영역에서도 문제를 가지게 된다. 그리고 어린 시절 읽기에 심각한 문제를 가졌던 일부 장애학생들은 성인기의 삶과 일에서 성공할 수도 있지만, 대다수는 여전히 실질적인 읽기 문제와 파생된 관련 문제를 가지게 된다. 이런 문제점과 관련된 장애 영역별 읽기 특성은 매우 다양하지만, 간략히 정리해 보면 다음과 같다.

- 시각장애 학생들은 묵자를 활용한 읽기를 위해서 충분한 잔존 시력을 사용해야 하고, 맹아동의 경우는 촉각을 활용하여 점자를 통한 읽기 지도를 필요로 한다.
- 청각장애 학생들은 수화와 지화를 활용하기 때문에 국어는 외국어가 되며, 그들의 모국어라고 할 수 있는 수화의 기호에는 동작만 있고 소리가 없으므로 국어와 수화 간에 일대일 대응관계가 존재하지 못한다.

- 대부분의 지적장애 학생들은 언어발달 수준이 전반적으로 지체되어 있어서 읽기 능력도 일반학생들에 비해 상대적으로 떨어진다. 일부 지적장애 학생들의 경우는 정보 입수를 위해 간단한 자료를 읽을 수 있으나, 유희를 위한 읽기는 현실적으로 어렵다.

- 대부분의 지체장애 학생들은 비장애아동이 하는 학문적 활동을 동일하게 배워서 할 수 있고, 이는 읽기도 마찬가지이다. 물론 신경장애 수반 지체장애를 가지고 있는 아동들의 경우는 지능 및 지각의 결함을 가질 수 있고, 이 경우 읽기를 비롯한 학업 성취에서 다른 아동보다 뒤처질 수 있다.

- 정서 · 행동장애 학생들은 읽기와 같은 학업적 문제보다는 정서 · 행동적 문제에 주로 어려움을 호소한다. 따라서 주의집중력과 같은 읽기 관련 심리 특성에 문제를 보이는 일부 정서 · 행동장애 학생들을 제외하고는 대부분 일반적인 읽기 능력을 보인다.

- 의사소통장애 학생은 음운장애, 음성장애, 말더듬을 가지고 있고, 이 때문에 읽기에도 어려움을 나타낸다. 다른 장애를 가진 학생들이 의사소통장애를 중복장애로 가지고 있는 경우가 많기 때문에 장애 특성에 따른 언어 관련 지도가 필요하다.

- 학습장애 학생에게 읽기장애는 가장 흔한 영역이다. 읽기장애 학생은 쉽게 긴장하는 읽기 습관, 대치 · 생략 · 도치 등을 동반하는 단어 재인 능력, 줄거리나 주제 등을 상기 못하는 이해 능력, 부적절한 어법 등의 문제를 동반하는 경우가 대부분이다.

2. 읽기 평가

1) 읽기 평가의 원리

우리가 학생들에게 합리적이고 체계적인 읽기지도를 하기 위해서는 먼저 학생들의 읽기 능력 수준을 정확히 알고 있어야 한다. 이를 위해서는 타당하고 신뢰성 있는 읽기 평가가 이루어져야 한다. 이렇게 평가된 학생들의 읽기 능력은 읽기 지도에 대한 체계적 접근과 여러 가지 중요한 의사결정에 기초 정보를 제공해 준다. 따라서 읽기 평가는 읽기 교수·학습을 증진시키기 위한 중요한 전제 조건이 된다.

읽기 영역은 국어과에서 중요한 자리를 차지하고 있으면서도 읽기 평가의 본질에 대한 인식과 방법의 개선이 제대로 이루어지지지 못하고 있는 부분 중의 하나이다. 다른 영역의 평가에서도 마찬가지지만, 읽기 평가는 읽기의 본질에 대한 이해에서부터 출발하여야 한다.

그런데 우리는 보통 이 읽기 평가를 어떤 종류의 환경적 맥락을 통해 개념화하고 실시하게 된다. 이 환경적 맥락에는 교사, 학생, 교육과정, 교수 방법, 교육정책들이 존재하고, 이들 간에는 끊임없는 상호작용이 발생한다. 때로는 이런 상호작용 과정을 통해서 어떤 특정 읽기 평가 방법이 지나치게 선호되는 경향을 나타내기도 한다. 결국 이런 선호성은 읽기 평가에서 균형감을 상실하게 하고 학생의 읽기 발달과 타당하고 신뢰성 있는 중재의 투입을 저해하기도 한다. 이런 문제를 막고 학생들에게 최상의 실제를 제공하기 위해서는 먼저 교사들이 읽기 평가에 대한 기본적인 원리들을 인식하고 읽기 평가와 관련된 전문성을 충분히 가지고 있어야 한다.

일반적인 읽기 평가의 원리는 다음과 같다(Harp, 1991).

- 원리 1: 언어 사용력 평가는 언어의 총체성(의사소통성, 의미)을 최대한 보장해야 한다.
- 원리 2: 읽기를 하나의 과정으로 파악해야 한다.
- 원리 3: 교사의 직관은 가치 있는 평가 도구이다.
- 원리 4: 평가의 핵심은 교사의 관찰이다.
- 원리 5: 읽기 평가는 읽기과정에 대해 우리가 알고 있는 것을 반영해야 한다.
- 원리 6: 규준지향 평가는 교사나 학생들에게 별 도움을 주지 못하기 때문에 가급적 줄여야 한다.
- 원리 7: 평가 장면은 다양화해야 한다.
- 원리 8: 평가는 수업의 필수적인 한 부분이다.
- 원리 9: 평가는 문화적으로 적합한 것이어야 한다.
- 원리 10: 평가는 지속적으로 이루어져야 한다.
- 원리 11: 평가는 각 학생의 강점을 나타낼 수 있어야 한다.

또한 교사가 지식, 수행, 윤리의 세 가지 기준과 관련하여 갖추어야 하는 읽기 평가 전문성은 다음과 같다(천경록, 2005).

- 지식 기준
  - 읽기 특성에 관한 지식: 교사는 읽기의 개념, 요인, 과정, 방법, 역사 등과 같은 읽기 특성과 관련된 배경지식을 충분히 갖추고 있어야 한다.
  - 읽기 학습자에 관한 지식: 교사는 학습자인 학생의 인지적·정의적 특성, 학생의 읽기 전략과 기능, 읽기 발달 단계 등에 관한 지식을 갖추고 있어야 한다.
  - 읽기 평가와 인접 분야의 관련성: 교사는 읽기 평가와 종횡으로 관련을 맺고 있는 교육 평가 일반, 국어과 인접 영역 평가, 읽기교육, 읽기 관련 연구와 개발 분야 등에 대한 기본적 지식을 갖추고 있어야 한다.

- 수행 기준
  - 평가 계획 수립: 교사는 읽기 평가의 목적, 내용, 방법을 고려하여 절차에 따라 체계적으로 읽기 평가 계획을 수립할 수 있어야 한다.
  - 평가 도구 개발과 선정: 교사는 평가 계획을 달성하기 위해 읽기 평가의 내용과 방법을 고려하여 적절한 읽기 평가 도구를 개발하거나 선정할 수 있어야 한다.
  - 평가 시행: 교사는 학생의 상황을 고려하여 읽기 평가를 적절하게 시행하여 학생의 읽기 능력을 실질적으로 보여 주는 다양한 증거를 체계적으로 수집하고, 수집한 자료를 선택하고 정리할 수 있어야 한다.
  - 결과 분석과 해석: 교사는 읽기 평가 결과를 체계적으로 분석하고 전문적으로 해석하여 학생의 원래 읽기 상태를 추론할 수 있어야 한다.
  - 보고와 활용: 교사는 읽기 평가의 과정과 결과에 대하여 교육 공동체 구성원에게 체계적으로 의미 있게 보고할 수 있어야 하며, 결과를 의사결정에 활용할 수 있어야 한다.

- 윤리 기준
  - 자기 점검과 윤리: 교사는 자신의 읽기 평가와 읽기교육의 질을 계속적으로 점검해야 하며, 이 과정에서 교육 전문가로서 투철한 윤리성을 지녀야 한다.

- 전문성 신장 추구: 교사는 읽기 평가와 관련된 학회, 세미나, 워크숍, 협의회, 발표회, 관련 뉴스 등에 관심을 가지고 계속적으로 참여하면서 자신의 전문성을 신장시켜야 한다.
- 교육 공동체 기여: 교사는 학생, 학부모, 보호자, 시민, 정책 결정자, 전문가 집단 등과 함께 교육 공동체를 구성하는 주요한 성원으로서 참여하면서 읽기 평가의 결과를 토대로 학생의 읽기 발달과 교육의 질 향상을 위해 상호작용하며 기여할 수 있어야 한다.

2) 형식적 평가

(1) 수행평가

국어과 수행평가는 말하고 듣고 읽고 쓰는 실제적인 국어 수행 능력을 평가하는 것이라는 관점에서 볼 때 국어교육의 본질에 적합한 평가라고 인정되고 있다. 수행평가는 시기적으로 볼 때 과거의 결과 위주의 평가, 암기 위주의 평가에 대해 반성하게 하고, 전 교과에 걸쳐 획일적이었던 평가를 다양화하는 데 공헌했으며, 교수 개선을 위한 효과적인 도구로도 중요한 역할을 해 왔다고 할 수 있다. 또한 교육 내용을 본질, 원리, 태도로 나눈 다음 그 세 범주가 모두 교육 실제와 관련 맺을 수 있도록 구조화하여 평가한다는 점에서 언어 활동의 실제를 강조하는 수행평가가 많이 이루어졌다고 할 수 있다. 이러한 수행평가는 읽기 영역에서만 이루어진 것이 아니라, 국어과의 전 영역에서 동시다발적으로 이루어져 왔다(이도영, 2007).

(2) 포트폴리오 평가

포트폴리오 평가는 평가 목표, 내용과 관련된 학생의 수행 증거들을 종합적으로 모은 다음, 평가 기준에 따라 학생의 성취를 진단하거나 평가하는 것이다. 일반적으로 포트폴리오 속에는 서술식 검사, 논술식 검사, 체크리스트 등과 같은 여러 수행평가 방법이 들어 있다. 그러므로 포트폴리오를 수행평가와 구별하여 설명하는 사람과, 포트폴리오 평가는 전통적 선다형 평가 방법에 대한 대안적 평가이고 포트폴리오를 구성하는 하위 평가 방법도 근본적으로 수행평가와 철학적으로 크게 다르다고 볼 수 없으므로 포트폴리오를 수행평가의 일종으로 보는 사람으로 구분된다. 물론 포트폴리오 평가가 수행평가의 특성을 가지고 있긴 하지만, 포트폴리오 평가는 수행평가와 달리 누적적·종합적 평가를 지향하기 때문에 수행평가와는 성격이 약간 다르다고 하겠다.

포트폴리오의 과정은 크게 설계하기, 개발하기, 적용하기, 결과 처리하기로 나눌 수 있다(천경록, 2001). 첫째, 설계하기 단계에서는 포트폴리오의 목적 결정하기, 교육과정·교수·학습·교과서·평가 정렬하기, 준비물 확인하기, 시간 계획하기 등의 활동을 제시한다. 둘째, 개발하기 단계에서는 성취 기준, 평가 기준, 평가 과제, 성취 기록표 등의 개발을 권장한다. 셋째, 적용하기 단계에서는 포트폴리오 안내 및 유지하기, 정보 수집하기, 정보 검사하기 등의 활동을 제시한다. 넷째, 결과 처리하기 단계에서는 성취의 해석 및 성취 기록표 작성하기, 질적 정보화하기, 학생과 학부모에게 피드백하기 등의 활동을 권장한다(이도영, 2007).

(3) 자기평가

최근 자기주도적 학습이 강조되면서 읽기학습에서도 자기평가 활동이 적극적으로 도입되고 있다. 자기평가가 읽기학습에서 적극적인 지지를 받는 이유는 다른 평가와 달리 일상적인 수업의 한 부분으로, 그리고 의미 있는 과제의 맥락 속에서 이루어져 학습자의 학업 성취를 보다 높일 수 있기 때문이다. 자기평가 활동이 학습자의 학업 성취를 향상시킬 수 있다는 근거는 다음과 같다.

- 자기평가는 학습 목표에 주의를 집중시킨다.
- 교사들에게는 다른 평가에서 얻을 수 없는 정보를 제공한다.
- 학습자들은 다른 평가보다 자기평가에 주의를 더 기울인다.
- 긍정적인 자기평가는 학습자의 동기를 향상시킨다.

이와 같이 자기평가 활동은 읽기학습의 기능과 지식을 스스로 평가하여 학습자들이 읽기학습에 반성적으로 참여할 수 있도록 하는 것이다. 이러한 자기평가는 학습자들이 자신의 읽기 능력에 대한 점검을 통해 새로운 학습 요구를 증진시키고 이어질 목표를 설정하는 데 도움을 줌으로써 자기주도적 학습을 촉진시킨다. 이런 측면은 학습자의 책임감과 인지과정이 강조되는 현행 읽기교육의 일반적인 경향과도 일치한다(Bailey, 1998).

아울러 고차원적인 사고과정을 요구하는 자기평가 활동은 학습자의 자기조절을 유도할 수 있는 교사와 학습자 간의 적극적인 상호작용이 필수적이다. 자기평가의 자기조절 과정은 크게 자기 관찰의 초점화, 자기 판단의 구체화, 자기 반응의 구조화를 통해 이루어진다. 첫째, 자기 관찰의 초점화 방안에는 평가 상황 인식하기, 목표 조건 확인하기, 이전 수행에 주의와 관심 갖기, 학습 활동의 기능적 가치 찾기 등이 있다. 둘째, 자기 판단의 구체화 방안에는 자신의 수행 결과 입증하기, 학습자 간 유사성과 차별성 찾기 등이 있다. 셋째, 자기 반응의 구조화 방안에는 반응 범주 정하기, 긍정적 반응 보이기 등이 있다(김국태, 2008).

3) 비형식적 평가

비형식적 평가 방법은 주로 읽기 수업의 활동과정 속에서 피험자의 자연스러운 참여에 의존하게 되며, 주로 관찰과 진단 중심의 평가 방식을 취하게 된다. 비형식적 평가 방법으로 가장 대표적인 것은 교사의 관찰이다. 교사는 관찰을 통해서 학생의 읽기 기능이 얼마나 향상되었으며, 읽기 기능이 부족한 학생에게는 무엇이 필요한가와 같은 많은 정보를 수집할 수 있는 기회를 갖는다. 그래서 학생들이 주어진 읽을거리를 읽을 때 직면하게 될 여러 문제에 대한 통찰력을 갖게 된다. 관찰을 통해 교사는 낱말의 인지, 이해, 유창하게 읽기, 읽기에 대한 흥미와 태도 등을 평가할 수 있다.

이러한 비형식적 평가는 그 자체가 최종 판단으로서의 결과가 된다기보다는 중간 판단적 성격을 띠므로 그 기록은 누적적이고 지속적인 관리를 필요로 한다. 비형식적 평가는 평가의 설계와 관리 및 적용이 형식적 평가와는 상대적으로 비공식화되었다는 것을 의미한다. 따라서 방법상의 유형이나 규범이 절대적인 형식으로 정해져 있지는 않다. 다만, 읽기 수업의 구체적 상황이 요청하는 바에 따라 상당 부분 창의적으로 평가 방법을 모색해야 하는 것이다.

(1) 어휘 평가

어휘 평가 방법에 대해 문맥 평가, 낱말 구조 평가, 어휘력 평가로 나누어 살펴보기로 한다(김형배, 1997: 117-118).

① 문맥 평가

문맥 평가는 학생들이 문맥을 얼마나 잘 이해하고 활용할 수 있는가를 평가하는 읽기의 비형식적 평가 방법으로 다음과 같은 단계로 시행한다.

1. 학생들이 읽어야 할 읽을거리에서 5~10개의 낱말을 찾아낸다.
2. 학생들이 읽을거리를 읽기 전에 교사는 선택한 낱말들을 칠판에 적는다.
3. 학생들에게 칠판에 제시된 낱말의 뜻을 쓰게 한다.
4. 학생들에게 읽을거리를 읽게 한다.
5. 학생들이 읽기 전에 정의한 내용과 읽은 후에 얻은 정의가 바뀌었는지를 비교하게 한다.

이러한 평가 방법을 통하여 어떤 학생들이 문맥에 숙달되어 있고, 어떤 학생들이 능력은 있으나 지도를 필요로 하며, 어떤 학생들이 문맥을 효과적으로 활용하지 못하는가를 직접적으로 알 수 있다.

② 낱말 구조 평가

낱말은 읽는 이에게 의미를 전달해 주는 최소 단위라고 할 수 있다. 그러므로 낱말의 구조를 바르게 이해하는 것은 읽기의 기초가 된다고 할 수 있다. 우리말은 어휘적으로 복합어가 발달되어 있는 언어인데, 이 복합어에는 어근에 어근을 결합한 형태인 합성어와 어근에 파생접사가 결합한 형태인 파생어가 있다. 낱말 구조 평가 방법으로 이러한 낱말의 구조를 알고 있는지와 그 어근과 접사가 낱말을 만들어 내는 데 의미적으로 어떠한 역할을 하는지를 평가할 수 있다.

③ 어휘력 평가

어휘력이라는 개념에는 얼마나 많은 낱말을 알고 있느냐 하는 양적인 면과 그 낱말을 얼마나 정확하게 알고 있느냐 하는 질적인 면이 포함되어 있기 때문에 평가 방법도 매우 다양하다.

비형식적 평가 방법으로서의 어휘력 평가는 읽을거리에서 뽑은 낱말들을 학생들에게 적용해 학생들의 어휘력을 측정하는 방법으로, 특별한 훈련이나 숙달과정 없이도 비교적 적은 노력으로 학생들의 어휘력을 평가하고 개발시킬 수 있으며, 다음과 같은 방법을 예로 들 수 있다.

- 학생들의 수준에 맞는 250~300개의 낱말 정도로 된 읽을거리를 하나 고른다. 이때 읽을거리는 교과서 내용 이외의 것을 사용하는 것이 좋다. 교과서의 지문을 사용하면 단순한 기억이나 암기를 통해 답한 경우를 가려내기 어렵기 때문이다.
- 다양한 읽을거리를 이용하여 문항을 만든다. 문항을 만들 때는 첫 문장과 마지막 문장은 그대로 두고 나머지 문장은 중요한 낱말이 들어갈 자리를 빈칸으로 비워 둔다. 빈칸으로 비워 둘 낱말은 체언이나 용언, 수식언 등 모든 품사가 다 가능하다. 하지만 문장에서 중요한 낱말만 빈칸으로 비워 두어야 한다는 것에는 유의해야 한다. 중요하지 않은 낱말을 비워 두게 되면 추측에 의해 답할 가능성이 있어 평가의 목표에 어긋날 수 있기 때문이다.
- 학생들에게 시험지를 나누어 주고, 가장 적당하다고 생각되는 낱말로 빈칸을 채우게 한다.
- 정답의 개수를 세어 점수를 매긴다. 이때 동의어나 비슷한 뜻을 가진 낱말을 쓴 경우는 정답으로 인정하지 않는다.

(2) 읽기 속도 평가

읽기 속도 평가는 단순히 읽을거리에 나타난 문자 해독에 소요되는 시간을 측정하는 것을 목적으로 하는 것이 아니라, 읽을거리에 담긴 모든 정보를 이해하는 데 얼마나 많은 시간이 필요한가를 측정하는 것이다. 정보성 있는 설명문이나 서사적 구조가 잘 짜인 이야깃거리를 정해진 시간 동안 읽게 하고, 그 내용을 단답형 또는 논술형 문항으로 물어서 일정 시간 내에 답하도록 한다. 읽는 시간과 평가하는 시간을 합해서 20분을 넘지 않는 것이 바람직하다. 긴 글을 읽을 때는 글의 앞과 중간, 그리고 끝부분의 속도가 다르다고 한다. 따라서 검사의 신뢰도를 높이기 위해서는 5분 이상 소요되는 길이가 바람직하다. 그 읽기 속도를 평가하기 위해서 교사는 사전에 충분한 준비를 해야 한다. 이 방법은 읽기 능력의 바탕이 되는 주의력을 기르는 데 도움을 준다. 또한 이 방법으로 읽을거리 내의 정보를 종합적으로 처리하는 능력 및 처리 방식을 알아볼 수 있다.

읽기 속도 평가의 구체적인 절차와 평가 방법은 다음과 같다(김형배, 1997: 123-126).

1. 읽기 자료를 고른다. 읽을거리는 교과서 밖의 산문 자료가 좋다. 교과서의 내용을 선정하면 단순한 암기나 기억을 통해 답하는 경우가 있기 때문이다. 평가 대상 학생들의 학교급별, 학년별 수준 등을 감안하여 가급적 내용이나 구성이 산만하지 않은 것을 고른다. 읽기 속도는 글의 난이도와 내용에서 읽는 이의 읽을거리에 대한 흥미도에 따라 좌우된다. 그러므로 피검자의 난이도 수준보다 약간 낮은 수준의 글이 좋고, 글의 내용은 개인별 흥미도에 큰 차이가 없는 서술적인 글이 무난하다고 할 수 있다.
2. 평가 문항을 작성한다. 평가 문항은 자료에 나타난 내용 혹은 정보의 순서에 따라 배치한다. 이때 우연성에 의한 정답 가능성을 배제하기 위하여 문항의 형식은 단답형이나 논술형으로 하는 것이 바람직하다.
3. 선정한 읽을거리를 제한된 시간 안에 묵독하게 한 다음 문제지를 풀게 한다. 시간 제한은 자료의 분량에 따라 적절하게 조절한다.

(3) 읽기 태도 평가

읽기 태도를 평가하기 위해 많이 쓰이는 방법은 읽기 관찰기록부에 의한 평가이다. 이 방법은 학생들의 읽기 활동에 관한 정보를 광범위하게 얻을 수 있는 방법으로, 읽기 관찰기록부 항목은 교사가 미리 선정한 정보를 확인할 수 있도록 고안해야 한다. 따라서 읽기 관찰기록부를 작성할 때는 기초적인 읽기 기술, 읽기 자료를 이용하는 습관, 읽기에 관한 일반적인 태도, 읽기에 대한 흥미나 관심 등과 같은 관찰하고자 하는 부분에 대해 항목을 설정한다. 그리고 그 항목은 읽기학습 목표와 관련된 것으로 하는 것이 좋다. 관찰 대상은 학급의 모든 학생을 한꺼번에 관찰하지 않고, 특정 대상에 한정하여 3~5명 정도로 관찰 대상의 범위를 좁히는 것이 바람직하다. 기록은 관찰과 동시에 즉시 수행해야 하며, 양적이고 누가적이어야 한다. 읽기 관찰기록부는 장기간에 걸친 교사의 일상적인 관찰에 의하여 기입하며, 각 학생마다 해당 항목에 체크 표시를 한다.

이와 같은 방법으로 기초적인 읽기 기술을 평가할 수 있는 '글자를 바르게 소리 내어 읽을 수 있다.' '알맞은 속도로 소리 내어 읽을 수 있다.' 등과 같은 읽기 관찰기록부 항목을 만들어 사용할 수 있다(김형배, 1997: 126-127).

(4) 이해 수준 평가

교사들은 다음과 같은 단계로 이해 수준 평가 문항을 작성하는 것이 좋다(신헌재, 권혁준, 우동식, 이상구, 1993: 291-292).

1. 적절한 읽을거리를 뽑아낸다. 발췌 자료는 단원 전체나 전체의 이야기일 필요는 없지만, 그 읽을거리 내에 전체의 내용을 포괄할 수 있는 개념이 완전한 모습으로 들어 있어야 한다.
2. 발췌문에 있는 총 낱말 수를 세어 본다.
3. 발췌한 부분을 읽고 10~12개의 이해 수준 평가 문항을 만든다. 측정의 첫 부분에서는 "여러분이 읽은 내용은 무엇에 관한 것이었나요?"와 같이 자유롭게 답할 수 있는 질문을 한다. 그리고 각각의 이해 수준에 맞는 질문들을 세 가지 또는 그 이상으로 개발한다.
4. 학생들에게 답지를 준비시킨다.
5. 질문에 대한 답을 쓰게 한다.

(5) 자유 회상하기

자유 회상하기란 이해된 내용은 기억이 된다는 일반적 원리에 따라 읽은 글에 대해서 학생들에게 자유롭게 회상하여 쓰거나 말하게 하는 방식이다. 이때 가능한 한 원문 그대로를 회상하게 하고, 검사자는 회상된 자료를 분석하여 기억해 낸 양, 정확성, 기억의 조직방법, 창의적으로 추가한 내용, 기억 내용을 인출하는 전략, 추론이나 해석의 과정 등 글 처리에 요구되는 읽기 능력 전체를 검사할 수 있다.

이 방법은 학생들이 질문의 도움을 받지 않고 정보를 회상하게 되는 경우이다. 즉, 학생들이 통찰력을 발휘하여 그들이 읽은 글의 중심 생각을 회상하고 또 그들의 회상을 재조직할 수 있는 능력을 기르게 한다.

학생들이 글을 읽으면서 중심이 되는 내용, 새로운 내용, 배울 만한 가치가 있다고 생각되는 내용, 의문점이나 비판적인 내용 등을 메모해 가면서 글을 읽게 한다. 글을 다 읽고 난 후에 교사는 "읽은 글에 대하여 생각나는 것을 말해 볼까요?"와 같은 질문으로 학생들이 글 속에서 무엇을 읽어 냈는지를 말할 수 있도록 유도한다.

이에 대한 학생들의 대답을 통하여 핵심 내용 파악 능력과 중요 정보 선별 능력, 암기된 정보의 조직 능력 등을 측정할 수 있다. 이때 교사는 회상된 정보의 개수와 그 중요성별로 분석하여 정보의 양과 질을 평가한다(신헌재 외, 1993: 247-248).

3. 읽기 지도 방법

읽기 지도는 크게 읽기 선수 기술, 단어 인지, 읽기 유창성, 어휘 및 읽기 이해로 나누어서 이루어질 수 있다(National Reading Panel, 2000).

1) 읽기 선수 기술 지도 방법

(1) 자모인식 지도 방법

- 자모 관련 책이나 자모 블록 등을 자주 접할 수 있도록 한다.
- 개별 자모의 이름 가르치기: 개별 자모의 이름을 가르치는 예로는 'ㄱ'을 보여 주면서, "이 낱자의 이름은 기역입니다."라고 지도한다.
- 개별 자모의 소리 가르치기: 개별 자모의 소리를 가르칠 때는 먼저 초성소리를 가르치고, 아동이 초성소리를 명확하게 알게 된 후 종성소리를 가르친다. 예컨 대, 'ㄱ'을 보여 주면서, "이 낱자는 [ㄱ] 소리(초성소리)가 납니다."라고 하고, 아 동이 [ㄱ]라는 소리를 명확하게 알면, 'ㄱ'이 [윽] 소리(종성소리)가 난다는 것을 가르친다.
- 개별 자모의 이름과 소리를 가르칠 때, 음운인식 활동과 결합하기: 개별 자모의 이름과 해당 자모의 소리를 확실하게 알게 된 후, 음운인식 활동의 하나인 음소 합성 활동과 결합하여 교수하는 것이 좋다. 예컨대, 아동이 'ㄱ'이 [ㄱ]라는 소리 가 나고 'ㅏ'가 [ㅏ]라는 소리가 난다는 것을 알게 되면, [ㄱ]와 [ㅏ]라는 소리를 합쳐 [가]라는 소리가 된다는 것을 가르친다(김애화, 김의정, 김자경, 최승숙, 2012: 152; Baker, Kameenui, Simmons, & Stahl, 1994).

(2) 음운인식 지도 방법

- 아동의 발달 수준에 적합한 음운인식 교수 실시하기: 아동의 발달 수준을 고려하여 음절인식 활동, 초성-각운 및 음절체-종성활동, 음소 활동 중 적절한 음운인식 단위를 선택하여 지도한다. 또한 아동의 발달 수준을 고려하여 변별 활동, 합성 및 분절 활동, 탈락 및 대치 활동 중 적절한 음운인식 과제 유형을 선택하여 지도한다.

- 음소분절 및 음소합성 활동하기: 음운인식 과제 유형 중, 음소분절과 음소합성 과제는 음운인식 및 읽기 능력 향상에 특히 효과적이다. 따라서 음소분절과 음소합성을 강조하여 교수하는 것이 바람직하다.

- 구체물 활용하기: 소리는 추상적이므로 음운인식 교수 시 구체물을 활용하는 것이 음운인식 능력을 향상시키는 데 효과적이다. 단어를 구성하는 음소의 수와 구체물의 수는 1:1 비율이므로 음소의 수만큼 구체물을 준비하는 것이 필요하다. 아동은 교사의 지시에 따라 하나의 음소에 하나의 구체물(예, 플라스틱 칩 등)을 대응시키면서 구체물을 조작하는 음운인식 활동에 참여한다.

- 낱자-소리의 대응관계를 결합한 음운인식 교수 실시하기: 음운인식과 낱자-소리의 대응관계를 결합한 교수가 음운인식 교수의 효과를 더 높일 수 있다. 낱자-소리의 대응관계를 결합한 음운인식 교수는 음소단위의 과제 유형인 음소분절과 음소합성 활동 시 실시한다. 예를 들어, 각 음소를 구체물 대신 그 음소에 대응하는 낱자카드를 사용하여 음소분절 및 음소합성 활동을 할 수 있다.

- 소집단 교수 실시하기: 대집단 교수보다 소집단 교수를 할 때, 음운인식 교수의 효과를 높일 수 있다.

- 교사의 음소인식 과제에 대한 시범 보이기: 교사는 구체적으로 음소인식 과제에 대한 시범을 보여야 한다. 특히 교사는 각 음소를 어떻게 발음하는지를 구체적으로 시범 보여야 한다.

- 학생에게 연습 기회를 제공한다(김애화 외, 2012: 155-158; National Reading Panel, 2000).

2) 단어 인지 지도 방법

파닉스 교수법은 음운인식과 낱자-소리 대응관계를 활용하여 단어를 읽을 수 있도록 지도하는 방법으로, 단어 인지능력을 향상시키는 데 있어서 크게 효과가 있는 것으로 밝혀졌다(Ehri et al., 2001). 다음은 파닉스 교수법을 활용한 단어 인지 지도 방법의 구체적인 사례이다.

교수 내용: 모음 ㅡ, ㅣ; 자음 ㄷ, ㄸ,

◎ 글자와 소리 인식하기

다음 낱자의 소리를 선생님이 소리 내어 읽어 보겠습니다. 손가락으로 따라 쓰고 소리 내어 읽어 봅시다.

• 'ㅡ'를 손가락으로 따라 쓰고 [으]라고 읽는다.
• 'ㅡ, ㅣ, ㄷ, ㄸ'의 소리를 익힐 때까지 반복적으로 연습한다.

◎ 단어 읽는 방법 알기

(설명 및 시범 보이기)

• '드'는 'ㄷ'과 'ㅡ'로 이루어진 글자입니다. 선생님이 소리 내어 읽어 보겠습니다.
(손가락으로 글자를 따라가며 소리 내어 읽는다.)

드	ㄷ ——————— ㅡ
	[드] ——————— [으]

> 처음에는 'ㄷ'을 길게 소리 내어 읽다가 'ㅡ'를 소리 내어 읽는다. 점점 짧게 소리 내어 읽다가 하나로 합쳐서 [드]라고 읽는다.

• 선생님이 다시 한 번 해 보겠습니다. 잘 보세요.
• 이번에는 ○○이 소리 내어 읽어 봅시다. 선생님의 손가락을 따라 읽어 봅시다.
(안내된 연습하기)
• 이 글자는 어떤 자음과 모음으로 이루어져 있습니까?
  - 'ㄷ'과 'ㅣ'로 이루어져 있습니다.
• 손가락으로 글자를 따라가며 천천히 소리 내어 읽어 봅시다.
  - 손가락으로 따라가며 천천히 소리 내어 읽는다.
• 좀 더 빠르게 읽어 봅시다.
• 소리를 합쳐서 읽어 봅시다.
• 교사의 안내에 따라 '뜨'와 '띠'를 소리 내어 읽는 연습을 한다.

(독립적 연습하기)

◎ 의미단어 소리 내어 읽기(연습하기 1)

• 다음 단어를 소리 내어 읽어 봅시다.

도	또	다리	마디	드디어

◎ 무의미단어 소리 내어 읽기(연습하기 2)

• 다음 단어를 소리 내어 읽어 봅시다.

느	니	도디	띠뜨	그다니

◎ 확인하기(점검 및 피드백)

• 학습지를 보고 문제를 해결해 봅시다(문제를 교사가 설명해 준다).

출처: 김용욱, 김경일, 우정한(2016: 97).

3) 읽기 유창성 지도 방법

읽기 유창성을 향상시키기 위해서 동일한 글을 소리 내어 반복하여 읽는 것은 매우 효과적인 방법이다. 이 가운데 학교 차원의 상급학생 또래교수를 통한 소리 내어 반복하여 읽기는 학급 내 프로그램의 제한점을 극복할 수 있는 전략으로 고려되고 있다.

학교 차원의 상급학생 또래교수를 위해서는 다음과 같은 절차를 통해 먼저 또래교사들을 사전 훈련시킬 수 있다.

차시	주제	단계별 목표	프로그램 구성
1	들어가기	또래교수의 목적을 알고, 또래교사로서 역할을 이해할 수 있다.	1. 나를 소개합니다 2. 또래교수의 의미 3. 또래교사의 의미
2	장애학생 이해하기	장애를 바르게 인식하고 장애를 가진 사람의 마음을 이해할 수 있다.	1. 생각의 차이 2. 장애 체험하기 3. 내 짝이 가진 어려움 알기
3	친한 형 되기	내 짝이 될 동생을 만나 친해지는 기회를 가질 수 있다.	1. 나의 대인관계는 2. 좋은 형이란 3. 좋은 형이 되려면
4	대화하는 형 되기	동생과 효율적으로 의사소통하는 방식을 익혀 표현할 수 있다.	1. 대화의 기본자세 2. 대화하는 방법 3. 친구와 함께 연습하기

5	도움 주는 형 되기	동생들에게 어떤 도움이 필요한지 알고 문제 상황에 대처할 수 있다.	1. 동생에게 필요한 도움 알기 2. 동생의 학교 생활 지원기술 익히기 3. 문제 상황 대처하기
6	반복 읽기 교수 시 필요한 기술 배우기	반복 읽기를 할 때 필요한 기술을 배우고 사용할 수 있다.	1. 반복 읽기 방법 및 교수 절차 알기 2. 피드백/강화 제공, 문제 상황 대처 3. 녹음기, 검사지 사용하기
7	마무리 및 평가	사전 훈련 활동을 정리하고 성실한 또래교사로 다짐할 수 있다.	1. 내가 원하는 나의 모습 2. 또래교사로서 나의 다짐 3. 배운 내용 정리 및 평가

출처: 구은정(2010: 34).

이후에 상급학생 또래교사들을 통하여 다음과 같은 반복 읽기 과정을 활용함으로써 읽기 유창성을 향상시킬 수 있다.

| 순서 | 활동 내용 | | 읽기 횟수 |
	상급학생 또래교사	또래학습자	
1	읽기 시범 보이기	눈으로 따라 읽기	1
2	같이 읽기	같이 읽기	2
3	빨간펜 오류 체크하기	혼자 읽기	3
4	피드백 제공하기	듣기	
5	파란펜 오류 체크하기	틀린 부분 고쳐 읽기	4
6	피드백 제공하기	듣기	
7	눈으로 따라 읽기	녹음하며 읽기	5
8	독해력 검사 답문 녹음하기/답문 받아쓰기	독해력 검사하기	

출처: 구은정(2010: 35).

4) 어휘 증진 지도 방법

어휘력 증진을 위한 대표적인 교수 전략으로는 그래픽 조직자가 있다. 그래픽 조직자는 선, 공간적 배열의 활용을 통하여 내용, 구조, 핵심 개념들 간의 유기적 관계를 묘사하는 방식으로서 교수 및 학습을 용이하게 하기 위해 고안된 시각적·공간적 표현 형태이다. 이런 그래픽 조직자에는 의미지도(semantic map)와 개념지도(concept map)가 있다. 의미지도는 목표 어휘를 중심으로 이와 관련되는 어휘를 열거하고, 그 어휘들을 그래픽 조직자를 활용하여 범주화함으로써 각각의 범주에 명칭을 부여하는 방법이고, 개념지도는 목표 이후의 정의, 예, 예가 아닌 것으로 구성된 그래픽 조직자이다(김애화 외, 2012). [그림 7-1]은 다양한 그래픽 조직자의 예시이다.

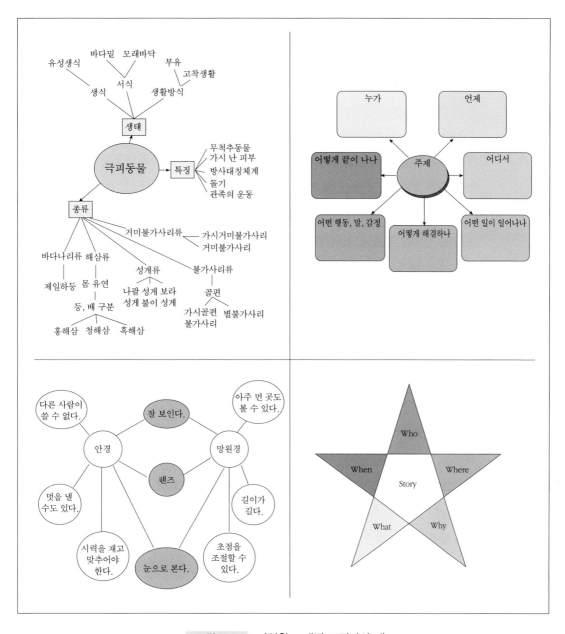

그림 7-1 다양한 그래픽 조직자의 예

그리고 다음과 같은 사이트들을 통하여 다양한 그래픽 조직자와 이에 대한 여러 아이디어를 접할 수 있다.

- https://www.eduplace.com/graphicorganizer/
- http://www.enchantedlearning.com/graphicorganizers/
- https://www.teachervision.com/lesson-planning/graphic-organizer

5) 읽기 이해 증진 지도 방법

독해는 읽은 내용으로부터 필요한 정보를 수집하고 의미를 파악하는 것이다. 따라서 독해는 읽기에 필요한 핵심적인 능력인 동시에 독자와 상호작용할 때 이루어지는 글을 읽는 가장 궁극적인 목적이다(김의정, 최혜승, 권택환, 2008). 또한 독해란 글의 내용을 읽고 이해하는 학습자의 적극적 사고 활동이자 모든 학습의 선행 요건이다(정대영, 김지은, 2001). 이와 관련된 독해력 전략은 읽기과정에서 가장 중요한 것으로서 글을 이해하는 과정에서 적용해야 하는 계획으로(박영목, 2006), 읽기학습 전략 중 가장 큰 비중을 가지고 있다. 또한 이것은 가장 보편적이고 활용 가능성이 높은 전략으로, 학생들의 어휘 능력, 일반적 지식, 읽기에 대한 흥미나 태도에 영향을 미친다(박경산, 박재국, 김윤혜, 2003). 독해 전략은 글의 내용을 이해하고 요약, 정리할 수 있는 학습의 기본 열쇠이다(권명옥, 안계례, 2005). 또한 교과 구조에 대한 인식은 읽기 이해와 관련이 높기 때문에 교과 구조와 관련된 명시적인 전략 교수는 읽기 이해를 증진시킨다(강옥려, 2004). 즉, 독해력을 증진시킨다는 것은 곧 학업 성취도를 증진시킨다고 할 수 있음은 물론이며(권명옥, 안계례, 2005), 학습자가 어떠한 독해 전략을 사용하는지가 학업 성취도에 영향을 미치기 때문에 중요한 영역으로 다루어지고 있다(주정민, 1997).

독해력을 직접적으로 증진시키기 위한 교수 전략으로는 관련 지식 자극하기, 질문하기, 심상 만들기 등을 들 수 있다. 이들 교수 전략을 살펴보면 다음과 같다.

첫째, 관련 지식을 자극하기 위해 사용되는 교수 전략은 학생들이 읽기 자료의 주요 내용들을 논리적이고 의미 있게 서로 연결하고 글의 내용을 중심으로 적절한 추론을 내릴 수 있도록 학생들을 도와주는 역할을 수행한다(Pearson & Fielding, 1991).

한 관찰 연구에서는 초등학교 교사의 약 90% 정도는 학생들의 관련 지식을 자극하기 위해 관련된 교수 전략을 읽기 수업 시간 중에 사용하는 것으로 나타났다.

둘째, 질문하기 교수 전략 또한 글에 대한 학생들의 이해력을 증진시키기 위해 주로 사용되는 교수 방법이다. 학생들이 글의 주요 내용에 주의를 기울이도록 유도하고, 글의 전체 내용을 단계적으로 요약할 수 있도록 도와주며, 학생 스스로가 글을 읽는 동안 글의 내용에 대한 자신의 이해를 점검해 볼 수 있도록 도와주는 기능을 수행한다(Pearson & Fielding, 1991). 질문하기 교수 전략은 교사가 단계적으로 준비된 질문을 학생들에게 직접적으로 제시하거나, 학생들에게 글의 제목, 그림, 도표 등을 이용해 스스로 질문을 만들고 그에 대한 답을 찾도록 한다. 교사는 글 전체 내용을 가장 잘 대표하는 핵심어를 찾도록 하는 질문, 글의 주요 내용에 대한 문단별 요약을 요구하는 질문, 읽은 내용을 중심으로 다음 단계에서 어떤 일이 일어날지 예견하고 그 결과를 확인해 보도록 하는 질문 등을 만들어 읽기 수업에 활용할 수 있을 것이다.

셋째, 심상 만들기 교수 전략은 학생들이 주요 내용을 효과적으로 연결하고 요약할 수 있도록 도와주기 위해 주로 활용된다(Mastropieri & Scruggs, 2000). 읽기 능력 발달을 설명하는 심상 모형에 따르면, 학생들은 글을 읽는 동안 글 속에 기술되어 있는 인물, 사건, 상황 등을 반영하는 영상을 마음속에 형성하는 동시에 사실적 정보에 대해서는 그 내용을 명제로서 부호화한다(McNamara, Miller, & Bransford, 1996). 읽는 자료가 공간적 정보를 많이 담고 있을수록 학생들은 제시된 정보에 대한 심상을 형성하려는 경향을 보이는 반면, 글 속에 기술된 세부적인 사항을 모두 기억해야 하는 경우에는 공간적 정보라 할지라도 학생들은 제시된 정보를 명제로서 기억하려는 경향을 나타낸다고 한다. 심상 만들기 교수 전략의 예로는 학생들에게 글을 읽고 난 후 그 내용을 대표할 수 있는 그림을 그리도록 요구하기, 글을 읽는 동안 그 속의 삽화를 보면서 글의 내용과 관련지을 수 있도록 유도하기 등을 들 수 있다.

이외에도 본문 회고 전략, 컴퓨터 활용 전략, 반복 읽기와 SQ3R, 사전 지식 활용, 이야기 구성도, 질문 전략, 생활 소재 사전 경험, 인지적 도식화, 독해학습, 자기 점검, 총체적 언어학습법, 상보적 교수 등도 독해력 증진을 위한 효과적인 전략들이다. 본문 회고 전략은 읽기 자료를 제시하고 질문의 유형에 따라 본문을 살펴보는 방법과 관련이 있는 것으로, 질문은 텍스트 명시형 질문, 텍스트 암시형 질문, 스크립트 암시형 질문으로 나누어진다. 사전 지식 활용은 사전 지식을 제공받은 집단이 회상

검사와 질문검사에서 통제집단보다 향상을 보이는지 살펴보는 것이다. 인지적 도식화는 이야기 도식화 전략 교수로, 이야기 도식을 이용하여 이야기의 구조 및 형식을 교수하여 읽기 이해력에 미치는 효과를 제시한 것이다. 독해학습 전략은 학생들이 읽기에서의 전략 사용 활용과 정도를 파악하기 위한 것으로, 사전 지식 활성화하기, 요약하기 등으로 나누어진다. 이를 통해 학생들의 독해 능력과 학업 성취도 정도를 알아보게 된다. 자기 점검은 글의 의미를 파악할 때 예상하고 점검하는 예상도 작성법 훈련을 통해 학생들의 읽기 인식 및 읽기 태도, 독해력 향상 등을 살펴보는 것, 중심 내용 파악하기와 자기 점검 전략을 통해 학업 성취도와 회상 능력의 향상을 확인하는 것이다.

그리고 학습 동기 교수 전략의 효과적인 사용은 학생들로 하여금 읽기 활동에 적극적으로 참여하도록 유도함으로써 궁극적으로 학생들의 읽기 능력 향상에 도움을 주는 기능을 수행한다. 학생들이 읽기 활동에 참여하는 동기는 크게 내재적 동기와 외재적 동기로 나누어 볼 수 있다. 내재적 동기 요인으로는 글의 내용에 대한 관심, 새로운 내용에 대한 학습 호기심, 글 속에 숨어 있는 복잡한 암시나 해결책을 찾아내기, 친구들과의 대화에서 책의 내용에 대해 이야기하기 등을 들 수 있다. 외재적 동기 요인으로는 교사의 요구에 순응하기, 교사로부터 인정받기, 친구들과 경쟁하기 등을 들 수 있다.

연구 결과들은 내재적 동기가 외재적 동기보다 학생들의 지속적이고 적극적인 읽기 활동을 유도하는 데 더 효과적이라고 보고하고 있다(Sweet & Guthrie, 1996). 학생들의 읽기 활동을 동기화하기 위해 이용될 수 있는 다른 동기 전략으로는 학생의 읽기 수준에 맞는 적절한 읽기 자료를 선정하기, 학생의 참여를 격려해 주는 학습 환경 조성하기, 학생의 읽기 행동에 대한 긍정적인 피드백 제공하기, 학생의 읽기 수행이 나아질 것이라는 긍정적 기대 갖기 등을 들 수 있다.

요약

- 읽기는 인쇄문자에 대한 유의미한 해석 활동으로서 매우 복잡한 인지적 활동이다. 읽기에 대한 다양한 주장이 존재하지만 여러 가지 편의상 단어 재인과 독해의 두 가지 기능적 활동으로 구분하는 것이 일반적이다.
- 장애학생들에게 적합한 읽기 지도를 하기 위해서는 학생들의 읽기 능력 수준을 정확히 알아야 하고 이를 위해 읽기 평가가 제대로 이루어져야 한다. 따라서 교사는 지식, 수행, 윤리의 세 가지 측면에서 읽기 평가에 대한 전문성을 갖추어야 한다.
- 읽기 평가는 형식적 평가와 비형식적 평가로 구분할 수 있고, 형식적 평가에는 수행평가, 포트폴리오 평가, 자기평가 등이 있다. 그리고 교사의 관찰에 의지하는 비형식적 평가에는 어휘 평가, 읽기 속도 평가, 읽기 태도 평가, 이해 수준 평가, 자유 회상하기 등이 있고, 비형식적 평가는 최종 판단을 위한 평가라기보다는 중간 판단적 성격을 가진 평가 방법으로 생각해야 한다.
- 읽기 지도는 읽기 선수 기술, 단어 인지, 읽기 유창성, 어휘 및 읽기 이해 영역으로 구분하여 이루어질 수 있다.
- 읽기 선수 기술 지도 방법으로는 자모인식 지도 방법과 음운인식 지도 방법이 있고, 단어 인지 지도 방법으로는 파닉스 교수법, 읽기 유창성 지도 방법으로는 동일한 글을 반복하여 읽기, 어휘 증진 지도 방법으로는 그래픽 조직자 등이 효과적인 것으로 밝혀져 있다.
- 읽기 이해 증진 지도 방법으로는 관련 지식 자극하기, 질문하기, 심상 만들기 등이 있다. 이 외에도 본문 회고 전략, 사전 지식 활용, 인지적 도식화, 독해학습, 자기 점검 전략 등이 독해력 증진에 도움이 되며, 학습동기를 증진시키는 것 또한 독해력 증진을 위한 핵심 활동이 된다.

학습문제

1. 읽기의 개념을 이해하고 읽기의 개념과 관련된 다양한 논쟁에 대해서 조사하여 토의하여 보시오.
2. 이 장에서 제시된 읽기 평가와 지도 방법 외에 다양한 읽기 평가와 지도 방법에 대해서 조

사하여 토의하여 보시오.

3. 특수교육 대상 아동의 읽기 능력을 평가할 때 교사가 갖추어야 할 역량을 정리하여 보시오.

4. 특수교육 대상 아동에게 읽기 지도를 실시할 때 장애 특성별로 고려하여야 할 사항에 대해 토의하여 보시오.

참/고/문/헌

강옥려(2004). 학습장애학생의 학습을 향상시키기 위한 교수전략으로서의 그래픽 조직자의 사용. 학습장애연구, 1(1), 1-27.

구은정(2010). 반복읽기 중심의 상급학생 또래교수 중재가 학습장애학생의 읽기능력에 미치는 영향. 서울교육대학교 대학원 석사학위논문.

권명옥, 안계례(2005). 독해전략 훈련이 정신지체 학생의 표현력 향상에 미치는 영향. 특수교육재활과학연구, 44(3), 113-135.

김국태(2008). 읽기 학습에서 '자기평가' 활동의 운영방안. 국어교육학연구, 31, 265-295.

김동일, 이대식, 신종호(2009). 학습장애아동의 이해와 교육(2판). 서울: 학지사.

김애화, 김의정, 김자경, 최승숙(2012). 학습장애 이론과 실제. 서울: 학지사.

김용욱, 김경일, 우정한(2016). 한글 파닉스 접근법에 기초한 단어 인지 지도 프로그램이 난독증 학생의 단어 인지에 미치는 효과. 특수교육저널: 이론과 실천, 17(14), 91-112.

김의정, 최혜승, 권택환(2008). 다 전략 읽기교수를 통한 초등학교 고학년 읽기학습장애아동의 설명문 이해력 향상. 특수교육연구, 15(2), 239-263.

김형배(1997). 읽기의 비형식적 평가 방법에 관하여. 한국초등교육, 9(1), 109-134.

박경산, 박재국, 김윤혜(2003). 독해학습전략 훈련이 읽기장애아의 독해력 향상 및 학업성취도에 미치는 효과. 정서행동장애연구, 19(2), 241-261.

박영목(2006). 전략적 과정 중심 읽기 지도 방안. 독서연구, 16, 269-296.

신헌재, 권혁준, 우동식, 이상구 편저(1993). 독서교육의 이론과 방법. 서울: 서광학술자료사.

이경화(2007). 기초문식성 지도 내용 및 지도 프로그램 개발 연구. 한국초등국어교육, 35, 157-178.

이도영(2007). 읽기 교육평가 연구의 동향과 성과. 교과교육학연구, 11(1), 195-212.

정대영, 김지은(2001). 총체적 언어학습법이 읽기 학습장애아동의 독해력 및 읽기 태도에 미치는 효과. 특수아동교육연구, 3, 23-43.

조명한, 이정모, 김정오, 신현정, 이광오, 도경수, 이양, 이현진, 김영진, 김소영, 고성룡, 정혜선(2003). 언어심리학. 서울: 학지사.

주정민(1997). 정교화 및 이해점검 전략훈련이 독해부진아의 독해력, 읽기상위인지와 읽기귀인에 미치는 효과. 대구대학교 대학원 미간행 석사학위논문.

천경록(2001). 읽기 영역의 포트폴리오 평가 방안. 한국초등국어교육, 18, 169-222.

천경록(2005). 국어과 교사의 읽기 영역 평가 전문성 기준과 모형. 국어교육, 117, 327-352.

최성규, 남상직(2004). 마인드 맵 학습 전략이 학습장애아동의 어휘력에 미치는 효과. 특수교육저널 이론과 실천, 5(1), 341-367.

최성규, 조영옥(2004). 동화를 활용한 연극놀이 활동이 학습장애아동의 어휘력에 미치는 효과. 놀이치료연구, 8(2), 115-127.

Ackerman, P. T., Anhalt, J. M., & Dykman, R. A. (1986). Inferential word-decoding weakness in reading disabled children. *Learning Disability Quarterly*, *9*, 315-323.

Bailey, K. M. (1998). *Learning about language assessment: Dilemmas, decision, anddirections*. Boston: Heinle & Heinle.

Baker, S. K., Kameenui, E. J., Simmons, D. C., & Stahl, S. (1994). Beginning reading: Educational tools for diverse learners. *School Psychology Review, 23*, 372-391.

Beck, I. L., Perfetti, C. A., & McKeown, M. G. (1982). Effects of long-term vocabulary instruction on lexical access and reading comprehension. *Journal of Educational Psychology, 74*(4), 506-521.

Bender, W. N. (1992). *Learning disabilties: Characteristics, identification, and teaching strategies*. Needham Heights, MA: Allyn & Bacon.

Bulgren, J., Schumaker, J. B., & Deschler, D. D. (1988). Effectiveness of a concept teaching routine in enhancing the performance of LD students in secondary-level mainstream classes. *Learning Disability Quarterly, 11*(1), 3-17.

Ehri, L., Nunes, S., Willows, D., Schuster, B., Yaghoub-Zadeh, Z., & Shanahan, T. (2001). Phonemic awareness instruction helps children learn to read: Evidence from the National Reading Panel's meta-analysis. *Reading Research Quarterly, 36*, 250-287.

Hallahan, D. P., Kauffman, J. M., & Lloyd, J. W. (1999). *Introduction to learning disabilities*. Needham Heights, MA: Allyn & Bacon.

Harp, B. (1991). Principles of assessment in whole language classrooms. In B. Harp (Ed.), *Assessment and evaluation in whole language programs* (pp. 35-50). Norwood, MA: Christopher-Gordon.

Harris, A. J., & Sipay, E. R. (1985). *How to increase reading ability: A guide to developmental and remedial methods*. New York: Longman.

Mastropieri, M. A., & Scruggs, T. E. (2000). *The inclusive classroom: Strategies for effective instruction.* Upper Saddle River, NJ: Merrill.

McNamara, T. P., Miller, D. L., & Bransford, J. D. (1991, reprinted 1996). Mental models and reading comprehension. In R. Barr, M. L. Kamil, P. Mosenthal, & P. D. Pearson (Eds.), *Handbook of reading research: Vol. II* (pp. 490–511). White Plains, NY: Longman.

Mercer, C. D. (1992). *Students with learning disabilities* (4th ed.). New York: Merrill Publishing Co.

Mercer, C. D., & Mercer, A. R. (1993). *Teaching students with learning problem* (4th ed.). New York: MacMillan.

National Institute for Literacy. (2003). Put reading first: The research building blocks for teaching children to read. Washington, DC: Author. Retrieved from http://www.nifl.gov/partnershipforreading/publications/PFRbooklet.pdf on April 1, 2005.

National Reading Panel (2000). Teaching children to read: An evidence-based assessment of the scientific research literature on reading and its implications for reading instruction [on-line]. Available at http://www.nichd.nih.gov/publications/nrp/0report.cfm

Pearson, P. D., & Fielding, L. (1991). Comprehension instruction. In R. Barr, M. L. Kamil, P. B. Mosenthal, & P. D. Pearson (Eds.), *Handbook of reading research: Volume II* (pp. 815–860). White Plains, NY: Longman.

Stahl, S. A., & Fairbanks, M. M. (1986). The effects of vocabulary instruction: A model-based meta-analysis. *Review of Educational Research, 56,* 72–110.

Sweet, A., & Guthrie, J. (1996). How children's motivations relate to literacy development and instruction. *The Reading Teacher, 49,* 660–662.

제8장

쓰기 평가 및 지도 방법

개요

　쓰기는 언어 체계의 가장 정교하고 복잡한 활동이다. 쓰기는 여러 기능이 통합적으로 작용하는 지적인 과정이다. 즉, 쓰기는 소근육 기능 및 변별 기능 등과 같은 신체적인 기능들 이외에도 듣기, 말하기, 읽기 능력과 상호 간에 영향을 주고받으며, 듣기, 말하기, 읽기 능력에 작용하는 많은 인지적인 기능들이 영향을 준다. 이처럼 쓰기 과정은 단순한 소근육 기능이나 변별 기능 이외에도 통합적인 지적 과정이며 매우 복잡한 인지적 활동이라 할 수 있다. 비록 언어발달 초기 접근법에서 아동에게 읽기를 학습하기 전에 쓰기를 먼저 시작할 것을 권장한다고 하더라도, 일반적으로 쓰기는 언어 체계 중 듣기, 말하기, 읽기 다음으로 가장 마지막에 학습하게 된다. 즉, 쓰기 기술은 이와 관련된 여러 가지 기능뿐만 아니라 구어 기술의 기초적인 기능이 선행되어야 한다는 것이다. 쓰기는 일반적으로 필기(handwriting), 철자 쓰기(spelling), 작문(written expression, composition)의 세 영역으로 분리할 수 있다. 그러나 이 세 영역의 궁극적인 목표는 다른 사람들이 알아볼 수 있는 적절한 글씨(handwriting)와 올바른 맞춤법(spelling), 적절한 문법을 사용하여 정보를 기록하고 자신의 생각을 표현(written expression)하여 다른 사람들과 의사소통하는 것이라 할 수 있다.

　이 장에서는 쓰기의 일반적인 개념과 발달 원리, 장애학생들의 쓰기 특성 및 평가와 구체적인 지도 방법에 대해 알아보고자 한다.

1. 쓰기의 개념

1) 쓰기의 개념과 원리

아동이 자신의 생각을 표현하는 방식을 구어(oral language)에서 문어(written language)로 변경하는 것은 매우 복잡하고 어려운 과정을 거치게 된다. 이 과정에는 시각과 운동 기능, 기억 기술 등의 통합과 조정이 필요하다.

필기(handwriting)의 목적은 정보를 기록하고 의사소통하는 데 있다. 필기는 개인적인 정보를 비롯해서 상대방과의 의사소통, 구직 또는 사무 관련 등 일상생활에서 매우 중요한 역할을 한다. 필기 능력은 글자 형성과 유창성으로 나눌 수 있다. 글자 형성은 모양과 크기, 자간(공간), 정렬 상태, 기울기, 띄어쓰기 등과 관련이 있으며, 쓰는 자세와 종이의 위치, 연필 잡는 방법이 영향을 준다.

필기 과정에서 필요한 시각 기술은 철자와 단어에 대한 시각적 정교함과 시지각, 시기억 및 순서에 대한 기억 등이 매우 중요한 요인이 된다. 그리고 운동 기능 또한 필기과정에서 매우 중요한 기능이라 할 수 있는데, 철자 혹은 단어를 쓰기 위해서는 시각-운동 통합 기술이 반드시 필요하다. 말과 표정, 몸짓과 마찬가지로, 필기 기술에는 철자의 형태를 인식해서 운동 기술을 이용하여 문자 기호로 전환하는 지각-운동 기술이 요구된다. 필기 기술의 질에 영향을 주는 중요한 요인은 속도와 정확성, 단정한 필체라고 할 수 있다. 너무 느리거나 단정치 못한 필체는 학교 과제를 완성하는 데 너무 많은 시간을 보내게 하며 만족도 또한 부정적으로 나타나는 경우가 많다. 반대로 빠르고 단정한 필체는 학생에 대한 교사의 태도에 긍정적인 영향을 주며 그 학생은 좋은 평가를 받게 된다.

철자법(spelling)은 음운론적 지식과 정자법적 지식의 통합을 필요로 하는 복잡한 과제이다(Hallahan, Lloyd, Kauffman, Weiss, & Martinez, 2005). Graham(1985)은 철자 쓰기가 인식, 재생, 단어의 정확한 철자 배열과 같은 능력을 포함하는 다양한 과정이라고 정의하였다. 우리나라 초등학교 국어과 교육과정에서는 철자 쓰기란 용어 대신에 받아쓰기(dictation)라는 용어를 사용한다. 국어과 초등학교 교사용 지도서에서는 받아쓰기를 남이 하는 말이나 읽는 글을 들으면서 그대로 옮겨 쓰는 일, 또는 발음법, 표기법, 음성언어와 문자언어와의 관계 등에 대한 학습을 의도한 것으로 정의하고 있다(교육인적자원부, 2005).

작문(written expression, composition)은 문자 기호를 사용하여 다른 사람들에게 자신의 생각을 전달하는 것을 의미한다. 이 과정에는 먼저 자신이 다른 사람들과 나누려는 의견을 생각하고, 이러한 생각을 표현하기 위한 언어(구어)를 구성하고, 이 구어를 문자 기호로 바꾸고, 자신이 의도하고 있는 의견을 다른 사람들이 이해할 수 있도록 문자 기호를 쓰는 과정이 포함된다.

아동기 초기에는 기계적인 기술, 즉 필기와 철자를 익히는 과제가 주어지지만, 학년이 올라갈수록 작문과정을 통해서 자신의 생각을 정리하고 표현하는 짧은 작문 과제가 주어지게 된다. 더 높은 학년이 되면 학생들에게 더욱 높은 수준의 작문 과제가 주어지며, 필기와 철자, 문법의 기술을 숙달하여 자신의 의견을 전달하기 위해서 문체를 더욱 세련되게 다듬는 데 중점을 두게 된다(Hallahan et al., 2005).

쓰기 능력의 발달은 개인과 환경과의 상호작용을 통해 이루어지며, 쓰기를 통해 읽기 능력을 개발시킬 수 있을 뿐만 아니라 쓰기 경험을 많이 할수록 더욱 발달하게 된다. 또한 쓰기는 학습자의 학습 능력을 읽기보다 더욱 잘 나타낼 수 있는 좋은 준거가 된다(김동일, 이대식, 신종호, 2009). 일반적으로 초기 쓰기발달의 원리는 다음과 같다(이차숙, 2008).

- 자연적 발달의 원리: 형식적이고 구체적인 가르침이 없어도 문자언어가 생활 속에서 사용되는 것을 보면서 자연스럽게 쓰기를 학습한다.
- 상호작용적 발달의 원리: 상호작용적인 말하기를 기초로 쓰기 학습이 이루어진다.
- 기능적 발달의 원리: 의미 있는 활동을 통해서 잘 발달된다. 쓰기는 자신의 쓰기를 읽어 줄 대상과 실제적인 이유가 있을 때 의미 있는 활동이 될 수 있다.
- 구성적 발달의 원리: 상황과 관련이 있으며 자신의 생각이나 경험을 논리적이고 일관성과 응집성이 있는 문장들로 산출할 수 있는 의미 구성적 과정을 경험할 수 있어야 한다.
- 통합적 발달의 원리: 말하기, 듣기, 읽기, 쓰기의 개별적인 언어 활동을 통합적으로 경험하게 되면서 더 큰 언어 체계를 더 쉽게 이해하게 된다.

- 점진적 발달의 원리: 어느 특정 시점에 갑자기 출현하는 것이 아니라 그들의 환경 속에서 서서히 글자에 관심을 갖게 되고 기능과 형태, 규칙을 알게 되어 서서히 발달한다.

2) 장애학생의 쓰기 특성

(1) 필기

필기의 문제는 소근육이나 운동 통제 등의 문제를 가진 지체장애 학생들뿐만 아니라 시각 및 공간 지각, 시기억, 뇌손상 등의 문제를 가진 지적장애, 학습장애 등 여러 장애학생에게 흔히 나타날 수 있는 문제이다. 그들의 문제는 일반적인 쓰기 형태에서 벗어난 글자 형성이나 유창성 등의 문제를 나타낸다.

난서증(dysgraphia)의 경우 기계적인 쓰기 기술과 관련된 문어장애를 말하며, 반드시 신경학적 장애 혹은 지각-운동장애 때문에 나타나는 것은 아니며, 평균 지능의 아동들에게서도 나타나는 쓰기 수행의 문제가 중요한 원인이라 할 수 있다. Johnson과 Myklebust(1967)는 난서증을 가진 학생들은 특정한 시각적 형태를 지각하는 데 어려움이 있으며, 복잡한 도형을 보고 베낄 수 없고, 필기 순서를 제대로 지키지 못하며, 연필을 잡는 데에도 문제가 있다고 하였다. 난서증을 가진 학생들이 일반적으로 보이는 특징은 다음과 같다(Hallahan et al., 2005).

- 엉성한 문자 형성
- 너무 크거나 너무 작거나, 혹은 일정치 않은 크기의 문자
- 부정확한 대문자와 소문자의 사용
- 복잡하고 비좁게 쓴 문자
- 문자들 간의 일정하지 않은 공간
- 부정확한 정렬(문자들이 기준선에 자리하지 않음)
- 필기체의 부정확하거나 일정하지 않은 경사
- 쓰기에서의 유창성 부족
- 가능한 한 빠르게 쓸 것을 요구받았을 때도 천천히 쓰기

필기장애 학생들은 문자의 기형적인 형태나 서툰 띄어쓰기의 문제, 속도의 문제뿐만 아니라 가장 초기 쓰기 기술이라고 할 수 있는 철자나 단어를 보고 베껴 쓰는 기술에서도 문제를 나타낸다. 즉, 교사가 판서한 내용을 보고 쓰거나 책상 위에 있는 책의 내용을 보고 쓰는 경우 어려움을 보이기도 한다. 또한 공책의 줄에 맞추어 쓰거나 적절한 공간을 유지하는 데도 어려움이 있다. 이러한 문제는 신경학적 장애 혹은 시각적 정보처리의 장애가 그 원인으로 여겨지기도 한다.

또 다른 문제는 바로 필기 유창성의 문제이다. 필기장애 학생들은 너무 힘들고 느리게 써서 마치 글자를 그리듯이 쓰는 것처럼 보인다(Moats, 1983). 이러한 문제는 철자를 기억하거나 작문 과제를 해결하는 데도 부정적인 영향을 준다.

(2) 철자

구어에 문제가 있거나 읽기에 문제를 가진 학생들은 대부분 철자장애를 갖는다. 철자 쓰기를 위해서는 아동이 반드시 단어를 읽고, 발음과 구조적 분석의 관계에 대한 지식과 기술을 소지하고, 그 단어를 시각화하며, 단어를 쓸 수 있는 운동 기능을 사용할 수 있어야 한다.

Polloway, Miller와 Smith(2004)는 철자장애가 대개 두 가지 형태로 나타나는데, 하나는 단순히 특정한 영역의 철자 기술의 결함을 나타내는 경우이며, 다른 하나는 일반적인 학문학습과 언어학습장애가 나타내는 유형이라고 하였다. 먼저, 특정한 영역의 철자 기술의 문제는 철자법 체제에 대한 이해의 부족으로 철자 오류를 나타내는 경우를 말한다. 철자 능력이 뛰어난 아동은 처음 보는 단어라고 하더라도 일반적인 철자의 음소와 형태소에 대한 지식을 바탕으로 여러 가지 전략을 사용하여 정확한 철자를 유추해 나가며, 재시각화(revisualization) 과정을 거쳐 정확한 철자를 사용한다. 또 그들은 자신 주변의 정보원, 즉 교사나 동료, 사전 등을 이용하여 정확한 철자를 찾아 사용하게 된다. 그러나 정확한 철자를 산출하는 데 어려움이 있는 학생들은 일반학생들과 학습 방법에서 차이를 나타낸다. Moats(1995)에 따르면, 철자장애 학생들은 단어를 혼돈하거나 정확한 단어를 기억해 내지 못하며 특정한 단어를 기억해 내는 데 실패한다. 그리고 이와 같은 철자장애의 문제는 만성적이고 치료가 매우 어려우며, 단순언어장애의 경우 성인기까지 이와 같은 문제가 지속된다.

학문학습과 언어학습장애와 관련된 철자장애는 특정 영역의 철자장애 학생들에 비해 치료나 개선이 더 어렵다(Moats, 1995). 철자 능력은 의사소통 기술과 작문 능력에서 중요한 기술이기에 철자 지도 시 총체적인 언어적 접근이 더 강조되었다. 즉, 조음장애나 음성장애, 단어 사용의 문제나 필기 기술 또는 읽기 등의 언어 관련 영역의 문제는 서로 영향을 주게 되며, 학습 동기의 문제나 지시를 이해하고 따르는 능력의 문제, 과제에 집중하는 문제 등의 일반적인 학습 기술도 철자장애의 문제에 영향을 주게 된다는 것이다(Polloway et al., 2004).

또한 철자법에 어려움이 있는 학생들이 보이는 철자의 문제는 반전 오류뿐만 아니라 철자를 생략하거나 첨가하거나, 혹은 대치하여 쓰는 것이다. 혹은 그들은 소리 나는 대로 쓰기도 하며, 심지어는 아무 관련 없는 글자를 쓰기도 한다. Johnson과 Myklebust(1967)는 이와 같은 철자장애 학생들의 문제를 재시각화의 문제로 규정하고, 이는 단어를 읽을 수는 있지만 그들이 본 단어(혹은 글자)를 회상하지 못하기 때문이라고 주장하였다. 즉, 기억이나 변별, 주의집중 또는 운동 기술에서 특정한 장애를 갖게 되면 철자에 어려움을 겪는다는 것이다.

(3) 작문

초기에 학생들은 필기하기나 철자법에 더 많은 시간을 할애하고 이에 대한 학습에 집중하게 된다. 그러나 학년이 올라감에 따라 자신의 생각을 정리하여 표현하는 작문 과제를 해결해야 한다. 이후 점점 필기와 철자법, 문법보다는 이를 바탕으로 좀 더 세련된 문장을 만드는 데 더 중점을 두게 된다.

그러나 쓰기에 어려움이 있는 쓰기장애 학생들은 필기나 철자와 관련된 기술뿐만 아니라 이를 바탕으로 문법에 맞는 문장이나 좀 더 세련된 문장을 구성하는 데 어려움을 보이는 것으로 알려져 있다. Myklebust(1973)는 쓰기에 어려움이 있는 학생들이 그렇지 않은 학생들에 비해 사용한 총 단어의 수, 문장별 단어의 수, 통사론적 정확성, 추상적인 개념 등에서 낮은 능력을 나타낸다는 연구 결과를 발표했다. 이후 쓰기에 문제가 있는 학생들에 대한 연구가 이루어졌는데, 그들이 필기나 철자뿐만 아니라 작문 과제를 수행하는 데서도 여러 가지 문제가 있음을 밝혀내었다. 쓰기장애 학생들이 보이는 작문 과제 수행상의 특징은 다음과 같다(Hallahan et al., 2005).

• 계획적인 글쓰기 과정이 부족하다.

- 철자, 대문자 쓰기, 구두점 등의 오류를 보인다.
- 작문 과정 중 효과적인 수정 기술이 부족하다.
- 단어 사용, 문체, 전체적인 쓰기 기술뿐만 아니라 어휘와 주제적 성숙도에서 낮은 수준을 보인다.
- 문장 구조가 단순하며, 문장 내 단어의 수가 비교적 적다.
- 잘 조직되지 않은 문단 구조를 나타낸다.
- 글에 주요 생각의 수가 적다.
- 이야기 내용에 주요 등장인물 소개, 배경 묘사, 해결되어야 하는 갈등 등과 같은 중요한 요소가 적게 포함되어 있다.

작문 과제를 잘하는 학생과 잘하지 못하는 학생은 첫째, 과정 측면에서 생성, 계획, 작성 및 고치기의 전 과정에서 차이점을 보인다. 둘째, 정보 활용 측면에서 음운론적 정보 및 시각적 정보 활용에서 차이가 있다. 셋째, 유창성 측면에서 작문 과제를 잘하지 못하는 학생은 주어진 시간에 몇 단어만 쓰고 완성되지 않은 문장만 쓴다. 넷째, 오류 측면에서 작문 과제를 잘하지 못하는 학생은 문법적 오류가 많고 알아볼 수 없게 쓴다. 다섯째, 구문 측면에서 글을 잘 쓰는 아동의 경우 구와 절을 사용하여 복문 등 문장의 질이 높은 문장을 많이 쓰는 반면에, 글을 잘 쓰지 못하는 아동은 단순한 주어-동사나 주어-동사-목적어 문장만을 쓴다(김승국 외, 1996).

김희규, 강정숙(2005)은 초등학교 언어학습장애 아동과 일반아동의 이야기 문법의 하위 구성 요소별 사용 정도와 응집 장치의 산출 능력 차이를 분석한 연구에서, 언어학습장애 학생들은 쓰기 활동에서 산출된 이야기 문법의 구성 요소별 사용 정도와 문장과 문장을 통합하는 응집 표지(지시 · 대용, 생략, 어휘적 결속, 접속)의 사용 횟수가 적고 오류가 많다고 하였다.

2. 쓰기 평가

1) 필기 기술의 평가

　필기의 문제는 매우 일반적인 것이기 때문에 그 평가는 교육 계획이나 중재에서 매우 중요한 요소가 될 것이다. 그러나 교사들이나 학부모들은 읽기나 수학과 같은 기초적인 학습 기술에 비해 필기 기술에 대해서는 크게 중요하게 생각하지 않는 것 같다. 뿐만 아니라 읽기나 수학, 작문, 철자에 대한 형식적이고 표준화된 검사 도구는 많이 개발되어 왔지만, 필기 기술에 관한 형식적이고 표준화된 검사 도구는 극히 드물다. 일반적으로 필기 기술에 대한 평가는 교사들의 관찰이나 비형식적인 경우가 많다(Polloway et al., 2004).

　이러한 필기 기술에 대한 평가는 교사나 쓰기 프로그램, 검사 도구에 따라 다양한 형태를 갖게 된다. 필기 기술에 대한 평가는 쓰기 오류의 형태, 즉 철자의 형태와 자간, 기울기, 줄 간격, 글자 크기, 줄 정렬, 비율 등을 평가하는 방법이 일반적이다(Smith, Dowdy, & Finn, 1993). 이와 같은 필기 기술 평가 방법의 공통점은 대개 학생의 수행물을 바탕으로 평가가 이루어진다는 점이다.

　학생의 수행 결과물을 바탕으로 교사가 학생의 글씨쓰기 기술에 대한 평가에 사용할 수 있는 검사 도구는 다음 〈표 8-1〉과 같다(McNamara, 2006).

표 8-1 필기 기술 검사 도구

날짜: ＿＿＿＿＿＿＿＿＿

학생: ＿＿＿＿＿＿＿＿＿　　관찰자: ＿＿＿＿＿＿＿＿＿

연령: ＿＿＿＿＿＿＿＿＿　　학년: ＿＿＿＿＿＿＿＿＿

손 사용: ☐오른손 ☐왼손 ☐양손 ☐미확인

교사: ＿＿＿＿＿＿＿＿＿

글씨 쓰기 문제의 유형과 어려움의 범위를 확인하기 위해 다음의 활동들과 비교되어야 한다. 특정한 문제가 확인되면 지도 계획에 반영해야 한다.

비교: 1. 자음자 쓰기　　　2. 모음자 쓰기　　　3. 낱말 받아쓰기

4. 근거리 베껴 쓰기   5. 원거리 베껴 쓰기   6. 창조적으로 쓰기
7. 노트 필기하기   8. 수업 시간의 과제와 이 검사 도구 비교하기

과제 : 1. 연필 잡기   2. 고정하는 손의 위치   3. 종이의 위치
4. 종이 구성하기(왼쪽/오른쪽 여백, 정보 위치, 정보 절차)
5. 글자 조합   6. 글자 크기   7. 글자 기울기
8. 글자 정렬   9. 글자 띄어쓰기

첨가: _____   생략: _____   대치: _____
반전: _____   지움: _____
속도와 유창성: _____   필기에 대한 태도: _____
기타: _____

글씨 쓰기에 있어서 자세와 연필 잡기, 종이의 위치는 매우 중요하다. 이와 같은 글씨 쓰기에 필요한 구성 요소에 대한 숙달이 이루어질 수 있도록 자신의 글씨 쓰기를 〈표 8-2〉와 같은 내용으로 평가하도록 한다(McNamara, 2006).

표 8-2 글씨 쓰기 평가 요소

자세	□ 나는 의자에 바르게 앉아 있는가? □ 발은 바닥에 있는가? 팔은 책상 위에 있는가?
연필 잡기	□ 나는 연필을 바르게 잡고 있는가? □ 엄지와 검지는 바른 위치에 있는가? □ 연필은 중지에 위치하고 있는가? □ 연필 잡는 부분의 위치는 적당한가? □ 연필 잡는 부분이 너무 낮지는 아니한가? □ 연필 잡는 부분이 너무 높지는 아니한가?
종이 위치	□ 종이의 각도는 바른가? □ 종이를 잡기 위해 필기하지 않는 손을 사용하는가? □ 종이가 너무 멀지 않은가? □ 종이가 너무 가깝지 않은가?

글씨 쓰기 명료도는 읽기가 가능한 글씨의 정도를 말하며, 글씨 쓰기 명료도와 관련된 요소는 글자의 크기와 형태, 위치, 기울기, 줄 정렬, 깔끔함, 자간 등이다. 전통적으로 가독성 평가 도구는 쓰기 능력을 평가하는 도구로 사용되어 왔는데, 학생들

의 쓰기 가독성에 대한 평가는 검사자의 주관적인 판단에 의존하기 때문에 타당성 등 여러 가지 문제점이 있기는 하지만 교사나 검사자가 검사에 대한 훈련을 받고, 경험이 풍부한 경우 중재 목표를 설정하는 데 유용한 정보를 제공할 수 있을 것이다. 〈표 8-3〉은 글씨 쓰기 명료도 평가 기준의 예이다(함보현, 김수경, 이재신, 전병진, 2012). 글씨 쓰기 명료도는 1회 과제에 포함된 전체 글자 중 명료하게 쓰여진 글자의 비율로 채점한다.

$$글씨\ 쓰기\ 명료도(\%) = \frac{6점\ 받은\ 글자\ 수}{총\ 글자\ 수} \times 100$$

표 8-3 글씨 쓰기 명료도 평가 기준

요소		점수	세부 기준
글씨 쓰기 명료도	글자인식	1	제시된 글자의 형태를 갖춤(글씨의 질은 보지 않음)
		0	오자, 탈자가 있음
	완료	1	선의 끝끼리 잘 닿아 있음
		0	① 연속되는 선의 일부가 끊어져 불연속이 되거나 두 선의 만나는 점이 닿아 있지 않음 ② 선이 연장된 것
	공간배열	1	글자가 칸을 벗어나지 않음
		0	① 글자가 칸을 벗어남(한 획의 절반 이상이 나가는 경우) ② 직각을 이루어야 할 선이 20° 이상 기울어져 있음
글씨 쓰기 과정	시작	1	글자를 쓸 때 지연 없이 잘 수행함
		0	① 한 글자를 시작하지 않음(글자인식에도 함께 채점) ② 칸 안에 글자는 쓰지만 시작 위치가 사분위에 해당 공간을 벗어나 글자에 영향을 주는 경우
	지속	1	글자를 쓰는 동안 중단 없음
		0	쓰는 도중에 연필을 종이에서 뗌
	순서	1	필순에 맞추어 씀
		0	① 글자 필순에 맞지 않는 경우 ② 같은 글자를 지우고 다시 쓰기 반복

출처: 함보현 외(2012).

필기 유창성 평가는 다음과 같은 방법으로 채점하여 평가할 수 있다. 글씨 쓰기 속도는 1분(60초)당 쓴 글자 수를 말하며, 이는 학년이 높아질수록 증가된다(Graham, Berninger, Weintraub, & Schafer, 1998). 총 소요 시간은 연필을 들고 글씨를 쓰기 시작하는 시간부터 쓰기를 완료하고 연필을 책상에 내려놓는 시점까지의 시간으로 측정한다(Pollock et al., 2009).

$$글씨 쓰기 속도 = \frac{총 글자 수}{총 소요시간(초)} \times 60(초)$$

그리고 대개의 필기 기술 평가는 비형식적인 경우가 많지만 형식적인 평가 도구가 사용되기도 한다. 일반적으로 사용되고 있는 형식적 평가 도구들은 평가에서 몇 가지 한계를 가지고 있다. 먼저, 학생의 쓰기 능력이나 결과물의 적절성 등에 대해 평가하기 위한 평가 자료들이 학생의 수행물의 일부로 한정된다는 점이다 (Graham, 1985). 이처럼 일부 참고 자료만으로 학생의 필기 능력을 정확하게 평가하기는 어려울 것이다. 그리고 이들 형식적 평가는 학생들이 보고 쓰거나 기억하고 있는 철자나 단어들을 바탕으로 한 몇 가지 준거하에 등급을 정하도록 되어 있다. 그러나 이러한 등급의 준거가 한정되어 있어서 광범위한 비교가 이루어지지 않는다. Graham(1985)은 형식적 평가는 남녀 간의 차이를 고려하지 않기 때문에 타당성의 문제가 있으며, 평가의 결과가 교사들에게 학생들을 지도하는 데 도움이 될 만한 정보를 제공하지 못한다고 주장하였다. 그러나 형식적 평가는 이러한 한계가 있기는 하지만 교사들로 하여금 학생들에게 필요한 부가적인 필기 기술에 대한 사정과 중재에 관한 정보를 제공할 수 있으며, 비형식적 평가를 개발하기 위한 정보를 얻기 위한 도구로 사용할 수 있을 것이다.

〈표 8-4〉에는 필기 기술에 대한 형식적 평가로 가장 많이 사용되고 있는 도구들이 제시되어 있다(Pierangelo & Giuliani, 1998).

표 8-4 필기 기술 평가 도구

검사 도구	연령	검사 시간	검사 영역	채점	장단점
덴버 쓰기분석	8~13세	20~60분	• 근점 복사 기능 • 철자 쓰기 • 원점 복사 기능 • 인쇄체-필기체 전환 기능 • 받아쓰기	• 하위 기술 분석 • 수행 능력 분석 • 원점수	• 장점: 필기 기술에 초점을 두고 있으며, 집단검사가 가능하고, 필기 기술에 대한 세부 정보를 제공함 • 단점: 문식 능력에 대한 정보를 제공하지 못함
그림이야기 언어검사	7~17세	20~30분	• 산출능력검사 • 구문검사 • 추상-구상 검사	• 동일 연령 점수 • 백분위 점수	• 장점: 검사가 용이하고 검사 영역이 광범위함 • 단점: 쓰기 자료에 대한 채점이 주관적이며 표준화 기간이 오래됨
조기 문어 능력검사-2	3~7세	10~30분	• 기초 쓰기 • 문맥 쓰기	• 표준 점수 • 정규분포곡선 점수 • 동일 연령 점수 • 백분위 점수	• 장점: 가장 최근에 개발된 도구이며, 사정과 계획에 유용함 • 단점: 지능검사와 유사하며 타당도 검증이 요구됨
문어능력 검사-2	2~12세	40~60분	• 어휘 • 철자 쓰기 • 문체 • 논리적 문장 • 문장 결합 • 주제 완성 • 맥락적 어휘 • 구문 완성 • 맥락적 철자쓰기 • 문단 형식	• 백분위 등급 • 표준 점수	• 장점: 평가 범위가 광범위하며, 학생의 쓰기 자료가 포함되고 부가적 사정을 결정하는 데 필요한 정보를 제공함 • 단점: 읽기 및 쓰기 기술이 필요하며, 시간이 채점에 영향을 주고, 검사자가 검사에 능숙해야 함
문어능력 검사-3	2~12세	40~60분	• 어휘 • 철자 쓰기 • 문체 • 논리적 문장 • 문장 결합 • 맥락적 관습 • 맥락 언어 • 이야기 구성	• 차이 분석 • 동일 학년 점수	• 장점: 쓰기 부진 학생들에게 도움을 줄 수 있는 쉬운 자료이며, 성별과 인종과 관련된 신뢰도와 타당도가 증명됨 • 단점: 읽기, 쓰기 능력이 요구됨
문어능력 검사	8~18세 이상	1시간	• 일반적 쓰기 능력 • 산출 능력 • 단어 복잡성 • 가독성	• 분석 기술 • 문자언어 지수	• 장점: 학급 담임교사가 검사할 수 있고, 실제 쓰기 과제를 사용하며, 세 가지 형태의 자료를 제공함

출처: Pierangelo & Giuliani (1998).

앞에서 설명한 것과 같은 형식적 평가 도구는 교사에게 학생의 중재에 대한 자세한 정보를 제공해 주는 데 한계가 있다. 따라서 이와 더불어 교사 자작 도구를 통한 평가와 관찰 등으로 학생의 필기 기술과 관련된 강점과 약점을 평가하고, 이러한 문제를 치료할 수 있는 적절한 중재 방안을 마련하기 위한 비형식적 평가가 반드시 병행되어야 한다.

학생들의 필기 기술 수준을 평가하기 위한 비형식적 방법으로는 필기 기술의 발달 단계를 조사하여 학생의 현재 위치를 결정하고 이를 바탕으로 중재 계획을 세우는 것이다. Einhorn(2001)은 교사들이 학생들의 필기 기술을 평가할 때 다음과 같은 점을 고려하여 평가하도록 제안했다.

- 학생이 같은 철자를 항상 같은 방식으로 쓰는가?
- 학생이 대문자는 대문자로, 소문자는 소문자로 쓸 수 있는가?
- 학생이 쓴 글을 교사나 다른 아동이 읽을 수 있는가?

2) 철자 기술의 평가

학생들의 철자 기술을 평가하기 위해서는 기본적으로 교사가 불러 주는 단어(혹은 문장)를 받아쓰는 것과 주어진 그림이나 상황에 대한 글을 쓰도록 하는 것, 주어진 문장에서 잘못된 철자를 찾아 올바른 철자를 찾게 하는 방법 등을 이용하여 학생들의 철자 기술을 평가해 볼 수 있을 것이다.

철자 능력 검사의 목적은 학생들의 요구에 맞는 적절한 교수 프로그램을 계획하고 실행할 수 있도록 하기 위함이다. 다음에 제시한 형식적 · 비형식적 평가 방법은 모두 교사들이 학생의 현재 수준을 알 수 있도록 하는 데 도움을 줄 수 있다. 이들 검사를 함께 사용한다면 학생들의 강점과 약점에 대해서 교사들이 보다 더 정확하게 파악할 수 있을 것이다. 그리고 오류 분석은 교사들에게 학생들의 독특한 교육적 요구에 효과적인 교수 프로그램을 설정하는 데 필요한 자료를 제공하게 될 것이다. 최선의 검사는 다양한 방법으로 학생들의 철자 기술을 평가하고, 교사의 교수 활동에 유용한 정보를 제공하는 것이다.

(1) 형식적 검사 방법

학생들의 철자 능력에 관한 형식적(표준화) 검사 결과는 결과의 사용 목적에 따라 달라질 수 있는데, 대개 교육적인 상황에서는 행정적인 지원이나 배치의 적격성 판별, 학교 수행 능력에 대한 문제 기술 등을 위한 목적으로 사용될 수 있을 것이다. 형식적 검사는 학생들의 진전도에 대한 전후 변화에 대해서도 평가가 이루어질 수 있으며, 학생들의 읽기 유창성과 철자 쓰기의 유창성을 비교하는 데에도 활용될 수 있을 것이다. 교사들은 이러한 평가 결과를 바탕으로 교수 계획과 프로그램을 구성해야 한다. 이때 교사는 검사 방법을 완전히 숙지해야 하며, 검사 방법과 결과에 따라 그에 알맞은 교수 계획을 수립해야 한다. 예를 들면, 검사자가 불러 주는 단어나 문장을 받아쓰는 방법과 여러 단어 중 올바른 단어를 찾도록 하는 방법은 학생들에게 요구하는 기술이 다르기 때문에 이 검사 결과를 바탕으로 교수 계획을 수립할 때에도 달리 적용해야 한다.

일반적으로 학업 성취도 검사에 철자검사가 포함되며, 우리나라에서 가장 보편적으로 사용되고 있는 표준화된 학업성취도 검사는 기초학습기능검사(박경숙 외, 1989)가 있으며, 기초학습 수행평가체제-쓰기 검사(김동일, 2008), KISE 기초학력검사(KISE-BATT; 박경숙 외, 2008) 등이 있다.

(2) 비형식적 검사 방법

표준화된 형식적 검사 이외에도 학생들의 다양한 철자 자료들을 통해서 비형식적 방법에 의해 검사할 수도 있다. 이와 같은 비형식적 검사 방법은 형식적 평가가 제한된 자료를 바탕으로 검사를 하게 된다는 한계와 검사의 범위가 한정된다는 형식적 평가 방법의 한계를 극복할 수 있으며, 비형식적 검사는 교육과정을 중심으로 이루어질 수 있기 때문에 검사 결과와 교수 활동이 직접적으로 연결될 수 있다는 장점을 가지고 있다. 뿐만 아니라 검사 결과가 학생들의 요구에 맞는 교수 전략으로 쉽게 전환될 수 있고, 검사 시간이 비교적 짧으며, 학생들의 진전도를 평가하는 데에도 유용하게 사용할 수 있다.

철자 오류 분석 방법은 학생들이 범하는 오류에서 특정한 형태의 오류를 발견하고자 하는 것이고, 오류 분석 방법은 단어의 어느 부분에서 오류가 나는지와 같은 오류 유형을 기록하는 것이다. 또한 오류 분석 방법은 받아쓰기 검사와 쓰기 견본

등 수행 결과물을 통해서 학생들의 오류를 조사하고 그 경향을 파악하며, 문제의
원인을 분석하고자 하는 것이다. 교사들은 학생이 범하는 〈표 8-5〉와 같은 유형의
오류 횟수를 백분율로 기록하고 교수가 효과가 있는지 점검한다.

표 8-5 철자 오류 유형

오류 유형	내용
음운 처리 오류	• 낱자–소리 대응관계를 제대로 적용하지 않는 오류 　– 소리 나는 대로 표기되는 단어를 철자로 쓸 때, 소리가 다른 단어로 잘못 쓰는 오류(예, '예쁜'을 '여쁜'으로 표기)
표기 처리 오류	• 소리 나는 대로 표기되지 않는 단어를 정확하게 쓰지 못하는 오류 　– 같은 소리가 나는 다른 낱자로 대치하는 오류(예, '부엌'을 '부억'으로) 　– 전체 단어를 소리 나는 대로 표기하는 오류(예, '깊이'를 '기피'로), 단어의 일부를 소리 나는 대로 표기하는 오류(예, '만약'을 '만냑'으로) 　– 실제 발음상 구분이 되지 않는 글자에서의 오류(예, '외국'과 '왜국', '천천히'와 '천천희')
형태 처리 오류	• 단어를 구성하는 형태소에 대한 인식이 부족하여 나타나는 오류 　– 어간과 어미의 경계를 구분하지 못하는 오류(예, '앉아서'를 '안자서'로) 　– 시제 선어말 어미를 제대로 인식하지 못하는 오류(예, '빛난다'를 '빛났다'로) 　– 어미를 변환하는 오류(예, '죽음'을 '죽은'으로) 　– 동음이의어로 혼동하는 오류(예, '반듯이'를 '반드시'로)

출처: 김애화, 김의정, 김자경, 최승숙(2012).

　교육과정 중심 평가 방법은 학교 교육과정이나 학생의 개인별 개별화교육 프로
그램(IEP)에서 요구하는 기술을 바탕으로 평가 요소를 정하여 검사하는 것이다. 일
반적으로 교육과정 중심 평가에서는 학교나 개인별 IEP에서 사용하는 기본 철자
목록 중 생활용어나 실용용어, 기초용어, 내용 중심의 대표적인 단어를 발췌해서
사용하게 된다. Mann과 Suiter(1974)는 이와 같이 기본 철자 목록 검사는 각 학년
수준에서 20개 정도의 단어를 발췌하고, 학생들의 현재 학년 수준에서 2단계 정도
낮은 등급에서 시작하여, 약 30% 정도의 오류를 보이는 학년 수준에서 마치도록
제안했다.

3) 작문 기술의 평가

작문 기술을 평가하는 것은 매우 복잡하고 어려운 과정이며, 평가의 내용이나 방법에 대해 다양한 관점이 존재한다. 학생들의 작문 기술을 정확하게 평가하는 가장 좋은 방법은 작문과 관련된 양적 · 질적인 모든 요소, 즉 유창성, 내용, 맞춤법, 구문, 어휘 등에 대해 포괄적으로 평가하는 것이다. 학생들의 작문 과제 평가의 구성 요소는 다음 [그림 8-1]과 같다(Hallahan et al., 2005).

학생들의 작문 기술의 평가 방법은 평가의 주된 내용이나 방법에 따라 형식적 평가와 비형식적 평가, 직접 평가와 간접 평가, 주관적 평가와 객관적 평가로 나눌 수 있다.

형식적 평가는 성취중심 검사와 진단중심 검사로 구분할 수 있는데, 성취중심 검사보다는 진단중심 검사가 교사들의 교수 활동에 적합하고 광범위한 정보를 제공한다. 예를 들면, 『문어검사 4판』(Test of Written Language-4th Edition; Larsen, Hammill, & Moats, 1999)은 필기와 철자뿐만 아니라 작문의 여러 가지 요소를 포괄적으로 평가하도록 되어 있다.

형식적 평가의 양적 평가와는 달리 작문 과제의 질적인 부분을 평가할 수 있는 학생들의 작문 과제 포트폴리오 등을 이용한 비형식적 평가에서는 다음과 같은 점을 고려하여 작문 과제의 질을 평가할 수 있어야 한다(ASCD, 1997).

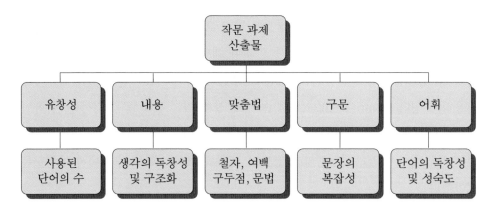

그림 8-1　작문 과제 평가의 구성 요소

출처: Hallahan (2005).

- 아이디어와 내용: 전달하고자 하는 메시지가 분명한가? 내용이 독자들의 관심을 끌기에 충분한가?
- 조직: 서론이 나와 있는가? 논리적인 순서에 따라 진술되고 있는가? 독자가 쉽게 읽어 나갈 수 있는가?
- 표현: 독자에게 직접적으로 내용을 전달하려고 하는가? 독자들의 요구를 반영하고 있는가?
- 유창성: 문장에 운율이 있으며, 독자가 읽기 쉽게 진행되고 있는가? 문장의 길이와 구조가 다양한가?
- 어문 규정: 문법이나 구두법, 문장 부호 등과 같은 작문 규정을 잘 지키고 있는가? 정확한 구두법을 지키고 있는가? 철자법은 정확한가?

직접 평가는 저자에게 설명문이나 논설문, 시, 소설 등과 같이 특정 방식으로 표현하도록 하고 이를 평가하는 것이다. 직접 평가에는 구체적으로 표준화된 기준이 사용되며 그에 따라 채점을 하게 된다. 반면, 간접 평가는 직접 글을 쓰도록 요구하는 것이 아니라 빈칸 메우기와 같이 선택 문항 중에서 바른 답을 고르게 하여 이를 바탕으로 간접적으로 학생들의 문장 구조나 단어 사용 및 철자, 구두점 등의 사용에 대해 평가하는 것이다. 직접 평가가 작문 능력에 중점을 둔다면, 간접 평가는 언어 사용과 의사소통에 중점을 둔다(김동일 외, 2009).

또한 주관적 평가는 평정척도와 추론적으로 결정되는 최종 점수를 통한 질적인 평가를 기반으로 하고 있으며, 글의 내용과 조직, 표현 등의 요소를 평가 영역으로 하는 분석적인 평가와 학생들이 작성한 글의 통일성과 일관성, 유창성을 평가하는 총체적인 평가 방법을 사용한다. 반면, 객관적 평가는 구체적인 특성들의 실제적인 평가를 기반으로 유창성, 문장의 질, 어문 규정 등이 평가의 대상이 된다(김동일 외, 2009).

Polloway 등(2004)은 작문의 과정을 쓰기 전 활동 단계와 쓰기 활동 단계, 쓰기 후 활동 단계로 나누어 각 단계에 따른 평가과정을 제시하고 있다. 먼저, 쓰기 전 활동 단계에서는 다음과 같은 점을 고려하여 평가가 이루어져야 한다.

- 학생들의 교육적 배경
- 학생들의 여가 시간 활용 방법

- 학생들이 읽은 책
- 학생들이 집에서 또래들과 나누는 이야기
- 학생들의 쓰기 활동의 중요성에 대한 인식
- 학생들의 취미, 좋아하는 책이나 영화뿐만 아니라 교육적인 혹은 교과 외적인 관심이나 지역사회에서의 관심 등과 같은 관심 목록
- 학생들의 진로 목표
- 학생들이 선호하는 강화
- 학생들이 자신의 쓰기 활동의 목표를 정하고 실행하는 능력 유무
- 학생들이 내용에 대한 생각을 브레인스토밍할 수 있는지(확산적 사고) 유무
- 학생들이 주제에 대한 생각을 점진적으로 좁혀 나갈 수 있는지(수렴적 사고) 유무
- 학생들이 자신의 과제에서 중요한 요소를 찾아낼 수 있는지 여부
- 학생들이 글을 써야 하는 이유를 이해하는지 여부
- 학생들이 글을 쓰는 대상에 대해 알고 있는지 여부

두 번째로, 쓰기 활동 단계에서는 유창성과 어휘, 내용의 질, 문장 구조 혹은 조직 등에 대한 평가가 이루어져야 한다.

끝으로, 쓰기 후 단계에서는 학생들의 교정 혹은 편집 기술에 대한 평가가 이루어져야 한다. 학생들의 교정 및 편집 기술을 평가하기 위해서는 다음과 같은 점에 주의해야 한다.

- 학생들은 문장이나 문단에서 특정한 기술적인 오류를 발견할 수 있는가?
- 학생들은 글에서 구조적인 혹은 관념적인 문제를 파악할 수 있는가?
- 학생들은 교정 기술을 효과적으로 사용할 수 있는가?
- 학생들은 완성된 글이 목적에 맞는지 평가할 수 있는가?
- 학생들은 이와 같은 기술을 연습 상황이 아닌 실제 작문 활동에 활용할 수 있는가?

3. 쓰기 지도

쓰기는 언어 체계의 가장 정교하고 복잡한 성취 과제이다. 언어발달 단계상 쓰기는 마지막에 배우게 된다. 쓰기를 통해 우리는 이전에 배운 것과 듣고 말하고 읽은 경험을 결합시킨다. 적절한 구두언어 기능의 기초 위에 능숙하게 쓰는 능력은 다른 많은 능력을 요구한다. 글을 쓸 때에는 단어나 문장을 구성하는 동안에 자신의 생각을 유지할 수 있어야 하고, 필기도구를 조작하는 동안에 각 글자나 단어에 대한 정확한 형태를 계획하는 데 숙달되어야 한다. 또한 글을 쓸 때에는 복잡한 눈-손 협응을 통합하기 위하여 충분한 시각과 운동 기억을 소유하여야 한다.

1) 필기 기술 지도 전략

필기 능력은 우리가 일반적으로 알고 있는 것 이상으로 학업 성취와 매우 밀접하게 관련되어 있다. 그러나 일반교육뿐만 아니라 특수교육에서도 필기 능력은 언어교육과정의 다른 영역에 비해 그다지 중요하게 생각하지 않는다(Berninger et al., 2006). 필기 능력은 학업 성취, 특히 작문을 비롯해서 읽고 쓰는 능력과 밀접하게 연결되어 있다. 1학년이 지나서도 필기에 어려움을 갖고 있는 아동들은 필기 기술뿐만 아니라 전반적인 쓰기 능력이 지체될 가능성이 매우 높다(Graham, 1990). Baker, Gersten과 Graham(2003)은 글씨 쓰기가 작문의 길이와 질을 결정하는 예언적인 요소라고 하였다. 작문 과제를 어려워하는 학생들은 글씨 쓰기 과정에 자신의 주의를 모두 사용해서 그들이 실제로 작문하려는 내용에 집중하기가 어려워지기도 한다(Graham & Weintraub, 1996). 이처럼 자신의 글씨 쓰기 기능에 에너지를 소진하는 학생들은 글로 쓰는 작문 과제를 포기할 수도 있고, 좌절감을 경험하며, 자기효능감이 감소되기도 하고, 심지어 학업을 포기하기도 한다(Jones & Christensen, 1999). 따라서 읽기 문제와 필기 문제를 함께 가지고 있는 많은 학생을 위한 체계적인 교육이 필요하다.

(1) 글씨 쓰기 지도의 체계

글씨 쓰기 지도의 내용 요소 범주는 일반적으로 집필 자세와 필순, 낱자 모양, 낱자(자모) 간격, 글자 모양, 글자 간격, 문장 부호로 구분할 수 있다. 이들 내용 요소의 학습 순서는 어느 정도 순차적인 성격이 있지만, 반복 순환하는 것이 더 바람직할 것이다. 바른 집필 자세와 필순은 바른 글씨의 기본 조건이다. 이것은 단번에 완성되는 것이 아니므로 전체 글씨 쓰기 과정에서 지속적으로 관심을 가지고 지도해야 한다. 글씨 쓰기 주요 학습 요소를 범주화하여 정리하면 다음 〈표 8-6〉과 같다(교육과학기술부, 2013).

표 8-6 글씨 쓰기의 주요 학습요소

	학습 요소	
집필 자세	• 연필을 바르게 잡고 글씨 쓰기 • 바른 자세로 글씨 쓰기	
필순	• 자음자에 맞게 글씨 쓰기 • 모음자에 맞게 글씨 쓰기 • 자음자와 모음자의 조합 차례에 맞게 쓰기	
낱자 모양	• 자음자 모양 바르게 글씨 쓰기(초성, 종성) • 모음자 모양 바르게 글씨 쓰기(단일 모음자, 합성 모음자)	
낱자 간격	선(간격)에 맞추어 쓰기	• 세로선을 맞추어 쓰는 글자 • 가로선을 맞추어 쓰는 글자 • 가로세로선을 맞추어 쓰는 글자 • 세로선의 간격이 일정해야 하는 글자 • 가로선의 간격이 일정해야 하는 글자 • 사선의 간격이 일정해야 하는 글자
글자 모양	자형에 맞게 쓰기	• 기울인 세모형 글자(◁) • 바른 세모형 글자(△) • 마름모형 글자(◇) • 네모형 글자(□) • 기타 모양 글자
글자 간격	띄어쓰기	• 적당한 자간 간격을 유지하며 글씨 쓰기 • 적당한 띄어쓰기 간격을 유지하며 글씨 쓰기
문장 부호	문장 부호 바르게 쓰기	• 온점, 반점, 느낌표, 물음표 바르게 쓰기

(2) 글씨 쓰기 자세 지도 방법

교사는 기본적으로 학생이 바른 자세인지, 올바르게 연필을 쥐고 있는지, 올바른 종이의 위치를 이해하고 있는지 등을 확인하고 이를 지도해야 한다. 연필을 정확하게 잡는 방법과 글을 쓸 때의 적절한 위치를 지도해야 한다. 먼저, 학생들의 연필 그립을 점검하고, 테이프나 연필 잡는 도구를 연필에 부착해 준다. 크기가 다른 연필을 사용해 보도록 하는 것도 좋은 방법이 될 것이다. 만일 종이가 책상 위에서 자주 움직인다면, 테이프로 종이를 고정시킨다. 학생들에게는 종이를 고정시키기 위해 클립보드를 사용하도록 한다. 그리고 학생들이 원하는 넓이의 줄이 그어져 있는 종이를 사용할 수 있도록 한다. 처음에는 선의 간격이 넓은 종이로 시작해서 학년에 맞는 줄 간격의 종이를 사용할 수 있을 때까지 줄 간격 크기를 천천히 줄여 나간다. 만약 원하는 크기의 줄을 문구점에서 구입할 수 없다면, 손이나 컴퓨터를 이용하여 만들거나 복사하여 사용하도록 한다. 학생들에게 다음과 같은 특별한 자료들을 제공한다.

- 연필 그립: 연필에 끼우는 그립은 학생들이 연필을 보다 쉽게 쥘 수 있도록 도와준다. 나이가 많은 학생들은 테이프나 고무 밴드를 사용해도 좋다.
- 연필 타입: 굵은 연필은 일부 학생들에게 도움을 줄 수 있다. 학생들이 연령이 높아지면 펠트 펜, 샤프 연필 그리고 볼펜 사용을 시도한다.
- 종이: 학생들이 사용하기에 편안한 종이를 쓴다. 일부 학생들은 넓은 선이 있는 종이가 더 필요할 수 있다. 도드라진 선이 있는 종이는 글씨를 쓸 때 선 안에 글씨를 쓰기 어려운 학생들에게 유용하다. 모눈종이 공책은 공간 지각에 문제가 있는 학생들에게 도움을 줄 수 있다.

연필을 바르게 잡는 방법과 바르게 앉아서 글씨를 쓰는 방법은 〈표 8-7〉과 같이 지도한다(교육과학기술부, 2013).

표 8-7 연필을 바르게 잡는 방법과 바르게 앉아서 글씨를 쓰는 방법

연필을 바르게 잡는 방법	• 연필은 집게손가락과 가운뎃손가락 사이에 살짝 끼워 엄지로 덮어 누른다. • 연필대는 집게손가락의 첫째 마디에 닿도록 한다. • 연필과 지면의 각도는 60° 정도가 되도록 유지한다. • 연필대의 끝이 오른쪽 귀 옆쪽을 향하도록 한다. • 넷째 손가락과 새끼손가락은 차례대로 구부린 채 가운뎃손가락을 받쳐 준다.
바르게 앉아서 글씨를 쓰는 방법	• 책걸상의 높이가 몸집에 적당해야 한다. • 걸상을 책상 밑으로 조금 들어오도록 놓는다. • 책상 앞 모서리와 배 사이에 주먹 하나가 들어갈 정도, 등과 걸상 뒷면 사이에도 주먹 하나가 들어갈 정도가 되도록 걸상을 놓는다. • 허리를 펴고 고개는 앞으로 조금 숙인다. • 왼쪽 팔꿈치는 책상 위로 올라오지 않도록 한다. 팔꿈치와 손목의 중간 부분이 책상 앞 모서리에 닿게 한다. 오른쪽 팔꿈치도 책상 위로 올려놓지 않도록 한다.

출처: 교육과학기술부(2013).

(3) 글씨 쓰기 지도 방법

필기에 어려움이 있는 학생들은 깔끔하게 글씨를 쓰는 데 문제가 있거나 주어진 선 안에 쓰는 데 어려움을 가지고 있다. 그들이 쓴 철자들은 부적절한 모양을 하고 있거나, 필기를 하는 과정이 무질서하고 조잡하게 보이기도 한다. 그중 대부분의 학생들은 너무 빨리 써서 그들이 쓴 철자를 읽기 어렵게 하기도 한다. 반대로 어떤 학생들은 그들의 필기 속도가 너무 느려서 과제를 완성하는 데 너무 많은 시간을 소비하게 된다. 그렇기 때문에 대부분의 과제를 완성하지 못한다.

학생들의 부정확한 필체는 완전한 글자 형성법을 익히지 않은 것이 중요한 원인이라고 할 수 있다. 그런 학생은 부주의하거나 필체를 배우기 시작할 때 학습할 준비가 되어 있지 않았을 수 있다. 학생은 자신만의 글자 형성법을 만들어 내게 된다. 불행히도 일단 부정확하게 익힌 필체는 바꾸기가 매우 어렵다. 흔히 학생들이 쓰기에서 자신만의 방법을 습득하게 되면 영구적으로 굳어지는 경우가 많다. 그러므로 유치원 단계에서 정확하게 가르쳐야 하고 일관성이 매우 중요한 것이다. 필기에 어려움이 있는 학생들을 위한 구체적인 지도 방법은 다음과 같다(김애화 외, 2012; Maanum, 2009).

- 학생들을 세심하게 지도하고 새로운 글자는 정확하게 쓰는 시범을 보여 준다. 글자 형성의 각 단계를 교사가 말로 설명하면서 글자의 쓰기 순서를 보여 준다.
- 학생들에게 모든 쓰기 작업에서 잘못된 철자들을 반복해서 교정하도록 요구한다. 학생들에게 모든 쓰기 과제에서 잘못된 글자나 부정확한 모양의 철자들에 주의해서 자신의 오류를 교정하도록 지도한다.
- 허공에 철자 쓰기 시범을 보이면서 철자의 획과 모양을 말로 설명해 준다. 학생들에게도 허공에 철자들을 써 보도록 요구한다. 학생들이 정확한 획을 쓰고 있는지 학생들 서로 간에도 잘 지켜보도록 한다.
- 학생들이 자신의 필체를 자율적으로 만들 수 있도록 한다. 특정한 필체를 익히는 데 어려움을 겪는 학생들이 있을 것이다. 반드시 완벽하게 특정한 '필체'에 따르도록 지도할 필요는 없다. 학생들에게 자율적으로 쓰게 하고 아동의 필체가 읽기 쉽도록 하는 것을 우선으로 강조한다.
- 학생들이 연습하는 동안 주의 깊게 관찰한다. 교실을 순회하면서 개별교육이나 소집단별 지원이 필요한 학생들을 확인해야 한다. 일단 학생들이 잘못된 필체를 익히고 연습하게 되면 그 습관을 바꾸는 것이 거의 불가능하기 때문에 지속적인 관찰과 즉각적인 지도가 매우 중요하다.
- 철자의 형태를 지도할 때에는 시각 단서(세모, 네모 혹은 마름모 안내선 등)를 사용하여 아동들이 선 위에서 글자가 어디서 시작하고 끝나야 하는지에 대해 이해하는 데 도움을 주도록 한다.
- 교사가 먼저 연필로 학생들의 답이나 글을 써 준 후에 학생들에게 색연필로 그 위에 덧쓰도록 한다.
- 글씨 쓰기를 명시적이고 직접적으로 가르쳐야 한다. 글씨 쓰기 교수 시간을 별도로 마련하여 일주일에 적어도 세 번 이상, 최소 10분 정도씩 꾸준히 지도하여야 한다.
- 글씨 쓰기 연습을 반복적으로 할 수 있도록 하여야 한다. 특정 글자 몇 개를 하루에 집중적으로 지도하고 다음 글자로 넘어가는 것보다 여러 개의 글자를 며칠에 걸쳐 반복적으로 연습하는 것이 좋다.

① 선행기술 지도법

소근육이나 시지각의 문제, 시각-운동 통합의 문제, 주의집중과 기억의 문제 등으로 인한 글씨 쓰기의 문제를 해결하기 위한 선행기술을 지도한다. 예를 들면, 글씨 쓰기 기술과 관련된 시각적 운동의 하위 기술인 운동 패턴 훈련법, 피부 및 근육 운동 지각 피드백, 시각적 공간 지각 능력 개선, 시각적 변별력 개선, 문자와 단어에 대한 시기억 개선 등을 사용하여 글씨 쓰기의 문제를 개선할 수 있다(강위영, 정대영, 2004).

장애학생들의 주의집중과 과잉행동으로 인한 글씨 쓰기 문제를 해결하기 위한 지도 방법으로 감각통합치료 프로그램을 적용할 수 있다. 감각통합치료 프로그램은 피질하 수준의 감각계를 통합할 수 있는 활동을 선택하여 조절된 감각입력을 통해 글씨 쓰기의 어려움을 돕는다. 이 프로그램을 통해서 주의집중 및 과잉행동 장애학생들의 글씨 쓰기 명료도와 유창성 향상에 도움을 줄 수 있다. 다음 〈표 8-8〉은 글씨 쓰기 지도를 위한 감각통합치료 프로그램의 실행과정이다(함보현 외, 2012).

표 8-8 글씨 쓰기 지도를 위한 감각통합치료 프로그램의 실행과정

구분	목표	내용
감각준비 (5분) (Kranowitz, 1998)	1. 인사하기, 주제 소개하기 2. 오늘의 과제를 순서대로 이야기하기 3. 감각준비 활동	• 스트레칭(목, 어깨, 팔꿈치, 손목, 허리, 무릎, 발목), 곰 같이 네발로 기기, 콩쥐팥쥐, 벽에 푸시업, 터널 통과하기, 손수레 걷기, 엉덩이로 걸어가기(경주), 개구리처럼 움츠렸다가 점프하기
감각통합 활동 (30분) (Koomar & Bundy, 2002)	1. 자세반응 촉진 2. 손발의 협응, 순서 3. 운동 실행 4. 개념화 5. 과제의 시작과 지속하기, 완료하기	• 씽씽 스쿠터보드(엎드린 자세, 경사로, 테이프로 길 만들고 길 따라 이동하기, 택배놀이) • 정글의 타잔(트래피즈를 잡고 매달려 이동하기, 매달린 채 공 옮기기) • 그물 그네(엎드려서 공 던지기) • 볼스터 그네(앉아서 발로 공 옮기기) • 판 그네(앉아서 낚싯대로 물고기 잡기, 엎드려 공 옮기기) • 줄사다리에 걸터앉아 같은 색깔상자에 공 던지기 • 트램펄린 • 상자에 들어가 불어펜을 이용하여 그림 그리기, 면도크림 위에 불어펜 불어 그림 그리기, 탁구공 축구 • 장애물 이동하기, 징검다리, 땅따먹기
감각안정화 (5분) (Kranowitz, 1998)	1. 정리 및 마무리 2. 이완하기	• 스트레칭, 깊게 숨 쉬기, 몸 풀기, 가슴 심부압박자극 • 치료실에서 사용한 도구 정리하기

출처: 함보현 외(2012).

② 다감각적 교수법

특수교육 대상 학생들의 글씨 쓰기를 위한 효과적인 지도 방법으로 다감각적인 접근 방법이 있다. 교사는 학생들에게 시각과 청각, 근육운동 지각 및 촉각 등 다감각적인 접근을 통하여 올바른 글씨 쓰기를 지도할 수 있다. 이 방법의 절차는 다음과 같다(강위영, 정대영, 2004).

- 교사가 쓰일 글자를 보여 주기
- 교사가 글자의 이름을 말하고 쓰는 방법을 말하기
- 아동이 손으로 그 글자를 추적하고 쓰는 방법을 소리 내어 말하기
- 아동이 그 글자를 연필로 따라 쓰기
- 아동이 그 글자를 보면서 공책에 쓰기

③ 시각단서 교수법

시각단서 교수법은 글자의 필순과 진행 방향을 화살표와 번호로 표시한 학습지를 사용하여 글씨를 쓰는 방법에 대해 시각적으로 보여 주면서 글씨 쓰기를 가르치는 방법이다. 교사는 학생에게 화살표와 번호를 잘 보도록 지시한 후, 올바른 글자의 필순과 진행 방향을 보여 준다. 그다음, 학생에게 화살표와 번호에 따라 글씨 쓰기 연습을 하도록 지도한다(김애화 외, 212).

④ 기억인출 교수법

기억인출 교수법은 글자를 주의 깊게 살펴보도록 지시한 후, 가림판으로 글자를 가린 상태에서 글자를 기억하여 쓰도록 하는 방법이다. 처음에는 글자를 가리고 1초 후에 글자를 기억하여 쓰도록 하다가, 점차적으로 시간을 늘려서 3초 후, 6초 후, 9초 후에 글자를 기억하여 쓰도록 하는 '지속적인 시간 지연법(constant time delay)'을 사용한다(김애화 외, 2012).

⑤ 베껴 쓰기 교수법

베껴 쓰기는 전통적인 글씨 쓰기 교수법으로서 교사가 먼저 글씨 쓰는 것을 시범 보인 후, 학생이 같은 글자를 베껴 쓰도록 하는 방법이다. 교사는 글씨 쓰는 것을 시

범 보일 때 글자를 구성하는 낱자의 이름과 글자의 필순을 말로 표현한다. 예를 들면, '가'를 쓸 때 교사는 "'ㄱ'을 먼저 쓰고 그다음 'ㅏ'를 쓰자."라고 말하면서 지도한다. 또한 연필로 베껴 쓰기를 하는 대신 손가락으로 글자를 따라 쓰는 방법(tracing)을 사용하기도 한다(김애화 외, 2012).

⑥ **자기교수 전략**

인지행동 모델을 기초로 하는 자기교수 전략은 학생들의 글씨 쓰기 문제를 해결하는 데 광범위하게 활용되어 왔다. 학생들에게 글씨 쓰기를 지도할 때 자기교수 전략을 적용하는 단계는 다음과 같다(강충원, 2002).

- 1단계: 교사는 가르치고자 하는 글자의 모델을 제시하고, 글자의 형태를 설명한다. 그 후 다시 학생이 글자의 모양을 설명한다. 이 과정을 세 번 반복한다.
- 2단계: 교사는 과정을 설명하면서 글자를 쓴다. 학생이 글자 형성 과정을 외울 수 있을 때까지 반복한다.
- 3단계: 학생은 글자를 덮어 쓴다. 교사와 학생이 함께 글자 형성 과정을 외운다.
- 4단계: 교사는 글자를 쓰고, 학생이 그 글자를 덮어 쓴 후, 말로 그 과정을 이야기한다. 이때 "내 글자는 너무 삐뚤어졌어."와 같이 자기정정을 하고, "이 글자는 잘 썼지."와 같은 자기강화를 반복한다.
- 5단계: 과정을 설명하고, 자기정정 및 자기강화를 하면서 교사는 글을 쓰고, 학생은 베껴 쓴다.
- 6단계: 학생이 기억해서 글자를 쓴 다음 마무리한다.

2) 철자 지도 전략

읽기와 쓰기 표현, 철자 능력은 밀접한 상관관계가 있으며 철자를 배우는 것은 단어를 익히고 읽는 것과 밀접한 연관이 있다(김동일 외, 2009). 읽기에서 단어들을 부호화할 수 없는 학생들은 받아쓰기에서 거의 빈약한 수행을 하게 된다. 그러므로 받아쓰기에서의 오류 형태는 음운론적 인식의 문제와 매우 관련이 높다(Wallace & Kauffman, 1986).

 교사들은 철자 문제가 심각한 학생들이 음소 인식의 어려움으로 읽기를 어려워할 것이라고 추측할 수 있다. 음소 인식은 읽기의 해독 측면과 철자의 기호화 측면 모두에서 중요하다(Hulme & Joshi, 1998). 한글에서의 표기는 '표준어를 소리대로 적되 어법에 맞도록 함을 원칙으로 한다.'라고 진술되어 있다. 그리하여 한글에서의 받아쓰기의 오류는 소리 내어 적는 과정에서 나타날 수도 있고 어법에 따라 적는 과정에서 나타날 수도 있다. 한글의 경우 자소 · 음소의 일대일 관계에서 대응규칙을 일찍부터 쉽게 발견할 수 있다. 반면에 독특한 철자 체계를 가지고 있어서 알파벳을 사용하는 언어권 글자의 받아쓰기 과정과는 다른 특징을 가질 것이다(윤혜경, 1997).

 이와 같은 철자의 문제는 필기에도 영향을 줄 수 있다. 실제로 철자를 자동적으로 쓰지 못하는 학생은 단어를 쓰는 데 운동 활동의 지체가 있을 수 있다. 즉, 필기의 유창성은 철자 쓰기 능력에 부정적인 영향을 주며 철자의 문제는 다시 필기 유창성에 부정적인 영향을 주게 된다. 철자 능력이 부족한 학생들을 위한 구체적인 지도 전략은 다음과 같다(Maanum, 2009).

- 철자를 가르칠 때 사용 빈도가 높은 단어를 우선순위로 가르쳐야 한다. 일상적으로 사용되는 말의 절반은 빈도수가 가장 높은 100개 정도의 단어로 구성되어 있다. 일상적인 글쓰기에서도 빈도수가 높은 1,000개의 단어가 90% 이상을 차지한다.
- 학생들에게 허공에 단어를 크게 쓰는 연습을 하게 한다. 학생들이 허공에 단어를 쓰면서 소리 내어 철자를 말해 보도록 한다.
- 보드지 위에 반짝이, 접착제, (전분으로 만든) 풀을 이용하여 단어를 쓴다. 학생들에게 반짝이나 모래, 소금이나 다른 가루로 된 재료들을 접착제나 풀 위에 뿌리게 한다. 이 재료들이 마르면 단어를 따라 쓰기 연습을 할 때 사용할 수 있는 감촉이 있는 3D(입체) 단어 철자 쓰기 자료가 되어 효과적으로 활용할 수 있다.
- 학생들에게 모래나 소금 쟁반을 제공한다. 학생들은 소리 내어 철자 쓰기를 하면서 손가락으로 모래나 소금에 철자를 쓴다.
- 핑거페인팅으로 단어의 철자를 연습하게 한다. 학생들이 단어 쓰기 연습을 할 수 있도록 책상 위에 면도용 크림을 짜 놓는다. 또는 적은 양의 푸딩이나 얼음, 휘핑 크림을 종이 접시에 뿌려 두는 것도 좋다. 학생들이 단어를 한 번 쓰고 나면

다시 매끄러운 크림으로 지우고 다음 단어를 쓰게 할 수 있다.

- 두 사람씩 짝을 지어 준다. 학생들은 손가락으로 단어 쓰기를 연습하기 위해 파트너의 등에 단어 쓰기를 연습한다. 또는 파트너 간에 앞이나 뒤에서 단어의 철자를 말한다. 더 연령이 높은 학생들은 다른 학생에게 교대로 퀴즈를 낼 수 있다.
- 개인 칠판이나 화이트보드를 사용한다. 이 활동은 전체 집단 활동으로 사용할 수 있다. 학생들에게 칠판 혹은 화이트보드를 사용할 수 있도록 색분필이나 화이트보드용 펜을 나누어 준다. 먼저, 학생들에게 철자를 쓰게 하고, 교사는 3초 정도 학생들이 들고 있는 개인 칠판에 적힌 철자를 빨리 점검한다.
- 깨끗한 페인트 솔과 물을 사용한다. 학생들은 칠판이나 책상 위에 단어 쓰기 연습을 할 수 있다.
- 조작할 수 있는 철자 자료들을 사용한다. 학생들이 개별적으로 단어 연습을 하는 데 사용할 수 있도록 자석 글자, 알파벳 쿠키, 스펀지 글자, 고무도장이나 스텐실을 제공한다.
- 철자 게임을 한다. 단어 쓰기가 결합된 다양한 게임을 새롭게 만든다. 스크래블, 휠 오브 포춘(Wheel of Fortune), 십자말풀이 퍼즐, 단어 찾기 게임은 철자 쓰기에 도움을 준다. 학생들이 철자 게임을 새롭게 만들어서 하는 것도 좋다. 집단별로 학생들이 다른 학생에게 퀴즈를 내거나 간단한 단어 맞히기 게임을 하는 것도 도움이 될 것이다.
- 공학 기술을 이용한다. 학생들은 대부분 컴퓨터 철자 쓰기 프로그램을 즐긴다. 철자 쓰기 주간 목록들을 프로그램에 입력한다. 교사가 활용할 수 있는 철자 쓰기 주간 목록을 이용한 단어 찾기와 십자말풀이 퍼즐을 만들 수 있는 웹사이트가 많이 있다.
- 학생들에게 철자 시험에서 틀린 단어들만 연습하도록 한다. 철자 연습에서 철자를 잘못 쓴 단어들에만 초점을 두고 연습하는 것이 보다 효율적이다. 그러나 시험에서 대다수의 단어를 틀리는 일부 학생들에게는 철자 쓰기 주간 목록을 수정하는 것이 더 필요하다.

(1) 다감각 중심 교수법

철자 지도 방법 중 다감각 중심 교수법은 학생이 보고, 듣고, 느끼게 함으로써 학생에게 단어를 시각적으로 분석하게 하여 가르치고 음성화하여 기억을 되살려 쓰게 한다. Fernald의 시각, 청각, 근육운동 지각 및 촉각 접근법은 다감각 중심 교수법의 한 예로 다음과 같이 8단계로 구성되어 있다(강위영, 정대영, 2004).

① 교사는 가르칠 단어를 쓰고 말한다.
② 아동은 단어를 따라 말한다.
③ 아동은 문자나 단어를 말하는 동안 손가락으로 단어를 추적한다.
④ 단어를 지우고 아동에게 기억을 되살려 쓰게 한다.
⑤ 아동은 페이지를 넘기고 그 단어를 두 번 쓰게 한다.
⑥ 교사는 아동에게 그 단어를 자주 사용할 기회를 자주 부여한다.
⑦ 교사는 아동이 단어의 정확한 철자를 많이 접하도록 책과 사전을 자주 이용하도록 장려한다.
⑧ 문자와 절차를 대응시킨다.

(2) 철자 오류 유형에 따른 교수법

철자 지도를 할 때에는 학생의 철자 오류가 음운처리 문제로 인한 것인지, 표기처리의 문제로 인한 것인지 또한 형태처리의 문제로 인한 것인지를 파악한 후 학생의 오류 특성에 따라 지도하여야 한다. 일반적으로 철자 발달 단계에 따라 음운처리 중심 교수법을 먼저 지도하고, 그다음 표기처리 중심 교수법과 형태처리 중심 교수법의 순으로 지도한다. 각 교수법의 구체적인 지도 방법은 다음과 같다(김애화 외, 2012).

① 음운처리 중심 교수법

음운처리 중심 교수법은 낱자-소리 대응관계를 활용한 파닉스 교수법을 적용한 철자 교수법이다. 이 교수법을 적용할 때에는 자주 사용하는 낱자-소리 대응관계(예, 기본 자음, 기본 모음)를 먼저 지도한다. 그다음 이중 모음과 겹자음 순으로 지도한다. 또한 시각적인 형태나 발음이 비슷한 낱자를 동시에 지도하지 않도록 한다. 음운처리 중심 교수법의 절차는 다음과 같다.

• 1단계: 낱자 이름과 소리 가르치기

- 예, ㅅ 시옷(이름) [ㅅ](초성소리)
- 2단계: 낱자-소리 대응관계를 활용하여 자음＋모음 글자를 읽고 쓰기
  - 예, 사: 'ㅅ' 낱자를 쓰면서 [ㅅ]라고 발음하고, 'ㅏ' 낱자를 쓰면서 [ㅏ]라고 발음하고, 다시 옆에 '사'라고 쓰면서 [사]라고 발음하기
- 3단계: 낱자-소리 대응관계를 활용하여 자음＋모음＋자음＋모음 글자 읽고 쓰기
  - 예, 사다
- 4단계: 글자/단어를 단어은행에 모아 두고 연습하기
  - 이미 학습한 단어들을 누적하여 철자 쓰기 연습하기

② 표기처리 중심 교수법

표기처리 중심 교수법은 음운변동(7종성, 연음, 비음화, 설측음화, 구개음화, 된소리되기, 축약, ㅎ 탈락, 겹받침) 규칙에 따른 철자 교수법이다. 표기처리 중심 교수법은 다음과 같이 두 가지 방법으로 지도할 수 있다. 첫째, 음운변동 규칙별로 단어를 묶어서 소개하고 같은 음운변동 규칙이 적용되는 단어끼리 분류하는 활동을 적용할 수 있다. 음운변동 규칙별 단어 분류 활동 시 처음에는 두 가지 음운변동 규칙을 비교하여 분류하는 활동으로 시작하여야 하며, 점차적으로 학생의 반응에 따라 음운변동 규칙의 수를 늘리는 것을 고려할 수 있다. 또한 평가를 실시하여 학생이 잘 모르는 음운변동 규칙을 파악한 후에 학생의 특성에 맞게 교수 내용을 구성하는 것이 좋다. 같은 음운변동 규칙이 적용되는 단어끼리 분류하는 활동의 구체적인 절차는 다음과 같다.

- 단어들을 분류하기 전에 모든 단어 읽기
- 음운변동 규칙이 적용되는 단어 소개하기
- 교사가 단어 분류 활동에 대해 시범 보이기
- 학생이 단어 분류하기
- 학생이 분류한 단어를 점검하도록 하기
- 확인하기
- 가리고, 베껴 쓰고, 비교하기

둘째, 문장 안에서 단어의 쓰임을 인식할 수 있도록 하는 것이 좋다. 예를 들어,

'좋은'이라는 단어를 '오늘은 기분 좋은 날이다.'라는 문장과 함께 제시하여 학생이 '좋은'의 의미를 파악하는 데 도움을 주고, 학생이 '좋은'에서 '좋-'이 어간이고, '-은'이 어미임을 인식하게 함으로써, 궁극적으로 '좋은'의 기본형인 '좋다'와 연결하여 올바른 철자를 쓸 수 있도록 지도한다(김애화, 2009).

③ 형태처리 중심 교수법

형태처리 중심 교수법은 어간-어미(어근-접사), 시제, 동음이의어를 고려한 철자 교수법이다. 형태처리 중심 교수법의 지도 방법은 다음과 같이 두 가지로 나눌 수 있다.

첫째, 용언의 기본형과 용언의 변형을 연결하여 교수하는 방법으로 어미의 종류에 따라 단어를 분류하는 활동을 할 수 있다. 어미의 종류에 따라 단어를 분류하는 활동의 구체적인 절차는 다음과 같다.

- 단어들을 분류하기 전에 모든 단어 읽기
- 어간과 어미를 명확하게 알려 주기
- 교사가 단어 분류 활동에 대해 시범 보이기
- 학생이 단어를 분류하도록 하기
- 학생이 분류한 단어를 점검하도록 하기
- 확인하기
- 가리고, 베껴 쓰고, 비교하기

둘째, 문장 안에서 단어의 쓰임을 인식할 수 있도록 하는 것이 좋다. 예를 들어, '뚫다'라는 단어를 '구멍을 뚫고 끈을 넣었다.'라는 문장과 함께 제시함으로써 학생이 '뚫고'의 의미를 파악하는 데 도움을 주고, 학생이 '뚫고'에서 '뚫'이 어간이고, '고'가 어미임을 인식하여 올바른 철자를 할 수 있도록 한다.

(3) 자기교정 중심 교수법

자기교정은 학생 자신이 철자 쓰기를 잘못한 단어를 제시된 정답과 비교하여 철자를 바르게 수정하는 활동이다. 교사가 받아쓰기를 점검하는 과정에서 학생 자신이 쓴 단어를 점검하고 필요할 때 오류를 교정하는 것은 철자 쓰기의 정확성에 즉각적인 피드백을 제공하고 자기점검 기술을 발전시키는 중요한 과정이다. 자기교정 단계의 예는 다음 〈표 8-9〉와 같다.

표 8-9 자기교정 단계

단계	자기교정 단계
1	불러 주는 낱말 받아쓰기
2	잘못 쓴 것은 없는지 한 번 더 읽어 보기
3	정답 카드를 보고 내가 쓴 낱말과 비교해 보기
4	정답과 내가 쓴 답이 같으면 ○ 표시를 하고, 다르면 × 표시를 하기
5	× 표시를 했다면 잘못 쓴 이유를 생각하고, 규칙 설명 카드를 다시 한 번 읽기
6	잘못된 부분을 찾아 빨간 펜으로 교정하기
7	정답을 보고 낱말을 큰 소리로 읽으면서 옆 칸에 다시 한 번 낱말 쓰기

출처: 문향은(2011).

이와 같은 자기교정을 활용한 자기교정 중심 교수법의 지도 단계는 다음과 같다(문향은, 2011).

- 1단계 학습 목표 확인: 정확한 철자 쓰기의 필요성 인식, 학습할 오류 유형 제시
- 2단계 명시적 교수: 학습할 오류 유형에 대한 맞춤법의 원리를 교사가 직접적으로 설명
- 3단계 교사 모델링: 잘못된 철자 쓰기 오류의 예를 제시하고 교사가 자기교정 과정을 시범
- 4단계 철자의 자기교정: 잘못된 철자가 있는 낱말 오류 교정하기
- 5단계 자기교정을 활용한 받아쓰기 활동: 자기교정 절차에 따라 받아쓰기 활동 실시
- 6단계 철자 쓰기 오류 교정 활동: 학습지로 제시된 낱말의 철자 쓰기 오류 교정

3) 작문 지도 전략

학생들이 자신의 생각을 효과적으로 전달하기 위한 작문과정은 복잡하고 다양한

요인을 동시에 고려해야 하는 매우 어려운 과정이다. 즉, 효과적인 작문은 쓰기의 목적, 그에 맞는 적절하고 자세한 내용, 내용들의 적절한 배열, 분명한 문장의 구성, 다양한 구조의 문장 등 여러 요인과 관계가 있다(Petty & Jensen, 1980).

작문과정에서의 의미 구성과 조직에는 어휘 능력과 문법 능력이 중요하게 작용한다. 의미의 전달은 적절한 어휘들을 선택하고 선택한 어휘들을 문법적으로 적절히 배열하여 나타낼 때 가능해진다. 작문과정에서 어휘의 선택은 매우 중요하다. 글쓴이의 생각을 적절한 단어로, 문장으로, 글로 담아내야 한다. 의미는 어휘에 의해 그 전달의 정확성과 심미성과 풍부성이 결정된다(Moffett & Wagner, 1992).

문법은 선택된 단어들을 적절히 배열하여 분명한 문장 구조를 만들어 내는 데 작용하는 변인이다. 문법은 글씨나 맞춤법, 문장 부호 등 기계적인 규칙들보다는 작문과 관련되는 변인이라 할 수 있다. 문법은 읽기나 쓰기를 통해서 익힐 수도 있으나 먼저 듣기와 말하기 활동을 통해서 습득하게 된다.

학생들에게 작문을 지도하기 위한 구체적인 전략은 다음과 같다.

(1) 과정중심 작문 교수법

과정중심의 작문 교수법은 단순히 좋은 글을 제시하고 분석하거나 여러 번 읽은 다음 이를 모방하게 하는 것이 아니라 일련의 글쓰기 과정에서 학생들이 필요로 하는 것을 지도하는 방법이다(교육과학기술부, 2013). 일반적으로 과정중심의 쓰기 과정은 크게 두 가지로 나누어 볼 수 있다. 첫 번째는 시간의 흐름을 기준으로 '글쓰기 전-글쓰기 중-글쓰기 후' 단계로 나누는 방식이고, 또 하나는 기능을 중심으로 '계획하기-내용 생성하기-내용 조직하기-표현하기-수정하기-평가하기와 조정하기'로 나누는 것이다. 이 중 쓰기 과정을 구체적인 활동 중심으로 나누고 각 과정에서 학생에게 정보를 제공할 수 있다는 점에서 기능 중심으로 쓰기 과정을 나누어 지도하는 방법이 많이 쓰이고 있다. 각 과정별 구체적인 지도 방법은 다음과 같다(교육과학기술부, 2013; 권춘화, 2011).

① 계획하기

이 단계에서 수행할 과제는 상황분석과 개략적인 구도를 작성하는 일이다. 글을 쓰기 전에 글쓰기 과제를 분석하고 목적을 정하며, 독자를 분석하는 일을 하게 된다.

이 단계에서는 글을 쓸 계획 세우기, 글을 쓰는 목적 생각하기, 내가 쓴 글을 읽을 독자 생각하기, 글의 조건이나 형태 분석하기, 글을 쓰기 위한 관련 자료 수집하기, 주제 정하기, 협의하기 등 글쓰기를 위한 준비 활동을 하게 된다. 이 단계에서는 충분한 시간을 갖고 주제를 정하고 독자를 고려하며 글의 종류에 맞게 내용을 생성할 수 있도록 해야 한다.

② 내용 생성하기

이 단계는 필자의 기억에서 생각을 꺼내는 단계로 가장 중요한 것은 창의적인 사고 과정이다. 필자의 창의적인 사고 활동으로 참신한 생각이나 기발한 착상을 기반으로 추론하고 아이디어를 새롭게 창출하는 과정이다. 이 과정은 가장 많은 시간을 가지고 활동하는 과정으로 많은 훈련이 필요하다. 이 과정에서는 글의 주제를 뒷받침할 수 있는 소재 찾기, 자유연상하기, 관련된 내용을 범주에 따라 나열하기 등의 활동을 하게 된다.

③ 내용 조직하기

이 단계는 내용 생성하기와 동시적으로 상호 보완하는 단계이다. 내용 생성하기를 통해 나온 자료들을 글의 구성 원리와 내용 전개 원리에 따라 체계적으로 조직하는 단계이다. 이 과정에서는 학생 자신의 생각을 나열하여 서로 관계를 파악하게 하고 어떤 순서로 글을 쓰는 것이 좋을지 생각해 본다. 이를 위해 생각그물 만들기(mind-mapping), 다발 짓기(clustering), 개요 짜기 등의 활동을 하게 된다. 생각그물 만들기, 다발 짓기 활동은 아이디어 간의 관계를 파악하기 좋은 시각화 활동이다. 개요 짜기는 교사의 시범을 보면서 쉬운 것부터 연습하는 훈련이 필요하다. 개요 짜기를 할 때에는 글의 전체 구조와 독자를 고려하고, 글의 분량과 조직 방식 등을 면밀히 검토하여 효과적인 방법을 선택해야 한다.

④ 표현하기

이 단계는 학생들이 별 부담 없이 초고를 쓰는 단계로, 내용을 생성하고 조직한 것을 문자언어로 표현하는 단계이다. 이 과정에서는 처음부터 완벽하게 써야 한다는 생각을 하지 말고 자유롭게 쓰도록 한다. 또한 개요 짜기는 쓰는 과정에서도 조정이 가능하다는 점을 지도할 필요가 있다. 쓰기 전에 쓸 내용을 구술해 보기, 형식이나 문법에 구애받지 않고 자유롭게 글쓰기, 일반적인 문장 쓰기 전략 사용하기 등의 활동을 하게 된다.

⑤ 수정하기

이 단계는 초고를 다듬고 학생의 글을 작품화하는 단계이다. 이 과정에서는 글의 내용이나 글 구조와 전체 흐름, 문단 등의 조직과 표현 방식, 맞춤법, 어법 등을 수정한다. 수정하는 방식은 글 수준, 문단 수준, 문장 수준, 낱말 수준으로 하향식이 좋다. 초고를 적절히 훑어보기, 친구들 간에 상호 평가하기, 글의 내용이 잘 관련되어 있는지 연결해 보기, 글의 내용에 대한 토의하기, 편집하기 등의 활동을 하게 된다.

⑥ 평가하기와 조정하기

이 단계는 글쓰기를 하는 동안 각 과정을 점검하고 수정하는 단계이다. 조정하기는 인지적 모형의 '작문과정' 전체에서 활발히 일어나는 구성 활동으로, 과정중심 작문 지도 과정에서 각 단계의 회기성을 강조하여 역동적인 의미 활동이 가능하도록 해 주는 것이다.

(2) 자기조정 작문 교수법

자기조정 작문 교수법은 작문과정에서의 자기조정 전략을 중시하는 교수법으로 고등 수준의 인지 전략 습득과 자신의 작문과정에 대한 점검 및 조정 능력, 학생 자신의 작문 활동에 대한 긍정적인 태도 개선을 목적으로 한다. 이 교수법의 일반적인 모형은 다음 [그림 8-2]와 같다.

이 교수법을 학생들에게 효과적으로 적용하기 위해서는 다음과 같은 점에 유의하여야 한다. 첫째, 작문 전략의 효과적인 이용에 관한 연습 기회를 충분히 제공해야 한다. 둘째, 작문과정에서의 초인지 과정에 대한 전략적 수행과 지식을 학생 스스로 점검하고 조정할 수 있도록 해야 한다. 셋째, 학생들로 하여금 구체적인 작문 전략의 의의와 한계에 대해 정확하게 이해할 수 있도록 해야 한다(박영목, 2007).

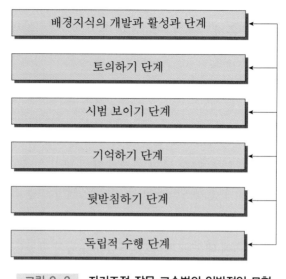

배경지식의 개발과 활성과 단계

토의하기 단계

시범 보이기 단계

기억하기 단계

뒷받침하기 단계

독립적 수행 단계

그림 8-2   자기조정 작문 교수법의 일반적인 모형

출처: 박영목(2007).

(3) 모방하기 전략

모방하기 전략의 목적은 쓰기의 틀(구조)을 제공하기 위한 것이다. 학생들은 작문 과제를 쓰기 위해 다른 작가의 틀(구조)의 패턴을 사용한다(Rasinski & Padak, 2000). 예를 들어, 학생들에게 "갈색 곰아, 갈색 곰아, 무엇을 보고 있니?"를 다음과 같이 모방하도록 한다. "사나운 독수리야, 사나운 독수리야, 무엇을 보고 있니?" 또는 "아저씨, 아저씨, 무엇을 보고 있나요?"

(4) 대화글 쓰기 전략

대화글 쓰기 전략의 목적은 학생들이 생각에 반응하고 수업 자료에 대한 그들의 생각을 확장시킬 수 있도록 기회를 제공하기 위함이며 학생들이 그들 사이의 갈등과 그 해결방안에 대해 생각할 수 있는 기회를 주기 위함이다. 학생들은 2명 혹은 여러 명의 역사적인 인물이나 수업 시간에 다루었던 인물들을 대상으로 대화글을 써 보도록 한다. 이러한 대화에는 해결이 필요한 역사적인 사건이나 문제들을 반영할 수도 있다. 대화체에는 학생들 자신을 포함할 수도 있다(Maanum, 2009).

(5) 쓰기 주제 목록 정하기

수업 중에 학생들에게 흥미로운 쓰기 주제 목록을 브레인스토밍 과정을 통해서 정하게 한다. 예를 들면, 자신이 좋아하는 스포츠나 무서운 것, 휴가 장소, 현재 자신에게 중요한 사건, 좋아하는 것 혹은 취미들이 포함될 수 있다. 이 목록은 논술이나 다른 쓰기 활동을 할 때 아이디어를 제공하는 역할을 할 수 있도록 교실에 비치할 수 있다.

(6) 의미지도 만들기 전략

의미지도 만들기 전략은 학생들이 쓰기를 시작하기 전에 그들의 생각을 구조화하는 데 도움을 줄 수 있다. 우선 종이 중앙에 중심 주제를 쓰고, [그림 8-3]과 같이 중심 주제 주변에 하위 범주들을 두고 하위 범주와 관련된 세부적인 것들을 계속 더해 간다.

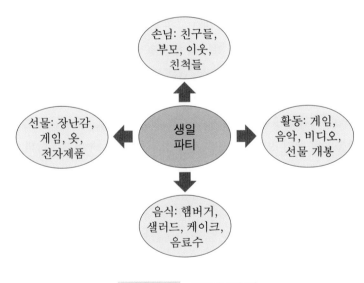

그림 8-3   의미지도의 예

요약

- 쓰기 과정은 단순한 소근육 기능이나 변별 기능 이외에도 통합적인 지적 과정이며 매우 복잡한 인지적 활동이라 할 수 있다.
- 쓰기 기술은 쓰기 과정과 관련된 여러 가지 기능뿐만 아니라 구어 기술의 기초적인 기능이 선행되어야 한다. 이와 같은 쓰기 과정이나 기술에 어려움이 있는 장애학생들은 필기 능력과 철자, 작문에서 일반학생들과는 다른 특성들을 나타낸다.
- 장애학생들에게 쓰기 지도를 하기 위해서는 사전에 정확한 평가가 이루어져야 한다. 그리고 평가는 형식적 평가와 비형식적 평가를 모두 실시하여 정확한 평가가 이루어질 수 있도록 해야 한다.
- 필기 기술에 대한 평가는 교사나 쓰기 프로그램, 검사 도구에 따라서 다양한 형태를 갖게 된다. 필기 기술에 대한 평가는 쓰기 오류의 형태, 즉 철자의 형태와 자간, 기울기, 줄 간격, 글자 크기, 줄 정렬, 비율 등을 평가하는 방법이 일반적이다.
- 철자 기술을 평가하기 위해서는 기본적으로 교사가 불러 주는 단어(혹은 문장)를 받아쓰는 것과 주어진 그림이나 상황에 대한 글을 쓰도록 하는 것, 주어진 문장에서 잘못된 철자를 찾아 올바른 철자를 찾게 하는 방법 등을 이용하여 학생들의 철자 능력을 평가해 볼 수 있을 것이다.
- 작문 기술을 평가하는 방법은 작문과 관련된 양적·질적인 모든 요소, 즉 유창성, 내용, 맞춤법, 구문, 어휘 등에 대해 포괄적으로 평가하는 것이다.
- 장애학생을 위한 쓰기 지도는 정서법, 철자법, 작문으로 나누어 지도하되, 글쓰기의 목적과 독자를 고려하여 실제 글을 쓰는 연습을 강조한다. 그리고 쓰기 상황과 조건을 분명하게 제시하여 글을 쓰게 하고, 일상생활과 연결되는 기능적 쓰기를 강조한다.

학습문제

1. 장애학생의 쓰기 특성을 필기와 철자, 작문으로 나누어 설명하시오.
2. 쓰기 평가 방법을 형식적/비형식적 평가 방법으로 나누어 설명하시오.
3. 장애학생의 쓰기 특성과 평가 결과를 바탕으로 적절한 지도 방법을 제시하시오.

참/고/문/헌

강위영, 정대영(2004). 학습장애아동교육. 서울: 형설출판사.

강충원(2002). 자기-교수 전략이 학습장애 아동의 글씨 쓰기 능력에 미치는 효과. 인제대학교 대학원 석사학위논문.

권춘화(2011). 초등학생을 위한 단계별 글쓰기 지도 방안 연구. 건양대학교 대학원 석사학위 논문.

교육과학기술부(2013). 1~2학년군 국어 교사용지도서.

교육부(2015a). 특수교육 교육과정 별책2 공통 교육과정.

교육부(2015b). 특수교육 교육과정 별책3 기본 교육과정.

김동일(2008). 기초학습 수행평가체제: 쓰기검사. 서울: 학지사 심리검사연구소.

김동일, 이대식, 신종호(2009). 학습장애아동의 이해와 교육(2판). 서울: 학지사.

김승국, 정대영, 강영심, 정정진, 신현기, 김동일, 전병운, 이성봉, 구광조, 김호연, 김삼섭, 한성희, 남정걸, 박원희, 이효자(1996). 학습장애아동 교육의 이론과 실제. 경기: 교육과학사.

김애화(2009). 학습장애학생교육, 함께하는 사회를 지향하는 특수교육학. 경기: 교육과학사.

김애화, 김의정, 김자경, 최승숙(2012). 학습장애 이론과 실제. 서울: 학지사.

김희규, 강정숙(2005). 언어학습장애아동과 일반아동의 말하기 · 쓰기에 나타난 이야기 문법 및 응집구조 비교. 특수교육학연구, 39(4), 43-60.

문향은(2011). 자기교정을 활용한 철자쓰기중재가 쓰기부진학생의 철자쓰기능력에 미치는 영향. 강남대학교 대학원 석사학위논문.

박경숙, 김계옥, 송영준, 정동영, 정인숙(2005). KISE 기초학력검사. 경기: 국립특수교육원.

박경숙, 윤점룡, 박효정(1989). 기초 학습기능검사 개발 연구. 서울: 한국교육개발원.

박영목(2007). 작문 지도 모형과 전략. 국어교육, 124, 181-215.

박혜옥, 정용석(2008). 초등학생의 받아쓰기 발달과 오류 특징에 관한 연구. 특수교육 저널: 이론과 실천, 9(4), 367-395.

윤혜경(1997). 아동의 한글 읽기 발달에 관한 연구. 부산대학교 대학원 박사학위논문.

이용욱(2005). 학습장애아교육의 이론과 실제. 대구: 대구대학교출판부.

이차숙(2008). 유아언어교육의 이론과 실제. 서울: 학지사.

함보현, 김수경, 이재신, 전병진(2012). 감각통합치료가 주의력결핍/과잉행동장애 아동의 글씨쓰기 수행에 미치는 영향. 대한작업치료학회지, 20(2), 55-71.

Association for Supervision and Curriculum Development. (1997, Spring). *Teaching young writers*. Curriculum update.

Baker, S., Gersten, R., & Graham, S. (2003). Teaching expressive writing to children with learning disabilities: Research based applications and examples. *Journal of Learning*

Disabilities, 36, 109-123.

Berninger, V., Rutberg, J., Abbott, R., Garcia, N., Anderson-Youngstrom, M., Brooks, A. et al. (2006). Tier 1 and tier 2 early intervention for handwriting and composing. *J. of School Psychology, 44,* 3-30.

Christensen, C. (2005). The role of orthographic-motor integration in the production of creative and well-structured written text for students in secondary school. *Educational Psychology, 25,* 441-453.

Einhorn, K. (2001). Handwriting success for all. *Schoastic Instructor, 98,* 35-39.

Graham, S. (1985). Teaching basic academic skills to learning disabled students: A model of the teaching/learning process. *Journal of Learning Disabilities, 18,* 528-534.

Graham, S. (1990). The role of production factors in learning disabled students' compositions. *Journal of Educational Psychology, 82,* 781-791.

Graham, S., Beminger, V., Weintranb, N., & Schafer, W. (1998). The development of hand writing fluency and legibility in grade 1 through 9. *Journal of Educational Research, 92,* 42-52.

Graham, S., & Weintraub, N. (1996). A review of handwriting research: Progress and prospects from 1980-1994. *Educational Psychology Review, 8,* 7-87.

Hallahan, D. P., Lloyd, J. W., Kauffman, J. M., Weiss, M. P., & Martinez, E. A. (2005). *Learning disabilities: Foundations, characteristics, and effective teaching* (3rd ed.). 박현숙, 신현기, 정대영, 정해진 역(2007). 학습장애: 토대, 특성, 효과적 교수. 서울: 시그마 프레스.

Hammill, D. D., & Larsen, S. C. (1996). *Test of Written language* (3rd ed.). Austin, TX: Pro-Ed.

Hulme, C., & Joshi, R. M. (1998). *Reading and spelling: Development and disorders.* Mahwahm, NJ: Erlbaum.

Jastak, S., & Wilkinson, G. (1993). *Wide Range Achievement Test-3.* Wilmington, DE: Jastak Associates.

Johnson, D. J., & Myklebust, H. R. (1967). *Learning disabilities: Educational principles and practices.* New York: Grune & Stratton.

Jones, D., & Christensen, C. (1999). Relationship between automaticity in handwriting and student's ability to generate written text. *Journal of Educational Psychology, 91,* 44-49.

Kaufman, A. S., & Kaufman, N. L. (1998). *Kaufman test of educational achivement.* Circle Pine, MN: American Guidance Service.

Larsen, S. C., Hammill, D. D., & Moats, L. C. (1999). *Test of written spelling* (4th ed.). Austin, TX: Pro-Ed.

Maanum, J. L. (2009). *The general educator's guide to special education* (3rd ed.). 김희규 역(2011). 통합학급 교사를 위한 특수교육 입문. 서울: 시그마프레스.

Mann, P. H., & Suiter, P. (1974). *Handbook in diagnostic teaching: A learning disabilities approach*. Boston: Allyn & Bacon.

Markwardt, F. C. (1998). *Peabody individual achievement test-revised*. Circle Pine, MN: American Gukdance Service.

McNamara, B. E. (2006). *Bridging the gap between research and classroom practice*. 김용욱, 변찬석, 우정한, 김남진, 이창섭, 이근용, 박정식 역(2009). 현장 중심의 학습장애아 동 교육. 서울: 시그마프레스.

Medwell, J., & Wray, D. (2007). Handwriting: What do we know and what do we need to know? *Literacy, 41*, 10-15.

Moats, L. C. (1983). A comparison of the spelling errors of older dyslexic and second-grade normal children. *Annals of Dyslexia, 33*, 121-140.

Moats, L. C. (1995). *Spelling: Development, disability, and instruction*. Baltimore, MD: York Press.

Moffett, J., & Wagner, B. (1992). *Student centered language arts*. Boynton/Cook Publishers, Portsmouth, NH: Heinemann.

Myklebust, H. R. (1973). *Development and disorders of written language: Vol. 2. Studies of normal and exceptional children*. New York: Grune & Stratton.

Petty, W. T., & Jensen, J. M. (1980). *Developing children's language*. Boston: Allyn and Bacon.

Pierangelo, R., & Giuliani, G. (1998). *Special educator's complete guide to 109 diagnostic tests*. New York: Center for applied Research in Education.

Polloway, E. A., Miller, L., & Smith, T. (2004). *Language instruction for students with disablities*. Denver: Love Publishing.

Rasinski, T. V., & Padak, N. D. (2000). *From phonics to fluency: Effective teaching of decoding and reading fluency in the elementary school*. Columbus, OH: Allyn & Bacon.

Smith, T. E. C., Dowdy, C. A., & Finn, D. (1993). *Teaching students with mild disabilities*. Ft. Worth, TX: Harcourt Brace.

Wallace, G., & Kauffman, J. M. (1986). *Teaching students with learning and behavior problems*. A Bell & Howell Ohio: Company.

Woodcock, R. W., McGrew, K. S., & Cather, N. (2001). *Woodcock-Johnson-III test of achievement*. Itaka, IL: Riverside Publishing.

제9장

문학교육과 평가

개요

장애학생을 위한 국어교육의 목표는 국어 사용 능력의 신장이라 할 수 있다. 문학작품은 학생들의 듣기, 말하기, 읽기, 쓰기의 능력을 통합적으로 신장시키는 효과적인 자료로서의 기능을 가지고 있다. 즉, 문학작품은 감상하고(읽기), 작품에 대해 토론하고(말하기 · 듣기), 작품에 대한 감상을 기록하도록(쓰기) 하여 장애학생들의 종합적인 국어 사용 기능을 신장시키는 역할을 한다.

장애학생을 위한 문학교육의 의의는 단순한 감상의 수준에서 그치는 것이 아니라 감상 후의 여러 활동을 통해 장애학생들이 확장된 사고와 가치 판단을 하도록 하는 것이다. 그러므로 교사는 장애학생들에게 도덕적 가치를 주입하기보다 다양한 활동을 통해서 학생 스스로 그 가치를 판단할 수 있도록 조력해 주어야 한다. 또한 교사는 학생들이 문학작품을 감상하고 그에 대한 생각과 느낌을 친구들과 토의하고 발표하도록 함으로써, 타인의 생각과 가치를 공유하며 보다 합리적이고 바람직한 판단을 하고 자신의 생각을 표현하도록 격려해 주어야 한다.

이 장에서는 장애학생들을 위한 문학교육의 가치와 의미, 문학교육의 목표와 내용, 그리고 장애학생들에게 적절한 문학작품의 종류와 지도 방법을 제시하고자 한다.

1. 문학교육의 의미

문학교육은 문학 능력의 신장을 통해서 학습자의 체험을 확장시키면서 주체적으로 사유하는 능력을 길러 주며 언어를 통한 사유의 폭을 넓혀 줄 수 있어야 한다. 또한 문학작품을 읽고 문학적으로 표현하는 능력을 기름으로써 언어를 통해 세계를 이해하고 표현하는 능력을 신장시켜 주어야 한다(최미숙 외, 2014). 또한 장애학생을 위한 문학교육은 단순한 감상의 수준에서 그치는 것이 아닌 감상 후의 여러 활동을 통해 장애학생들에게 확장된 사고와 가치 판단을 할 수 있도록 해야 한다. 그러므로 교사는 도덕적 가치를 주입하기보다는 학생 스스로 그 가치를 판단할 수 있도록 조력해 주어야 한다. 또한 교사는 학생들이 문학작품을 감상하고 그에 대한 생각과 느낌을 친구들과 토의하게 함으로써 타인의 생각과 가치를 공유하며 보다 합리적이고 바람직한 판단을 할 수 있도록 격려할 필요가 있다.

장애학생을 위한 문학교육의 가치와 의미는 다음과 같다.

첫째, 아동문학은 아동들의 듣기, 말하기, 읽기, 쓰기의 능력을 통합적으로 신장시키는 효과적인 자료로서의 기능을 가지고 있다. 즉, 문학작품을 감상하고(읽기), 작품에 대해 토론하고(말하기 · 듣기), 작품에 대한 감상을 기록(쓰기)함으로써 종합적인 국어 사용 기능을 신장시킬 수 있다(이성은, 2003). 동화를 이용한 활동은 학습장애 아동과 지적장애 아동의 수용어휘력과 표현어휘력에 긍정적인 영향을 미치며(최성규, 엄민호, 2006; 최성규, 조영옥, 2004), 지적장애 아동의 이야기 구성 능력에도 긍정적인 영향을 미치는 것으로 나타났다(남수연, 최성규, 2007). 또한 그림 동화책을 읽어 주는 활동을 통해서 다문화가정 아동과 기능적 언어발달장애 아동의 수용언어와 표현언어 능력 발달이라는 상승효과를 기대할 수 있다(선애순, 권순황, 2010). Leeper, Skipper와 Witherspoon(1979)은 문학교수가 아동의 언어 기술에 미치는 영향을 〈표 9-1〉과 같이 제시하였다.

둘째, 문학교육은 아동의 아름다운 정서와 풍부한 상상력을 기르는 데 이바지한다. 아동에게 다양한 작품 세계와의 만남을 통해 아름다운 정서와 풍부한 상상력을 불러일으켜 독특하고 보다 창의적인 사고 능력을 기른다. 장애학생에게 체계적인 동화 활동 경험을 제공함으로써 동화에 반영되어 있는 올바른 가치관과 다양한 정서 변화를

표 9-1 문학교수가 아동의 언어 기술에 미치는 영향

	읽기 준비 (reading readiness)	듣기 (listening)	말하기 (speaking)	쓰기 (writing)
극화	• 시각, 청각 변별 • 풍부한 어휘력 • 개념의 분별 • 책과 독서에 대한 흥미	• 문학작품을 감상하고 즐기는 태도 • 다른 사람이 말하는 동안 경청하는 태도	• 토론과 계획 능력 • 대중 앞에서 말하는 능력 • 집단 속의 일원으로서의 안정감	• 작문의 가치에 대한 이해 • 배역의 인물에 대한 해석 능력
시	• 청각의 예민함 • 소리의 동일함과 차이점에 대한 구별 능력	• 시를 감상하고 즐기는 태도	• 대화 능력 향상 • 대중 앞에서 말하는 능력 • 함께 말하기를 통한 집단에 대한 소속감	• 자신의 생각에 대한 쓰기 표현 능력 향상
이야기해 주기	• 듣기 경험 • 어휘력 풍부 • 개념의 분별 • 책과 독서에 대한 흥미	• 문학작품을 감상하고 즐기는 태도	• 이야기에 대한 토론 능력	• 이야기는 미래 다른 사람들과 공유할 수 있도록 기록됨을 이해함

수용하도록 할 수 있다. 또한 장애학생들은 동화 활동 경험을 통해서 제한적인 자기 중심적 생활 속에서 벗어나 올바른 생활 습관을 익히고 다양한 감정표현을 통해서 능동적인 의사표현을 할 수 있게 된다. 그리고 장애학생들은 자기중심적인 사고에서 벗어나 타인과 함께 행복해질 수 있음을 이해하게 된다(유강민, 손영수, 2009).

아동이 갖고 있는 잠재적인 상상력은 혼자 힘으로 개발되기 어렵다. 그러므로 상상력이 풍부한 문학적인 경험을 통해서 상상력을 개발할 수 있도록 도와주어야 한다. 또한 작품을 읽는 동안의 경험과 읽고 난 후의 창조적 활동을 연결함으로써 상상과 창조 세계의 경험과 더불어 감상 후의 활동을 통해 창의력을 자극하는 것이 필요하다. 예를 들면, 문학작품을 읽고 난 후 이야기의 결말을 상상해서 써 보기, 주인공의 마음 상태를 추측해서 말하기, 느낀 점을 그림이나 음악으로 표현해 보기 등의 활동을 통해서 아동이 작품을 읽는 동안의 경험과 감상 후의 창의적인 활동을 결합할 수 있게 한다. 무엇보다 중요한 것은 문학작품 감상 후의 자유롭고 자발적인 표현이라고 할 수 있다.

셋째, 문학교육은 삶에 대한 여러 가치의 체험과 나름의 가치 판단을 통한 바람직한 인격을 형성할 수 있도록 한다. 특히 아동문학작품은 상실한 인간성의 회복과 바람직한 가치관을 지닌 인간의 육성에 효과적이다. 아동문학작품 속에 담긴 작가의 깊은 사상과 체험, 가치관과 다양한 가치 갈등 상황을 통해 여러 간접 체험이 가능하므로 인생의 여러 가지 방식을 배우고 자신의 사상과 가치를 심화시킬 수 있기 때문이다. 특히 동화를 이용한 인지행동 중재를 통해서 정서·행동장애 학생의 사회적 지식과 태도 등의 사회적 인지와, 자신의 생각을 말하고 도움을 구하거나 다른 사람을 칭찬하는 등의 친사회적 구어행동 및 눈맞춤과 같은 정서 표현 등 친사회적 행동을 긍정적으로 변화시킬 수 있다(최성욱, 서경희, 2009). 또한 동화를 이용한 활동을 통해서 일반아동의 인지적·정의적·행동적 장애에 대한 수용 태도를 긍정적으로 변화시킬 수 있다(박지원, 강영심, 조혜선, 2010).

넷째, 우리 국어와 우리 민족에 대한 이해를 돕는다. 아동은 책 속에 표현된 운율과 리드미컬한 낱말을 통해 우리말을 즐길 수 있는 좋은 기회를 갖게 된다. 여러 작품을 읽거나 들음으로써 우리 국어에 대한 아름다움을 느낄 수 있고, 옛날이야기나 위인전을 통해 우리 민족의 고유성과 역사에 대해 이해할 수 있게 된다.

2. 문학교육의 목표

문학교육의 방향은 실체 중심 문학교육, 속성 중심 문학교육, 활동 중심 문학교육 등 세 가지 관점으로 나누어 볼 수 있다(김대행 외, 2000). 실체 중심 문학교육은 사실적 지식을 강조하는 입장으로 문학의 존재와 가치를 설명함으로써 문학을 이해하고 접근하고자 하는 관점이다. 그리고 문학작품이나 작가를 체계적으로 분류해 보는 것과 문학을 문학 아닌 것과 비교하는 것 등에 관심을 갖는다. 속성 중심 문학교육은 개념적 지식 또는 명제적 지식을 강조하며, 개개의 작품보다는 문학을 이루는 본질(속성)에 주목한다. 예를 들면, 어원을 중심으로 근원적 본질을 살피거나 문학의 요소나 맥락을 분석하여 문학과 비문학의 구별을 가능하게 해 주는 본질을 드러내 이해하도록 한다. 활동 중심 문학교육에서는 방법적 지식을 강조하며, 문학을 활동으로 보고 그 의도와 행위의 방법 또는 과정의 특성을 중시하여, 문학 활동이라는 체험을 통해 경험을 쌓아 감으로써 구체적이고 실제적인 지식을 습득하도록 강조한다. 장애학생을 위한 문학교육의 관점은 이 세 가지 관점이 상호 보완적이어야 하고, 서로 배타적이어서는 안 되며 모두 포함되어야 한다(최미숙 외, 2014).

특수교육 교육과정에서는 장애학생들의 국어교육은 한국인의 삶이 배어 있는 국어를 정확하고 효과적으로 사용하는 능력과 태도를 기르고, 국어를 창의적으로 사용하여 국어의 발전과 국어문화 창달에 이바지하려는 뜻을 세우며, 올바른 국어 생활을 통해 건실한 인격을 형성하여 건전한 국민 정서와 미래 지향적 공동체 의식을 함양하는 것을 강조하고 있다. 특히 문학교육은 문학에 대한 기본적인 지식을 바탕으로 문학작품을 수용하거나 생산하면서 인간의 다양한 삶을 총체적으로 이해하는 능력을 기르고 심미적 정서를 함양하는 것을 궁극적인 목표로 하고 있다(교육과학기술부, 2011b).

2015 특수교육 공통 교육과정에서는 국어교육을 통해 달성하고자 하는 목표를 다음과 같이 제시하고 있다.

국어로 이루어지는 이해 · 표현 활동 및 문법과 문학의 본질을 이해하고, 의사소통이 이루어지는 맥락의 다양한 요소를 고려하여 품위 있고 개성 있는 국어를 사용하며, 국어문화를 향유하면서 국어의 발전과 국어문화 창조에 이바지하는 능력과 태도를 기른다.

가. 다양한 유형의 담화, 글, 작품을 정확하고 비판적으로 이해하고, 효과적이고 창의적으로 표현하며 소통하는 데 필요한 기능을 익힌다.
나. 듣기 · 말하기, 읽기, 쓰기 활동 및 문법 탐구와 문학 향유에 도움이 되는 기본 지식을 갖춘다.
다. 국어의 가치와 국어 능력의 중요성을 인식하고 주체적으로 국어생활을 하는 태도를 기른다.
라. 시각장애 특성에 따라 묵자나 점자를 사용하여 국어 생활을 영위한다. (시각장애)
마. 청각장애 특성에 따라 다양한 의사소통 양식을 활용하여 국어 생활을 영위한다.
(청각장애)

특수교육 공통 교육과정의 국어과 교육과정의 목표에서 제시한 바와 같이 장애학생을 위한 문학교육은 장애학생들의 기본적인 국어 사용 능력과 태도를 개발하고 이를 바탕으로 문학에 대한 기본적인 지식을 갖추어 문학작품을 수용하고 생산하면서 자신을 포함한 인간의 총체적인 삶의 이해를 돕고 심미적인 정서를 함양시키는 것을 목표로 하는 교육이라 할 수 있다. 또한 장애학생들의 특성을 고려하여 시각장애로 인한 문자 습득에 문제가 있는 시각장애 학생의 국어교육이 단순한 문자지도보다는 국어문화를 습득하는 측면도 함께 고려하여 명시함으로써 시·청각장애 학생들의 장애를 극복한 문학교육의 중요성을 강조하고 있다(교육과학기술부, 2011b).

다음 〈표 9-2〉는 2015 특수교육 공통 교육과정에서 제시한 초등학교 1~2학년군 문학 영역의 성취기준과 성취기준에 대한 해설 내용이다. 초등학교 1~2학년 문학 영역 성취기준은 장애학생들이 문학에 대하여 친밀감과 흥미를 느끼도록 하는 데 중점을 두어 설정하였으며, 재미있는 발상과 표현이 담긴 작품을 활용하여 말의 재미를 느끼거나 작품에 묘사된 인물이나 사건을 상상하고 자신의 생각이나 느낌, 경험을 자유롭게 표현하는 활동을 통해 문학에 입문하도록 하는 데 주안점을 두고 있다(교육부, 2015a).

표 9-2 2015 특수교육 공통 교육과정 초등학교 1~2학년군 문학영역의 성취기준과 성취기준 해설

[영역 성취기준]
[2국어05-01] 느낌과 분위기를 살려 그림책, 시나 노래, 짧은 이야기를 들려주거나 듣는다.

[2국어05-02] 인물의 모습, 행동, 마음을 상상하며 그림책, 시나 노래, 이야기를 감상한다.
[2국어05-03] 여러 가지 말놀이를 통해 말의 재미를 느낀다.
[2국어05-04] 자신의 생각이나 겪은 일을 시나 노래, 이야기 등으로 표현한다.
[2국어05-05] 시나 노래, 이야기에 흥미를 가진다.
[2국어05-06] 자막이 삽입된 노래, 수어 동시, 수어 이야기 등을 감상하고, 주 의사소통 양식으로 표현한다. (청각장애)

[성취기준 해설]

[2국어05-01] 이 성취기준은 작품의 내용이나 표현에서 오는 느낌과 분위기를 살려서 노래하거나 낭독 혹은 낭송함으로써 작품의 수용 능력을 향상시키기 위해 설정하였다. 따라서 시나 노래, 이야기 등 다양한 갈래의 작품을 두루 활용하여 목소리의 높낮이, 성량, 속도 등에 대한 감각을 기르도록 한다. 운율과 정서 및 운율과 분위기가 조화로운 작품, 다양한 분위기를 엿볼 수 있는 작품을 통해 내용과 표현이 서로 연관된다는 점을 이해하도록 하는 데 중점을 둔다.

[2국어05-03] 이 성취기준은 놀이 요소를 가진 말을 통해 문학의 즐거움을 느끼도록 하기 위해 설정하였다. 갈래를 시나 노래에 한정할 필요는 없으며, 여러 갈래의 작품은 물론 일상적 대화 등을 통해 언어의 놀이적 성격을 인지하고 문학을 즐겨 향유하도록 한다. 의성어와 의태어, 두운이나 각운, 율격이 두드러진 말, 언어유희, 재치 있는 문답, 수수께끼, 끝말잇기 등에서 재미를 느끼게 한다.

[2국어05-04] 이 성취기준은 일상생활의 다양한 경험을 문학적으로 표현함으로써 그 즐거움을 맛보고 문학 활동에 자신감을 갖도록 하기 위해 설정하였다. 시나 노래, 이야기의 특성이나 요건에 얽매이지 않고 자유롭게 표현하도록 하며, 이전에 배운 다른 작품을 모방하여 표현하는 것도 허용될 수 있다. 문학이 경험의 언어적 표현이라는 점을 익히도록 하는 데 중점을 둔다.

[2국어05-06] 이 성취기준은 청각장애 학생이 주 의사소통 양식에 따라 자막이 삽입된 노래, 수어로 표현한 동시와 이야기 등을 감상하도록 하기 위해 설정하였다. 청능 수준과 특성을 고려하여 적합한 의사소통 양식을 활용하여 여러 문학작품을 감상하고 즐거움과 흥미를 느끼게 하는 데 중점을 둔다. (청각장애)

특수교육 기본 교육과정에서는 국어과의 성격을 "언어 사용 기능을 신장하고, 국어를 자발적으로 사용하는 태도를 함양하며, 일상생활 속에서 효율적인 의사소통 능력을 길러 국어를 올바르게 사용하도록 하는 교과"로 규정하고 있다. 발달장애 학생을 위한 '문학' 학습은 문학작품을 찾아 읽고 해석하며, 문학작품을 통하여 인간의 삶을 총체적으로 이해하고, 문학적 상상력이 향상되도록 이루어져야 한다. 특수교육 기본 교육과정 국어과의 문학교육의 목표는 〈표 9-3〉과 같다(교육과학기술부, 2011a).

표 9-3 · 2011 특수교육 기본 교육과정 국어과의 학년군별 문학교육의 목표

학년군	목표
초등학교 1~2학년군	다양한 문학작품을 즐겨 듣고 봄으로써 우리말의 재미를 느낀다.
초등학교 3~4학년군	다양한 문학작품을 만나 봄으로써 말과 글의 재미를 느낀다.
초등학교 5~6학년군	이야기의 이어질 부분을 꾸며 보고, 인형극의 재미를 느끼며 문학적 상상력을 기른다.
중학교 1~3학년군	문학작품에는 상상의 세계가 있음을 알고, 작품의 구성 요소가 잘 드러나도록 이야기를 간추린다.
고등학교 1~3학년군	좋아하는 시의 분위기를 살려 낭송하며, 문학작품을 감상하고 인상적인 부분을 찾아보며 문학이 주는 감동을 느낀다.

장애학생을 위한 문학교육은 일반아동과 마찬가지로 국어 활동과 문학에 대한 기초 지식의 체계적인 학습을 통해 이와 같은 교육 목적을 실현하고자 하는 교육이며, 국어 사용 기능과 증진에서의 기반적 성격을 갖는다. 또한 문학에 대한 지식은 문학 작품의 수용을 통해 인간의 삶을 총체적으로 이해하는 능력과 심미적 정서를 함양하는 데 지적 기반이 된다. 이러한 지적 기반이 국어를 정확하게 사용하고 비판적으로 이해하는 능력뿐만 아니라 사상과 정서를 창의적으로 표현하는 능력과 태도를 길러 국어 문화를 이해하고 창조할 수 있게 한다. 장애학생을 위한 문학교육은 일반학교의 공통 교육과정과 그 내용을 같이하여 창조적이고 균형 잡힌 국어 기능의 신장과 문학에 대한 이해를 바탕으로 한다.

3. 문학교육의 내용

2015 특수교육 공통 교육과정에서 제시한 문학 영역의 내용 체계의 구성은 〈표 9-4〉와 같다. 그리고 2015 특수교육 공통 교육과정에서는 '학습 요소'를 제시하고 있는데, 학습 요소는 성취기준과 관련된 내용의 범위와 수준을 명료하게 제시하기 위한 것으로, 다양한 교수·학습 상황에 맞게 재구성할 수 있도록 하였다. 2015 특수교육 공통 교육과정에서 제시한 문학 영역의 학습 요소는 〈표 9-5〉와 같다. 그리고 각 학년군별로 영역에서 다루어야 하는 '국어자료의 예'를 제시하고 있는데(〈표 9-6〉 참조), 학년군별 국어자료의 예는 학습자의 요구와 수준에 따라 통합적 관점에서 내용의 위계성과 학습의 계열성을 고려하며 창의적으로 재구성하여 활용할 수 있다.

표 9-4 2015 특수교육 공통 교육과정 문학 영역의 내용 체계

핵심 개념	일반화된 지식	학년(군)별 내용 요소				기능
		초등학교 1~2학년	초등학교 3~4학년	5~6학년	중학교 1~3학년	
▶문학의 본질	문학은 인간의 삶을 언어로 형상화한 작품을 통해 즐기고 깨달음을 얻고 타자와 소통하는 행위이다.			•가치 있는 내용이 언어적 표현	•심미적 체험의 소통	•몰입하기 •이해·해석하기 •감상·비평하기 •성찰·향유하기 •모방·창작하기 •공유·소통하기 •점검·조정하기 •자막이나 수어 읽기로 내용 이해하기 •말·수어로 전달 공유하기
▶문학의 갈래와 역사 •서정 •서사 •극 •교술 ▶문학의 매체	문학은 서정, 서사, 극, 교술의 기본 갈래를 중심으로 하여 언어, 문자, 매체의 변화와 함께 시대에 따라 변화해 왔다.	•그림책 •동요, 동시 •동화	•동요, 동시 •동화 •동극	•노래, 시 •이야기, 소설 •극	•노래, 시 •이야기, 소설 •극 •교술	
▶문학의 수용과 생산 •작품의 내용·형식·표현 •작품의 맥락 •작가와 독자	문학은 다양한 맥락을 바탕으로 하여 작가와 독자가 창의적으로 작품을 생산하고 수용하는 활동이다.	•작품 낭독·감상 •작품 속 인물의 상상 •말놀이와 말의 재미 •일상생활에서 겪은 일의 표현	•감각적 표현 •인물, 사건, 배경 •이어질 내용의 상상 •작품에 대한 생각과 느낌 표현	•작품 속 세계와 현실 세계의 비교 •비유적 표현의 특성과 효과 •일상 경험의 극화 •작품의 이해와 소통	•비유, 상징의 효과 •갈등의 진행과 해결 과정 •보는 이, 말하는 이의 관점 •작품의 사회·문화적 배경 •작품의 현재적 의미 •작품 해석의 다양성 •재구성된 작품의 변화 양상 •개성적 발상과 표현	
▶문학에 대한 태도 •자아 성찰 •타자의 이해와 소통 •문학의 생활화	문학의 가치를 인식하고 인간과 세계를 성찰하며 문학을 생활화할 때 문학 능력이 효과적으로 신장된다.	•문학에 대한 흥미	•작품을 즐겨 감상하기	•작품의 가치 내면화하기	•문학을 통한 성찰	

출처: 교육부(2015a: 64).

표 **9-5** 2015 특수교육 공통 교육과정 문학 영역의 학년군별 학습 요소

학년군	학습 요소
1~2학년군	• 작품 낭독 · 낭송하기(느낌과 분위기), 인물의 모습 · 행동 · 마음 상상하기, 말의 재미 느끼기, 생각 · 느낌 · 경험을 표현하기, 문학에 흥미 갖기, 자막이 삽입된 노래, 수어 동시, 수어 이야기 등 감상하기
3~4학년군	• 감각적 표현의 효과 느끼기, 인물 · 사건 · 배경 이해하기, 이야기의 흐름 파악하기, 이야기 이어서 구성하기, 작품에 대한 생각과 느낌 표현하기, 작품을 즐겨 읽기
5~6학년군	• 문학의 의의(가치 있는 내용, 아름다운 표현), 작품 속 세계와 현실 세계 비교하기, 비유적 표현, 이야기나 극으로 표현하기, 작품을 매개로 하여 소통하기, 작품에서 발견한 가치 내면화하기, 작품에 대한 생각과 느낌, 경험을 말 · 수어 등의 적절한 의사소통 양식으로 표현하기
중학교 1~3 학년군	• 심미적 체험으로서의 문학, 문학적 소통, 비유와 상징의 효과, 갈등의 진행과 해결, 보는 이나 말하는 이의 관점, 작품의 사회 · 문화적 배경, 현재적 의미를 고려한 감상, 해석의 다양성, 작품의 재구성 양상, 개성적 발상과 표현(운율, 반어, 역설, 풍자), 문학을 통하여 삶을 성찰하기

출처: 교육부(2015a: 79-118).

표 **9-6** 2015 특수교육 공통 교육과정 학년군별 국어자료의 예

학년군	국어자료의 예
1~2학년군	• 인물의 모습과 처지, 마음이 잘 드러나는 이야기, 글 • 상상력이 돋보이는 그림책, 이야기, 만화나 애니메이션 • 자막이 삽입된 노래, 수어 동시, 수어 이야기 등(청각장애)
3~4학년군	• 일상의 경험이나 고민, 문제를 다룬 시, 이야기, 글 • 운율, 감각적 요소가 돋보이는 시나 노래 • 사건의 전개 과정이나 인과관계가 잘 드러나는 이야기, 글 • 감동이 있거나 재미가 있는 만화나 애니메이션 • 삽화나 만화, 수어 영상 동화, 자막 삽입 동영상 등
5~6학년군	• 다양한 가치와 문화를 경험할 수 있는 문학작품 • 비유 표현이 드러나는 다양한 형식의 시나 노래, 글 • 현실이 사실적으로 반영되거나 환상적으로 구성된 이야기 • 또래 집단의 형성과 구성원 사이의 관계를 다룬 이야기나 극
중학교 1~3 학년군	• 동일한 글감이나 대상에 대해 상이한 관점을 보여 주는 둘 이상의 사설, 기사문 • 독서나 일상의 경험을 바탕으로 자신의 생각이나 감정을 담은 대화, 수필 • 사회 · 문화 · 역사적 배경이 잘 드러난 글, 전기문이나 평전, 문학작품 • 매체 특성이 잘 나타난 문자 메시지, 전자 우편, 인터넷 게시판, 블로그, 영상물 • 한글 창제의 원리, 남북한 언어의 동질성 회복 등 국어문화를 다룬 글 • 바람직하고 가치 있는 삶에 대한 탐구와 성찰을 담고 있는 작품

출처: 교육부(2015a: 81-121).

2015 특수교육 기본 교육과정에서는 국어과의 하위 영역에 문학을 따로 구분하여 제시하지 않고 있으며, 문학의 내용을 언어 활용의 실제와 태도에 포함하여 제시하였다. 이에 따라 3~4학년군 읽기의 태도에서 내용 요소 중 '책에 관심 가지기'는 학생이 흥미 있어 하는 다양한 주제의 책에 관심 가지기, 여러 가지 종류의 책에 관심 가지기 등의 내용을 다루며, 학생이 좋아하는 책을 선택할 수 있도록 도와주고 교사가 규칙적으로 자주 읽어 주어 학생이 책에 관심을 가지게 하며, 책 속의 그림과 글자에 주목하여 그림과 글자를 구별하도록 제시하고 있다. 그리고 5~6학년군 읽기의 실제에서 내용 요소 중 '그림책 읽고 내용 파악하기'에서는 낱말이나 짧은 문장으로 구성된 그림책을 읽고 그림을 단서로 등장인물과 일어난 일을 파악하는 내용을 다루도록 하고 있으며, 문장을 정확하게 읽기보다는 낱말과 그림을 중심으로 각 장면의 내용을 파악하고 전체 이야기의 흐름을 이해하도록 강조하고 있다. '정보를 담은 글 읽기'에서는 간단한 메모나 알림장, 안내문, 광고 전단, 생활 정보지 등에서 필요한 정보를 파악하는 내용을 다루며, 정보를 담은 글에서 중요한 핵심 낱말을 찾아 의미를 이해하고 알리려는 내용이 무엇인지 파악하여 일상생활에 활용하는 태도를 기르도록 하고 있다. 그리고 읽기의 태도에서 내용 요소 중 '동시, 노래, 이야기에 관심 가지기'는 일상생활에서 자주 접하는 동시, 노래, 이야기를 읽고 반복되는 말 찾기, 소리 · 모양 · 모습을 흉내 내는 말 찾기, 재미있는 표현 찾기 등의 내용을 제시하고 있으며, 일상생활에서 다양한 경험이 문학적으로 표현된 것에 관심을 가지게 하며 동시, 노래, 이야기를 읽고 즐거움을 느끼도록 하는 데 주안점을 두고 있다.

4. 아동문학의 종류와 특성

아동문학은 창작과 수용의 주체에 따라 여러 논의가 이루어지기도 하지만, 아동을 대상으로 만들어진 이상성과 몽환성을 지닌 로맨티시즘과 윤리성, 교육성을 포함하고 인도주의를 바탕으로 하는 문학으로서 단순함과 명쾌성을 지닌 원초적 문학이라고 정리할 수 있다. 아동문학은 본질적으로 아동의 성장 및 성숙을 대상으로 하는 문학이기 때문에 문학 감상의 측면에 국한되지 않고 교육적 측면과 불가분의 관계를 맺게 된다.

1) 동시

동시란 동요와 함께 서정시로부터 발전한 운문 문학의 한 형태로서 아동을 독자로 삼아 동심을 소재로 하고 인간과 사물에 대한 사고와 경험을 함축된 언어로 표현하는 것으로 리듬감과 이미지가 특징이다. 동시는 다음과 같은 특성을 가진다(이성은, 2003). 첫째, 동시에는 소리 또는 운율에 따른 음악성이 있다. 동시에 음악성을 주는 낱말은 대개 사람이나 동물의 소리 또는 자연계의 소리를 나타내는 의성어와 사물의 모양이나 태도 또는 움직임을 묘사하는 의태어이다. 둘째, 동시는 서정적인 상상력을 기초로 한다. 동시는 독자의 단순한 지적 동의를 요구하는 것이 아니라 독자로 하여금 무엇을 느끼게 하는 것이다. 따라서 교사는 아동들에게 시를 분석할 것을 요구하지 않는 것이 좋다. 셋째, 동시는 함축적인 글로 이루어져 있다. 따라서 다른 문학 장르보다 언어를 경제적이고 효율적으로 사용한다. 생략과 비약에 기초를 두고 있기 때문에 매우 함축적인 속성을 가지고 있는 것이다. 넷째, 동시에는 비유와 상징이 많이 포함되어 있다. 동시에서 시인은 비유를 사용하여 말하고자 하는 것을 더욱 생생하고 구체적으로 표현할 수 있으며, 더 많은 것을 말할 수 있다. 이것은 그 자체가 독자에게 즐거움을 주며 감정을 풍부하게 해 준다. 다섯째, 동시는 아동들의 일상생활 장면을 새로운 시각으로 볼 수 있도록 도와주며, 시의 언어를 통하여 세계를 새롭게 보도록 도와준다.

장애학생들에게 동시의 경험은 정서 함양뿐 아니라 학생들이 가지고 있는 감성과 상상력을 통한 인간교육의 기초가 되며, 모국어의 아름다움을 느낄 수 있게 하는 가장 적절한 매체라고 할 수 있다. 또한 정선된 시어를 통하여 언어 기능을 체험하고 사물에 대한 직관력을 기를 수 있으며 나아가 자신의 감정을 자연스럽게 표현할 수 있는 능력을 기를 수 있다.

장애학생들에게 동시를 들려주거나 낭독하도록 하는 적용 기법의 교육적 효과는 다음과 같다(이송은, 이선영, 2005). 첫째, 동시를 듣고 소리 내어 읽는 것은 장애학생들이 글의 구조와 문자에 대한 감각을 개발하도록 도와준다. 둘째, 시를 낭독하는 것은 아동이 운율, 시의 다양한 유형을 경험하고 즐겁고 흥미를 증가시키도록 해 준다. 외워서 낭독하거나 책을 보고 낭독하는 경험을 통해 아동은 말하는 목소리가 노래하는 목소리만큼 효과적으로 조화를 이룰 수 있음을 발견할 수 있고, 다양한 낭독방법을 이용하여 협동심과 배려심을 배울 수도 있다.

2) 전래동화

전래동화란 인간의 문화적 유산이며 작가 없이 민중들 사이에서 구전되어 온 이야기를 말한다. 몇 세기를 거치며 대다수의 민중들 속에서 전해 왔기 때문에 민중들의 생활 경험, 의식, 가치관 등이 반영되어 있고, 전래동화를 낳은 나라의 문화, 종교, 관습, 미신, 역사 등의 요소들이 포함되어 있다. 이러한 전래동화의 종류에는 민담 (folktales), 우화(fables), 신화(myths), 전설(legends) 등이 있다.

전래동화는 첫째, 장애학생들도 쉽게 이해하고 즐길 수 있는 단순한 유머가 포함되어 있어 상상력을 자극하고 즐거움을 준다. 둘째, 어려운 문제도 해결될 수 있다는 희망을 준다. 셋째, 주인공의 모습이 대개 정형화되어 있어 주인공의 개성보다는 이야기 구성이 강조되어 장애학생들도 이해하기가 쉽다(이성은, 2003).

3) 환상동화

환상동화란 실제로 일어날 수 없는 일이나 존재하지 않는 사람 혹은 생물에 관한 일로 꾸며진 이야기이다. 또한 이치에 맞지 않으나 속임수를 느끼지 못하도록 있음직한 이야기로 꾸며져 있는 것이 특징이다. 환상동화는 시간, 공간, 장소에 구애받지 않는 풍부한 상상력을 바탕으로 하는, 장애학생들에게 매우 유익한 장르라고 할 수 있다.

환상동화의 특징은 다음과 같다(한국어린이문학교육연구회, 1999). 첫째, 많은 환상 그림책은 아동에게 기쁨을 준다. 둘째, 환상동화는 아동의 상상력을 발달시킨다. 셋째, 사회적 관습과 시공을 초월하여 간접 경험을 제공함으로써 삶을 풍요롭게 한다. 넷째, 좋은 환상동화는 인간의 행동과 문제에 대한 통찰력을 제공한다.

환상동화는 실제 세계와 환상 세계를 구분할 수 있도록 도와주고 상상력을 촉진하여 깊이 생각하게 해 주기 때문에 아동에게 많은 도움이 된다. 또한 경이감을 경험할 수 있도록 도와주고, 현실을 기초로 인간의 가능성을 상상하는 인지적 활동을 격려하는 역할을 한다(이송은, 이선영, 2005).

4) 사실동화

사실동화는 실제 사람들의 삶이 들어가 있는 현실적인 모든 이야기를 의미한다. 여기서 '사실'이란 용어는 이야기가 사실이라는 것을 뜻하지 않고 단지 일어날 수 있다는 것을 뜻한다. 사실동화의 작가는 믿을 법한 인물이나 배경, 친숙하고 일상적인 갈등, 기쁨, 인간관계 등을 다룬 줄거리를 만들어 실제 이야기처럼 꾸며야 한다. 사실동화의 가장 큰 가치 중 하나는 많은 사실동화가 비슷한 관점과 문제들을 가지고 있어 아동이 책 속의 주인공과 동일시할 수 있다는 것이다. 사실동화는 아동이 어떤 감정이나 상황을 단지 자기 혼자만 경험하는 것이 아니라는 것을 알도록 도와준다. 또 사실동화는 아동의 관심을 넓혀 주고 대처함을 보여 줌으로써 아동 삶의 시야를 확장해 준다(이성은, 2003). Cullinan과 Galda(2002)는 사실동화의 특징을 다음과 같이 설명하였다. 첫째, 주인공에 대한 동일시가 쉽고 작품에 대한 이해가 쉽다. 둘째, 이야기의 주제나 소재가 다양하여 아동들에게 다양한 간접 경험을 제공한다. 셋째, 유아가 현실에서 당면하는 많은 문제를 해결하는 데 도움을 준다.

5) 그림책

그림책은 글과 그림이 유기적으로 결합된 책이다. 그림책 중 글씨가 없는 그림책에서 삽화는 어휘의 도움 없이 전체의 이야기를 전달한다. 글씨 없는 책은 글을 읽지 못하는 장애학생들의 의사소통 양식과 인지 구조 발달에 긍정적인 효과가 있으며, 창의적인 사고를 자극하고 시각적 문해 능력을 발달시키는 데에도 도움을 준다. 뿐만 아니라 장애학생들과 같이 환경과 읽기 수준에 차이가 있는 아동들끼리 같은 책을 즐길 수 있는 기회를 제공할 수 있다.

또한 읽기 쉬운 그림책은 초기 읽기 단계의 아동들 혹은 읽기학습에 지체를 보이는 장애학생들에게 적당하다. 읽기 쉬운 그림책은 대부분 많은 그림을 포함하고 있어 그림을 통한 내용 이해가 가능하게 하며, 초기 읽기 단계 아동이나 읽기에 지체를 보이는 장애학생들이 독립적으로 읽을 수 있도록 내용에 사용되는 어휘가 읽기에 쉬운 어휘로 제한되어 있다. 뿐만 아니라 짧은 문장과 간결한 단어를 갖고 있다. 하지만 읽기 수준이 높아짐에 따라 문장은 길어지고 단음절의 단어는 다음절이 된다. 아동은 독자적으로 그들의 읽기 기술을 강화하고, 그 성취를 자랑스러워 할 수 있는 경험을 필요로 한다.

글씨가 없는 그림책은 언어 성장을 촉진시키는 데 도움을 주며 지적 발달을 자극한다. 또한 창의적 읽기와 쓰기를 동기화할 수 있으며 언어 기술의 평가를 위해서도 사용될 수 있다(이송은, 이선영, 2005).

6) 지식 · 정보책

지식 · 정보책이란 아동들에게 흥미로운 정보나 지식을 알려 주는 책이다. 발달장애 학생들에게 제공되는 지식 · 정보책에서 다룰 수 있는 주요 내용은 인간의 몸, 공룡 · 포유류 · 조류 등의 동물, 식물, 지질학과 지리학, 취미, 만들기 등이다. 예를 들면, 개념에 관한 책이나 지식 · 정보 그림책, 사진 에세이, 일대기 책, 과학 실험과 활동책, 기록과 일지, 조사책, 분야별 책, 만들기 책 등을 통해서 장애학생들에게 필요한 중요한 지식 혹은 정보를 제공해 줄 수 있다.

지식이나 정보를 제공하는 책을 통해 아동은 정보 자료를 찾아내는 것, 과학 용어를 이해하는 것, 의미 이해를 위해 읽는 것, 과학에 관련된 문학을 평가하는 것, 학습을 실질적인 문제에 적용하는 것과 같은 능력을 기를 수 있다(이송은, 이선영, 2005).

5. 문학 영역의 지도 방법

1) 장애학생의 문학교육을 위한 통합적 접근

장애학생을 위한 문학교육에서는 언어교육의 통합적인 접근이 필요하다. 2011 개정 특수교육 공통 교육과정에서는 담화(또는 글, 언어 자료, 작품)에 대한 분석에만 치우치지 않도록 하고, 학습자가 국어 활동의 양상을 총체적으로 이해하도록 강조하고 있다(교육과학기술부, 2011b). 장애학생의 문학교육에서 총체적 언어교육은 읽고 쓰기를 비롯한 모든 언어 기술을 통한 의미 전달이 중요하다. 총체적 접근은 언어를 음소나 낱자 중심으로 가르치는 것이 아니라, 의미를 지닌 덩어리로 사용할 수 있도록 접근하는 방법이라고 할 수 있다. 여기에서 총체적이라는 말은 세 가지 의미를 함축하고 있다(박혜경, 1990). 첫째, 언어의 기본 단위는 의미이다. 둘째, 언어교육은 말하기, 듣기, 읽기, 쓰기를 인위적으로 따로 구분하여 가르칠 것이 아니라 통합적으로 가르쳐야 한다. 셋째, 언어교육은 모든 교과와 통합하여 가르쳐야 한다.

먼저, 장애학생의 언어교육에서는 총체적인 접근이 필요하다. 즉, 읽기, 쓰기, 말하기, 듣기, 사고하기 등을 통합하여 언어를 발달시키는 것이 중요하며, 이를 위해서는 문학작품을 통하여 반복적인 경험을 함으로써 통합적인 언어발달을 이루도록 할 수 있다(장혜순, 2008). 문학작품에 나오는 이야기나 설명을 이용하여 총체적인 접근 방법을 전개함으로써 문학을 통해서 장애학생들의 언어를 지도할 수 있다. 예를 들면, 동화 내용에 대한 설명과 삽화 안내, 들려주기 활동과 읽기 활동이 포함된 동화책 읽어 주기 활동은 비장애아동에 비해 타인과의 의사소통 관계에서 언어적 습득이 느린 장애아동에게 듣고, 말하고, 읽고, 내용을 이해하는 풍부한 언어적 경험을 제공함으로써 장애아동의 언어교육에 큰 의미를 가진다. 또한 정상적인 언어발달이 이루어지지 않고 있는 언어장애 아동에게 이야기 문법의 구조가 잘 갖추어진 동화를 접하게 하는 것은 효과적인 의사소통 수단을 마련해 주고 청각적 이해력 및 논리력을 증진시키는 데도 도움이 될 수 있다(우지연, 2010).

장애학생들을 위한 문학교육에서 총체적인 접근을 적용하는 교사들은 학생들이 언어학습을 즐거워하도록 분위기를 조성해 주어야 하고, 자신감을 가지고 그들의 생각, 아이디어, 느낌을 스스로 표현하도록 유도하며, 어떠한 경우에도 학생이 학습을 두려워하거나 지루해하지 않도록 격려하여야 한다(이성은, 2005). 총체적 언어교육 주창자들은 학생들이 자연스러운 맥락에서 읽고 쓰는 것을 학습하여야 하며, 읽기와 쓰기 기술은 원래 연관되어 있다고 믿고 있다(Goodman, 1986). 따라서 장애학생들의 문학교육을 위해서도 읽기와 쓰기를 분리하여 가르치기보다 듣기, 말하기, 읽기, 쓰기를 통합하여 지도하는 총체적인 접근이 필요하다는 것이다. 총체적인 지도 방법에 관한 몇 가지 지침을 제시하면 다음과 같다(교육과학기술부, 2009).

- 학생에게 좋은 글을 읽어 준다.
- 학생이 알 수 있거나 반복적으로 구성된 리듬, 노래, 운문, 이야기를 반복해서 읽어 준다.

- 교사를 포함한 모든 학생이 매일 묵독할 수 있는 시간을 별도로 마련한다.
- 집단 구성원의 흥미와 능력에 맞게 선택된 책을 이용하여 소집단 학생을 위한 읽기 지침을 제공한다.
- 개별적인 읽기 기회를 제공한다.
- 학생 자신이 수행한 것에 대해 글로 써 보는 언어 경험 활동을 조직한다.
- 형태보다는 내용에 초점을 맞추어 흥미 있는 주제에 대해 써 볼 수 있는 다양한 기회를 제공한다.
- 학생들에게 모범적인 쓰기를 모델링할 수 있도록 한다.
- 쓴 것을 학생들에게 나누어 주거나 인쇄해 볼 수 있는 기회를 제공한다.
- 교재 내용을 읽고 쓰는 시범을 보인다.

　장애학생을 위한 문학교육에서는 통합적인 접근이 필요하다. 이경우(1996)는 여덟 가지 통합적 교수 전략을 다음과 같이 제시하고 있다. 첫째, 작가적 전략이다. 모든 언어 활동을 위한 기초로서 '짓기'를 활용하는 것이다. 짓기는 비판적 사고를 길러 준다. 즉, 아동은 생각을 어떻게 표현할지 생각하고, 선택해야 할 단어를 판단하며, 생각을 연결하여 글을 짓는 과정을 통해서 비판적 사고를 할 수 있다는 것이다. 둘째, 협동적 학습 전략이다. 아동이 또래와 상호작용하고 토론하고 작품을 공유하는 과정을 통해서 책 속의 의미를 파악하게 되고, 비판적인 사고가 확장되며, 협동하여 읽기를 하는 활동을 통해서 보다 효율적인 학습이 이루어진다는 것이다. 셋째, 게임 전략이다. 작품 속 단어를 사용하여 단어놀이를 할 수 있다. 예를 들면, 동시의 구절을 한 구절씩 흐트러뜨린 후 순서를 바로잡게 하거나 동화에 나오는 인물들의 이름을 연결하는 게임을 통해서 흥미 있는 문학교육이 이루어질 수 있다는 것이다. 이들 전략 외에도 이야기 이해를 위한 전략, 이야기 구조 인식을 위한 전략, 듣기 전략, 연출 전략, 그리고 시각예술 전략 등 통합적인 문학교육 전략을 제시하였다. 그리고 이와 같은 통합적인 교수 전략 등 이용한 문학교육의 통합적인 접근 방법의 실제는 〈표 9-7〉과 같다.

　언어교육은 모든 교과와의 통합적인 지도가 필요하다(박혜경, 1990). 〈표 9-8〉과 〈표 9-9〉는 '피터의 편지'라는 동화와 '우체통'이라는 동시를 타 교과와 통합적으로 지도한 예이다.

표 9-7 통합적 교수 전략 사례

작가적 전략	협동적 학습 전략	게임 전략
• 작가(주인공)에게 편지 쓰기 • 초청장 쓰기 • 피터에게 일기 쓰기 • 이야기책 만들기 • 제목 붙이기 • 단어 사전 만들기	• 피터의 생일에 에이미가 오지 않았다면 피터가 어떻게 행동해야 할지 토론하기 • 에이미를 길에서 만나지 않았다면 어떠했을지 토론하기	• 다른 제목 붙여 보기 • 새로운 단어 찾기 • 끝말 이어 가기 • 애완동물 이름 대기
이야기 이해를 위한 전략 • 큰 책 만들기 • 큰 책 활용하기 • 그림 보고 예측하기	피터의 편지	이야기 구조 인식을 위한 전략 • 동극 하기 • 인형극하기 • 에이미가 왜 울었을까? • 피터는 왜 케이크를 나중에 먹자고 했을까?
듣기 전략 • 피터의 편지를 녹음한 후 들어 보기 • 누구의 목소리인지 알아내기 • 동극을 녹음한 후 무언극하기	연출 전략 • 동극 계획하기 • 인형극 계획하기 • 광고, 포스터 만들기 • 파티 계획하기	시각예술 전략 • 콜라주를 활용한 그림 그리기 • 강아지와 앵무새 모양의 카드 만들기 • 모자 만들기 • 초청장 만들기

출처: 장혜순(2008: 429).

표 9-8 교과 간 통합적 교수 전략 사례 1

수학		사회
• 자기 소원 말하기(그래프) • 케이크 나누기 • 먹고 싶은 음식 말하기(표) • 친구 나이와 내 나이 합하기 • 짝짓기(우산, 우비, 장화)		• 다른 인종의 풍습 이야기 • 가족의 기념일 • 다른 사람에 대한 행동과 예의 • 애완동물 이야기
음률 • 무언극으로 표현하고 알아맞히기 • 비가 올 때의 모습을 동작으로 표현하기 • 흉내 내기	피터의 편지	미술 • 생일 선물 만들기 • 케이크 만들기 • 모자 만들기 • 초로 그림 그리기 • 초대장 만들기

과학		노래 및 게임
• 자연 현상 관찰하기 • 강아지와 앵무새의 특성 알기 • 우리 몸을 비추는 것(거울, 그림자, 빗물)		• 상징 게임 • 생일 노래 부르기

출처: 장혜순(2008: 421).

표 9-9 교과 간 통합적 교수 전략 사례 2

언어		사회
• 편지 쓰기 • 동시 새로 짓기 • '-통'으로 끝나는 단어 찾기 • 이야기 나누기		• 편지를 보내고 싶은 사람 조사하기 • 우체국 놀이하기 • 소식을 전하는 방법 • 외국에 편지 부치는 방법
음악 • 우체부 아저씨 노래 부르기	우체통	미술 • 편지봉투 만들기 • 우표 만들기 • 우체통 만들기 • 가방 만들기
수학 • 집합(우체통, 편지봉투, 우표) • 짝짓기(편지-우체통) • 편지의 종류 • 편지봉투의 종류		게임 • 판게임 놀이하기 • 가방 속의 비밀 편지

출처: 장혜순(2008: 431).

2) 문학을 통한 장애학생의 언어교육 지도 전략

문학 영역의 지도는 개별 작품을 학습자의 삶과 관련지어 봄으로써 심미적 상상력과 건전한 심성을 계발하고 바람직한 인생관과 세계관 형성을 돕는 학습 활동을 강조한다. 아울러 개작, 모작, 생활 정서의 표현 등 작품의 심층적 감상을 돕는 학습 활동을 강조한다. 문학작품의 이해와 감상은 개별 활동에 대한 이해만을 의미하지 않는다. 항상 장애학생 자신의 삶과 관련지어 봄으로써 학습자의 주체적인 감상이 이어질 수 있도록 지도해야 할 것이다. 나아가 이러한 과정을 통해 심미적 상상력과 건전한 심성을 계발하고 바람직한 인생관을 형성할 수 있도록 한다(교육과학기술부, 2011b).

특수교육 공통 교육과정에서는 장애학생들의 특성과 요구를 고려하여 문학 영역에서의 교수·학습 방법 및 유의 사항을 다음과 같이 제시하고 있다. 첫째, 청각장애 학생의 요구를 고려하여 보장구(보청기, 인공와우 등)를 활용하는 학생도 노래 듣기에 어려움이 있을 수 있으므로 자막을 삽입하고, 동시와 이야기 등을 수어로 표현해 주어 문학작품 감상에 대한 흥미와 관심을 유발하고 이해도를 높인다. 둘째, 삽화나 만화, 수어 영상 동화, 자막 삽입 동영상 등으로 제작된 문학작품을 감상하게 하여 문학작품에 대한 흥미와 관심을 유발하고 이해도를 높이도록 한다. 셋째, 다양한 양식의 문학작품을 제공하고 작품에 대한 느낌이나 경험을 말·수어 등의 적절한 의사소통 양식으로 표현하는 것 외에 그림이나 만화 등으로도 표현하도록 하여 문학작품에 대한 즐거움과 흥미를 느끼도록 한다. 넷째, 다양한 문학작품을 적절한 의사소통 양식에 따라 제공하여 작품의 다양한 관점과 표현 방법을 감상하면서 문학작품에 대한 이해도를 높이고 즐거움과 흥미를 느낄 수 있도록 한다.

문학을 통한 장애학생의 언어교육을 위한 지도 전략을 구체적으로 제시하면 다음과 같다.

첫째, 장애학생들에게 적절한 주제를 선정해야 한다. 즉, 학생들이 흥미로워할 수 있으며, 수준에 적합하고 다양한 활동을 할 수 있는 주제를 선택해야 한다. 그리고 주제와 관련된 좋은 작품을 찾아야 한다.

둘째, 학생들에게 흥미로우며, 발달 단계에 적합하고, 너무 복잡하거나 추상적인 어려운 문장이 없으며, 여러 가지 단서를 통해서 내용을 쉽게 예측할 수 있는 작품을 선정해야 한다(이차숙, 2008).

셋째, 다양한 작품을 선정할 필요가 있다. 동화나 그림책뿐만 아니라 실생활에서 사용되는 신문이나 잡지, 요리책 등도 학생들에게 흥미로울 뿐만 아니라 학습 동기를 유발하는 데 도움이 된다(Cullinan, 1992).

넷째, 학생들에게 문학을 통한 학습의 동기를 유발하기 위해서는 작품을 선정할 때 학생이 직접 선정할 수 있도록 하는 것도 좋은 방법이 될 수 있다. 스스로 작품을 선정하도록 하고 내용과 방법, 읽은 후의 반응 및 평가에 이르기까지의 전 과정을 학생이 결정하도록 하여 학생 자신이 의미를 적극적으로 구성해 보게 하는 것이 필요할 것이다(Martinez & Roser, 1991).

다섯째, 학생 자신의 경험을 문학작품의 내용과 연결시킨다. 독해를 쉽게 하기 위해서는 책 내용이 개인의 사전 지식과 연결될 수 있어야 한다. 즉, 책 내용과 관련된 개인적인 경험이 있는지 질문하고 동료들과 이야기를 나누어 보게 하거나 관련된 경험을 직접 해 보게 하는 것도 독해에 도움이 될 것이다(이차숙, 2008).

여섯째, 문학작품을 읽는 방법과 해석에 대한 교사의 시범이 중요하다. 이와 같이 직접 시범을 보이는 교수 방법에서는 학생이 스스로 할 수 있도록 교사의 주도를 점차 줄여 나가는 것이 중요하다.

마지막으로, 문학을 통한 언어지도의 효과적인 방법은 작품을 읽고 난 이후의 다양한 반응에 대한 시범을 보여 주는 것이다. 예를 들면, '이야기 다시 해 보기' '요약하기' '분석하기' '일반화하기' 등의 반응을 시범 보임으로써 유도할 수 있다. 또한 작품을 읽고 난 다음 독후감 쓰기 등과 같은 쓰기 활동은 의미 구성 학습에 매우 효과적일 뿐만 아니라 비판적 사고 능력을 키우는 데도 효과적이다(Tierney & Shanahan, 1991).

6. 문학교육에서의 평가

장애학생을 위한 문학교육에서의 평가 목표는 다양한 문학작품을 감상함으로써 말과 글의 재미를 느끼고 심미적 상상력을 계발하며 문학이 주는 감동을 통해 건전한 심성을 계발하는 데 중점을 둔다(교육과학기술부, 2011a). 문학교육에서의 평가는 특정 문학작품에 대하여 학습자의 동일한 반응을 기대하기 어렵고, 개별적으로 다양한 반응이 나올 수 있다는 점과 문학적 반응이나 표현, 개별적인 감동과 통찰력을 위계화할 수 없다는 점 때문에 타 영역에 비해 타당도나 신뢰도 측면에서 여러 가지 어려움을 가지고 있다(최미숙 외, 2014).

장애학생을 위한 문학 영역의 평가 방법은 학습자의 수준에 따라 달리 활용하여야 한다. 어떤 특정한 평가 방법이 가장 효율적이라고 말하기 어렵다. 중증장애 학생의 경우에는 지필 검사가 어려울 수 있기 때문에 주로 평소 문학 활동에 대한 관찰 내용을 활용하는 경우가 많다. 관찰은 개별 또는 집단별로 이루어지도록 하며, 인위적인 상황보다는 자연스러운 상황에서 이루어지는 것이 좋다. 객관적이고 정확한 관찰을 위해서는 대상의 행동을 그대로 기록하는 일화 기록법을 활용하는 것이 좋고, 체크 리스트나 평정척도를 이용하거나 대화 상황을 녹음 또는 녹화하여 분석해 볼 수도 있다. 특수교육 교육과정에서 제시하고 있는 문학교육에서의 평가 방법과 유의 사항 은 다음과 같다(교육부, 2015a).

첫째, 작품에 대한 학습자의 반응에 대해 옳고 그름을 평가하기보다는 다른 학습 자들과 반응을 공유하는 과정을 통해 자신의 생각과 느낌을 스스로 점검해 보는 기 회를 제공한다. 그리고 인물, 사건, 배경을 통해 작품 이해하기에 대한 평가는 작품을 읽고 난 후 느낀 점이나 생각을 학습자끼리 공유하는 과정에서 이들 요소를 중심으 로 작품을 이해하고 있는지 자연스럽게 확인하도록 한다.

둘째, 허용적인 분위기 속에서 시나 노래, 이야기를 감상하고, 느낀 점과 생각을 자 유롭게 표현하도록 하고 이를 관찰하여 평가한다. 그리고 평가를 위한 별도의 시간 을 할애하거나 활동을 계획하기보다는 수업 및 학교 생활에서 학습자의 수행과 태도 의 변화 과정을 직접적 · 누적적으로 기록하여 평가한다. 또한 시나 노래, 이야기를 교과 외 시간에도 흥미를 갖고 즐겨 접하도록 독려하고 이를 누적적으로 기록하여 평가한다.

셋째, 이야기나 극의 형식으로 표현한 것을 평가할 때에는 완성도보다는 학습자가 즐겁게 참여하고 적극적으로 표현하려는 태도에 관심을 갖는다. 또한 비유적으로 표 현하는 능력을 평가할 때에는 참신성과 개성은 물론 공감의 폭을 중요하게 고려한다.

넷째, 교과서에 수록된 작품에 국한하지 않고 학습 주제와 연관된 다양한 작품이 나 같은 또래 학습자들의 다양한 작품을 적절하게 활용하여 평가한다. 그리고 수업 에서 다룬 내용이라고 하더라도 단편적인 정보에 초점을 맞추지 말고 작품 전체에 대해 추론적 · 비판적 · 창의적 사고를 발휘할 수 있도록 평가 도구를 구성한다.

다섯째, 교수 · 학습에서 다룬 지식이나 내용을 직접적으로 확인하기보다는 작품 을 감상한 결과를 다양한 방법으로 표현하는 과정에 중점을 두어 평가한다. 그리고 문학 지식을 단편적으로 확인하기보다는 작품을 감상하는 가운데 문학 지식을 적절 하게 활용할 수 있는지를 평가하는 데 중점을 둔다.

여섯째, 독후 활동으로서 생각과 느낌을 표현하는 능력을 평가할 때에는, 작품에 대한 수렴적인 이해보다는 발산적인 감상 능력에 중점을 두도록 한다. 그리고 개념적 지식에 대한 이해는 가급적 배제하고 문학을 즐겨 감상하는 능력에 중점을 두어 평가한다. 또한 형성 평가에서는 학습 목표에 초점을 맞추더라도 총괄 평가에서는 작품에 대한 전체적인 감상 능력과 창작 능력을 측정하도록 한다.

일곱째, 장애학생들의 개인적인 요구를 고려하여 평가하며, 청각장애 학생의 경우 청능 정도와 의사소통 양식을 고려하여 자막이 삽입된 노래, 수어 동시, 수어 이야기 등을 감상하도록 하고 이를 포함하여 평가한다.

끝으로, 문학 영역의 학습 성취 수준을 판단하기 위한 평가에서는 문학적 사고를 진작시켜 줄 수 있는 다양한 형식의 평가 문항을 창의적으로 개발하여 활용해야 할 것이다. 예를 들어, 전통적인 방법인 선다형 문항도 문학적 사고를 진작시킬 수 있도록 개선하고 서술형과 논술형 문항을 대폭 확충하여 평가하는 것이 좋다. 선다형 문항을 개선한다 하더라도 교육과정에서 강조하고 있는 '문학의 수용과 생산'을 평가하기 위해서는 선다형만으로는 부족하다. 다양한 서술형이나 논술형 문항, 그리고 면접법이나 관찰에 의한 누가기록을 통하여 학생들의 문학적 능력을 수시로 평가하는 방법을 활용할 수 있을 것이다.

평가의 목적은 개별 학생들의 언어지도 목표를 설정하기 위함이며, 현재의 능력을 알아보는 것으로 끝내서는 안 된다. 따라서 평가 결과는 학생들의 개별화교육계획에 필히 반영하여 앞으로의 교육의 목표, 내용, 방법을 결정하는 데 기초 자료로 삼아야 할 것이다.

요약

- 장애학생을 위한 아동문학이 지니는 교육적 측면에서의 궁극적 의의는 아동문학이 단순한 감상의 수준에서 그치는 것이 아닌 감상 후의 여러 활동을 통해 장애학생들에게 확장된 사고와 가치 판단을 하도록 한다는 것이다.
- 장애학생을 위한 문학교육은 일반학생과 마찬가지로 국어 활동과 문학에 대한 기초 지식의 체계적인 학습을 통해 이와 같은 교육 목적을 실현하고자 하는 교과이며, 국어 사용 기능과 증진에 있어서의 기반적 성격을 갖는다.
- 장애학생을 위한 문학교육의 목표는 문학작품을 찾아 읽고 해석하며, 문학작품을 통하

여 인간의 삶을 총체적으로 이해하고, 문학적 상상력 향상이 이루어지게 하는 데 있다.

- 장애학생을 위한 문학교육은 언어교육의 통합적인 접근이 필요하다. 장애학생의 문학교육에서 총체적 언어교육은 읽고 쓰기를 비롯한 모든 언어 기술을 통한 의미 전달이 중요하다. 총체적 접근은 언어를 음소나 낱자 중심으로 가르치는 것이 아니라, 의미를 지닌 덩어리로 사용할 수 있도록 접근하는 방법이라고 할 수 있다.
- 장애학생을 위한 문학 영역의 평가 방법은 학습자의 수준에 따라 달리 활용하여야 하며, 선다형, 논술형, 면접법, 관찰을 통한 누가기록 등 다양한 방법을 사용하여 작품의 수용과 창작 능력을 평가해야 한다.

학습문제

1. 장애학생을 위한 문학교육의 의의를 설명하시오.
2. 2015 개정 특수교육 교육과정에서 제시하고 있는 장애학생을 위한 문학교육의 목표와 내용을 설명하시오.
3. 문학작품의 종류에 따른 장애학생 문학교육 방법을 설명하시오.

참/고/문/헌

교육과학기술부(2009). 특수학교 교육과정 해설(II) 기본 교육과정.

교육과학기술부(2011a). 특수교육 교육과정 별책2 기본 교육과정.

교육과학기술부(2011b). 특수교육 교육과정 별책3 공통 교육과정.

교육부(2015a). 특수교육 교육과정 별책2 공통 교육과정.

교육부(2015b). 특수교육 교육과정 별책3 기본 교육과정.

김대행, 우한용, 정병헌, 윤여탁, 김종철, 김중신, 김동환, 정재찬(2000), 문학교육원론. 서울: 서울대학교출판부.

남수연, 최성규(2007). 동화 애니메이션을 활용한 언어지도가 정신지체 아동의 이야기 구성능력 및 어휘력에 미치는 효과. 특수아동교육연구, 9(4), 65-83.

박지원, 강영심, 조혜선(2010). 장애 관련 창작 동화를 활용한 토의 활동이 일반아동의 장애수용태도에 미치는 효과. 지적장애연구, 12(4), 343-361.

박혜경(1990). 유아를 위한 총체적 언어교육 접근법의 효과에 관한 연구. 이화여자대학교 대학원 박사학위논문.

선애순, 권순황(2010). 그림동화책 읽어주기가 다문화가정 아동의 언어능력 향상에 비치는 효과. 특수아동교육연구, 12(2), 255-272.

우지연(2010). 동화책 읽어주기 활동이 지적장애아동의 자발적 발화 및 독해력에 미치는 영향. 청주교육대학교 대학원 석사학위논문.

유강민, 손영수(2009). 매체동화가 특수아동의 정서발달에 미치는 교육적 함의에 대한 해석학적 연구. 특수아동교육연구, 11(4), 189-211.

이경우(1996). 총체적 언어. 서울: 창지사.

이성은(2003). 아동문학교육. 서울: 교육과학사.

이성은(2005). 아동을 위한 총체적 언어교육. 서울: 이화여자대학교출판부.

이송은, 이선영(2005). 유아 문학 교육의 이론과 실제. 서울: 창지사.

이차숙(2008). 유아 언어교육의 이론과 실제. 서울: 학지사.

장혜순(2008). 유아문학교육의 이론과 실제. 서울: (주)파란마음.

최미숙, 원진숙, 정혜승, 김봉순, 전은주, 정현선, 주세형(2014). 국어 교육의 이해. 서울: 사회평론 아카데미.

최성규, 엄민호(2006). 동화를 이용한 단계별 언어지도가 정신지체아동의 어휘력에 미치는 효과. 정신지체 연구, 8(2), 137-155.

최성규, 조영옥(2004). 동화를 활용한 연극놀이 활동이 학습장애아동의 어휘력에 미치는 효과. 놀이치료연구, 8(2), 115-127.

최성욱, 서경희(2009). 동화 중심 인지행동중재가 아스퍼거 장애 아동의 사회적 인지 및 친사회적 행동에 미치는 효과. 정서행동장애연구, 25(2), 77-101.

한국어린이문학교육연구회(1999). 환상그림책으로의 여행. 서울: 다음세대.

Cullinan, B. E. (1992). Leading with literature. In B. E. Cullinan (Ed.), *Invitation to read: More children's literature in the reading program* (pp. x-xxii). Newark, DE: International Reading Association.

Cullinan, B. E., & Galda, L. (2002). *Literature and the child* (5th ed.). FL: Harcourt Brace & Company.

Goodman, Y. (1986). Children coming to know literacy. In W. Teale, & Sulzby (Eds.), *Emergent literacy: Writing & reading.* Norwood, NJ: Ablex Publishing Company.

Leeper, S. H., Skipper, D. H., & Witherspoon, R. L. (1979). *Good school for young children.* New York: Macmillan Publishing Co., Inc.

Martinez, M. G., & Roser, N. I. (1991). Children's responses to literature. In J. Flood, J. M. Jenson, D. Lapp, & J. R. Squire (Eds.), *Handbook of research on teaching the*

English language arts (pp. 643–654). New York: Macmillan Publishing Company.

Tierney, R. J., & Shanahan, T. (1991). Research on the reading–writing relationship: Interactions, transactions, and outcomes. In R. Barr, M. L. Kamil, P. Mosenthal, & P. D. Pearson (Eds.), *Handbook of reading research* (Vol. 2, pp. 246–280). White Plains, NY: Longman.

제3부

장애학생을 위한
언어교육 방법

제10장

총체적 언어교육

개요

    총체적 언어교육(whole language education)은 1970년대의 행동과학주의 교육방법의 단점을 극복하기 위해 미국의 초등학교 교사를 중심으로 시작되었다. 총체적 언어교육은 "학생들이 언어를 어떻게 배우는가를 생각하는 관점"이라고 정의한 Eysely의 말에서도 알 수 있듯이 학습자 중심의 교육철학이다. 1970년대까지는 행동주의 교육방법인 자극과 반응의 반복학습 이론과, 산업사회의 특징인 빠른 기간 안에 대량 생산을 해야 하는 표준화 작업 방법이 교육에도 적용되었다. 이러한 사회적 변화는 교육에도 영향을 미치게 되는데, 많은 지식을 전달하고 빠른 기간 안에 암기하며 과정보다는 결과를 중요시 여겨 객관적 시험 문제로 표준화하고 규격화하는 평가제도가 지배적이었다. 그러나 세계 교육계는 이런 교육이 오히려 학생들의 총체적 사고력과 통찰력을 떨어지게 한다는 것을 깨닫고 반성하기 시작했다. 이에 열린 교육의 교육철학과 방법이 대두되었다. 이를 배경으로 열린 교육 속에서 언어 분야는 총체적 언어교육의 철학과 교육 관점이 세워졌다. 이 장에서는 총체적 언어교육 방법의 이론적인 기저와 구체적인 교육방법을 알아보고자 한다.

1. 총체적 언어교육의 개념

1) 총체적 언어교육의 역사

총체적 언어교육의 선구자는 17세기에 유럽에서 그림책을 학생 학습에 이용한 Comenius를 들 수 있다. 그가 이용한 그림책은 사물을 완전하게 그린 것도 아니고 부피가 두꺼운 것도 아니었다. 다만, 학생에게 친숙한 사물을 전체적으로 그리고 총체적인 언어로 기술하려고 했다. 물론 Comenius는 오늘날 문식성 연구자들이 사용하는 것과 같은 의미의 총체적 언어의 개념을 가지고 있었던 것도 아니지만, 오늘날 우리가 알고 있는 총체적 언어교육의 접근법과 같은 학습 방법을 중요하게 생각했기 때문에 총체적 언어교육의 선구자로 지목되고 있다(이차숙, 2005).

총체적 언어교육 운동에 영향을 미친 두 번째 인물은 John Dewey이다. 그는 교육과정을 개발할 때는 학습자를 중심에 두고, 교과와 학생은 통합되어야 하며, 반성적 교수(reflective teaching)를 통해 지도해야 함을 주장하였다. Dewey는 또한 교육과정을 논의할 때 학생의 특성을 고려해야 하고, 학생의 경험과 활동에 대한 의미를 고려해야 하며, 세상의 모든 것은 하위 수준에서 상위 수준으로 엄밀하게 위계가 세워져 있는 것이 아니라 상호 관련되어 있으므로, 학교에서의 교육은 학생들이 생활하는

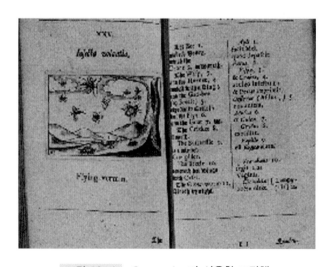

그림 10-1 Comenius가 사용한 그림책

학교에서도 변화되는 것을 적절하게 고려하고 반영하여 교육해야 함을 주장하였다. Dewey는 학교 교실은 여러 가지 도구와 자료로 가득 차서 학생이 능동적으로 학습 활동에 참여하고, 무엇이든 구성해 내고 창조해 낼 수 있는 실험의 장이자 생활의 장이 될 수 있다고 보았다. 그것은 여러 가지 도구를 사용하면서 도구들에 대해 말하게 되므로, 언어도 실험 도구 중 하나가 될 수 있다고 보았고, 도구의 사용과 마찬가지로 언어도 사용하면서 점차 풍부해지고 세련될 수 있음을 강조하였다.

또한 총체적 언어교육에 영향을 미친 인물로는 Piaget와 Vygotsky를 들 수 있다. Piaget는 일생을 통해 사람들이 어떻게 개념, 아이디어, 도덕성을 형성해 나가는지 탐구하여 교육에 공헌한 바가 매우 크다고 하였다. 그는 다른 사람이 학생 자신에게 지식을 전달해 주기를 막연히 기다리는 수동적인 학습자가 아니라, 자신의 세계를 이해하기 위해 끊임없이 탐구하고 의문을 스스로 해결하려고 하는 능동적인 학습자로 인정해야 함을 강조하고 있다. 러시아의 심리학자 Vygotsky도 학생의 학습과 사회·문화적 영향의 관계를 탐구하여 총체적 언어교육에 영향을 미친 학자로 근접발달영역(zone of proximal development: ZPD)의 역할을 강조하였다. Vygotsky가 제안한 ZPD의 개념은 학생의 개념 발달과 학습의 궁극적인 책임이 학생 개인에게 있지만 그에 못지않게 교사의 역할도 매우 중요함을 강조하고 있다. 즉, 인간은 고립된 개체로서의 실존을 초월하여 타인과의 적극적인 상호작용을 통한 관계 속에서 성장하고 발달해 나간다. 그러므로 인간은 환경의 영향을 받으며 때로는 환경을 창조하며 살아가게 되는데, 학생의 언어발달이나 사고발달은 교사나 성인과의 상호작용, 그리고 놀이를 통한 또래와의 상호작용을 통해 성취해 나간다고 하였다.

기능주의 언어학자 Halliday(1975)는 언어의 습득과 사용에서 상황적 맥락(the context of situation)의 중요성을 강조하였다. 학생이 언어를 습득하는 것은 지속적인 생활 장면 속에서 이루어지며, 언어는 실제적인 행위를 통해 학습됨을 의미한다. 즉, 언어는 정태적인 객체로 존재하나 관찰과 분석의 대상이 아니라 의사소통 도구로 쓰이는 능동적인 것이라는 점을 강조하였다. 총체적 언어교육은 이와 같은 심리학자, 교육학자, 언어학자들뿐만 아니라 여러 교육 이론의 영향도 많이 받았다(이차숙, 2005 재인용).

Rosenblatt는 '탐색을 통한 문학'이라는 읽기교육 연구를 통해 독자와 글과 언어의 상호작용적 관계로 읽기과정을 새로운 관점으로 조명하였는데, 이후 학생의 경험을 강조하는 언어교육 방법들의 개발에 영향을 미치게 되었다. Smith와 Goodman도 생각과 글과 독자 간의 관계에서 상호 처치성의 개념을 강조하며 Rosenblatt이 주장한 '언어 경험적 접근법'이라는 프로그램을 통해 실제적이고 의미 있는 언어 활동으로 읽기 기능이 향상될 수 있음을 밝혀내었고, 일찍부터 가정에서 문식성을 경험한 학생들이 나중에 학교에서 높은 성취를 보인다는 사실을 이론적으로 증명해 내기에 이르렀다(이차숙, 2005 재인용). 이처럼 총체적 언어교육은 언어 경험적 접근법과 매우 유사하다. 실제로 최근에 총체적 언어교육을 주장하는 많은 사람은 언어 경험적 접근법의 필요성을 강조하던 사람들로, 언어학습은 여러 가지 경험과 관련해서 효과적으로 일어난다는 점을 주장하고 있다(이차숙, 2005). 모든 언어와 경험은 교수 목적으로 사용될 수 있고, 또 그렇게 되었을 때 학생은 언어학습에 흥미를 느끼고 활동에 집중하게 되어 진정한 학습이 일어날 수 있다는 점에서 중요성이 논의되고 있다.

2) 총체적 언어교육의 의미

총체적 언어교육은 그동안 추상적이고 탈상황적이며 형식적이던 언어교육을 학생에게 구체적이고 상황적이고 의미 있는 학습 활동이 될 수 있게 함으로써 언어 활동이 의미 이해의 과정이 되도록 하여 학생의 사고력을 신장시키는 언어교육의 한 방법이다. 즉, 언어를 음소나 낱자를 중심으로 가르치는 것이 아니라 의미를 지닌 덩어리로 사용할 수 있도록 접근하는 방법이다. 총체적 언어교육 접근법에서 보는 언어는 언어 자체를 위해서 존재하는 것이 아니라 다른 사람과 자신을 이어 주는 의사소통의 수단이며, 더 나아가 생존 문제를 해결하기 위한 수단이다(박혜경, 1990). 그러므로 학생에게 언어를 가르치기 위해서 의도적으로 언어를 쪼개고 분석하는 것을 피하고, 교사가 외부에서 개입하기보다는 학생 스스로가 사전 지식과 경험을 의미 있게 구성해 나가도록 유도하고 있다.

총체적 언어교육에서 '총체적'이라는 말 속에는 세 가지 의미가 함축되어 있다(이차숙, 2005 재인용). 첫째, 언어의 기본 단위는 의미라는 것이다. 둘째, 언어교육은 언어의 제 영역—말하기, 듣기, 읽기, 쓰기—을 인위적으로 구분하기보다는 총체적으로 또는 통합적으로 접근해야 함을 의미한다. 셋째, 언어교육은 모든 교과와 통합하여 가르친다는 것이다. 즉, 통합이라는 말은 둘 이상을 하나로 묶는다는 뜻이다. 예컨대, 그림자 길이의 변화를 관찰하여 서로 대화하고 변화를 기록으로 남기는 것, 교통수단에 관해 알아보고 논의하는 것은 모두 총체적 언어교육에서 볼 수 있는 학습 활동들이다.

총체적 언어가 아닌 것을 정의함으로써 총체적 언어에 대한 개념을 이해할 수 있다. 예를 들면, 총체적 언어는 읽기에 대한 복합적 접근 방법을 의미하지 않으며, 언어 경험에 대한 다른 이름도 아니다. 총체적 언어는 특수한 전략이나 자료들의 용어로 정의되어 왔다. 이것은 단지 과정적인 쓰기와 학급 문집이다. 또한 단어를 잘못 읽든, 제멋대로 발음하든, 정확한 문법을 고려하지 않든 간에 학생이 흥미 있어 하는 것이 무엇이든 총체적 언어라고 생각되어 왔지만 이러한 것들을 총체적 언어라 보기 어렵다. Altberger, Edelsky와 Flores(1986)가 지적하는 것처럼, 이런 문제점은 사실로 받아들여지고 있다. 학생들이 의사소통하기 위해 만든 다양한 시도 모두 총체적 언어 교실 상황 안에서는 가치가 있다. 다양한 언어 경험이 총체적 언어 프로그램에서 사용되기 때문이다. 그리고 요리하기, 노래하기, 연극하기 등은 총체적 언어교육

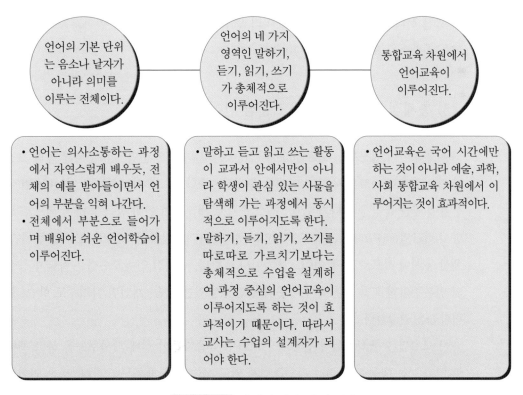

그림 10-2 총체적 언어교육의 의미

첫째, 전체에서 부분으로 가는
하향식 관점의 언어교육

둘째, 과정 중심의 언어교육

셋째, 주제 중심의 언어교육

• 교실에서 지켜야 할 원칙
- 읽기와 쓰기의 실제적 경험을 중요시한다.
- 학습의 내용과 과정을 똑같이 중요하게 여긴다.
- 말하기, 듣기, 읽기, 쓰기 능력 발전을 위해 다양한
  문학 작품을 제공한다.
- 교사는 학습자를 능력 있고 발달 가능한 잠재력을 지닌
  존재로 본다.
- 교사는 학습자의 촉매자가 되어 특별하고 적극적인 피
  드백을 준다.

그림 10-3 **총체적 언어교육의 교육적 관점**

활동에서 보고 들을 수 있는 것이며, 언어교육에서 사용되고 있는 발음법은 읽기에서 총체적 언어교육 관점과는 양립할 수 없기에 거부된다. 이처럼 총체적 언어교육은 오히려 특정 전략들, 방법들, 자료들과 앞서 언급한 것들을 예측할 수 있는 언어책의 사용, 문학 토론, 창작 절차 등과 같은 기술들을 수용하도록 하는 언어와 학습에 관한 하나의 관점이다. 이러한 여러 연구를 바탕으로 총체적 언어교육이 가지는 교육적 관점을 요약하면 [그림 10-3]과 같다.

3) 총체적 언어교육과 구조중심 언어교육의 비교

총체적 언어 접근법(whole language approach: WLA)은 문법, 어휘, 낱말 등의 요소를 개별적으로 가르치지 않고 언어를 총체적·종합적으로 가르치는 방법이다. 먼저, 상황에 맞는 문장을 읽다가 단어, 음소 순으로 내려가며 언어 습득을 하게 되므로 하향식 접근법(top-down approach)이라고 하며, 듣기·말하기·읽기·쓰기를 한 수업에서 동시에 하므로 전체 언어교육법이라고 한다. 총체적 언어교수법은 학습자 중심의 인본주의적 교육 이론에서 비롯되며 진정성 있는 학습, 개인별 자기주도 학습, 협력학습을 권장한다.

이 교수법은 구성주의적 접근에 근거하여 학습자들이 실제 의사소통을 하고 재미로 읽고 쓰는 활동을 하면서 자연스럽게 읽고 쓰는 법을 배우도록 한다. 또한 언어를 사용하여 의미를 창출하고, 모험과 행동을 통해서 언어를 배우며, 협동하면서 과제

를 수행하도록 한다.

　총체적 언어교수법의 설계 원칙은 문학작품을 이용하여 학습자 중심의 읽고 쓰는 활동을 통합적으로 지도하도록 하는 것이다. 그리고 광범위한 듣기와 다독(多讀) 연습을 통하여 유창성과 정확성을 기르도록 유도하고 있다. 따라서 교사는 과업을 수행하도록 지시하고, 테이프와 녹음 자료를 듣게 하거나, 최근에 일어난 일에 관하여 토론하게 함으로써 음성언어에 익숙해지도록 지도할 수 있다.

- 학습은 전체에서 부분으로, 일반적인 것에서 구체적인 것으로, 친숙한 것에서 친숙하지 않은 것으로, 불분명하고 막연한 것에서 명확한 것으로 발전되도록 진행한다.
- 개인별·소집단별 읽기와 쓰기, 대화 일기(dialogue journals), 포트폴리오 쓰기, 토의 작문(writing conferences), 학습자가 제작한 책(student-made books), 이야기 쓰기 등의 활동이 포함된다.

　학생은 다른 사람의 말을 듣고 반복 연습하는 것이 아니라 그에 적합하게 반응하고, 교사는 학생들에게 학습 자료를 제공해 주고 긍정적 수업 분위기를 조성해 주는

표 10-1 총체적 언어교육법과 구조중심 교수법의 비교

구분	총체적 언어교육법	구조중심 교수법
학습 목표	의미의 이해	언어 지식의 습득
학습 내용	교사와 학습자가 함께 결정하고 융통성이 있음	교사가 결정하고 고정됨
학습 방법	다양한 자료의 활용, 언어 전체에서 부분으로 진행, 학습자 중심의 활동	제한된 자료의 사용, 부분에서 전체로 진행, 교사 중심의 수업
학습자의 오류 교정	오류나 실수를 수용함, 의사소통에 지장을 주는 오류만 교정	오류 교정에 지도의 초점을 둠
학습자의 조직	필요에 따라 개별, 짝, 소집단, 전체 집단으로 조직, 학습 공간의 자유로운 배열	전체 일괄 수업, 고정된 좌석
평가	관찰, 수시 평가, 수행평가 등의 다양한 평가	정해진 시간에 평가, 성취 수준의 획일적인 평가

역할을 한다. 교사는 학생들의 상호작용 활동에 참여하지만 학생들의 오류를 즉시 수정해 주지 않는다. 또한 교사는 학생들이 이해하도록 도와주기 위해서 몸짓을 사용하거나 구체물을 이용하며, 유창성을 높여 주기 위해서 소집단별로 상호작용의 기회를 자주 제공해 줄 수 있다.

총체적 언어교육에서는 특정한 연습장이나 교재를 사용하지 않고, 활동도 미리 정해진 절차를 따르지 않으며, 학습자의 관심과 자신의 학습 목표에 적합한 과업을 수행한다. 학생들의 생활과 요구에 맞는 경험과 활동에 초점을 두며 진정성 있는 자료를 사용한다는 점이 장점이다.

4) 총체적 언어교육의 원리

총체적 언어교육은 언어교육에 필요한 주요 활동들의 목록이 아니다. 교수와 학습의 본질에 대한 신념이다. 교실 속에서 학생에게 실제적이고 의미 있는 언어교육을 시도하고 있는 교사들이 끊임없이 이야기하는 신념들이 총체적 언어교육의 원리라 말할 수 있는데, 이차숙(2005)은 그 원리를 다음과 같이 요약하고 있다.

- 총체적 언어교육은 학생이 주도할 수 있게 구성한다. 교사가 외부에서 개입하여 이끌어 나가기보다는 학생이 자신의 경험과 배경지식에 따라 스스로 선택하고 참여하였을 때 의미가 있고 효과적이다. 따라서 언어교육은 내부에서 외부로 향하는 접근법(inside-out approach)을 사용하는 것이 바람직하다. 이것은 학생의 잠재 가능성에 대한 신뢰를 기초로 하지 않고는 성취하기 어려운 과정이다.
- 총체적 언어교육의 책임은 교사가 아닌 학생에게 있다. 언어학습의 주도권이 교사가 아닌 학생에게 있기 때문에 교사는 읽어야 할 책과 써야 할 주제를 선정할 필요가 없으며, 학생의 말이나 글의 오류를 반드시 고쳐 줄 필요도 없다.
- 총체적 언어교육은 배우는 학생의 말과 글이 결코 완벽할 수 없다는 것을 인정하고 문법적으로 오류가 없는 언어를 사용할 것을 강요하지 않아야 한다. 교사나 학생이 말과 글의 표준적인 사용에 너무 얽매이면 언어 사용에 대한 도전보다는 익숙하고 자신 있는 말과 글만을 사용하게 될 것이며, 창의적이고 도전적인 언어 사용을 피하게 된다.

- 총체적 언어교육에서 학생이 말을 하고 들으며 글을 쓰고 읽는 행위는 의미 구성의 과정이므로 교사는 격려하고 기회를 가능한 한 많이 제공해야 한다. 의미 구성은 사고의 행위이므로, 언어를 말하기, 듣기, 읽기, 쓰기의 영역으로 굳이 구분하고 또 각 영역을 하위 기능에서부터 상위 기능으로 인위적으로 세분화하고 낱낱의 기능들을 쪼개어 가르치기보다는 의미를 전달하고 파악하는 실제적이고 자연스러운 언어 활동을 통해서 학생의 언어학습이 일어나도록 구성한다.
- 총체적 언어교육은 교실 내에서의 모든 생활뿐만 아니라 교실 밖의 생활과 통합되어 교수되어야 한다. 학생은 실생활에서 말하기, 듣기, 읽기, 쓰기를 경험하면서 언어의 표준적인 사용을 자연스럽게 배워 나가도록 한다.
- 총체적 언어교육은 학교에서 배우는 모든 교과와 통합되어 이루어져야 한다. 교과의 내용은 문식성이라는 정미소에서 걸러지고 빻아질 곡식으로 비유될 수 있다. 학생은 과학, 예술, 음악, 수학, 사회, 교육용 게임, 요리, 바느질, 영양 등 학생의 학교 생활에 필요한 모든 활동에 관해 말하고 듣고 읽고 쓸 수 있다. 이러한 과정을 통해 실제적이고 유용한 학습 활동을 하게 되는 것이다.
- 총체적 언어교육은 평가의 목적이 학습자 자신에 관한 정보를 주기 위한 것이다. 평가는 학습자의 능력을 규정짓기 위한 것이 아니라 학습자가 더 나은 학습을 할 수 있도록 도와주는 것이기 때문이다.

이와 같이 총체적 언어교육은 학생의 주도성을 바탕으로 학생의 경험적 유창성을 통해 질적인 풍부화를 이끌 수 있도록 다양하게 하고 풍성한 문해 환경 조성으로 이를 정교화할 수 있도록 교육 환경을 제공해야 할 것이다.

2. 총체적 언어교육의 평가

언어 활동을 마치고 나면 학생들이 활동한 결과를 전시하거나 함께 읽어 보고, 자신의 생각이나 느낌을 이야기 나누게 된다. 예를 들어, 학생들이 작품 속에 쓰인 그림을 보고, 단어와 글을 읽고, 그렇게 된 배경과 생각을 말하는 것을 평가한다고 가정하여 보자. 그들은 다른 사람이 작품에 대해 말하는 이야기를 듣거나 역할놀이 등을 하며 듣고 말한다. 이러한 말하기·듣기 과정을 마치고 나면 교사는 학생들의 활동을 평가한다. 평가의 내용은 학생들이 그림동화책에 관심을 갖고 친숙해하는지, 그림동화책을 보며 듣고 말하는 것을 알게 되었는지, 그리고 동화와 관련하여 자신의 생각이나 느낌을 이야기하고 다양한 방법으로 표현할 수 있게 되었는지를 살피는 것이다.

평가 시간은 활동을 마친 전후나 하교하기 직전에 가질 수 있다. 평가는 대소집단으로 실시하며, 학생들은 그날 한 활동이 무엇인지, 어떤 활동이 재미있었는지, 누구하고 놀았는지 등 자신의 생각과 느낌에 대해 이야기를 나누고, 완성된 작품을 함께 보며 하루 활동 전반에 대한 평가를 한다. 이때 교사는 자신이 계획한 교수 활동의 계획 부분과 수업과정을 면밀히 분석하고, 그림동화책과 연관된 학생의 흥미와 학습동기를 유발하여 활동을 진행했는지 평가해 보며, 수업 방향에 대한 계속적인 점검과 수정을 하도록 한다. 이러한 총체적 언어교육을 평가할 때는 다음의 사항에 유의하며 전개한다(이차숙, 2005).

- 학생의 개인 발달 특성 및 정도를 파악하여 그 결과를 문장으로 기술한다.
- 학생의 사고 및 소양, 태도, 건강, 기본 생활 습관, 정서적 안정감, 대인관계, 사회적 적응, 창의적 표현, 의사소통 능력 및 탐구심 등에 중점을 두어 평가한다.
- 교육 내용의 계획 및 진행 과정, 주제와의 연관성, 통합적 운영 여부, 개인차에 대한 고려, 환경 구성을 분석한다.
- 교수 방법이 학생의 흥미와 활동의 특성에 맞게 적용되었는지를 평가한다.
- 평가의 결과는 학생의 전인적인 성장, 효율적인 프로그램 운영, 부모 면담, 생활기록부 작성 등을 위한 기초 자료로 활용한다.
- 평가 방법은 교사의 관찰에 의한 평가, 평가 도구에 의한 평가, 작품을 통한 평가, 면담, 자기평가 등 다양한 방법을 사용한다.

앞서 기술한 총체적 언어교육의 평가 방법으로는 관찰 평가, 검사 도구에 의한 평가, 학생 작품을 통한 평가, 구술 평가를 들 수 있으나 이외에도 다양한 평가 접근을 할 수 있다. 이들 평가 방법에 대해 간략하게 살펴보면 다음과 같다.

1) 관찰 평가

관찰 평가는 학생의 참여도, 흥미, 상호작용 정도를 교사가 일화 기록으로 평가하는 방법과 평정척도로 평가하는 방법으로 구분할 수 있다.

일화 기록의 관찰 양식은 진행되고 있는 활동에 대한 학생의 참여 정도, 반응, 관심과 흥미, 학생-학생, 학생-교사 상호작용에 대해 기록하도록 되어 있다. 그 양식은 〈표 10-2〉와 같다.

표 10-2 일화기록 관찰 양식

일화 관찰 기록	
관찰학생 :	생년월일 : (남, 여)
관 찰 일 :	관 찰 자 :
활 동 명 :	작 품 명 :

학생의 참여 정도 :

학생의 관심 및 흥미 정도 :

학생 간의 상호작용 반응 정도 :

교사와의 상호작용 반응 정도 :

___

평정척도에 의한 평가 방법은 학생의 언어 활동 참여 정도와 수행과정을 교사가 관찰, 평가하는 방법이다. 그림동화책에 대한 관심도, 그림과 말의 관계에 대한 이해도, 자신의 생각, 느낌을 이야기하고 표현하는 정도가 있으며, 각 문항에 대해 3~5점 척도로 평가하는 양식이다. 그 예는 〈표 10-3〉과 같다.

표 10-3 평정척도 양식

총체적 언어교육 활동 평정척도						
관찰학생 :	생년월일 :				(남, 여)	
관 찰 일 :	관 찰 자 :					

1. 관심 없음, 2. 소극적으로 참여, 3. 보통, 4. 적극적으로 참여, 5. 매우 적극적으로 참여

평가 항목	1	2	3	4	5	교사 의견
1. 그림동화책에 대한 관심도 • 그림동화책에 관심을 가진다. • 그림동화책의 내용에 관심을 가진다. • 교사가 읽어 주는 그림동화책을 즐겨 듣는다.						
2. 그림동화책의 그림과 말의 관계에 대한 이해도 • 그림동화책을 읽어 주는 것을 보고 듣는다. • 읽어 주는 그림동화책을 관심 있게 듣는다. • 간단한 내용의 그림동화책의 그림을 짚어 가며 읽어 주는 것을 보고 듣는다.						
3. 자신 생각이나 느낌을 이야기하고 표현하는 정도 • 그림동화책을 보며 이야기를 꾸며 말한다. • 그림동화책을 보며 자신의 생각이나 느낌을 이야기한다. • 그림동화책을 보며 자신의 생각이나 느낌을 다양한 방법으로 표현한다.						

2) 검사 도구에 의한 평가

그밖에 언어 활동 전후에 학생의 능력을 검사하기 위해 다양한 검사 도구를 사용하여 평가할 수 있다. 학생의 언어발달 검사 도구는 표준화형 검사 도구와, 문해 출현 관점에 입각한 학생 개인의 발달과정을 평가하는 데 주목적을 둔 발달적 언어검사 도구로 구분 지을 수 있다. 그 예로 한국교육개발원에서 개발한 학습준비도 검사와 기초학습 기능검사의 일부를 발췌하여 제작한 영유아 표준화 언어검사 도구를 들 수 있다.

3) 학생의 작품을 통한 평가

학생의 작품을 통한 평가에서 포트폴리오(portfolio)는 학생의 동화에 대한 생각이나 감정, 경험을 낙서나 그림, 글 문장으로 표현한 다양한 활동 결과물이며, 이를 수집함으로써 학생들의 말하기 · 듣기 과정의 발달 및 진전도를 평가할 수 있다. 특히 말하기 · 듣기는 시간적 제한성을 지니고 있어서, 학생을 평가하기에 앞서 녹음이나 비디오 촬영 등을 고려하는 것도 학생의 성취도를 평가하는 데 도움이 된다. 또는 학생의 말하고 듣는 능력과 관련된 평정척도나 관찰척도를 마련해 두고 활동을 전개하는 과정에서 평가할 수도 있다. 이 밖에도 교사의 관찰 기록, 학생 면담 기록이나 학부모상담 기록, 녹음 자료, 전자 매체(예, 디지털카메라, 캠코더 등)를 이용한 학생 작품이나 활동 기록물 등을 통해서 평가할 수 있다.

4) 구술 평가

구술 평가는 자연주의적 접근이 형성되면서 Stake가 평가 모델로 유형화하였고, Guba와 Lincoln(1981)이 개발한 평가 방법이다. 구술 평가는 자연주의적 탐구 패러다임을 강조하는 원리에 근거를 두고 있다. 그것은 학생과 교사 간의 상호작용이 표준화된 절차 또는 표준 도구에 의해 통제되는 것을 거부하는 것으로, 학생의 행동을 평가할 때 '도구로서의 인간'이 '도구로서의 시험'만큼 효율적이고 타당하다는 가정에 근거하고 있다. 이 접근법은 양적 방법 또는 정신측정학에 근거하기보다는 사회학, 인류학, 민속학과 같은 학문에 더 많이 근거하여 기술하고 있다. 본질적으로 구술 평가는 상황 안에서 행위 현상을 연구하는 것을 목표로 삼는 접근법이다. 구술 평가에서 교사는 실제적으로 교육 프로그램을 경험하고 있는 사람들처럼 상황 안에 포함된다. 교사가 그 프로그램에 참여하고 있는 사람들에게 '응답'하게 함으로써 평가 정보를 수집하는 방법이다. 학생에게 말을 하게 함으로써, 그들의 행위를 관찰함으로써, 그리고 관찰된 다양한 상황으로부터 어떤 성과물이나 결과물을 모음으로써 평가 정보를 수집할 수 있다. 이러한 원리들이 총체적 언어학습에서 개개인의 학습을 평가하는 데 적용될 수 있다. 더 나아가 이 구술 평가는 총체적인 언어철학을 지탱하는 원리들과 일치한다.

구술 평가 절차를 총체적 언어교육에 적용하려고 할 때 확인해야 할 것들이 있다. 그것은 어떻게 이러한 것들을 문서화할 것인가에 대한 논의다. 학생의 언어교육 활동의 결과를 문서화할 때 다음의 다섯 가지 기본적 관점에 대한 충분한 논의가 이루어져야 학생의 행동 결과에 대해 객관성을 유지할 수 있다.

- 정보를 언제 기록할 것인가?
- 정보를 어떻게 기록할 것인가?
- 무엇을 기록할 것인가?
- 수집된 정보를 어떻게 종합할 것인가?
- 평가 자료의 신뢰를 어떻게 확신하는가?

(1) 정보를 언제 기록할 것인가

교사들은 학생의 언어적 정보를 국어 시간에만 표집하고 기록할 것이 아니라 일상생활의 언어 활동에서 수집해야 하고, 다른 교과 시간에도 언어 사용과 성장에 관련된 자료를 수집해야 한다.

(2) 정보를 어떻게 기록할 것인가

평가를 위한 정보를 수집하기 위해 학급을 조직한다. 교사에 따라, 활동에 따라, 학생의 상황에 따라 달라질 수 있지만, 다음의 기준에 준하여 시간을 조직하고 분배한다.

- 10~15분
학생들이 교사 주위의 의자에 앉아 총체적 언어교육을 시작한다. 교사가 책을 읽거나 쓰기, 사고하기, 언어적 관습, 작가적 기질 등의 다양한 예들의 관점을 읽어 준다.

- 15~20분
지속적으로 묵독하는 시간이 주어진다.

• 60분

지속적 묵독의 활동 시간이다. 이 시간에 학생들은 수업 원리에 근거하여 조심스럽게 계획되고 선택된 활동에 참여하게 된다. 무의식적인 활동의 범위에 학생을 참여시키고, 이 원리들은 사회적 상호작용, 협동 연구 학습에 의해 많이 보강된다. 이 시간 동안 교사들은 서로 다른 활동에 참여하고 있는 학생들을 상호작용하게 하고, 가능한 한 많은 학생들을 돌보아 주는 상담자의 역할을 한다.

• 마지막 시간(15~30분부터 다양하게)

이전의 90분 동안에 참여했던 읽기, 쓰기의 관점들을 다양한 방식으로 설명하고 발표함으로써 나머지 집단들과 그 관점을 공유한다.

이러한 시간 계획은 공식적인 자료 수집을 위한 기회로 활용할 수 있다. 각 학생들은 읽고 있는 책들, 쓴 자료, 또는 접했고 해결했던 언어 문제들을 함께 나누는 동안, 교사들은 학생들이 듣고, 문제화하고, 토론하고, 이를 해결하는 기술들에 대해 사용하는 언어 행위를 관찰하고 기록한다. 교사는 학생에게 작품 출판을 위해 편집 도우미 역할을 요청하여 교정하게 할 수 있다. 그리고 학생들이 읽어 보지 않았던 책을 정기적으로 읽히고 그 내용을 말하게 한 후에 그들만의 해석과 비교하여 차례대로 다시 말해 보게 한다. 여러 교사의 도움으로 이런 활동 모두를 적절하게 구현한다면 학생들의 언어 지식, 다양한 종류의 언어 사용 태도에 관해 풍부한 정보를 제공할 수 있다. 교실에서 언어 활동과 관련된 읽기, 쓰기 등의 활동을 할 수 있는데, 이것들이 시험(또는 서열을 매기는 평가)으로 전락되지 않게 하는 것이 중요하다. 교사들 간에 형식적·비형식적으로 협의를 하고 학생들의 언어 활동을 끊임없이 관찰해야 한다. 관찰 기록을 할 때는 학생의 언어 행동과 관련된 관점을 짧은 문장으로 기술한다. 기록한 것은 모두 교사의 관점, 가치, 지식, 태도 등에 반영한다. 동시에 교실에서 학생들이 직접 만든 작품과 자료는 학생의 언어발달에 관한 풍부한 정보 자원들이 된다. 수집된 자료는 견본을 추출하거나 누적된 기록을 편집하여 평가 자료로 활용될 수 있다.

(3) 무엇을 기록할 것인가

교사들이 학생들을 통해 보고자 하는 것에 대한 합의점을 찾는 것이 매우 중요한데, 자료를 분석할 때 다음의 범주를 활용하면 도움이 된다.

- 학생이 읽고 쓸 때 사용하는 전략
- 학생이 읽고 쓸 때 사용할 수 있고 사용해야 하는 과정에 대한 명백한 이해 수준
- 읽기와 쓰기에 대한 학습자의 태도
- 언어의 모든 형태에서 학생들이 사용하는 물리적 · 언어적 통제의 정도

(4) 수집된 정보를 어떻게 종합할 것인가

학생의 발달이나 진전에 대한 정보를 모으고자 한다면 교사들은 수집한 자료를 범주화하기 위해 정보를 분석하고 종합해야 한다. 수집된 자료를 차례대로 구분하는 범주화는 교사의 신념이나 가치와 관련이 있으며, 범주는 학생들의 언어와 학습에 관해 더 많이 연구하고 실행함에 따라 더욱 다양한 자료가 축적된다. 교사들은 평가의 의도를 결정하고 정보를 수집하는 적절한 방법이 확인되도록 모든 관심을 일깨울 필요가 있다. 자료의 분석과 다양한 관계자에 따라 기록하는 방식은 달라진다. 이 과정에서 발생하는 어려움 중 하나는 관계자들 모두가 수업에 대해 알고자 한다는 것이다. 따라서 평가 내용은 관계자들이 바뀔 때마다 변할 수 있다.

(5) 평가 자료의 신뢰를 어떻게 확신하는가

평가 자료에 대한 내적 타당도, 외적 타당도, 신뢰성, 객관성 등을 확인하기 위해 노력을 기울여 왔다. 자연주의적 방법에 의해 일반화된 자료에 적용할 수 있는 신뢰성, 전이성, 확신성, 확실성이라고 하는 것은 다음의 절차를 따르는 것으로 설명하고 있다.

- 같은 위치에서 관찰하기
- 지속적으로 관찰하기

- 동료의 보고 활동: 해석하고 재반응하기, 충고하기, 학생 평가와 관계없는 제3자인 동료를 평가과정에 포함하기
- 삼각 측정법: 서로 다른 관찰, 자료, 이론들, 상황들을 상호 점검하고 해석하기
- 의도적인 표본 추출: 수집한 정보를 극대화하는 표본 추출하기
- 충분한 설명 자료 첨가하기
- 심사 단서들: 마지막 해석 부분에서는 다른 사람들이 원자료를 추적하도록 자료 단서 남기기

결론적으로 말해, 전통적인 평가 방법으로 총체적 언어교육 활동을 평가하는 것은 적합하지 않다. 좀 더 자연스러운 자료 수집과 해석 절차에 기초한 평가 접근이 언어를 가르치는 데 총체적 접근법을 강조하는 이론적인 원리와 더 상응한다. 구술 평가가 교실 수준에 적용될 수 있고, 그것이 가져오는 자료는 학교에서 시행되는 시험보다 학생의 언어발달 수준에 대해 보다 상세하게 전해 준다. 평가에 관한 이러한 접근은 신뢰할 수 있고, 측정 기준 접근으로서 과학적이며, 학생들과 교사들을 더 좋은 학습으로 인도해 줄 수 있다. 물론 학부모들은 학생의 성취에 대한 질적 평가보다 표준화된 점수를 더 신뢰하고, 순위가 나와 좀 더 나은 결과를 보였을 때 더 기뻐한다는 사실을 알고 있다. 그러나 자연주의적이고 반응에 대한 접근으로부터 얻은 자료에 근거한 평가가 더욱 유용하고 풍부하고 바람직하다. 뿐만 아니라 이 자료가 학생들을 보다 동등하고 과학적으로 평가한다는 점에 대해 확인할 필요가 있다.

3. 총체적 언어교육의 방법

말과 글을 통하여 의미를 이해하고, 분석하고, 종합하고, 적용하고, 비판하는 일은 분명 고등 수준의 사고 활동이다. 언어교육은 단순히 언어 자체만을 학습하는 것이 아니라 학생의 사고 활동을 가능하게 하는 활동이다. 교실에서 혹은 가정에서 학생에게 효과적인 언어지도를 위한 구체적인 총체적 언어교육의 방법을 찾아보고자 한다.

1) 총체적 언어교육 전략

총체적 언어교육은 기능적이고 자연스럽고, 실제적이며 의미를 강조하는 언어교육 방법이다. 따라서 총체적 언어교육에서 학습은 학습자와 학습 과제, 그리고 교사와 학습 환경 간의 복합적인 상호작용 속에서 이루어짐을 잊어서는 안 된다. 학생을 위한 언어 환경은 풍부하면서도 성인과의 사회적 상호작용이 있는 환경이어야 한다. 무의미하고 반복적이며 기계적인 방법을 적용해 온 전통적인 언어교육 방법은 이제 총체적인 언어교육의 방향으로 대체되어야 할 것이다. 특히 경험의 제한으로 어휘 발달이 부족한 장애학생이나 초기 문해 환경에의 노출 빈도가 적은 장애학생들에게 총체적 언어교육은 상당한 의미가 있다. 이를 실천해 나가기 위한 구체적인 전략을 살펴보면 다음과 같다(이차숙, 2005).

첫째, 학생의 언어 활동에 끊임없이 관심을 가진다. 학생의 언어학습은 언어교육에 필요한 물리적인 환경이 얼마나 풍부한가에 있지 않다. (그러한) 환경을 어떻게 다루면서 살아가는지를 시범 보이고, 또 학생이 그런 환경을 스스로 잘 다룰 수 있도록 성인이 지원하는 정도에 달려 있다. 어른은 학생의 관심사와 행동에 주의를 기울이면서(함께 이야기 나누고), 성공과 실패 경험에 대해서도 함께 이야기를 나누는 것이 좋다. "양치질해라." "손 씻어라." "책 봐라."와 같은 지시나 명령이 아니라 학생의 생활이나 감정에 대해 진지한 대화를 나누는 것이 중요하다.

둘째, 학생에게 말하고 들을 수 있는 기회를 많이 갖게 한다. 말하기와 듣기에서 튼튼한 기초를 쌓은 학생은 잘 읽고 잘 쓸 수 있다. 읽기와 쓰기는 음성언어적 기능에 바탕을 두고 있기 때문이다.

셋째, 학생에게 그림책을 많이 보여 주고, 또 그림책(또는 그림동화책)에 관심을 가지도록 유도한다. 그림은 실제 사물이 아닌 사물의 표상이다. 그림은 이름도 가지고 있다. 따라서 그림책 보기는 사물을 영상적 표상으로 대체하고, 그것을 다시 언어적 상징으로 대체하는 정신 작용을 할 수 있는 기회로 삼을 수 있다.

넷째, 이야기책을 많이 읽어 준다. 비록 교사가 읽고 학생은 듣지만 이야기책 속의 글은 나중에 학생이 읽을 글이기 때문이다. 학생의 읽기 기능은 글과 접촉할 기회가 많을 경우 더 잘 길러진다. 즉, 자음과 모음을 조합해서 말소리를 만드는 활동을 할 때 이야기책 속에 나오는 말 유희 놀이를 소재로 하여 활동에 의미를 부여하게 되면 학생이 글을 습득하는 데 유용하다.

다섯째, 질문을 많이 하여 학생의 사고를 자극하고, 수렴적으로 또는 확산적으로 촉진시킨다. 질문은 학교에서는 물론이고, 가정이나 복지관 등 어디에서도 사용할 수 있는 가장 보편적이고 효과적인 지도 방법이다. 질문은 대화·이야기 들려주기, 책 읽어 주기 등 여러 상황에서 두루 사용할 수 있다. 그러나 책을 읽고 난 후에 이야기에 대한 시험을 보듯이 묻기보다는 내가 주인공이 된 것처럼 역할극을 하며 말하고 답할 기회를 제공하는 것이 더욱 자연스러운 접근 방법이 된다. 그리고 학생의 인지적 수준을 고려한 발문을 통해 인지적 자극제로서의 질문이 주어져야 하고, 가급적 학생의 생각을 자유롭게 발산할 수 있는 기회를 제공하는 것이 바람직하다. 정해진 답에 대한 옳고 그름을 판단하는 질문은 가급적 삼가는 것이 좋다.

마지막으로, 학생이 스스로 질문을 만들게 한다. 교사나 부모가 질문을 하고 학생이 답을 하게 하는 것도 중요하고, 학생이 스스로 질문을 만들어 보게 하는 것도 그에 못지않게 중요하다. 주어진 질문에 답하기는 이미 정해진 방향에 따라 사고하기 때문이다. 따라서 주어진 질문이 아무리 깊은 사고를 요구한다고 하더라도 수동적 학습자의 위치에 있을 수밖에 없으므로, 학생이 직접 질문을 만들게 함으로써 사고의 내용과 방향을 스스로 정하게 하여 능동적인 사고를 할 수 있도록 해 나가야 한다. 질문을 만드는 과정에서도 조력자의 도움 정도를 조절하는 것이 필요하다. 전적으로 도와주는 것은 학생의 사고를 개발하기보다는 수동적인 학습자로 만드는 지름길임을 명심할 필요가 있다.

이상의 총체적 언어교육 전략들은 학생이 능동적이고 구성적인 학습 활동을 함으로써 실제적이고 의미 있는 학습 활동에의 참여를 독려하고, 학생의 동기를 유발하고, 사고를 깊게 할 수 있게 하는 전략들이다. 교사와 부모는 일상생활에서 학생의 주의와 관심을 이끄는 자료 제공자가 되어야 하고, 공동의 관심사로 이야기를 나누는 대화 상대가 되어야 하며, 재미있는 그림책이나 이야기를 들려주는 이야기꾼이 되어야 한다. 또한 호기심과 사고를 자극하여 지적 훈련을 시키는 질문자의 역할도 해야 한다. 그 속에서 학생은 언어 사용자이고, 지적 학습자이며, 사회의 한 구성원으로 자리를 잡아 가게 될 것이다. 그림책이나 동화책을 이용한 언어교육 활동의 과정을 살펴보면 다음과 같다.

2) 그림동화책 활용 방법

총체적 언어교육의 교수·학습 방법은 프로그램의 중요한 교육 운영 단계이다. 그림동화책을 이용한 언어교육 프로그램을 총체적 언어교육법에 근거하여 구성하는 과정을 중심으로 살펴보고자 한다.

(1) 그림동화책 선정하기

학생이 과거에 들었던 동화의 경험과 선행 지식, 흥미, 연령과 발달 수준을 고려하여 그림동화를 선정한다. 좋은 문학작품의 선정 기준과 생활 주제와 연관된 언어 활동 전개에 적합한 그림동화책을 선정한다. 선정된 문학작품은 학생들의 일일교육 활동과 주간교육 활동으로 연계하여 진행하고, 국어, 과학, 미술 등의 자율적인 개별 활동으로 전개하거나 이야기 나누기, 신체 활동, 음악 등의 집단 활동으로 전개할 수 있다.

(2) 그림동화책 감상하기

① 감상 전에 동화 내용 추측하기

그림동화책을 읽기 전에 동화 내용을 추측하게 하고, 학생들의 관심과 흥미를 유발하게 한다. 학생들이 새로운 어휘와 개념에 친숙해지기 위해 언어적 상호작용을 하도록 한다. 학생의 수준이나 흥미 정도에 따라 이야기 내용에 대한 질문의 수나 수준을 조절한다.

② 표지 읽기

책의 표지에 있는 그림과 제목을 살펴보고, 표지의 제목, 그림을 보고 어떤 이야기가 전개될지 예측해 본다.

- 이 책의 앞은 어디일까?
- 우리 같이 이 글자들을 읽어 볼까?
- 이 책의 제목은 무엇일까?
- 그림을 보니 어떤 이야기가 나올 것 같니?

다음의 그림동화책을 보고 어떤 내용이 있을지 상상해 봅시다.

그림 10-4 그림동화책 표지를 보고 내용 추론하기

③ 함께 감상하기

학생과 함께 그림동화책을 보며 자연스러운 목소리로 천천히 또똑한 발음으로 책을 읽어 준다. 지나친 기교나 제스처, 성우 같은 능란한 구연보다는 교사의 밝고 따뜻한 목소리와 태도가 더욱 중요하다.

책을 읽어 줄 때는 일방적으로 읽어 주기보다 학생의 언어적 수준과 상상력, 주의 집중 시간, 반응을 감지하면서 긴 문장을 축약하거나 꼭 필요하지 않은 문장은 생략하며 읽어 준다. 한번에 책을 다 읽을 필요는 없다. 책을 어떻게 읽어 나갈지 학생과 이야기를 나누는 것도 좋다. 학생의 질문에 대답하고 대화를 나누면서 읽어 주는 것이 좋다. 책을 읽을 때는 읽는 도중에 토론을 하거나 설명하기 위해 멈추는 것은 좋지 않다. 학생이 중단 없이 언어의 리듬과 함께 이야기를 전체적으로 들어야 하기 때문에 처음 읽어 줄 때는 학생이 보고 즐길 수 있게 한다. 큰 책을 사용하는 것이 바람직하며, 슬라이드나 프레젠테이션 프로그램 등의 다양한 매체를 활용할 수 있다.

책을 읽어 줄 때는 책을 읽어 주는 사람의 위치가 중요하다. 책을 읽어 주는 사람과

학생이 같은 방향으로 앉는 것이 그림과 글씨를 같은 방향에서 보기 때문에 좋고 친근한 분위기 속에서 읽을 수 있으며, 읽어 주는 사람도 무릎에 놓을 수 있어 책을 높이 들지 않아도 되기 때문에 편하다. 그리고 학생이 그림을 볼 수 있는 시간을 최대한 늘리고, 출입문 때문에 주의가 산만해지는 것에 유의하며, 빛이 학생의 등에 오도록 하여 교사가 제시하는 그림동화책을 밝게 볼 수 있게 방향을 잡는다.

책을 읽는 속도는 이야기에 맞게 하는 것이 바람직하다. 긴장감이 도는 부분에는 말소리를 낮추고, 하나씩 또박또박 말하는 분위기가 느껴지도록 하며, 그렇지 않은 곳에서는 원래의 속도로 회복한다. 책을 소리 내어 읽어 줄 때 가장 자주 나타나는 실수는 너무 빨리 읽는 것이다. 천천히 읽어서, 학생이 방금 들은 것들로 이미지를 그릴 수 있는 충분한 시간을 갖게 한다. 서두르지 않고 학생이 그림책을 꼼꼼히 살펴볼 수 있게 천천히 읽는다. 그리고 가능하면 책에 나오는 다양한 사물들의 실물이나 모형을 가져와 책을 읽어 준 다음 보여 주는 것도 도움이 된다. 책을 여러 번 반복해서 읽어 주어 학생이 책의 내용을 충분히 파악한 후에 활동을 할 수 있도록 한다.

④ 그림동화책을 읽고 느낌과 감정에 대해 이야기하기

책을 읽고 좋았다거나 인상에 남는 것에 대해 이야기를 나눈다. 어떤 부분이 재미있었는지, 이야기의 상황, 사건, 주인공의 행동에 따라 느껴지는 감정을 이야기한

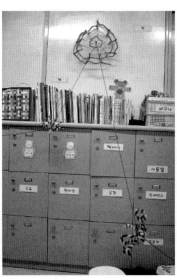

그림 10-5 동화책을 읽으며 거미 달리기 시합하기

다. 이때 교사는 학생이 '좋아요'라고 대답하는 이상으로 표현하도록 개방적인 질문을 하는 것이 좋으며, 퀴즈나 도덕적 교훈을 이끌어 내는 방향으로 하지 않는 것이 좋다.

(3) 동화 내용 인식하기

학생이 인식하고 이해한 동화 내용을 이야기하거나 다양한 방법으로 표현하게 한다. 동화의 내용을 이해하고 있다는 것은 다른 활동 전개의 기초가 된다.

이야기를 이해한다는 것은 이야기 속의 중요한 아이디어를 찾아내고, 이야기에 등장하는 사건의 인과관계를 추리하고, 이야기 속의 사건을 시공간적 순서로 나열하며, 주어진 정보를 통해 이야기 내용을 추리하고, 추리된 정보를 사용하여 이야기의 성격을 판단하고, 이야기에 등장하는 사건을 요약할 수 있다. 동화 내용에 대한 인식을 촉진하기 위한 질문은 다음과 같다(전혜실, 2005).

- 이야기 속에 누가 나왔니?
- 이야기 속에서 제일 중요한 사람은 누구인 것 같니?
- 언제, 어디서 일어난 이야기니?
- 주인공은 그 일을 어떻게 해결했니?
- 이야기는 어떻게 끝이 났니?

이러한 활동을 통해 학생들이 그림책이나 동화책의 소재부터 내용 면에 관심을 가지도록 지원하고, 각 활동의 주인공이 되어 참여할 수 있도록 물리적 환경과 정서적 환경을 조성해 주는 것이 바람직하다. 이때 내용 면을 강조하거나 이를 통해 학생들을 서열화하고자 하는 의도로 접근하기보다는 편안하게 이야기를 접하도록 하고, 정답 없이 자신이 듣고 읽으며 느낀 점과 내용을 통해 얻은 것을 자유롭게 발산할 수 있는 기회로 삼아야 한다. 다음은 그림책을 읽고 교육 활동으로 연계한 교수·학습 과정안이다.

• 활동 목표: 앞치마를 하고 교실의 인형을 빨 수 있다.
• 자료: 『도깨비를 빨아버린 우리 엄마』(사토 와키오 글·그림/이영준 옮김/한림출판
  사), 교실의 인형, 빨래통, 빨래판, 비누

지도의 실제

지도 내용	활동 내용
활동 1: 책 읽기	• 교사와 학생이 함께 그림책을 읽는다. – 교사가 그림책을 보여 주며 글을 함께 읽는다.
활동 2: 빨래하기	• 엄마가 빨래하는 모습이나 경험을 이야기한다. • 도깨비들이 엄마 손에 잡혀 빨래통에 들어간 모습을 상상한다. • 교실에 더러운 인형이나 빨래가 없는지 살펴본다. • 청소를 하고 난 뒤 걸레를 빨아 물의 색깔을 살펴본다. • 친구들과 함께 빨랫감을 찾아 빨래한다. • 빨래를 하는 방법은 교사의 시범을 통해 보고, 학생들은 각자 신체적 특성에 맞는 자리에서 빨래를 한다. ※ 앞치마나 적절한 도구를 사용하여 학생들의 옷이 물에 젖거나 버려지지 않도록 한다. • 빨아 놓은 옷가지와 인형을 빨랫줄에 널어 놓는다. • 빨래를 걷어 있던 자리에 둔다. • 빨래 후 소감을 말한다.

3) 총체적 언어교육을 활용한 글쓰기

총체적 언어교육을 실시할 때는 문학작품을 이용하여 학습자 중심의 읽고 쓰는 활동을 통합적으로 지도하는 것이 바람직하다. 문학작품을 이용하여 읽기, 쓰기를 지도하는 실제적인 방법을 안내하면 다음과 같다.

• 실제적이고 자연스러운 사건에 역점을 둔다.
• 재미있는 텍스트를 읽게 한다.
• 이해하거나 진정한 목적을 가지고 읽도록 한다.
• 실제 독자를 위해 쓰는 활동을 한다.

- 과정으로서의 쓰기를 한다.
- 학생들이 만든 작품을 사용한다.
- 읽기, 쓰기와 다른 기능을 통합한다.
- 학생 중심의 학습을 유도한다.
- 다른 학생들과 협력하여 읽고 쓰도록 한다.
- 오류를 범하는 것을 두려워하지 않도록 한다.

총체적 언어교육에서는 학생들이 광범위한 듣기와 다독 연습을 통하여 듣기, 말하기, 읽기, 쓰기의 유창성과 정확성을 기르는 데 목적을 두고 지도한다. 교사는 학생들에게 과업 수행을 지시하고, 테이프와 녹음 자료를 듣거나 최근에 일어난 일에 관하여 토론하게 함으로써 음성언어에 익숙하게 하고, 이를 바탕으로 한 국어과 교육의 효과를 높이는 데 노력해야 한다. 예를 들어, 교사는 개인별 · 소집단별 읽기와 쓰기, 등급화되지 않은 대화 일기, 포트폴리오, 토의 작문, 학습자가 제작한 책, 이야기 쓰기 등의 활동을 전개할 수 있다.

(1) 예비 쓰기(pre-writing)

예비 쓰기는 쓰기 활동에서 가장 중요한 단계로서, 실제로 글쓰기를 시작하기 전에 학생 스스로 사고하고 글에 대한 느낌을 자유롭게 표현하는 과정이다. 즉, 예비 쓰기는 학생에게 동기를 부여하고 상상력을 자극시키며 어휘력을 증진함과 동시에 새로운 사고를 확장시키는 과정이다. 이 과정을 통하여 잠재력 있는 작가로서의 학생들은 짓기 활동을 하기 전에 자신들의 글감을 찾는다. 예비 쓰기에서 만족스러운 효과를 얻기 위해서는 교사들이 언어 산출과정을 이해해야 한다. 언어 산출과정은 학생이 일상생활 경험에 대해 느끼고 생각하고 그에 대해 말하기 시작할 때 일어난다. 짓기는 말하기와 동시에 시작된다고 할 수 있으므로, 말하기를 통해 짓기를 하는 것은 효과적인 글짓기를 위한 필수적인 과정이다. 학생의 생각과 느낌을 언어화할 수 있도록 도와주는 기술로는 경험한 것을 자유롭게 이야기하기, 구체물을 보여 주고 말하기, 생각의 가지치기와 다발 짓기(clustering), 브레인스토밍(brainsrorming), 공상하기 등이 있다.

(2) 짓기(writing)

학생들을 위한 짓기 교육에서 올바로 시도되지 못하고 있는 부분은 청자(audience)에 대한 감각과 관련이 있다. 청자에 대한 감각을 갖고 있는 학생이라면 의식적으로든 무의식적으로든 자신의 글에 대한 독자의 이미지를 가지고 있어야 한다. 글을 쓴다는 것이 단순한 물리적 운동의 차원을 넘어서서 생각을 구성해 가는 작업으로 연결되어야 한다면, 학생은 그들의 글을 읽고 평가하는 독자들의 기대가 무엇인지를 이야기할 수 있어야 한다. 이것은 곧 학생이 자신의 글에 대해 반응할 수 있는 독자들의 범주를 광범위하게 포함할 수 있어야 함을 뜻한다. 학생은 검사자로서의 교사만이 자신의 청자가 아니라, 자신을 비롯한 다양한 청자가 짓기 대상으로 선정될 수 있음을 알아야 한다. 특히 자기 자신을 대상으로 하는 짓기는 학생들로 하여금 짓기 활동이 학교에서의 일상적 삶 속에서 기능하는 바가 무엇인지를 발견하게 해 준다는 점에서 그 중요성이 더욱 부각되어야 할 필요가 있다. 청자에 대한 개념과 함께 짓기 교수에서 짓기의 네 가지 영역(감각적 묘사 영역, 상상적 이야기 영역, 실제적 정보 영역, 분석적 서술 영역)의 강조에도 초점을 맞추어야 한다.

(3) 공유하기(sharing)

이제까지 학생들이 글쓰기에서 어려움을 느꼈다면 그것은 바로 글쓰기가 그들에게 일방적인 전달 형식으로 주어졌기 때문일 것이다. 앞서 언급한 것처럼 학생들은 자신의 글쓰기를 교사에게서만 평가받아 왔기 때문에 그들이 쓰고자 하는 본래의 의도가 제대로 전달되지 못하는 경우가 있다. 학생은 자신의 쓰기를 다른 사람과 협의하는 과정에서 그들의 글이 다른 사람에게 영향을 미친다는 생각을 갖게 됨과 동시에 청자로서의 감각도 얻게 된다. 그리고 필자가 특별한 생각을 전달하려는 의도와 글이 언제나 일치하는 것은 아니라고 한다면 학생은 동료와의 상호작용을 통해 그들의 의도를 수정하거나 재평가해 볼 수 있다. 이와 같이 공유하기 과정에서 학생들은 효과적인 쓰기와 비효과적인 쓰기 간의 차이를 분명히 알 수 있다. 교사는 학생들이 다른 사람과 자신의 글을 공유할 수 있는 방법으로 쓰기-반응 집단(writing-responding group)이나 돌려 읽기 집단(read around group)을 구성·활용할 수 있다.

(4) 고쳐 쓰기(revising)

고쳐 쓰기는 어의적(semantic) · 어휘적(lexical) 차원에서 글쓰기를 개정하는 것이다. 즉, 글을 쓴 학생은 그들의 생각을 표현하기 위해 그들이 선택한 단어들뿐만 아니라 이러한 단어들이 함께 잘 조화되었나 하는 것에 중점을 둔다. 이를 위해 학생들은 삭제하거나, 첨가하거나, 고쳐 쓰거나, 의도된 의미에 맞게 단어들을 재배열한다. 이러한 수정은 단어, 절, 문장, 문단 또는 전체에서 일어날 수 있다. 수정하기는 글짓기 활동의 모든 과정 중에 일어날 수 있으며, 학생들이 썼던 이야기에서뿐만 아니라 그 주제에 대한 그들의 생각과 문장의 저변에 깔린 비언어적 인식에서도 검토하게 된다. 글의 수정 후 학생은 문법적으로 잘못된 것을 고치는 교정하기(editing)를 한다. 학생에게 첨삭을 제공하고 구두법, 철자, 문법을 고쳐 씀으로써 그들이 글을 계속해서 고쳐 나간다. 이와 같이 문법 교정은 글쓰기 과정에서 이루어져야 그 필요성을 느끼게 된다.

(5) 평가하기(evaluating)

글쓰기 지도에서 교사들이 겪게 되는 큰 어려움 중의 하나는 여러 학생의 작품 하나하나를 읽고 평가해야 한다는 점이다. 결국 교사들은 학생들의 작품을 읽느라 지쳐서 다른 일을 하지 못하게 되거나, 아예 읽는 일을 포기하게 되고 심지어 글쓰기 지도를 회피하게 된다. 따라서 학생들은 자신의 작품에 대한 피드백을 받지 못하게 되어 글쓰기에 대한 관심과 흥미를 잃는다.

최근 이러한 실제적 문제들을 해결하려는 노력의 일환으로 총체적 평가(holistic scoring)라는 평가 전략이 권장되고 있다. 총체적 평가는 말 그대로 전체적으로 작품을 평가하는 방법으로, 각각의 쓰기 기술이 똑같은 비중으로 평가되어야 함을 전제로 한다. 평가에서 사용되는 기준은 짓기 활동 전에 주어진 '길잡이' 내용에 근거를 두고 만들어야 한다. 이와 같은 것을 '길잡이'라 하고, 이는 짓기 활동을 자극하기 위해 미리 주어지는 것이므로 모든 학생이 쓰고자 하는 내용을 인식하도록 기초적이면서도 넓은 범위의 내용을 담고 있어야 한다. 이 '길잡이'에 근거해서 교사는 학생의 작품을 평가하기 위한 구체적이고 분명한 기준들을 뽑아내어 일반적으로 3단계 또는 5단계 평정을 사용하여 평가한다. '평가 기준'을 설정할 때 교사와 학생의 협의를 거쳐 결정한다면 학생의 관심과 적극적인 참여를 더욱 이끌어 낼 수 있을 것이다. 이와 같은

'길잡이'와 '평가 기준'을 사용함으로써 교사는 글쓰기 과제를 줄 때마다 분명한 목표를 설정할 수 있다. 또한 학생들은 글쓰기 과제에 대한 평가 기준을 알고 글을 쓰게 될 뿐만 아니라 동료 간에도 작품의 장점과 부족한 점을 알게 되어 상호 평가도 가능해진다. 상호 평가과정에서 그들은 좋은 작품이란 어떤 것인지를 배우게 되므로 이중의 효과를 거두게 된다. 이렇게 잘 훈련된 학생들과 함께하는 교사는 시간과 노력을 위한 또 다른 가르침에 투자할 수 있다.

4. 총체적 언어교육을 실시할 때 교사의 역할 및 환경 구성

1) 총체적 언어교육 시 교사의 역할

총체적 언어교육을 전개하는 교사는 학생의 활동을 지원하고 상호작용하면서 공동 학습자, 자원자, 관찰자, 격려자, 제안자, 청취자, 지원자, 안내자, 참여자, 자료제공자, 촉진자의 역할을 수행한다. 교사는 학생들로 하여금 활동에 몰입하게 만드는 소재와 방법이 무엇인지 관심을 가지고 학생들의 흥미에 민감하게 반응해 주어야 한다. 또한 자연스럽고 편안한 분위기를 만들어 주어야 한다. 특히 교사는 학생이 다양한 활동에 개별적 또는 대·소집단별로 참여하고자 할 때 활동 및 경험을 선택하고 결정하도록 도와주며, 학생이 자신의 생각이나 경험을 교환하고 문제를 해결할 때 중재자의 역할을 수행하면서 그들 스스로 문제를 해결하고 자발적으로 활동을 할 수 있도록 돕는 역할을 한다.

또한 교사는 학생의 발달 단계를 파악하고, 발달 수준에 맞는 적합한 활동에 참여할수록 다양한 활동을 준비하며, 개인차에 대해 민감하게 반응해 주고, 학생이 자신을 능력 있는 학습자로 인식하는 가운데 학습 활동에 참여하도록 배려할 수 있어야 한다. 교사의 적절한 중재에 따라 학생의 자율성, 책임감, 사려 깊은 사고, 의사결정 능력, 문제해결력, 개념 확장은 달라질 수 있다. 교사는 교실에서 일어나는 학생 활동과 행동들을 관찰하고 상호작용하면서 적절한 도움을 제공할 수 있어야 한다. 또한 교육적 효과를 극대화하기 위해 부모의 협력을 이끌어 내는 노력을 해야 한다. 교사가 학생들과 학급에서 할 수 있는 언어적 상호작용의 방법은 다음과 같다(나경화,

2002; 박수옥, 1996; Sobut & Bogen, 1993).

- 인정과 격려: 학생의 언어 활동에 관심과 인정, 격려를 제공한다.
- 경험 제공: 다양하고 풍부한 감각적 경험과 언어 경험을 제공한다.
- 모델링: 학생에게 모범이 되는 언어 행동을 자연스럽게 보여 줌으로써 모방할 수 있게 한다.
- 지원: 학생이 다음 발달 단계로 진전할 수 있게 점진적인 지원을 한다.
- 공동 참여: 학생과 함께 동등한 자격으로 언어 활동에 참여한다.
- 시범: 교사가 언어 행동을 직접 해 보이고 학생이 이를 관찰하고 따라 할 수 있게 한다.
- 지도: 언어교육을 위해 학생에게 사실, 개념, 과정을 가르치거나 지시와 정보를 제공한다.
- 확장: 학생이 말을 길게 하는 데 도움을 준다(예, 학생: "어, 원숭이다." 교사: "저기 바나나 먹고 있는 원숭이가 있네.").
- 수정: 학생이 한 말을 교사가 반복하면서 틀린 부분에 대해 바른 구어체로 수정한다(예, 학생: "나가 했어." 교사: "내가 했어.").
- 촉진: 질문을 통해 사고와 언어 표현을 유도한다(예, 누구의 것일까? 어디서 샀을까?).
- 질문: 학생의 사고를 확장하기 위해 질문을 한다. 교사는 질문의 목적을 분명히 하고, 학생의 발달 단계와 학습 내용에 맞는 질문을 한다.
  - 인지기억 질문: 기억한 내용을 단순히 이끌어 내는 질문
  - 평가적 질문: 판단적인 특징을 갖는 질문
  - 수렴적 질문: 지식을 알고 있는가의 여부를 확인하기 위한 질문
  - 확산적 질문: 의문사 구조(wh-)를 통해 생각을 정교화하고 지식의 확대와 발전을 자극하는 질문

2) 총체적 언어교육을 위한 환경 구성

환경 구성의 물리적 · 지적 · 사회적 · 정서적 요인이 조화를 잘 이루도록 환경을 구성한다. 학생들에게 총체적 언어교육을 실시하기 위한 환경을 구성할 때 가장 염

두에 두어야 할 것은 학급 환경이 학생에게 의미를 부여할 수 있도록 하는 것이다. 또한 글자를 풍부하게 제시하는 공간을 구성하고, 통합적인 학습 경험과 사회적 상호작용 기회를 제공하도록 하여 학생이 즐거워하고 몰입할 수 있는 학습 환경을 구성해야 한다. 교실 환경은 언어, 조형, 조작, 과학 영역으로 나누어 구성하고, 관련 활동의 게시물은 학생의 눈높이에 맞게 설치하여 게시된 자료와 학생 간에 상호작용이 이루어지도록 한다. 이러한 게시물들은 학생의 관심과 흥미에 따라 융통성 있게 구성해야 하며, 의미 있는 활동이 전개되도록 환경을 세밀하게 계획하고 구성한다.

또한 교실 환경은 공간, 계절, 발달 단계, 흥미, 교육 내용, 활용도 및 주제 전개 상황에 따라 융통성 있게 활용한다. 교실 안의 놀이는 교육 내용과 활동에 따라 영역 간 또는 교과 간 인접, 병렬, 분리, 첨가하는 방식으로 융통성 있게 변화시키며, 교재·교구를 첨가하거나 교체한다.

환경 구성에서는 그림책의 주제와 연관되고 활동에 내재되어 있는 개념을 확장시킬 수 있는 다양한 자료의 준비와 적절한 배치, 소개 방법 등을 고려한다. 활동은 동화의 활동에 대한 이야기 듣고 말하기, 주제에 따른 토의하기, 자신의 생각 이야기 나누기, 주제에 따른 자신의 생각과 느낌 표현하기, 활동에 참여한 표나 그림 소개하고 전시하기, 극놀이로 표현하기, 동화책 꾸미기, 벽면에 전시하기의 활동으로 진행할 수 있다. 이러한 활동을 구조화하여 나타내면 [그림 10-6]과 같다.

총체적 언어 접근법의 성격을 규명하기 위해서 총체적 언어 접근의 배경과 개념, 그리고 정의와 원칙을 소개하였다. 그리고 실제 프로그램을 개발하기 위해서 그 구성 요소로 목적 및 목표, 내용 및 방법, 활동 조직, 평가 측면을 살펴보았다.

총체적 언어 접근법은 한마디로 정의하기 어렵다. 그러나 그것은 자연스러운 교실 분위기를 창출함으로써 학생들로 하여금 스스로 학습하고자 하는 의욕을 불러일으켜 그들의 자율성과 창의성을 최대한 발휘하도록 격려하는 하나의 언어교수 철학이다. 이미 선진국들에서는 학자, 일선 교사, 예비 교사 그리고 학부모에게 많은 관심을 불러일으키고 있는 접근법이다.

총체적 언어교육은 언어 기능(말하기, 듣기, 읽기, 쓰기)이 근본적으로 구분될 수 없으며, 이들을 상호 보완적으로 통합하여 지도하여야 효과성을 얻을 수 있다는 데서 출발한다. 이는 교사의 통합에 대한 높은 안목과 전문성을 요구하며, 국어과 영역 간 통합, 교과 간 통합으로 다양한 접근이 가능하다. 따라서 교사가 총체적 언어 접근법

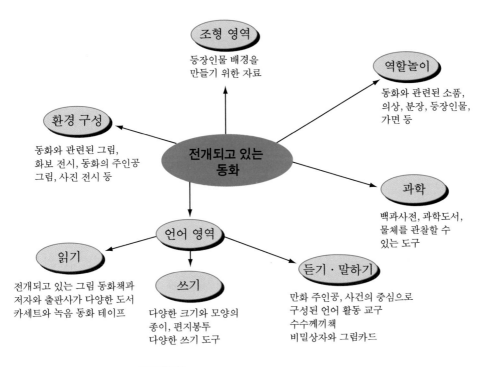

그림 10-6 총체적 언어교육을 위한 환경 구성

에 의한 수업을 실시하기 위해서는 다양한 교수 방법과 자료를 확보하여야 하며, 소집단 활동이나 개별 활동을 위한 보조교사 활용 등의 제도적인 뒷받침도 필요하다. 또한 교사는 이러한 총체적인 언어교육 평가를 위한 다양하고 구체적인 지침을 마련하기 위해 꾸준히 노력해 나가야 할 것이다.

총체적 언어교육을 수업에 도입하기 위해서는 많은 준비가 필요하다. 교과 영역 안에서의 준비뿐만 아니라 하루 일과 및 주간 계획을 종합하고 분석하는 능력이 요구된다. 하지만 종합적 구성으로 주제학습을 하게 된다면 언어교육뿐만 아니라 사회 · 정서적 측면에서의 학생 성장을 기대할 수 있으므로 적극적인 교사의 구조화가 필요하다.

요약

- 총체적 언어교육은 학생들에게 구체적이고 상황을 고려한 의미 있는 학습 활동을 전개함으로써 언어교육 활동이 언어 이해의 과정이 되도록 하여 사고력을 신장시키고자 하는 언어교육의 한 방법이다.

- 총체적 언어교육은 말하기, 듣기, 읽기, 쓰기를 국어과뿐만 아니라 전 교과 영역에서 통합적으로 총체적 접근을 하여 의미교육에 중점을 두어 지도하는 방법이다.

- 총체적 언어교육의 교육적 관점은 전체에서 부분으로 가는 하향식 접근 방법을 채택하고 있고, 과정 중심, 주제 중심의 언어교육을 추구한다.

- 총체적 언어교육은 문법적 오류가 없는 언어 구사에 중점을 두는 도전보다는 익숙하고 자신 있는 말과 글을 사용하여 더 풍부한 언어 사용자가 되고, 언어 사용의 주도성을 갖게 하는 데 목적을 둔다.

- 총체적 언어교육의 방법은 학습자와 학습 과제, 그리고 교사와 학습 환경과의 복합적인 상호작용 속에서 이루어지므로, 학생을 위한 언어 환경을 풍부하게 하고, 성인과의 사회적 상호작용을 자극할 수 있는 환경 구성이 필요하다.

- 총체적 언어교육의 평가는 학생의 사고 및 소양, 태도, 건강, 기본 생활 습관, 정서적 안정감, 대인관계, 사회적 적응, 창의적 표현, 의사소통 능력 및 탐구심 등에 중점을 두어 평가하되, 관찰 평가, 검사 도구에 의한 평가, 학생 작품을 통한 평가, 구술 평가 등 다각적인 측면에서의 평가를 종합하여야 한다.

- 교사는 학생의 발달 단계를 파악하고 발달 수준에 맞는 적합한 활동에 참여할수록 다양한 활동을 준비하고, 개인차에 대해 민감하게 반응해 주고 학생이 자신을 능력 있는 학습자로 인식하는 가운데 학습 활동에 참여하도록 배려할 수 있어야 한다. 교사의 적절한 중재에 따라 학생의 자율성, 책임감, 사려 깊은 사고, 의사결정 능력, 문제해결력, 개념 확장이 달라질 수 있다.

학습문제

1. 총체적 언어교육의 역사적 배경을 이해하고, 특수교육 대상 학생들 교육에서 총체적 언어교육의 의미를 토론하고, 총체적 언어교육의 개념을 재정립해 보시오.

2. 총체적 언어교육을 통한 말하기·듣기 교육의 적용방법을 논의하고 장애 영역별로 적용할
수 있는 교수·학습 방법을 토의하여 보시오.

3. 특수교육 교육과정에 포함된 국어과 내용 체계를 분석하여 총체적 언어교육을 위한 주제를
선정하고 영역 간 통합 교수·학습 과정안을 작성해 보시오.

4. 특수교육 대상 학생에게 장애 특성을 고려한 교수·학습 과정안을 작성하고, 이에 대한 수
업 평가를 위한 평가 기준 및 방법을 제시하시오.

참/고/문/헌

강선보(1987). 놀이와 교육. 서울: 재동문화사.

교육과학기술부(2010). 특수교육 교육과정 별책 1.

김미실(1997). 총체적 언어교수방법이 정신지체아의 읽기·쓰기와 자기지향성에 미치는 효
과. 대구대학교 대학원 미간행 박사학위논문.

김정규, 정남미, 임미숙, 한애향(2000). 문학적 접근에 의한 통합적 유아교육 프로그램. 서울: 정민사.

나경화(2002). 현장견학이 유아의 창의적 그림표현 및 언어 표현력에 미치는 영향. 한국교원
대학교 교육대학원 석사학위논문.

박수옥(1996). 동화 재구성 활동이 유아의 동화 재구성 능력과 창의성에 미치는 영향. 성균관
대학교 대학원 석사학위논문.

박혜경(1990). 유아를 위한 총체적 언어교육 접근법의 효과에 관한 연구. 이화여자대학교 대
학원 박사학위논문.

성인모(1998). 언어 사용 기능 신장을 위한 총체적 언어학습 적용 방안 연구. 부산교육대학교
대학원 미간행 석사학위논문.

예종학(1997). 총체적 언어교육을 통한 학습장애 학생의 읽기 능력 향상. 특수교육 교육현장
논문. 서울: 한국교원단체총연합회.

이경우(1996). 총체적 언어-문학적 접근을 중심으로-. 서울: 학지사.

이성은(1994). 총체적 언어교육 교실 적용의 이론과 실제. 서울: 창지사.

이차숙(2005). 유아 언어교육의 이론과 실제. 서울: 학지사.

전혜실(2005). 유아 언어 활동의 실제. 서울시 교육연수원 원장자격연수 II, 99-117.

정남미, 한애향(2006). 총체적 언어교육 프로그램. 서울: 정민사.

정정희(2002). 총체적 언어교육 프로그램 적용이 정신지체아의 읽기 능력에 미치는 효과. 인
제대학교 대학원 미간행 석사학위논문.

Altberger, B., Edelsky, C., & Flores, B. (1986). Whole language: What's new? *Reading*

Teacher, 41, 144-154.

Bromlev, K. D. (1991). *Webbing with literature: Creating story maps with children' s books*. A Division of Simon Ann Schuster.

Guba, E., & Lincoln, Y. (1981). *Effective evaluation results through responsive and naturalistic approachers*. San Francisco: Jossey-Bass.

Halliday, M. (1975). *Learning how to mean*. Explorations in the Development of Language. London: Edward Arnold.

Loobv, T. N., & Turner, I. S. (1987). *Supporting literacy: Developing effective learning environments*. New York: Teachers College Press.

McGee, L. M., & Richgels, D. I. (1990). *Literacy's beginnings: Supporting young readers and writers*. Cambridge, MA: Allyn & Bacon.

Rosenblatt, L. (1978). *The reader, the test, the poem: The transactional theory of literacy work*. Carbondale: Southern Illinois University Press.

Sobut, M. A., & Bogen, B. N. (1993). *Whole language literature activites for young children*. New York: The Center for Applied Research in Education.

제11장

언어 경험 접근법

개요

　언어 경험 접근법은 경험학습과 사회심리학적 이론에 기반을 둔 효과적인 초기 읽기 지도 방법의 하나로서, 듣기, 말하기, 읽기, 쓰기의 모든 언어 과정과 학생 개인의 경험과 관련된 이야기를 활용하여 자연스럽게 언어를 지도하는 언어 지도 방법이다. 주로 유치원과 초등학교 1학년을 대상으로 개발·적용되었지만, 최근에는 읽기 부진 아동들을 위한 읽기 교정 프로그램으로 활용되고 있으며(Sood, 1981), 영어를 제2언어나 외국어로 학습하는 학생들이나 성인들에게 읽기 기술과 전략을 지도하는 데도 사용되고 있다(Freire, 1970; Krashen & Terrell, 1983; Taylor, 1992).

　'언어 경험(language experience)'이라는 용어가 본격적으로 등장한 것은 1934년이지만(Spache & Spache, 1986), 언어 경험을 활용한 다양한 언어 지도 방법은 20세기 초반부터 여러 실험학교 등에서 이미 널리 사용되어 왔다. 언어 경험 접근법(language experience approach)은 바로 이 같은 언어지도의 경험을 바탕으로 개발되었다. 1920년대 Cook에 의해 미국 시카고 대학 Francis Parker School에서 최초로 사용된 후, Dewey 등에 의해서도 사용되었다(황선희, 2007). 1930년대와 1940년대에는 관련 교재와 교육과정 지침서가 개발되는 등(황선희, 2007), 언어 경험 접근법이 보다 구체화되기 시작하였는데, 초기에는 영어를 모국어로 사용하는 사람들의 문자 해득을 위한 지도 방법으로 개발되었다.

　이 장에서는 언어 경험 접근법의 개념과 특성을 고찰한 다음, 이 접근법이 지닌 장점과 제한점을 토대로 효과적인 언어 경험 접근법의 여러 가지 방법을 개괄하고, 대표적인 두 가지 언어 경험 접근법의 적용 절차를 살펴본 후, 적용 가능한 모형의 예를 제시하였다.

1. 언어 경험 접근법의 개념과 특징

1) 언어 경험 접근법의 개념

언어 경험 접근법은 사회언어학적 이론과 관련된 총체적 언어 접근법의 한 형태로 사용되어 왔다. 넓은 의미로는 듣기, 말하기, 읽기, 쓰기의 모든 언어 과정과 경험을 관련시킨 통합적인 지도 방법이지만, 좁은 의미로는 구체적인 읽기 지도 방법, 특히 입문 단계의 문식성을 지도(beginning literacy instruction)하기 위한 방법이다(Anderson, 1984). 언어 경험 접근법은 총체적 언어교육의 철학을 바탕으로 학습자가 개인적 경험과 생각을 듣고, 말하고, 쓰고, 그것을 읽음으로써 통합적인 언어 능력을 발달시킬 수 있다고 전제한다(오계순, 2007).

언어 경험 접근법을 체계화한 Allen은 언어 경험 접근법을 다음과 같이 정의하였다(Allen, 1973: 41).

> "생각한 것을 말로 할 수 있고
> 말한 것을 쓸 수 있다.
> 내가 쓴 것을 읽을 수 있으며,
> 다른 사람이 나를 위해 대신 써 준 것도 읽을 수 있다."

언어 경험 접근법의 기본 전제는 구두 언어와 문자 언어는 서로 연관되어 있어서 학생들이 구두로 표현할 수 있는 말은 글로도 읽을 수 있다는 데 있다(곽소정, 2008; 오정수, 2001). 즉, 학생들에게 제공되는 읽기 제재가 그들의 사고와 경험, 낱말과 문장들로 이루어져 있기 때문에 학생들의 흥미를 자연스럽게 유발할 수 있고(한효숙, 2008), 의미 있는 읽기, 쓰기 활동을 통해 개념 및 어휘 발달과 함께 읽기와 초기 쓰기 지도도 가능하다는 것이다(이차숙, 2004; 한효숙, 2008). 이처럼 언어 경험 접근법은 학생의 생각과 어휘를 사용하여 교수하기 때문에 충분한 언어 경험과 표현 능력을 지닌 학생에게 더욱 효과적이다(이차숙, 2004).

이러한 점에 비추어 볼 때, 언어 경험 접근법에 근거한 수업은 교사가 주도하는 수업이 아니라 자신의 수준에 맞고 익숙한 언어를 활용하는 학생 중심의 수업이어야 한다. 교사는 현장 학습, 학교 생활, 학교 밖에서의 모든 경험 등에서 학생들이 경험 하고 생각한 것을 토대로 서로 간의 상호작용을 통해 공동의 경험으로 확장시켜 나 가고 세상에 관한 지식을 넓혀 갈 수 있도록 안내해야 한다. 학생 개인에게 의미 있고 흥미로운 글들을 자신의 말과 글로 표현하고 다른 학생들의 글을 이해하면서 자신의 경험을 공동의 경험으로 확장하여 나갈 수 있게 지도한다.

2) 언어 경험 접근법의 특징

총체적 언어교육은 학습자가 자신의 개인적 경험과 생각을 듣고, 말하고, 쓰고, 읽 음으로써 통합적인 언어 능력을 발달시켜 나간다는 철학적 신념에 토대를 두고 있다 (Heilman, Blair, & Rupley, 1986). 언어 경험 접근법은 총체적 언어교육의 전략 가운데 하나로서 초기 읽기 지도 방법 중 하나로 사용되어 왔다. 언어 경험 접근법은 다음과 같은 특징을 지닌다.

첫째, 이미 익숙한 내용을 다루고 있기 때문에 최소한의 해독 기술만으로도 읽기 이해 학습에 참여할 수 있다(Joanne & Richard, 2000). 교사는 학생 개인이나 집단이 현장 학습, 학교 생활, 학교 밖의 모든 경험 등을 통해 생각한 것을 말로 표현하게 하 고 말한 것을 큰 종이나 칠판에 쓰게 한다(쓸 능력이 없는 학생들을 위해 교사나 부모가 학생들이 말한 것을 그대로 써 줄 수도 있다). 학생들은 자신이 직접 쓴 것이기 때문에 쉽 게 읽을 수 있고, 설령 다른 사람이 써 주었다고 할지라도 자신이 생각하고 말한 것을 쓴 것이기 때문에 쉽게 읽을 수 있게 된다. 이때 기록된 모든 자료는 학생 자신의 경 험에 바탕을 두고 있기 때문에 스스로에게 의미 있는 것이 되며, 교사 중심의 수업 상 황에서 교사에 의해 주어진 자료보다는 학생들의 수준에 맞고 익숙한 낱말을 사용했 기 때문에 쉽게 읽을 수 있게 된다(김애연, 1992).

둘째, 학생 자신의 흥미와 관심에 관련된 읽기 자료를 사용하여 자신의 경험이 도 식으로 작용하도록 구조화된 하향식의 의사소통 활동이다(Joanne & Richard, 2000). 언어 경험 접근법에서 사용되는 모든 언어 자료는 학생 자신에게서 나온 것이기 때 문에 학생들의 흥미와 동기를 쉽게 유발할 수 있으며 의미 있고 유목적적인 언어 활 동을 가능하게 한다(김애연, 1992).

셋째, 원칙적으로 일정한 형식이나 미리 계획되어 정해진 내용이 있을 수 없고, 똑같은 두 개의 언어 경험 접근 프로그램도 있을 수 없으며, 한 교실 수업에서 전개되는 상황이 다른 교실 수업에서 전개되는 상황과 같을 수 없다. 왜냐하면 언어 경험 접근법은 기존의 자료에 얽매이지 않고 학생을 중심으로 그들의 생각을 구어로 표현하게 한 후 기록하여 학습 자료로 활용하는 방법이기 때문이다. 따라서 읽기 학습을 시작하는 단계의 학생들에게 그들의 언어 수준은 별로 중요하지 않다. 학생들은 책을 통해서가 아니라 자신의 현재와 과거의 언어 경험을 통해 읽기를 배우게 된다(김애연, 1992).

넷째, 통합적인 언어교육이 자연스럽게 이루어진다. 언어 경험 접근법은 자신의 경험을 말하고, 듣고, 쓰고, 다시 읽으며 학습하는 방법이기 때문에 학습하는 과정에서 자연스럽게 듣기, 말하기, 읽기, 쓰기 기술을 통합적으로 증진시킬 수 있다(교육부, 2014).

다섯째, 학생에게 보다 유의미한 학습을 가능하게 하고, 내적 동기를 부여하며, 자신이 경험하는 것을 말하는 활동을 통하여 자신감과 긍정적인 자아개념을 형성할 수 있게 한다. 이는 언어 경험 접근법이 언어의 모든 형태를 포함하며, 학습 자체가 학생의 흥미나 관심과 관련되고(교육부, 2014), 학생의 초기 읽기 학습 단계에서 높은 흥미를 유발하며, 이 같은 흥미를 토대로 듣기, 말하기, 쓰기 기능의 통합적 활용을 통해 읽기 기능의 발달을 도모하기 때문이다(김애연, 1992).

2. 언어 경험 접근법의 장단점과 보완 방안

1) 언어 경험 접근법의 장점

학생 중심의 총체적 언어 접근법의 하나인 언어 경험 접근법의 장점을 제시하면 다음과 같다.

첫째, 언어 경험 접근법은 학생이 자신의 언어 활동, 환경과의 접촉, 일상적 생활 경험에 더 민감해지도록 한다(김동일, 이대식, 신종호, 2009). 이는 언어 경험 접근법이 듣기, 말하기, 읽기, 쓰기를 통합함으로써 학생들로 하여금 자신의 경험을 말하고, 듣고, 읽고, 쓰는 과정에서 자연스럽게 언어 기술을 익힐 수 있게 하기 때문이다.

둘째, 학생들의 개별적인 경험이나 공동 경험에 대해 토의하기, 쓰기, 읽기 과정을 거쳐 문자로 바꾸어 표현하게 함으로써 쓰기와 읽기 과정을 더 잘 이해할 수 있게 하고, 이를 통해 읽기와 쓰기의 관계 파악, 낱말과 문장의 개념 발달을 돕고, 읽기와 구어 사이의 관계 파악도 용이하게 한다(황선희, 2007; Burns, Roe, & Ross, 1984).

셋째, 학생들의 개별 배경지식에 근거하기 때문에 토의과정을 통해 각 학생의 문화, 경험, 자기 표현을 공유하게 되고, 배경지식이 서로 다른 학생들 사이에서 이해심과 공동체 의식을 기를 수 있다(Gunning, 2000).

넷째, 모든 형태의 언어를 포괄하는 자료를 사용하고 학습자의 경험을 중심으로 자료를 구성하기 때문에 학생들은 자신의 이해와 흥미 수준에 맞는 학습이 가능하게 되고, 이로 인해 자발적인 학습 활동 참여와 학습에 대한 참여도 및 흥미를 증진시켜 내적 동기를 높여 준다.

다섯째, 학생이 언어 자료를 쉽게 이해할 수 있을 뿐 아니라 개인의 학습 속도에 맞춰 학습을 진행할 수 있다(교육부, 2014). 교사는 학생의 능력 수준에 맞는 사고와 경험, 낱말, 문장들로 만들어진 자료를 이용하여 학생의 학습 양식과 수준에 적합하게 개별화된 교육을 실시한다.

여섯째, 자신의 경험을 바탕으로 한 논리적인 이야기 전개나 여러 사상에 대한 통합적 사고를 통해 언어뿐만 아니라 사고력도 함께 계발할 수 있다(Mercer & Mercer, 1993).

일곱째, 학습자의 구어를 사용하기 때문에 글을 모르는 학생도 참여할 수 있으며, 말하기가 쓰는 것만큼 중요함을 깨닫게 하여 학습자로 하여금 자신감과 긍정적 자아개념을 형성할 수 있게 하고, 교사와 학습자 간의 친밀감을 형성할 수 있다(교육부, 2014). 이는 자신의 구어가 언어 자료로 전환되고 이것이 수업의 주된 내용으로 다루어지는 과정에서 자신이 말하는 것이 얼마나 중요한가를 인식할 수 있기 때문이다.

2) 언어 경험 접근법의 단점

언어 경험 접근법을 적용하는 과정에서 제기된 제한점은 다음과 같다.

첫째, 계열성을 갖는 구체적 읽기 기능(예, 음운 분석, 음운 결합, 낱말 형성 등)에 대한 체계적인 교육을 제공하지 않는다(Mercer & Mercer, 1993). 언어 경험 접근법은 학생들의 경험을 교육 내용으로 활용하기 때문에 수업을 계획하고 진행하는 과정에서 체계성과 계열성이 다소 떨어질 수 있다.

둘째, 학생의 경험과 어휘력에 의존하여 읽기 활동이 이루어지고, 어휘력 계발을 위해 특별히 개발된 구체적 프로그램이 없다(Mercer & Mercer, 1993). 주로 학생들이 공동으로 지닌 경험을 바탕으로 학생들이 사용하는 언어를 활용하여 수업의 내용과 방법을 결정한다는 점에서 특별한 프로그램을 적용한다기보다는 수업 시간에 자연스럽게 드러나는 여러 가지 언어 자원을 활용한다.

셋째, 충분한 언어 경험과 표현 능력을 지닌 학생들에게 유리한 방법이다. 언어 경험 접근법은 읽기 과정에서 학생의 생각과 낱말을 사용하기 때문에 자신의 경험을 쉽게 표현하지 못하는 학생들보다는 충분한 언어 경험과 표현 능력을 지닌 학생들에게 효과적인 방법이다. 따라서 자신의 경험을 언어로 표현하는 데 어려움이 있는 학생들이 수업에서 배제되지 않도록 수업 내용과 방법을 배려할 필요가 있다.

넷째, 학생들이 활동에 참여하면서 쉽게 지루해질 수 있다(Demos, 1987). 언어 경험 접근법은 계획성이 다소 낮은 접근법이기 때문에 수업의 전반부에서 명확한 학습 목표를 제시하지 않고, 교사의 능력 정도에 따라 학생의 수업에 대한 흥미와 참여도에 많은 영향을 미칠 수 있다.

다섯째, 학생들의 진전 정도를 평가하는 데도 어려움이 있을 수 있다(Demos, 1987). 이는 수업 전반부에 학습 목표를 분명하게 제시하지 않을뿐더러 학습 목표에 근거한 평가가 이루어지지 않기 때문이다. 심지어 언어 지도 과정에서 평가의 내용이나 방법이 결정되기도 한다. 이로 인해 학생의 진전 정도에 대한 평가가 쉽지 않을 수 있다.

여섯째, 언어 경험 접근법은 교육 경험이 부족한 신규 교사에게 어려운 지도 방법이 될 수 있다. 이 접근법은 학습의 체계가 다소 열악하고 교재나 교사용 지침서가 없기 때문에 무엇을 어떤 순서로 학습해야 하는지에 관한 계획성이 떨어질 수 있다(Spache & Spache, 1986). 특히 학생들의 요구에 대한 민감성이 떨어지거나 요구에 적절히 대처하는 순발력이 부족한 교사는 더욱 많은 어려움을 겪을 수 있다.

3) 언어 경험 접근법의 보완 방안

언어 경험 접근법의 체계성이나 구체성을 보완하고 학생의 참여도를 높이며 경험이 부족한 교사들이 쉽게 활용할 수 있도록 하기 위해 몇 가지 점을 사전에 고려할 필요가 있다.

첫째, 사전에 학습자의 요구와 능력을 평가하고 이를 토대로 학습자에게 필요한 낱말 목록이나 의사소통 맥락의 우선순위를 결정해야 한다. 이를 통해 수업 내용의 계열성과 구체성을 강화할 수 있다.

둘째, 학습자의 우선적인 요구에 기초하여 학습 목표를 설정하고 수업의 내용과 방법, 자료 등을 구조화한다. 이를 통해 충분한 언어 경험이나 능력이 부족한 학생의 참여를 확대하고 학생들의 수업에 대한 흥미를 높일 수 있을 것이다. 이때 가장 주안점을 두어야 할 것은 학생의 경험을 재구성하여 수업 내용을 구성하고, 이에 필요한 자료를 제시해야 한다는 점이다.

셋째, 타당한 평가를 위해 학생의 수행을 포트폴리오로 작성하여 학생의 진전 정도를 누가적으로 기록하고 이를 질적·양적으로 평가해야 한다. 이를 통해 학생의 진전 정도에 대한 체계적인 평가가 가능해진다.

3. 언어 경험 접근법의 방법

언어 경험 접근법은 개별화 교육을 토대로 적용하는 것이 중요하다. 즉, 학생 개개인의 경험이 수업의 내용과 방법을 결정하는 가장 중요한 요소가 되기 때문이다. 이러한 방법상의 특성으로 인해 언어 경험 접근법은 구조적이거나 체계적인 기술 발달을 포함하고 있지 않다. 이로 인해 교사는 지속적으로 학습자의 교육적 요구를 진단·평가하여야 한다.

따라서 이러한 개별화 교육을 통하여 학습자의 능력 수준에 맞는 자신의 사고와 경험, 낱말, 문장들로 만들어진 자료를 이용함으로써 학습자가 이해하기 쉬울 뿐 아니라, 개인의 학습 속도에 맞추어 학습을 진행할 수 있도록 해야 한다(교육과학기술부, 2009).

1) 언어 경험 접근법의 목표

언어 경험 접근법을 통해 교사가 학생들에게 신장시키고자 하는 능력을 제시하면 다음과 같다(김동균, 2003).

- 텍스트가 의미를 전달한다는 인식
- 모든 이의 사고와 아이디어는 구어와 문어로 표현될 수 있다는 인식
- 읽기를 통해 의미를 모으거나 개인 경험과 관련된 자료를 다른 사람이 읽는 것을 듣기
- 비형식적인 상황에서 말함으로써 의미를 알게 되는 능력
- 의미와 다른 사람의 의도를 이해하는 데 듣기를 사용하는 능력
- 그림, 차트, 문자로 된 보고서를 포함한 다양한 포맷을 사용하여 실제적인 정보를 보고하는 능력
- 개인의 경험을 말하고 재구성하여 말하는 능력
- 이야기, 문장, 구문 등을 다른 사람이 전사하도록 구술하는 능력

2) 언어 경험 접근법의 주요 과정

언어 경험 접근법에서 교사들은 학생을 위해 다양한 언어 경험을 준비하고 제공하는 데에 어떤 정해진 순서가 없고, 학생의 활동을 면밀히 관찰하여 지도에 도움이 되는 단서를 포착해야 한다. 특히 학생의 개별적인 경험적 배경, 흥미, 언어 발달 정도 등에 대한 정보를 파악해야 한다(김애연, 1992). 이러한 노력을 통해 학생들에게 흥미롭고 의미 있는 소재를 파악하여 수업의 자료로 활용하는 것이 중요하다.

언어 경험 접근법은 크게 세 가지의 과정을 거쳐 이루어진다. 학생들은 자신이 읽은 것이나 생활 중에서 경험한 것에 대해 이야기해 보고, 그것을 글로 써 보고, 다시 읽어 보는 세 가지 과정을 경험하게 된다.

첫째, 학생들은 자신이 경험한 것, 읽은 것, 관심 있는 것들에 관해 말해 본다. 학생들은 자신의 경험에 바탕을 둔 다양한 이야기나 여러 읽기 자료를 읽고 알게 된 내용, 자신이 관심 있어 하는 여러 사실에 대해 자유롭게 이야기를 나눈다.

둘째, 자신이 읽은 것이나 생활 중에 경험한 것, 흥미를 지닌 것들에 대해 충분히 이야기를 나눈 다음 그것을 글로 써 보거나, 그림으로 그린다. 만약 글로 쓰거나 그림으로 그리는 데 어려움이 있는 학생들의 경우에는 교사의 도움을 받아 읽기 자료를 만들 수도 있다. 교사가 도움을 제공하여 글이나 그림 자료를 만드는 경우에는 학생들이 이야기할 때 사용한 언어를 그대로 표현할 수 있도록 학생의 표현을 그대로 사용해야 한다. 교사가 임의로 학생의 표현을 다른 방식으로 재진술하거나 요약해서는 안 된다.

셋째, 완성된 읽기 자료를 친구들과 함께 읽어 보고 그것에 관해 의견을 교환하면서 읽기 학습에 대한 동기와 흥미를 지속시키고 읽기 기초 기능을 신장시킨다.

교사에 따라 교수 방법에 다소 차이는 있을 수 있지만 의미 있는 읽기 자료들을 만들어 내기 위해 학생 자신들의 어휘, 언어 형태, 도식 등을 이용한다는 점에서 교수상의 기본 관점과 개념의 차이는 없다.

이 같은 과정을 통해 언어 경험 접근법을 사용하는 교실에서는 다양한 연령, 다양한 발달 단계의 학생들이 각자의 발달 단계에 맞는 가장 적합한 형태의 언어 활동에 참여할 수 있게 된다(이차숙, 2004). 교사는 학생들이 자신의 경험, 관심거리를 마음껏 드러낼 수 있도록 분위기를 조성하고 그것이 적절하게 읽기 자료로 전환되어 서로의 경험을 공유할 수 있는 기회로 활용될 수 있도록 수업을 운영해야 한다.

3) 언어 경험 접근법을 위한 교수 활동

언어 경험 접근법에 토대를 둔 수업의 핵심 활동으로는 사고(듣기), 말하기, 쓰기, 읽기, 창작 활동 등이 있다. 사고(듣기)에는 이야기 읽어 주기, 말하기와 쓰기에는 경험한 이야기 받아쓰기, 읽기에는 낱말 학습, 이해 기능의 학습, 학급 문고의 활용, 인쇄물의 활용 등이 포함되며, 창작 활동에는 여러 관련 활동이 포함될 수 있다(김애연, 1992; 최정미, 김성화, 강병주, 변찬석, 2006).

언어 경험 접근법에서 활용할 수 있는 일반적인 교수 활동은 다음과 같다(김애연, 1992; 이성은, 2005; 황선희, 2007).

(1) 소리 내어 읽기

교사가 관여할 수 있는 가장 중요한 활동 가운데 하나는 자주, 매일 큰 소리로 학생에게 무엇인가를 읽어 주는 것이다. 교사는 학생에게 다양한 이야기나 동시, 웃음거리, 수수께끼, 재담 등의 글을 읽어 줌으로써 관련된 듣기 활동을 효과적으로 실시할 수 있다.

학생들에게 매일 큰 소리로 책을 읽어 주는 것이 중요한 이유는 첫째, 다양한 언어 형태의 학습을 위한 가장 기초적인 방법이 듣기이고, 둘째, 읽기에 어려움이 있는 학생들에게 스스로 읽으려는 욕구를 불러일으키는 좋은 방법이 될 수 있으며, 셋째, 읽기에 능숙한 학생들이 읽기와 관련된 주제 선정의 범위를 넓혀 줄 수 있고, 넷째, 상당수 사람들이 언어 경험이 부족하기 때문이다(Smith & Johnson, 1980).

교사는 읽기 활동이 자칫 기능의 숙달에만 치중되지 않도록 유의하면서 학생들에게 언어 사용과 관련된 다양한 방법을 모델링하고 읽기가 즐거운 활동임을 보여 주어야 한다.

(2) 큰 책 읽어 주기

Cassady(1988)는 읽어 주기 활동에서 큰 책을 사용할 경우 어린 학생들을 읽기 활동으로 유인하는 데 효과적이라고 주장하면서 큰 책의 활용법과 효과를 제시하였다.

첫째, 교사는 학급 구성원 전체에게 그림과 원문을 보여 주면서 큰 소리로 읽어 준다. 이때 교사는 글을 읽으면서 해당하는 글을 손가락으로 가리키는 것이 좋다. 또한 책장을 넘기기 전에 다음에 이어질 이야기나 사건의 내용을 추측하여 말해 보도록 함으로써 원문의 기억을 증진시키고 작가의 의도에 대한 이해나 판단력을 높일 수 있다.

둘째, 이야기를 반복해서 읽어 준다. 이 과정을 통해 교사는 학생에게 의미의 이해, 내용에 대한 토의, 기록할 때의 규칙성(예, 왼쪽에서 오른쪽으로 써 가기, 제목 쓰는 법 등), 부호의 사용법, 글자의 소리 등에 대해 지도할 수 있다.

셋째, 책상 위에서 사용 가능한 큰 책을 만들어서 2~4명의 소집단을 대상으로 큰 책의 그림과 내용에 대해 토의하게 하고 학생이 이해하고 있는 낱말을 지적하여 확인시킨다. 책과 함께 교사의 목소리로 녹음된 음성을 들려주는 것도 좋은 방법이 된다. 이와 같은 활동을 통해 학생이 구두법이나 일반적인 음운 규칙 및 문장의 구조에 대해 의미 있는 소집단 활동을 하도록 유도할 수 있다.

(3) 경험한 이야기 받아쓰기

읽기 학습의 초기 목표는 읽기가 단순히 쓰인 글만이 아니라 의미를 파악하는 데 있음을 학생들에게 인식시키는 것이다. 이에 경험한 이야기를 받아쓰는 것은 학생들이 자신의 언어 표현, 확장, 활용 기회를 경험함으로써(Allen, 1973), 읽기와 쓰기 간의 협력적 관계를 형성하고 상호 강화를 제공하여 성공적인 읽기를 촉진하게 된다(George, 1986).

경험한 이야기를 받아쓰는 활동을 통해 만들어진 자료들은 학생 자신에 의해 쓰인 자기만의 이야기이기 때문에 읽기 학습의 효과를 높이는 데 효과적이며, 학습에 대한 흥미를 유발시키는 데도 유용하다.

결국 언어 기능의 신장은 학생들의 자발적인 언어 사용 경험에서 비롯되며, 이를 위해 학습 활동 중에 자신이 말할 수 있는 기회를 가능한 한 많이 가져야 한다. 남의 글을 읽는 것만큼 자신의 생각을 엮어 낸다는 것은 자신의 내적 요인에 의존하기 때문에 학생의 학습 동기를 높여 줄 수 있다.

(4) 낱말 학습

학생들의 낱말 발달을 위해서는 학생이 자신의 경험 이야기를 활용하여 자신이 이해하고 있는 낱말이나 읽을 수 있는 낱말에 밑줄을 긋는 방법이 효과적일 수 있다(Stauffer, 1970).

밑줄 긋기는 학생들이 낱말의 의미를 망각하기 전에 신속하게 이루어져야 한다. 학생들이 가장 잘 이해할 수 있고 기억하기 쉬울 때 밑줄을 그은 다음, 다음 날 그 글을 다시 읽어 보면서 자신이 알고 있는 낱말에 두 번째 밑줄을 그어 보게 함으로써 불확실하게 알고 있는 낱말을 획득하도록 도울 수 있다.

또한 학생들을 교사 주변에 앉게 하거나, 교사가 교실 안을 돌아다니면서 그들에게 이해된 낱말을 지적하여 읽어 보게 할 수 있는데, 이해된 낱말을 이야기에서 따로 떼어 내지 않고 이야기 안에서 그대로 지적하여 읽어 보게 하는 것이 효과적이다.

(5) 이해 기능의 학습

읽기 이해 기능을 기르기 위해 학생들은 적당한 억양 형태로 문장을 읽어야 한다. 이를 위해 낭독을 사용하는데, 자신의 경험 이야기는 학생들이 처음에 표현적인 읽기를 학습하는 데 효과적인 자료가 된다.

일반적으로 낭독은 짧은 시간 동안 한두 문장을 읽는 것이 적절하며 능숙해지면 한두 구절 정도로 점차 확대해 간다. 이러한 과정에서 교사는 학생들이 다른 사람들의 토론에 참여할 수 있도록 다양한 발문을 활용하여 안내해 줌으로써 읽기 이해의 폭을 넓혀 주어야 한다.

(6) 학급 문고의 활용

학급 문고는 창의적인 문고 배열이나 사용 방법을 통해 학생들의 읽기에 대한 흥미와 책에 대한 관심을 불러일으킬 수 있는 좋은 방법이다. 교사는 교실의 한 구석을 이용하여 학생들의 읽기에 대한 호기심을 자극하는 데 효과적이며 실질적인 동화, 헌 책, 광고지, 팸플릿, 지도, 안내 책자 등을 비치하여 읽기 자료로 활용할 수 있다.

특히 교사는 학급 문고가 학생들의 읽기나 의사소통 능력을 조화롭게 발달시키기 위한 초석이 될 수 있도록 학생들의 접근이 쉬운 장소에 학생들에게 친숙한 환경과 분위기로 조성하고 다양한 언어 활동을 위한 장소로 적극 활용할 필요가 있다.

(7) 인쇄물의 활용

학생들의 언어 경험과 관련된 후속 활동을 위해 학생 주변에서 쉽게 구할 수 있는 다양한 인쇄물을 활용할 수 있다. 학생들이 인쇄물에서 자신이 알고 있는 낱말을 찾아보는 활동에서 시작하여 자신들이 쓴 이야기와 관련된 글을 찾는 활동까지 다양하고 폭넓게 인쇄물을 활용할 수 있다.

이러한 과정을 통해 학생들은 낱말을 보다 확실하게 이해할 뿐만 아니라, 앞으로 경험하게 될 많은 인쇄물에 대해서도 자연스럽게 접근할 수 있는 능력과 글에 대한 친밀감을 높일 수 있다.

(8) 창작 활동

노래, 그림, 게임, 놀이 등의 창작 활동은 읽기에 즐거움을 더해 주는 활동으로서,

언어 기능의 숙달과 활용의 측면에서 중요하다.

학습 주제와 관련된 내용으로 잘 알고 있는 노래의 가사를 교사가 조금씩 끊어 써서 만든 카드를 제시하고 학생들에게 읽게 하거나, 노래를 부르면서 가사 카드를 융판에 붙여 보는 활동, 학습 주제와 관련된 그림을 학생 나름대로 그려 보게 한 후 그림의 뒷면에 자신의 생각이나 그림에 대한 설명을 써 보게 하는 활동 등은 학생들이 즐겁게 읽기와 쓰기 활동에 참여할 수 있는 방법의 예이다.

4) 언어 경험 접근법에서 사용되는 자료들

Holt(1995)는 언어 경험 접근법에서 사용될 수 있는 자료들의 예를 다음과 같이 제시하였다.

- 실제물: 시계, 음식 목록, 달력, 플라스틱 과일 및 채소, 가정용품, 지도 등
- 플래시 카드: 그림, 낱말, 표지판
- 그림 혹은 사진: 개별 그림이나 사진, 잡지, 기타
- 카세트 리코더
- OHP, 비디오 플레이어
- 수, 문자, 그림의 포켓 차트
- 알파벳 세트
- 자서전을 만들기 위한 언어 경험 이야기용 카메라
- 게임
- 문장에서 낱말 순서를 지도할 색깔 색인(index) 카드
- 퀴즈네어(Cuisenaire) 막대기
- 색깔 분필
- 포스터, 신문이나 서류
- 연필, 사인펜, 크레용
- 가위, 풀, 스카치테이프 등
- 기타 책, 시, 노래, 챈트, 쓰기와 책 만들기 자료 등

5) 언어 경험 접근법에서 낱말 선정 기준

언어 경험 접근법에서 읽기 지도를 위해서는 학생들에게 유의미한 낱말을 선정하게 하는 것이 우선되어야 한다. 이를 위해 다음과 같은 선정 기준을 충족시킬 필요가 있다.

첫째, 가장 빈번하게 사용되며 학생이 수시로 접하는 낱말이어야 한다(Smith & Johnson, 1980). 흔히 일견 단어(빈출 단어)와 같이 학생들이 쉽게 접할 수 있는 낱말을 제시하여 학생들이 낱말에 대한 친숙성을 높이는 것이 필요하다.

둘째, 일정한 형식을 지니고 철자와 발음에 일관성이 있어야 한다. 일정한 형식과 일관성을 지닌 낱말일수록 처음 배울 때부터 쉽게 배울 수 있기 때문이다(예, 아버지, 아가, 아이, 안녕 등)(Smith & Johnson, 1980). 낱말 공략법(word attack) 등과 같이 학생들이 철자나 발음에 일정한 규칙성을 갖고 낱말을 확장시켜 나갈 수 있도록 선정된 낱말의 일관성을 고려해야 한다.

셋째, 학생들이 배우고 싶어 하는 낱말이어야 처음부터 흥미를 갖게 되고 의미를 지닐 수 있다(Smith & Johnson, 1980). 학생들의 흥미나 일상생활에서 필요한 기능적 낱말을 조사하여 제공하는 것이 중요하다. 학생들이 지금, 여기서 사용할 수 있는 낱말, 학생들이 원하는 낱말을 제공함으로써 학생들의 학습 동기를 높일 수 있다.

6) 효과적인 언어 경험 접근법 적용을 위한 교사의 역할

학생들에게 의미 있는 읽기, 쓰기 활동을 제공하여 개념이나 낱말의 발달을 도모하고 읽기와 쓰기를 지도하기 위해 교사는 교실 내에서 일어나는 학생들의 다양한 경험을 관찰하고 분석함으로써 그들의 공동 경험을 형성하고, 그러한 경험을 확대시켜 나가는 것이 중요하다. 이를 통해 학생들은 상호 간의 확대된 공동의 경험을 하면서 세상에 관한 지식을 넓혀 가게 되고, 이와 관련한 의사소통 과정에서 말과 글로 표현하고 이해하면서 읽기와 쓰기 능력을 발달시켜 나간다.

언어 경험 접근법에서 교사는 다음과 같은 구체적 역할을 수행할 수 있다.

첫째, 교사는 긍정적인 태도로 각 학생들의 언어를 존중하고 있는 그대로 받아들이며 학생들의 언어 수준이 다양함을 인식해야 한다(Allen, 1973; Hall, 1970). 교사는 학생들이 자신의 능력에 맞는 활동을 선택하여 자신감을 가지고 자신의 생각이나 경험을 문장이나 글로 바꾸도록 협력적이고 우호적인 학습 분위기를 조성해야 한다(황선희, 2007). 학급 내에는 자신의 경험을 충분히 회상하고 표현할 수 있는 학생이 있는가 하면, 자신의 의견을 제대로 드러내지 못하거나 제한된 경험으로 인해 의미 있는 학습 내용을 찾아내지 못하는 학생도 있을 수 있기 때문이다. 따라서 교사는 학생들에게 적절한 도전감을 줄 수 있는 내용과 난이도의 과제를 선정하고 이를 학생들이 선택할 수 있도록 제공하여야 한다.

둘째, 학생의 발화를 예측하고 순발력 있게 적을 수 있는 능력 등 교사로서 전문성을 갖추어야 한다(황선희, 2007). 언어 경험 접근법은 학생들의 이전 경험을 포함하여 현재 교실 내에서 나타나는 모든 경험을 소재로 삼고 있기 때문에 학생들이 보이는 반응에 민감하게 대처해야 하며, 그 반응들을 적절히 활용할 수 있는 능력이 필요하다.

셋째, 교사는 리포터로서 간단한 질문을 통해 말하기 실력이 제한된 학생들에게 좀 더 많은 정보를 제공해야 한다(황선희, 2007). 교실 내에 모든 학생의 경험을 충분히 활용하기 위해서는 말하기 등의 표현 능력이 부족한 학생들이 수업에서 소외되지 않도록 적절한 발문 계획을 통해 학생들의 표현 기회를 늘려 주어야 한다.

넷째, 교사는 언어 경험 접근법이 지닌 창의적 특성을 이해해야 한다(Hall, 1970). 언어 경험 접근법은 학생들의 개별적인 경험에 토대를 두고 이루어지기 때문에 고정되고 정형화된 수업 내용이나 방법을 규정하지 않는다. 오히려 수업 현장에서 표현되는 글감을 활용하기 때문에 기존의 언어 지도 방법에 비해 창의적이고 융통성 있는 지도가 가능하다.

다섯째, 교사는 읽기를 의사소통의 도구로 이해하고 다른 언어 기능과 통합하여 가르쳐야 한다(Hall, 1970). 언어 경험 접근법은 총체적 언어 접근의 한 유형으로서 듣기, 읽기, 말하기, 쓰기의 모든 활동이 학생의 경험을 표현하는 데 통합적으로 활용되어야 한다.

4. 언어 경험 접근법의 절차

언어 경험 접근법은 학생의 경험을 말하고 글자로 쓰게 하여 표현할 수 있게 하고, 이를 다시 읽게 함으로써 언어 사용 능력을 증진시킨다. 이를 위해 다양한 언어 경험 접근법의 절차가 개발되었는데, 여기서는 두 가지의 예만 제시하였다.

1) Dixon 등의 언어 경험 접근법 절차

Dixon과 Nessel(1983)은 학급 전체를 단위로 이야기 구성을 위한 언어 경험 접근법의 실행 절차를 토의하기, 받아쓰기, 읽기, 낱말 학습, 다른 자료 읽기를 포함하는 5단계로 제시하였다([그림 11-1] 참조).

(1) 1단계: 토의하기
교사는 학생들이 최근 경험에 대해 자유롭게 말할 수 있도록 동기를 부여하고, 함께 주제에 대해 토의한다. 주제는 개인적으로 중요하고 흥미로운 것이라면 무엇이든지 허용된다. 이때 교사는 학생이 자신의 생각을 충분히 표현할 수 있게 각자의 방식으로 표현하도록 격려하고, 가급적 교정을 지양하며, 필요할 경우 적절한 낱말을 제시해 주고, 확산적인 발문을 통해 학생이 스스로 말할 수 있도록 분위기를 조성해야 한다.

토의하기에서는 요리하기, 교실에서 채소나 꽃 기르기, 미술시간에 만든 것 설명하기 등 주변의 다양한 생활 경험 등을 주제로 활용할 수 있다.

(2) 2단계: 받아쓰기
학생은 교사에게 자신의 이야기를 말하고 교사는 기본 읽기 교재를 만들기 위해 학생들의 말을 기록한다. 이때 교사는 학생들이 말하는 것의 문법이나 구조를 임의로 바꾸지 않고 그대로 받아 적어 학생들의 자신감을 손상시키지 않도록 유의한다.

교사는 학생들이 쉽게 이해할 수 있도록 새로운 생각이 나올 때마다 행을 구분하고 낱말 사이에 공간을 두어 한 낱말이 어디에서 끝나고 다음 낱말이 어디에서 시작

1단계: 토의하기(discussion)

교사와 학생은 받아쓰기를 위해 학생에게 의미 있고 흥미로운 주제에 관하여 토의한다. 이 과정에서 학생들은 관찰한 것과 그에 대한 생각을 교환하면서 구어 능력을 발달시킨다.

2단계: 받아쓰기(dictation)

기초 읽기 자료를 구성하고 기록할 수 있도록 학생이 설명하거나 구술하면 교사가 받아쓴다.

3단계: 읽기(reading)

학생은 이야기가 친숙해질 때까지 여러 번 반복해서 읽는다(필요한 경우에는 교사가 도움을 제공할 수 있다).

4단계: 낱말 학습(word learning)

읽기 자료를 읽은 다음 새로 나온 낱말이나 어려운 낱말, 배우고 싶은 낱말 등에 대한 개별화된 낱말 학습이 이루어진다. 교사가 고안한 다양한 활동을 통해 학습이 이루어진다.

5단계: 다른 자료 읽기(reading other materials)

학생은 자신의 경험을 받아쓰기한 것을 읽는 것에서, 다른 사람의 경험을 받아쓴 것을 읽는 것으로 옮겨가는 과정을 통해 자신의 능력과 자신감을 발달시킨다.

그림 11-1 **Dixon 등의 언어 경험 접근법의 실행 절차**

출처: 교육부(2014: 29)의 그림을 저자가 재구성하였음.

하는지를 분명하게 보여 주어야 한다. 또한 교사는 손으로 쓰기, 철자하기 등에 대해 학생들이 모방할 수 있도록 정확하게 시범을 보인다.

(3) 3단계: 읽기

교사는 학생들이 말한 것을 정확하게 기록했는지 확인하기 위해 읽어 준 다음, 확인이 끝나면 이야기가 친숙해질 때까지 여러 번 읽도록 안내한다. 만약 학생들이 잘 읽지 못하면 교사가 함께 읽은 다음, 묵독을 통하여 모르는 낱말을 표시하고 다시 소리 내어 읽도록 한다. 교사는 읽지 못하는 학생을 위해서 각 행을 손가락으로 짚어 가며 읽거나 모르는 낱말을 가리키며 읽을 수 있다.

(4) 4단계: 낱말 학습

언어 경험 이야기를 읽은 후 다양한 활동을 통해서 새로 나온 낱말이나 어려운 낱말, 배우고 싶은 낱말을 학습한다. 낱말 학습을 위해 낱말 은행(word bank) 활동, 직소 (jigsaw)를 이용한 문장 활동, 낱말 공략법(word attack skill) 등의 다양한 방법을 활용할 수 있다.

(5) 5단계: 다른 자료 읽기

학생들은 자신이 구술한 이야기 읽기에서 다른 사람들이 쓴 이야기 읽기로 옮겨 가며 읽기에 대한 자신감과 기술을 향상시키게 된다. 학생들이 쓴 차트나 이야기를 묶은 책을 도서관에 있는 책처럼 서로 자유롭게 바꾸어 읽거나 집으로 가져가서 부모님께 읽어 드리면 읽기와 쓰기 실력의 향상에 도움이 될 수 있다. 경험 이야기를 묶어 놓은 책들은 활동의 기록이 되며 읽기와 쓰기 발달의 증거가 된다.

2) 이차숙의 언어 경험 접근법의 절차

이차숙(2004)은 효과적인 언어 경험 접근법의 적용을 위해 계획, 경험, 대화, 대화의 기록, 읽기 등을 포함하는 5단계의 실행 절차를 제시하였다.

(1) 계획

교사는 학생의 경험을 확장시키고 언어 활동을 쉽게 할 수 있는 내용들을 잘 선정하여 수월하게 언어 활동이 일어날 수 있도록 수업을 계획해야 한다. 예를 들어, 음식 만들기(음식 만들기 요령), 특별한 잔치(음식이나 분위기에 대한 적절한 묘사), 채소나 꽃 가꾸기(채소나 꽃의 성장 과정)에 대한 경험을 먼저 하게 한 다음, 그것들을 중심으로 대화하고 기록할 수 있도록 미리 계획해야 한다. 만약 현장 학습을 계획한다면, 현장 학습을 가기 전이나 갔다 온 후에 그와 관련하여 어떻게 대화하고 기록할 것인지 미리 계획해야 한다. 가령 현장 학습을 갈 때 가지고 가야 할 물건들은 무엇인지, 현장

1단계: 계획
경험을 확장시키고 언어 활동을 용이하게 할 수 있는 내용을 선정하고 수업이 원활하게 이루어질 수 있도록 계획한다.

2단계: 경험
다양한 경험을 제공하고 경험이 지닌 의미를 효과적으로 표현할 줄 아는 능력을 길러 준다.

3단계: 대화
학생들은 경험을 언어로 표현하는 과정을 통해 자신들이 경험한 것을 더욱 명확하게 개념화할 수 있게 된다.

4단계: 대화의 기록
언어화된 경험을 기록한다. 교사는 기록을 통해 학생들에게 글자의 개념을 분명히 보여 줄 수 있어야 한다. 기록은 학생들이 하는 것보다 가능하면 교사나 성인들이 하는 것이 좋다.

5단계: 읽기
학생이 경험한 의미 있는 텍스트를 제공하여 자신의 발달 단계에 적합한 글을 읽도록 한다.

그림 11-2   이차숙의 언어 경험 접근법의 실행 절차

학습을 갈 곳이 정확하게 어디인지 미리 지도에서 찾아보고 참고가 될 만한 다른 자료들을 찾아 학생들이 쉽게 이해할 수 있는 그림을 사용하여 지도를 다시 그려 보게 하는 것도 좋고, 현장 학습을 위해 필요한 주의사항들을 미리 생각해서 기록하는 세심한 계획도 필요하다.

계획 단계에서 교사는 여러 가지 경험을 어떻게 기록하고, 언어 경험 차트는 어떻게 만들며, 이전에 사용하던 차트를 변형시켜 새로운 방법으로 차트를 만드는 방법 등을 미리 고민하여 학생들의 흥미와 관심을 높일 수 있는 방법을 찾도록 한다.

(2) 경험

언어교육의 목적은 언어의 형태적 구조들만 습득하는 것이 아니라 의미를 효과적으로 표현하는 능력를 기르는 데 있다. 의미를 효과적으로 드러낸다는 것은 곧 내용을 드러낸다는 것을 의미한다. 내용은 경험에서 나오며, 말과 글을 통해 내용이 표현된다. 즉, 말과 글은 반드시 내용을 가진다. 특히 학생들의 말과 글은 학생들의 직접적인 경험에서 나오는 경우가 많기 때문에 학생들에게 다양한 경험을 제공하는 것은 그들에게 말이나 글과 관련된 다양한 소재를 만들어 주는 것이 된다.

교사가 학생들에게 무엇을 경험시킬 것인지 미리 계획하고 그러한 경험들을 언어로 표현하게 하는 것은 언어 경험 접근법의 핵심이다.

(3) 대화

학생들은 경험을 이야기로 표현하면서 자신들의 경험을 더욱 명확하게 개념화할 수 있다. 경험을 이야기로 표현하는 것은 학생들로 하여금 자신의 경험들을 일정한 관계로 연결 짓고 개념화하여 자신의 사고와 지식을 확장시키게 한다. 학생의 언어 능력은 학생의 사고 및 지식과 함께 발달하기 때문에 학생들로 하여금 많은 것을 경험하게 하고 경험에 대해 서로 대화하게 하는 것은 자신들의 경험에 대한 이해의 폭과 깊이를 확장하고 언어 능력의 발달을 도모하게 한다.

이를 위해 교사는, 첫째, 학생들이 말의 형태나 구조에 너무 집착하지 않고 서로 간에 쉽게 말을 주고받을 수 있도록 분위기를 조성하며, 학생들이 무슨 말을 하려고 하는지 의도를 파악하여 그러한 의도가 잘 표현될 수 있도록 도와야 한다. 둘째, 이 단계에서 대다수 학생은 다양한 문장으로 주제의 의미를 표현하는 데 어려움이 있으므로 교사는 학생들이 주제를 벗어나지 않고 말을 이어 갈 수 있도록 도와주어야 한다. 이때 교사는 다수의 학생이 흥미를 가진 주제에 초점을 맞추면서 주제가 너무 산만하게 흩어지지 않도록 유의해야 한다.

(4) 대화(경험)의 기록

교사는 말로 표현된 경험을 기록하는 과정을 보여 줌으로써 학생들에게 글자의 개념을 분명하게 보여 줄 수 있다. 기록은 말이 글의 형태로 바뀔 수 있다는 것을 학생들에게 확실하게 보여 준다는 면에서 가능하면 학생보다는 교사나 성인들이 하는 것이 좋다. 하지만 필요할 경우에는 교사가 기록하는 것을 학생들로 하여금 보조하게 할 수 있다. 기록을 할 때 교사는 기록되는 모든 것을 모든 학생이 분명히 볼 수 있게 해야 하고, 학생들의 관심이 다른 곳으로 흩어지지 않도록 주의해야 한다.

기록을 할 때는 가능하다면 학생들의 말을 그대로 글로 옮겨야 한다. 뜻을 분명하게 하기 위해 교사가 임의로 간결하게 재진술하거나 요약해서는 안 된다. 또한 학생들이 좀 더 쉽게 이해할 수 있도록 다양한 방식으로 기록하는 것이 좋다. 예를 들어, 학생들의 경험을 큰 책에 기록할 수도 있고, 게시판에 기록할 수도 있으며, 설명 차트에 기록할 수도 있고, 컴퓨터를 이용하여 인쇄할 수도 있다. 또한 사진을 찍어 기록과 사진을 함께 보관할 수도 있고, 학생들이 불러 주는 것을 기록하면서 글자의 개념이나 기록 방법들에 관해 학생들과 함께 의논하면서 기록할 수도 있으며, 학생들에게 경험의 일부를 그림으로 그리게 한 후 그림을 설명하게 하여 그것을 기록하는 방법도 있다.

그리고 모든 학생이 기록에 참여할 수 있도록 말할 기회를 골고루 제공하는 것이 중요하다. 교사는 학생들 중에서 누가 말할 기회를 가지지 못했는지 파악하고 말할 기회를 가지지 못한 학생들을 다음 기회에 우선적으로 배려하여 그런 학생의 말을 먼저 듣고 기록한다. 한편, 교사는 언어 경험 차트를 만들 때, 학생들의 흥미가 떨어졌다고 판단되면 즉시 기록하기를 중단해야 한다.

(5) 읽기

언어 경험 접근법의 가장 중요한 목적은 학생들의 발달 단계에 적합하고 의미 있는 텍스트를 제공하여 혼자서 또는 도움을 받아 읽을 수 있도록 하는 데 있다. 교사는 학생들이 만든 언어 경험 자료들을 학생들에게 큰 소리로 읽어 주고, 학생들이 차트에 쉽게 접근할 수 있고 잘 볼 수 있는 곳에 며칠간 혹은 몇 주일간 전시하여 학생들이 반복적으로 읽을 수 있도록 한다.

교사는 학생들의 이야기가 기록된 언어 경험 차트를 손가락으로 짚어 가며 읽어 보이거나 글자와 낱말의 경계를 분명히 보여 주면서 읽기 시범을 보이기도 하며, 학생들을 개별적으로 불러내어 자신이 만든 글들을 직접 읽어 보게 할 수도 있다.

한번 만들어진 차트는 한 번만 사용할 것이 아니라, 여러 가지 유형의 읽기 방식으로 활용할 수 있다. 다음은 여러 가지 읽기 활동 유형에 대한 설명이다.

① 함께 읽기(shared reading)

교사가 모든 학생들이 보는 앞에서 제시된 자료들을 함께 읽어 나가는 방법으로 거의 매일 빠짐없이 실시하는 것이 좋다. 이 활동은 학생들에게 읽기에 대한 태도와 습관을 형성하고, 글과 글자의 개념이나 기능, 규약 등을 이해시키며, 학생의 동기나 흥미를 지속시킬 수 있는 활동으로서, 특별히 가정에서 부모들이 책을 많이 읽어 주지 못하는 학생들에게 유용하다.

② 혼자 혹은 집에 가져가서 읽기(independent and take home reading)

자신이 만든 읽기 자료를 집으로 가져가서 혼자 읽거나 다른 가족들에게 설명해 주면서 읽는 것은 효과적인 읽기 신장 방법의 하나이다. 학생이 교실에서 사용했던 읽기 자료들이나 사진들을 집으로 가져가서 가족들에게 자신의 경험을 설명하면서 읽어 주는 것은 학생의 읽기 수준에 맞는 진정한 읽기를 경험할 수 있게 하고, 자신이 글을 읽을 줄 아는 사람이라는 것을 확인할 수 있는 기회가 된다. 또한 학생들이 그동안 학교에서 배운 것들을 적용하고 응용해 볼 수 있는 기회이기도 하다. 학생이 가정에서 부모와 함께하는 읽기 활동은 이미 그 효과가 입증된 바 있다(예, Holdway, 1979; Jalongo, 1992; Strickland & Taylor, 1989).

또한 이러한 읽기 방법은 반복적인 읽기로 발전할 가능성이 크다. 반복적 읽기는 여러 날을 두고 계속적으로 같은 읽기 자료들을 읽는 것을 말하는데, 처음에는 재미로, 두 번째는 내용을 정확하게 이해하기 위하여, 세 번째는 재미있는 소리나 낱말들에 초점을 맞추기 위하여, 네 번째는 반복적으로 나오는 낱말의 재인을 위하여 읽을 수 있다. 반복 읽기는 낱말 재인, 해독 기술 습득에 특히 효과적이다(Bridge, Winograd, & Haley, 1983; Pikulski & Kellner, 1992).

③ 해당 문장 읽기(sentencematching reading)

읽기 차트나 경험 기록장에서 반복적으로 나오는 말이나 '함께 읽기'에서 읽었던 문장들 중 기억에 남는 것들을 찾음으로써 해당 문장들을 찾아내고 읽어 보게 하는 것을 말한다. 집단 활동 시간을 이용하여 자원하는 학생을 불러내어 해당 문장을 찾아내고 읽어 보게 할 수 있으며, 문장을 가위로 잘라 순서를 새로 정하고 글을 다시 구성하게 하는 것도 하나의 방법이 될 수 있다.

④ **학생들이 주도한 다시 읽기(child-led rereading activities)**

자원하는 학생을 불러내어 교사의 역할을 맡기는 방법이다. 그들은 한 번 읽었던 자료들을 중심으로 낱말들을 짚어 가며 다른 아이들에게 크게 다시 읽어 준다. 언어 경험 차트가 많이 모이면 학생들이 좋아하는 차트를 골라서 다른 학생들에게 다시 읽어 주게 하는 방법도 좋다.

⑤ **안내된 읽기(guided reading)**

읽고, 생각하고, 읽은 것에 대해 서로 의견을 나누면서 읽기 전략을 가르치는 활동이다. 교사는 이 활동을 날마다 할 필요는 없지만 정기적으로 실시하여 읽기 과정 동안 학생들에게 문제해결 전략을 시범 보이고, 설명해 주며, 학생들도 교사를 따라 전략적 읽기를 하도록 독려할 수 있다(Bruneau, 1997).

학생들은 읽고, 읽은 것에 대해 서로 의견을 나누면서 교사나 다른 학생들이 어떻게 읽는지, 또 읽으면서 어떤 전략들을 사용하는지 듣고, 보고, 배우게 된다. 한편, 교사들은 학생들이 글을 읽으면서 어떤 생각들을 하고, 어떤 읽기 전략들을 사용하는지, 읽기의 수준은 어느 정도인지, 특별히 강한 측면과 약한 측면은 무엇인지 평가할 수 있으며, 그런 평가를 통하여 적절하게 수업을 설계할 수 있게 된다.

5. 읽기 과정에 근거한 언어 경험 접근법의 적용

김동균(2003)은 언어 경험 접근법을 읽기 전, 중, 후 과정에 걸쳐 적용하는 실제적인 수업 적용 사례를 다음과 같이 제시하였다. 이 방법은 특별한 프로그램의 구안보다는 자연스러운 읽기 과정에 따라 언어 경험 접근법을 적용하였다는 점에서 교실 현장에 쉽게 적용할 수 있는 장점이 있다.

이를 위해 교사는 학생들과 함께 학교, 가정, 일상생활에서 학생들이 경험한 일들 중 인상 깊었던 일들(예, 소풍, 생일잔치 등)을 언어 경험 중심 주제로 선정하고 필요한 낱말 목록 등을 개발한 다음, 차시별 지도 계획을 수립해야 한다.

1) 도입 단계

듣기, 말하기, 쓰기처럼 읽기 기능도 의사소통을 위한 기본 수단이다. 물론 읽기는 특성상 저자와 독자와의 상호작용에 초점을 맞추고 있다는 점이 다르다. 그러나 소재만 동일하다면 일상생활에 필요한 의사소통의 자료가 될 수 있다. 그러므로 이 단계에서 교사와 학생들은 대화를 통해 언어 경험을 상기하고 서로의 생각을 교환한다.

2) 읽기 활동 단계

(1) 읽기 전 활동

읽기 전 활동으로 최근에 가장 기억에 남는 일을 이야기해 보게 한다. 교사와 학생 간, 또는 학생들 간에 자유롭게 이야기할 수 있도록 분위기를 조성해야 한다. 이러한 과정을 통해 읽기 자료로 삼을 중심 주제를 선정한다. 교사는 다음과 같은 방법을 활용하여 읽기 전에 예상되는 이야기 구조를 만들 수 있다.

① 이야기 주제 정하기

수업 시간에 다룰 예상 화제를 교사가 정한다. 교사가 직접 학생의 개인, 학교, 일상생활과 관련하여 수업에 필요한 자료를 결정한다.

② 이야기 속의 낱말 예상하기

이야기 주제가 정해지면 학생들이 언급할 수 있는 낱말을 예상하여 기록해야 한다. 이는 실제 수업 중에 학생들이 말할 수 있는 낱말을 가급적 폭넓게 예측하여 이야기 구조를 만드는 데 사용할 수 있으며, 학생들이 학습해야 할 낱말의 수와 수준을 결정하는 데도 도움을 준다. 한 차시에 새롭게 제시될 낱말의 수는 학생의 수준과 특성을 고려하여 선정한다.

③ 이야기 구조 만들기

주제가 정해졌을 경우에 이야기의 전개를 예상하여 이야기 구조를 만들어야 한다. 학생들의 수준을 고려하여 도입, 전개, 정리와 같은 3단계로 구성하는 것이 좋다. 예를 들어, 도입 부분에서 운동회 날짜와 행사의 종류에 대해 언급했다면, 전개에서는 가장 재미있었던 종목을 중심으로 재미있었던 이유를 자세하게 이야기하고, 정리에서는 승리한 팀이 누구이며, 소감은 어떠했는지에 대해 이야기할 수 있다.

④ 개인의 경험 부분 만들기

이야기 구조에서 학생 전체의 경험 가운데 개인의 경험으로 재구성할 부분을 선정해야 한다. 가령, 전개 부분에서 가장 재미있었던 종목은 개인마다 다를 수 있기 때문에 이 부분에 대해 학생들이 개별적으로 작성할 수 있는 공간을 남겨 두어야 한다.

(2) 읽기 중 활동

읽기 중 활동에서는 이미 결정한 하나의 중심 경험을 이야기로 구성한다. 이야기를 구성할 때에는 편지형, 대화형, 일기형 등 다양한 방법을 사용할 수 있다. 이야기를 만들 때에는 중요한 낱말이 골고루 들어가고 적절한 수준의 글이 되도록 교사가 세심하게 배려해야 한다. 완성된 이야기는 큰 소리로 읽으면서 의미를 이해하도록 한다.

(3) 읽기 후 활동

읽기 후 활동으로 읽기 자료를 옮겨 쓰고 자신의 경험에 맞게 다시 고쳐 쓰는 활동을 한다. 이 단계는 학생의 수준에 따라 교사의 안내가 필요할 수 있으며 완전한 쓰기 활동이 아닌 자신의 경험을 직접적으로 자료와 연결하도록 하는 데 초점을 두도록 한다. 그리고 차트를 만들어 게시판에 게시함으로써 자주 자료를 접하게 하고 읽기 경험을 많이 갖도록 기회를 제공한다.

3) 정리 단계

중요한 문장과 낱말을 다시 살펴보고 전체적으로 이야기를 읽어 본다. 다시 읽기를 통하여 일반적인 이해 능력을 기를 수 있게 해 준다.

요약

- 언어 경험 접근법은 사회언어학적 이론과 관련된 총체적 언어 접근법의 한 형태로 넓은 의미로는 듣기, 말하기, 읽기, 쓰기의 모든 언어 과정과 경험을 관련시킨 통합적인 지도 방법이지만, 좁은 의미로는 구체적인 읽기 지도 방법, 특히 초보 수준의 문자해독 지도법이다.

- 언어 경험 접근법은 학생들의 경험이 도식으로 작용하여 자신의 흥미 및 관심과 관련된 읽기 자료를 통해 유목적적으로 참여할 수 있도록 구조화된 하향식의 의사소통 활동이기 때문에 학생들의 동기를 쉽게 유발할 수 있고, 이미 익숙한 내용을 다루고 있기 때문에 최소한의 해독 기술만으로도 쉽게 읽기 이해가 가능한 특성을 지닌다.

- 언어 경험 접근법은 개별화 교육을 토대로 적용하는 것이 중요하다. 즉, 학생 개개인의 경험이 수업의 내용과 방법을 결정하는 가장 중요한 요소가 되기 때문이다. 그리고 언어 경험 접근법은 구조적이거나 체계적인 기술 발달을 포함하고 있지 않기 때문에 교사는 지속적으로 학습자의 교육적 요구를 진단·평가하여야 한다. 이러한 개별화 교육을 통하여 학습자의 능력 수준에 맞는 자신의 사고와 경험, 낱말, 문장들로 만들어진 자료를 이용함으로써 학습자가 이해하기 쉬울 뿐 아니라, 개인의 학습 속도에 맞추어 학습을 진행할 수 있도게 된다.

- 언어 경험 접근법에서 활용할 수 있는 일반적인 교수 활동으로는 소리 내어 읽기, 큰 책 읽어 주기, 경험한 이야기 받아쓰기, 낱말 학습, 이해 기능의 학습, 학급 문고의 활용, 인쇄물의 활용, 창작 활동 등이 있다.

- Dixon 등(1983)은 학급 전체를 단위로 이야기 구성을 위한 언어 경험 접근법의 실행 절차를 토의하기, 받아쓰기, 읽기, 낱말 학습, 다른 자료 읽기를 포함하는 5단계로 제시하였고, 이차숙(2004)은 효과적인 언어 경험 접근법의 적용을 위해 계획, 경험, 대화, 대화의 기록, 읽기 등을 포함하는 5단계의 실행 절차를 제시하였다.

- 교사는 학생들과 함께 학교, 가정, 일상생활에서 학생들이 경험한 일들 중 인상 깊었던 일들(예, 현장 체험 학습, 생일 파티 등)을 언어 경험 중심 주제로 선정하고 필요한 낱말 목록 등을 개발한 다음, 도입, 읽기 중 활동, 정리 활동으로 나누어 차시별 지도 계획을 수립할 수 있다.

학습문제

1. 언어 경험 접근법의 장점과 제한점을 나열하고 간단하게 설명하시오.

2. 언어 경험 접근법의 교수 원리를 설명하시오.

3. 언어 경험 접근법의 교수 활동의 예를 제시하고 간단하게 설명하시오.

4. 언어 경험 접근법의 실행 절차를 제시하고 간단하게 설명하시오.

참/고/문/헌

곽소정(2008). 언어 경험 중심 읽기 지도법의 원리에 의한 통합적 읽기 지도에 대한 적용: 초등학교 고학년 중심으로. 강릉대학교 대학원 석사학위논문.

교육과학기술부(2009). 특수학교교육과정 해설(II): 기본 교육과정. 서울: 동기관.

교육부(2014). 특수교육 기본 교육과정 국어 교사용 지도서: 초등학교 3-4학년. 서울: 주식회사 미래엔.

김동균(2003). 초등학교 영어수업에서의 언어 경험 교수법의 적용 가능성. *Studies in English Education, 8*(1), 51-71.

김동일, 이대식, 신종호(2009). 학습장애아동의 이해와 교육. 서울: 학지사.

김애연(1992). 언어 경험 접근법에 의한 초등학교 1학년 읽기 지도 프로그램 모형 구성. 이화여자대학교 대학원 석사학위논문.

오계순(2007). 언어 경험 접근법을 통한 유아의 읽기와 쓰기의 양상. 경남대학교 대학원 석사학위논문.

오정수(2001). 언어 경험 중심 읽기 지도법을 활용한 통합적 영어 읽기 지도 방안: 초등학교 고학년을 중심으로. 이화여자대학교 대학원 석사학위논문.

유정순(2005). 언어 경험 접근법을 적용한 영어 읽기 지도가 다른 언어 기능에 미치는 영향. 한국교원대학교 대학원 석사학위논문.

이성은(2005). 아동을 위한 총체적 언어교육. 서울: 이화여자대학교 출판부.

이차숙(2004). 유아언어교육의 이론적 탐구. 서울: 학지사.

최정미, 김성화, 강병주, 변찬석(2006). 경험 이야기 받아쓰기 중재가 학습장애아의 읽기・쓰기 능력에 미치는 효과. 정서행동장애연구, 22(1), 153-174.

한효숙(2008). 언어 경험 접근법이 경도 정신지체아동의 읽기와 쓰기에 미치는 영향. 공주대학교 대학원 석사학위논문.

황선희(2007). 언어 경험 접근법을 적용한 읽기 · 쓰기 지도 연구. 서울교육대학교 대학원 석
사학위논문.

Allen, R. V. (1973). *The language experience approach: In perspective on elementary reading: Principles and strategies of teaching.* NY: Harcourt Brace Jovanovich.

Allen, R. V. (1976). *Language experiences in communication.* MA: Houghton-Mifflin.

Anderson, G. S. (1984). *A whole language approach to reading.* MD: University Press of America.

Bridge, C. A., Winograd, P. N., & Haley, D. (1983). *Using predictable matterrials vs. preprimers to teach beginning sight words.* MD: University Oress of America.

Bruneau, B. (1997). The literacypyramid organization of reading/writing activities in a whole language classroom. *The Reading Teacher, 51*(2), 158-160.

Burns, P. C., Roe, B. D., & Ross, E. P. (1984). *Teaching reading in today's elementary schools.* NY: McGrow-Hill.

Cassady, J. K. (1988). Beginning reading with big books. *Childhood Education, 65*(1), 18-23.

Demos, E. (1987). School based reading programs. *Reading Horizons, 27*, 189-196.

Dixon, C., & Nessel, D. (1983). *Language experience approach to reading and writing.* CA: Alemany Press.

Freire, P. (1970). The adult literacy process as cultural action for freedom. *Harvard Educational Review, 40*(3), 205-225.

George, C. J. (1986). Successful reading instruction. *Educational Leadership, 44* (3), 52-63.

Gunning, T. G. (2000). *Creating literacy for all children.* MA: Allyn & Bacon.

Hall, M. (1970). *Teaching reading as a language experience.* OH: Charles E. Merrill.

Heilman, A. W., Blair, T. R., & Rupley, W. H. (1986). *Principles and practices of teaching reading.* OH: Charles E. Merrill.

Holdway, D. (1979). *The foundations of literacy.* NH: Heinemann Educational Books.

Holt, G. (1995). *Teaching low-level adult ESL learners.* ERIC Digest. Washington, DC: National Clearinghouse on Literacy Education(ERIC Document Reproduction Service No. ED 379 965).

Jalongo, M. R. (1992). *Early childhood language arts.* MA: Allyn & Bacon.

Joanne, L., & Richard, T. (2000). *Reading and learning to read.* MA: Addison-Wesley Educational Publishers, Inc.

Krashen, S. D., & Terrell, T. D. (1983). *The natural approach.* CA: Alemany Press.

Mercer, C. D., & Mercer, A. R. (1993). *Teaching students with learning problems.* NY: MacMillan.

Pikulski, J. J., & Kellner, M. (1992). The repeated, shared reading of big books: More than the memorization of text. *Trade Secrets, 11*(2), 3-5.

Smith, R. J., & Johnson, D. D. (1980). *Teaching children to read.* MA: Addison-Wesley Educational Publishers, Inc.

Sood, P. (1981). *Language experience approach* (Report No. CS00-7267). Mangilao, Guam: Proceedings of the Annual Symposium on Reading Education. ERIC Documentation Reproduction Service No. ED 236 551.

Spache, G. D., & Spache, E. B.(1986). *Reading in the elementary school.* MA: Allyn & Bacon.

Stauffer, R. G. (1970). *The language-experience approach to the teaching of reading.* NY: Harper and Row.

Strickland, D. S., & Taylor, D. (1989). Family storybook reading: Implications for children, families, and curriculum. In D. S. Strickland & L. M. Morrow (Eds.), *Emerging literacy: Young children learn to read and write* (pp. 27-34). DE: International Reading Association.

Taylor, M. (1992). *The language experience approach and adult learners.* ERIC Documentation Reproduction Service No ED 350 887.

제12장

환경 중심 언어교육

개요

　장애아동의 언어중재를 위한 기존의 전통적인 방법들은 직접교수와 같은 행동주의 접근을 바탕으로 아동이 습득해야 할 언어 목표 달성을 위해 반복적이고 교사 중심적으로 이루어져 왔다. 이렇게 행동주의 원리를 바탕으로 한 프로그램들은 철저하게 구조화된 개인지도 접근을 시도하였고, 그 결과 학생들의 어휘와 발화, 그리고 언어의 형태 및 문법 구조 등이 개선되었다. 그러나 구조화된 언어중재 프로그램의 효과가 언어상의 어려움을 경험하는 장애아동에게 지속적으로 유지되고 일반화하는 측면에서는 한계점이 있다는 것이 밝혀졌다.

　즉, 행동주의적 접근에 기반한 언어중재 프로그램들은 장애아동의 언어습득 자체에는 효과가 있었지만 습득된 언어를 학생들이 일상생활에서 직접 사용하게 하는 데는 어려움을 보였다. 이는 제한된 훈련 상황에서 언어적 반응을 잘 나타내던 아동들이 일상생활에서는 거의 일반화하지 못한다는 연구 결과들과 함께 새로운 언어중재 접근법들을 탄생시키는 계기가 되었고, 일반화의 문제는 연구자들로 하여금 장애아동의 언어중재를 수행하는 최적의 환경이 무엇인가를 고민하게 하였다. 이러한 흐름 속에서 사회적이고 기능적인 면에 중점을 두어 일반화를 중심으로 개발된 언어중재 접근 중 하나가 환경 중심 언어중재이다. 환경 중심 언어중재는 일상화된 사회적 의사소통의 기능적 맥락 안에서 새로운 언어의 사용을 촉진하고 시범 보이며 결과를 이끌어 내는 자연적인 언어중재로서 언어의 기능성과 언어 사용의 일반화를 고려한 중재방법이다.

1. 환경 중심 언어교육의 개념

1) 자연적인 언어교육

환경 중심 언어교육의 개념을 직접적으로 살펴보기 이전에 장애아동들의 언어습득과 배운 언어를 쉽게 일반화하는 데 효과가 있는 것으로 알려진 자연적인 언어중재에 대해 먼저 알아보는 것은 환경 중심 언어교육의 뿌리를 이해하는 측면에서 필요한 일이다.

자연적인 중재는 언어중재를 다루는 연구 문헌에서뿐만 아니라 장애영유아의 조기중재와 관련된 각종 연구 문헌의 전 영역에 걸쳐서 확인할 수 있는 개념이다(Hepting & Goldstein, 1996). 그러나 아직까지 자연적인 중재법은 환경과 교수 전략 각각의 차원에서 일부 모호한 경계를 가지고 있다. 이 때문에 일부 연구자들은 자연적인 환경과 자연적인 교수 방법을 명확히 구분하지만 다른 연구자들은 혼용하고 있어서, 자연적인 중재법에 대한 개념을 명확히 하는 것은 쉬운 문제가 아니다. 이 글에서는 자연적인 언어중재의 개념에 대해서 제한적으로 살펴보고자 한다.

1960년대 이후에 연구자들은 실험실과 같은 훈련 장면에서 습득한 중재 성과들을 훈련하지 않은 장면으로 일반화하는 데 어려움이 있다는 것에 관심을 갖게 되었다. 특정한 조건하에서 학습한 행동을 일반화하기 위해서 필요한 것은 결국 학생이 마주하게 되는 자연적인 환경이라는 것을 인식하게 된 것이다. 이와 함께 중요하게 부각된 사실은 아동이 경험하게 되는 자연적인 환경의 많은 장면이 바람직한 표적 반응을 형성하도록 하는 데 효과적으로 사용할 수 있다는 것이다.

이러한 연구계의 새로운 변화를 바탕으로, Hart와 Risley(1968)는 취학 전 아동의 언어 구조 사용을 증진시키기 위해 자연적인 장면을 제공하여 교수를 실시하는 나름의 전략을 고안하고 이를 우발 언어교수라고 하였다. 이후 자연적 중재방법 중 하나인 우발교수는 지난 30년간 영유아의 언어발달 촉진 및 사회적 행동 향상을 위해 추천되는 전략으로 가장 자주 사용되는 중재방법이 되었다.

Hart와 Risley(1968)는 우발 언어교수가 아동이 상호작용을 자발적으로 시작하는 자연적인 환경에서 일어날 수 있다고 생각하였고, 다음과 같은 네 단계의 지침을 제안하였다. 첫째, 아동이 흥미 있어 하는 놀이 활동과 같은 자연적 상황에서 지도한다. 둘째, 아동이 사회적 의사소통을 하도록 촉진한다. 셋째, 필요시 아동에게 적절한 반응을 보이거나 반응에 대한 시범을 보인다. 넷째, 긍정적인 피드백을 제공한다.

즉, 우발 언어교수는 아동들이 상호작용에 참여할 수 있는 기회를 구성하고, 놀이나 장난감과 같이 흥미로운 것에 관심을 보일 때 사회적 의사소통이 나타나도록 촉진하며, 아동의 반응에 따라 필요시에는 반응을 정교화하거나 확장하여 주고 시범을 보인다. 그리고 나서 긍정적인 피드백을 제공한다. 이와 같은 우발 언어교수는 아동의 흥미와 요구로 시작하며 자연스러운 환경에서 적용하기 용이할 뿐 아니라 자연적인 후속 결과로 인해 강화와 유지에 효과적인 장점을 지닌다(이소현, 박은혜, 2002).

이런 우발 언어교수와 같은 자연적 중재는 다양한 환경에서 일과 중 적용이 가능하여 가정에서 아동에게 의미 있는 상대자인 어머니가 적용하여 그 효과를 입증하였고, 특히 자연적 중재 중 하나인 환경 중심 의사소통 중재는 가정에서 어머니가 실시하였을 때 장애영유아의 사회 의사소통 능력 향상에 효과적인 것으로 나타났다(Alpert & Kaiser, 1992; Hemmeter & Kaiser, 1994).

2) 환경 중심 언어중재

전술하였듯이 행동주의 이론을 바탕으로 한 이전의 전통적인 의사소통 중재 전략들은 구조화된 장소에서 진행되었으며, 그 결과로 언어습득의 효과를 명확히 입증해 보였다. 그러나 실제 언어가 사용되는 자연스러운 환경으로의 일반화 문제를 보임으로써 자연적 중재방법과 화용론적 측면을 강조하는 연구들이 많이 나오게 되었고(심선우, 2001; Alpert & Kaiser, 1992), 그중 중재 효과가 인정되어 활발히 연구된 방법은 자연적 중재 중 하나인 환경 중심 언어중재(milieu language intervention)이다(강혜경, 2005; 김민영, 2005; 심선우, 2001; 전병운, 연진희, 2005; Alpert & Kaiser, 1992).

Hart와 Rogers-Warren(1978)이 처음 제안한 환경 중심 언어중재는 기능적인 의사소통을 자연스럽게 유도할 수 있는 자연스러운 환경에서 아동의 관심과 흥미에 따라서 언어를 중재하는 것을 목적으로 하는 다소 포괄적인 언어중재 방법으로(윤혜련, 김영태, 2002; Alpert & Kaiser, 1992), 대화의 맥락 속에서 아동을 중심으로 분산된 훈련 시도를 통해 일반적으로 언어가 사용되는 맥락 내에서 언어의 형태와 내용을 교수하는 특징을 가지고 있다. 이러한 환경 중심 언어중재는 어머니, 조기 중재자 그리고 특수교사와 같은 성인들이 아동의 언어와 발달을 촉진하기 위해 의도적으로 환경을 구성하고 아동의 관심을 따르며, 자연스러운 환경 내의 일상 활동 중에 아동의 반응에 대한 촉진, 수정 그리고 강화를 제공함으로써 중재를 실시한다.

지금까지 이 접근법은 특수교육 분야에서 의사소통이나 상호작용을 유도하기 위하여 많이 사용되었고, 언어발달에 지체가 있거나 의사소통 문제가 있는 다양한 장애아동들을 대상으로 발화의 빈도, 반응도, 어휘 및 문장의 증가와 자극 및 상황 일반화 증가 등에 효과가 있는 것으로 알려져 있다(김영태, 2002).

그러나 이러한 환경 중심 언어중재만으로는 아동이 언어를 습득하기에 충분한 의사소통의 기회를 제공하는 데 한계가 있다는 점들이 인식되면서, 아동이 속한 환경을 좀 더 효율적으로 조절하고 아동의 의사소통 행동이나 시도에 보다 반응적으로 상호작용하여 아동의 언어습득을 촉진하기 위한 환경 중심 의사소통 중재에 대한 수정안들이 제안되었다.

3) 강화된 환경 중심 언어중재

앞서 언급했듯이 환경 중심 언어중재가 가지고 있는 포괄적인 중재방법은 신뢰성 있는 일반화 효과를 보여 주지 못한다는 연구 결과들이 등장하고, 아동이 일상적인 환경에서 언어를 습득하기에 충분한 의사소통 기회를 제공하는 데 한계가 있다는 점들이 인식되면서 아동의 환경을 좀 더 효율적으로 조절하고 아동의 의사소통 행동이나 시도에 보다 반응적으로 상호작용하여 아동의 의사소통 습득을 촉진하기 위한 환경 중심 언어중재에 대한 수정들이 나오게 되었다(김영태, 2002; Hancock, & Kaiser, 2002; Hemmeter & Kaiser, 1994; Kaiser & Hester, 1995).

그중 대표적인 것이 Kaiser(1993)가 제시한 강화된 환경 중심 의사소통 중재이다. 이는 환경 중심 언어중재가 가지고 있는 제한점을 극복하기 위하여 초기 의사소통 중재와 환경 중심 언어중재를 혼합한 접근 방법으로(Hancock & Kaiser, 2002), 이전의 환경 중심 의사소통 중재보다 더 효율적으로 환경을 조절하고 반응적으로 상호작용하도록 구성된 것이다.

강화된 환경 중심 언어중재에는 아동의 활동 참여와 대화 상대자와의 의사소통을 촉진하기 위한 환경 조절(Ostrosky & Kaiser, 1991), 사회적 상호작용, 새로운 언어 형태를 모델링하기 위한 반응적 상호작용 전략, 기능적인 맥락에서 새로운 언어의 사용을 모델링하고 촉진하기 위한 환경 중심 언어중재 절차(아동 중심의 시범, 선반응 요구-후시범, 시간지연, 우발교수) 등이 포함된다(Hemmeter & Kaiser, 1994; Kaiser & Hester, 1995). 즉, 강화된 환경 중심 의사소통 중재는 기존에 논의되지 않았던 반응적 상호작용 요소를 주요한 측면으로 중요시하고 상호작용하는 것을 강조하고 있다.

Kaiser(1993)가 강화된 환경 중심 언어중재를 제시한 이후, 국내외에서 다양한 대상자와 중재자를 대상으로 활발히 연구가 진행 중이며, 특히 언어적 측면에서는 그 효과가 명확히 입증되고 있다(전병운, 연진희, 2005; Hancock & Kaiser, 2002; Hemmeter & Kaiser, 1994).

특히 장애 유아·아동을 대상으로 강화된 환경 중심 의사소통 중재를 실시한 중재의 효과는 국내외의 여러 학술지 및 논문을 통해 입증되고 있다. 이와 관련된 국내 연구에서는 주로 교육기관에서 강화된 환경 중심 의사소통 중재를 실시하여 장애 유아 및 아동의 자발화, 단어 조합 등 다양한 효과를 도출해 냈다(강혜경, 2005; 김기옥, 2007; 연진희, 2005; 전병운, 연진희, 2005). 반면, 국외에서는 교육기관에서의 중재 실시 효과뿐만 아니라 어머니 교육이나 부모교육을 실시하여 그 효과를 알아보는 연구들이 보고되고 있다(Hancock & Kaiser, 2002). 어머니 교육을 실시하여 그 중재 효과를 알아본 연구들에 따르면, 초기에 어머니에 의해 적용되었을 때 효과적이며(전병운, 연진희, 2005) 언어 기술 발달을 촉진하는 데 유용하여(Warren et al., 1993) 자주 발화하지 않는 유아의 의사소통 지도에 적합하다고 보고되고 있다(Kaiser, Yoder, & Keetz, 1992). 또한 인지 능력이 낮은 유아들에게 효과적일 뿐 아니라 어머니를 참여시키거나 중재하는 것은 일상생활에서 자연스러운 의사소통의 기회를 제공하며, 어머니와 유아 간 정서적 상호작용의 질적 측면에서도 효과를 이끌어 내기 때문에 대다수의 전문가가 그 중요성을 인정하여 왔으며, 일반화 측면에서도 긍정적 결과들이 보고되고 있다(Alpert & Kaiser, 1992; Hemmeter & Kaiser, 1994). 최근 국외에서는 언어적 측면에서 더 나아가 사회 의사소통적 측면에서도 그 효과가 보고되고 있다(Hancock & Kaiser, 2002).

4) 전언어적 환경 중심 언어중재

환경 중심 언어중재를 전언어기에 있는 아동을 대상으로 수정·보완한 것이 전언어적 환경 중심 언어중재(prelinguistic milieu teaching: PMT)이다. 이 중재방법은 자연스러운 환경에서 일어나는 아동의 사회적 상호작용 속에서 이루어지며, 덜 직접적인 다른 자연적인 중재방법과는 달리 특정 몸짓, 소리, 함께 눈 맞추기 등을 직접적으로 가르친다(Yoder & Warren, 1998).

전언어적 환경 중심 언어중재법에서도 환경 중심 언어중재법의 특성(아동의 주도 따르기, 상호작용 속에 지시 삽입하기, 아동의 반응을 유도하기 위해 환경 조정하기, 특정 목표 행동에 초점 맞추기, 필요시 구별된 촉구 사용하기)이 유지되지만, 성인의 수반된 모방(contingent imitation)과 언어학적 연결(linguistic mapping)과 같이 추가된 촉진 전략이 포함되어 있다.

선행 연구들에 따르면, 환경 중심 언어중재법과 전언어적 환경 중심 언어중재법은 모두 의미관계 생성과 사용, 사물 이름 학습, 일반화 등에 효과가 있다고 보고된다(Kaiser & Hester, 1995; Warren et al., 1993; Yoder et al., 1993). 그리고 전언어적 환경 중심 언어중재법을 사용한 선행 연구에서는 이 중재방법이 무발어 발달장애 아동의 초기 의사소통 행동인 요구하기, 언급하기, 소리 모방하기의 빈도를 증가시키는 데 긍정적인 영향을 미친다고 보고하였고, 전언어적 환경 중심 언어중재법을 부모 반응성 교육과 결합하여 중재하였을 때 아동의 의사소통 기능과 아동 의사소통에 대한 부모의 적절한 반응이 증가한다고 보고하였다(Fey et al., 2006).

5) 통합 상황에서의 언어중재

기능적인 의사소통 중재방법 중 가장 잘 알려진 자연적 중재의 일환으로 대두된 환경 중심 언어중재는 아동의 자연스러운 환경에서 언어중재를 실시함으로써 일반화의 효과를 높이고자 하는 중재방법이다. 장애아동들은 의사소통 기술을 습득하였더라도 일반화하기 어려우므로 자연적인 상황이 아닌 곳에서 지도한 내용을 훈련 환경이 아닌 곳에서 자발적 언어로 표현하는 것을 기대하기가 어렵다. 그런데 이 환경 중심 언어중재는 아동의 일상생활 맥락에서 아동에게 의미 있는 대화 상대자와의 상호작용을 통해 의사소통 기술을 자연적으로 습득하게 되어 높은 일반화 효과를 가져 올 수 있다. 이는 통합교육 현장에서 실시되었을 때 아동의 의사소통 기술 습득 및 발달에서 더욱 효과적인 접근법이다.

Harris 등(1990)은 분리된 환경과 통합된 환경에 있는 장애아동에게 언어중재 프로 그램을 실시한 결과, 분리된 환경보다 통합 환경에서 장애유아의 기능적 언어습득이 유의미하게 높았다고 보고하고 있다. 이는 장애유아의 의사소통 중재가 현재 아동이 생활하고 있는 자연스러운 환경에서 통합된 형태로 이루어져야 한다는 것을 시사한 다. 또한 장애아동에게 가장 중요한 일반화 환경 중의 하나인 통합교육 현장에서 비 장애 또래가 장애아동을 위해 고안된 중재 프로그램에 참여하는 것은 장애아동들의 성공적인 통합에 매우 중요한 요소라 할 수 있다.

따라서 장애아동을 위한 효과적인 중재는 일상과 분리되어 고립된 상황에서 교사 주도적인 교수 활동만으로는 불가능하며, 유아가 참여하는 하루 일과 및 교육과정 활동 안에서 발생하는 다양한 상황을 적극적으로 교수 기회로 활용함으로써 장애유 아의 발달과 변화를 이끌어 낼 수 있다. 이런 측면에서 볼 때 환경 중심 언어교육은 통합교육 장면에서 그 중재의 효과가 극대화될 수 있을 것으로 보인다.

6) 환경 중심 언어교육에 관한 선행 연구 결과

환경 중심 언어중재는 자폐성장애 아동들에게도 매우 효과적인 언어 및 의사소통 중재라는 결과들이 보고되고 있다. Hancock과 Kaiser(2002)는 중재를 조기에 시작 하고 언어의 사회적 사용을 중재 목표로 하는 경우, 중재의 강도와 기간이 새로운 기 술의 습득과 일반화에 적절할 때 자폐성장애 아동에게 더욱 효과적인 언어중재가 된 다고 하였다. Goldstein(2002)에 따르면, 보통 자폐성장애 아동들에게 적용되는 경우 에는 요구 언어나 행동을 가르칠 때 많이 사용되는데, 중재 상황에서 자폐성장애 아 동이 원하는 그 자체가 강화가 되기 때문에 효과적이라고 보고하고 있다. 또한 Hwang과 Hughes(2000)에 따르면, 환경 중심 언어중재는 자폐성장애 아동의 눈맞 춤, 관심 공유 및 신체 모방과 같은 전언어기 의사소통 능력에도 효과가 있다. 그 외 에도 환경 중심 언어중재는 자폐성장애 아동의 자발적인 비언어적 의사표현(Charlop & Walsh, 1986), 자발적 언어(Ingenmey & VanHouten, 1991), 사회적 의사소통 기술

(Matson, Sevin, Box, Francis, & Sevin, 1993), 또래와의 긍정적 상호작용(McGee, Almedia, Sulzer-Azaroff, & Feldman, 1992), 장소를 묻는 질문에 대답하기(McGee, Krantz, & McClannahan, 1985), 정확한 음소 산출(Koegel, Camarata, Koegel, Ben-Tall, & Smith, 1998), 간단한 대화(Laski, Charlop, & Schreibman, 1988) 등과 같은 다양한 의사소통 기능의 습득에 효과가 있다고 알려져 있다.

국내 연구에서도 환경 중심 언어중재는 자폐성장애 아동들의 자발적 발화 및 발화 길이(류지혜, 1998)와 표현언어 및 사회적 상호작용(정윤주, 2003), 의사소통 행동의 증가(금미숙, 2004; 김민영, 2005), 어휘 습득(제현선, 2005) 등에 효과가 있는 것으로 밝혀지고 있다. 특히 질적 발화를 종속변인으로 설정한 연구들은 자폐성장애 아동의 동작 및 언어에 의한 자발적 의사표현(송정옥, 1999), 자폐성장애 아동의 요구하기, 대답하기, 거부하기의 의사소통 행동 및 자발 발화(남옥심, 2003), 간단한 지시어가 되는 자폐성장애 아동들의 목표 문장에 대한 자발적 의사표현(박주일, 2004), 초기 의사소통 발달 단계에 있는 자폐성장애 아동의 기능적 의사소통 행동의 자발적 수행 및 일반화, 유지 효과(김민영, 2005) 등에서 환경 중심 언어중재의 효과를 보고하고 있다.

언어발달 지체 아동을 대상으로 한 환경 중심 언어중재의 연구 결과 중 Rogers-Warren(1984)의 연구는 아동에게 요구 모델 방법을 사용하여 일어문 및 다어 발화를 가르친 결과, 언어습득과 자발 발화를 증가시키고 일반화를 향상시켰다고 보고하였다. Warren과 Gazdag(1990)은 요구 모델과 우발교수 방법을 사용하여 언어발달 지체 아동의 초기 어휘, 의미론적 형태의 언어습득, 화용론적 측면에 긍정적인 영향을 미쳤다고 보고하였다. 이재영(2004)은 환경 중심 언어중재를 사용하여 언어발달 지체 아동의 연결어미와 접속사 사용 능력을 비교 연구하였고, 환경 중심 언어중재에서는 아동이 언어 형태, 언어 기능, 언어습득을 위한 중재가 동시에 훈련되기 때문에 아동의 일상적 언어 사용 능력과 자발적 · 반응적 언어의 향상을 가져올 수 있다고 보고하고 있다.

환경 중심 언어중재는 아동을 둘러싼 자연스러운 환경 속에서 의미 있는 구성원을 참여시켜 중재하기도 한다. Alpert와 Kaiser(1992)는 언어지체아 어머니 6명에게 환경 중심 언어지도의 네 가지 절차를 훈련시켜 가정에서 중재한 결과, 평균 형태소 및 표현언어 수 증가와 일반화 효과를 가져왔다고 밝혔다. Hemmeter와 Kaiser(1994)는 실험실에서 발음장애아 자녀를 둔 부모를 대상으로 환경 중심 언어중재를 교육하여 가정에서 중재할 수 있도록 한 결과, 일반화되었으며 아동과의 상호작용 증가, 아동의 전반적인 언어발달, 중재 전략에 대한 높은 부모 만족도를 보여 주었다고 하였다. Hancock과 Kaiser(2002)는 언어지체가 있는 아동 세 형제에게 모델과 요구 모델 두 가지의 환경 중심 언어중재를 가르쳤으며, 심선우(2001)는 3명의 언어발달 지체 아동 어머니를 훈련하여 대상 아동의 자발 발화에 미치는 효과를 연구하였다.

2. 환경 중심 언어교육의 절차

문헌에 소개된 환경 중심 언어중재법들의 공통된 요소들은 다음과 같다(Kaiser et al., 1992: 김영태, 2002에서 재인용). ① 훈련은 아동의 흥미나 주도에 따른다. ② 언어의 형태를 가르칠 때 일상생활에서 흔히 접할 수 있는 많은 사례를 사용한다. ③ 아동의 반응을 확실하게 촉진해 준다. ④ 아동의 반응에 대한 강화는 특정 언어 형태와 연결된 것으로 하고, 훈련 문맥 속에서 자연스럽게 한다. ⑤ 훈련은 교사-학생 상호작용 속에서 다양하게 실시한다. 환경 중심 언어중재법 역시 행동주의의 '선행 사건(자극)-반응-후속 결과'의 체제 속에서 행해진다. 단지 전통적인 행동주의적 접근법과 다른 것은 선행 사건이 훈련자의 촉진이 아닌 아동의 관심 표현이라는 점과 후속 결과가 언제나 똑같은 것이 아니라 반응과 기능적으로 연관된 것이라는 점이다.

문헌에 소개된 환경 중심 언어중재법의 구성 절차 또는 기법은 다음과 같다(김영태, 2002).

1) 아동 중심의 시범 기법

환경 중심 언어중재에서의 시범은 아동 위주의 언어적 시범을 의미한다. 이 기법에서 교수자는 우선 아동의 관심이 어디에 있는지를 살피다가 행동에 같이 참여하면서 그에 적절한 언어를 시범 보이는 것이다. 흔히 시범을 보이기 전에는 강화가 될 수 있는 교재나 활동을 통제하다가, 아동이 바르게 반응하면 언어적 확장과 강화(교재나 활동)를 제공한다. 아동이 바르게 반응하지 못하였을 때는 다시 시범을 보이고 그에 따른 강화를 제공한다.

2) 시간 지연 기법

시간 지연 기법은 교수자가 아동과 함께 쳐다보거나 활동하다가 아동의 언어적 반응을 가만히 기다려 주는 것이다. 아동이 말해야 하는 상황임을 눈치채고 말을 하게 되면 그에 적절하게 교정 또는 시범을 보인다. 지연은 보통 3~5초간 이루어지는데, 좀 더 나이 든 아동들의 경우에는 10초 이상 지연을 하기도 한다. 만약 아동이 지연에 반응하지 않으면, 언어치료사는 다른 지연을 제시하거나 선반응 요구-후시범 절차나 시범 절차를 사용한다.

3) 선반응 요구-후시범 기법

선반응 요구-후시범 기법(mand-model procedure)은 Rogers-Warren과 Warren (1980)이 일대일 언어 훈련으로부터 학급으로의 일반화를 위하여 개발한 것이다. 시범 방법에서와 같이 아동과 교수자가 함께 활동을 하다가, 아동에게 언어적인 반응을 구두로 요구해 본 후에 시범을 보이는 것이다. 시범 방법과 다른 점은 아동에게 반응할 기회를 우선 주고 나서 언어적인 시범을 보인다는 것이다. 반응을 요구할 때는 흔히 명령 후에 시범을 보이든지(예, "말해 봐." "차."), 의문사 질문 후에 시범을 보이든지(예, "뭐 가지고 놀까?" "차."), 또는 선택형 질문 후에 시범을 보인다(예, "차 가지고 놀까, 주사기 가지고 놀까?" "차."). 그러나 일부 연구자들은 아동이 지나치게 교수자의 요구 촉진에 의존하게 되므로 자발적인 의사소통을 저해할 위험성이 있음을 제기하기도 한다.

4) 우발교수

우발교수(incidental teaching prodecure)는 환경 중심 언어중재의 핵심적인 부분으로 아동의 의사소통 기능 및 기술을 증진시키는 데 매우 효과적인 방법이다. 우발교수란 아동의 생활환경에서 우연히 일어나는 의사소통의 시도 또는 언어학습의 기회를 이용하여 언어 훈련을 하는 것이다. 전통적인 방법에서는 교수자가 아동의 가정이나 학교, 교실 등 아동에게 중요한 환경에 가 보고 그 상황들 속에서 일어날 수 있

는 언어 훈련을 계획하여 부모나 교사와 함께 직접 또는 간접적으로 훈련을 실시한
다. 그러나 '우연한 학습 기회'가 그리 자주 포착되지 않을 수도 있고 언어치료사를
학교나 가정에 파견하기가 어렵기 때문에 강화된 환경 중심 언어중재(enhanced
milieu language intervention)가 제안되었다. 이러한 활용방안에서는 교수자가 아동
의 환경이나 그와 유사한 상황에서 우발적인 학습의 기회를 만들어 주는 것을 허용
한다. 그러므로 교수자는 목표하는 의사소통 기능(예, 거부하기)을 가진 언어적 표현
(예, "싫어요.")을 자연스럽게 유도하는 상황(예, 흥미로운 장난감을 가지고 노는데 갑자
기 그림책을 제시한다)을 만들어, 아동이 그 상황에서 바람직한 언어 또는 의사소통 행
동을 학습하도록 한다.

3. 환경 중심 언어교육 활용 기법

Warren과 Yoder(1997)가 그들의 저서에서 소개한 전언어적 환경 중심 언어중재
법의 구성 절차 및 기법은 다음과 같다.

1) 의도적 의사소통 목표

전언어적 의사소통 기능의 시작과 빈도는 후기 언어발달의 예후를 알 수 있게 한
다. 그러므로 중재는 아동의 요구하기와 언급하기의 빈도와 명확성을 증가시키는 데
초점을 둔다. 아동이 가능한 한 빨리 말을 했으면 하기 때문에 그 목표를 단어를 말
하는 것으로 설정할 수 있으나, CSBS(communication and symbolic behavior scale;
Wetherby & Prizant, 1998)와 같은 검사에서 분당 한 번 이하의 의도적 의사소통을 하
는 아이들에게는 전언어적 의사소통 기술의 기초를 형성하는 것이 더 중요하다.

2) 상황 설정하기

전언어적 환경 중심 언어중재법 기술을 사용하는 데 적절한 환경을 제공하는 과정
이다. 이 과정은 환경 조정하기, 아동의 관심 주도 따르기, 사회적 일상과정 형성하

기로 이루어져 있다.

(1) 환경 조정하기

아동의 환경 조정에 관심을 기울이는 것은 아동이 스스로 필요하고, 원하고, 흥미를 가지는 것을 중심으로 의사소통을 시작한다는 사실을 바탕으로 한다. 이것은 아동이 자극적이고, 흥미 있고, 발달적으로 적절한 환경에 있도록 하는 것이다. 환경을 조정하기는 원하는 물건을 아동의 손에 닿지 않거나 성인의 도움이 필요한 곳에 위치시키는 것인데, 이때 얼굴을 마주 보는 것이 중요하다.

(2) 아동의 관심 주도 따르기

아동은 어른이 선택한 사물과 놀이보다는 스스로 선택한 것에 더 잘 집중한다. 게다가 어린 아동들은 그들의 주의 유지 시간이 매우 짧다. 아동의 관심 주도 따르기는 활동과 사회적 상호작용에 아동이 지속적으로 흥미를 갖도록 한다.

- 수반된 운동 모방: 아동의 운동 산출을 정확하게, 줄여서 또는 확장해서 모방하는 것이다. 이것은 시작을 잘하지 않는 아동에게 유용한 기술이다.
- 수반된 소리 모방: 아동의 음성 산출을 부분적으로 정확하게 또는 수정해서 모방하는 것이다.

(3) 사회적 일상과정 형성하기

사회적 일상과정에는 반복적이고 예측 가능한 주고받기 게임과 관례 행사 등이 있다. 장난감 놀이뿐 아니라 먹기, 목욕하기, 옷 입기 등과 같은 일상생활의 과정으로 설정한다. 예측 가능한 사회적 일상과정 구조화는 아동들이 새로운 기술을 배우고 기억하는 데 도움을 준다.

3) 세부 기술

(1) 촉구

촉구는 아동의 의도적 의사소통을 유도하거나 의도적 의사소통의 세부 내용을 유도하기 위해 사용한다. 의사소통 시도를 유도해 내기 위해 사용하는 두 가지 유형의 촉구가 있는데 시간 지연과 구어적 촉구가 그것이다.

시간 지연은 주고받는 일상과정을 방해하는 것과 같은 기능을 하는 비구어적 촉구다. 예를 들어, 아동과 성인이 공 굴리기를 하다가 성인이 아동이 요구할 때까지 공을 주지 않는 것이다.

구어적 촉구로는 의사소통 반응을 유도하기 위해 의도된 개방형 질문을 할 수 있다. 이 역시 의사소통의 세부적인 내용을 유도하기 위해 사용될 수 있다. 예컨대, 아동이 시선을 마주치지 않고 요구했을 때 직접적으로 "나를 봐."라고 이야기함으로써 눈 맞추기를 유도할 수 있다. 응시의 상호작용은 공동 주의집중에 필수적인 눈 맞추기를 하기 위해 어른이 사용할 수 있는 기술이다.

(2) 모델

모델은 아동의 의도적인 의사소통 시도의 음성과 몸짓을 지원하고 강화하기 위해 사용된다. 아동이 사용한 소리의 음성 모델은 아동 발성의 비율을 증가시키기 위한 의사소통의 음성 요소와 시도를 강조하기 위해 사용된다. 몸짓 모델은 아동이 몸짓을 사용하고 모방하도록 한다. 예를 들어, 성인은 비행기가 하늘로 지나갈 때 아동이 '지적하기(pointing)'를 사용할 수 있도록 지적하기 모델을 제공할 수 있다.

(3) 부가적인 반응

요구하기와 언급하기와 같은 아동 의사소통 시도는 그들의 의도에 따라 결과가 나타나야 한다. 즉, 아동은 그들이 요청한 것이 무엇이든지 받아들일 수 있어야 하고, 성인은 아동의 관심에 주의를 기울여야 한다. 이런 성인으로부터의 지속적인 관심과 상호작용은 아동에게 체화할 수 있는 기회를 제공한다. 이러한 자연스러운 결과는 구체적인 승인이나 언어학적 연결로 보충할 수 있다.

- 구체적인 승인: 미소와 함께 언급하는 것이다. 예를 들어, 요청을 시작하는 과정에서 아동이 성인과 눈 맞추기를 했을 때 성인은 웃으며 "나를 보고 있네."라고 말할 수 있다. 지속적이고 구체적인 승인의 활용은 의사소통의 흐름을 방해할 수도 있고 진술의 가치를 떨어뜨릴 수도 있다. 그러므로 이러한 진술은 아동이

처음 새로운 행동을 획득했을 때, 그리고 그 후 어떤 사건에 대한 반응으로만 사용해야 한다.

- 언어학적 연결: 중심적인 의미를 구어적으로 진술하는 것이다. 예를 들어, 아동이 성인이 보라고 인형을 들어 올렸을 때 성인은 "인형이네."라고 반응할 수 있다. 언어학적 연결은 정상적으로 발달하는 아동과 그렇지 않은 아동 모두의 어휘 발달에 큰 영향을 미치는 것이다. 그러므로 성인은 아동의 의사소통 시도에 대한 반응으로 빈번하게 언어학적 연결을 사용해야 한다.

4) 의도적 의사소통 가르치기

(1) 요구하기 가르치기

처음에는 성인과 아동 사이의 주고받기가 포함된 하나 이상의 사회적 일상과정이 유용하다. 한 번 일상과정이 형성되고 일상과정의 특정 사례가 적어도 두 번 이루어지면, 성인은 자신의 차례에 수행하지 않고 기다리며 아동을 바라본다(시작 시간 지연). "이거 하고 싶어?"와 같은 구어적 촉구를 줄 수도 있다. 만약 적절한 반응이 없거나 아동의 반응이 완전하지 않다면 성인은 아동에게 도움을 준다. 예를 들어, 아동이 장난감을 보고 별개의 행동을 보여 주거나 성인과 눈을 마주치지 않고 발성을 한다면, 성인은 "날 봐."라고 말하거나 아동의 응시를 유도한다. 만약 의사소통 행동을 완성하기 위해 필요하다면 성인은 몸짓 모델을 제공할 수도 있다. 촉구, 모델, 구체적인 승인은 아동이 의도적으로 요구하기 시작하면 점점 없어져야 한다. 하지만 언어학적 연결은 요구에 대한 성인의 반응 부분으로서 유지되어야 한다.

(2) 언급하기 가르치기

언급하기는 요구하기와 다른 방법으로 가르친다. 언급하기의 기본적인 동기는 다른 사람의 주의를 끌고 다른 사람과의 정서적인 상태를 공유하려는 것이다. 언급하기는 모델과 그 사용을 유도할 수 있는 상황을 제공하는 것으로 가르친다. 한 상황은 새로운 사건이나 사물을 소개하는 것이다. 이것은 일상생활 내에서 새로운 장난감, 바보 같거나 이상한 사건 등을 제공하는 것이나 일상을 방해하는 것을 포함하여 많은 형태를 취할 수 있다. 성인은 새로운 사건과 함께 모델을 제공해야 한다. 또 다른 기술은 성인이 때때로 아동에게 관심을 덜 주는 것이다. 예를 들어, 성인은 아동과 멀리 떨어져 있거나 다른 아동이나 활동에 관심을 둔다. 이렇게 해서 성인이 알아채지 못한 새로운 일이 일어났을 때 아동이 성인의 주의를 끌기 위하여 언급하도록 만들 수 있다. 다른 방법은 아동이 방을 몇 분 동안 떠나게 두고 성인은 짧은 거리에 떨어져서 관찰만 하는 것이다. 이 경우 아동은 새로운 것을 발견하고 성인에게 그것을 언급할 수 있다.

요구하기와 언급하기의 형태를 가르치기 위한 직접적인 노력은 아동이 이러한 기능을 분당 평균 한 번 이상 사용할 때까지 계속된다. 아동이 한 번 이 기준을 통과하면, 훈련 시도는 환경 중심 언어중재 기술을 사용하는 초기 상징 획득으로 초점을 맞춘다.

4. 환경 중심 언어교육 적용 사례

여기서 소개하는 환경 중심 언어교육 적용 사례는 노은호(2009)의 연구 중 14쪽부터 19쪽까지 제시된 내용을 중심으로 한 것이다.

노은호는 해당 연구를 수행할 때 중재 도구로 세 가지 전략이 혼합된 환경 중심 언어 전략을 사용하였다. 이 세 가지 전략은 각각 다음과 같다.

첫째, 환경 조성은 물리적인 환경을 조절하고 아동이 선호하는 자료를 중심으로 놀이 상황을 계획하는 전략으로, 흥미 있는 자료, 닿지 않는 위치, 도움, 불충분한 자료, 중요 요소 빼기, 선택, 우스운 상황 등의 요소가 있었다.

둘째, 반응적 상호작용은 유아와의 놀이 상황에서 언어적·비언어적 행동에 반응하여 대화의 공감대를 형성해 주는 전략으로, 아동 주도에 따르기, 공동 관심 형성하기, 정서 일치시키기, 상호적 주고받기, 시범 보이기, 확장하기, 유아 발화에 반응하기, 유아 반응 기다리기 등의 요소가 있었다.

셋째, 환경 중심 언어중재는 아동 중심 시범, 선반응 요구-후시범, 시간 지연, 우발교수의 네 가지 기법으로 구성된 전략으로, 모두 결합된 포괄적인 접근법을 사용하였다.

이러한 환경 조성 전략, 반응적 상호작용 전략, 환경 중심 언어중재 전략의 일부 내용을 제시하면 〈표 12-1〉과 같다.

표 12-1 환경 중심 언어교육 적용 사례

구분	기법	설명	예시
환경 조성 전략	흥미 있는 자료	아동이 흥미 있어 하는 자료를 이용한다.	좋아하는 블록이나 장난감을 교실 잘 보이는 곳에 배치해 둔다(예, 나이프, 포크, 종이 블록, 긴 줄, 블록 박스, 언어 퍼즐 등).
	닿지 않는 위치	유아의 시야 안에 자료를 놓아 두되 유아의 손이 닿지 않는 곳에 놓는다.	좋아하는 장난감을 손이 닿지 않는 높이의 벽에 테이프로 붙여 놓는다. 또는 유아의 키보다 높은 창틀에 올려놓는다.
	도움	유아가 자료를 조작하기 위해 성인의 도움을 필요로 하는 상황을 만든다.	좋아하는 긴 줄이나 넥타이를 풀기 어렵게 여러 번 묶어 놓는다.
	불충분한 자료	유아가 추가적인 자료를 요구하도록 하기 위해 적은 수나 양의 자료를 제공한다.	수족관에 배 띄우기를 좋아하는 유아에게 물이 부족한 수족관과 배를 주어서 놀이를 하도록 유도한다.
반응적 상호 작용 전략	아동 주도에 따르기	유아의 말과 행동과 유사하게 언어적·비언어적 행동을 하고, 유아의 주제를 따르며 관찰하고, 말하도록 기다려 주고, 경청하며 말과 행동을 모방한다. 지시나 질문은 피한다.	소꿉놀이를 하면서 유아: (나이프와 포크로 음식 모형을 써는 행동을 한다.) 교사: (나이프와 포크를 가지고 썰며) 계란 프라이를 썰어요. 유아: (포크로 음식을 찍어 먹는 흉내를 낸다.) 교사: (포크로 음식을 먹는 흉내를 내며) 계란 프라이가 맛있네요.
	공동 관심 형성하기	유아와 교사가 같은 활동에 참여하거나 같은 장난감으로 놀이에 참여한다. 유아가 장난감이나 활동을 바꾸면 교사도 유아가 선택한 활동으로 전환한다.	크기가 다른 종이 블록을 가지고 놀이를 한다. 유아: (크기가 큰 블록을 아래 놓고 작은 블록을 차례차례 높이 쌓는다.) 교사: 작은 블록은 위로 올려야지(작은 블록을 집어 유아의 블록 위에 올려놓는다).
	정서 일치시키기	유아의 기분과 태도가 적절할 때 유아의 정서에 맞춰 반응한다. 유아의 정서가 부적절하면 그에 맞추지 않는다.	유아가 얼굴을 찡그리면 교사도 찡그리고, 작게 대답을 하면 교사도 유아에게 작게 말한다.
	상호적 주고받기	유아와 교사의 상호작용에서 교대로 대화나 사물을 주고받는다.	대화 주고받기 교사: (고개를 숙이며) ○○야, 안녕하세요? 유아: (고개를 숙인다.) 교사: 말로도 인사해야지. 안녕하세요? 유아: (웃으며) 안녕하세요?

환경 중심 언어 중재 전략	아동 중심 시범	유아 위주의 언어적 시범을 의미하며, 관심이 어디 있는지를 관찰하고 그 물건이나 행동에 같이 참여하면서 적절한 언어를 시범 보인다.	• 유아와 공동 관심을 갖는다. • 관심을 보이는 것에 언어적 시범을 보여 준다. • 유아가 정반응을 할 때 즉각적인 칭찬과 함께 언어 확장을 하면서 재료를 준다. 오반응이나 무반응을 하면 다시 모델을 한다. • 유아가 두 번째 시범에 정반응을 하면 즉각 칭찬, 언어 확장, 재료를 준다. 오반응을 하면 교정적 피드백과 재료를 준다. 유아: (교사의 손을 끌어 보자기에 놓는다.) 교사: ○○야, 어떻게 해 줄까요, 도와줄까요? 유아: (보자기 위에 발을 올려놓는다.) 교사: 보자기 묶어 줘요? 이때는 '도와주세요'라고 하는 거야. 유아: 도와주세요. 교사: (안아 주면서) 옳지. 잘하네.
	선반응 요구- 후시범	유아와 함께 활동을 하다가 유아에게 언어적인 반응을 구두로 요구해 본 후에 시범을 보이는 것이다.	• 유아와 공동 관심을 갖고 먼저 반응을 요구한다. • 유아가 정반응을 하면 즉각적인 칭찬과 언어 확장, 재료를 주고, 오반응, 무반응을 하면 두 번째 요구와 시범을 제시한다. • 유아가 두 번째 요구나 시범에서도 오반응을 하면 교정적 피드백을 준다. 교사: (안경을 교사가 가지고 있으면서) 뭐 줄까? 유아: (교사의 손에서 안경을 가져가려고 한다.) 교사: 안경을 가지고 놀고 싶니? 유아: (손을 내민다.) 교사: 이럴 때는 '주세요'라고 이야기하는 거야. 유아: (손을 내밀며) 주세요. 교사: 안경, 주세요. 유아: 안경, 주세요. 교사: 옳지. 말 잘하네. 그래, 그렇게 말하려무나.
	시간 지연	유아와 함께 활동을 하다가 언어적 반응을 기다려 주는 것으로, 유아가 말해야 하는 상황임을 눈치채고 말을 하게 되면 그에 적절하게 교정 또는 시범을 보인다.	• 유아와 공동 관심을 갖는다. • 유아가 재료나 보조를 필요로 하기 쉬운 경우를 판별한다. • 5초간 유아의 언어적 반응을 기다린다. • 유아가 정반응을 하면 즉각적인 칭찬, 언어 확장, 강화물을 주고, 오반응을 하면 두 번째

환경 중심 언어 중재 전략			확장, 강화물을 주고, 오반응을 하면 두 번째 시간 지연을 한다. 만일 유아가 두 번째도 오반응을 하면 다른 전략을 사용한다. (소고를 가지고 놀이를 한다. 교사만 소고의 채를 가지고 있고 유아에게는 채를 주지 않고 북만 준다.) 교사: (소고를 두드리며 놀이한다.) 유아: (교사의 손을 쳐다본다.) 교사: (소고를 유아 앞에서 두드리면서 소리를 낸다.) 유아: (교사의 손에서 채를 가져가려고 한다.) 교사: (채를 주지 않고 5초 이상 기다린다.) 유아: 주세요. (손을 내민다.) 교사: 북채 주세요. 유아: 북채 주세요.
	우발교수	우연히 일어나는 의사소통의 기회 또는 언어학습의 기회를 이용하여 언어 훈련을 하는 것이다.	유아의 의사대로 우발적인 상황이 된다. 유아와 공동 관심을 갖는다. (유아가 흥미로워하는 영역에 가서 놀이를 하면 새로운 환경과 반응을 조성해 준다.) • 시범 절차 　(새롭거나 어려운 형태를 훈련, 명료성 향상을 위해 사용) • 요구 모델 절차 　(복잡하고 대화적인 기술을 훈련하기 위해 사용) • 시간 지연 절차 　(환경 자극에 대해서 의사소통 행동을 시작하도록 유아를 훈련시킬 때 사용)

요약

- 자연적인 언어중재는 환경 중심 언어교육의 뿌리가 되는 것으로서 아동이 학습한 행동을 일반화하기 위해서는 학생의 자연적인 환경이 중요하다는 인식을 바탕으로 하고 있다. 자연적인 언어중재에 대표적인 교수 방법인 우발 언어교수는 학생들의 언어발달 촉진과 사회적 행동 향상에 크게 기여하였다.

- 자연적인 중재방법과 화용론적 측면을 강조하는 풍토에서 나타난 교수 방법 중에 대표적인 것이 환경 중심 언어교육이다. 환경 중심 언어교육은 대화의 맥락 속에서 아동을 중심으로 분산된 훈련을 통해 언어가 사용되는 맥락 내에서 언어의 형태와 내용을 교수하는 방법이다.

- 강화된 환경 중심 언어중재는 환경 중심 언어중재가 가지고 있는 한계를 극복하고 아동의 환경을 좀 더 효율적으로 조절하고 아동의 의사소통 행동이나 시도에 보다 반응적으로 상호작용하기 위해 개선된 언어중재 교수 방법이다.

- 전언어적 환경 중심 언어중재는 환경 중심 언어중재를 전언어기에 있는 아동을 위해 수정 · 보완한 것으로 특정 몸짓, 소리, 함께 눈 맞추기 등을 직접적으로 가르친다.

- 환경 중심 언어중재는 아동 중심의 시범 기법, 시간 지연 기법, 선반응 요구–후시범 기법, 우발교수 등의 절차를 가진다.

- 환경 중심 언어중재를 위한 전략으로는 환경 조성 전략, 반응적 상호작용 전략, 환경 중심 언어중재 전략 등이 포함되고, 환경 중심 언어교육 활용 기법에는 의도적 의사소통 목표, 상황 설정하기, 촉구와 모델 같은 세부 기술, 의도적 의사소통 가르치기 등이 포함된다.

학습문제

1. 환경 중심 언어교육의 발생과정을 이해하고, 행동주의적 접근과의 차별성에 대해서 토의해 보시오.

2. 학교에서 이루어지고 있는 환경 중심 언어교육의 예를 찾아서 환경 조성 전략, 반응적 상호작용 전략, 환경 중심 언어중재 전략으로 구분하여 정리해 보시오.

3. 환경 중심 언어교육 활용 기법을 바탕으로 하여 수업을 설계하고 특수교육 현장에 적용할

때 주의할 점에 대해서 토의해 보시오.

4. 장애학생들에게 환경 중심 언어교육을 적용할 때 고려하여야 할 사항에 대해 토의하여 보시오.

참/고/문/헌

강혜경(2005). 특수교사와 치료교사 간 협력적 접근을 통한 교실중심 언어중재가 장애유아의 의사소통에 미치는 영향. 이화여자대학교 대학원 미간행 박사학위논문.

금미숙(2004). 환경 중심 언어중재 프로그램 구안·적용을 통한 자폐성 아동의 의사소통 행동 신장. 현장특수교육연구보고서. 서울: 국립특수교육원.

김기옥(2007). 통합 상황에서 강화된 환경 중심 언어중재(enhanced milieu teaching)가 자폐 유아의 자발화에 미치는 효과. 이화여자대학교 대학원 미간행 석사학위논문.

김민영(2005). 환경 중심 의사소통 중재가 자폐아동의 자발적인 기능적 의사소통 행동에 미치는 영향. 이화여자대학교 대학원 미간행 석사학위논문.

김선희, 장성은(2000). 영유아의 표현어휘발달에 관한 실증적 연구. 언어청각연구, 2000년 학술대회발표논문 모음집.

김영태(1997). 언어장애의 화용론적 접근 방법에 관한 고찰. 인간발달연구, 25(1), 115-135.

김영태(2000). 취학전 아동의 수용언어 및 표현언어 척도. 서울: 서울장애인복지관.

김영태(2002). 아동언어장애의 진단 및 치료. 서울: 학지사.

김은경(1997). 환경 중심 언어중재와 아동 중심 언어중재가 언어지체 아동의 어휘와 의사소통 행동에 미치는 효과. 단국대학교 대학원 미간행 석사학위논문.

남옥심(2003). 환경 중심 언어중재가 자폐성 아동의 의사소통 기능에 미치는 효과. 창원대학교 대학원 미간행 석사학위논문.

노은호(2009). 통합상황에서 강화된 환경 중심 언어중재가 자폐 유아의 자발화와 반향어에 미치는 효과. 단국대학교 대학원 미간행 석사학위논문.

류지혜(1998). 우발언어교수 절차가 자폐성 아동의 자발발화에 미치는 효과. 공주대학교 대학원 미간행 석사학위논문.

박주일(2004). 환경 중심 언어지도가 자폐 아동의 자발적 의사표현에 미치는 효과. 공주대학교 대학원 미간행 석사학위논문.

송정옥(1999). 환경 중심 언어지도가 자폐성 아동의 자발적 의사표현과 상호작용에 미치는 효과. 대구대학교 교육대학원 미간행 석사학위논문.

심선우(2001). 어머니 훈련을 통한 환경언어중재가 언어발달지체 아동의 자발적인 발화 및 단어조합 사용에 미치는 효과. 이화여자대학교 대학원 미간행 석사학위논문.

연진희(2005). 확장된 환경 중심 언어중재가 발달장애아동의 사회적 의사소통에 미치는 효과.

공주대학교 대학원 미간행 석사학위논문.

윤혜련, 김영태(2002). 환경언어중재 및 집단언어중재 방법. 이화특수교육 학술대회 발표논문집: 2002년, 105-132.

이소현, 박은혜(2002). 특수아동교육. 서울: 학지사.

이영철(1993). 환경 중심 언어지도가 정신지체아의 자발 발화에 미치는 효과. 대구대학교 대학원 미간행 박사학위논문.

이영철(1995). 환경 중심 언어중재가 정신지체아의 언어습득과 일반화에 미치는 영향. 특수교육연구, 16(3), 103-124.

이재영(2004). 환경 중심 언어중재에 따른 언어발달지체아동의 연결어미와 접속사 사용능력 비교: 아동단서모델방법과 우발언어교수방법을 중심으로. 용인대학교 대학원 미간행 석사학위논문.

이지연(2007). 자연적 중재를 이용한 활동-중심 삽입교수가 통합된 장애유아의 기능적 의사소통 발화에 미치는 영향. 이화여자대학교 대학원 미간행 석사학위논문.

장선아(1996). 비장애아동의 환경 중심 언어중재전략 사용이 장애아동의 사회적 언어에 미치는 영향. 이화여자대학교 대학원 미간행 석사학위논문.

장유경(1997). 한국 유아의 초기 어휘획득에서 제약성의 역할. 인간발달 연구, 4(1), 76-87.

전병운, 연진희(2005). 확장된 환경 중심 언어중재(EMT)가 발달장애유아의 발화능력에 미치는 효과. 유아특수교육연구, 5(1), 105-127.

정윤주(2003). 환경 중심 언어지도가 자폐성 장애 아동의 표현언어 및 사회적 상호작용에 미치는 효과. 단국대학교 대학원 미간행 석사학위논문.

제현선(2005). 놀이활동을 통한 환경 중심 언어치료 프로그램이 자폐성 아동의 어휘습득에 미치는 효과. 대구대학교 대학원 미간행 석사학위논문.

Alpert, C. L., & Kaiser, A. P. (1992). Training parents as milieu language teachers. *Journal of Early Intervention, 16*, 31-52.

Charlop, M. H., & Walsh, M. E. (1986). Increasing autistic children's spontaneous verbalizations of affection: An assessment of time delay and peer modeling procedures. *Journal of Applied Behavior Analysis, 19*, 307-314.

Fay, W., & Schuler, A. L. (1980). *Emerging language in autistic children*. Baltimore: University Park Press.

Fey, M. E., Warren, S. F., Brady, N., Finestack, L. H., Bredin-Oja, S. L., Fairchild, M., Sokol, S., & Yoder, P. J. (2006). Early effects of responsivity education/prelinguistic milieu teaching for children with developmental delays and their parents. *Journal of Speech, Language, and Hearing Research, 49*(3), 526-547.

Goldstein, H. (2002). Communication Intervention for Children with Autism: A Review of Treatment Efficacy. *Journal of Autism and Developmental Disorders, 32*(5), 343-396.

Hancock, T. B., & Kaiser, A. P. (2002). The effects of trainer implemented enhanced milieu teaching on the social communication of children with autism. *Topics in Early Childhood Special Education, 22*(1), 39-54.

Harris, S. L., Handleman, J. S., Kristoff, B., Bass, L., & Gordon, R. (1990). Changes in language development among autistic and peer children in segregated and integrated preschool settings. *Journal Autism and Developmental Disorder, 20*(1), 23-31.

Hart, B. M., & Risley, T. R. (1968). Establishing use of descriptive adjectives in the spontaneous speech of disadvantaged preschool children. *Journal of Applied Behavior Analysis, 1*, 109-120.

Hart, B. M., & Risley, T. R. (1974). Using preschool materials to modify the language of disadvantaged children. *Journal of Applied analysis, 7*(2), 243-256.

Hart, B. M., & Risley, T. R. (1975). Incidental teaching of language in the preschool. *Journal of Applied Behavior Analysis, 8*, 411-420.

Hart, B. M., & Risley, T. R. (1980). In vivo laguage intervention, Unanticipated general effects. *Journal of Applied Behavior Analysis, 13*(3), 407-432.

Hart, B. M., & Rogers-Warren, A. K. (1978). Milieu teaching approaches. In R. L. Schiefelbusch (Ed.), *Bases of language intervention* (Vol. 2, pp. 193-235). Baltimore: University Park Press.

Hepting, N., & Goldstein, H. (1996). What's 'natural' about naturalistic language intervention? *Journal of Early Intervention, 20*(3), 250-264.

Hemmeter, M. L., & Kaiser, A. P. (1994). Enhanced milieu teaching: Effects of parent-implemented language intervention. *Journal of Early Intervention, 18*, 269-289.

Hwang, B., & Hughes, C. (2000). Increasing early social communicative skills of preverbal preschool children with autism through social interactive training. *Journal of the Association for Persons with Severe Handicaps, 25*, 18-28.

Ingenmey, R., & VanHouten, R. (1991). Using time delay to promote spontaneous speech in an autistic children. *Journal of Applied Behavior Analysis, 24*, 591-596.

Kaiser, A. P. (1993). Parent-implemented language intervention. In A. P. Kaiser & D. B. Gray (Eds.), *Enhancing children's commnication: Vol. 2. Research foundation for intervention* (pp. 63-84). Baltimore: Brookes.

Kaiser, A. P. (2000). Teaching functional communication skills. In M. E. Snell (Ed.), *Instruction of students with severe disabilities* (5th ed., pp. 453-492). New Jersey: Prentice Hall.

Kaiser, A. P., Alpert, C. L., & Warren, S. F. (1987). Teaching functional language: Strategies for language intervention. In M. E. Snell (Ed.), *Systematic instruction of persons with severe handicaps* (pp. 247-272). Columbus: Charles E. Merrill Publishing Co.

Kaiser, A. P., Hancock, T. B., & Nietfeld, J. P. (2000). The effects of parent-implemented enhanced milieu teaching on the social communication of children who have autism. *Early Education and Development, 11*(4), 423-446.

Kaiser, A. P., & Hester, P. P. (1995). The generalized effects of enhanced milieu teaching. *Journal of Speech and Hearing Research, 37*(6), 1320-1340.

Kaiser, A. P., Yoder, P. J., & Keetz, A. (1992). Evaluating milieu teaching. In S. F. Warren & J. Reichle (Series & Vol. Eds.), *Communication and language intervention series: Vol 1. Causes and effects in communication and language intervention* (pp. 9-47). Baltimore: Paul H. Brookes.

Koegel, R. L., Camarata, S., Koegel, K. K., Ben-Tall, A., & Smith, A. E. (1998). Increasing speech intelligibility in children with autism. *Journal of Autism and Developmental Disorders, 28*, 241-251.

Laski, K., Charlop, M., & Schreibman, L. (1988). Training parents to use the natural language paradigm to increase their autistic children's speech. *Journal of Applied Behavior Analysis, 21*, 391-400.

Matson, J. L., Sevin, J. A., Box, M. L., Francis, K. L., & Sevin, B. M. (1993). An evaluation of two methods for increasing self-initiated verbalizations in autistic children. *Journal of Applied Behavior Analysis, 26*, 389-398.

McGee, G. G., Almedia, M. C., Sulzer-Azaroff, B., & Feldman, R. S. (1992). Promoting reciprocal interactions via peer incidental teaching. *Journal of Applied Behavior Analysis, 25*, 117-126.

McGee, G. C., Krantz, P. J., & McClannahan, L. E. S. (1985). The facilitative effects of incidental teaching on preposition use by autistic children. *Journal of Applied Behavior Analysis, 18*, 17-31.

Ostrosky, M. M., & Kaiser, A. P. (1991). Preschool classroom environments that promote communication. *Teaching Exceptional Children, 23*(4), 6-10. (Reprinted in Annual editions: *Educating exceptional children*, 6th ed., pp. 158-161, by K. L. Freiberg. Ed., 1995, Guilford, CT: Dushkin.)

Ostrosky, M., Kaiser, A., & Odom, S. (1993). Facilitating children's social-communicative interactions through the use of peer-mediated interventions. In A. Kaiser, & D. Gray (Eds.), *Communication and Language intervention, Vol. 2. Enhancing children's communication: Research foundations for intervention* (pp. 159-185). Baltimore: Paul H. Books Publishing Co.

Rogers-Warren, A. K. (1984). The effect of mands and models on the speech of unresponsive socially isolate children. *Journal of Speech and Hearing Disorders, 47*, 42-52.

Rogers-Warren, A. K., & Warren, S. (1980). Mands for verbalization: Facilitating the display of newly trained language in children. *Behavior Modification, 4*, 361-382.

Warren, S. F., & Gazdag, G. (1990). Facilitating early language development with milieu intervention procedures. *Journal of Early Intervention, 14*, 62-86.

Warren, S. F., McQuater, R., & Rogers-Warren, A. K. (1984). The effect of mands and models on the speech of unresponsive language delayed preschool children. *Journal of Speech and Hearing Disorders, 49*, 43-52.

Warren, S., F., & Yoder, D. J. (1997). Emerging model of communication and Language intervention. *Mental Retardation and Developmental Disabilities Research Review, 3*, 358-362.

Warren, S. F., Yoder, P. l., Gazdag, G. E., Kim, K., & Iones, H. A. (1993). Facilitating prelinguistic communication skills in young children with developmental delay. *Journal of Speech and fearing Research, 36*, 83-97.

Wetherby, A., & Prizant, B. (1998). *Communication and symbolic behavior scales developmental profile-research edition*. Chicago, IL: Applied Symbolix.

Yoder, P. J., Kaiser, A. P., Alpert, C., & Fischer, R. (1993). Following the child's lead when teaching nouns to preschoolers with mental retardation. *Journal of Speech and Hearing Research, 36*(1), 158-167.

Yoder, P. J., & Warren, S. F. (1998). Maternal responsivity predicts the prelinguistic communication intervention that facilitates generalized intentional communication. *Journal of Speech, Language, and Hearing Research, 41*(5), 1207-1219.

제13장

보완·대체 의사소통

개요

　청각장애나 의사소통장애 학생들뿐만 아니라 학습장애나 자폐성장애, 지적장애 등 말과 언어에 어려움을 가진 많은 장애학생들에게는 이를 보완하기 위한 추가적인 지원이나 대체할 수 있는 의사소통 방법이 필요할 것이다. 즉, 그들이 가지고 있는 말·언어 능력을 강화하거나 보충할 수 있는 의사소통 방법이나 말을 대체할 수 있는 방법이 제공되어야 한다. 그들은 단순히 조음기관의 마비에 따른 조음상의 어려움으로 인한 경우뿐만 아니라 인지적 장애가 심한 경우 구어를 산출하는 데 필요한 인지 능력의 발달이 부족하여 언어 산출에 어려움을 겪기도 한다. 두 경우 모두 보완·대체 의사소통의 적절한 활용을 통하여 의사소통 능력을 증진시킴으로써 그들의 학습 및 일상생활에 도움을 줄 수 있다. 보완·대체 의사소통이란 모든 상황에서 독립적으로 의사소통을 할 수 없는 사람들의 의사소통을 지원해 주고 향상시킬 수 있도록 계획된 모든 접근 방법이라고 할 수 있다. 즉, 보완 의사소통은 약간의 의사소통 기술을 가진 사람들을 위해 의사소통 과정을 보충, 향상, 지원하기 위하여 사용하는 것이고, 대체 의사소통은 말 대신에 다른 의사소통 도구를 사용하는 것이다.

　이 장에서는 이처럼 독립적으로 의사소통을 할 수 없는 학생들을 위한 보완·대체 의사소통의 개념과 보완·대체 의사소통 체계의 유형을 알아보고, 적절한 평가를 바탕으로 장애학생을 위한 보완·대체 의사소통 중재 전략을 살펴보고자 한다.

1. 보완 · 대체 의사소통의 개념

1) 보완 · 대체 의사소통의 의미와 목적

청각장애나 의사소통장애 학생들뿐만 아니라 학습장애나 자폐성장애, 지적장애 등 말과 언어에 어려움을 가진 많은 장애학생들은 이를 보완하기 위한 추가적인 지원이나 대체할 수 있는 의사소통 방법이 필요하다. 즉, 그들이 가지고 있는 말 · 언어 능력을 강화하거나 보충할 수 있는 의사소통 방법이나 말을 대체할 수 있는 방법이 제공되어야 한다. 그들은 단순히 조음기관의 마비에 따른 조음상의 어려움으로 인한 경우뿐만 아니라 인지적 장애가 심한 경우 구어를 산출하는 데 필요한 인지 능력의 발달이 부족하여 언어 산출에 어려움을 겪기도 한다. 두 경우 모두 보완 · 대체 의사소통의 적절한 활용을 통하여 의사소통 능력을 증진시킴으로써 그들의 학습 및 일상생활에 도움을 줄 수 있다(박은혜, 2003). 언어장애뿐만 아니라 중도 · 중복장애를 가진 아동이나 성인 중에는 이처럼 보완하거나 대체하는 의사소통 체계를 필요로 하는 경우가 많다.

오늘날 대부분의 학자는 상징적/비상징적 형식을 사용하여 "중도장애인들도 기초 장애의 본질이나 원인에 상관없이 적절한 교육과 지원을 통해 효과적으로 의사소통하는 방법을 배울 수 있다."는 점에 의견을 같이하고 있다(National Joint Committee for the Communication Needs of Persons with Severe Disabilities, 2002).

국립특수교육원(2009)에서 편찬한 『특수교육학 용어사전』에서는 보완 · 대체 의사소통(Augmentative and Alternative Communication: AAC)을 다음과 같이 정의하고 있다.

보완 · 대체 의사소통(AAC)은 독립적으로 말이나 글을 사용하여 의사소통을 할 수 없는 사람들의 문제를 감소시키고 언어 능력을 촉진하기 위해 사용하는 말(구어) 이외의 여러 형태의 의사소통 방법을 말한다. 말의 발달이 늦거나 조음의 문제가 있는 아동의 말을 보완(augment)하여 다른 사람과의 의사소통 상호작용을 보충, 향상, 지원하거나 성대 수술이나 조음기관의 마비로 발음을 할 수 없는 경우에는 말 대신에 의사소통 도구 등 다른 대체적인(alternative) 방법을 통합적으로 사용하는 방법을 포함한다. 말하기와 쓰기에 심한 장애를 보이는 사람들의 장애를 일시적 혹은 영구적으로 보완해 주는 임상치료 행위의 한 영역으로, 의사소통을 지원해 주고 향상시킬 수 있도록 개인의 의사소통에 사용되는 상징(symbol), 보조도구(aids), 전략(strategies), 기법(techniques) 등에 관한 총체적인 접근 방법이다.

보완·대체 의사소통(AAC)은 의사소통이 어려운 개인 및 그들과 의사소통을 해야하는 주위 사람들의 의사소통 능력과 생활 수준을 높이기 위한 중재의 논리적 근거와 기법을 나타내는 용어이다. AAC를 필요로 하거나 그로부터 도움을 얻는 사람들은 말을 아예 하지 못하거나 대부분의 사람이 알아듣지 못하는 언어 능력을 가진 장애인들의 10% 중 약 0.25%로 적은 비율을 차지한다. 그러나 그들의 인지 능력과 운동 기능, 나이는 매우 다양하다. 그들에게 공통적인 점이라면 일반적인 방식이 아닌 의사소통을 하려 할 때 도움을 필요로 한다는 것이다(Loncke, 2003).

보완·대체 의사소통(AAC)은 말이나 글로 의사소통을 할 수 없는 사람들을 위한 의사소통 방법이다. 보완·대체 의사소통이란 모든 상황에서 독립적으로 의사소통을 할 수 없는 사람들의 의사소통을 지원해 주고 향상시킬 수 있도록 계획된 모든 접근 방법이라고 할 수 있다. 즉, 보완 의사소통은 약간의 의사소통 기술을 가진 사람들을 위해 의사소통 과정을 보충, 향상, 지원하기 위하여 사용하는 것이고, 대체 의사소통은 말 대신에 다른 의사소통 도구를 사용하는 것이다.

중증 언어장애 및 신체장애로 남의 말을 알아듣기는 하지만 말을 할 수 없거나 글자를 써서 의사표현을 할 수 없는 장애학생들은 다른 사람들과의 의사소통을 할 수 없기 때문에 정서적으로 위축되거나 불안하고 좌절감을 느껴 사회적으로 고립되기 쉽다. 따라서 표현 의사소통에 문제가 있는 학생들은 의사소통적 상호작용에서 수동적인 역할을 하게 된다. 이런 학생들은 오랫동안 다른 사람과 의사소통을 하지 못하기 때문에 의사소통 자체에 혐오감을 느껴 사회생활을 원활하게 할 수 없게 된다. 또한 이러한 의사소통의 부재는 문제 행동으로 이어질 수도 있다. 따라서 보완·대체 의사소통(AAC) 체계를 적용하는 목적은 그것을 사용하는 사용자마다 다르지만, 일반적으로 AAC 사용자들의 일상적인 의사소통 요구 충족, 말과 언어의 발달 촉진, 말과 언어의 회복 촉진이라고 할 수 있으며(Owens, Metz, & Haas, 2006), 구체적인 목적은 다음과 같다(교육과학기술부, 2009).

- 의사표현에 어려움을 겪고 있는 사람들에게 다른 사람이 이해하기 쉬운 보완 · 대체 의사소통 방법을 사용하여 의사소통을 하게 함으로써 다양한 상호작용을 촉진시켜 사회성을 향상시키고 일반 활동에의 참여도를 높이는 것이다.
- 의사표현의 기회를 제공함으로써 말과 언어발달을 촉진시킨다.
- 의견을 표시하며 질문하고 대답하는 등과 같은 학습 활동에의 참여도를 높인다.
- 의사소통의 기회를 질적 · 양적으로 확대시켜 줌으로써 의사소통 실패로 오는 좌절, 분노, 감정 폭발, 자아 학대 등의 문제 행동을 줄여 정서적으로 바람직한 성장을 돕는다.
- 의사소통을 함으로써 독립적인 생활을 촉진하여 취업 기회의 확대에도 도움을 준다.

2) 보완 · 대체 의사소통 체계의 구성 요소

보완 · 대체 의사소통(AAC) 체계는 개인의 의사소통에 사용되는 상징, 보조도구, 의사소통 기술, 전략 등으로 구성된다. 상징이란 몸짓, 수화, 표정, 사진, 그림, 낱말, 실물, 선화(line drawings), 블리스심벌(blissymbols) 등과 같은 것을 말한다. 보조도구란 메시지를 주고받는 데 사용되는 의사소통판, 의사소통책, 컴퓨터 장착기계 등의 물리적 도구를 말하며, 의사소통 기술이란 직접 선택(direct selection), 스캐닝(scanning), 약호화(encoding) 등 메시지를 전하는 방법을 말한다. 전략이란 의사소통 기술을 향상시키기 위해 상징, 보조도구, 기법을 보다 효과적으로 사용하는 특정한 계획을 말한다(정해동, 김주영, 박은혜, 박숙자, 1999).

(1) 상징

상징(symbol)은 일반적인 말이 아닌 다른 상징 체계를 말한다. 상징 체계는 지문자나 수화, 표정, 몸짓 등과 같이 도구가 필요 없는 것도 있고, 그림이나 선화, 블리스심벌과 같이 도구를 사용하는 경우도 있다. 그리고 실물이나 모형과 같이 실제 촉각을 통해서 의사소통이 이루어지는 촉각 상징도 있다. 이와 같은 상징 체계는 구체적인 것부터 추상적인 것까지 체계적으로 사용해야 한다.

그림 상징 체계로는 리버스심벌, 그림 의사소통 상징 등이 있다. 현재 우리나라에서 그림을 사용하는 상징 체계는 대개 그림 의사소통 상징(picture communication symbol: PCS)이 주로 이용되고 있으나, 이외에도 단순한 그림 상징보다 조금 더 발전한 상징 체계인 블리스심벌을 이용하기도 한다. 이 블리스심벌은 중국의 한자와 유사한 상형문자 형식을 가지고 있으며, 100여 개의 기본 상징을 조합하여 새로운 내용을 결합한 형태로 사용된다. 우리나라를 비롯한 세계 33개국 17개 언어로 번역되어 사용되고 있다(한경임, 1998).

실물은 의사소통 도구로 사용할 수 있고 사용자의 물체 확인에 대한 도움이 필요할 때 사용된다. 모형은 물체를 작게 복제한 것으로서 색상과 모양으로 실물을 표현할 수 있다. 이것은 물체의 사진이나 그림을 해석할 수 없는 사람이나 시각장애가 있는 사람, 그리고 실물이나 모형을 통해 촉각적인 피드백이 필요한 사람에게 사용된다. 사진은 질이 좋은 흑백 사진이나 컬러 사진을 사용한다. 이것은 물체, 동사(verb), 사람, 장소와 활동을 묘사하기 위해 사용된다(권혁철, 정동훈, 공진용, 2004).

(2) 보조도구
보완·대체 의사소통(AAC) 보조도구(aids)는 상징 체계를 위해 제작된 물리적인 도구를 말하며, 이는 전자 장치의 내장으로 전원이 필요한지 여부에 따라 전자 의사소통 도구(high technology) 장치와 비전자 의사소통 도구(low technology) 장치로 나눌 수 있다.

의사소통판이나 의사소통책 등과 같은 비전자 의사소통 도구는 보완·대체 의사소통(AAC) 초기 단계에 주로 이용되며 제작이 쉽고 비용이 적게 든다는 장점이 있다. 그리고 여러 가지 상황에서 사용자의 다양한 능력에 따라 사용될 수 있는 장점이 있고 쉽게 어휘를 추가할 수 있다. 전자 장치를 사용하는 전자 의사소통 도구는 최근 컴퓨터 과학의 발달로 다양한 의사소통 체계가 개발·보급되고 있다. 녹음 시간이 길고 양이 많을수록 가격이 비싸며, 키즈보이스, 칩톡, 테크톡, 빅맥 스위치 등이 많이 이용되고 있다.

3) 의사소통 기술
의사소통 기술(techniques)이란 메시지를 상대방에게 전달하는 방법으로 크게 직접 선택과 간접 선택으로 구분된다. 직접 선택은 사용자가 사진이나 그림, 물체 등의 상징을 직접 손가락이나 손으로 지적하여 선택하는 것으로, 키보드를 손이나 헤드스틱으로 눌러서 원하는 문자를 입력하는 방식을 말한다(Bryant & Bryant, 2003). 직접 선택은 빠른 입력 방식이지만 피로해지기 쉽고 힘이 든다는 단점이 있다.

간접 선택은 선택과정에서 하나 이상의 단계가 요구되는 접근 방법이다. 이러한 방법에는 하나 또는 그 이상의 스위치가 사용된다. 효율성 있는 사용을 위해서 스위치는 스캐닝이라 불리는 기술이 사용된다. 스캐닝은 시각적인 방법과 청각적인 방법이 있으며, 자동(automatic) 스캐닝, 역(inverse) 스캐닝, 단계(step) 스캐닝 등의 방법이 있다.

(4) 전략

보완 · 대체 의사소통(AAC) 전략(strategy)은 AAC 사용자의 의사소통을 촉진시키는 방법들을 말한다. 예를 들면, 의사소통판을 색깔별로 코팅하거나 단어 예측 프로그램을 사용하는 경우이다(박은혜, 김영태, 김정연, 2008). AAC를 사용하는 경우에는 의사소통이 신속하고 원활하게 이루어지지 않기 때문에 이와 같이 다양한 전략이 이용된다.

2. 보완 · 대체 의사소통 체계의 유형

보완 · 대체 의사소통(AAC) 체계는 크게 도구를 사용하지 않는 비도구 체계와 도구를 사용하는 도구 체계로 나뉜다. 도구를 사용하지 않는 비도구 체계는 일반 사람들에게도 많이 알려져 있는 것으로서 몸짓과 발성, 말하기, 손짓 기호, 눈 응시, 머리 끄덕이기 등 신체의 여러 부분을 이용하는 것을 말한다. 도구를 사용하는 도구 체계는 외부적 장치를 포함하는 것으로, 단순하고 기계적 복잡성이 낮은 것에서부터 아주 복잡한 전기 장치가 될 수 있다. 개조 키보드, 의사소통판, 눈 응시 보드판, 컴퓨터, 키즈보이스 등의 도구가 해당된다.

보완 · 대체 의사소통(AAC)은 이와 같이 구어와 쓰기를 통해 의사소통 욕구를 충족할 수 없는 아동을 보조하기 위해 활용되는 다양한 전략과 방법에 관한 것으로 표상적 상징 세트 혹은 어휘, 상징의 선택을 위한 수단, 상징을 전송하는 수단이라 할 수 있다. 이러한 AAC는 보조적일 수도 있고 비보조적일 수도 있다.

1) 비도구 체계

비도구 체계는 제스처나 발성, 얼굴 표정, 머리 끄덕이기, 지적하기 등 비언어적인 방법을 이용하는 의사소통 체계를 말한다. 이 체계는 어떠한 물리적 도움도 필요로 하지 않으며, 의사소통을 위해 서로에게 시각적 주의를 돌려야 한다. 그리고 몸 짓이나 손을 사용하여 표현해 내야 하기 때문에 신호의 구조는 일시적이다. 이와 같은 비도구 의사소통 체계는 제스처(gestures), 지적하기(pointing), 눈 응시(eye gazing), 고개 끄덕이기(yes/no headshakes), 미국 인디언 제스처(amer-ind gestures), 지화 문자(fingerspelling of manual alphabet), 수화언어(natural sign language) 등이 있다.

예를 들면, 미국의 수화체계 중 [그림 13-1]과 같이 코트나 추위를 나타내는 몸짓이나 손짓 등은 이해하기 쉬운 도상적인(iconic) 신호라고 할 수 있다.

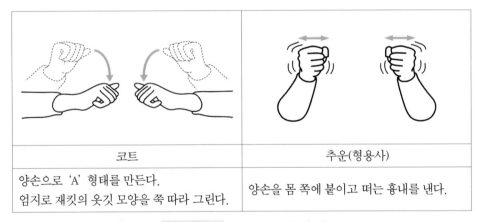

코트	추운(형용사)
양손으로 'A' 형태를 만든다. 엄지로 재킷의 옷깃 모양을 쭉 따라 그린다.	양손을 몸 쪽에 붙이고 떠는 흉내를 낸다.

그림 13-1 **도상적인 신호의 예**

출처: Owens et al. (2006).

또 [그림 13-2]와 같이 지시사항과 유사하여 이해하기는 쉽지 않지만 쉽게 추측할 수 있고 설명할 수 있으며, 기억할 수 있는 신호들을 투명한(transparent) 신호라고 한다.

그리고 도상적인 신호나 투명한 신호와는 달리 판단하거나 추측하기 어려운 신호

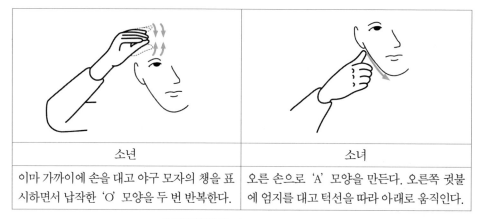

소년	소녀
이마 가까이에 손을 대고 야구 모자의 챙을 표시하면서 납작한 'O' 모양을 두 번 반복한다.	오른 손으로 'A' 모양을 만든다. 오른쪽 귓불에 엄지를 대고 턱선을 따라 아래로 움직인다.

그림 13-2 **투명한 신호의 예**

출처: Owens et al. (2006).

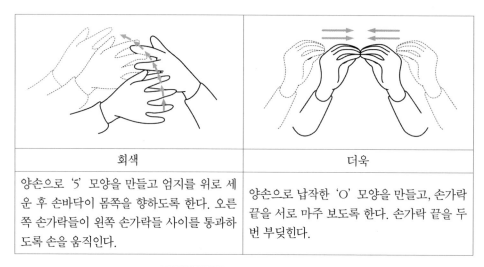

회색	더욱
양손으로 '5' 모양을 만들고 엄지를 위로 세운 후 손바닥이 몸쪽을 향하도록 한다. 오른쪽 손가락들이 왼쪽 손가락들 사이를 통과하도록 손을 움직인다.	양손으로 납작한 'O' 모양을 만들고, 손가락 끝을 서로 마주 보도록 한다. 손가락 끝을 두 번 부딪힌다.

그림 13-3 **불투명한 신호의 예**

출처: Owens et al. (2006).

도 있다. [그림 13-3]과 같이 '회색'이나 '더욱'과 같이 설명이나 추측이 어려운 신호를 불투명한(opaque) 신호라고 한다.

2) 도구 체계

도구 체계는 소근육 운동 조절 능력의 문제로 몸짓이나 수화와 같이 비도구 체계를 사용할 수 없는 뇌성마비 등과 같이 소근육 운동 조절에 어려움이 있는 경우, 비도구 체계를 이용하여 의사소통을 할 수 없는 경우, 그리고 환경의 문제로 의사소통판이나 전자적인 의사소통 도구와 같은 보조공학 기술(assistive technologies)로 의사소통을 해야 하는 경우 사용할 수 있는 체계이다. 즉, 의사소통판, 컴퓨터 보조기구, 음성출력 장치를 장착한 전자식 의사소통판 등의 여러 가지 물리적 도구를 이용하는 체계를 말한다.

의미를 전달하기 위한 도구 체계의 입력 방식은 직접 선택 방식과 간접 선택 방식인 스캐닝 방식으로 나눌 수 있다. 직접 선택 방식은 사용자가 손가락이나 손, 헤드포인터, 광학 헤드포인터 등으로 지적하거나 조이스틱을 조작하여 상징을 직접 선택하는 방법이다. 반면에 간접 선택 방식인 스캐닝 방식은 중증의 신경근육장애를 지닌 장애인이 눈 지적(eye pointing)으로도 불리는 눈 응시(eye gaze)를 통해 상징을 선택하는 시각적 방법과, 상대방이 의사소통판의 내용을 천천히 말해 주면 원하는 항목이 왔을 때 정해진 신호를 통해 선택하는 청각적 방법이 있다.

전자 보완·대체 의사소통(AAC) 도구 체계의 출력 방식은 다양하며, 사용자가 전하고자 하는 메시지는 상대방이 직접 판단해야 한다. 언어치료사와 교사는 AAC 도구 체계에서 사용자의 전자적 방식 출력이나 전달은 상징에 불이 들어오는 것과 같이 간단할 수 있고, 음성이나 인쇄물로 출력되는 것과 같이 정교할 수 있다는 것을 인지해야 한다. 그러므로 언어치료사 혹은 교사는 사용자와 상대방의 요구에 맞는 가장 적절한 출력 방식을 찾도록 도와야 한다(Owens et al., 2006).

보완·대체 의사소통(AAC) 도구 체계는 기계적 조작을 이용하지 않는(예, 실물, 종이와 연필 등) 노테크에서부터 조작이 단순하며 쉽게 이용 가능한 자료들을 사용하는 로우테크, 그리고 매우 정교하고 복잡한 전자적 도구 체계인 하이테크로 나눌 수 있다.

(1) 노테크

의사소통 체계 중 실물 자료나 사진, 그림 등을 사용하고 기계적 조작을 하지 않는 노테크(no-tech) 체계는 시각장애나 중도·중복장애, 지적장애 학생들에게 유용하게 사용될 수 있다. 실제 사물은 그 지시 대상과 동일하거나 유사한 것들로, '이를 닦아요'에 대해서 아동의 실제 칫솔과 동일하거나 유사한 색깔과 모양의 칫솔을 사용할 수 있다. 이러한 실물 자료는 축소형 사물로도 이용될 수 있는데 다양한 인지·감각·운동 장애학생들에게 유용하게 사용될 수 있다(Rowland & Schweigert, 2000).

그리고 사진이나 선화, 추상성 상징으로 학생들의 의사소통 양식을 보완·대체할 수 있다. 사물, 동사, 장소, 활동 등을 나타내기 위해 양질의 컬러나 흑백 사진을 이용할 수 있으며, 카메라로 찍거나 카탈로그, 잡지, 쿠폰, 상표, 광고 전단지 등을 통해 얻을 수 있다(Beukelman & Mirenda, 2005).

선화를 이용하기 위해서는 그림 의사소통 상징(picture communication symbols: PCS)과 리버스심벌(rebus symbols), 다이나심(DynaSyms), 픽토그램(pictogram), 블리스심벌(blissymbols) 등 다양한 방법을 이용할 수 있다.

대표적인 추상적 상징은 여키스 기호문자(Yerkish Lexigrams)이다. 이 체계는 9개의 기하학적인 체계로 구성되어 있는데, 상징을 만들기 위해서 단일 또는 2~4개의 형태를 결합하여 사용하며, 일반적으로 검정 바탕에 흰색의 형태로 제시된다(Beukelman & Mirenda, 2005).

그림 의사소통 상징

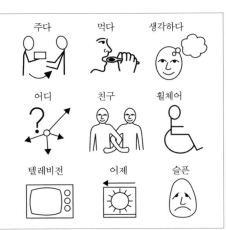

리버스심벌

다이나심

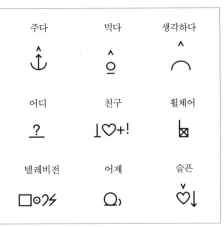

블리스심벌

픽토그램

그림 13-4 선화를 이용한 의사소통 체계

출처: Beukelman & Mirenda (2005).

(2) 로우테크

로우테크(low-tech) 체계는 조작이 단순하며 쉽게 이용 가능한 자료들을 사용하는 것으로, 노테크와 달리 기계적인 장치가 추가되어 다양한 의사표현이 가능하고 용이하게 확장할 수 있어 의사소통장애, 중도 · 중복장애, 지적장애 학생들에게 유용하게 사용될 수 있다. 로우테크 보완 · 대체 의사소통(AAC) 체계에는 커뮤니케이터 빌더(Communicator Builder), 스피닝 커뮤니케이터(Spinning Communicator), 리틀 맥(Little Mack) 등이 있으며, 구체적인 내용과 사용방법은 다음과 같다.

커뮤니케이터 빌더

보드 마커와 같은 프로그램으로 만든 오버레이를 윈도우의 개수에 맞추어 만든 후 의사소통판에 끼워 넣는다. 윈도우의 종류로는 2, 4, 8, 16개가 있다. 기계 뒤에 있는 나사를 돌려 개수를 맞추고 빨간 레코드 버튼을 눌러 윈도우의 순서대로 원하는 표현을 녹음한다.
윈도우의 수가 한정적이고 표현할 수 있는 범위가 제한적이어서 학습용이나 응급 시 의사표현을 하는 경우에 많이 사용한다.

오케이 톡톡(OK Toc Talk)

그림이나 상징, 글자 등이 쓰인 버튼을 누름으로써 자신이 표현하고 싶은 언어를 표현하는 의사소통 기구이다. 커뮤니케이터 빌더와 같은 방식으로 사용된다.

스피닝 커뮤니케이터

오버레이를 판에 끼우고 돌리다가 자신이 표현하고 싶은 의사표현 그림이나 기호에 멈춘다. 주로 장애 때문에 손 동작이나 몸의 조절이 어려워 의사소통에 문제가 있을 때 사용한다.

리틀 맥

버튼을 눌러 음성을 녹음한 후 녹음한 단어를 다시 음성 출력할 수 있다. 주로 단어 학습에 사용이 용이하다. 다른 스위치에 연결하여 사용하는 것도 가능하다.

빅 맥

운동–피드백에 대한 학습이 가능하며 다른 스위치를 연결하여 버튼을 누를 수 있다.

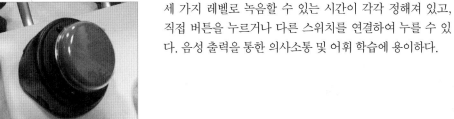

Step by Step with Levels

세 가지 레벨로 녹음할 수 있는 시간이 각각 정해져 있고, 직접 버튼을 누르거나 다른 스위치를 연결하여 누를 수 있다. 음성 출력을 통한 의사소통 및 어휘 학습에 용이하다.

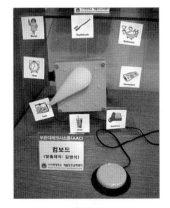

컴보드

스위치를 누르다가 자신이 표현하고 싶은 의사표현 그림이나 기호에 화살표가 갈 때 스위치를 놓는다. 스피닝 커뮤니케이터와 같이 의사소통에 어려움이 있고 지체장애를 지닌 사람들을 위해 만들어진 의사소통 기구이다.

출처: 나사렛대학교 재활보조공학센터(http://cms.kornu.ac.kr/atc).

(3) 하이테크

하이테크(high-tech) 체계는 노테크나 로우테크에 비해 매우 정교하고 복잡한 전자적 도구 체계로, 다양한 의사표현이 가능하며 기능의 확장이 다양하여 의사소통장애나 지적장애 학생들에게 유용하게 사용될 수 있다. 하이테크 보완 · 대체 의사소통(AAC) 체계에는 TANGO, 키즈보이스(Kids Voice), 다이나복스(Dynavox) 등이 있으며, 구체적인 내용과 사용방법은 다음과 같다.

TANGO

화면을 켜면 주제별로 단어, 그림 표현, 기호, 상황에 알맞은 문장 등을 선택할 수 있고 사진 촬영도 가능하며 인터넷도 가능하다. 다른 의사소통판과 달리 가볍고 크기가 작아 휴대가 가능하며 녹음을 직접 하지 않아서 문장 완성도가 높다. 그림과 문장이 함께 제시되어 문장 학습 기능에 효과적이며 올바른 표현을 사용할 수 있다. 또한 인터넷에 연결하여 자신이 자체적으로 녹음하여 만들기도 가능하며 업그레이드도 가능하다(영문판).

키즈보이스

TANGO와 유사한 기능을 가지고 있으며, 스위치를 연결하여 사용할 수도 있고 터치로 선택할 수 있다.

다이나복스

화면을 터치하듯이 누르며 화면상의 키보드를 타이핑하면 음성으로 출력이 가능하다. 자신이 표현하고 싶은 단어나 문장을 직접 작성하여 표현할 수 있다.

출처: 나사렛대학교 재활보조공학센터(http://cms.kornu.ac.kr/atc).

3. 보완 · 대체 의사소통 체계 평가

1) 보완 · 대체 의사소통 평가의 목적과 필요성

다른 영역에서와 마찬가지로 장애학생의 능력과 요구에 대한 평가는 적절한 보완 · 대체 의사소통(AAC) 체계와 중재 서비스를 결정하는 데 필수적인 요소이다 (Owens, Metz, & Haas, 2003). 장애학생을 위한 AAC 평가의 목적과 필요성은 다음과 같다(박은혜, 2003).

- 언어 수용 능력에 비해 언어 표현 능력이 부족한 장애학생들에게 구어 이외의 다른 표현 방법을 제공함으로써 의사소통을 원활히 하고자 하는 것이다.
- 인지적 장애가 심한 장애학생들의 경우, 언어 전 단계나 초기 의사소통 단계에 있는 학생이라도 적절한 AAC 체계의 사용을 통해 의사소통 및 언어 표현을 발달시킬 수 있기 때문이다. 또한 대부분의 경우 이러한 학생들에게는 다른 어떤 학습 목표보다도 의사소통 교육이 가장 의미 있고 기초적인 교육 목표가 되는 경우가 많다.
- AAC 적용을 통해 장애학생의 자기결정력을 증진시키고, 궁극적인 교육 성과인 지역사회에서의 독립적인 구성원으로서의 생활의 기초를 제공하기 위함이다. 또한 학령기 학생의 경우에는 학교의 학업과 친구와의 관계에도 긍정적인 영향을 가져올 수 있다.
- AAC 적용을 통해서 통합교육을 포함하여 장애학생의 모든 생활 영역에서 의미 있는 참여를 가능하게 할 수 있다.

2) 보완 · 대체 의사소통 평가의 원칙과 고려 사항

장애학생들이 의사소통을 원활히 하고, 궁극적으로 학습뿐만 아니라 성인기 지역사회 통합 및 성공적인 삶을 살기 위해서는 적절한 보완 · 대체 의사소통(AAC)의 적용이 매우 중요하다. 이때 장애학생 개인의 강점과 요구뿐만 아니라 다양한 요소들에 대한 평가가 이루어져야 하며, 이를 바탕으로 적절한 AAC를 선택하는 것이 중요하다. 그러므로 AAC 평가에는 장애학생의 말과 언어, 의사소통의 능력과 요구뿐만 아니라 운동과 지각 능력, 선호도, AAC를 사용하기 위한 지원 환경 등에 대한 평가가 선행되어야 한다. 장애학생에게 적절한 AAC를 선택하기 위한 평가 자료들은 담당 영역의 전문가들로 이루어진 팀이 정확하게 분석하여야 하며, AAC 평가 시 고려되어야 할 사항은 다음과 같다(박은혜, 2003; Owens et al., 2003).

- 말은 산출한 말소리 및 말소리의 조합 형태, 명료도, 연결 발화 등을 고려해야 한다.
- 청각(hearing)은 말 산출 및 피드백을 위해 매우 중요하며 반드시 청각사가 철저히 평가하여야 한다.
- 수용언어 및 표현언어 영역에서 학생의 언어와 전언어적 기술은 상징 체계, 특히 그림 상징 체계들의 내용을 구성하고 선택하는 데 중요한 요소로 고려해야 될 것이다.
- 언어치료사는 학생의 현재 의사소통 요구뿐만 아니라 미래의 의사소통 요구들을 결정하도록 해야 한다.
- 작업치료사와 물리치료사는 이동 능력과 수화나 지적하기 등의 소근육 운동의 민첩성, 특히 상지 운동의 범위, 운동 모방 기술, 운동 반응의 일관성과 정확성 등의 운동 능력에 대한 평가를 해야 한다.
- 시력과 청력 및 지각 능력은 AAC 체계의 선택과 중재에서 매우 중요한 요소이다. 예를 들면, 시력은 그림 상징의 크기를 결정할 때 중요한 요소이기 때문에 시력 전문가들의 결정이 매우 중요하다.
- 양육자들은 AAC 활용을 불편하게 여기고 부적절하다고 느끼며 관여하기를 꺼릴 수 있다. 이때 치료사는 AAC 활용이 자녀 및 가정이나 학교에 미치는 이점들에 대해 교육할 필요가 있으며, 예상되는 중재의 과정을 설명해 수어 사용자의 양육자에게 안도감을 높여 주어야 한다. 교사들이나 치료사들은 다음과 같은 방법을 통해서 가족들이 AAC 사용을 수용하는 데 도움을 줄 수 있다.
  - 정직한 정보를 제공한다.
  - 가족들의 관심 사항을 존중하고 그들의 관심 사항과 관련된 정보들을 제공한다.

- 사랑하는 사람이 AAC를 사용할 수도 있음을 깨닫게 될 때 가족들이 겪을 정서적 충격을 이해하고, 그들이 표현하는 관심 사항뿐 아니라 드러나지 않는 관심까지도 다루어야 한다.
- 환자의 강점과 이를 강화할 수 있는 AAC 방식에 초점을 맞춘다.
- 권고 사항들에 대한 구체적인 원칙을 제공한다.

• 지체 및 운동 장애학생들에게는 각자의 운동 능력을 고려하여 최대한 의사표현을 많이 할 수 있는 의사소통 도구 또는 방법을 개발해 주는 것이 필요하다. 예를 들면, 운동 능력에 장애가 없는 자폐성장애 학생이나 지적장애 학생의 경우 가능한 한 작고 휴대가 편한 의사소통책을 사용할 수 있으나, 운동 능력에 장애가 있는 지체장애 혹은 중복장애 학생의 경우는 크기가 큰 의사소통판이나 스캐닝 도구, 눈 응시로 사용할 수 있는 눈 응시판 등을 사용해야 한다.

• 지체 및 운동 능력에 장애는 없지만 인지, 감각 능력에 장애가 있는 경우 그들의 언어 및 인지, 감각 능력을 고려한 AAC 체계가 필요하다.

• AAC 평가 시 의사소통에 필요한 환경적인 변인에 대한 고려가 이루어져야 한다. 예를 들면, 의사소통 대상자라든가 활동 참여 여부, 비장애 또래와의 의사소통 기회 여부 등의 환경적인 요소를 고려해야 한다.

박은혜 등(2008)은 보완·대체 의사소통(AAC) 평가 시 기본 원칙을 다음과 같이 제시하고 있다. 이러한 원칙들은 구체적으로 평가를 실시하기 전에 교사와 검사자가 모두 이해해야 하는 것으로, AAC 평가가 의미 있게 이루어지기 위해 매우 중요한 사항이다.

• AAC 평가는 모든 사람이 의사소통할 수 있다는 전제를 기반으로 한다.
• AAC 평가는 사용자의 강점과 약점을 파악하는 과정이다.
• AAC 평가는 현재와 미래의 필요와 요구를 파악해야 한다.
• AAC 평가는 비장애인의 의사소통을 근거로 하는 참여 모델이 바람직하다.
• AAC 평가는 중재와 연계하여 지속적이고 빈번하게 실시되어야 한다.
• AAC 평가는 대상자의 다양한 일상생활 환경/상황 안에서의 정보를 포함해야 한다.
• 언어치료사, 교사, 부모 등 관련된 사람들이 함께 모여 평가하는 것이 좋다.

3) 장애학생을 위한 보완·대체 의사소통 평가 요소

장애학생에게 적절한 보완·대체 의사소통(AAC) 체계나 방법을 결정하기 위해서는 AAC 사용자의 환경적인 여건과 방해 요인을 포함하는 종합적인 접근이 필요하다. 즉, 사용자의 활동 참여 형태와 의사소통 요구, 사용자의 인지 및 운동 능력, 어휘력 등을 고려해야 한다. 또한 해당 체계의 학습과 사용 용이성, 사용자 본인과 잠재적인 의사소통 파트너들의 수용 가능성, 해당 체계의 융통성과 명료성 등을 고려하여야 한다. 장애학생의 AAC 체계나 방법을 결정하기 위한 평가에 포함되는 내용을 정리하면 다음과 같다(박은혜, 2003; 박은혜 외, 2008; Owens et al., 2003).

(1) 의사소통 기회를 제한하는 요인에 대한 평가

장애학생이 의사소통하는 데 정말로 필요한 전제는 '의사소통을 할 기회의 제공'이라고 볼 수 있다(Mirenda, Iacono, & Williams, 1990). 한 개인의 의사소통 가능성에 영향을 줄 수 있는 사회적·환경적·물리적 요인들은 보완·대체 의사소통(AAC) 사용과 관련된 정책, 상호작용하는 의사소통 상대자의 태도 등 〈표 13-1〉과 같이 분류할 수 있다. 또한 개인의 능력이나 요구가 AAC와 적절하게 조화되지 않는 경우도 의사소통 기회를 제한하는 요인에 해당된다.

표 13-1 의사소통 기회와 관련된 장벽

장벽의 유형	내용
정책적 장벽	정부나 법적 결정이 AAC 사용에 영향을 미치는 경우 (예, 중도장애 학생이 학교 정책에 의해 일반교실에서 분리되는 경우)
태도의 장벽	개인의 태도 및 신념이 AAC 사용에 영향을 미치는 경우 (예, 일반학급의 교사가 장애아동이 통합된 것을 싫어하여 교육과정이나 아동의 요구에 따른 수정을 거절할 경우)
지식의 장벽	주변인들의 지식 부족으로 장애아동의 향상을 제한하는 경우 (예, AAC 사용에 대해 교사가 잘 몰라서 제공해 주지 못하는 경우)
의사소통적 장벽	환경이 개인의 의사소통을 촉진하지 않는 경우 (예, 또래와 격리된 자리에 앉아 있는 경우)

출처: 박은혜(2003).

(2) 대화 상대자와 환경에 대한 평가

또래의 일반아동과 비교하여 대상 학생이 어떤 의사소통 방법을 사용하는지, 대화 상대자들의 의사소통 상호작용 방식은 어떤지(예, 지시적, 비지시적), 대상 학생의 일상생활의 여러 환경에서의 활동 참여와 의사소통이 촉진 또는 억제되는 기회 등에 대하여 알아본다. 또한 장애학생 가족의 선호도를 알아볼 필요도 있다. 가족이 보완·대체 의사소통(AAC) 적용과 관련하여 ① AAC 도구의 휴대성, 내구성, 외양, ② AAC 도구를 배우는 데 드는 시간과 기술, ③ AAC 도구를 통한 의사소통의 자연스러운 정도 등에 대해서 가지고 있는 선호도를 파악하여 선택에 반영하는 것이 사용의 효과를 높일 수 있다.

(3) 대상자의 활동 참여 형태와 의사소통 요구에 대한 평가

보완·대체 의사소통(AAC)을 사용하려고 하는 장애학생이 현재 어떤 활동들에 어떻게 참여하고 있는지 살펴보고, 그러한 활동들에서 대상자가 필요한 의사소통을 충분히 하고 있는지 평가해야 한다. 뿐만 아니라 학생의 의사소통 의도와 기능에 대한 평가가 이루어지면 AAC 체계를 결정하는 데 도움이 될 수 있다.

(4) 인지 및 의사소통 능력에 대한 평가

장애학생의 의사소통 능력과 인지 능력은 보완·대체 의사소통(AAC) 체계를 계획하는 데 도움이 된다. 학생의 의사소통 능력 평가 이전에 기초적인 인지 능력을 평가하기 위해서 필요한 것은 자기 자신을 환경과 분리시켜 인지할 수 있는 능력, 의사소통을 위한 의도성 여부, 인간의 행동 및 성과물에 대한 기대, 흥미 있는 일을 지속하고 싫은 일은 회피하려는 지식 등이다. 장애학생의 이러한 인지적 발달 능력은 AAC 사용 능력과도 밀접한 관계가 있다(Rowland & Schweigert, 2000).

Beukelman과 Mirenda(1997)는 현재의 의사소통 양식에 대한 평가를 몸짓, 구어, 의사소통판 등 모든 사용 방법을 나열하고, 각각에 해당하는 신체 부위와 사용된 수정 방법을 기술한 후 해당 방법의 조작적 능력과 사회적 능력을 평정척도로 평가하는 방식을 제시하였다.

장애학생의 경우 구어 혹은 비구어 등 모든 행동은 의사소통의 의미가 될 수 있으며 부적절한 문제 행동이라도 의사소통의 의미를 가지고 있는 경우가 많다. 따라서 학생이 보이는 현재의 모든 의사소통 방법과 잠재적인 기능에 대한 조사가 필요하다. 이를 위해 관찰과 인터뷰가 효과적으로 사용될 수 있다.

(5) 손 사용 선호도 평가

물건을 잡거나 지적할 때 사용되는 손의 우위성을 결정하는 것으로서, 보완 · 대체 의사소통(AAC) 체계를 고안할 때 사용자에게 적합한 방법을 선정하기 위해서 필요하다. 앉은 자세와 선 자세에서 각각 양손에 대해서 여러 위치로의 움직임에 대한 용이성을 진단한다. 앉은 자세에서는 테이블 위에, 선 자세에서는 가슴 높이의 물건에 손이 닿을 수 있도록 하며, 이런 과정을 통해 물건을 다루기 쉬운 손을 결정하고 개인의 뻗기 능력을 알 수 있다.

(6) 자세 잡기와 앉기에 대한 평가

대상 학생이 운동성 장애를 가지고 있는 경우에는 앉은 자세를 안정되게 함으로써 자세 때문에 의사소통의 효과가 감소되는 일이 없도록 해야 한다. 따라서 물리 및 작업 치료사와의 상의를 통해 대상 학생에게 가장 적절한 자세, 특히 앉기에서 안정적인 자세를 잡아 주는 방법을 확인해야 한다. 부적절한 자세로 있을 경우 쉽게 피로해지며, 과제 집중이나 수행에 부정적인 영향을 주기 때문이다. 일반 의자나 휠체어에 앉을 여건이 되지 않는 경우 쿠션 등을 활용하여 바람직한 앉기 자세를 취해 주는 방법도 있다(최진희, 1999).

(7) 시력이 미치는 영향 평가

시력은 보완 · 대체 의사소통(AAC) 체계의 상징 유형, 상징 배열, 위치 선정에 영향을 미친다. 시야에 문제가 있다면 상징의 배열과 AAC 체계의 위치 선정에 신경을 써야 한다. 안구가 불수의적으로 움직이거나 근육상의 문제로 초점 맞추기에 문제가 있을 수 있다. 이는 시각적 훑기, 추적하기, 고정하기에 영향을 주며, 이것이 목표에 대한 반응 정확도와 속도에 영향을 미치게 된다. 그리하여 상징의 배열, AAC 위치 선정에 주의를 기울여야 한다. 안구 움직임 선별검사는 추적하기 기술(tracking skills), 시각적 고정 기술(visual fixation skills), 찾기 기술(localizing skill), 시각적 훑기 기술(visual scanning skills)과 같은 과제를 통해서 이루어질 수 있다.

이외에도 시력에 영향을 미치는 환경적 요인에 대한 평가도 이루어져야 한다. 즉, 충분하지 않은 조명과 자연광은 보완 · 대체 의사소통(AAC)을 사용하는 데 어려움을 줄 수 있으며, 지체장애가 있어서 머리나 몸통의 움직임이 어렵다면 AAC 장치를 중간선상에 놓는 것이 AAC 사용을 어렵게 하는 결과를 초래한다.

(8) 운동 접근성에 대한 평가

운동 접근성에 대한 평가가 이루어질 때는 먼저 대상자의 운동 기술에 대한 전반적인 정보를 얻는 것이 중요하다. 이는 〈표 13-2〉의 인터뷰 양식과 같은 것을 참조해서 필요한 정보를 얻을 수 있다.

표 13-2 운동 접근성 진단 전 실시할 수 있는 인터뷰 예

1. 일상생활에서 어떤 자세를 취하고 있는가?
2. 해결되지 않은 자세상의 문제는 없는가?
3. 과거를 포함해서 현재까지 만족스럽게 사용한 의사소통 보완 · 대체 도구에는 어떤 것이 있는가?
4. 시각 혹은 감각 능력에 문제가 없는가?
5. 가리키기가 가능한가? _____ 예 _____ 아니요
   만약에 가리키기가 가능하다면 어떤 상태에서 가리키기를 가장 잘할 수 있는가?
   _____ 손가락으로 사용한다면, _____ 왼쪽 _____ 오른쪽
   _____ 손바닥 전체를 사용한다면, _____ 왼쪽 _____ 오른쪽
   _____ 헤드포인터나 친스틱(chinstick)을 사용한다.
   _____ 기타 _____
   만약에 가리키기가 가능하지 않다면 신체의 어떤 부위를 자발적으로 통제할 수 있는지 서술하시오.
   _____ 눈 _____
   _____ 머리 _____
   _____ 팔 _____
   _____ 다리 _____
   _____ 발 _____
6. 어떤 주제나 활동에서 가장 흥미를 보이는가?
7. 피곤을 느끼지 않고 얼마나 오랫동안 활동에 참여할 수 있는가?

출처: Glennen & DeCoste (1997: 253).

4) 보완 · 대체 의사소통 상징과 어휘의 선택

보완 · 대체 의사소통(AAC) 체계가 선정되면 적절한 상징 체계와 어휘가 결정될 것이다. 손 신호나 몸짓과 같이 비도구적인 상징 체계가 선택되면 교사와 치료사들은 적절한 몸짓과 수화 체계를 결정해야 한다. 이때 교사나 언어치료사는 학생의 인지 및 운동 능력 외에도 학생의 가정이나 학교, 직장에서 가장 많이 사용하는 몸짓과 수화 체계, 교수 자료의 용이성 등을 고려해야 한다.

또한 도구 체계가 결정되었을 경우, 학생의 인지 능력뿐만 아니라 다양한 그림 보완 · 대체 의사소통(AAC) 체계에 대한 학습 용이성, 의사소통 파트너에 대한 고려가 이루어져야 한다.

적절한 어휘를 선택하는 것은 의사소통에서 매우 중요하며, 학생이 보완 · 대체 의사소통(AAC)을 사용하는 한 지속될 것이다. 이때 반드시 사용자의 요구, 선호도 등을 고려해서 어휘를 선정해야 한다. 뿐만 아니라 사용자의 의사소통 환경을 고려해서 기능적이고 유용한 어휘를 선택해야 한다(Owens et al., 2003).

초기 어휘 선정 시에는 다음과 같은 점을 고려하여 어휘를 선정하도록 한다(박은혜, 1994).

- 처음 사용하는 어휘는 개별화되고 기능적인 것이어야 한다. 지체장애가 있는 학생의 경우 필요한 어휘 중에는 운동 능력의 장애를 보완하기 위해 필요한 어휘가 들어갈 수 있다(예, '지우개를 주워 주세요.' '의사소통판을 뒤집어 주세요.').
- 점차로 기본적인 필요 충족 이외의 것으로 어휘를 늘려 간다(예, 사회성을 위한 것).
- 사용자의 필요가 시간에 따라 변하는 것에 유의하여 적절히 어휘를 수정 · 보완해야 한다.
- 꼭 한 단어뿐 아니라 여러 단어나 구절로 된 표현도 포함시킬 수 있다(예, 유행어).

또한 활동 참여 조사 목록이나 환경 분석 등을 통한 의사소통 환경에 따른 특정 어휘들과 연령 및 성별을 고려한 어휘 선정, 핵심 어휘와 부수 어휘에 대한 고려 등이 어휘 선정의 중요한 요소로 고려할 점들이다(박은혜, 2003).

4. 장애학생을 위한 보완·대체 의사소통 중재 전략

의사소통에 장애가 있는 학생들을 위한 보완·대체 의사소통(ACC) 중재의 목적은 개인의 일상적인 의사소통 요구를 충족시키고 말과 언어발달을 촉진하도록 도와주기 위함이며, 그들의 말과 언어의 회복을 촉진하도록 하기 위함이다.

교사와 언어치료사는 언어 및 의사소통 능력뿐만 아니라 보완·대체 의사소통 (ACC) 체계의 조작 능력에도 관심을 가져야 한다. 중재는 학생의 단기적 요구와 장기적 요구를 모두 포함해야 한다(Beukelman & Mirenda, 1997). 장애학생의 의사소통을 위한 AAC 중재 시에는 다음과 같은 사항이 고려되어야 한다(Owens et al., 2003).

- AAC 환경을 조성한다.
- 훈련의 맥락으로 일상적인 매일의 경험들을 활용한다.
- 이전에 논의한 내용을 개별화한다.
- 의사소통 상대자들이 상호작용 방식을 수정할 수 있도록 훈련한다.
- 운동장애가 심한 사람들의 경우에는 자세를 고려한다.
- 의사소통을 현실화한다.

1) 보완·대체 의사소통의 지도 원리

보완·대체 의사소통(ACC) 체계를 적용할 때는 학생의 인지 기능, 언어발달, 신체 기능 등을 고려하여야 한다. 의사소통 방법을 가르칠 때는 한 가지 방법만 사용하지 말고, 의사소통판, 음성 출력 장치 등 여러 가지 보조도구를 사용하거나, 얼굴 표정, 몸짓 등 보조도구를 사용하지 않는 방법을 병행하여 다중의 의사 소통 양식을 가지도록 하여야 한다. ACC 교육을 할 때는 다음과 같은 사항에 유의하여 지도하여야 한다(교육과학기술부, 2009).

- 학교나 가정에서 학습 활동에 참여하기, 또래들과 대화하기, 식사하기, 옷 입기, 용변 보기 등 대상자가 일상생활 맥락에서 자주 하는 활동을 중심으로 구성하여

야 한다.

- 사용자가 다양한 대화 경험을 하게 하여 의사소통 보조도구의 어휘를 자기 언어의 일부로 만들도록 하여야 한다.
- 교사는 사용자 요구에 적절한 생각, 감정, 의문, 대답을 표현할 수 있는 어휘들을 준비하고 이러한 의사소통적 요구에 맞는 의사소통판이나 음성 출력기 등의 보조도구를 제공해 주어야 한다.
- 사용자가 AAC 체계를 사용하여 다른 사람들과 대화할 수 있는 환경을 만들어 주어야 한다. 이를 위해서는 가족과 이웃의 협조가 절대적으로 필요하다.

2) 보완 · 대체 의사소통 지도 방법

청각장애나 의사소통장애 학생들뿐만 아니라 학습장애나 자폐성장애, 지적장애 등 말과 언어에 어려움을 가진 많은 장애학생은 다른 사람들과의 의사소통을 할 수 없기 때문에 학습뿐만 아니라 정서적으로도 어려움을 갖게 되며, 이로 인해 사회적으로 고립되기 쉽다. 그렇지만 이들은 보완 · 대체 의사소통(ACC)의 적절한 활용을 통하여 의사소통 능력을 증진시킴으로써 이들의 학습 및 일상생활에 도움을 받을 수 있다. 이와 같은 장애학생의 AAC 활용을 위한 지도 단계는 다음과 같다(교육과학기술부, 2009).

(1) 1단계: 기초선 측정 및 의사표현 기능 목표 진술

의사소통 지도를 시작하기 전에는 우선 아동의 의사소통 능력에 대한 기초선을 측정하고 그에 맞는 목표를 결정한다. 가르치고자 하는 목표 기술을 알기 위해서는 일상생활 장면에서의 상황을 관찰하여 학생의 의사소통 행동의 특징과 수행 능력에 대한 자료를 수집한다. 필요한 자료는 학생의 대화 상대방(부모, 담임교사, 교과 교사 등)에게 얻으며, 다음과 같은 항목들을 점검하여 중재 목표를 결정하여야 한다.

- 실생활에서 개인의 기능을 증진시킬 수 있는 목표인가?
- 실생활에서 사용할 수 있는 기회가 주어지는 목표인가?
- 개인이 성공적으로 습득할 수 있는 목표인가?

- 좀 더 넓은 지역사회에서 개인의 지위를 향상시키는 목표인가?
- 개인이 가지는 어려움이나 요구를 보상할 수 있는 목표인가?
- 생활연령 기준에 적합한 목표인가?

(2) 2단계: 어휘 선정

의사소통 지도에 사용될 어휘로는 보완·대체 의사소통(AAC) 사용자와 대화 상대자의 만남을 통해 일상생활 중에서 사용될 어휘 목록을 수집한다. 가장 중요한 어휘 목록을 선정하되, 어휘 확장이 가능하도록 수집하며 생활 경험이나 교과학습과 관련된 어휘 목록을 선정한다. 의사소통 수단은 아동의 특성에 따라 음성 제스처, 손짓 기호, 의사소통판, 의사소통책, 컴퓨터 공학 기구 등 다중 양식을 사용하되, 메시지를 전달하는 데 효과적이며 가능한 한 빠르게 전달할 수 있고 수용 가능하여야 한다.

(3) 3단계: 사용자의 기술 습득을 지원할 수 있는 촉진 전략 교수

보완·대체 의사소통(AAC)을 할 수 있도록 적절한 자세를 갖게 해 주고, 도구(의사소통판)와 의사소통의 동기를 부여할 수 있는 활동을 제공하는 것으로 환경을 구조화하여야 한다. 교사가 사용할 수 있는 촉진 전략은 다음과 같다.

- 학생이 표현한 것에 대해 반응해 주기
- 그림을 지적하거나 몸짓으로 의사 표현한 것에 대해 정확한 문장으로 확인해 주기
- 표현할 수 있는 충분한 시간을 제공하고 안내하며 기다려 주기
- 다양하고 의미 있게 의사소통을 할 수 있도록 기회 제공하기
- 생활연령에 맞고 실생활에서 사용할 수 있는 적절한 어휘 제공하기
- 도구 사용 모델링해 주기, 과다한 자극과 촉진을 지양하고 필요할 때만 촉진하기

(4) 4단계: 사용자의 목표 기술 지도

교사는 먼저 학생과 학부모에게 의사표현을 하는 이유와 배워야 하는 이유에 대해 설명한다. 의사표현을 지도할 때는 자연적인 환경에서 실제의 상호작용이나 역할놀이 중의 기술을 사용해 보도록 다양한 기회를 제공하여 연습하게 하며, 능숙하게 사용할 수 있을 때까지 지속적인 연습의 기회를 제공한다. 의사소통 능력을 향상시키

는 교수 프로그램의 공통 요소는 다음과 같다.

- 먼저, 학습자에게 기술을 설명하고, 모델링을 할 수 있도록 보여 준다.
- 각 상황에서 기술을 잘 사용하였는지 설명해 준 다음, 기술을 사용하는 것을 연습하게 한다. 이때 수행 정도에 대한 피드백을 제공하며 능숙하게 사용할 수 있을 때까지 충분한 연습 기회를 제공한다.
- 기술의 지도는 단순한 상황이나 과제부터 시작하여 점차 어려운 상황에서 할 수 있도록 지도한다.

(5) 5단계: 일반화되고 있는지 상황을 점검하기

학교, 교실 안, 교실 밖, 가정, 그 밖의 지역사회 환경 내의 다양한 실제 상황에서 보완 · 대체 의사소통(AAC)을 지도한 교사가 아닌 다른 사람과도 의사소통 방법을 이용하여 하고 싶은 말을 표현하고 있는지 관찰하는 단계이다.

일반화 정도를 점검하는 절차는 다음과 같다.

- 자연적인 환경 내의 다양한 상황에서 관찰하기(다른 사람, 다른 상황)
- 실생활에서 효과적으로 사용하고 있는지 자료 수집하여 점검하기
- 개인의 수행 능력에 대한 피드백 제공하기
- 실생활의 새로운 상황에서도 같은 기술을 성공적으로 사용한 것을 축하해 주고, 사용한 기술의 효과에 대해 논의하기
- 배운 기술을 일반화하지 못한다면 그 원인을 분석하고 교수를 수정하기
- 의사소통 기술을 실생활에서 사용하는 것이 효과적이지 못하다면 의사소통 방법이나 메시지 등을 수정하여 효과를 높일 수 있도록 고려하기

(6) 6단계: 성과 측정하기

의사소통 방법을 사용하고 있는 학생의 기술 습득 정도, 학생의 만족도, 사회성이나 또래와의 관계 등에 미치는 영향, 그 밖의 기대 효과 등을 측정하여야 한다. 교수 프로그램의 효율성은 보완 · 대체 의사소통(AAC) 사용자의 기술 습득 정도와 사용자의 만족도 등의 두 가지 측면에서 평가하여야 하며, 평가의 결과는 교수 프로그램을

향상시키는 것과 앞으로의 교수 계획에 반영할 수 있어야 한다.

(7) 7단계: 유지되고 있는지 점검하기

학습된 의사소통 능력이 유지되고 있는지를 점검하기 위하여 가르친 후 2주, 4주, 8주 뒤에 정기적으로 관찰한다. 의사소통 능력을 유지·향상시키기 위해서는 매일의 일상생활 안에서 자연적인 상황과 자연적 단서를 제시하여 지도하고, 대화 상대자에 대한 훈련도 함께 이루어져야 한다. 학생 주변의 모든 사람은 적극적으로 의사표현을 촉진하는 방법을 배우고 모델링하여야 한다. 교사는 학생이 성공적으로 기술을 사용하고 유지하게 하기 위해서 정기적으로 모니터를 하고 변화되는 목표에 대처하는 촉진자로서의 역할을 하여야 한다.

요약

- 보완·대체 의사소통(AAC)은 말이나 글로 의사소통을 할 수 없는 사람들을 위한 의사소통 방법이다. AAC란 모든 상황에서 독립적으로 의사소통을 할 수 없는 사람들의 의사소통을 지원해 주고, 향상시킬 수 있도록 계획된 모든 접근 방법이라고 할 수 있다.
- 보완 의사소통은 약간의 의사소통 기술을 가진 사람들을 위해 의사소통 과정을 보충, 향상, 지원하기 위하여 사용하는 것이고, 대체 의사소통은 말 대신에 다른 의사소통 도구를 사용하는 것이다.
- 보완·대체 의사소통(AAC) 체계는 개인의 의사소통에 사용되는 상징, 보조도구, 의사소통 기술, 전략 등으로 구성된다.
- 보완·대체 의사소통(AAC) 평가에는 장애학생의 말과 언어, 의사소통의 능력과 요구뿐만 아니라 운동과 지각 능력, 선호도, AAC를 사용하기 위한 지원 환경 등에 대한 평가가 선행되어야 한다. 장애학생에게 적절한 AAC를 선택하기 위한 평가 자료들은 담당 영역의 전문가들로 이루어진 팀이 정확하게 분석하여야 한다.
- 의사소통에 장애가 있는 학생들을 위한 보완·대체 의사소통(AAC)을 통한 중재의 목적은 개인의 일상적인 의사소통 요구를 충족시키고, 말과 언어발달을 촉진하도록 도와주기 위함이다. 또한 이들의 말과 언어의 회복을 촉진하도록 하기 위함이다. 중재는 학생의 단기적 요구와 장기적 요구를 모두 포함해야 한다.

학습문제

1. 보완 · 대체 의사소통 체계의 구성 요소를 예를 들어 설명하시오.

2. 보완 · 대체 의사소통 체계의 유형 중 비도구 체계에 대해 설명하시오.

3. 보완 · 대체 의사소통 체계의 유형 중 교실 상황에서 쉽게 사용할 수 있는 노테크 체계의 예를 들어 설명하시오.

4. 보완 · 대체 의사소통의 지도 원리를 설명하시오.

참/고/문/헌

국립특수교육원(2009). 특수교육학 용어사전. 서울: 도서출판하우.

교육과학기술부(2009). 특수학교교육과정 기본 교육과정 해설서.

권혁철, 정동훈, 공진용(2004). 임상적용을 위한 재활보조공학. 서울: 영문출판사.

박은혜(1994). 보완 · 대체 의사소통(AAC)체계: 의사소통판의 실제적 사용을 중심으로. 언어장애인을 위한 보완 · 대체 의사소통(AAC)체계 적용방안. 제1회 이화특수교육 학술대회 자료집(pp. 107-125).

박은혜(2003). 지체 및 중도장애학생들을 위한 보완 · 대체 의사소통 활용. 제10회 국제세미나 장애학생을 위한 보완 · 대체 의사소통의 실제와 전망. 서울: 국립특수교육원.

박은혜, 김영태, 김정연(2008). 파라다이스 보완 · 대체 의사소통 기초능력 평가. 서울: 재단법인 파라다이스복지재단.

정해동, 김주영, 박은혜, 박숙자(1999). 장애아동을 위한 보완 · 대체 의사소통지도. 서울: 국립특수교육원.

최진희(1999). 환경중심 의사소통 중재가 중도장애 아동의 칩톡(Cheap talk)을 이용한 요구하기 수행에 미치는 효과. 이화여자대학교 대학원 미간행 석사학위논문.

한경임(1998). 중증뇌성마비아동의 보완 · 대체 의사소통 중재의 효과. 대구대학교 대학원 박사학위논문.

나사렛대학교 재활보조공학센터 http://cms.kornu.ac.kr/atc

Beukelman, D., & Mirenda, P. (1997). *Augmentative and alternative communication:*

Management of severe communication disorders in children and adults (2nd ed.). Baltimore, MD: Paul H Brookes.

Beukelman, D., & Mirenda, P. (2005). *Augmentative and alternative communication: Supporting children and adults with complex communication needs* (3rd ed.). 박현주 역(2008). 보완 · 대체 의사소통. 서울: 학지사.

Bryant, D. P., & Bryant, B. R. (2003). *Assistive technology for people with disabilites.* Boston: Pearson Education, Inc.

Glennen, S., & DeCoste, D. (1997). *Handbook of augmentative and alternative communication.* San Diego: Singular Publishing Co.

Heward, W. L. (2002). *Exceptional children: An introduction to special education* (8th ed.). 김진호, 박재국, 방명애, 안성우, 유은정, 윤치연, 이효신 역(2006). 최신 특수교육 (8판). 서울: 시그마프레스.

Loncke, F. (2003). 보완 · 대체 의사소통: 현재 세계 동향. 제10회 국제세미나 장애학생을 위한 보완 · 대체 의사소통의 실제와 전망. 서울: 국립특수교육원.

Mirenda, P., Iacono, T., & Williams, R. (1990). Communication options for persons with severe and profound disabilities: State of the art and future directions. *Journal of the Association for Persons with Severe Handicaps, 15,* 3-21.

National Joint Committee for the Communication Needs of Persons with Severe Disabilities. (2002). Supporting documentation for the position statement on access to communication services and supports: Concerns regarding the application of restrictive "eligibility" policies. *Communication disorders Quarterly, 23,* 145-153.

Owens, R. E., Metz, D. E., & Haas, A. (2003). *Introduction to communication disorders: A lifespan perspective* (2nd ed.). Boston: Allyn & Bacon.

Owens, R. E., Metz, D. E., & Haas, A. (2006). *Introduction to communication disorders: A lifespan perspective* (3rd ed.). 김화수, 김성수, 박현주, 성수진, 표화영, 한진순 역 (2007). 의사소통장애-전생애적 조망(3판). 서울: 시그마프레스.

Rowland, C., & Schweigert, P. (2000). Tangible symbol systems, tangible outcomes. *Augmentative & Alternative Communication, 16,* 61-78, 205.

부록

부록 1.

살아 있는 교실을 위한 즐거운 수업 개선[1]

지금 순간에도 이 땅의 수많은 아이들이 마치 법전처럼 여기면서 배우고 있는 교과서를 이제는 그만 덮어야 한다. 그래야만 상처받은 아이들의 맑은 영혼을 조금이나마 치유할 수 있을 뿐 아니라 더 나아가 아이들이 행복한 교육과 학교를 만들 수 있다. 처음 시작이 어렵지 시작하면 이내 교과서에 의존해 가르치는 것이 더 답답하게 느껴질 것이다. 아이들의 상상력이나 창의력은 고정된 생각이나 똑같은 틀에서 나오지 않는다. 사람은 자유롭고 생기가 넘쳐날 때 가장 좋은 생각을 할 수 있다. 이제부터라도 조금씩 자신만의 철학과 방법으로 아이들과 함께 생활해 나가야 한다. 그것은 교사가 살아 있는 교육과정이기 때문에 가능한 것이다.

– 김용근, 『선생님은 살아 있는 교육과정이다』 中 –

교육의 질은 교사의 질을 넘지 못한다는 유명한 문구가 있다. 이는 김용근(2014)의 저서에서처럼 교사가 살아 있는 교육과정이기 때문일지도 모른다. 정해진 공통의 교육과정을 따르는 일반교육도 그렇지만, 개별화교육계획을 수립하여 학생들을 가르쳐야 하는 특수교육에서 교사의 책무성은 한결 더해진다. 그러나 이를 부담으로만 느낄 필요는 없다. 나의 교육관을 최대한 살려 학생들에게 즐거운 교실, 필요한 수업을 구상해 나갈 수 있다는 것은 얼마나 매력적인 일인가.

---

[1] 2016년 자격연수 특수학교(초등) 1급 정교사 과정[국립특수교육원]에서 인천한길초등학교 교사 심승희가 강의한 것을 요약·정리한 것이다.

즐거운 학급 구현을 위한 운영 사례

1. 주요 사항

1) 협력교수의 도입으로 예체능 중심의 통합교과 지도 효과 제고
    (1) 예체능 중심 통합교과 팀티칭(미술, 요리, 체육 등)
    (2) 주 2회 – 화, 목요일 1~2교시 실시

2) 다양한 경험과 사회성 신장을 위한 현장체험학습 운영
    (1) 현장체험학습 운영계획 수립(요리활동, 체험활동, 사회적응활동 등)
    (2) 월 1~2회 실시
    (3) 북부교육지원청 특수교육교과연구회의 연합 행사, 인근 특수학급 연합 체험
        학습, 학교 자체 체험학습 등을 활용하여 적절히 운영

3) 직업체험 프로그램 운영
    (1) 특수교육 대상 학생들에게 사회의 다양한 직업에 대한 경험을 쌓을 수 있도
        록 도예 프로그램 연 4회 실시
    (2) 특수교육지원센터 제과제빵 직업체험 프로그램 연 2회 실시

4) 지역사회 기관과 연계한 안전 교육 운영
    (1) ○○청소년성문화센터와 연계, 장애학생 대상 성교육 연 2회 실시
    (2) ○○ 119 안전센터와 연계, 소방 대피 교육 및 소화기 사용 훈련 실시
    (3) ○○안전체험관과 연계, 재난 대피 훈련 실시

5) 체력 향상을 위한 각종 프로그램 운영
    (1) 체력 향상을 위한 트래킹 및 등산 현장체험학습
    (2) 러닝머신 등을 활용한 체력 향상 및 비만 관리

교수 · 학습 과정안의 작성

1. 교수 · 학습 과정안이 갖추어야 할 구성과 형식

교수 · 학습 과정안은 과목과 내용에 따라 세부적인 차이가 있을 수 있으나 일반적
으로 아래와 같은 요소들로 구성된다.

〈표지〉 1) 단원 연구 　(1) 단원명 　(2) 단원의 개관 또는 단원 설정의 이유 　(3) 단원의 목표 　(4) 단원의 학습 계열 　　① 교과 내 연계(내용의 계열성) 　　② 교과 간 연계(내용의 관련성) 　(5) 단원의 전개계획(차시계획) 　(6) 단원의 평가 계획 　(7) 지도상의 유의점 2) 학습자 실태 조사 및 분석 　(1) 학급 및 학생 실태	(2) 활동참여촉진전략 · 문제행동관리방안 　　(필요시) (3) ACC 등의 의사소통 방법(필요시) (4) 협력교사 및 보조인력 활용 계획(필요시) 3) 본시 학습의 실제 　(1) 본시 교수 · 학습 활동의 실제(본시안) 　(2) 본시 평가 계획 　(3) 판서 계획 　(4) 좌석 배치 및 동선 〈부록〉 　– 학습 자료 및 활용 방법 〈참고문헌〉

2. 교수·학습 과정안 작성 시 주의할 점

영역	구분	내용
학생에 대한 이해	범하기 쉬운 오류	학생의 일반적인 특성만 나열되어 있거나 본시와 특별한 관련이 없이 해당 교과에 대한 일반적 반응만 나열되어 있는 경우 **학년 반 / 이름 / 국어과 기초 학력 실태 / 기타** 3-1 / 조○○ / 한글을 문장으로 읽을 수 있으나 내용을 파악하는 데 어려움이 있으며 억양이 자연스럽지 못함 / 자폐성 발달장애 3-1 / 박○○ / 한글을 단어 단위로 읽을 수 있는 정도이며, 내용을 파악하는 데 어려움이 있음 / 학습장애
	개선 방안	주요한 학생 특성이 기록되어야 하며, 현행 수준이 본시와 관련하여 분명하게 진술되어야 함. 장단점으로 나누어 기술하기도 함. **순 / 이름 / 성별 / 본시관련 수행 능력 수준 / 장애 정도 및 행동 특성 / 비고** 1 / 민○○ / 남 / • 작업지속력 양호 • 지시에 따라 작업을 수행함 • 작품에 대한 소감을 나타내는 활동에 자기표현력 부족 / • 정신지체 3급 • 조용한 성격 • 수동적임 • 주변을 배회하는 것을 좋아함 / 나 2 / 이○○ / 남 / • 지시에 잘 따라서 작업을 수행함 • 반항어 빈도 수가 많아 작업을 방해함 / • 정신지체 2급 • 자폐성장애 • 유리나 벽돌 등을 던져 기물을 파손시키는 습관이 있음 / 가 3 / 이○○ / 여 / • 간단한 지시 따르기 가능 • 작업 과정 중에 교사의 관심을 지속시키고자 함 • 동작이 느려 작업 속도는 떨어지나 성실하게 참여함 / • 정신지체 2급 • 언어장애 수반 • 침을 많이 흘림 • 척추 측만으로 보행이 느림 / 다
내용에 대한 이해	범하기 쉬운 오류	별도의 내용 위계나 계열 분석이 없거나 교사용 지도서의 차시 계획만 수정 없이 기술된 경우 2. 단원의 목표 가. 수를 세는 단위에는 여러 가지 단위가 있다는 것을 이해할 수 있다. 나. 사물의 종류에 따라서 사물을 세는 단위를 구분하여 말할 수 있다. 다. 생활 속에서 주변에 있는 여러 가지 사물에 적절한 단위를 사용하여 말하는 태도를 가진다.

3. 단원의 전개 계획

단원명	차시	학습 내용	교수·학습 활동	쪽수
초콜릿 한 개, 두부 한 모	1	이야기의 내용 살펴보기	• 글을 소리 내어 읽어 보기 • 글의 주요내용을 파악하기	1~26
	2 본시	여러 가지 수를 세는 단위 살펴보기	• 여러 가지 사물의 이름 파악하기 • 여러 가지 사물을 세는 단위 파악하기	1~26

개선 방안
- 교수 내용의 위계나 계열 또는 교과의 수준별 내용의 학습 계열(예: 국어과 1~3단계 내용 위계 분석)이 분명하게 드러나야 함.
- 관련 교과와의 연계, 과제 분석을 포함
- 단원의 지도 계획(차시 계획)이 제시되어 있으며 그 내용이 정교하게 진술되어야 함.

동기 유발

범하기 쉬운 오류
- 수업의 도입 계획이 빈약하거나 별도의 동기 유발 장치가 없는 경우
- 주의를 집중시키려는 시도는 있으나 수업 전개 활동과 맥락이 이어지지 않음.

개선 방안
- 학생의 주의를 집중시키는 것과 더불어 왜 해당 수업을 하는지에 대한 이유를 알 수 있어야 함.
- 학생들이 적극적으로 참여할 수 있는 활동이나 자료가 제시되는 것이 좋으며 동기 유발이 학습 목표 또는 활동과 자연스럽게 이어져야 함.

학습 목표

범하기 쉬운 오류
- 학습 목표가 불분명하거나 측정 가능하지 않은 경우
- 학생의 현행 수준을 고려할 때 단위 차시에 성취가 어려운 경우
- 계획된 학습 내용이나 주제를 반영하지 않아 학습 활동과 연계가 되지 않은 경우

교과	국어		교과 영역	말하기·듣기
학습 목표	인물의 말과 행동에 주의하며 인형극을 준비할 수 있다.			
개별 학습 목표	가	인물의 말과 행동에 주의하며 인형극을 할 수 있다.		
	나	인물의 말과 행동에 주의하며 교사의 도움을 받아 인형극을 할 수 있다.		
	다	인형극에 나오는 등장인물을 말할 수 있다.		

개선 방안
- 학습 목표는 기준과 행동 동사가 포함되어야 하며 간결하고 분명하고 측정 가능해야 함.
- 단위 차시분으로 적절해야 하며 학습 내용을 관통하고 있어 계획된 학습 활동을 통해 성취될 수 있는 것이어야 함.

학습 목표	상) 등장인물의 말과 행동을 실감나게 표현하며 역할극을 할 수 있다.	차시	3/3(40분)
	중) 등장인물의 말과 행동 중 한 가지를 적절하게 표현하며 역할극을 할 수 있다.	수업 모형	역할놀이 학습모형

학습 내용	범하기 쉬운 오류	• 주제가 계열성이 없이 구성된 경우 • 학생에게 별 의미가 없고 실생활이나 중요한 성취 과업과 거리가 먼 경우 • 내용 설명이 불충분하고 과제나 활동에 대한 모델링이 부족한 경우 • 부적절한 예시가 포함되거나 별도의 연습 기회가 주어지지 않는 경우
	개선 방안	• 내용의 세부 사항이 대다수의 학생들이 받아들일 수 있는 수준이어야 하며 그 양 또한 적절해야 함. • 학생의 흥미, 가정환경, 선행학습 수준, 특성 등에 기반한 실생활을 반영해야 함. • 내용에 대한 설명이 구체적이어야 하며 충분한 모델링이 제공되어야 함. • 적절한 예시와 충분한 연습 기회가 주어져야 함.
학습 활동	범하기 쉬운 오류	• 학습 활동에 대한 서술이 구체적이지 않고 설명이 부족하여 교수·학습 과정안을 보고 다른 사람이 수업을 진행하기가 어려운 경우 • 수업 참여 학생의 생활연령이나 발달 수준에 적합하지 않은 학습 활동 내용이나 방법 • 학습 활동 간의 연계성이 부족하거나 활동이 목표와 무관한 경우 • 학생 참여를 유도하는 노력이 거의 없거나 부적절함 • 수업 자료가 수업 목표 달성이나 학습 내용에 적합하지 않거나 학생에게 흥미롭지 않은 경우
	개선 방안	• 다른 사람이 기록된 내용과 시간에 맞게 활동을 진행할 만큼 분명하게 묘사 • 학생의 연령 또는 발달 수준에 적합한 활동 방법과 소재를 선택해야 함. • 학습 활동 간의 연계성이 분명하고 학습 목표를 성취하기에 적절한 활동이어야 함. • 일관되게 수업 중 학습 상황을 점검하거나 피드백을 제공해야 함. • 칭찬과 보상을 통해 학생 참여를 적절하게 유도 • 수업 자료가 수업 목표와 학습 내용 달성에 적합해야 하며 학생의 동기를 유발시킬 수 있는 흥미로운 것이어야 함.

동물의 이름을 알고 글자를 소리 내어 읽기
[활동 1] 가자! 동물원 여행
[활동 2] 가자! 마술나라 여행
[활동 3] 가자! 책 속 나라 여행

방법 찾기	내용 안내		☞학생이 집중하여 보고 활동할 수 있도록 유도한다.
	T: 여기 '신기한 색깔판'이 있어요. 이 신기한 색깔판을 대 보면 숨어 있는 동물을 찾을 수 있대요. ▶ '신기한 색깔판'을 동물원에 대면 동물의 윤곽이 나타나고, 찾은 동물을 뒤로 뒤집으면 동물의 실물 모습이 나타난다. T: 그럼 누가 나와서 동물을 찾아볼까요?	• 호명된 학생이 나와 신기한 색깔판으로 동물을 찾는다. 그러고 나서 동물 윤곽 그림이 그려진 OHP지를 뒤집어 본다.	

T: 사자가 나타났네요. 그럼 사자라는 글자도 한 번 찾아서 붙여 볼까요? T: 아주 잘했어요. ○○, 최고!	• 동물을 찾은 후 글자를 찾아 붙여 본다.		
	S: 네, 맞았어요. S: (손 동작을 하면서) 최고!	• 쳐다본다. S: (보조교사의 도움을 받아) 최고!	
위와 같은 방법으로 동물원에 숨어 있는 여섯 마리(사자, 여우, 하마, 타조, 토끼, 코끼리) 동물을 모두 찾고, 찾은 동물의 이름(낱말)을 찾아 붙여 준다. 단, 중수준 학생의 활동의 경우 교사가 도움을 주거나 단서를 제공한다.			

범하기 쉬운 오류	• 본시 학습의 내용을 학습 목표와 관련지어 반복 지도하려는 계획이 없거나 부적절한 경우 • 학습 목표 달성도를 알아보기 위한 형성 평가 계획이 나타나 있지 않은 경우 • 차시 학습 목표 제시가 누락되거나 불분명한 경우

정리 및 평가 단계 / 개선 방안

• 정리 단계에서 학습 목표와 관련 지어 핵심 학습 내용을 추출, 반복 지도해야 함.
• 학습 목표 달성도를 알아보기 위한 형성 평가 계획이 있어야 하며, 수업 목표의 성취 결과에 따라 불충분한 학습을 교정하거나 보충하려는 계획이 나타나 있어야 함.
• 다음 시간의 학습 과제 제시를 통해 학교와 가정과의 연계지도를 하려는 계획이 나타나야 함.

정리 및 평가	형성 평가	■ 수준별 학습 판을 제시하여 평가하기 • 수준별 학습 판을 제시한다. • 보조원 선생님 ○○이와 △△이가 과제를 해결할 수 있도록 지원해 주세요. 참 잘했어요. 칭찬스티커를 책상 위의 칭찬스티커란에 둔다.	① 수준별 형성 평가지를 보며 큰 소리로 읽으며 해당 과제를 푼다. ② 교사의 지원을 받아 형성 평가지를 해결한다. ③ 보조교사의 지원으로 수준별 형성 평가지를 해결한다. ①②③ 교사의 칭찬을 들으며 칭찬스티커를 받는다.	5′	개별 학습	유 '나'와 '다' 그룹의 학생은 연필로 훑어 가는 학습지는 지양한다. '나' 그룹은 충분히 생각하여 선택할 수 있도록 하며, '가' 그룹은 문제를 소리 내어 읽도록 한다. 자 수준별 형성 평가지, 실물 간이 손전등, 차시 예고 화면
	정리 하기	■ 학습 정리하기 • 오늘 우리는 전구에 불 켜기 실험을 했지요. 전구에 불이 잘 켜지려면 전구와 전지	①②③ 교사의 설명을 듣는다.			

	정리 하기	선이 끊어지지 않 고 잘 연결되어야 한다는 것을 잊지 마세요.	①②③ 교사의 설명 을 듣는다.	
	차시 예고	■ 차시 예고하기 • 다음 시간에는 전 지 2개를 이용해 서 전구에 불을 켜 보고 여러분에게 선물로 줄 간이 손 전등 만들기를 해 보도록 하겠습니 다. 화면 자료와 실물 간이 손전등 을 제시한다.	①②③ 차시 예고를 듣는다.	유 차시 예 고는 실물 간 이 손전등과 화면 자료를 동시에 제시 한다.

자료 및 보충 과제	범하기 쉬운 오류	• 수업 자료가 제시되지 않는 경우 • 학습에 소요되는 시간이 표기되지 않았거나 학습 활동을 위한 적정 시간으로 보기 어려운 경우
	개선 방안	• 수업에 사용되는 모든 수업 자료가 제시되어야 하며 학습 활동을 위한 적절한 시간이 안배되어야 함. • 활동이 예상보다 일찍 끝났을 경우를 대비한 여분의 보충활동이나 과제가 제 시되는 것이 좋음.
학생 활동	범하기 쉬운 오류	• 전반적인 학생에 대한 기대 수준이 낮아 활동에 대한 기술이 수동적으로 일관됨. • 수준에 맞는 개별 지원의 노력이 나타나지 않거나 중도·중복장애 학생의 활 동 참여가 고려되지 않은 경우

학생 활동 / 개선 방안

			활동 2: 인물의 성격 파악하기					
나 아 가 기	활동 2: 인물 의 성격 파악 하기	- 사또, 마을사 람, 산신 령, 소, 돼지 그 림 보여 주기	- 등장 인물에 대한 설 명을 듣 고 그림 고르기	- 등장 인물 이 름 듣고 그림 고 르기	- 등장 인물 그 림이 있 는 쪽을 바라보 기	- 그림 카드 손 으로 가 져가서 보기	- 그림 카드의 촉각적 단서 탐 색하기	자 등장 인물 그 림 카드, 독서대
		- 의사 소통 보 조기구 를 사용 하여 등	- 대사 를 듣고 어떤 등 장 인물 이해하는	- 의사 소통 보 조기구 눌러서 대사 확	- 도움 받아 의사소통 보 조기구 눌러서 대사 확인 하기			자 의사 소통 보조 기구 유 보완· 대체 의사

| | | 이 주로 하는 대사 소개하기 (꿀을 가져와라, 사또가 사람으로 태어나지 않게 해 주세요.) | 인물이 하는 말인지 지적하기 | | | 소통 기구를 사용하지만 자연스럽게 구어 및 제스처가 나타날 수 있도록 격려할 것 |

- 학생의 능력에 대해 최대한 긍정적인 표현을 하는 것이 바람직함.
- 학생 수준을 고려하여 내용이나 자료를 차별화하고 참여를 독려하는 일관된 노력이 필요하며 특히 중도·중복장애 학생이 수업 활동에서 소외되지 않도록 해야 함.

평가	범하기 쉬운 오류	• 평가의 조건 및 성취 준거가 제시되지 않거나 성취 결과에 대한 기록 방법이 나타나 있지 않은 경우 • 구체적인 평가 시기와 방법이 제시되지 않은 경우
	개선 방안	• 도달, 부분 도달, 미흡이나 백분율 등 성취 결과를 나타내는 방법이 구체적으로 명시되어야 함. • 평가 시기가 목표나 활동에 맞게 구체적으로 제시되어야 하며 평가 방법 또한 제안되어야 함.

이름	평가 내용	방법	시기	성취 준거
김진원	• 피피티 화면을 정면으로 보고 스위치를 이용해 다음 화면을 불러올 수 있는가?	관찰 질문	활동 1	80%
	• 등장인물이 자주 하는 대사를 듣고 등장인물을 고를 수 있는가?		활동 2	4개 이상
	• 문장을 읽고 알맞은 그림을 고를 수 있는가?	질문	활동 3	3번 이상
	• 이야기의 순서에 맞게 그림과 문장을 배열할 수 있는가?			
김현성	• 이야기를 듣고 목소리의 주인공이 누구인지 표현할 수 있는가?	질문	활동 1	3명 이상
	• 이야기 속의 등장인물의 이름을 듣고 누구인지 지적할 수 있는가?	관찰	활동 2	3번 이상
	• 이야기를 듣고 이야기를 표현한 장면을 고를 수 있는가?	질문	활동 3	3번 이상

참/고/문/헌

경기도교육청(2015). 특수교육 가이드북.

국립특수교육원(2012). 특수교육 교수설계 모형 개발 연구.

국립특수교육원(2013). 특수교육 지원을 위한 수업분석 도구 개발 및 적용.

김용근(2014). 선생님은 살아 있는 교육과정이다. 서울: 물병자리.

김인식(2000). 수업설계의 원리와 모형 적용. 서울: 교육과학사.

이유훈(2004). 특수학교(급) 교육과정과 교수-학습 지도자료.

이창덕, 민병곤, 박창균, 이정우, 김주영(2010). 수업을 살리는 교사화법. 서울: 테크빌닷컴.

인천광역시북부교육청 장학자료(2007). 아하! 수업이 보여요.

부록 2

국어과 교수 · 학습 과정안[2]

1. 단원명: 함께하는 마음

2. 단원 분석: 교육과정 재구성

"선생님, 저거, 어……. 그거 있잖아요. 아, 모르겠어요." 사랑반(특수학급) 학생들은 대화의 상황에서 일방적으로 대화를 중단하거나 우물쭈물 혼자 중얼거리거나 상황에 맞지 않는 대답을 하기 일쑤이다. 통합학급 학생들도 "○○이가 하는 말이 무슨 뜻인지 잘 모르겠어요. 상황에 맞지 않는 말을 해요."라며 이해할 수 없다는 표정을 종종 짓곤 한다. 친구들과의 관계뿐만 아니라 좀 더 독립적인 삶을 위해 특수교육 대상 학생들에게 의사소통 능력은 무엇보다 중요하다.

그들은 상황에 적합한 말을 조리 있게 못할 뿐만 아니라 상대방의 감정을 잘 파악하고 배려하여 말하는 능력 또한 부족하다. 특수교육 대상 학생들도 지역사회의 한 구성원으로서 능동적인 삶을 영위하기 위해서는 여러 사람과 관계를 맺고 살아가기 위해서 다른 사람을 배려하고 상황에 맞게 말하는 역량을 길러 주어야 하며 이에 대한 적절한 지도가 이루어져야 한다.

이에 본 수업에서는 교사의 수업 의도와 학습자의 개인별 수준 및 특성 등을 고려하여 교육과정에 나타난 주요 목표 및 학습 내용을 재구성하였다. 교육과정의 재구성은 수업에서 교육과정을 유연하면서도 체계적으로 운영함으로써, 학생들이 좀 더 능동적으로 학습에 참여하고 자기주도적 학습 태도를 유도할 수 있다.

---

2) 강경황산초등학교 동료장학에서 특수교사 임경아가 발표한 교수 · 학습 과정안을 수정 · 요약 정리한 것이다.

3. 단원의 개관

가. 학생관

우리 학급의 학생들은 시각장애와 학습장애 학생들로 이루어져 있으며 또래 학생들보다 낮은 학습 능력을 보인다. 발표에 있어서 자신감이 부족하며 종종 문장을 끝까지 완성시키지 못하곤 한다. 또한 정보의 기억이 전반적으로 부족하고 어휘력이 부족한 실태이다. 그러나 다른 과목에 비해 국어 교과에 대한 흥미가 높은 편이며, 우리 학급 친구들 간에는 의사소통도 활발한 편이다. 학생들의 특성을 고려하여 여러 가지 시청각 자료 및 놀이 등을 통해 다양한 방법으로 반복 지도하여 실생활에 활용할 수 있도록 지도해야겠다.

나. 교재관

이 단원은 실제 언어 사용의 태도와 방법을 다루는 것이기 때문에 학습과정에서 실제 언어 수행 행위에 초점을 맞추어야 한다. 따라서 6학년 교육과정과 기본 교육과정의 분석을 토대로 하여 일상생활에서 실제 사용될 수 있는 내용을 선정하였다. 시각장애 학생을 고려하여 확대 자료를 사용하며 아직 한글을 정확하게 해독하지 못하는 것을 고려하여 힌트 자료를 첨가하였다. 쉽고 재미있게 상대를 배려하는 말하기를 익힐 수 있도록 놀이 중심의 다양하고 흥미로운 활동으로 구성하여 듣기 · 말하기 · 쓰기 신장은 물론 학습에 대한 흥미와 재미로 자신감을 키워 주는 데 목적이 있겠다.

따라서 내용 선정 시 학생들의 장애 유형 및 발달 수준, 흥미, 생활하면서 겪는 경험 세계를 종합적으로 고려하여 구체적이고 실질적인 상황 속에서 정서적으로 친근하게 접근할 수 있도록 하겠다.

다. 지도관

말하기는 국어 교과뿐만 아니라 모든 교과의 도구로서 학습에서 가장 중요한 능력이다. 즉, 말하기 교육은 국어과의 모든 교육과정 영역의 기초를 이루는 능력이며, 말하기 관련 연구도 국어교육 연구에서 중요한 위치를 차지하고 있으며 학교 현장에서 더 이상 소홀히 할 수 없는 과제 중의 하나이다. 따라서 언어생활에서 가장 기본이 되는 말하기는 언어 사용 능력이 현저하게 떨어지는 특수교육 대상 학생들의 국어 학습에서 무엇보다도 선행되어야 한다.

　이 단원은 상대를 배려하는 말의 특성을 이해하고 배려하는 말하기를 하는 데 목적이 있다. 사람은 누구나 여러 사람과 관계를 맺으며 살아가며 상대를 배려하면서 하는 말하기는 우리 학생들의 성공적인 사회생활을 위하여 무엇보다 중요하다. 이에 학생들의 장애 특성 및 개인별 수준에 맞는 교수 · 학습 활동으로 의사소통에 대한 자신감 향상과 더불어 또래관계에서 보다 긍정적이고 적극적으로 적응할 수 있도록 지도하겠다. 또한 다양한 방법으로 말하기 능력을 신장시킬 수 있도록 교수 · 학습 자료를 개발하여 언어 사용 능력을 기를 수 있도록 지도하겠다.

　뿐만 아니라 말하기 지도에 있어서 통합학급과 가정과의 협력 체제 구축 및 연계 지도를 통해 언어 표현 욕구 충족 및 통합교육의 활성화 또한 도모해야겠다.

4. 단원의 목표

영역	학습 목표
인지	• 상대방을 배려하는 말하기가 필요한 까닭을 알 수 있다. • 상대방을 배려하여 말하는 방법을 알 수 있다.
기능	• 상대방을 배려하여 공손히 말할 수 있다.
정의	• 상대방을 배려하여 말하는 태도를 기른다. • 공손한 마음과 예의를 지켜 경청하는 태도를 기른다.

5. 학습의 계통 및 관련

　이 단원의 근거를 이루는 교육과정의 성취기준은 6학년 말하기 영역의 "(3) 공식적 · 비공식적 상황에서 사회적 관계를 고려하여 적절한 인사말을 한다."이며, 단원 학습 목표는 "상대를 배려하는 말하기의 방법을 알아보고, 공손히 말할 수 있다."이다. 이 단원의 성취기준은 6학년 듣기 영역의 "(3) 인사말에 영향을 끼치는 사회적 맥락을 이해한다."와 연계하여 지도할 수 있다. 그리고 내용 요소 중에서 "대상에 맞는 공손한 표현 사용하기"는 4학년 문법 영역의 "(2) 국어 높임법을 이해한다."와 연계하여 지도할 수 있다.

가. 단원의 관련성

(6-1-8) 상대방을 배려하는 말하기
(6-1-4) 상황과 사회적 관계에 따라 적절한 인사말하기

⇧

(5-2-2) 적절한 칭찬이나 사과의 말하기
(5-1-4) 말하는 상황에 어울리게 말하기

⇧

(3-1-4) 상황에 알맞게 높임말 사용하기

⇧

(2-2-2) 상대의 마음을 헤아리며 말하기
(2-1-2) 상대에 적절하게 반응하며 대화 나누기

⇧

(1-2-7) 듣는 사람을 생각하며 자기의 기분이나 느낌 말하기
(1-1-4) 자기의 기분을 자신 있게 말하기

6. 단원의 내용 선정 및 지도 계획

학생명 (학년)	조정된 교육과정			
	단원	차시	주요 학습 내용 및 활동	학습자료
이△△ 이○○ 황○○ (6학년)	8. 함께하는 마음 (6-1 듣·말·쓰)	1/4	상대방을 배려하는 말하기가 필요한 까닭 알아보기	동영상, 활동지
		2/4	상대방을 배려하지 않은 말하기 상황을 살펴보기	동영상, 활동지
		3/4	상대방을 배려하여 말하는 방법 알아보기	동영상, 활동지, 녹음기, 마이크
		4/4	상대방을 배려하는 말하기	동영상, 활동지, 녹음기, 역할목걸이
		5/5	여러 가지 상황에서 상대방을 배려하는 말하기 단원 정리하기	동영상, 놀이판, 마이크, 활동지

7. 지도상의 유의점

가. 학생들의 기억력과 표현 능력 수준이 많이 다름을 고려하여 학생들 수준에 맞는 활동을 준비하며, 경우에 따라 교사의 촉구를 통해 학생들이 골고루 수업에 참여하도록 유도한다.

나. 학생들의 자유로운 생각과 느낌, 표현 방법을 존중하며, 최대한 허용적인 학습 분위기를 조성한다.

다. 한글을 완전히 터득하지 못하거나 독해력이 부족한 학생 수준을 고려하여 그림, 짧은 문장과 단어와 같은 자료를 제시하여 좀 더 쉽게 내용을 이해하게 한다.

라. 학생들이 상황에 맞는 적절한 표현을 하는 데에 어려움을 느끼면 교사가 시범을 보여 줌으로써 상황에 맞게 배려하는 말하기를 터득하게 한다.

마. 장애학생은 언어교육의 일반화에 어려움을 느끼곤 한다. 이러한 장애학생의 특성을 고려하여 학생 수준을 고려한 동영상, 녹음 자료, 인터뷰 자료 등 다양한 자료를 제시하며 대화에 알맞은 말하기를 알 수 있게 한다.

8. 평가 계획

가. 평가 방향

언어 이해와 언어 표현이 부족한 학생들은 상황에 맞는 자발적인 표현을 하는 것을 고려하여 평가하여야 한다. 따라서 상대방을 배려하는 분명한 목소리와 자연스러운 몸짓을 자발적으로 표현하는 데 초점을 두어야 하며 학습 수준을 고려하여 단점보다는 강점을 부각시켜 평가한다.

나. 평가 방법

- 개인별 수행 정도를 관찰하여 누가 기록한다.
- 개인 학습지와 학습 결과물을 누가 철하여 향상 정도를 서술 기록한다.

다. 평가 기준

단원	영역	우수	보통	부족
8. 함께하는 마음 (6-1 듣·말·쓰)	인지	• 상대방을 배려하는 말하기가 필요한 까닭을 알고 간단한 문장으로 말할 수 있다. • 상대방을 배려하여 말하는 방법을 알고 간단한 문장으로 말할 수 있다.	• 상대방을 배려하는 말하기가 필요한 까닭을 알고 짧은 단어로 대답할 수 있다. • 상대방을 배려하여 말하는 방법을 알고 짧은 단어로 말할 수 있다.	• 언어적인 도움을 받아 상대방을 배려하는 말하기가 필요한 까닭을 짧은 단어로 대답할 수 있다. • 언어적인 도움을 받아 상대방을 배려하여 말하는 방법을 짧은 단어로 대답할 수 있다.
	기능	• 상대방을 배려하여 자연스러운 문장과 몸짓으로 공손히 말할 수 있다.	• 상대방을 배려하여 짧은 단어나 몸짓으로 공손히 말할 수 있다.	• 언어적인 도움을 받아 상대방을 배려하는 말을 짧은 단어로 말할 수 있다.
	정의	• 상황에 맞게 상대방을 배려하는 태도를 가질 수 있다. • 상대방에 맞게 공손한 마음과 예의를 지켜 경청하는 태도를 가질 수 있다.	• 높임말을 사용하여 상대방을 배려하는 태도를 가질 수 있다. • 예의를 지켜 경청하는 태도를 가질 수 있다.	• 언어적·신체적 도움을 받아 상대방을 배려하는 태도를 가질 수 있다. • 언어적·신체적 도움을 받아 경청하는 태도를 가질 수 있다.

9. 본시 관련 분석 내용 및 지도 대책

가. 국어과 영역별 실태

실태		지도 대책
듣기	• 남의 말을 주의집중하여 들으려 하지 않거나 들어도 들은 내용을 잘 이해하지 못하고 자신의 말만 하는 경우가 종종 있음.	⇨ • 바른 자세로 말하는 사람을 바라보며 다른 사람의 말에 집중하여 들을 수 있도록 지도 • 다른 사람의 말을 이해할 있도록 다양한 듣기 상황을 제공하여 듣기 기회 제공
말하기	• 자신감이 부족하여 무슨 말을 어떻게 해야 할지 몰라 당황하거나 작은 소리로 우물거리며 완성된 문장으로 끝까지 말하지 못함	⇨ • 바른 자세로 발표할 수 있도록 거수 방법, 목소리 크기, 바른 태도 등을 지도 • 발표에 재미를 느낄 수 있도록 마이크, 칭찬 스티커 등을 활용 • 다양한 말하기 자료 및 놀이 활동 구안·적용
읽기	• 받침 있는 낱말을 잘 읽지 못하며 읽는 속도가 느리고 읽은 내용을 잘 기억하지 못함	⇨ • 놀이를 접목한 다양한 읽기로 재미있게 읽기 지도 • 활동 자료를 구안, 적용하여 낱말을 정확하게 발음하고 띄어 읽도록 지도
쓰기	• 글씨를 바르게 쓰지 못하고, 띄어쓰기와 오·탈자가 많으며, 문장의 구조는 단순하고 불완전함	⇨ • 학생들의 실생활, 경험, 환경 등과 관련된 흥미 있는 소재를 마련하여 글쓰기에 재미와 자신감을 가질 수 있도록 지도 • 낱말 활용하기, 문장 만들기, 대화 만들기 등이 유기적인 관련 속에서 학습되도록 지도 • 꾸며 주는 말, 이어 주는 말 등을 사용하여 문장 구성 능력을 기를 수 있도록 지도 • 띄어쓰기, 맞춤법, 문장부호를 바르게 사용하도록 지도

나. 본시관련 말하기 능력 분석

● 말하기 능력 분석

검사 도구명: 자기표현력 검사

검사점수 \ 학생명	이△△	이□□	황○○
형식	12	11	7
표현	10	8	7

황○○ 학생은 형식 및 표현 능력에서 둘 다 낮은 것으로 나타났다. 이△△와 이□□ 학생은 형식에서 높은 수준을 보인 것에 비해 표현 점수가 낮았다. 세부 검사 내용으로 대체적으로 형식에서는 문답과 전화, 표현에서는 속도, 성량, 구성, 순서에서 가장 낮게 나타내었다.

→ 지도 대책: 언어 표현 및 형식에서 모두 낮은 학생에게는 언어뿐만 아니라 비언어를 자연스럽게 사용할 수 있는 수용적인 환경이 되도록 하며, 대부분의 학생들이 자연스럽게 상황과 상대에 맞게 배려하여 말하는 표현 활동을 어려워하는 것을 고려하여 동영상 및 사진, 그림 등 다양한 방법으로 학습하도록 한다. 또한 속도와 성량을 조절하는 것을 어려워하는 것을 고려하여 충분한 연습시간을 주도록 하며, 구성 및 순서를 어려워하는 것을 고려하여 발표 시에 예시를 주고 말할 수 있도록 한다.

다. 본시관련 개인별 학습 수행 수준 및 수업 설계에의 반영

순	성명 (학년)	학습 수행 수준 및 특성	수업 설계에의 반영	장애 유형	집단
1	이△△ (6학년)	• 받침이 부정확하나 문장을 읽고 쓸 수 있음. • 자신의 기분 및 생각을 문장으로 나타낼 수 있음. • 발표 시에 자신감이 부족하며 바른 자세가 요구됨.	• 활동 중에 구체적인 문장을 쓰고 말하도록 지도함. • 여러 사람 앞에서 말할 때 마이크, 카메라 등과 같은 재미있는 소품으로 흥미를 유발하고 예시문을 이용하여 발표의 부담을 덜도록 함. • 놀이를 통해 여러 가지 상황에서 상대에 알맞게 배려하는 말하기를 자연스럽게 익힐 수 있도록 함.	학습 장애	가
2	이□□ (6학년)	• 받침이 부정확하나 문장을 읽고 쓸 수 있음. • 다른 사람의 기분을 좋게 하는 간단한 말하기를 할 수 있음. • 목소리가 작고 자신감이 부족하며 여러 사람 앞에서 발표하는 것을 부끄러워함. • 상황에 적절한 판단이 미흡함.		학습 장애	가
3	황○○ (6학년)	• 한글을 완벽하게 이해하지는 못하나 간단한 문장을 읽고 쓸 수 있으며 묻는 말에 짧은 단어나 문장으로 말할 수 있음. • 저시력 학생으로 먼 거리의 사물이 뚜렷하게 보이지 않으나 안경과 확대경, 독서확대기 등을 이용하여 볼 수 있음. • 주의가 산만하며 글씨보다는 사진이나 그림의 이해가 빠름.	• 그림이나 사진을 활용한 활동 중심 학습 자료나 방법 제공 • 학생의 시력을 고려해 확대된 자료나 휴대용 독서확대기 제공 • 대화의 순서를 모르고 어려워하며 시각적인 교재를 통해서 말하는 내용을 이해하므로 예시 자료를 활용함.	시각 장애	나

10. 지도의 실제

가. 본시 교수 · 학습의 개요

일시	201○. ○○. ○○. (목) 13:00~13:40		학생 수	3명(남 1)	장소	사랑반
단원	8. 함께하는 마음		차시	4/5	지도교사	임경아
대상 학생	이△△, 이□□, 황○○(6학년)					
학습 목표	가	이△△ 이□□	상대방을 배려하는 말을 구체적인 문장으로 말할 수 있다.			
	나	황○○	상대방을 배려하여 말하는 말을 간단한 문장으로 말할 수 있다.			
수업 전략	교수 학습 전략	직접교수 절차 중 시범 보이기에 해당하는 전략 사용 방법 안내, 교사의 시범 및 활동하기에 해당하는 반복적인 연습 및 일반화를 사용하였으며 역할놀이 학습모형의 상황 설정하기, 준비 및 연습하기, 실연하기, 평가하기를 사용함.				
	학습 형태	전체 → 개별 → 모둠 → 전체		학습 활동	도입 → 전개 → 정리 → 확인		

나. 교수 · 학습 과정

단계	학습 요소	교수 · 학습 활동			시간 (분)	자료 및 유의점
		교사 활동	학생 활동			
			가	나		
도입	학습 분위기 조성 전시 학습 상기 및 동기 유발	■ 노래 부르기 • 〈참 좋은 말〉 노래를 부르게 한다. ■ 질문을 통해 전시 학습 상기하기 - 지난 시간에 무엇에 대하여 공부하였나요? - 상대방을 배려하여 말하는 방법은 무엇입니까? ■ 선생님이 전하는 이야기로 동기 유발하기 - 배려하는 이야기를 들으며 이번 시간에 공부할 문제를 생각하게 한다.	• 가사를 생각하며 〈참 좋은 말〉 노래를 한 후, 바른 자세로 앉는다. • 전시에 학습한 내용을 생각하여 말한다. - 상대방을 배려하여 말하는 방법에 대하여 공부하였습니다. -상대방의 처지 생각하기, 상대방의 반응 예상하기, 그 다음에 일어날 일 예상하기입니다. • 선생님께서 말씀하시는 것을 들으며 공부할 문제를 생각한다. - 기분이 좋습니다. - 공부할 문제를 읽으며 확인한다.	- 동작 힌트를 보며 상대방을 배려하여 말하는 방법을 대답한다.	7′	※ 학습 활동 자리 배치 및 주의집중 • 학교 선생님 동영상 • 학생들이 경청하는 자세로 동영상을 볼 수 있도록 지도

	공부할 문제 확인	-선생님의 배려하는 말을 들으니 기분이 어떠하나요?			• 공부할 문제카드
		상대방을 배려하는 말을 해 보자.			
	학습 활동 안내	■ 학습 활동 안내하기 - 학습 순서 및 방법을 안내한다.	• 학습할 활동을 확인한다.		• 학습활동 안내카드
		활동 1 상대방을 배려하는 말하기 활동 2 배려하는 말하기 대본 만들기 활동 3 역할놀이 하기			
전개	상대방을 배려하는 말하기	■ 상대방을 배려하는 말하기 • 동영상에서 학교 선생님이 해 주신 말씀을 토대로 상대방을 배려하는 말을 하는 방법을 알아보게 한다.	• 동영상에서 선생님이 해 주신 말을 확인하며 상대방을 배려하는 말하기에 대해 대답한다.	• 지난 시간에 배운 내용을 바탕으로 교사의 언어적 촉구를 받아 말한다.	
		-학교 선생님께서 사랑반 친구들에게 해 주신 배려하는 말을 확인해 봅시다.	- 오늘 여러 선생님들 앞에서 수업하지? - 많이 떨리고 긴장될 거야. (공감하기) - 하지만 너희들은 선생님의 훌륭한 제자들이니까 잘할 수 있을 거야. (친밀감 확인하기) - 힘내서 잘해. 파이팅!! (격려하기)		13′	• 배려하는 말하기판
		• 위의 동영상의 내용을 배려하는 말하기의 요약하기, 공감하기, 친밀감 확인하기, 격려하기 내용 중 어디에 해당하는지 찾아보게 한다.	• 배려하는 말하기 방법에 해당되는 말에 단어카드를 붙인다.	• 선생님의 언어적·신체적 촉구를 받아 배려하는 말하기 방법을 찾는다.	• 단어카드
		• 상대방을 배려하는 말을 할 때 위에서 배운 내용 이외에 고려해야 할 점을 말하게 한다. - 상대방을 배려하는 자세는 어떠합니까?	- 미소를 짓습니다. - 따뜻한 시선으로 봅니다. - 손을 자연스럽게 둡니다. - 고개를 끄덕입니다. - 따뜻하고 부드러운 말투로 말합니다.			• 그림카드

전개	작은책 만들고 녹음 하기	■ 배려하는 말하기 대본 만들기 • 앞에서 살펴본 내용을 바탕으로 하여 상대방을 배려하는 말을 활동지에 적어 보게 한다. • 개인 학생의 수준에 따라 배려하는 말하기 대본을 만들어 보게 한다. • 활동지에 만든 말하기 내용을 모둠으로 짝지어서 말하고 녹음하게 한다.	• 활동지에 배려하는 말하기 내용을 구체적인 문장으로 써서 대본을 만든다. • 활동지에 만든 말하기 내용을 연습하여 모둠친구와 녹음기에 녹음한다.	• 활동지에 배려하는 말하기 내용을 교사의 언어적·신체적 촉구를 받아 짧은 문장을 써서 완성한다. • 활동지에 배려하는 말하기 내용을 교사의 도움을 받아 녹음기에 녹음한다.	12′	• 사진 자료 • 활동지 • 대본 만들기 활동에서 '나' 학생이 글씨가 잘 보이지 않는 어려움을 겪지 않도록 확대된 자료, 독서확대기 등을 사용함. ※ 녹음하기 활동에서 '나' 학생이 녹음을 할 수 있도록 도움
	배려 하여 말하기	• 학생들이 녹음기에 녹음한 내용을 들려준다.	• 친구들이 녹음한 내용을 주의 깊게 들어 본다.			• 모둠번호 • 녹음기
	역할 놀이 하기	■ 역할놀이하기 • 배려하는 말하기 내용의 역할을 나누어 자연스럽게 발표할 수 있게 한다.	• 상대방을 배려하는 말하기를 여러 가지 상황에 따라 역할을 바꾸어 가며 발표한다.		5′	• 역할놀이목걸이
정리	학습 내용 정리	■ 학습 내용 정리하기 • 학습을 통해 알게 된 점이나 느낀 점을 확인한다. ■ 차시 예고	• 학습을 통해 알게 된 점이나 느낀 점을 발표한다.		3′	※ 정리 활동 시 주의집중 할 수 있게 지도
	차시 예고	• 여러 가지 상황에서 상대방을 배려하는 말하기 및 단원 정리하기	• 차시 학습 내용을 확인한다.			

다. 학생 자리 배치

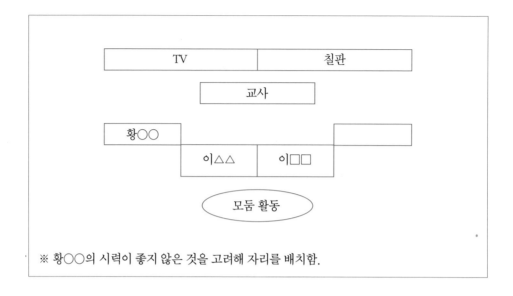

※ 황○○의 시력이 좋지 않은 것을 고려해 자리를 배치함.

라. 판서 계획

| 공부할 문제
상대방을 배려하는 말을 해 보자.

〈공부할 내용〉
활동 1 상대방을 배려하는
　　　 말하기
활동 2 배려하는 말하기
　　　 대본 만들기
활동 3 역할놀이하기 | 단원명 8. 함께하는 마음 | • 상대방의 처지 생각하기
• 상대방의 반응 예상하기
• 그다음에 일어날 일 예상하기

〈배려하는 말하기〉
• 요약하기
• 공감하기
• 친밀감 확인하기
• 격려하기 |

마. 본시 학습 학생 개인별 형성 평가 계획

영역	평가 관점	평가 시기	평가 방법	평가 결과		
				도달	부분 도달	미도달
인지	• 상대방에게 배려하는 말을 하기 위해 미리 생각하여야 할 점을 알고 있는가?	수업 중 정리	관찰, 완성된 자료, 학습지, 활동된 내용			
	• 상대방에게 배려하여 말하는 방법을 알고 있는가?					
기능	• 상황에 맞게 상대방을 배려하여 간단한 문장으로 말할 수 있는가?					
	• 상대방을 배려하는 자세를 알고 표현할 수 있는가?					
정의	• 상대방을 배려하는 말하기에서 공손한 마음과 예의를 지켜 경청하는 태도를 가지고 있는가?					
	• 적극적이고 자발적으로 참여하였는가?					

바. 자료 활용 계획

순	투입시기	자료명	활용 내용 및 활용 효과
1	동기 유발	학교 선생님 동영상	• 학교 선생님이 사랑반 친구들에게 배려하는 말을 듣고 배려하는 말을 들으면 기분이 어떤지 떠올려 보고 배려하는 말이 필요한 까닭을 생각해 본다.
2	공부할 내용 안내	학습 활동 안내카드	• 시각적 효과를 살려 제시하여 공부할 내용을 정확하게 인지시키고 안내한다.
3	활동 1 (상대방을 배려하는 말하기)	배려하는 말하기판 단어카드 그림카드	• 학교 선생님의 동영상의 내용을 말하기판에 제시하여 시각적 효과로 수업에 집중하며 배려하는 말을 익히고 참여하게 한다. 배려하는 말의 방법을 질문과 단어카드를 통해 확인한다. 상대방을 배려하는 자세를 알아보며 그림카드를 통해 시각적 힌트를 제시한다.
4	활동 2 (배려하는 말하기 대본 만들기)	사진 자료 활동지 녹음기 모둠번호	• 사진 자료를 제시함으로써 활동을 쉽게 이해하고 내용에 집중하게 한다. • 두 모둠으로 나누어 활동하게 하고 녹음이 완성되면 완성 깃발을 세우게 한다. • 녹음하는 활동을 통해 다른 사람 앞에서 말하는 것에 대한 두려움을 없애고, 자신의 억양과 말하는 대화 내용을 확인하게 한다.
5	활동 3 (역할놀이)	역할놀이 목걸이	• 역할놀이 시에 자신의 역할을 잘 알 수 있도록 역할놀이 목걸이를 사용하게 한다.
6	정리	스티커	• 보상을 통해 긍정적인 행동을 유발하고 증가시켜 다음 차시의 수업에 더 적극적으로 참여하게 하며, 평가를 통해 자기 관리 능력을 키우고 내적 보상을 느끼게 한다.

참/고/문/헌

교육과학기술부(2014). 국어 교사용지도서. 1학년 1학기~4학년 2학기. 서울: 미래엔컬처그룹.

교육과학기술부(2012). 국어 교사용지도서. 5학년 1학기~6학년 2학기. 서울: 미래엔컬처그룹.

방명애, 김수현(2006). 장애학생을 위한 의사결정기술 교수프로그램(개정판). 서울: 파라다이스 복
　　지재단.

찾아보기

〈인명〉

Altberger, B. 341

Barraga, N. C. 81
Beukelman, D. 204
Blanche, S. 99
Bogen, B. N. 365
Brown, A. 223

Dixon 386, 387

Edelsky, C. 341

Flores, B. 341

Gazdag, G. 408
Goldstein, H. 407
Goodman, Y. 340
Guba, E. 349

Halliday, M. 339

Hancock, T. B. 407, 409
Harris, S. L. 407
Hart, B. M. 402, 403
Hughes, C. 407
Humphries, J. 99
Hwang, B. 407

Jagger, A. 195
Juel, C. 195

Kaiser, A. P. 404, 407, 409

Lincoln, Y. 349

Mercer, C. D. 229
Mirenda, P. 204

Parsons, C. 99
Piaget, J. 80, 339
Pinnell, G. 195

Risley, T. R. 402
Rogers-Warren, A. K. 403, 408
Rosenblatt, L. 339

Shaftel, F. R. 173
Shaftel, G. 173
Smith, T. 340
Sobut, M. A. 365

Taylor, D. 198

Vygotsky, L. 339

Warren, S. F. 408

김동일 243
김윤옥 193, 201, 230
김혜리 204

나경화 364

〈내용〉

저자 소개

전병운(Jeon Byungun)
단국대학교 특수교육과 및 동 대학교 대학원 졸업(교육학박사)
한국유아특수교육학회장 역임
공주대학교 특수교육대학원 원장 역임
현 공주대학교 사범대학 특수교육과 교수
　　한국지적장애교육학회장

주요 저서 및 논문
『특수교육과 교과교육』 외 10여 권
「특수교사 수업 평가 기준 개발」 외 100여 편

김희규(Kim Heegyu)
서울교육대학교 졸업
단국대학교 대학원 졸업(교육학박사)
현 나사렛대학교 특수교육과 교수
　　한국특수교육교과교육학회 편집위원장

주요 저서 및 논문
『특수교육 수업컨설팅』 외 20여 권
「마이크로티칭이 예비특수교사의 국어과 교육에 대한 교수효능감과 반성적 자기
　　평가에 미치는 효과」 외 20여 편

박경옥(Park Kyoungock)
단국대학교 특수교육과 및 동 대학교 대학원 졸업(교육학박사)
한국우진학교 교사 역임
현 대구대학교 사범대학 초등특수교육과 교수

주요 저서 및 논문
『뇌성마비 학생을 위한 컴퓨터 접근의 실제』 외 5여 권
「중도·중복장애학생을 위한 학교 교육과정 운영의 어려움과 운영 방향에 대한
　　교사의 인식」 외 20여 편

유장순(Yoo Jangsoon)
강남대학교 특수교육과 졸업
단국대학교 대학원 졸업(교육학박사)
현 나사렛대학교 중등특수교육과 교수
　한국특수교육교과교육학회 부회장
　한국행동분석학회 이사

주요 저서 및 논문
『최신 특수학급 경영론』 외 10여 권
「통합교육을 위한 특수교사의 직전교육 방향 탐색」 외 25여 편

정주영(Jeong Jooyoung)
단국대학교 특수교육과 및 동 대학교 대학원 졸업(교육학박사)
현 건양대학교 초등특수교육과 교수
　한국통합교육과정학회 특수교육분과장
　한국통합교육학회 부회장

주요 저 · 역서 및 논문
『인지 및 지적장애의 이해』 외 10여 권
「초등학교 통합학급의 정신지체아 교수적합화 과정 연구」 외 30여 편

홍성두(Hong Sungdoo)
단국대학교 특수교육과 졸업
서울대학교 대학원 졸업(교육학박사)
현 서울교육대학교 유아 · 특수교육과 교수
　한국학습장애학회 이사
　한국아동청소년상담학회 이사

주요 논문
「특수교육에서의 증거기반교수를 위한 다층모형 메타분석 활용 방안 탐색」 외
　60여 편

장애학생을 위한
국어교육의 이론과 실제 (2판)

2013년 2월 8일 1판 1쇄 발행
2018년 2월 20일 2판 1쇄 발행
2023년 6월 20일 2판 4쇄 발행

지은이 • 전병운 · 김희규 · 박경옥 · 유장순 · 정주영 · 홍성두
펴낸이 • 김 진 환
펴낸곳 • ㈜ 학지사

　　　　　04031 서울특별시 마포구 양화로 15길 20 마인드월드빌딩 5층
대표전화 • 02) 330-5114　　　팩스 • 02) 324-2345
등록번호 • 제313-2006-000265호
홈페이지 • http://www.hakjisa.co.kr
페이스북 • https://www.facebook.com/hakjisabook

ISBN 978-89-997-1268-5　93370

정가　22,000원

출판미디어기업 **학지사**

간호보건의학출판 **학지사메디컬** www.hakjisamd.co.kr
심리검사연구소 **인싸이트** www.inpsyt.co.kr
학술논문서비스 **뉴논문** www.newnonmun.com
원격교육연수원 **카운피아** www.counpia.com